XGK_XGB 중심
PLC 프로그래밍

김태평 · 장용해 공저

도서출판 태영문화사

머 리 말

기술과 기능은 산업을 선도하고 인간에게 편익을 제공한다. 기술과 기능의 끝은 가늠할 수 없지만 인간이 존재하는 한 그 발전은 지속 되리라 본다. 다만 기술과 기능이 자연환경을 보존하고 생명들을 지키는 방향으로 발전하기를 바란다. 현대기술의 총합이라 할 수 있는 자동화는 산업뿐 아니라 인간생활의 곳곳에 적용되면서 인간의 수고와 위험을 덜어줄 뿐 아니라 인간다운 삶의 여유를 제공하고 있다. 이렇게 산업자동화를 가능하게 하는 핵심 제어장치의 하나인 PLC는 산업현장에서 그 독보적인 역할을 계속할 것이다. 그러므로 기술과 기능분야에 종사하는 사람은 누구나 PLC에 익숙하지 않고는 담당업무를 능숙하게 처리할 수 없게 되었다. 산업체에서 사용되고 있는 각종 PLC 기종은 그 형식과 형태만 달리할 뿐 기본적인 하드웨어와 소프트웨어의 구성은 동일하므로 한 기종에 능통하면 타 기종도 쉽게 접근이 가능할 것이다. XG기종은 4종류가 있으나, 여기서는 XGK와 XGB(master-k 및 melsec PLC와 유사)시리즈를 중심으로 설명하고 예제도 그에 준해 기술하였다.

각 장의 중간에 첨부한 학기(學記)는 글자 그대로 배움에 대한 기록이다. 20세기 이후 우리 한국을 비롯한 동양인들은 어려서부터 서양문화와 학문에 익숙해져 왔다. 서양 문물이 기준이 되어 버렸고 동양 문물은 후지고 낡은 것으로 치부하기까지 했다. 서양문화는 경쟁을 통해 남을 쓰러뜨려 이기고 승리하는 것이지만, 동양문화는 서로를 인정하면서 남과 조화로운 어울림을 통해 상생하고 공생하는 것이다. 이에 우리 심신(心身)의 근본을 받치고 있는 동양문화와 문명을 조금이라도 알고 익혀서 자신을 깨닫고, 상부상조하는 기능기술자가 되자는 뜻이다. 나아가 만생명체들에게 유익한 학문과 기술을 배우자는 측면에서 소개한다. 학기는 한국을 비롯한 동양현자들의 배움과 가르침에 대한 기록으로 여기에 소개하는 것은 <대학·학기 한글역주, 2009년, 통나무, 도올 김용옥>을 참고하였다. 도올 선생님께 감사드린다. 필자가 읽어보니 젊은 청년학생들은 물론 선생님들도 꼭 읽었으면 좋겠다는 도올 선생님의 말씀에 동감하여 여기 졸서에 첨부했다. 필자는 이 분야의 비전문가

이자 문외한이지만 그간의 삶을 나름대로 재조명하면서 해석하였으니 읽고 도움이 되었으면 좋겠다. 기술과 기능은 손발을 통해 몸으로 익히는 것이지만, 최소한의 인문바탕 위에 쌓여야만 제 기능을 발휘할 수 있다는 측면이기도 하다.

2015년

저자 김태평/장용해

차 례

제1장 PLC의 개요

제2장 기 능

제3장 시스템의 구성

제4장 명령어 상세

<학기_學記>

第一章(제1장) 化民成俗(화민성속)

發慮憲(발려헌) :

합리적으로 깊이 생각하고 깨우친 것을, 만물의 덕도(德道)에 맞게 외부로 표현(언행)할 줄 알고,(慮 : 생각할/꾀할/걱정할. 憲 : 법/가르침/깨우침)

求善良(구선량) :

선하고 어진 인재를 찾아 모시어 그를 적재적소에 등용할 줄 안다면,(善 : 착할/높은/많은. 良 : 어질/순진/좋을)

足以謏聞(족이소문) :

세인들의 자그마한 칭송과 명성을 얻기에는 족하겠지만,
(謏 : 적을/권할. 聞 : 들을/알/견문할)

不足以動衆(부족이동중) :

군중을 움직이고 감화시키기에는 아직 부족하다.

就賢體遠(취현체원) :

현자를 찾아가 진정으로 배우고 소원한 자와 소통하며, 먼 곳에서 일어나는 사태까지도 그 모습(因果)을 잘 살펴 판단할 수 있다면,
(就 : 이룰/쫓을)

足以動衆(족이동중) :

군중을 설득하여 움직이는 데는 족할 수 있겠지만,

未足以化民(미족이화민) :

백성들을 감화시켜 미풍양속까지 변화시키기에는(문화혁명) 아직 부족하다.

君子如欲化民成俗(군자여욕화민성속) :

군자가 화민성속(혁명_revolution : 불·도기발명/산업혁명/반도체혁명 등 문명사적 흐름을 바꿈)에 마음을 두고 백성들의 생활풍속까지 바꾸고자 한다면,

其必由學乎(기필유학호)! :

필히 학문(學文_教學)으로 말미암아야 할 것이다!(배우지 아니하고는 이룰 수 없다! 學은 만행의 근본이다.)

※最大多病(최대다병)妬賢嫉能(투현질능),天下大藥(천하대약)好賢樂善(호현낙선)

제 **1** 장

PLC의 개요

현대사회에서 자동화는 생활 그 자체이다. HA, OA, FA 등 인간이 거주하는 곳에는 어김없이 적용되고 있다. 특히 규격상품을 생산하는 산업현장에서는 필수가 되었다. 이러한 추세에 맞춰 개발된 PLC는 제어장치의 핵심요소이다. 한국과 독일의 월드컵 결승경기가 있는 날을 가상해 본다. 경기를 관람하기 위해 월드컵 경기장으로 향했으나, 경기장 근처에 이르자 갑자기 차량정체현상이 이어진다.

그림 1-1

차창 밖으로 차가 밀리는 상황이 보인다.

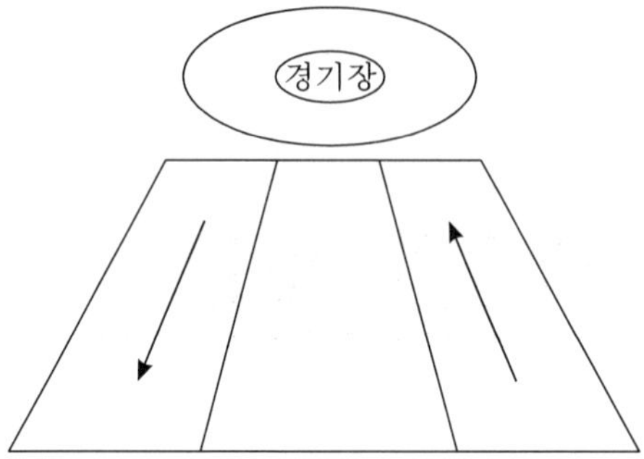

그림 1-2

경기 전에는 경기장 방향으로 정체현상이 나타나고, 경기 후에는 반대방향으로 정체현상이 나타난다. 가변 차선제를 실시하면 좋을 것 같은데, 좋은 방법이 없을까? PLC를 이용하여 자동화하면 해결 할 수 있지 않을까?

1.1 PLC의 개념

PLC(Programmable Logic Controller)는 종전에 사용하던 자동제어반(Automatic Control panel)내의 릴레이(Relay), 타이머(Timer), 카운터(Counter) 등의 기능을 IC(Integrated Circuit), 트랜지스터(Transistor) 등의 반도체소자로 대체하여 기본적인 시퀀스제어(Sequence Control) 기능에 연산(Operation) 등의 기능을 추가하여 프로그램제어(Program Control)가 가능하도록 한 범용 디지털 전자제어장치이다. 국내제품으로는 중/대형 응용분야에 적합한 GLOFA-GM 시리즈, XGK 시리즈, 소형 단위기계 응용에 적합한 Master-K 시리즈가 있으며, 세계적인 제품으로는 독일 Siemens의 S7시리즈, 미국 Allen Bradley의 PLC-5시리즈, 일본 Mitsubishi의 Melsec 시리즈 등이 있다.

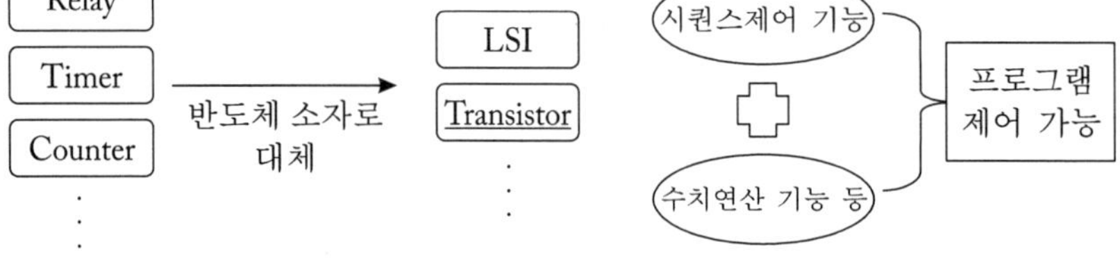

그림 1-3 기존의 자동제어반이 PLC로 대체되는 설명도

미국전기공업회규격(NEMA : National Electric Manufacturers Association)에서는 PLC를 "디지털 또는 아날로그 입출력 모듈을 통해 Logic, Sequencing, Timing, Counting, Operating 등의 특수기능을 수행할 수 있는 프로그램이 가능한 메모리를 사용하여 많은 종류의 기계나 프로세서를 제어할 수 있도록 구성된 디지털 동작의 전자장치"로 설명하고 있다.

1.2 PLC의 탄생 배경과 발달사

1.2.1 디지털 기술의 발전

1967년에 PLC가 탄생하기 이전, 약 10여 년간 디지털(Digital)기술의 발전이 제어분야에서 가장 두드러졌다. 또한 소형컴퓨터가 1965년에 제어용으로 실용화되면서 지금까지의 아날로그(Analog)기술과 차원을 달리하는 신개념의 기술영역이 개척되었다. 컴퓨터가 프로세스제어계에 적용되면서 시퀀스제어계에서도 소형컴퓨터의 CPU와 동일한 컨트롤러(Controller)가 출현하게 된 것이다.

1.2.2 시퀀스 컨트롤러(Sequence Controller)의 등장과 특징

미국의 최대 자동차 브랜드인 GM(General Motors)에서는 자동차 생산기종을 변경할 때마다 자동차 제조 라인의 전기배선을 바꿔야 했다. 이런 불편함 때문에 제조라인의 배선교체를 간소화 할 수 있는 신개념의 제어장치가 필요하였다. GM은 1967년 이에 대응할 수 있는 신개념의 제어장치를 개발하기 위해 해당업체에게 제어장치의 조건을 제시하고, 조건에 상응한 제품개발과 납품을 요구하였다. 납품업체는 시퀀스 컨트롤러(PC : Programmable Controller)라는 제어장치가 개발되었는데, 이 시퀀스 컨트롤러가 PLC의 탄생효시가 되었다.

(1) 시퀀스 컨트롤러(Sequence Controller)의 특징

① 실시간 처리능력이 있다.

② 취급이 용이하다.

③ 경제성이 우수하다.

④ 진동과 노이즈에 대해 내환경적 특성이 있다.

(2) GM에서 요구한 PLC 제어장치인 Sequence Controller 제어조건

① 프로그래밍과 그 변경이 용이할 것
② 관리가 용이하고 수리가 가능할 것
③ 신뢰성이 높을 것
④ 소형화로 장착치수를 줄일 것
⑤ 컴퓨터 등의 CPU에 데이터 전송이 가능할 것(통신 가능)
⑥ 경제적인 가격일 것
⑦ 직류입력 및 교류입력이 가능할 것
⑧ 출력은 교류에서 최저 2[A] 이상일 것(현재 릴레이출력은 직접 부하의 연결이 가능 하나, TR출력은 간접적인 부하연결이 가능하다.)
⑨ 기본 유닛의 확장이 용이할 것(제조라인 등의 증설시)
⑩ 메모리가 4[Kbyte] 이상 확장이 가능할 것(현재 대부분 32[Kbyte]까지 가능)

1.2.3 PLC의 기능

표 1-1

구 분	기 능	비 고(기타 설명)
Sequencing	디지털 입, 출력 제어	각종 스위치, 센서의 ON/OFF 정보 등
Logic 연산	AND, OR, NOT, XOR 등	Bit 및 Word 단위로 연산
산술 연산	ADD, SUB, MUL, DIV, PID 연산 등	실수의 가감승제, 삼각함수 연산 등
Timer	TON, TOF, TMR, TRTG, TP, 시간 지정 펄스 등	시간지연, 시간적산, 펄스신호 등
Counter	CTU, CTD, CTUD, CTR, 입력 펄스의 수 카운팅 등	저속의 접점 개폐 등
Analog 입력	전류, 전압, 온도 등	아날로그 신호를 받아 디지털 수치화
Analog 출력	전류, 전압, 온도 등	디지털 수치를 아날로그화
고속펄스입력	고속으로 입력되는 펄스의 수 카운팅 등	HSC 모듈, Encoder와 Pulse Generator 등의 고속펄스 입력
펄스 입, 출력	Stepping, Servo 모터 제어 등	Stepping/Servo Motor Driver 구동펄스
통신	통신을 이용한 데이터의 이동 및 제어 등	Ethernet 등을 이용하여 원거리 기기제어

표 1-2 Timer/Counter 설명

명 령 어	기 능
TON(On Delay Timer)	입력조건이 ON되어 있는 동안 현재치를 증가하여 Timer의 설정치에 도달하면 지정 Timer접점이 ON된다.
TOF(Off Delay Timer)	입력조건이 성립되는 동안 Timer의 현재치는 설정치가 되며, 출력은 ON된다. 입력조건이 OFF되면 Timer 현재치가 설정치로부터 감산되어 현재치가 '0'이 되는 순간 출력이 OFF된다.
TMR(Accumulative Timer)	입력조건이 성립되는 동안 현재치를 증가하여 누적된 값이 Timer의 설정치에 도달하면 Timer 접점이 ON된다. 적산 Timer는 정전되었을 때에도 Timer값을 유지하므로 작업자가 없는 야간에 정전이 되더라도 PLC에는 이상이 없다.
TRTG(Retriggerable Timer)	입력이 ON되는 순간 출력은 ON되고 경과시간이 설정 시간에 도달하면 타이머 출력은 OFF 된다. 만약 출력이 ON되고 경과시간이 설정시간에 도달하기 전에 입력조건이 OFF되었다가 다시 ON되면 그 시점에서 다시 경과시간이 증가하여 설정시간에 도달하면 출력이 OFF된다.
TMON(Monostable timer)	입력조건이 ON되면 설정된 시간 동안 출력이 ON된다. 설정시간 내에 다시 입력신호가 들어와도 무시한다.
CTU(UP Counter)	입력조건에 입상 펄스가 인가될 때마다 가산하여 설정치에 도달하면 작동한다.
CTD(DOWN Counter)	감산카운터로 입력이 ON되면 현재값이 설정값이 된 후 감산하여 0이 되면 출력한다.
CTUD(UP-DOWN Counter)	입력조건에 입상 펄스가 인가될 때마다 계수(가산 또는 감산)를 하여 설정치에 도달하면 출력이 동작한다.
CTR(Ring Counter)	입력조건에 입상 펄스가 인가될 때마다 계수가산을 하여 설정치에 도달하면 출력하고, 다음 펄스에서 reset 된다.

1.2.4 PLC의 특성

산업현장에 PLC를 사용하는 것은 제어회로의 설계와 해석이 용이하고, 현장에서 테스트 및 프로그램의 변경이 용이하기 때문이다. PLC의 일반적인 특성은 다음과 같다.

① 프로그래밍 소프트웨어의 융통성
② 조작의 편리성
③ 제어기기의 납기 단축성
④ 제어장치의 고기능화
⑤ 유지보수의 용이성
⑥ 제어장치의 높은 신뢰성
⑦ 입력과 출력의 프로세스 직결성
⑧ 제어장치의 소형화와 경제성
⑨ 기획설계의 우수성
⑩ 배선 길이의 감소와 설치 면적의 축소

즉, PLC는 현장자동화설비를 최적조건에서 운전가능 하도록 다양한 기능(Sequence Control, A/D, D/A, HSC, EtherNet 등)을 지원한다.

1.2.5 PLC의 적용분야

PLC는 공장자동화(FA : Factory Automation)와 FMS(Flexible Manufacturing System)에 따라 소규모 공장의 단위기계에서부터 대규모 시스템 설비에 이르기까지 모든 산업분야에서 가장 보편적으로 사용하는 범용제어기기인 동시에 제어 기술이다. 각 산업분야별 상세 적용분야는 다음과 같다.

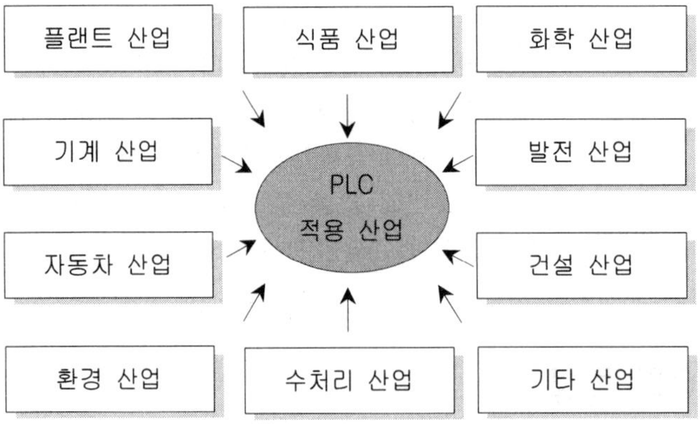

그림 1-4 PLC의 적용분야

표 1-3

플랜트 산업	시멘트, 철강, 압연, 제지, 펄프, 유리, 윤전기, 광산, 하역설비, 조선 등
식품 산업	음료수, 주류, 담배, 설탕, 유제품, 제분, 육가공 등
화학 산업	Gas, Oil, 반응온도, 염색라인, 석유화학, 타이어, 제약, 화장품, 고무, 플라스틱 등
발전 산업	지역난방, 열 병합, 수력, 화력, 터빈, 보일러, 원자력, 전력제어 등
건설 산업	IBS, 컨베이어, 하역, 터널, 공조, 조명제어, 크레인, 물류자동화, 창고자동화 등
기계 산업	공작기계, 로봇, 포장기계, 압연기, 디젤엔진, 냉장/냉동설비 등
수처리 산업	정수장, 온수처리, 상/하수처리, 송배수펌프 등
환경 산업	소각로, 탈황로제어, 집진기
자동차 산업	전송라인, 조립라인, 도장라인 등
기타 산업	반도체, 부품조립라인, 컨베이어, DAS 등

참 고

① DAS(Data Acquisition System)

공장 등의 제어용 데이터를 수집하는 장치로 줄여서 DAS라고 한다. 아날로그 입출력 보드와 디지털 입출력 보드, 모션(Motion)제어 전용보드 등 산업자동화에 필수적으로 사용되는 핵심모듈에서 데이터를 수집하기 위해 사용되는 장치들을 모두 컴팩트한 PCI 기반으로 개발하여 패키지화한 것이다.

② PCI(Peripheral Component Interface)

PC 등의 주변장치와 CPU를 연결하는 회로구성방법의 하나이며, 네트워크장치 등에 쓰이는 LAN CARD 등에 주로 적용된다. PC의 MAIN BOARD엔 PCI슬롯이 있다.

1.2.6 Relay제어와 PLC의 기능상의 특성 비교

PLC는 거의 모든 분야에서 릴레이제어에 비해 특성이 월등히 우수하다. 두 제어장치의 기능상 장점과 단점은 다음 표와 같다.

표 1-4 PLC와 릴레이제어의 비교

구 분	릴레이제어	PLC	비 고
시퀀스제어	가능(복잡)	가능(간단)	PLC는 소프트 와이어드(실제배선에 대체) 릴레이는 하드 와이어드
타이머	가능	가능	PLC는 소프트 타이머, 릴레이는 하드 타이머
카운터	가능	가능	PLC는 소프트 카운터, 릴레이는 하드 카운터
로직연산	불가능	가능	PLC는 각종 라이브러리 이용 가능
수치연산	불가능	가능	
아날로그	불가능	가능	특수 모듈장착으로 가능
고속펄스	불가능	가능	
통신	불가능	가능	중앙제어반, 원거리 제어시
PLC가 릴레이를 대체하면서 얻는 최대 이점은 통합시스템의 구축이 용이하다는 것이다.			

릴레이 제어(Electric Relay Controller)

유접점릴레이, 유접점타이머, 유접점카운터 등을 이용하여 각종 현장제어회로의 프로그램을 작성하여 제어하는 방식이다. 릴레이제어방식은 직접 배선을 해야 하고, 릴레이의 접점은 회로 상에서 한가지의 용도로만 사용할 수 있으므로, 사용접점의 한계 때문에 프로그램 설계의 유연성이 떨어지고 회로와 설비변경에 따른 제약이 있어 PLC로 대체되었다.

1.2.7 운용상의 특성 비교

기능적인 측면에서 릴레이제어와 PLC를 비교했을 때, PLC가 릴레이제어보다 우수하다는 사실을 명백하게 알 수 있다. 운용측면에서도 그러한데, 다음의 각 항목을 참조하면 두 제어방식의 차이점을 잘 이해 할 수 있다.

표 1-5

항목 방식	릴레이제어		PLC	
기능	▲	많은 릴레이를 사용하면 복잡한 제어가 가능하다 불가능한 제어도 있음	◎	프로그램으로 어떤 복잡한 제어도 가능함
제어 내용의 변경성	×	배선변경 방법 이외에는 없음	◎	프로그램 변경만으로 가능함
신뢰성	▲	장시간 사용시 접촉불량과 수명의 한계가 있음	◎	반도체이기 때문에 신뢰성이 높음
범용성	×	완성된 장치는 다른 곳에 사용할 수 없음	◎	프로그램에 따라 어떤 제어에도 사용할 수 있음
장치의 확장성	▲	부품의 추가, 회로의 변경 등이 필요하고 많은 어려움이 있음	◎	주어진 I/O내에서는 확장할 수 있음
보수의 용이성	▲	정기점검과 부품의 교환이 필요함	◎	점검이 용이하며 I/O 모듈의 교환으로 수리가 간편함
기술적 난이도	◎	숙련된 현장 기술자가 많고 간단하여 알기 쉬움	◎	컴퓨터의 사용능력과 소프트웨어의 작성능력이 필요함
장치의 크기	▲	제어의 복잡도에 따라 크기가 커짐	◎	제어의 복잡도에 관계없이 크기가 일정함
설계 및 제작 기간	×	많은 도면과 많은 부품이 필요하고 조립하여 시험하는데 시간이 많이 소요됨	◎	복잡한 제어라도 쉽게 제작할 수 있으며 조립시험 등을 쉽게 할 수 있음
경제성 (릴레이개수를 기준으로 환산)	▲	10개 이하	◎	10개 이상

1.3 PLC 하드웨어의 구조

PC는 주로 사무자동화를 위한 것으로 보통 사람들이 범용적인 목적으로 사용하는 보편적인 기기이고, PLC는 산업현장에서 전문적인 기술자들이 각종 산업용 기계장치를 제어하기 위해 사용하는 산업기술용 전용기기이다. 의사가 인체의 구조와 기능에 대해 잘 알고 있어야 사람의 건강을 지키고 질병을 치료할 수 있듯이, 제어기술자는 PLC 하드웨어를 잘 알고 있어야 효율적으로 PLC를 운용하고 유지보수

할 수 있다.

(a) PC의 하드웨어

(b) PLC의 하드웨어

그림 1-5

PLC 하드웨어는 다음과 같이 4부분으로 구성되어 있다.

1.3.1 중앙처리장치

CPU(Central Processing Unit)는 다양한 신호를 연산하는 장치로 마이크로프로세서(Microprocessor)와 메모리(Memory)로 구성되어 있다. CPU의 기능은 다음 3가지로 요약된다.

① 메모리에 저장되어 있는 연산결과를 프로그램에 의해 처리를 실행한다.
② 고속으로 반복연산을 수행(1[step]/0.1[μs])한다.
③ CPU내의 모든 연산에서 데이터는 2진수로 처리한다.

PLC CPU의 메모리를 내용에 의해 구분하면 다음과 같다.

표 1-6

종 류	내 용
System Memory	• PLC 제작회사에서 작성한 시스템 프로그램을 저장함 • PLC의 기능이나 성능을 결정하는 중요 프로그램을 저장함 • 프로그램의 고정성으로 ROM을 사용함
User Program Memory	• 사용자가 작성한 프로그램을 저장함 • 프로그램의 가변성으로 인해 일반적으로 RAM을 사용함 • 프로그램 변경이 불필요 할 때는 ROM의 사용이 가능함
Data Memory	• 입력과 출력 릴레이의 접점상태, 내부 릴레이의 접점상태, 타이머와 카운터 등의 설정값 및 현재값 등과 같은 정보를 저장함 • 정보의 가변성으로 RAM 영역이 사용됨

PLC CPU의 메모리를 기능에 의해 구분하면 다음과 같다.

표 1-7

종 류	기 능
RAM	• Random Access Memory의 약자 • 정보를 읽고 쓸 수 있음 • 정보를 임시 저장하는 휘발성 영역임 • 배터리 백업에 의해 비휘발성 영역으로 사용이 가능함
ROM	• Read Only Memory의 약자 • 정보를 오직 읽기만 가능함 • 불변의 정보를 저장함 • 정보를 영구 저장하는 불 휘발성 영역
Flash Memory	• 전기적으로 지우고 쓸 수 있음 • RAM의 기능과 동일함

1.3.2 입력부와 출력부

외부기기와 신호연결 부분으로 입력부는 입력기기(각종 스위치, 센서 등)에서 검출한 신호를 CPU의 연산부로 보내는 기능을 수행하는 장치이고, 출력부는 CPU에서 연산된 결과를 출력기기(전동기, 솔레노이드 밸브, 전자 접촉기 등)로 연결하는 기능을 수행하는 장치이다.

입력부의 기능은 다음과 같다.

① PLC 외부 입력기기의 상태를 검출하고 조작 판넬을 통해 외부 입력장치의 동작 상태를 지시한다.
② PLC 외부 입력기기로부터 신호를 받아 CPU의 연산부로 제어신호를 전달한다.
③ PLC 입력부의 전원종류에는 DC 24[V], AC 110[V], AC 220[V] 입력 등이 있다.

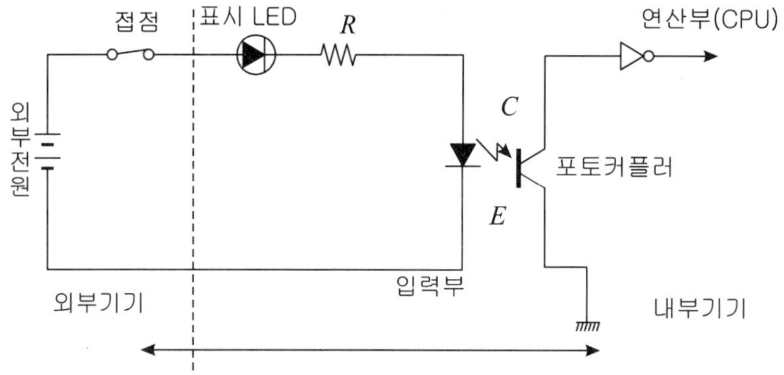

그림 1-6 PLC 입력회로

PLC 출력부의 기능은 다음과 같다.

① PLC의 CPU 내부 연산결과를 외부의 접속기기에 전달하여 상태를 표시하거나 구동시킨다.
② PLC 출력의 종류에는 릴레이 출력, 트랜지스터 출력, SSR(Solid State Relay) 출력, D/A 출력, POS 출력 등이 있다.

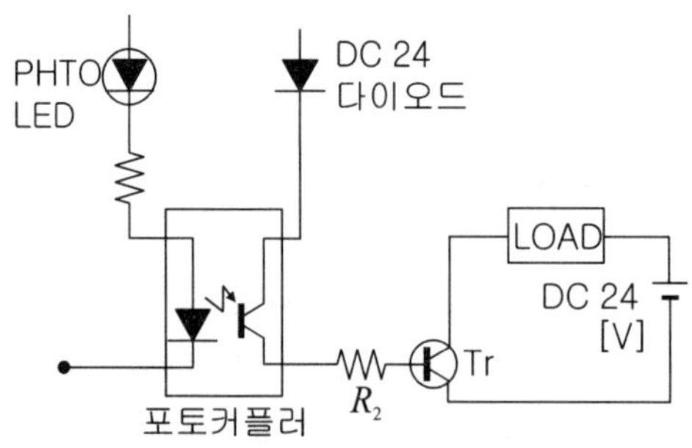

그림 1-7 PLC 출력회로

입력부와 출력부의 조건으로는

① 외부기기와 접속이 용이해야 한다.
② 외부기기와 전기적 규격이 일치해야 한다.
③ 외부기기로부터 CPU로 전달되는 노이즈를 필터와 인터페이스 회로 등으로 차단할 수 있어야 한다.
④ PLC 내부전원은 TTL수준(DC +5[V])으로 입력부나 출력부의 전압과 레벨이 다르다. 전압레벨이 다른 입력부나 출력부와 내부전원과의 인터페이스를 잘 맞춰서 구성하는 것이, 시스템 안정에 결정적인 요인으로 작용한다.

입력과 출력의 각 접점의 상태는 LED로 표시되고, 다음은 I/O(입력부/출력부)의 구성을 표시한 것이다.

표 1-8

I/O	구 분	PLC	부착 장소
입력부	조작입력(Switch)	각종 스위치	제어반과 조작반
	검출입력(Sensor)	각종 센서	기계장치
출력부	경보출력(Alarm)	램프, 버저	제어반과 조작반
	구동출력(Actuator)	전자밸브, 전자 브레이크, 전자 개폐기	기계장치

출력소자는 CPU에서 연산된 신호를 외부의 출력기기(솔레노이드 밸브, 모터 등)로 전달하는 장치로, 구성 소자에 따라 릴레이 출력, 트랜지스터 출력, SSR 출력으로 구분할 수 있다. 릴레이 출력은 접점의 기계적, 전기적 수명의 한계 때문에 접점의 개폐가 빈번할 경우, 무접점 출력을 사용하는 것이 좋다.

출력소자는 다음과 같이 구분 할 수 있다.

표 1-9

출력신호	개폐 소자	
	유접점(기계적 접점)	무접점(전기적 접점)
직류(DC)	릴레이	트랜지스터
교류(AC)	릴레이	SSR

(1) 릴레이 출력

① 개념 : 유접점 계전기(Electric Relay)방식의 출력으로 소용량 부하는 직접연결이 가능하고, 교육용으로 적합하다.

② 장점 : AC와 DC 전원의 모든 부하에 사용이 가능하다. 유접점(기계적 접점)으로 구성되고 부하의 직접 출력이 가능하다.

③ 단점

· 기계적 수명의 한계로 개폐빈도가 적은 곳에 적합하다.

· 출력보조기기로 쓰이는 릴레이는 전자석과 스프링의 원리를 이용하여 접점을 개폐하는 전기기기이다.

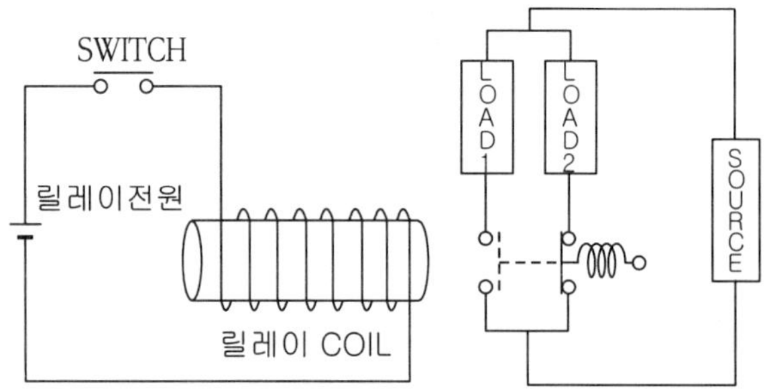

그림 1-8 릴레이의 구조

(2) 트랜지스터 출력

① 개념 : 트랜지스터와 같은 반도체를 이용한 무접점출력 방식으로 DC 전원부하의 전용이다.

② 장점 : 유접점 릴레이를 통해 간접출력을 할 수 있다. 반도체 접점으로 구성되어 개폐빈도가 많은 곳에 적합하다.

③ 단점 : 무접점(전기적 접점)으로 부하의 직접 출력이 불가능하다.

(3) SSR 출력

① 개념 : SSR(Solid State Relay)은 TRIAC 등과 같은 전력용 반도체 제어소자를 이용한 무접점 출력방식으로 AC 전원부하의 전용이다.

② 장점 : 무접점(전기적 접점)으로 개폐빈도가 많은 곳에 적합하다.

③ 단점 : 유지보수에 어려움이 따를 수 있다.

1.3.3 전원부

각 구성모듈에 동작전원을 공급하는 부분인데 PLC 내부전원은 TTL수준(DC +5[V])으로 입/출력부와 상이한 전압 레벨이므로 주의해야 한다. 보통 입/출력부는 보통 DC 24[V], AC 110[V], AC 220[V]이다.

* TTL(Transistor Transistor Logic) : 트랜지스터로 구성한 논리회로이며, 구동 전류는 5[V]수준이다.

1.3.4 주변장치

사용자가 작성한 프로그램을 기록하고 저장하는 기기이다.

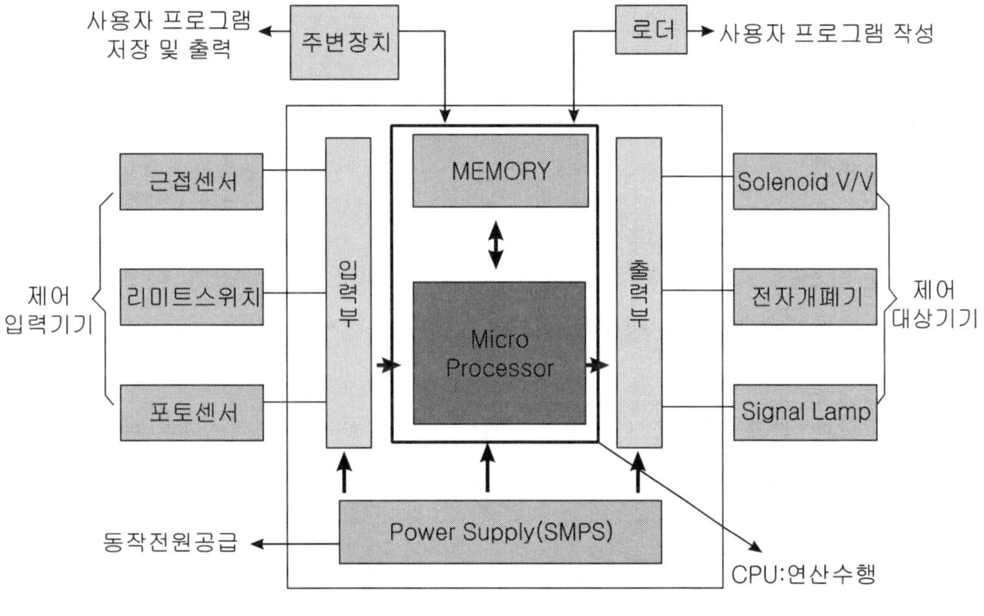

그림 1-9 PLC 하드웨어

1.3.5 PLC 형명 부여기준

(1) GM Series

같은 종류의 GLOFA PLC라도 기종에 따라 GM1/GM2/GM3/GM4…와 같이 성능이나 장치의 형태에 차이가 있다. 그 구분을 할 수 있는 것이 PLC 형명의 부여기준에 따른 구분이며, 이것은 PLC 시스템을 구성하는데 알고 있어야 할 필수적인 요소이다.

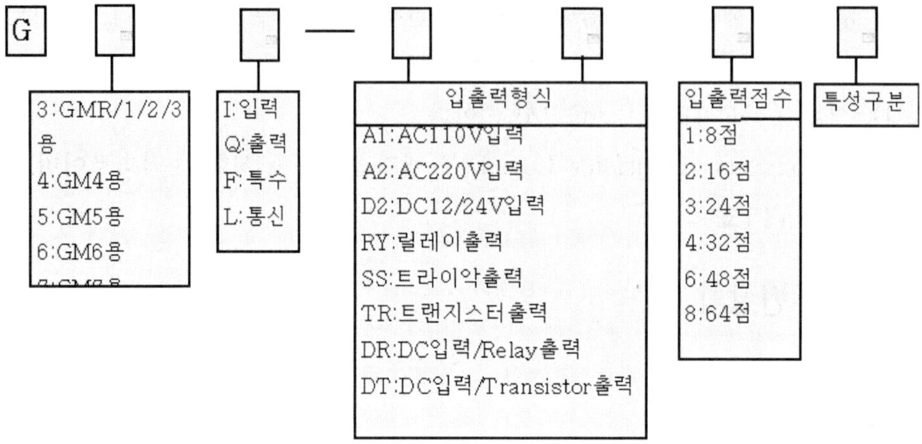

그림 1-10

첫 번째 박스의 G는 GLOFA-GM Series PLC를 총칭한다.

두 번째 박스의 각 숫자는 GLOFA-GM의 기종을 나타내고, 현재까지 GM7까지 나와 있다.

세 번째 박스는 구성 유니트의 종류를 나타내고, 네 번째 박스와 다섯 번째 박스는 전원방식에 의한 입출력 형식을 나타내며, 여섯 번째 박스는 입출력점수를 나타낸다.

마지막 일곱 번째 박스는 GLOFA-GM의 CPU 종류이고, GM4의 CPU에는 A, B, C 세 종류가 있는데 해당모듈의 성능에 따라 다르게 나타낸다. 기본 타입은 A이다.

아래의 형명 기호를 보고 기호가 나타내는 의미를 기술해 보자.

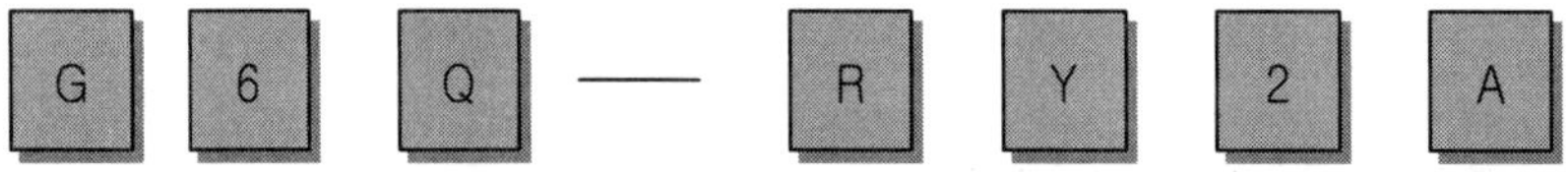

G6 : GLOFA PLC GM6 기종　　Q : 출력모듈

RY : 출력종류는 릴레이 출력　　2 : 출력점수 16점

A : A형 CPU(기본형)

형명 (G6Q-RY2A)은 GM6의 A형 CPU에서 사용가능한 릴레이 출력 모듈로써, 16접점을 가지고 있음을 나타낸다.

그림 1-11

배선이란 원하는 제어신호를 주고받기 위해 전선을 이용하여 단자 상호간을 연결하는 것이다. PLC의 입력모듈과 출력모듈은 입력모듈과 출력모듈의 형태와 종류에 따라 전원등과의 배선형태가 달라지므로 유의해야 한다.

(2) XGB-XBC Type 형명 부여기준

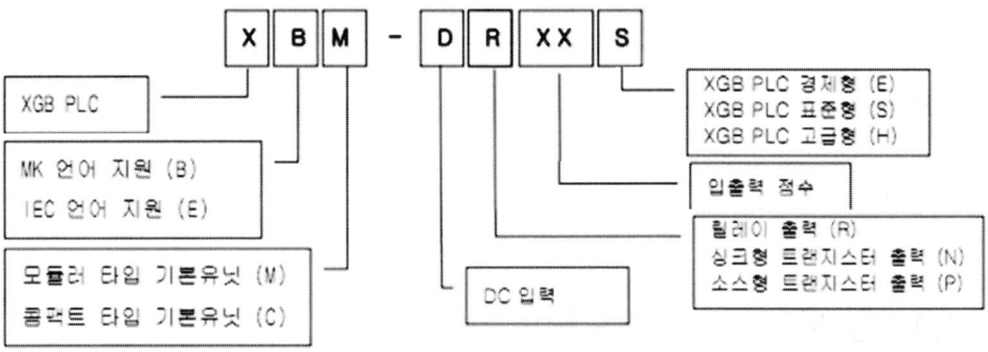

(3) XGT-XGK Type 형명 부여기준

(가) 입력모듈

규격	DC입력							AC입력		
형명	XGI-D21A	XGI-D22A	XGI-D22B	XGI-D24A	XGI-D24B	XGI-D28A	XGI-D28B	XGI-A12A	XGI-A21A	XGI-A21C
입력점수	8점	16점		32점		64점		16점	8점	8점
정격입력전압	DC24V							AC100~120V	AC100~240V	AC100~240V
정격입력전류	4mA							8mA	17mA	17mA
On전압/전류	DC19V이상 / 3mA이상							AC80V이상 /5mA이상	AC80V이상 /5mA이상	AC80V이상 /5mA이하
Off전압/전류	DC11V이하 / 1.7mA이하							AC30V이하 /1mA이하	AC30V이하 /2mA이하	AC30V이상 /1mA이하
응답시간 Off→On	1ms/3ms/5ms/10ms/20ms/70ms/100ms(I/O 파라미터에서 설정, 초기값:3ms)							15ms이하		
응답시간 On→Off	1ms/3ms/5ms/10ms/20ms/70ms/100ms(I/O 파라미터에서 설정, 초기값:3ms)							25ms이하		
공통(COM)방식	8점/1COM	16점/1COM		32점/1COM				16점/1COM	8점/1COM	1점/1COM
절연방식	포토커플러							포토커플러		
소비전류 (mA)	20	30		50		60		30	20	20
중량 (kg)	0.1	0.12		0.1		0.15		0.13	0.13	0.13

※ XGI-xxxA: 소스/싱크타입 XGI-xxxB: 소스타입

(나) 출력모듈

규 격		릴레이			트랜지스터							트라이액
형명		XGQ-RY1A	XGQ-RY2A	XGQ-RY2B	XGQ-TR1C	XGQ-TR2A	XGQ-TR2B	XGQ-TR4A	XGQ-TR4B	XGQ-TR8A	XGQ-TR8B	XGQ-SS2A
출력점수		8점	16점		8점	16점		32점		64점		16점
정격부하전압		DC12/24V, AC110/220V			DC12/24V							AC110/220V
정격입력 전류	1점	2A			2A	0.5A		0.1A				0.6A
	공통	5A			-	4A		2A				4A
응답 시간	Off→On	10ms이하			3ms이하	1ms이하						1ms 이하
	On→Off	12ms이하			10ms이하	1ms이하						0.5Cycle+1 ms이하
공통(COM)방식		1점/1COM	16점/1COM		1점/1COM	16점/1COM		32점/1COM				16점/1COM
절연방식		릴레이			포토커플러							포토커플러
소비전류 (mA)		260	500		100	70		130		230		300
중량 (kg)		0.13	0.17	0.19	0.11	0.11		0.1		0.15		0.2
서지킬러		-		바리스터	제너다이오드							바리스터
외부공급전원		-			-	DC 12/24V						-

※ XGQ-RY2A: 서지킬러 미장착 XGQ-RY2B: 서지킬러 내장
※ XGQ-TRxA: 싱크타입 XGQ-TRxB: 소스타입

1.4 입력모듈과 출력모듈의 배선

1.4.1 입력모듈의 배선

입력모듈이란 검출된 입력신호를 연산하기 위해 CPU로 전달하는 장치이다. 입력신호에 따라 직류입력과 교류입력으로 구분한다.

(1) 직류(DC) 입력

(가) 직류 입력모듈의 배선방법

① (+), (−)의 극성에 유의하여 배선해야 한다.
② Sink(싱크) 입력은 (−)COM으로 배선한다.
③ Source(소스) 입력은 (+)COM으로 배선한다.
④ Sink/Source(싱크/소스) 동시입력은 극성과 무관하게 배선한다.

배선방법은 별도로 정해져 있는 것이 아니라 모듈타입에 따라 전원의 극성을 달리 배선한다.

(나) 직류 입력모듈별 배선방법

입력모듈의 형식에 따라 싱크 입력, 소스 입력, 싱크 및 소스 입력으로 나눌 수 있다. 입력모듈의 형식에 따른 배선방법을 회로도를 통해 자세히 살펴보자.

① 싱크(Sink)입력 : 전류의 방향이 입력기기(스위치 등)에서 입력모듈로 향한다. 그림과 같은 구성도에서 COM의 전기극성이 부(−)이다.

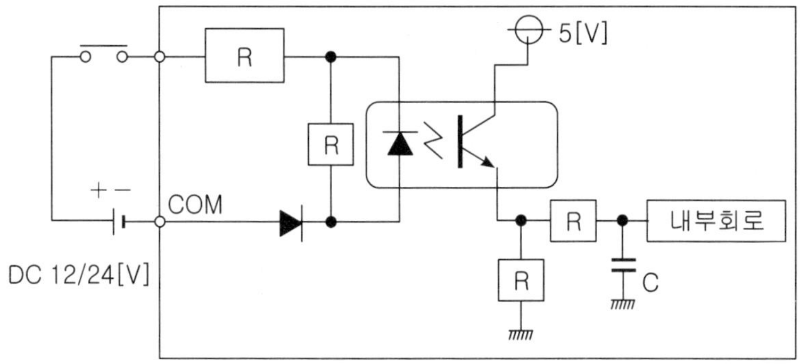

그림 1-12 싱크타입 직류입력 모듈 회로도

② 소스(Source)입력 : 전류의 방향이 입력모듈에서 입력기기(스위치 등)로 향한다. 그림과 같은 구성도에서 COM의 전기극성이 정(+)이다.

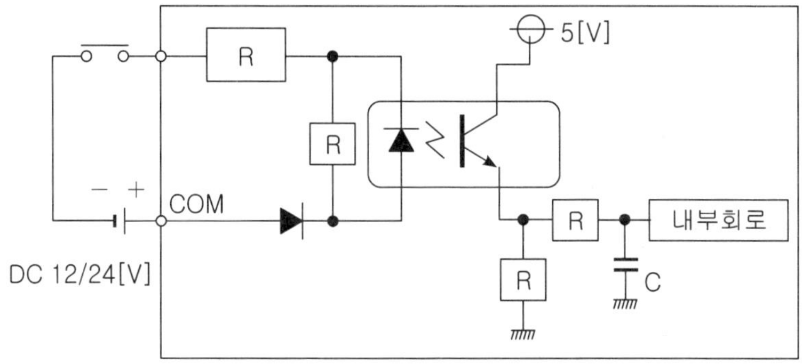

그림 1-13 소스타입 직류입력 모듈 회로도

③ 싱크 및 소스 입력 : 싱크 입력은 (−)COM으로 설정하고, 소스 입력은 (+)COM으로 설정하여 싱크와 소스를 동시 입력하면 (+)COM과 (−)COM 모두 싱크와 소스로 사용이 가능하다.

센서를 통한 외부입력 : 센서가 외부입력을 검출하면 접점이 ON으로 된다.

※SINK AND SOURCE TYPE의 PHOTO COUPLER의 구성은 다음과 같다.

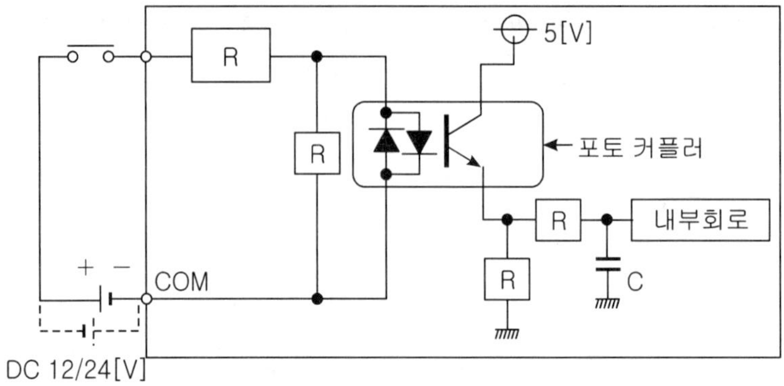

그림 1-14 싱크 소스타입 직류입력 모듈 회로도

(다) 직류 소스 및 싱크 타입의 외부접속도

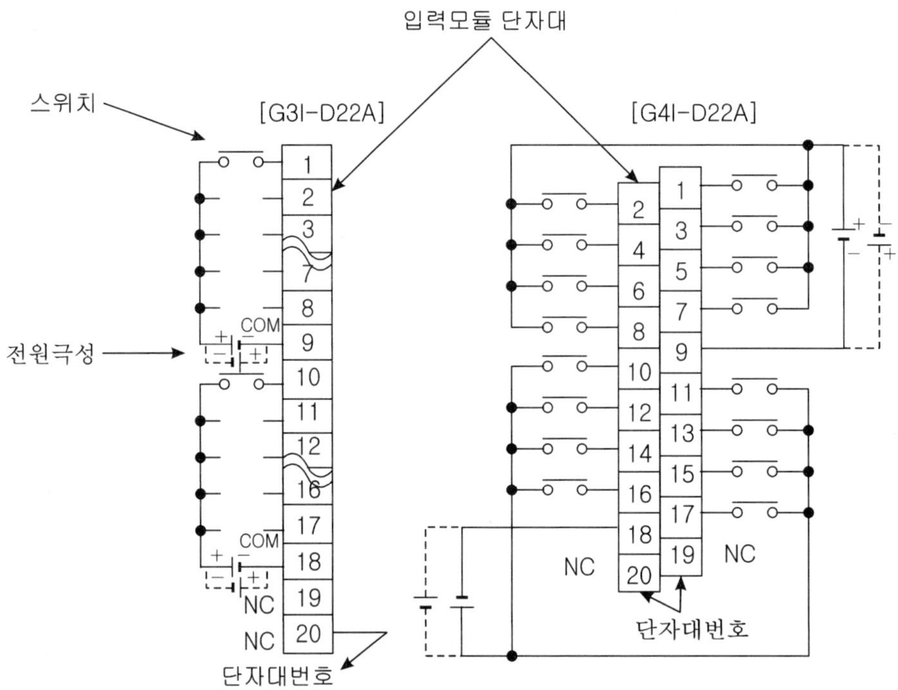

그림 1-15 직류입력 모듈 배선도

(2) 교류(AC) 입력

(가) 교류 입력의 회로도

교류입력은 +와 −의 극성 구분이 없어 사용자가 편리하게 사용 할 수 있으나, 전압이 높아 위험도는 증가하므로 사용상 감전 등에 유의해야 한다.

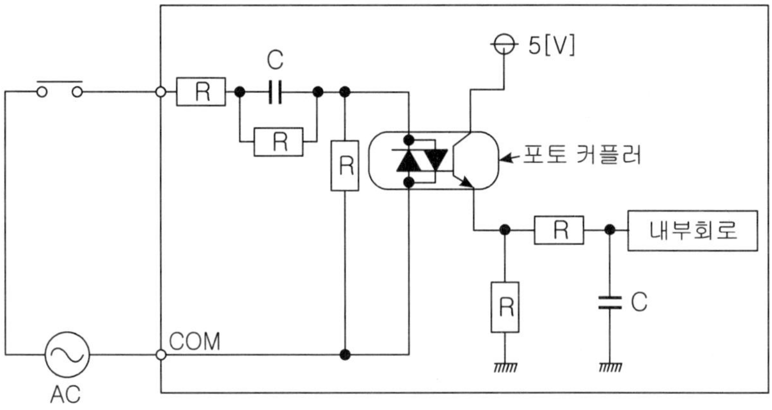

그림 1-16 교류입력 모듈 회로도

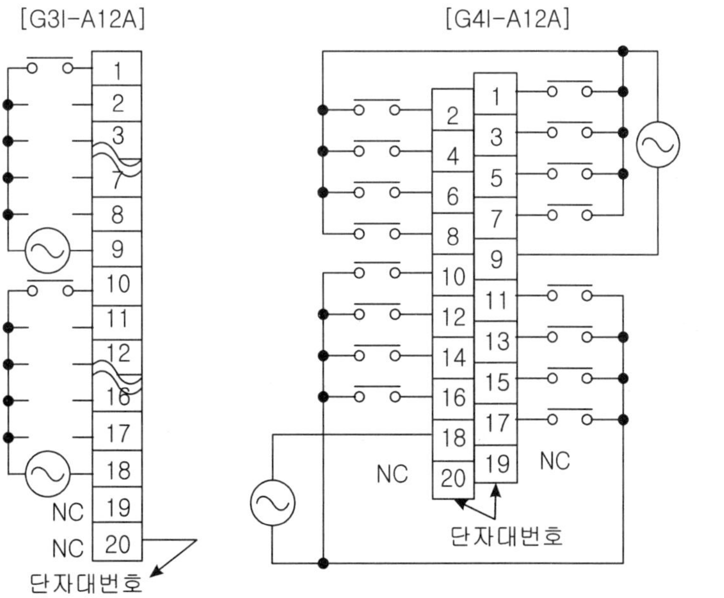

그림 1-17 교류입력 모듈 배선도

PLC의 외부접속도는 입력모듈 및 출력모듈과 PLC외부의 입력기기 및 출력기기를 전선으로 연결하여 PLC의 내부와 외부로 신호를 입력하고 출력하는 Diagram이므로, PLC 하드웨어 제작사에서 제공하는 카달로그 등을 참고하여 정확히 배선해야 한다.

1.4.2 출력모듈의 배선

출력모듈은 PLC의 CPU에서 연산된 신호를 전동기와 솔레노이드밸브 등의 출력기기로 전달하는 장치이다. 출력모듈의 배선방법에 따라 릴레이 출력모듈의 배선, 트랜지스터 출력모듈의 배선, SSR 출력모듈의 배선으로 나눈다.

(1) 릴레이 출력모듈의 배선

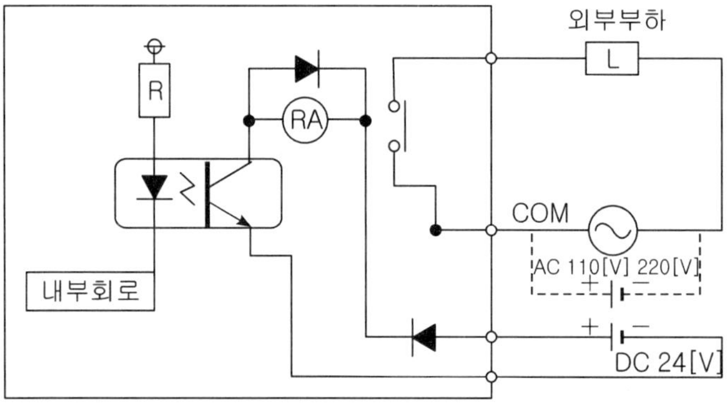

· RA : RELAY COIL

그림 1-18

(2) 릴레이 출력모듈의 외부 접속도

릴레이 출력모듈은 직류의 Sink/Source타입과 교류용으로, 모든 타입에 적용할 수 있으므로 +와 −의 전극에 무관하다. 단, 교류는 보통 220[V]까지 사용된다.

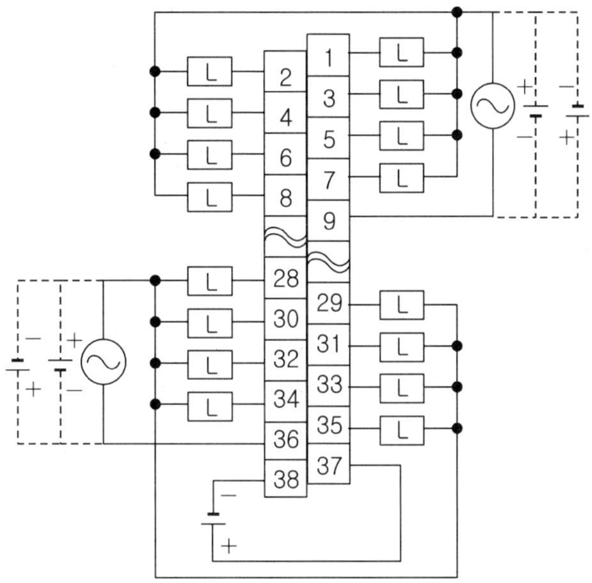

· L : LOAD(부하)

그림 1-19

(3) 트랜지스터 출력모듈의 배선

트랜지스터 출력모듈의 배선 방법은 다음과 같다.

① (+), (−)의 극성에 유의하여 배선해야 한다.

② Sink출력은 (−)COM으로 배선하고, Source출력은 (+)COM으로 배선한다.

③ Sink타입은 (+)전원신호가 외부부하를 거쳐 TR로 유입되고, Source타입은 +전원신호가 TR로 유입한 후 외부부하를 거쳐 나온다.

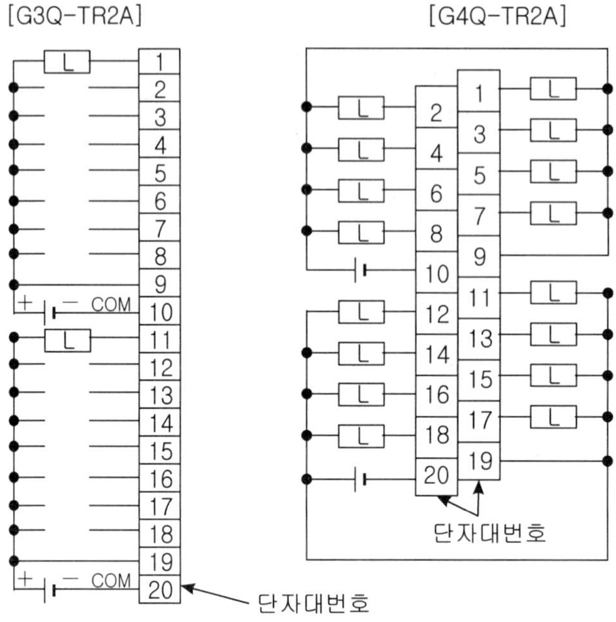

그림 1-20

(4) SSR 출력모듈의 배선

다음은 SSR(Solid State Relay) 타입의 출력모듈 배선도로 TRIAC 등과 같은 전력용 반도체 제어소자를 이용한 무접점 출력방식이며, AC 전원부하의 전용이다. 무접점(전기적 접점)으로 개폐빈도가 많은 곳에 적합하며 반영구적이다.

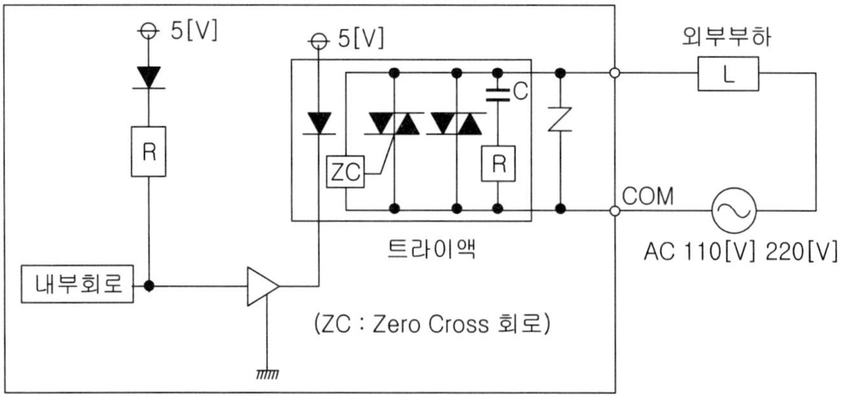

그림 1-21

Zero cross(감지회로)는 교류신호로 입력을 하고 이를 동기화시켜 디지털 신호를 생성하는 회로이다.

1.5 PLC 소프트웨어의 구조

1.5.1 PLC 소프트웨어란

PLC 소프트웨어는 현장설비를 효과적으로 제어 할 수 있는 역할을 수행하며, 기존의 relay제어 개념과 동일하고 종류에는 GMWIN, KGLWIN 등이 있다.

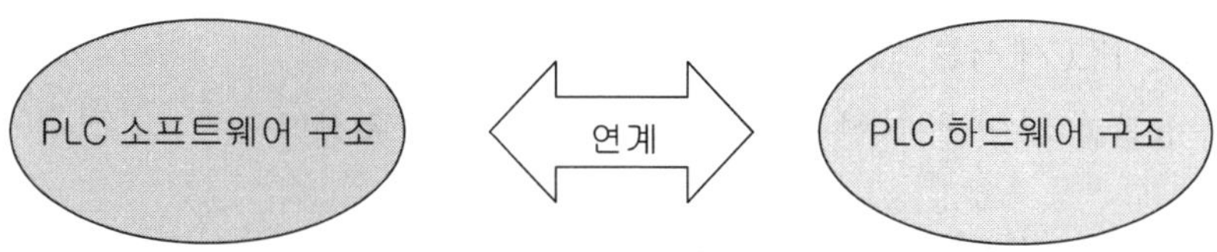

그림 1-22

(1) PLC의 소프트웨어(PROGRAMMING TOOL)의 종류

PLC의 소프트웨어는 기본 기능이나 구조는 유사하나 PLC 종류에 따라 별도의 소프트웨어가 있다.

· GMWIN(LS산전 : 한국)
· KGLWIN(LS산전 : 한국)
· XG5000(LS산전 : 한국)
· WINFPST(삼성전자 : 한국)
· WINGPC(삼성전자 : 한국)
· SIMATIC MANAGER(SIEMENS : 독일)
· RSLogic500(AB : 미국)
· FXGP_WIN(Mitsubishi : 일본)

1.5.2 접점의 종류

(1) a접점

작동하는 접점(arbeit contact 약자 a로 표시)을 말하며, make접점이라고도 한다. 항상 열려(OFF) 있다가 외부에서 힘을 가하면 닫히는(ON) 접점이다.

즉, ON조작을 하면 닫히고, OFF조작을 하면 열리는 접점이다.

(2) b접점

끊기는 접점(break contact 약자 b로 표시)을 말하며, 브레이크 접점이라고도 한다. 항상 닫혀(ON) 있다가 외부에서 힘을 가하면 열리는(OFF) 접점이다.

즉, ON조작을 하면 열리고, OFF조작을 하면 닫히는 접점이다.

(3) c접점

전환하는 접점(change-over contact 약자 c로 표시)을 말하며, 트랜스퍼 접점이라고도 한다. PLC에서는 없다.

a접점과 b접점 사이에서 한 쪽의 가동 접점부를 공유한다.

1.5.3 하드 와이어드와 소프트 와이어드

종래의 릴레이 제어 방식은 일의 순서를 회로도에 전개하여 그곳에 필요한 제어기기를 결합하여 전선으로 배선을 해서 요구하는 동작을 실현한다. 이 같은 방식을 하드 와어어드 로직(hardwired logic)이라고 한다. 하드 와이어드 로직 방식에서는 하드(기기)와 소프트가 한 쌍이 되어 있어 사양이 변경되면 하드와 소프트를 모두 변경해야 하므로, 이것이 갖가지 문제를 발생시키는 원인이 된다. 따라서, 하드와 소프트를 분리하는 연구 끝에 컴퓨터 방식이 개발되었다.

컴퓨터는 하드웨어(hardware)만으로는 동작할 수 없다. 하드웨어 속에 있는 기억장치에 일의 순서를 넣어야만 기대되는 일을 할 수가 있다. 이 일의 순서를 프로그램이라 하며 기억 장치인 이 메모리에 일의 순서를 넣는 작업을 프로그래밍이라 한다. 이는 마치 배선작업과 같다고 생각하면 된다. 이 방식을 소프트 와이어드 로직(softwired logic)이라 하며 PLC는 이 방식을 취하고 있다.

1.5.4 릴레이 시퀀스와 PLC 프로그램 차이점

PLC는 LSI 등의 전자 부품의 집합으로 릴레이 시퀀스와 같은 접점이나 코일은 존재하지 않으며 접점이나 코일을 연결하는 동작은 소프트웨어로 처리되므로 실제로 눈에 보이는 것이 아니다. 또, 동작도 코일이 여자되면 접점이 닫혀 회로가 활성화되는 릴레이 시퀀스와는 달리 메모리에 프로그램을 기억시켜 놓고 순차적으로 내용을 읽어서 그 내용에 따라 동작하는 방식이다. PLC 제어는 프로그램의 내용에 의하여 좌우된다. 따라서 사용자는 자유자재로 원하는 제어를 할 수 있도록 프로그램의 작성능력이 요구된다.

(1) 직렬처리와 병렬처리

PLC 시퀀스와 릴레이 시퀀스의 가장 근본적인 차이점은 그림에 나타낸 것과 같이 "직렬처리와 병렬처리"라는 동작상의 차이에 있다. PLC는 메모리에 있는 프로그램을 순차적으로 연산하는 직렬처리방식이고 릴레이 시퀀스는 여러 회로가 전기적인 신호에 의해 동시에 동작하는 병렬처리방식이다. 따라서 PLC는 어느 한 순간을 포착해 보면 한 가지 일 밖에 하지 않는다. 먼저 그림의 시퀀스도로 PLC 와 릴레이의 동작상의 차이점을 설명한다.

릴레이 시퀀스에서는 전원이 투입되어 접점 A와 B, 그리고 접점 D와 E가 동시에 닫히면, 출력 C와 F는 동작하고 어느 한쪽이 빠를수록 먼저 동작한다. 이에 비하면 PLC는 연산 순서에 따라 C가 먼저 출력되고 다음에 F가 출력된다.

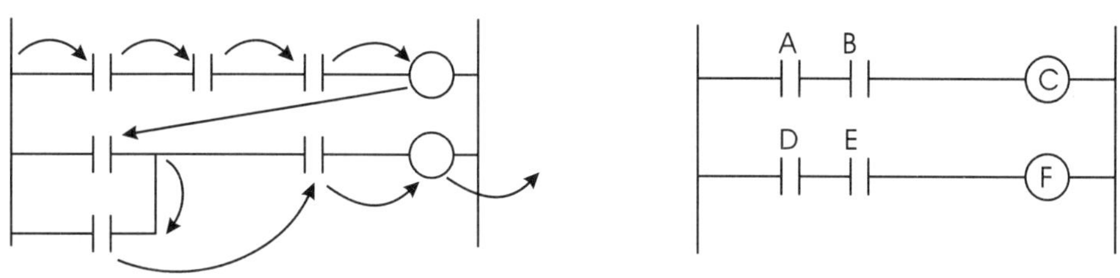

(a) 직렬처리방식

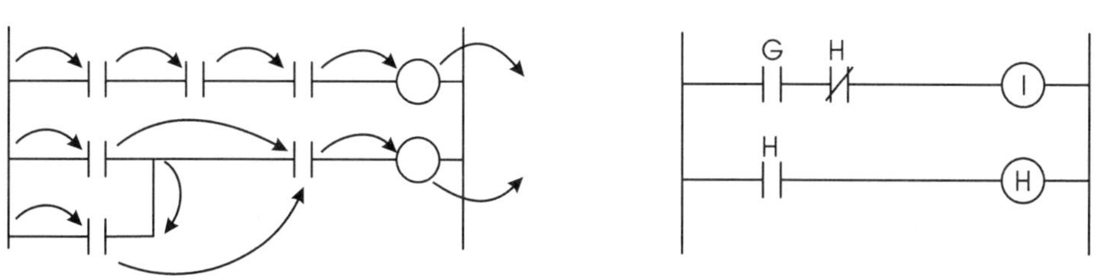

(b) 병렬처리방식

그림 1-23 시퀀스의 연산처리방식

PLC와 릴레이의 동작상의 차이점을 그림의 경우에서 살펴보면 먼저 릴레이 시퀀스에서는 전원이 투입되면 접점 J가 닫힘과 동시에 H가 동작되어 출력 I는 동작될 수 없다. PLC는 직렬연산처리 되므로 최초의 연산 때 G가 닫히면 I가 출력되고

J가 닫히면 H가 출력된다. 두 번째 연산 때 비로소 최초의 연산 때 출력된 H 에 의해서 I의 출력이 해제된다.

(2) 사용 접점수의 제한

릴레이는 일반적으로 개당 가질 수 있는 접점수에 한계가 있다. 따라서 릴레이 시퀀스를 작성할 때에는 가능한 한 접점수를 절약해야 한다. 이에 비하여 PLC는 동일 접점에 대하여 사용 횟수에 제한을 받지 않는다. 이는 동일 접점에 대한 정보(ON/OFF)를 정해진 메모리에 저장해 놓고 연산할 때 메모리에 있는 정보를 읽어서 처리하기 때문이다.

(3) 접점이나 코일 위치의 제한

PLC 시퀀스에는 릴레이 시퀀스에는 없는 약속 사항이 있다. 그 하나는 코일 이후 접점을 금지하는 사항이다. PLC 시퀀스에서는 코일을 반드시 오른쪽 모선에 붙여서 작성해야 한다. 그 밖에 PLC 시퀀스에서는 항상 신호가 왼쪽에서 오른쪽으로 전달되도록 구성되어 있다. 따라서 PLC 시퀀스는 릴레이 시퀀스와는 다르게 오른쪽에서 왼쪽으로 흐르는 회로나, 상하로 흐르는 회로 구성을 금지하고 있다.

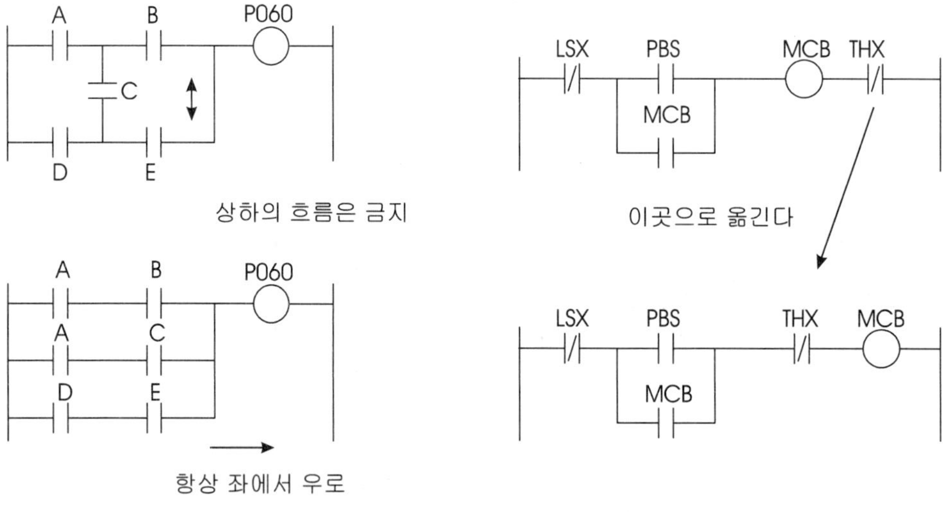

그림 1-24 PLC 시퀀스의 약속

第二章(제2장) 教學相長(교학상장)

玉不琢(옥불탁) :

아무리 아름답고 값진 옥석이라도 다듬지 않는다면.(琢 : 쫄/다듬을/꾸밀)

不成器(불성기) :

아름답고 그윽한 그릇(보석)이 될 수 없는 것이다.

人不學(인불학) :

아무리 잘나고 뛰어난 재주를 가진 사람이라도 배우지 않는다면,

不知道(불지도) :

사람으로서 가야할 길, 즉 인류를 행복하게 하고 만물을 생장할 수 있는 도(길)를 알지 못한다.

是故古之王者建國君民(시고고지왕자건국군민) :

이러한 고로, 옛날 일국의 왕자로 태어나 나라를 세우고 군왕으로 등극하여 만백성들의 지도자가 되려는 자는,

教學爲先(교학위선) :

반드시 가르치고 배우는 것을 최우선으로 하였다.

兌命曰(열명왈) :

열명에 이르기를(열명 : 書經 商書의 篇名, 후세君主들에게 治道의 모범을 언급)

念終始典于學(염종시전우학) :

"만사만물은 시작과 끝이 있음을 염두에 두고 일평생 가르치고 배우기에 힘써야 한다." 라고 했으니

其此之謂乎(기차지위호)! :

이것은 聖君이 되어서 훌륭한 나라를 세우고 태평성대를 구가하려

면, 무엇보다 教學에 힘썼다는 말씀이었을 것이다!

※ 有敎無類(유교무류)! : 이상적인 교육체제. To teach is to learn! 배움과 가르침은 가역적이다. 教學은 학생과 스승간의 신뢰구축과 의사소통이고, 정치는 친민(親民)이며 치자와 피치자간의 신뢰구축과 의사소통이다. 치자들은 무엇보다 약자를 우선하고, 빈자(貧者)와 병자(病者)를 구제하는 것으로 근본을 삼고 힘써야 한다.

제**2**장

기 능

2.1 성능 규격

표준형 CPU모듈(XGK-CPUE/S)과 고급형 CPU모듈(XGK-CPUA/H/U)의 성능 규격이다.

표 2-1

<table>
<tr><th colspan="2" rowspan="2">항 목</th><th colspan="5">규 격</th><th rowspan="2">비 고</th></tr>
<tr><th>XGK-CPUE</th><th>XGK-CPUS</th><th>XGK-CPUA</th><th>XGK-CPUH</th><th>XGK-CPUU</th></tr>
<tr><td colspan="2">연산 방식</td><td colspan="5">반복연산, 정주기 연산, 고정주기 스캔</td><td></td></tr>
<tr><td colspan="2">입출력 제어 방식</td><td colspan="5">스캔동기 일괄처리 방식(리프레시 방식),
명령어에 의한 다이렉트 방식</td><td></td></tr>
<tr><td colspan="2">프로그램 언어</td><td colspan="5">래더 다이어그램(Ladder Diagram)
명령 리스트(Instruction List)
SFC(Sequential Function Chart)
ST(Structured Text)</td><td></td></tr>
<tr><td rowspan="2">명령어 수</td><td>기본명령</td><td colspan="5">40개</td><td></td></tr>
<tr><td>응용명령</td><td colspan="5">232종 717개</td><td></td></tr>
<tr><td rowspan="3">연산처리 속도 (기본명령)</td><td>LD</td><td colspan="2">0.084[μs]/Step</td><td colspan="3">0.028[μs]/Step</td><td></td></tr>
<tr><td>MOV</td><td colspan="2">0.252[μs]/Step</td><td colspan="3">0.084[μs]/Step</td><td></td></tr>
<tr><td>실수연산</td><td colspan="2">±: 1.442[μs](S), 2.87[μs](D)
×: 1.948[μs](S), 4.188[μs](D)
÷: 1.974[μs](S), 4.2[μs](D)</td><td colspan="3">±: 0.602[μs](S), 1.078[μs](D)
×: 1.106[μs](S), 2.394[μs](D)
÷: 1.134[μs](S), 2.66[μs](D)</td><td>S: 단장
D: 배장</td></tr>
<tr><td colspan="2">프로그램 메모리 용량</td><td>16kstep</td><td>32kstep</td><td>32kstep</td><td>64kstep</td><td>128kstep</td><td></td></tr>
<tr><td colspan="2">입출력 점수(설치가능)</td><td>1,536점</td><td>3,072점</td><td>3,072점</td><td colspan="2">6,144점</td><td></td></tr>
</table>

항 목		규 격					비 고
		XGK-CPUE	XGK-CPUS	XGK-CPUA	XGK-CPUH	XGK-CPUU	
데이터 영역	P	P00000~P2047F(32,768점)					
	M	M00000~M2047F(32,768점)					
	K	K00000~K2047F(32,768점)					
	L	L00000~L11263F(180,224점)					
	F	F00000~F2047F(32,768점)					
	T	100[ms] : T0000-T0999 10[ms] : T1000-T1499 1[ms] : T1500-T1999 0.1[ms] : T2000-T2047					파라미터 설정에 의해 영역 변경이 가능함
	C	C0000~C2047					
	S	S00.00~S127.99					
	D	D0000~D19,999		D0000~D32,767			
	U	U0.0~U1F.31	U0.0~U3F.31	U0.0~U3F.31	U0.0~U7F.31		특수모듈 데이터 리프레시 영역
	Z	128점					인덱스
	N	N00000~N21,503					
	R	1블록		2블록			1블록당 32K 워드 (R0~R32767)
플래시 영역		2[Mbyte], 32블록					R 디바이스를 이용해서 제어 가능
프로그램 구성	총 프로그램 수	256개					
	초기화 태스크	1개					
	정주기 태스크	32개					
	내부 디바이스 태스크	32개					
운전모드		RUN, STOP, DEBUG					
자기진단 기능		연산지연감시, 메모리 이상, 입출력 이상, 배터리 이상, 전원이상 등					
프로그램 포트		RS-232C(1CH), USB(1CH)					RS-232C 포트로 Modbus slave 지원
정전시 데이터 보존방법		기본 파라미터에서 래치영역 설정					
최대 베이스 확장		2단	4단	6단	8단		총연장 15[m]
내부 소비 전류		940[mA]		960[mA]			
중량		0.12[kg]					

XGB시리즈 표준형 기본유닛(XBM-DR16S, XBM-DN16S, XBM-DN32S)의 성능규격이다.

표 2-2

항 목		규 격			비 고
		XBM-DR16S	XBM-DN16S	XBM-DN32S	
연산 방식		반복연산, 정주기 연산, 인터럽트 연산, 고정주기 스캔			
입출력 제어 방식		스캔동기 일괄처리 방식(리프레시 방식), 명령어에 의한 다이렉트 방식			
프로그램 언어		래더 다이어그램(Ladder Diagram) 명령 리스트(Instruction List) SFC(Sequential Function Chart) ST(Structured Text)			
명령어 수	기본명령	28종			
	응용명령	677종			
연산속도(기본명령)		0.16[μs]/Step			
프로그램 메모리 용량		10ksteps			
최대 입출력 점수		480점(기본+증설 7단)			
데이터 영역	P	P0000~P127F(2,048점)			
	M	M0000~M255F(4,096점)			
	K	K00000~K2559F(특수 영역 : K2600~2559F)(40,960점)			
	L	L00000~L1279F(20,480점)			
	F	F000~F255F(4,096점)			
	T	100[ms], 10[ms], 1[ms] : T000~T255 (파라미터 설정에 의해 영역 변경이 가능함)			
	C	C000~C255			
	S	S00.00~S127.99			
	D	D0000~D5119(5120워드)			워드
	U	U00.00~U07.31(아날로그 데이터 리프레시 영역 : 256워드)			워드
	Z	Z000~Z127(128워드)			워드
	N	N0000~N3935(3936워드)			워드
총 프로그램 수		125개			
초기화 태스크		1개(_INT)			
정주기 태스크		최대 8개			
외부 접점 태스크		최대 8개			
내부 디바이스 태스크		최대 8개			
운전 모드		RUN, STOP, DEBUG			
자기 진단 기능		연산 지연 감시, 메모리 이상, 입출력 이상			
프로그램 포트		RS-232C(Loader), RS-232C, RS-485			
정전시 데이터 보존방법		기본 파라미터에서 래치 영역 설정			
내부 소비 전류		400[mA]	240[mA]	300[mA]	
중 량		140[g]	100[g]	110[g]	

표 2-3

항 목			규 격 XBM-DxxxS	비 고
내장 기능	PID 제어기능		명령어에 의한 제어, 오토 튜닝, PWM 출력 기능 강제 출력, 연산 스캔시간 설정, Anti Windup Delta MV 기능, SV-Ramp 기능	
	Cnet I/F 기능		전용 프로토콜 지원 모드버스 프로토콜 지원 사용자 정의 프로토콜 지원 } RS-232C 1포트, RS-485 1포트	
	고속 카운터 기능	성능	1상 : 20[kHz] 4채널 2상 : 10[kHz] 2채널	
		카운터 모드	입력 펄스와 가·감산 방식에 따라 4가지의 카운터 모드 지원 • 1상 펄스 입력시 가·감산 카운터 • 1상 펄스 입력시 B상 입력에 의한 가·감산 카운터 • 2상 펄스 입력시 가·감산 펄스 입력 카운터 • 2상 펄스 입력시 위상차에 의한 가·감산 카운터	
		부가 기능	• 내부/외부 프리셋 기능 • 래치 카운터 기능 • 비교 출력 기능 • 단위시간당 회전수 기능	
	위치 결정 기능	기본 기능	제어축수 : 2축 제어방식 : 위치/속도제어 제어단위 : 펄스 위치 결정 데이터 : 각 축마다 30개 데이터 선택 (운전 스텝 번호 : 1~30) 운전 모드 : 종료, 계속, 연속운전 운전 방식 : 단독, 반복운전	TR 출력 타입 지원
		위치 결정	위치 결정 방식 : 절대(Absolute) 방식/상대(Incremental) 방식 위치 어드레스 범위 : -2,147,483,648~2,147,483,647 속도 : 최대 100[kpps](설정 속도 범위 : 1~100,000[pps] 가/감속 처리(운전 패턴 : 사다리꼴 방식)	
		원점 복귀 방법	근사 원점 신호(Off)와 원점 신호에 의한 방법 근사 원점 신호(On)와 원점 신호에 의한 방법 근사 원점 신호에 의한 방법	
		조그 운전	설정 속도 범위 : 1 ~ 100,000[pps](고속/저속)	
		부가 기능	인칭운전, 속도동기운전, 위치동기운전, 직선보간운전 등	
	펄스 캐치		펄스폭 : 50[㎲] 8점(P0000~P0007)	
	외부접점 인터럽트		펄스폭 : 50[㎲] 8점(P0000~P0007)	
	입력 필터		1, 3, 5, 10, 20, 70, 100[ms] 중 선택(모듈별 선택 가능)	

2.2 데이터의 종류 및 사용방법

2.2.1 데이터의 종류

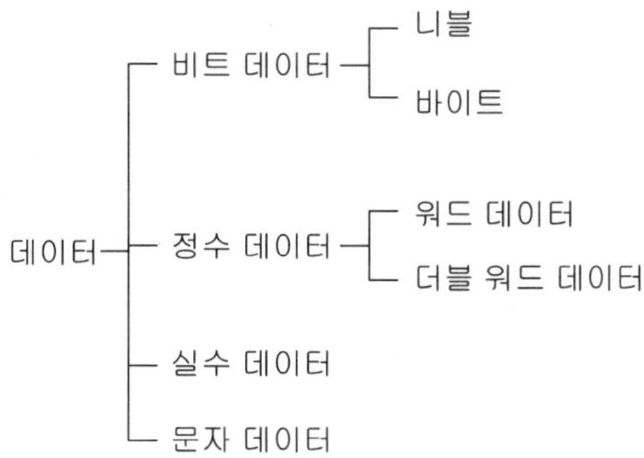

2.2.2 비트 데이터(BIT)

비트 데이터는 접점이나 코일과 같이 1비트로 On(1)/Off(0)를 표시하고 입출력되거나, 메모리 내에서 1비트 단위로 처리되는 데이터를 말한다. 비트 디바이스 혹은 워드 디바이스를 비트로 지정하여 비트 데이터로 사용할 수 있다.

(1) 비트 디바이스

한 점 단위로 저장되거나 읽어올 수 있는 디바이스로 P, M, L, K, F, T, C, S 등이 있다. 비트 데이터를 액세스하기 위해 한 점(비트) 단위로 지정해서 사용한다. 이때 가장 아래 자리는 16(Hex Decimal)진수로 표기한다. 이런 표현방식은 비트 디바이스로 워드 데이터의 표현을 쉽게 할 수 있는 장점이다.

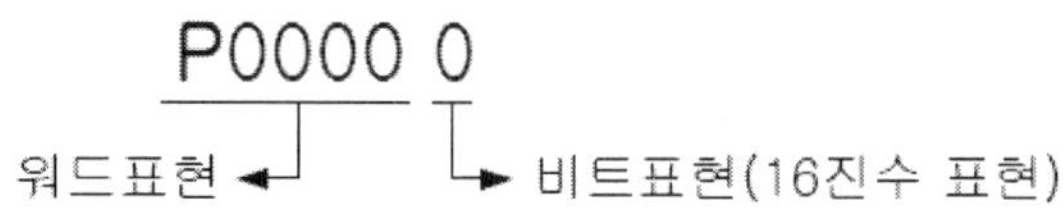

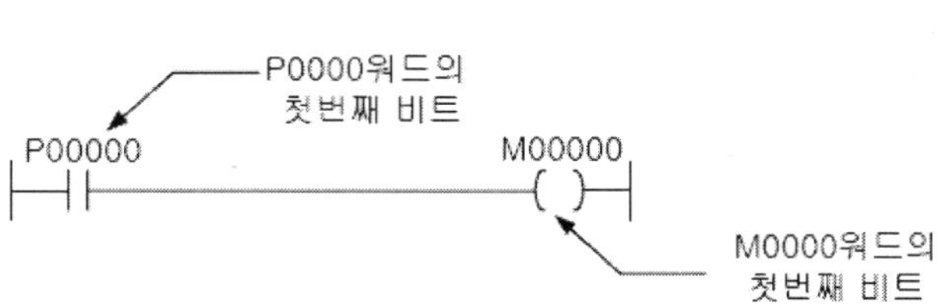

(2) 워드 디바이스의 비트지정 방법

워드 디바이스에 비트 No를 지정함으로써 비트 데이터를 사용할 수 있다. 표현 방법은 다음과 같다.

여기서 워드 디바이스 번호는 10진수로 표기하고 비트 No는 16진수로 표기한다. 예를 들어, D0010의 두 번째 비트를 표현하려면, D0010.1과 같이 지정한다. D0011의 b10비트는 D0011.A와 같이 지정한다.

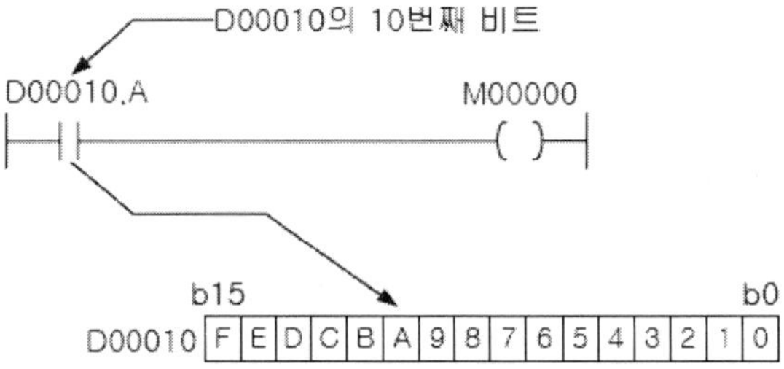

※ 알기

비트 디바이스도 워드 디바이스처럼 워드단위의 데이터처리가 가능하다. 하지만 워드 디바이스처럼 P0010.1과 같은 표현은 사용할 수 없다.

2.2.3 니블/바이트 데이터(NIBBLE/BYTE)

니블과 바이트는 XGT에 새로 추가된 데이터 종류로서 각각의 명령어 이름 뒤에 4나 8이 붙은 명령어에서 사용되는 데이터이다. 니블과 바이트의 시작 비트를 입력함으로써 사용할 수 있고 입력접점부터 4/8비트가 처리할 데이터가 된다.

(1) 표현 범위

니블 : 0~15(4비트)　바이트 : 0~255(8비트)

(2) 사용 방법

① 비트 디바이스(P, M, K, F, L)의 경우 : 오퍼랜드로 사용된 비트 디바이스의 접점부터 4 또는 8비트를 취한다. 이때, 4비트나 8비트를 취할 때 해당 비트 디바이스의 영역을 넘어갈 경우엔 해당 비트만 0으로 처리한다. 만약 Destination으로 지정된 명령어라면, 영역을 넘어가는 부분의 데이터는 소실된다.

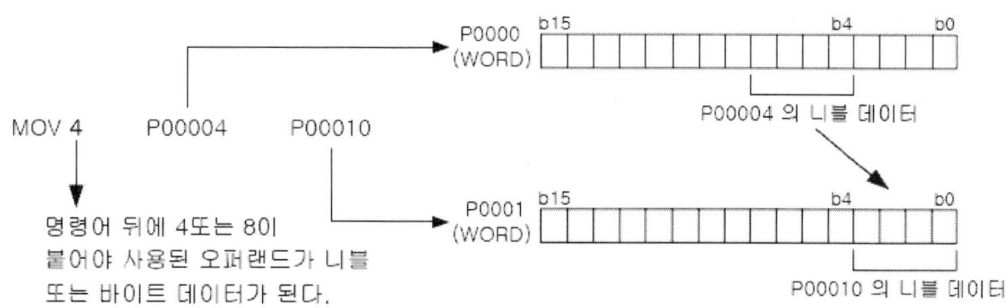

② 워드 디바이스의 경우 : 오퍼랜드로 사용된 워드 디바이스의 비트접점부터 4 또는 8비트를 취한다. 이때, 지정한 비트 접점이 Source로 사용되었고 지정한 접점부터 4비트나 8비트를 취할 때 워드단위를 넘어가게 되면 넘어간 비트에 대해서는 0으로 처리한다. 마찬가지로 지정한 비트접점이 Destination으로 사용되었다면 워드를 넘어가는 데이터는 소실된다.

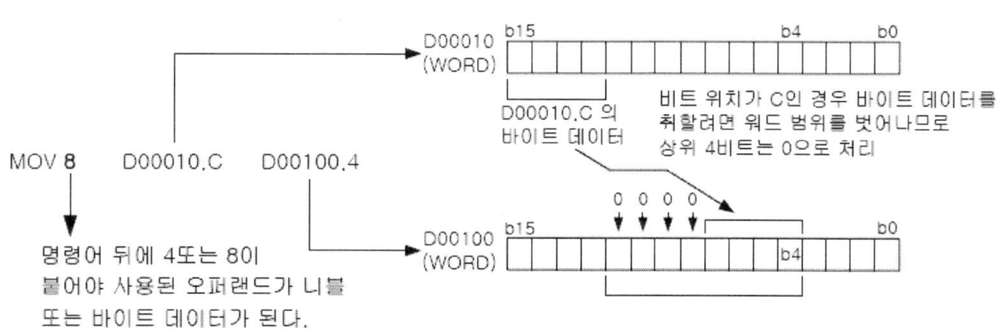

※ 알기

T, C디바이스는 니블/바이트 명령어에 사용할 수 없다. T와 C는 사용되는 명령어에 따라 비트 데이터로 사용되기도 하고 워드 데이터로 사용되기 때문에 사용상 혼란우려가 있어 니블/바이트 명령어에서는 사용이 불가능하다.

2.2.4 워드 데이터(WORD)

워드 데이터는 16비트의 수치 데이터를 말한다. 표기방법은 10진수와 16진수로 할 수 있고, 16진수로 표기할 경우에는 숫자 앞에 H를 붙인다.

· 10진수 : −32,768~32,767(Signed 연산) 또는 0~65,535(Unsigned 연산)
· 16진수 : H0~HFFFF 워드 디바이스나 비트 디바이스로 워드 데이터 표현이 가능.

(1) 워드 디바이스

워드 디바이스의 1점(워드) 단위로 지정한다.

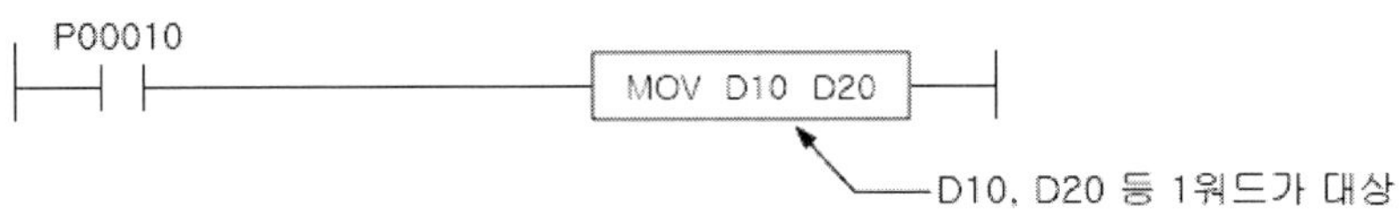

(2) 비트 디바이스

비트 디바이스 표기법에서 가장 하위 자리(16진수로 표기하는 자리. 비트를 나타내는 위치)를 빼고 표기하면 워드 데이터로 지정한다.

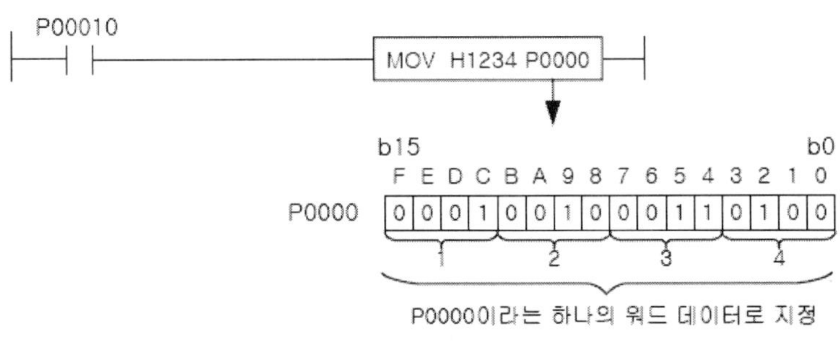

※ 알기

XGK/XGB의 명령어는 Signed연산을 기본으로 하고 있다. Unsigned연산인 경우 명령어에 U가 붙는다.

2.2.5 더블워드 데이터(DWORD)

더블워드 데이터는 32비트의 수치 데이터를 말한다. 표기방법은 10진수와 16진수로 할 수 있고, 16진수로 표기할 경우에는 숫자 앞에 H를 붙인다.

· 10진수 : −2,147,483,648~2,147,483,647(Signed 연산) 또는
　　　　0~4,294,967,295(Unsigned 연산)

· 16진수 : h0~hHFFFFFFFF

워드 디바이스나 비트 디바이스로 더블워드 데이터 표현이 가능하다.

(1) 워드 디바이스

32비트 데이터 중 하위 16비트 데이터에 해당하는 디바이스 번호를 지정한다. (지정한 디바이스 번호)와 (지정한 디바이스 번호+1)의 데이터를 더블워드 데이터로 사용한다.

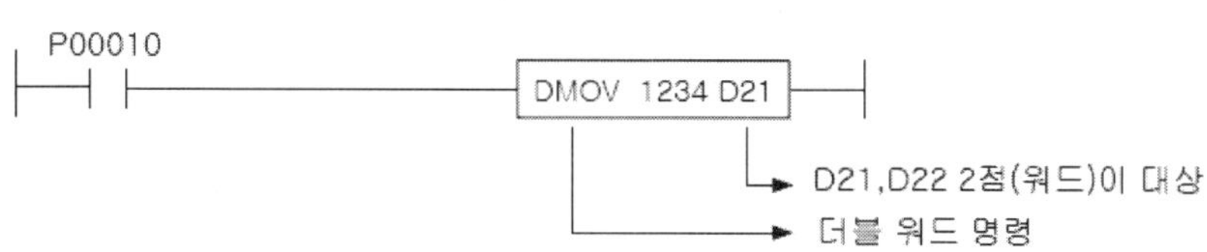

(2) 비트 디바이스

워드 데이터를 표기할 때와 마찬가지로 가장 하위 자리를 빼고 표기하며, (지정된 디바이스 번호)와 (지정된 디바이스 번호+1)의 데이터를 더블워드 데이터로 사용한다.

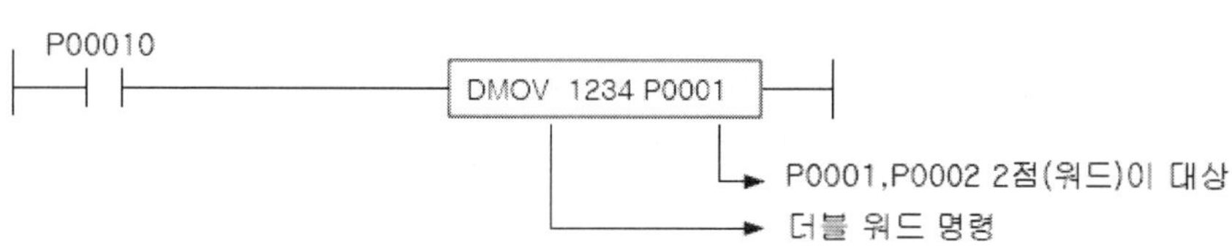

2.2.6 실수 데이터(REAL, LREAL)

실수 데이터는 32비트/64비트 부동소수점 데이터를 말한다. 여기서 32비트 부동소수점 데이터를 단장형 실수, 64비트 부동소수점 데이터를 배장형 실수라고 한다.

표기방법은 10진수 형태(소수점 표현)로만 가능하다. 그리고 워드 디바이스와 비트 디바이스 모두 사용 가능하다.

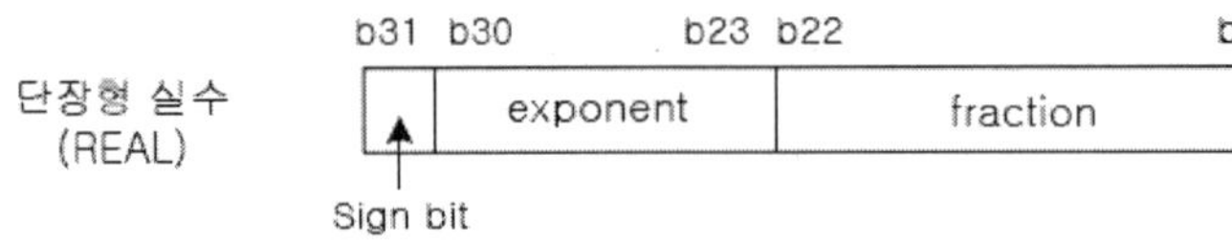

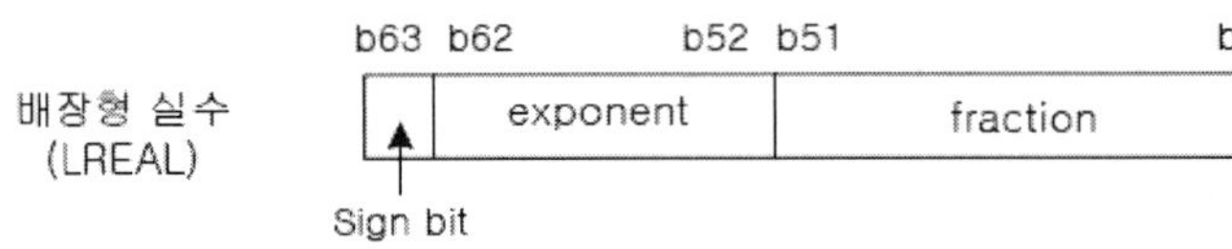

(1) 표현범위

단장형 실수 : −3.402823466e+038 ~ −1.175494351e−038 또는
0 또는 1.175494351e−038 ~ 3.402823466e+038

배장형 실수 : −1.7976931348623157e+308 ~ −2.2250738585072014e−308 또는
0 또는 2.2250738585072014e−308 ~ 1.7976931348623157e+308

(2) 지원되는 연산명령

사칙연산, 변환, 비교, 삼각함수 등의 명령어를 지원한다.

(3) 표현 불가능한 부분이 존재한다.

(음수 부분도 대칭적으로 표현 불가능한 부분이 존재한다.)

단장형 실수 : Unsigned 0 ~ 1.40129846e−45
Signed −1.175494351e−038 ~ 1.175494351e−038

배장형 실수 : Unsigned 0 ~ 4.9406564584124654e−324
Signed −2.2250738585072014e−308 ~ 2.2250738585072014e−308

※ 알기

① 실수 데이터를 표기할 때, IEEE754 형식을 만족하고 있으나, 그 형식으로 직접 입력하는 것은 불가능하다.

② XGB의 경우 연산에러 조건을 만족해도 해당 플래그를 셋(SET)하지 않는다.

2.2.7 문자 데이터

응용 명령 중에 문자열 관련 명령어에서 사용 가능한 데이터 타입으로 숫자, 알파벳, 특수 기호 등을 아스키코드의 형태로 저장한다. 또한 한글, 한자 등 16비트 코드를 요하는 문자열도 사용 가능하다. 문자 데이터의 구분은 NULL 코드(h00)가 나올 때까지를 하나의 문자열로 취급하며 한 문자열의 최대 길이는 32바이트(NULL 포함)까지 사용가능하다. 즉, 영문만 사용할 때는 31글자, 국문만 사용하면 15글자까지 사용 가능하며 혼합해서도 사용 가능하다. 직접 입력하는 문자열의 크기가 최대 크기를 넘어갈 경우, 프로그래밍 툴인 XG5000에서 경고 메시지가 발생하여 최대 크기를 넘어가는 문자열을 입력할 수 없다. 최대 문자입력의 경우 데이터 구조는 31바이트+NULL(1바이트)이다. 다음은 사용 예이다.

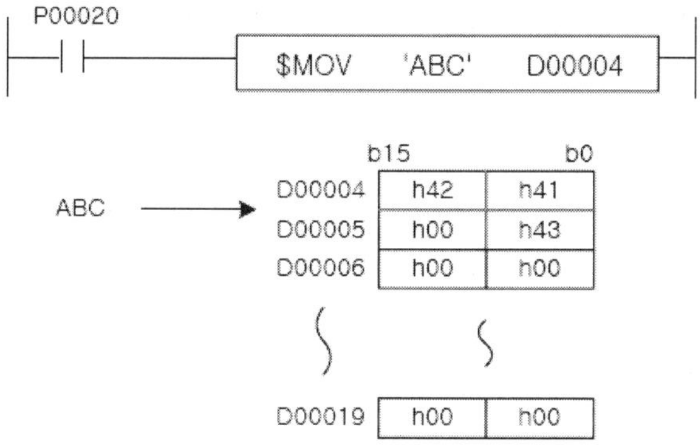

* $MOV 명령어를 사용할 때 문자열은 D00004~D00019까지 무조건 16워드(31글자+null) 크기로 전송된다.

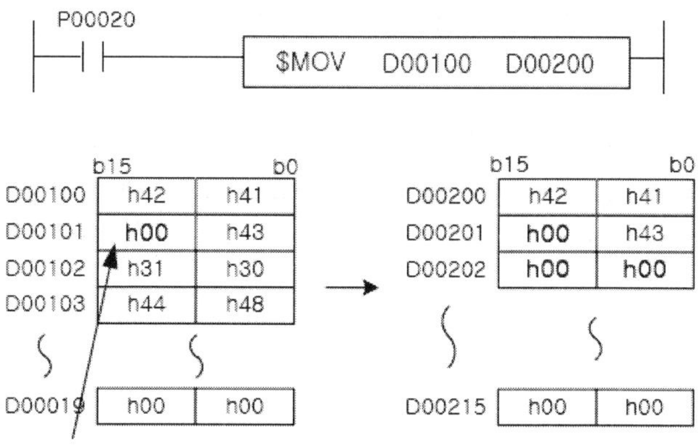

* 문자열 사이에 null코드가 있을 경우에는 null코드까지를 유효한 문자열로 보고 처리된다.

2.3 디바이스 영역 설명

2.3.1 디바이스의 구분

디바이스는 크게 표현방법 및 오퍼랜드 처리방법에 따라 비트 디바이스와 워드 디바이스로 나뉜다.

(1) 비트 디바이스

① LOAD나 OUT과 같은 기본명령어에 사용할 때, .(점)없이 비트표현이 가능한 디바이스

② P, M, K, F, T(비트접점), C(비트접점), L, S

③ 인덱스 기능 사용시 : 비트 디바이스에 인덱스 기능을 사용하면 비트의 위치에 인덱스 레지스터의 값을 더한 비트를 가리키게 된다. 단, 비트 디바이스를 응용명령에서 사용했고, 그 명령어의 오퍼랜드가 워드 데이터인 경우에는 워드로 계산된다.

예 LOAD P00001[Z1] .. Z1=8이면, LOAD P(1+8)=LOAD P00009
MOV P00001[Z1] D10 .. Z1=8이면, MOV P00009 D00010

(2) 워드 디바이스

① 디바이스의 기본 표현이 워드 단위로 되는 디바이스이다.

② 디바이스 번호의 원하는 비트위치를 지정하고자 할 경우 .(점)을 사용한다.
예) D10의 BIT4의 표현은 D10.4가 된다.

③ 해당 디바이스 : D, R, U, T(현재값 영역), C(현재값 영역), Z

④ 인덱스기능 사용시 : 워드단위의 인덱싱을 한다. 또한, 워드 디바이스의 비트 표현을 한 오퍼랜드에 인덱스를 사용했을 경우 역시 워드단위로 인덱싱을 한다. 예를 들어, D10.4인 오퍼랜드에 Z10을 사용하고자 할 경우, 표기는 D10[Z10].4와 같이 하고 의미는 D(10+Z10의 값).4와 같다.

2.3.2 디바이스별 입력 범위

영역	크기		비트 접점		워드 데이터	
	XGK	XGB	XGK	XGB	XGK	XGB
P	32,768 점	2,048 점	P00000 ~ P2047F	P0000 ~ P127F	P0000 ~ P2047	P000 ~ P127
M	32,768 점	4,096 점	M00000 ~ M2047F	M0000 ~ M255F	M0000 ~ M2047	M000 ~ M255
K	32,768 점	40,960 점	K00000 ~ K2047F	K00000 ~ K2559F	K0000 ~ K2047	K0000 ~ K2559
F	32,768 점	4,096 점	F00000 ~ F2047F	F0000 ~ F255F	F0000 ~ F2047	F000 ~ F255
T *1)	2,048 점	256 점	T0000 ~ T2047	T000 ~ T255	T0000 ~ T2047	T000 ~ T255
C *2)	2,048 점	256 점	C0000 ~ C2047	C000 ~ C255	C0000 ~ C2047	C000 ~ C255
U	3,072 Word	256 Word	U00.00.0 ~ U7F.31.F	U00.00.0 ~ U07.31.F	U00.00 ~ U7F.31	U00.00 ~ U07.31
Z	128 Word	128 Word	사용불가	사용불가	Z0 ~ Z127	Z0 ~ Z127
S	128 Word	128 Word	S00.00 ~ S127.99	S00.00 ~ S127.99	사용불가	사용불가
L	180,224 점	20,480 점	L000000 ~ L11263F	L00000 ~ L1279F	L00000 ~ L11263	L0000 ~ L1279
N	21K Word	3,936 Word	사용불가	사용불가	N00000 ~ N21503	사용불가
D	32K Word	5,120 Word	D00000.0 ~ D32767.F	D0000.0 ~ D5119.F	D00000 ~ D32767	D0000 ~ D5119
R	32K Word n *3)	-	R00000.0 ~ R32767.F	-	R00000 ~ R32767	-
ZR *4)	(32K n) Word	-	사용불가	-	ZR00000 ~ ZR65535	-

2.3.3 입출력 P

입출력 P는 외부기기와 대응되는 영역으로서 입력기기로 사용되는 푸시-버튼, 절환스위치, 리미트스위치 등의 신호를 받아들이는 입력부와 출력기기로 사용되는 솔레노이드, 모터, 램프 등에 연산결과를 전달하는 출력부로 이루어진 영역이다. 입력부 P에 대해서는 PLC내부의 메모리에 입력상태가 보존되므로 a, b접점 사용이 가능하고 출력부 P 역시 a, b접점의 출력 모두 가능하다. P영역 중 입출력으로 사용되지 않는 부분은 보조릴레이 M과 동일하게 사용할 수 있다. 명령어에 따라 워드단위로 사용이 가능하다.

(가) 입출력 구성 예

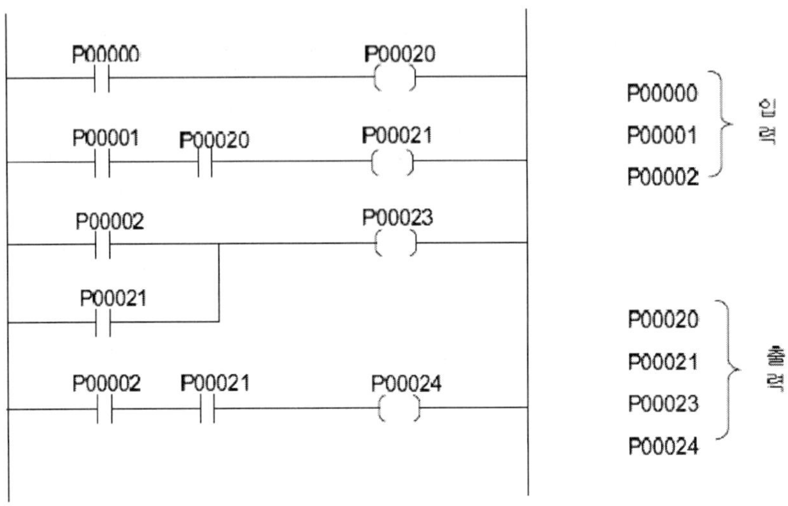

(나) P영역 구현법

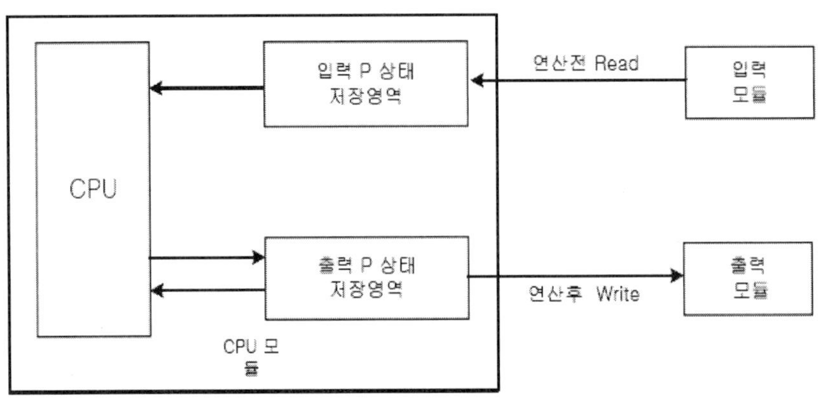

그림과 같이 P영역은 입출력 모듈의 각 접점 하나하나에 대해서 1 : 1로 대응되는 영역을 가지고 있어서, PLC가 스캔 중(연산중)일 때는 입출력 모듈의 접점상태와는 관계없이 CPU내부의 메모리(P영역) 상태를 가지고 연산을 하고, 연산이 끝난 후 출력접점에 대응되는 내부메모리 P영역의 내용을 출력 모듈에 일괄 출력하고, 다음번 연산을 위하여 입력모듈의 접점상태를 입력접점에 대응되는 내부 메모리 P영역에 저장한다. 입력, 출력의 접점상태는 구분 없이 모두 P영역에 할당되므로 프로그래밍 할 때 입력 P영역과 출력 P영역의 혼동에 따른 오류가 없도록 주의 한다.

2.3.4 보조 릴레이 M

PLC내의 내부릴레이로서 외부로 직접출력이 불가능하나 입·출력 P와 연결하여 외부출력이 가능하다. 전원 On시와 RUN시에 파라미터 설정에 의해 래치영역으로 지정되지 않은 영역은 전부 0으로 지워진다. a, b접점의 사용이 가능하다.

2.3.5 킵 릴레이 K

보조 릴레이 M과 사용 용도는 동일하나 전원 On시나 RUN시에는 그전의 데이터를 보존하는 래치영역으로 기본 파라미터의 래치영역 1로 설정한 영역과 같은 동작을 한다. a, b접점의 사용이 가능하다. 아래와 같은 3가지의 경우에만 데이터가 0으로 지워진다.(래치영역 1 동작 특성과 동일함.)

① 프로그램을 작성하여 실행
② XG5000의 PLC지우기 메뉴 중 메모리 지우기 기능 실행
③ CPU모듈의 리셋 키 조작 또는 XG5000을 통한 Overall 리셋

2.3.6 링크 릴레이 L

통신모듈 장착시 해당 통신모듈의 정보(OS 정보_XGB는 지원 안함), 서비스 정보, 플래그 정보)를 제공하는 영역으로 통신모듈 전용 플래그영역이다. 래치영역 1의 동작 특성과 동일하게 데이터를 유지된다. 통신모듈을 사용하지 않는 경우에는 보조릴레이 M과 동일하게 사용할 수 있다.

※ 알기
L영역으로 사용되는 P2P 및 고속링크 플래그의 상세 내용은 XG5000 S/W에서 변수/설명항목의 플래그 보기의 내용을 참조하거나 해당하는 통신모듈 사용설명서를 참조한다.

2.3.7 타이머 T

기본주기 0.1[ms](XGB는 지원 안함), 1[ms], 10[ms], 100[ms]의 4종류가 있으며 5종의 명령어(TON, TOFF, TMR, TMON, TRTG)에 따라 계수방법이 각각 다르다. 최대 설정치는 hFFFF(65535)까지 10진 또는 16진수로 설정가능하다. 아래 그

림에 타이머 종류와 계수방법을 나타내었다.

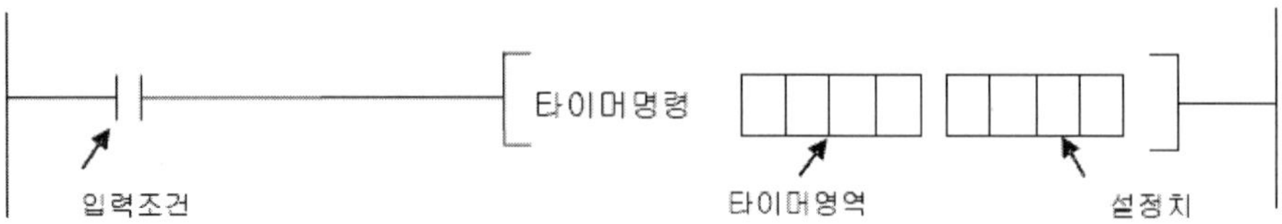

2.3.8 카운터 C

입력조건의 Rising Edge(Off→On)에서 카운트하며 Reset입력에서 카운터의 동작을 중지하고 현재치를 0으로 소거하거나 설정치로 대치한다. 4종의 명령어(CTU, CTD, CTUD, CTR)에 따라 각 계수 방법이 다르고 최대 설정치는 hFFFF까지 가능하다. 아래 그림에 카운터의 종류 및 계수방법을 나타내었다.

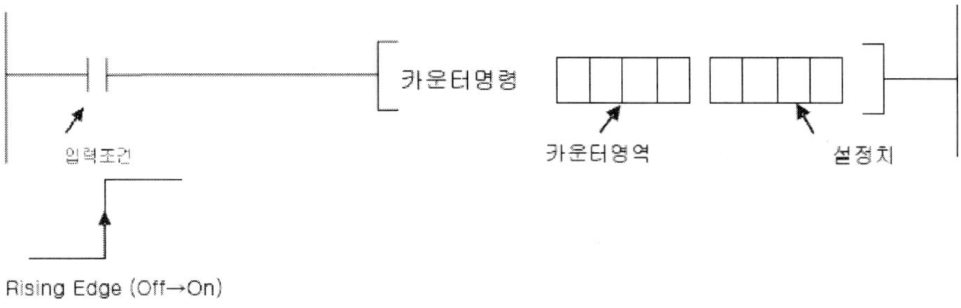

2.3.9 데이터 레지스터 D

내부 데이터를 보관하는 곳으로 16비트, 32비트로 읽고 쓰기가 가능할 뿐만 아니라, 비트표현을 이용하여 한 비트씩 읽고 쓰기도 가능하다. 32비트 경우에는 (지정된 번호)가 하위 16비트, (지정한 번호+1)이 상위 16비트 처리된다. 데이터 레지스터의 비트 표현방법은 “지정된 번호. 지정된 비트”의 형식으로 사용한다. 이때 지정된 비트의 표현은 16진수로 한다. 전원 On시와 RUN 시작시에는 파라미터로 지정한 불휘발성 영역을 제외한 부분을 0으로 소거하고 불휘발성 영역은 이전상태를 그대로 유지한다. 불휘발성 영역설정은 파라미터 설정을 참조한다.

예 32비트 명령 사용시 D10을 지정한 경우

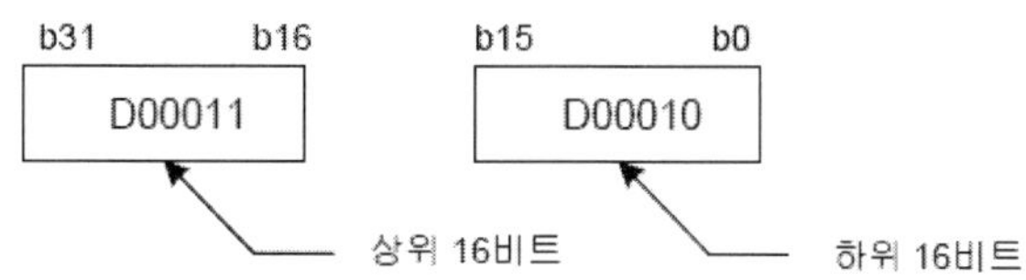

예 데이터 레지스터 D의 비트 표현

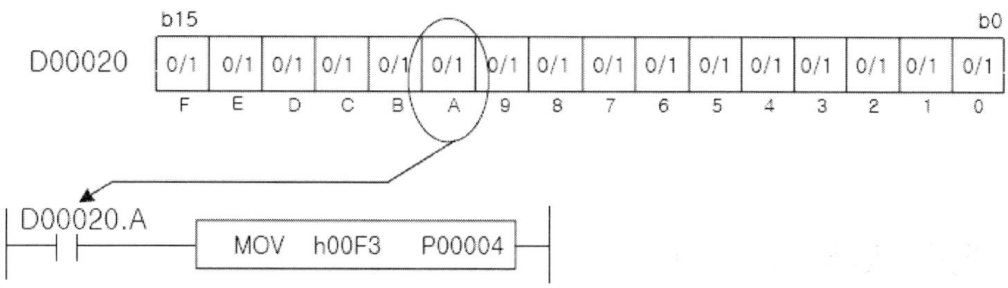

설명 : D00020의 A번째 비트의 값에 따라 MOV명령의 실행여부가 결정된다.

2.3.10 스텝제어 릴레이 S

스텝제어용 릴레이로 명령어(OUT, SET) 사용에 따라서 후입우선, 순차제어로 구분된다. 전원 On시와 RUN 시작시에 파라미터로 지정한 영역 이외는 첫 단계 0으로 소거된다. 같은 조건 내에서 최종 프로그램 단계를 우선한다.(후입우선)

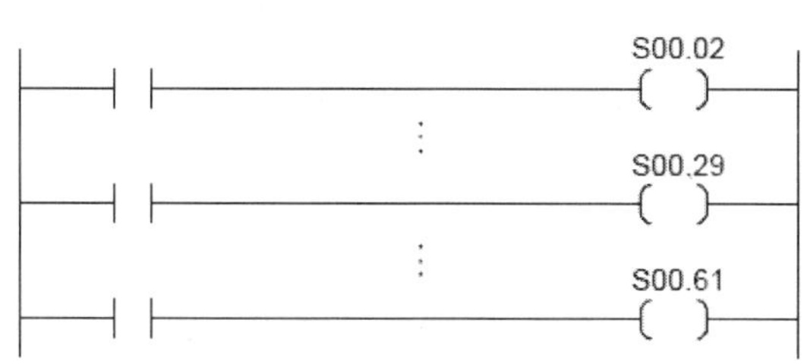

반드시 전단계가 이루어진 경우에만 현 단계가 공정을 처리하는 것으로 순차제어를 실행한다.(순차제어)

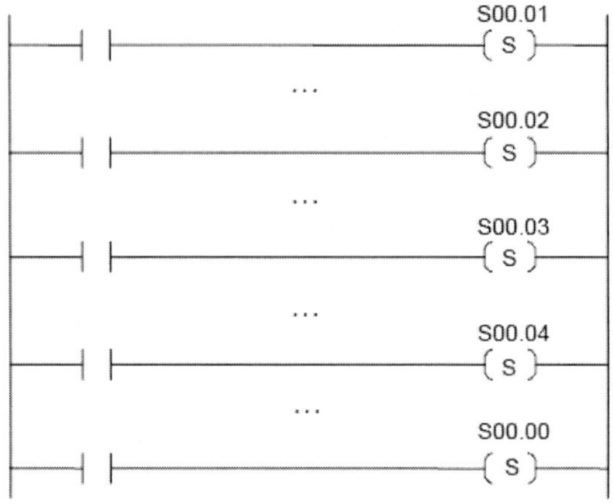

클리어 조건인 SET xx.00은 공정순서에 관계없이 실행가능하다 .

2.3.11 특수 릴레이 F

시스템 관련 정보를 제공하는 영역으로 F0000~F1023(XGB의 경우 F200)워드까지는 읽기만 가능한 영역이다. PLC의 현재 상태, O/S정보, RTC데이터, 시스템 클록 등 PLC운영에 필요한 전반적인 정보가 제공된다. F1024(XGB의 경우 F199)워드 이후 영역의 경우 전용명령을 이용하여 제한적으로 쓰기가 가능한 영역이다. 이 영역은 외부기기 경고장 및 중고장 검출에 사용될 수 있다.

2.3.12 특수 모듈 데이터 레지스터 U(리프레시 영역)

슬롯에 장착된 특수 모듈로부터 데이터를 읽어오는데 사용되는 레지스터이다.

백플레인 컨트롤러에 의해 장착된 특수 모듈의 데이터가 리프레시 영역에 자동으로 갱신된다.

U영역은 한 슬롯당 32개 워드가 할당되어 있다. 따라서 U영역은 XGK의 경우 총 4,096워드(8베이스*16슬롯*32워드=4,096워드)로 XGB의 경우 총 256워드(1베이스*16슬롯*32워드=256워드)로 이루어져 있다. 각 슬롯에 따라 사용하는 U영역 값은 고정된 값으로, 모듈이 장착된 슬롯이건 빈 슬롯이건 상관없이 고정된 값으로 사용된다.

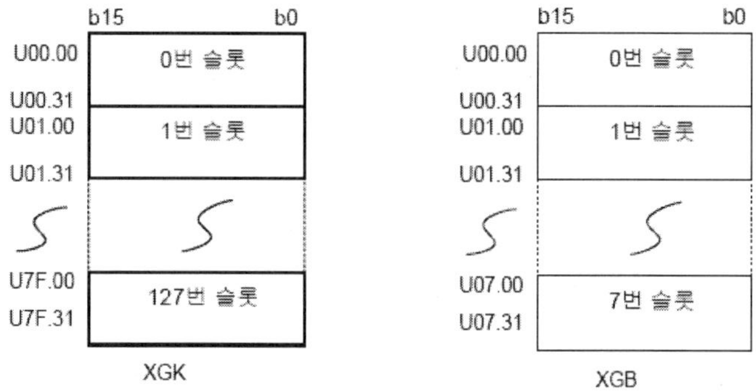

U영역의 기본적인 표현방법은 Uxy.z로 표현하며 여기서 x는 베이스번호 0~7를 설정하고, y는 슬롯번호인 0~F를 설정하며, z는 특수 모듈 내부 메모리의 워드 번호를 설정한다. U영역 또한 비트표현이 가능하며 이때 표현 방법은 U3A.12.x (x : 비트위치, 16진수 표기) 실제로 지정된 슬롯에 특수 모듈이 없거나 유효한 데이터영역을 벗어나게 지정했을 경우, 그 지정된 영역의 값은 0이 되고 에러는 발생치 않는다. 예를 들어, 3번 베이스의 1번 슬롯에 장착된 특수 모듈의 리프레시 영역이 4개 (0번~3번)의 워드까지만 유효한 영역이라면, 4번 워드(U31.04)는 0으로 읽혀지게 된다. 따라서 D00004에는 h00F3이 저장한다.

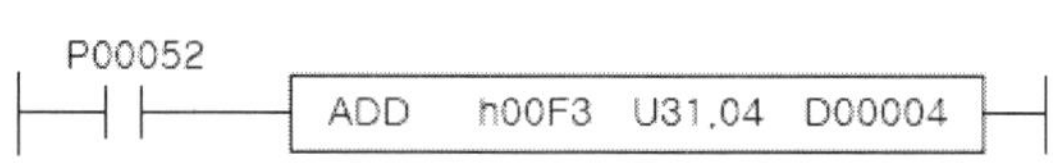

장착된 특수 모듈의 리프레시 영역 이외의 값을 읽거나 쓰고자 할 경우에는 PUT(P), GET(P)명령을 사용한다. 각 모듈의 영역에 대한 정보는 해당 모듈 설명서를 참조한다.

장착된 모듈이 D/A변환 모듈일 경우에는 해당 모듈의 U영역에 데이터를 쓰면 스캔 END에서 리프레시 되어 출력된다. 만약, D/A변환 모듈이 아닌 모듈이 장착된 위치에 데이터를 저장하는 명령어를 사용했을 경우에는 NOP처리한다. 이 경우 에러가 발생하지 않는다.

2.3.13 파일 레지스터 R(XGB 표준형은 지원 안함)

파일 레지스터는 내부 플래시 메모리 사용을 위한 전용 레지스터이다. 플래시 메모리는 데이터를 저장하는데 약간의 시간이 소요되어 스캔 프로그램 수행 중에 데이터를 저장할 수 없다. 이런 문제 때문에 플래시 메모리 데이터를 파일 레지스터로 옮겨서 스캔 프로그램에서 사용하고, 데이터 저장이 필요할 경우 다시 플래시 메모리로 저장하는 방식으로 사용된다.

(1) 특 징

① 내부 플래시 메모리 사용을 위한 전용 레지스터로 내부 플래시의 블록 한 개를 파일 레지스터의 블록으로 읽어오거나 쓰는데 사용된다.

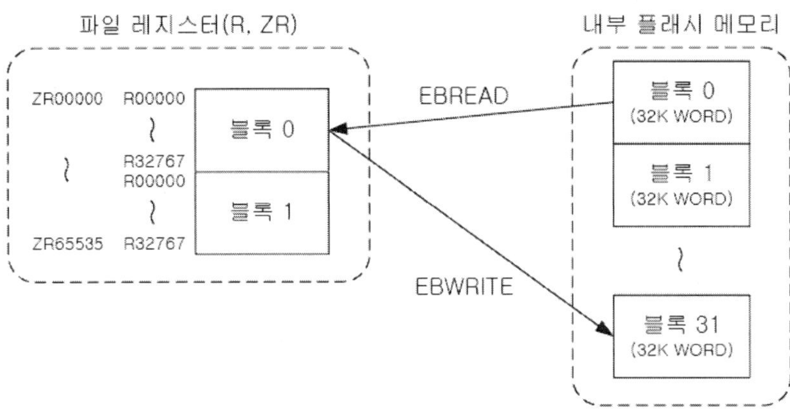

* EBREAD, EBWRITE는 플래시 전용명령으로 세부설명은 파일관련 명령어에 있다.

② 한 블록[1)]의 크기는 32K워드(XGK), 10K워드(XGB 콤팩트형)로 내부 플래시 메모리의 블록크기와 같다.

③ 파일 레지스터의 데이터를 EBWRITE 명령을 이용해 플래시 메모리에 WRITE하면 데이터를 영구적으로 보존할 수 있다.

④ 파일 레지스터는 래치영역 1과 동일하게 동작한다. 즉, 리셋스위치를 통한 Overall 리셋, D.CLR키를 이용한 리셋, XG5000을 통한 리셋시에 데이터가 0으로 지워진다.

⑤ 파일 레지스터의 블록을 플래시 메모리의 블록으로 READ/WRITE하기 위해서는 여러 스캔이 걸린다. 완료여부는 F160(_RBLOCK_RD_FLAG), F162(_RBLOCK_WR_FLAG)의 해당 블록의 비트로 확인할 수 있다.

⑥ 인덱스 기능과 간접지정 모두 사용이 가능하다. 이때, ZR의 경우 간접지정의

---

1) XGK-CPUS, XGK-CPUE, XGB 콤팩트형(XBC-DxxH)의 경우 파일 레지스터는 1개의 블록(블록 0)만 제공된다. XGK-CPUU, XGK-CPUH, XGK-CPUA는 2개의 블록이 제공된다. 내부 플래시 메모리는 XGK에서 32블록, XGB 콤팩트 형에서 2블록이 제공된다.

범위는 ZR0~ZR32767워드까지만 가능하고, 인덱스 기능([Z])은 사용한 ZR의 디바이스 번호에서 −32768~32767 범위내에서 사용 가능하다. R의 경우는 간접지정, 인덱스 모두 설정한 블록 범위내에서 사용가능하다. 해당 블록을 벗어날 경우 인덱스 초과 에러가 발생한다.

(2) 크 기

구 분	XGK-CPUS/CPUE	XGK-CPUU/CPUH/CPUA	XGB 콤팩트형(XBC-DxxH)
파일 레지스터	32K WORD * 1 블록	32K WORD * 2 블록	10K WORD * 1 블록
내부 플래시 메모리	32K WORD * 32 블록	32K WORD * 32 블록	10K WORD * 2 블록

※ XGB 표준형의 경우 파일 레지스터(R)를 제공하지 않는다.

(3) 표현방법

① R : 파일 레지스터 블록단위 표현(1블록당 32Kword 고정)

② ZR : 파일 레지스터 전체 표현(표현범위는 기종에 따라 다름)

③ 플래시 영역은 디바이스명이 없고, 전용명령어로 액세스할 수 있다.

디바이스명	비트표현	워드표현 (DW 포함)	쓰기	읽기	#	[Z]	데이터 보관
R	O	O	O	O	O	O	래치영역 1수준
ZR	X	O	O	O	O	O	래치영역 1수준
내부 플래시	X	X	전용 명령	전용 명령	X	X	영구적

④ XGK-CPUHx의 경우, 파일 레지스터 구성 예

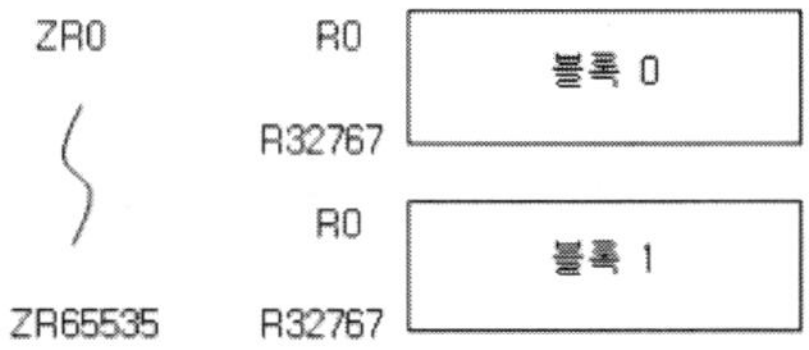

第三章(제3장) 雖有嘉肴(수유가효)

雖有嘉肴(수유가효) :

비록 천하일품 요리가 앞에 있다 해도(嘉 : 아름다울/훌륭한, 肴 : 술안주/음식)

弗食不知其旨也(불식부지기지야) :

먹어보지 않으면 그 감미로운 맛을 알지 못하는 것이다.(旨 : 맛있을)

雖有至道(수유지도) :

비록 지극한 도가 바로 앞에 있다 해도(雖 : 비록, ..하더라도)

弗學不知其善也(불학부지기선야)

배우지 아니하면 그 위대성과 훌륭함을 알지 못하는 것이다.

是故學然後知不足(시고학연후지부족):

이러한 고로 배우고난 다음에야 비로소 자신의 부족함을 알게 되고

敎然後知困(교연후지곤) :

가르쳐본 후에야 비로소 가르침의 곤고함(어려움과 중요함)과 미진함(부족함과 어리석음)을 알게 되며(困 : 괴로울, 부족할)

知不足然後能自反也(지부족연후능자반야) :

부족함과 어리석음을 알고 능히 깨달은 후에야 자신을 반성(悔追) 할 수 있고,

知困然後能自强也(지곤연후능자강야) :

자신의 곤고함과 미진함을 깨달은 후에야 자연스럽게 자신의 심신을 강건(부족함을 보완)하게 할 수 있다.

故曰敎學相長也(고왈교학상장야) :

그러므로 옛 성현들이 "가르치고 배운다는 것은 서로를 키우고 성장시키는 것이다." 라고 말씀하신 것이다.

兌命曰學學半(열명왈학학반) :

'열명' 에 이르기를 "가르치는 것이 배우는 것의 절반이다"라고 하셨다.

其此之謂乎(기차지위호) :

이는 바로 敎學相長(교학상장)을 두고 한 말씀이 아니겠는가!

※ 배울 줄 알아야 가르칠 수 있고 또한 가르칠 줄 알아야 배울 수 있다. 敎와 學은 가역적으로 같은 장소에서 敎者와 學者가 동시에 주고받는 것이다.

2.4 명령어의 이해

2.4.1 명령어의 종류

XGK/XGB 명령어는 크게 기본명령, 응용명령, 특수명령으로 나눌 수 있다.

(1) 기본명령

기본명령은 다음과 같다.

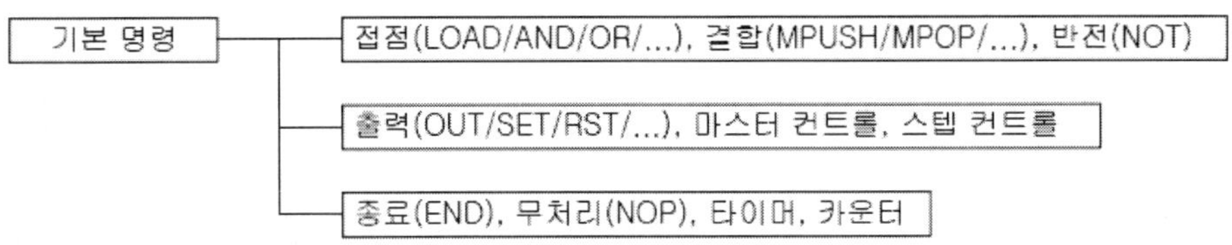

(2) 응용명령

응용명령에는 기본 명령을 제외한 대부분의 명령어들을 말한다. 명령어를 기능별로 분류될 수 있다. 여기서는 XGK/XGB 명령어를 이해하기 쉽도록 오퍼랜드 유형에 따라 분류하였다. 오퍼랜드 유형은 비트, 니블/바이트, 워드/더블워드, 실수, 문자열 등이 있다.

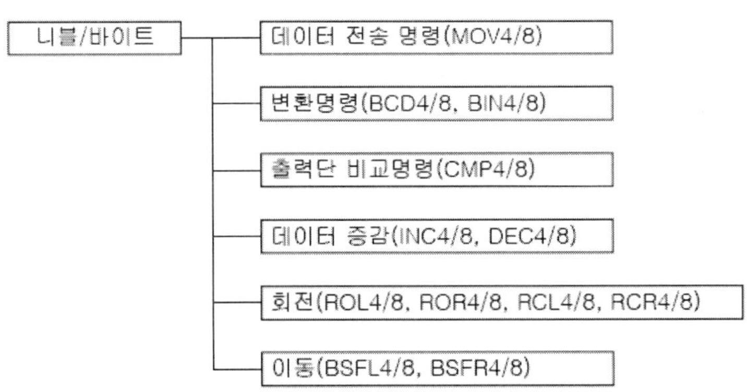

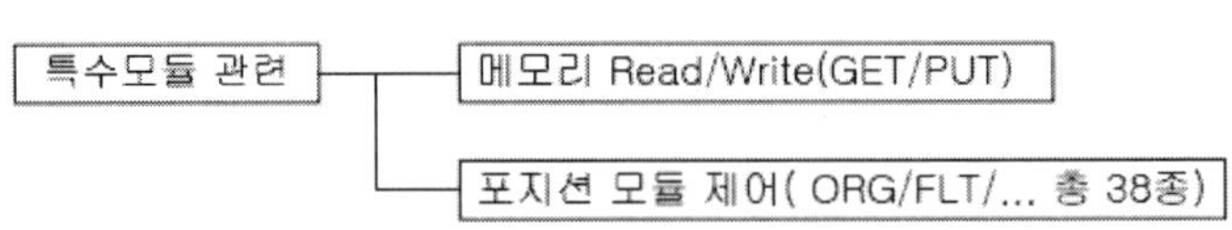

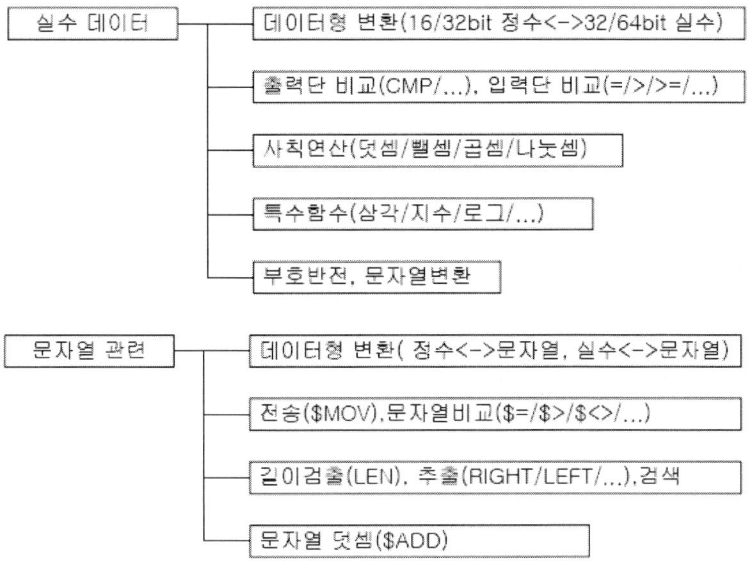

2.5 프로그램 작성할 때 유의사항

(1) error 발생 상황

① 각 명령어 설명부분에서 error로 기재된 error가 있는 경우

② 링크 디바이스 사용시, 해당 네트워크가 존재하지 않을 경우

③ 아날로그 데이터 레지스터 사용시, 해당 모듈이 존재하지 않을 경우

④ index수식 사용시, 해당 디바이스의 범위를 넘어가는 경우

⑤ 간접지정 사용시, 해당 디바이스의 범위를 넘어가는 경우

⑥ 데이터 변환시, 변환된 값이 저장할 크기가 표현 가능한 범위를 벗어날 경우 (R2I 명령사용시, 실수 값이 −32,768~32,767 범위를 넘어가는 값일 때 연산에러가 발생한다.)

(2) 디바이스 범위 검사

① 가변 길이의 디바이스를 취급하는 명령어의 경우(GMOV, FMOV, GSWAP 등 전송 개수를 지정하는 명령어) 디바이스의 범위를 검사한다. 범위를 초과할 경우 연산 에러(F110)를 발생한다. 이 경우는 각 명령어의 에러 부분에 기재되어 있다.

② 인덱스 수식을 사용할 경우, 사용 디바이스 범위를 벗어나면 연산에러(F110)

가 발생한다.

③ 간접지정을 사용할 경우, 사용 디바이스 범위를 벗어나면 연산에러(F110)를 발생한다.

④ 문자열 명령을 사용했을 경우, 지정한 문자열 선두번호부터 31문자 이전에 해당 디바이스 범위를 넘는 경우, 연산 에러(F110)를 발생한다.

⑤ 디바이스의 마지막 번호를 32비트나 64비트 관련 명령에 사용할 수 없다.
이 경우는 XG5000에서 입력이 제한된다.

(3) 디바이스의 데이터 검사

BCD데이터의 경우, 다음 표와 같은 범위 이외인 경우에는 연산 에러(F110)를 발생한다.

명령어	데이터 크기	BCD 포맷
BCD4(P)	4 비트	0~9
BCD8(P)	8 비트	0~99
BCD(P)	16 비트	0~9,999
DBCD(P)	32 비트	0~99,999,999

문자열 데이터는 검사하지 않는다. 만약 XG5000에서 해당 디바이스 값을 모니터링시 데이터 값이 표현 불가능한 값일 경우에는 비정상적으로 표현될 수 있다. 실수 데이터의 경우, 표현 가능한 범위를 벗어나면 연산에러(F110)를 발생한다.

2.6 파라미터 설정

파라미터 설정은 XG5000의 기본 파라미터 설정을 통해서 할 수 있다. 다음 그림은 XG5000의 기본 파라미터 설정창이다.

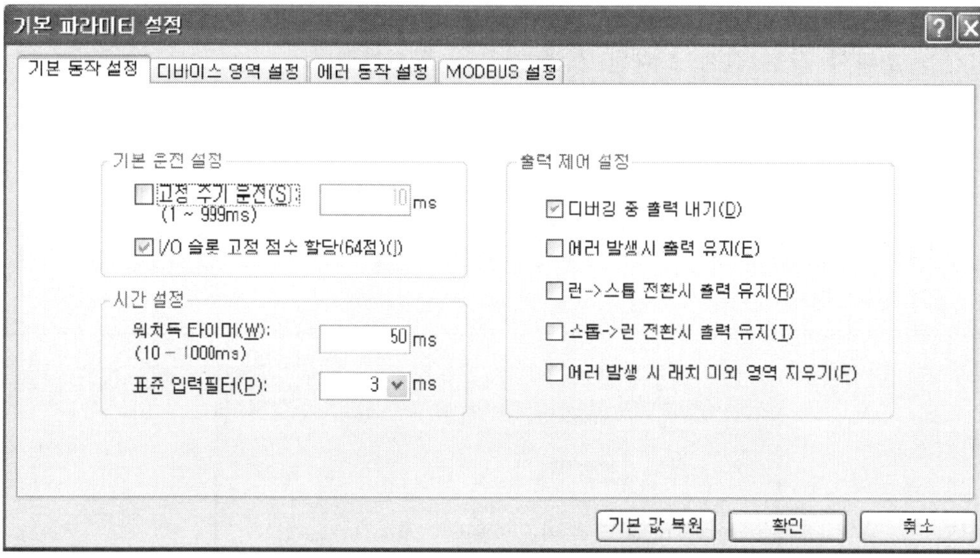

2.6.1 고정 주기운전

고정된 주기로 PLC 프로그램을 동작시키고자 할 때 사용하는 기능이다.

고정주기 시간은 1[ms]에서 999[ms]까지 설정가능하고, 스캔 시간보다는 길고 워치독 타이머의 설정값보다는 작게 설정해야 한다. 크게 설정할 경우 워치독 타이머 에러가 발생하여 정상적인 PLC운전을 할 수 없다.(스캔 시간보다 작게 설정하면 503번 에러가 발생한다.)

고정주기 운전상태 여부를 확인하는 방법은 XG5000의 메뉴 [온라인]-[PLC 정보]에 성능 탭을 보면, 아래 그림과 같이 "(고정 주기 운전 : 10[ms])" 표시됨을 알 수 있다.

이 경우 표시되는 현재 스캔 타임은 실제 프로그램의 실행시간을 의미하는 것이지 수행주기 시간을 나타내는 것이 아니다. 이와 같이 표현되는 이유는 사용자에게 현재 구성된 프로그램의 실제 스캔 시간을 제공함으로써 프로그램 추가/삭제시 어느 정도 스캔 시간의 여유가 있는지를 보여주기 위해서이다. 고정 주기 운전을 하는 경우 최대 스캔 타임은 고정 주기 운전 시간을 표시한다. 만약 고정 주기 운전 시간을 초과할 경우 실제 초과된 스캔 시간을 표시한다.

> ※ 알기
> 고정주기 운전설정시간보다 스캔 시간이 클 경우, '_CONSTANT_ER [F0005C] : 고정주기 오류' 플래그가 On되고, CHK LED가 점등된다. 또한 그 스캔 시간이 최대 스캔 타임에 기록된다.

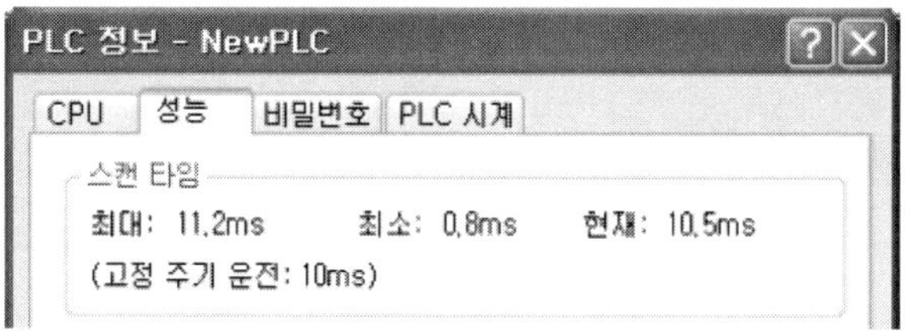

2.6.2 I/O 슬롯 점수 할당

한 슬롯마다 16, 32, 64단위로 입·출력의 예약점수를 지정할 수 있으며 특수/통신모듈의 경우에는 해당하는 특수/통신모듈을 지정한다. 빈 슬롯은 고정식인 경우는 64점, 가변식인 경우는 16점을 점유한다. 입출력 번호의 할당방식은 기본 파라미터의 설정에 따라서 고정식과 가변식(XGB는 지원 안함)의 선택이 가능하다.

<table>
<tr><th colspan="2">구 분</th><th>입출력 번호의 할당 예</th></tr>
<tr><td rowspan="2">입출력 번호의 할당
(고정식)</td><td>XGK</td><td>

• 베이스의 각 슬롯은 모듈의 장착여부 및 종류에 관계없이 64점씩 할당됩니다.
• 한 개의 베이스에는 16개 슬롯 분의 입출력 번호가 할당 됩니다. 즉 1번 베이스의 시작 번호는 P00640 이 됩니다.
• 12 Slot 베이스의 입출력 번호의 할당 예는 아래와 같습니다.

<table>
<tr><td>Slot 번호</td><td></td><td>0</td><td>1</td><td>2</td><td>3</td><td>4</td><td>5</td><td>6</td><td>7</td><td>8</td><td>9</td><td>10</td><td>11</td></tr>
<tr><td>PWR</td><td>CPU</td><td>입력16</td><td>입력16</td><td>입력32</td><td>입력64</td><td>출력16</td><td>출력32</td><td>출력32</td><td>출력64</td><td>입력32</td><td>출력16</td><td>출력32</td><td>출력32</td></tr>
<tr><td></td><td></td><td>P0 ~ P3F</td><td>P40 ~ P7F</td><td>P80 ~ P11F</td><td>P120 ~ P15F</td><td>P160 ~ P19F</td><td>P200 ~ P23F</td><td>P240 ~ P27F</td><td>P280 ~ P31F</td><td>P320 ~ P35F</td><td>P360 ~ P39F</td><td>P400 ~ P43F</td><td>P440 ~ P47F</td></tr>
</table>

</td></tr>
<tr><td>XGB</td><td>

• 모든 모듈이 64점씩 할당됩니다.(특수, 통신 포함)
Slot 번호

<table>
<tr><td>0</td><td>1</td><td>2</td><td>3</td><td>4</td><td>5</td><td>6</td><td>7</td></tr>
<tr><td>기본유닛</td><td>입력16</td><td>입력16</td><td>출력32</td><td>입력64</td><td>통신모듈</td><td>특수모듈</td><td>특수모듈</td></tr>
<tr><td>P0 ~ P3F</td><td>P40 ~ P7F</td><td>P80 ~ P11F</td><td>P120 ~ P15F</td><td>P160 ~ P19F</td><td>P200 ~ P23F</td><td>P240 ~ P27F</td><td>P280 ~ P31F</td></tr>
</table>

I/O 파라미터로 모듈타입을 설정한 경우 실제 장착 모듈 타입이 다를 경우 모듈 불일치 에러를 발생시키며 운전하지 않습니다.

</td></tr>
<tr><td colspan="2">입출력 번호의 할당
(가변식)</td><td>

• 슬롯별 장착모듈의 지정에 따라 점수가 할당 됩니다.
- I/O 파라미터로 장착모듈을 지정하면 지정 점수 할당
- I/O 파라미터로 지정하지 않은 슬롯은 실제 장착모듈에 따라서 자동할당
(주의: 8점 모듈은 16점으로 할당됩니다.)
- I/O 파라미터로 지정하지 않은 빈 슬롯은 16점으로 처리
• I/O 파라미터로 모듈지정 없이 점수만 지정도 가능
• 특수모듈, 통신모듈이 장착된 슬롯은 16점으로 할당

• 12 Slot 베이스의 입출력 번호의 할당 예는 아래와 같습니다.

<table>
<tr><td>Slot 번호</td><td></td><td>0</td><td>1</td><td>2</td><td>3</td><td>4</td><td>5</td><td>6</td><td>7</td><td>8</td><td>9</td><td>10</td><td>11</td></tr>
<tr><td>PWR</td><td>CPU</td><td>입력16</td><td>입력16</td><td>입력32</td><td>입력64</td><td>출력16</td><td>출력32</td><td>출력32</td><td>출력64</td><td>입력32</td><td>출력16</td><td>출력32</td><td>출력32</td></tr>
<tr><td></td><td></td><td>P00 ~ P0F</td><td>P10 ~ P1F</td><td>P20 ~ P3F</td><td>P40 ~ P7F</td><td>P80 ~ P8F</td><td>P90 ~ P10F</td><td>P110 ~ P12F</td><td>P130 ~ P16F</td><td>P170 ~ P18F</td><td>P190 ~ P19F</td><td>P200 ~ P21F</td><td>P220 ~ P23F</td></tr>
</table>

</td></tr>
</table>

※ 알기

XGK의 경우

① 입출력 번호의 할당 방식은 기본 파라미터에서 설정한다.

② 기본베이스는 베이스 번호가 '0'으로 고정되며, 증설 베이스는 베이스 번호를 설정하는 스위치가 있다.

③ I/O 파라미터로 모듈타입을 설정한 경우는 실제 장착된 모듈의 타입이 일치 되어야 운전이 개시된다.
④ 증설 1단의 0번 슬롯에 16점 출력모듈의 입출력 번호의 할당은 고정식인 경우 P00640~P0064F가 되고 가변식인 경우에는 P00240~P0024F가 된다. 증설베이스의 입출력번호의 할당은 XG5000의 시스템 모니터에서도 확인이 가능하다.
⑤ 자세한 내용은 CPU 사용설명서의 2.3 기본 시스템의 내용을 참조한다.
⑥ 확장 또는 고장난 경우 예비부 품목의 대체시 I/O의 번호 변경 없이 프로그램을 작성할 수 있도록 모듈 점수를 예약하는 기능을 I/O 파라미터에서 설정할 수 있다.(미리 설정해야 함.)

2.6.3 시간 설정

(1) 워치 독 타임 설정

프로그램 오류에 의해 PLC가 멈추는 현상을 제거하기 위한 스캔 워치 독 타이머의 시간값을 설정한다. 워치 독 타임은 10[ms]에서 최대 1,000[ms](1초)까지 1[ms] 단위로 설정가능하다. 초기값은 50[ms]이다.

(2) 표준입력 필터 설정

DC 입력모듈의 입력 필터값을 설정한다. 자세한 설명은 XG5000 사용설명서 9장을 참조한다.

2.6.4 출력제어 설정

PLC 운전상태에 따른 출력제어를 설정하는 부분으로 디버깅 중 출력 내기, 에러 발생시 출력 유지, 런→스톱 전환시 출력 유지, 스톱→런 전환시 출력 유지, 에러 발생시 래치 이외 영역 지우기 등의 기능을 제공한다.

2.6.5 타이머 영역 설정

타이머 번호에 따라 시간 설정(100[ms], 10[ms], 1[ms], 0.1[ms])을 한다.

구 분	XGK		XGB	
	설정가능영역	설정 안한 경우 (Default)	설정가능영역	설정 안한 경우 (Default)
100ms	T0000 ~ T2044	T0000 ~ T0999	T000 ~ T253	T000 - T191
10ms	T0001 ~ T2045	T1000 ~ T1499	T0001 ~ T254	T192 ~ T200
1ms	T0002 ~ T2046	T1500 ~ T1999	T0002 ~ T255	T201 ~ T255
0.1ms	T0003 ~ T2047	T2000 ~ T2047	-	-

2.6.6 데이터 메모리 래치 영역 설정

① 전원 On(Reset) 후, [프로그램(Stop)모드 .. RUN 모드] 또는 [RUN 모드 .. 프로그램(Stop)모드]로 변환시에 현재의 데이터를 유지하는 불휘발성 영역을 지정한다. 이러한 래치 영역설정 가능한 디바이스는 D, M, S, C, T 등이다. K, L, N, R 디바이스는 래치 디바이스로 래치 설정을 안해도 래치된다.

② 래치 영역 설정은 기본 파라미터의 디바이스 설정에서 설정할 수 있고, 래치 영역 1과 래치영역 2로 구분되어진다.

③ 래치영역 1과 래치영역 2는 중복되게 설정할 수 없다.

④ 래치영역 1과 래치영역 2는 모두 래치 기능을 가지고 있고, 리셋을 해도 데이터는 유지된다. 두 영역의 차이는 XG5000에서 온라인으로 Overall 리셋을 할 경우, 래치영역 1의 데이터는 지워지고, 래치영역 2의 데이터는 계속 유지된다는 점이다.

⑤ 래치영역 2의 데이터를 지우는 방법은 PLC 운전상태가 스톱일 때 데이터 클리어 스위치를 3초 이상 On시키면 래치영역 2의 데이터도 클리어 된다.

구분	스톱<->런	리셋	Overall 리셋	데이터 클리어 키 (3초이상)
래치 영역1	데이터 유지	데이터 유지	데이터 클리어	데이터 클리어
래치 영역2	데이터 유지	데이터 유지	데이터 유지	데이터 클리어
K, L, R 디바이스	데이터 유지	데이터 유지	데이터 클리어	데이터 클리어
N 디바이스	데이터 유지	데이터 유지	데이터 유지	데이터 유지

※ 알기

XGB는 데이터 클리어 키가 없다. 따라서 래치영역 2는 온라인→PLC 지우기에서만 지우기가 가능하다.

2.6.7 에러시 프로그램 진행 여부 설정

(1) 연산에러시 운전 속행

명령어(실수 연산 명령어 제외) 수행시 에러발생 여부에 따라 운전을 계속할 것인지 설정한다.

(가) 설정시 동작

연산 에러 발생시 연산 에러 플래그를 셋(Set)하고, 에러 스탭을 F0048(DWORD)에 기록한다. 이 경우 에러내용은 시스템 이력에 기록되고 PLC 운전상태는 런을 유지한다. 또한 연산에러가 제거되기 전까지 CHK LED가 점멸한다.

(나) 해제시 동작

연산 에러가 발생하면 PLC 운전상태는 즉시 에러상태가 되고, 연산 에러 플래그를 셋(Set)하고, 에러 스탭을 F0048(DWORD)에 기록한다. 이 경우 연산 에러를 제거하고 다시 런을 수행해야 한다.

(2) 부동소수점 에러시 운전 속행(XGB는 지원 안함)

실수연산 명령어 수행시 에러발생 여부에 따라 운전을 계속할 것인지 설정한다.
설정/해제시 동작은 연산에러시 운전 속행과 동일하다.

(3) 퓨즈 에러시 운전 속행(XGB는 지원 안함)

퓨즈를 내장한 모듈의 퓨즈 단락여부에 따라 운전을 계속할 것인지 설정한다.
설정시 에러내용은 시스템 이력에 기록되고 PLC 운전상태는 런을 유지한다.
해제시에는 PLC 운전상태는 에러가 된다.

(4) I/O 모듈 에러시 운전 속행(XGB는 지원 안함)

장착된 I/O 모듈이 고장으로 인해 CPU에서 제어가 불가능한 경우, 운전을 계속할 것인지를 설정한다.

(5) 특수 모듈 에러시 운전 속행(XGB는 지원 안함)

장착된 특수 모듈이 고장으로 인해 CPU에서 제어가 불가능한 경우, 운전을 계속할 것인지를 설정한다.

(6) 통신 모듈 에러시 운전 속행(XGB는 지원 안함)

장착된 통신 모듈이 고장으로 인해 CPU에서 제어가 불가능한 경우, 운전을 계속할 것인지를 설정한다.

> ※ 알기
> (3), (4), (5), (6)의 이유로 모듈 교환이 필요할 경우, XG5000 [온라인]-[모듈교환 마법사]를 이용하여 운전 중 모듈교환이 가능하다.

2.6.8 인터럽트(Interrupt) 설정

(1) 기 능

주기·비주기적으로 발생하는 내/외부 신호를 처리하기 위하여 스캔 프로그램의 연산을 일단 중지시킨 후 해당되는 기능을 우선적으로 처리하며 우선순위는 2~7까지 설정한다.

(2) 태스크(Task) 프로그램 종류 및 태스크 번호 설정범위

① 태스크 프로그램은 다음과 같이 3종류로 구분한다.
- 정주기 태스크 프로그램 : 최대 XGK는 32개, XGB는 8개까지 사용가능
- 내부 디바이스 태스크 프로그램 : 최대 XGK는 32개, XGB는 8개까지 사용가능

② 정주기 태스크 프로그램
- 설정된 시간 간격에 따라 프로그램을 수행한다.
- 태스크 번호 설정 범위는 XGK 0~32, XGB 0~7까지이다.

③ 내부 디바이스 태스크 프로그램
- 내부 디바이스의 기동 조건 발생시 해당 프로그램을 수행한다.
- 디바이스의 기동 조건 검출은 스캔 프로그램의 처리 후 실행한다.
- 태스크 번호 설정 범위는 XGK 64~95, XGB 16~23까지이다.

> ※ 알기
> 인터럽트 설정에 관한 상세한 내용은 2.8.1 인터럽트 기능을 참조한다.

2.7 CPU 처리방법

2.7.1 연산처리방법

(1) 입력 리프레시(Refresh)

프로그램을 실행하기 전에 입력 모듈에서 데이터를 Read하여 설정된 데이터 메모리의 입력(P)용 영역에 일괄하여 저장한다.

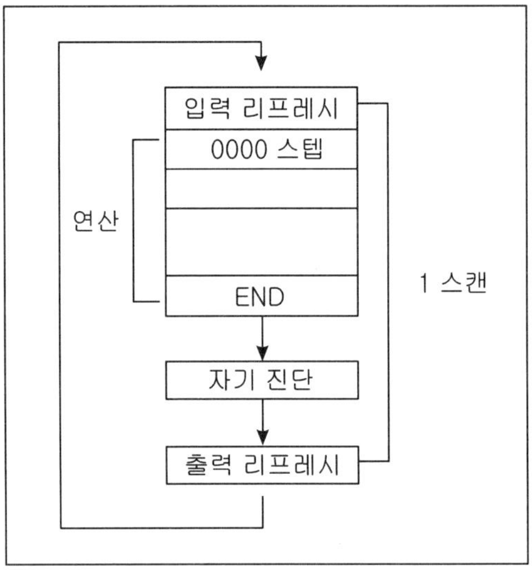

(2) 출력 리프레시

END 명령을 실행한 후 데이터 메모리의 출력(P)용 영역에 있는 데이터를 일괄하여 출력 모듈에 출력한다.

(3) 입출력 직접 명령을 실행한 경우(IORF 명령)

명령에서 설정된 입출력 모듈에 대하여 프로그램 실행 중에 입·출력 리프레시를 실행한다.

(4) 출력의 OUT 명령을 실행한 경우

시퀀스 프로그램 연산결과를 데이터 메모리의 출력용 영역에 저장하고 END 명령실행 후에 출력 접점을 리프레시 한다.

※ 알기

· 스캔(Scan) : 입력 모듈부터 접점상태를 읽어 들여 P영역에 저장(입력 리프레시)한 후 이를 바탕으로 0000 스텝부터 END까지 순차적으로 명령을 실행하고 자기진단 및 타이머, 카운터 등의 처리를 한 다음 프로그램 실행에 의해 변화된 결과값을 출력 모듈에 쓰는(출력 리프레시) 일련의 동작.

2.7.2 모드(Mode)별 동작 설명

CPU 모듈의 동작 상태에는 RUN 모드, STOP 모드, DEBUG 모드 등 3종류가 있다.

각 동작 모드시 연산 처리에 대해 설명한다.

(1) RUN 모드

프로그램 연산을 정상적으로 수행하는 모드이다.

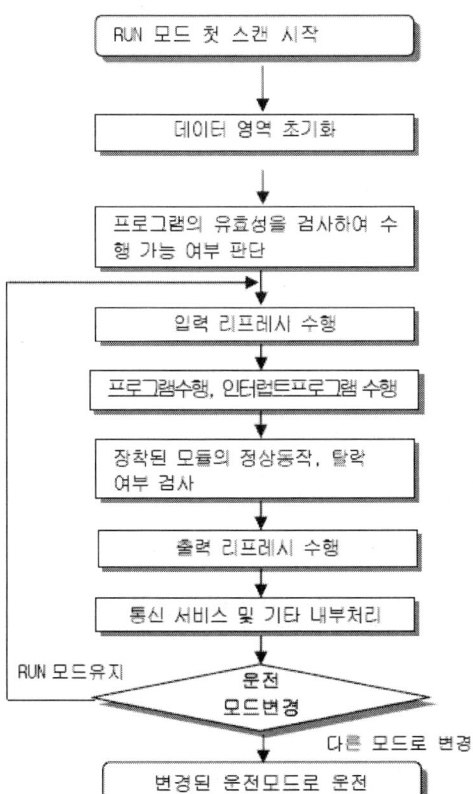

(가) 모드 변경시 처리

시작시에 데이터 영역의 초기화가 수행되며, 프로그램의 유효성을 검사하여 수행 가능 여부를 판단한다.

(나) 연산처리 내용

입출력 리프레시와 프로그램의 연산을 수행한다. 인터럽트 프로그램의 기동 조건을 감지하여 인터럽트 프로그램을 수행한다. 장착된 모듈의 정상 동작, 탈락 여부를 검사한다. 통신 서비스 및 기타 내부 처리를 한다.

(2) STOP 모드

프로그램 연산을 하지 않고 정지 상태인 모드이다. 리모트 STOP 모드에서만 XG5000을 통한 프로그램의 전송이 가능하다.

(가) 모드 변경시의 처리

출력 이미지 영역을 소거하고 출력 리프레시를 수행한다.

(나) 연산처리 내용

① 입출력 리프레시를 수행한다.
② 장착된 모듈의 정상 동작, 탈락 여부를 검사한다.
③ 통신 서비스 및 기타 내부 처리를 한다.

(3) 디버그(DEBUG) 모드

프로그램의 오류를 찾거나, 연산 과정을 추적하기 위한 모드로 이 모드로의 전환은 STOP 모드에서만 가능하다. 프로그램의 수행상태와 각 데이터의 내용을 확인해 보며 프로그램을 검증할 수 있는 모드이다.

(가) 모드 변경시의 처리

① 모드 변경 초기에 데이터 영역을 초기화한다.
② 출력 이미지 영역을 소거하고, 입력 리프레시를 수행한다.

(나) 연산처리 내용

① 입출력 리프레시를 수행한다.
② 설정 상태에 따른 디버그 운전을 한다.

③ 프로그램의 마지막까지 디버그 운전을 한 후, 출력 리프레시를 수행한다.

④ 장착된 모듈의 정상 동작, 탈락 여부를 검사한다.

⑤ 통신 등 기타 서비스를 수행한다.

(다) 디버그 운전조건

디버그 운전조건은 아래 4가지가 있고 브레이크 포인터에 도달한 경우 다른 종류의 브레이크 포인터의 설정이 가능하다.

운전 조건	동작 설명
한 연산 단위씩 실행 (스텝 오버)	운전 지령을 하면 하나의 연산 단위를 실행 후 정지.
브레이크 포인트 (Break Point) 지정에 따라 실행	프로그램에 브레이크 포인트를 지정하면 지정한 포인트에서 정지.
접점의 상태에 따라 실행	감시하고자 하는 접점 영역과 정지하고자 하는 상태지정(Read, Write, Value)을 하면 설정한 접점에서 지정한 동작이 발생할 때 정지.
스캔 횟수의 지정에 따라 실행	운전할 스캔 횟수를 지정하면 지정한 스캔 수 만큼 운전하고 정지.

(라) 조작방법

① XG5000에서 디버그 운전 조건을 설정한 후 운전을 실행한다.

② 인터럽트 프로그램은 각 인터럽트 단위로 운전여부(Enable/Disable)를 설정할 수 있다.(자세한 조작방법은 XG5000 사용설명서 제12장 디버깅을 참조.)

(4) 운전 모드 변경

(가) 운전 모드의 변경 방법

운전 모드의 변경에는 다음과 같은 방법이 있다.

① CPU 모듈의 모드 키에 의한 모드 변경

② 프로그래밍 툴(XG5000)을 CPU의 통신 포트에 접속하여 변경

③ CPU의 통신포트에 접속된 XG5000으로 네트워크에 연결된 다른 CPU 모듈의 운전 모드 변경

④ 네트워크에 연결된 XG5000, HMI, 컴퓨터 링크 모듈 등을 이용해 운전 모드 변경

⑤ 프로그램 수행 중 STOP 명령에 의한 변경

(나) 운전 모드의 종류

① 운전 모드 설정은 다음과 같다.

운전모드 스위치	XG5000 지령	XGK		XGB
		리모트 허용 스위치	운전모드	운전모드
RUN	X	X	RUN	로컬 런(RUN)
STOP	RUN	On	리모트 RUN	리모트 런(RUN)
	STOP		리모트 STOP	리모트 스톱(STOP)
	Debug		Debug RUN	디버그(Debug)
	모드 변경 수행	Off	이전 운전 모드	변경된 운전 모드
RUN -> STOP	-	X	STOP	리모트 스톱(STOP)

第四章(제4장) 小成大成 (소성대성)

古之敎者(고지교자) :

옛날부터 가르치는 교육장소로는

家有塾(가유숙) :

25집 단위의 塾(고을 또는 리 단위의 서당)이 있었고

黨有庠(당유상) :

500집 단위의 黨에는 庠(읍면 단위로 은의 향학)이 있었고

術有序(술유서) :

12,500집 단위의 術에는 序(군현 단위의 학교)가 있었고

國有學(국유학) :

나라에는 大學(국가 단위의 대학)이 있었다.

比年入學(비년입학) :

대학에는 매년마다 학생이 입학했고(比 : 견줄/본뜰/따를)

中年考校(중년고교) :

격년으로 평가시험(고사)을 치렀다.

一年視離經辨志(일년시리경변지) :

1학년생은 경전과 장구를 나누어 가르치고 그 뜻을 변별하는 능력을 평가했으며(視 : 볼/조사할)

三年視敬業樂羣(삼년시경업락군) :

2~3년생은 학업에 대한 공경성과 교우관계를 평가하고(羣 : 무리/동료)

五年視博習親師(오년시박습친사) :

4~5년생은 넓은 자학자습 능력과 스승을 모시는 예와 그 친분정도

를 평가하고

七年視論學取友(칠년시론학취우) :

6~7년생은 학문의 시비를 논하고 동학동습하는 벗과 교우들을 취하는 정도(친구 유별)를 평가하였다.

謂之小成(위지소성) :

여기까지의 이러한 대학 교육을 일러 '小成' 이라 한다.

九年知類通達(구년지류통달) :

8~9년생은 사물을 분류하여 그 각각 사물들의 근본까지 깨달아 일반화하는 정도까지 통달하였다.

强立而不反(강립이불반) :

이런 대학 교학과정을 거쳐서 강건한 위치에 서게 되면 그에 반하는(비루하고 비겁한) 상태로 돌아가지 않는다.

謂之大成(위지대성) :

여기까지 도달하는 것을 일컬어 '大成' 이라 한다.

夫然後足以化民易俗(부연후족이화민역속) :

대저 이런 연후에야 만백성들과 나라의 풍속까지 변화시키기에 용이하므로 지도자의 반열에 오를 수 있는 것이다.

近者說服而遠者懷之(근자열복이원자회지) :

이렇게 되면 가까이 있는 자들은 스스로 다가와 기꺼이 따르게 되므로, 멀리 있는 자들까지도 넓은 품과 마음으로 포용할 수 있는 것이다.(說 : 기꺼울. 懷 : 품을, 마음), 近者說 遠者來.

此大學之道也(차대학지도야) :

이것이 바로 대학의 길(大學之道)이다.

記曰蛾子時術之(기왈아자시술지) :

옛 기록에 이르시길 "개미도 때에 맞춰 흙을 머금는 기술을 배워

큰 집을 짓는다." 라고 했으니(蛾：나방, 개미)

其此之謂乎(기차지위호)：

이것이야 말로 진정 '大學之道' 를 두고 한 말일 것이다.

※ 知類通達. 格物而后知至. 意誠而后心正, 心正而后修身. we too might walk in newness of life.(로 6：4) be transformed by the renewal of your mind.(로 12：2) 教學과 治政등 만사의 성공은 修身과 修心에 있다.

2.8 특수 기능

2.8.1 인터럽트 기능

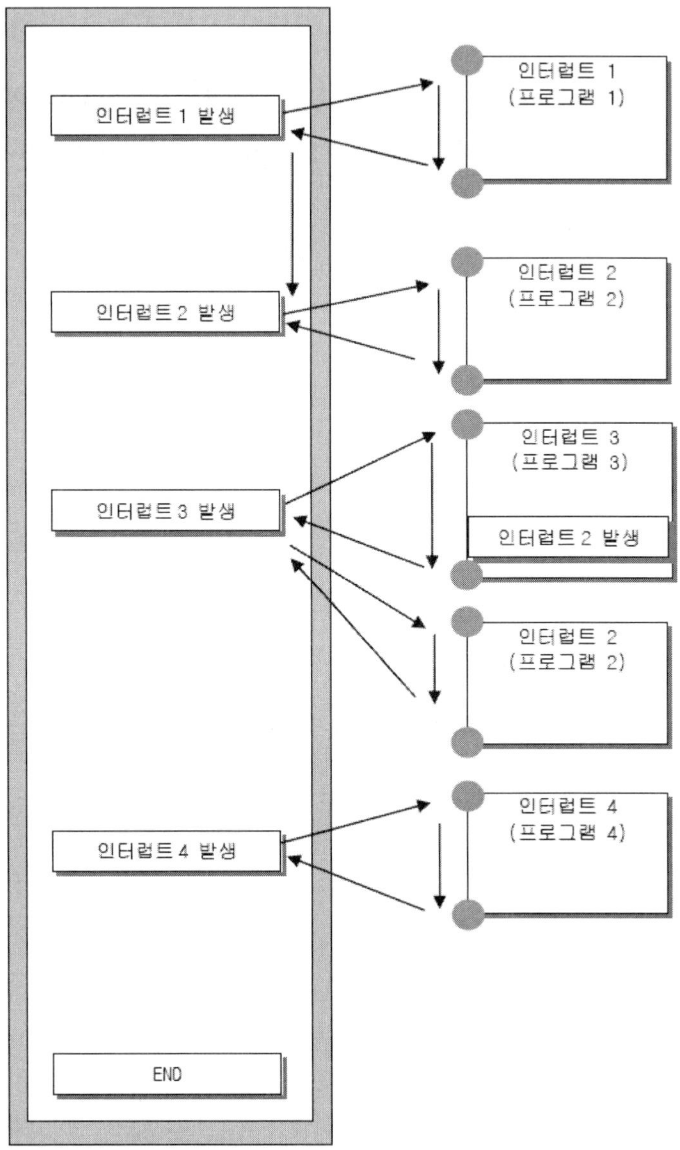

[스캔 프로그램]

※ 알기

① 리모트 RUN 모드에서 스위치에 의해 RUN 모드로 변경되는 경우 PLC 동작은 중단 없이 연속 운전을 한다.

② 스위치에 의한 RUN 모드에서 런 중 수정은 가능하지만 XG5000을 통한 모드 변경동작이 제한된다. 원격지에서 모드 변경을 허용하지 않을 경우에만 설정한다.

③ 전원 On시 모든 인터럽트는 enable상태이다.

(1) 인터럽트 프로그램의 작성 방법

XG5000의 프로젝트 창에서 아래와 같이 task를 생성하고 각 태스크에 의해서 수행될 프로그램을 추가한다. 자세한 방법은 XG5000의 설명서를 참조한다.

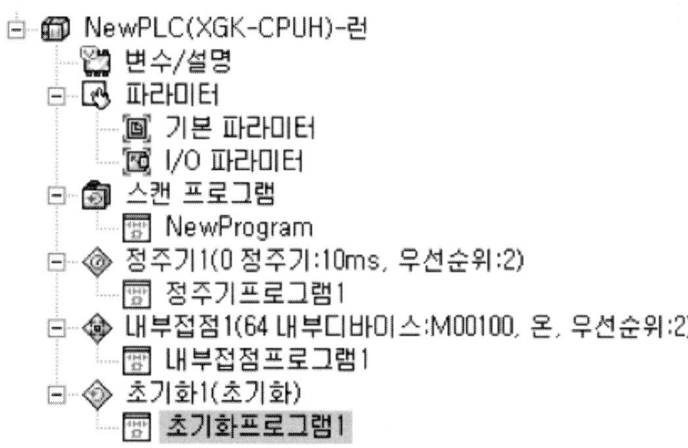

(2) Task의 종류

태스크의 종류 및 기능은 다음과 같다.

규격 \ 종류	정주기 태스크 (인터벌 태스크)		내부 접점 태스크 (싱글 태스크)	
	XGK	XGB	XGK	XGB
개수	32 개	8 개	32 개	8 개
기동조건	정주기(1ms 단위로 최대 4,294,967,295 초까지 설정가능)		내부 디바이스의 지정 조건	
검출 및 실행	설정시간마다 주기적으로 실행		스캔 프로그램 실행 완료 후 조건 검색하여 실행	
검출 지연 시간	최대 0.2 ms 지연		최대 스캔 타임 만큼 지연	
실행 우선 순위	2 ~ 7 레벨 설정 (2 레벨이 우선순위가 가장 높음)		좌 동	
태스크 번호	0~31 의 범위에서 사용자가 중복되지 않게 지정	0~7 의 범위에서 사용자가 중복되지 않게 지정	64~95 의 범위에서 사용자가 중복되지 않게 지정	16~23 의 범위에서 사용자가 중복되지 않게 지정

(3) 태스크 프로그램의 처리 방식

태스크 프로그램에 대한 공통적인 처리 방법 및 주의사항에 대해 설명한다.

(가) 태스크 프로그램의 특성

① 태스크 프로그램은 스캔 프로그램처럼 매 스캔 반복처리하지 않고, 실행조건이 발생할 때만 실행한다. 태스크 프로그램을 작성할 때는 이점을 고려한다.

② 예를 들어 10초 주기의 정주기 태스크 프로그램에 타이머와 카운터를 사용하였다면 이 타이머는 최대 10초 오차가 발생할 수 있고, 카운터는 10초마다 카운터의 입력상태를 체크하므로 10초 이내에 변화한 입력은 카운트되지 않는다.

(나) 실행 우선 순위

① 실행해야 할 태스크가 여러개 대기하고 있는 경우는 우선순위가 높은 태스크 프로그램부터 처리한다. 우선순위가 동일한 태스크가 대기 중일 때는 발생한 순서대로 처리한다.

② 태스크의 우선순위는 각 태스크에서만 해당한다.

③ 프로그램의 특성, 중요도 및 실행 요구 발생시 긴급성을 고려하여 태스크 프로그램의 우선순위를 설정한다.

(다) 처리 지연 시간

태스크 프로그램의 처리 지연에는 다음과 같은 요인이 있다. 태스크 설정 및 프로그램 작성시 고려한다.

① 태스크의 검출 지연(각 태스크의 상세 설명 참조)
② 선행 태스크 프로그램 수행에 따른 프로그램 수행 지연

(라) 초기화, 스캔 프로그램과 태스크 프로그램의 관계

① 초기화 태스크 프로그램의 수행 중에는 사용자 정의 태스크는 기동 않는다.
② 스캔 프로그램은 우선 순위가 가장 낮게 설정되어 있으므로, 태스크 발생시 스캔 프로그램을 중지하고 태스크 프로그램을 우선 처리한다. 따라서 1스캔 중에 태스크가 빈번하게 발생하거나, 간헐적으로 집중되는 경우가 발생할 경우, 스캔 타임이 비정상적으로 늘어나는 경우가 있을 수 있다. 태스크는 조건 설정시 주의가 필요하다.

(마) 실행중인 프로그램의 태스크 프로그램으로부터의 보호

① 프로그램 수행 중, 우선순위가 높은 태스크 프로그램의 수행에 의해 프로그램 수행의 연속성을 잃을 경우 문제가 되는 부분에 대하여, 부분적으로 태스크 프로그램의 수행을 막을 수 있다. 이때 'DI(태스크 프로그램 기동 불허)', 'EI(태스크 프로그램 기동 허가)' 응용 명령에 의해 프로그램 보호를 수행할 수 있다.
② 보호가 필요한 부분의 시작 위치에 'DI' 응용 명령을 삽입하고, 해제할 위치에 'EI' 응용 명령을 삽입하면 된다. 초기화 태스크는 'DI', 'EI' 응용 명령의 영향을 받지 않는다.

(4) 정주기 태스크 프로그램의 처리 방법

태스크 프로그램의 태스크(기동조건)를 정주기로 설정한 경우의 처리방법에 대해 설명한다.

(가) 태스크에 설정할 사항

① 실행할 태스크 프로그램의 기동조건이 되는 태스크의 실행 주기 및 우선순위를 설정한다. 태스크의 관리를 위한 태스크 번호를 확인한다.

(나) 정주기 태스크 처리

① 설정 시간 간격(실행 주기)마다 해당하는 정주기 태스크 프로그램을 실행한다.

(다) 정주기 태스크 프로그램 사용시 주의사항

① 정주기 태스크 프로그램이 현재 실행 중 또는 실행 대기 중일 때, 동일한 태스크 프로그램 실행 요구가 발생되면 새로 발생된 태스크는 무시된다.

② 운전 모드가 RUN 모드인 동안만 정주기 태스크 프로그램의 실행요구를 발생하는 타이머가 가산된다. 정전된 시간은 모두 무시한다.

③ 정주기 태스크 프로그램의 실행주기를 설정할 때, 동시에 여러 개의 정주기 태스크 프로그램의 실행요구가 발생할 수 있음을 고려한다. 만약, 주기가 2초, 4초, 10초, 20초인 4개의 정주기 태스크 프로그램을 사용하면, 20초 마다 4개의 실행요구가 동시에 발생하여 스캔 타임이 순간적으로 길어지는 문제가 발생할 수 있다.

(5) 내부 디바이스 태스크 프로그램의 처리 방법

태스크 프로그램의 태스크(기동조건)를 접점에서 디바이스로 수행 범위를 확대한 내부 디바이스 태스크 프로그램의 처리 방법에 대하여 설명한다.

(가) 태스크에 설정할 사항

① 수행할 태스크 프로그램의 기동조건이 되는 디바이스의 조건 및 우선순위를 설정한다. 태스크의 관리를 위한 태스크 번호를 확인한다.

(나) 내부 디바이스 태스크 처리

① CPU모듈에서 스캔 프로그램의 실행이 완료된 후, 우선순위에 따라 내부 디바이스 태스크 프로그램의 기동조건이 디바이스들의 조건과 일치하면 실행한다.

(다) 내부 디바이스 태스크 프로그램 사용시 주의사항

① 내부 디바이스 태스크 프로그램은 스캔 프로그램의 실행 완료 시점에서 실행된다. 따라서 스캔 프로그램 또는 정주기 태스크 프로그램에서 내부 디바이스 태스크 프로그램의 실행조건을 발생시켜도 즉시 실행되지 않고 스캔 프로그램의 실행 완료 시점에서 실행된다.

② 내부 디바이스 태스크 프로그램의 실행요구는 스캔 프로그램이 실행 완료 시점에서 실행조건을 조사한다. 따라서 '1스캔' 동안 스캔 프로그램 또는 정주기 태스크 프로그램에 의해 내부 디바이스 태스크 실행 조건이 발생하였다가 소멸되면 실행조건을 조사하는 시점에서는 실행 검출하지 못하므로 태스크는 실행되지 않는다.

2.8.2 시계 기능(XGB 표준형은 지원 안함)

CPU모듈에는 시계소자(RTC)가 내장되어 있다. RTC는 전원 Off 또는 순시정전 시에도 배터리 백업에 의해 시계 동작을 계속한다.

RTC의 시계 데이터를 이용하여 시스템의 운전이력이나 고장이력 등의 시각 관리에 사용할 수 있다. RTC의 현재 시각은 시계관련 플래그(F0053, F0054, F0055, F0056)에 매 스캔 갱신된다. 시계기능에 대한 자세한 설명은 XGK CPU 사용설명서 6.2장을 참조한다.

2.8.3 런(RUN) 중 프로그램 수정 기능

① 현재 PLC 운전상태가 런 상태이고 XG5000의 프로그램과 PLC의 프로그램이 같을 경우 운전모드 전환 없이 프로그램 수정이 가능한 기능이다.

② 1회 런 중 수정시 1개의 프로그램 블록(PB)만 수정이 가능하고, 1개의 프로그램 블록(PB)내에서는 아무런 제한 없이 자유롭게 수정이 가능하다.(PLC 내에 2개의 프로그램 블록이 있음)

③ PLC와 접속된 미디어(RS-232C/USB) 종류와 런 모드시 읽기/쓰기 데이터 크기에 따라서 런 중 수정시간이 차이가 있다. 또한 런 중 수정 시간이 짧을수록 스캔 변화량은 커진다.

④ 런 중 수정 중 에러가 발생했을 경우, PLC는 런 중 수정 전 프로그램을 그대로 수행하게 된다.

2.8.4 자기진단기능

① 자기진단기능이란 CPU모듈이 PLC시스템 자체의 이상 유무를 진단하는 기능이다.

② PLC 시스템의 전원을 투입하거나 동작 중 이상이 발생한 경우에 이상을 검

출하여 시스템의 오동작방지 및 예방보전 기능을 수행한다.

(1) 스캔 워치 독 타이머(Scan Watch-dog Timer)

WDT(Watch-Dog Timer)는 PLC CPU 모듈의 하드웨어나 소프트웨어 이상에 의한 프로그램 폭주를 검출하는 기능이다.

① 워치 독 타이머는 사용자 프로그램 이상에 의한 연산지연을 검출하기 위하여 사용하는 타이머이다. 워치 독 타이머의 검출시간은 XG5000의 기본 파라미터에서 설정한다.

② 워치 독 타이머는 연산 중 스캔 경과 시간을 감시하다가, 설정된 검출시간의 초과를 감지하면 PLC의 연산을 즉시 중지시키고 출력을 전부 Off 한다.

③ 사용자 프로그램 수행 도중 특정한 부분의 프로그램 처리(FOR~NEXT 명령, CALL명령 등을 사용)에서 연산지연 감시검출시간(Scan Watchdog Time)의 초과가 예상되면 WDT명령을 사용하여 타이머를 클리어하면 된다. WDT명령은 연산지연 감시 타이머의 경과시간을 초기화하여 0부터 시간측정을 다시 시작한다.

④ 워치 독 에러 상태를 해제하기 위해서는 전원 재투입, 수동 리셋 스위치의 조작 또는 STOP 모드로의 모드전환이 있다.

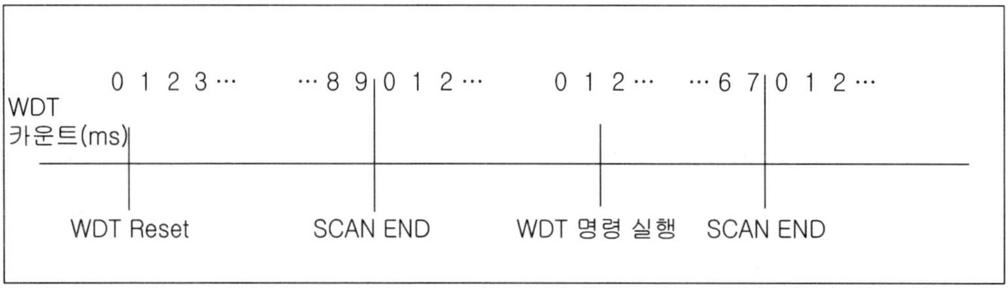

※ 알기

① 워치 독 타이머의 설정범위는 10~1,000[ms](1[ms] 단위)이다.

② 자기진단에 관한 자세한 내용은 XGK CPU 사용설명서의 6.1, XGB 시리즈 사용설명서 6.2 자기진단 내용을 참조한다.

(2) 입출력 모듈 체크 기능

기동시와 운전 중에 I/O 모듈의 이상상태를 체크하는 기능이다.

① 기동시 파라미터 설정과 다른 모듈이 장착되어 있거나 고장인 경우 또는
② 운전 중에 I/O 모듈이 착탈 또는 고장이 발생한 경우에

이상 상태가 검출되며 CPU 모듈 전면의 경고 램프(ERR)가 켜지고 CPU는 운전을 정지한다. 모듈 착탈 에러발생시 다음과 같이 F 영역의 해당 비트가 각각 On 된다.

F 영역	내 용	비고
F104[0~B]	메인 베이스에 장착되어 있는 모듈 착탈 에러 발생 시 해당 슬롯 비트 On	
F105[0~B]	증설 베이스 1단에 장착되어 있는 모듈 착탈 에러 발생 시 해당 슬롯 비트 On	XGB는 지원안함
F106[0~B]	증설 베이스 2단에 장착되어 있는 모듈 착탈 에러 발생 시 해당 슬롯 비트 On	
F107[0~B]	증설 베이스 3단에 장착되어 있는 모듈 착탈 에러 발생 시 해당 슬롯 비트 On	
F108[0~B]	증설 베이스 4단에 장착되어 있는 모듈 착탈 에러 발생 시 해당 슬롯 비트 On	
F109[0~B]	증설 베이스 5단에 장착되어 있는 모듈 착탈 에러 발생 시 해당 슬롯 비트 On	
F110[0~B]	증설 베이스 6단에 장착되어 있는 모듈 착탈 에러 발생 시 해당 슬롯 비트 On	
F111[0~B]	증설 베이스 7단에 장착되어 있는 모듈 착탈 에러 발생 시 해당 슬롯 비트 On	

(3) 메모리 백업용 배터리 전원 전압 체크(XGB 표준형은 지원 안함)

배터리 전압이 메모리 백업 전압 이하로 떨어지면 이를 감지하여 알려주는 기능이다. CPU 모듈 전면의 경고 램프(BAT)가 켜진다. 이 때 배터리 이상 플래그인 F00045가 On 된다.

자세한 조치내용은 "CPU 사용설명서의 4.3.3 배터리의 수명"을 참조한다.

2.9 프로그램 체크 기능

2.9.1 JMP-LABEL

① 프로그램 전체에서 사용할 수 있는 레이블(LABEL)의 개수는 XGK는 512개, XGB는 128개이다. 사용된 레이블의 개수가 512(XGK)/128(XGB)개를 초과시에는 프로그램이 다운로드가 되지 않는다. JMP 조건이 만족되어 해당 레이블로 점프(Jump)할 때 JMP 명령과 레이블 사이의 모든 명령을 NOP 처리한다.

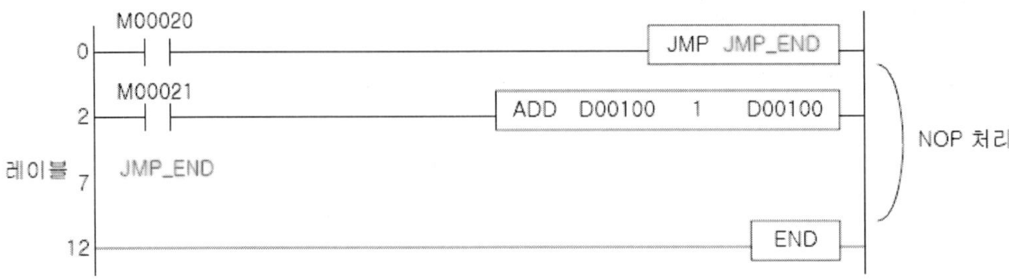

② 레이블이 없는 JMP 명령은 프로그램 다운로드시 체크되어 다운로드가 되지 않는다. 또한 SBRT.RET 블록내에 레이블이 존재할 경우 역시 에러로 프로그램 다운로드가 되지 않는다.

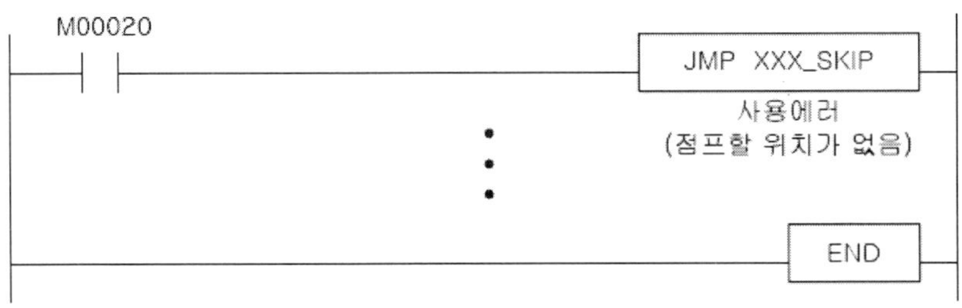

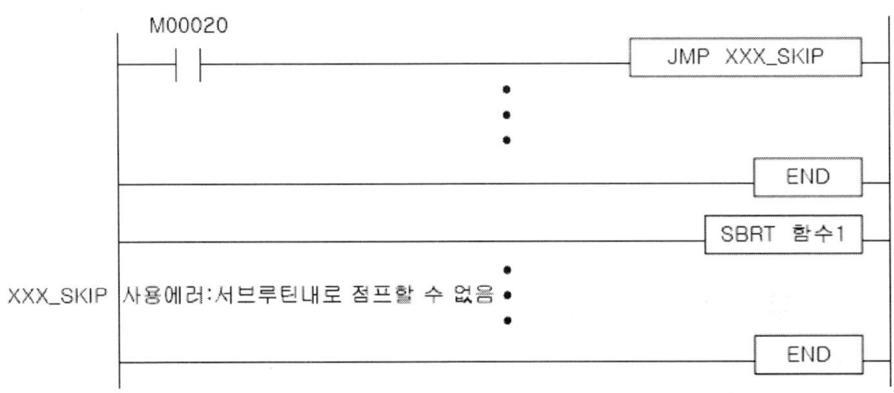

③ JMP-LABEL에 관한 자세한 설명에 대해서는 JMP, LABEL 명령의 설명부분을 참조한다.

2.9.2 CALL-SBRT/RET

① 프로그램 전체에서 사용할 수 있는 SBRT의 개수는 XGK는 512개, XGB는 128개이다. CALL 명령은 중첩 사용이 가능하지만, SBRT/RET는 중복 사용할

수 없다. CALL 명령을 사용하면 반드시 SBRT/RET 명령어를 사용해야 한다.

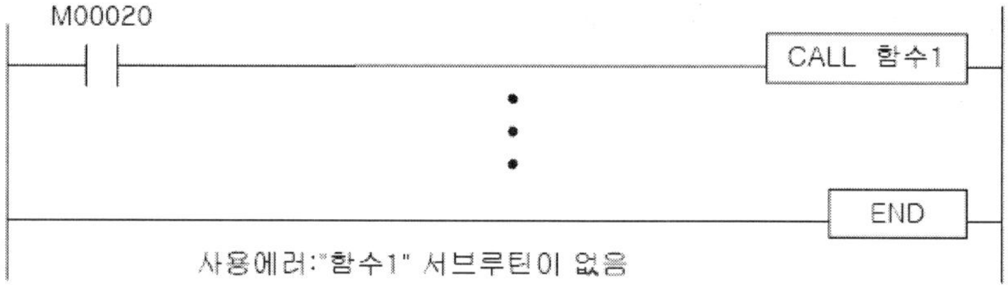

② 서브루틴은 반드시 END 뒤에 사용해야 한다.

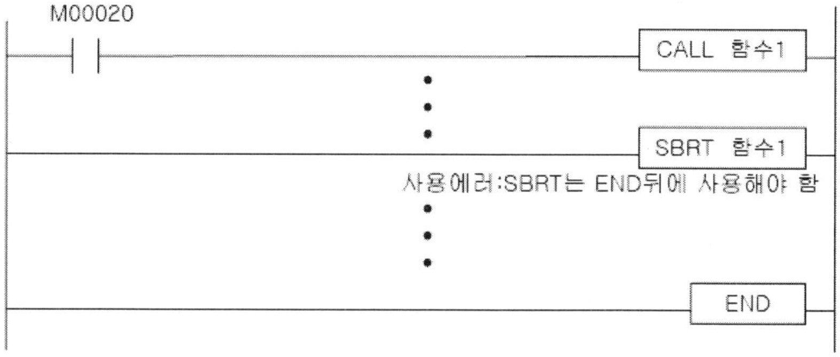

③ 또한 서브루틴은 RET명령으로 마감되어야 하며 CALL없이 SBRT와 RET만 사용할 경우, XG5000의 프로그램 검사 메뉴에서 경고/에러로 설정할 수 있다.

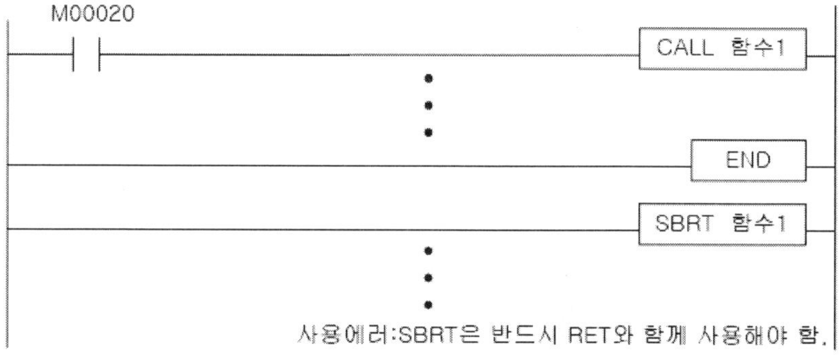

④ CALL-SBRT/RET에 관한 자세한 설명에 대해서는 4.30.2 CALL, CALLP, SBRT, RET 명령의 설명부분을 참조한다.

2.9.3 MCS-MCSCLR

① 우선순위가 높은 것부터 인터록 하며 해제는 그 역순으로 한다.

```
  MCS        0 : High
~            ↕
  MCS        7 : LOW
```

② 인터록 해제시 우선순위가 높은 것을 해제하면 낮은 인터록블록도 해제된다.

```
  MCS        0
  MCS        1
~
  MCSCLR    0 ( 0,1 모두 해제됨 )
  MCSCLR    1 : 에러처리
```

③ Stand Alone이나 END, RET 명령을 포함한 블록인 경우에는 에러로 처리한다.

```
  MCS        0
~
  END
~
  MCSCLR     0 : 에러처리
```

④ MCS-MCSCLR에 관한 자세한 설명에 대해서는 MCS, MCSCLR 명령의 설명부분을 참조한다.

2.9.4 FOR-NEXT/BREAK

① FOR, NEXT 명령의 사용 횟수는 일치하여야 하며, FOR-NEXT Block Nesting은 16단까지 사용가능하다.

② Stand Alone이나 END, RET 명령을 포함한 블록인 경우에는 에러로 처리한다.

③ BREAK 명령은 반드시 FOR-NEXT 사이에 위치해야 한다.

```
LOAD       P0000
  FOR        1        : 정상으로 처리
  FOR        2
  FOR        3
~
  NEXT
  NEXT
  NEXT
~
  END
```

```
  LOAD       P0001
~
  FOR        20
~
  NEXT
  NEXT                : 에러처리
~
  END
```

```
  LOAD       P0002
  FOR        20       : 에러처리(Stand Alone)
~
  END
~
  NEXT                 : 에러처리
  END
```

④ FOR-NEXT/BREAK에 관한 자세한 설명에 대해서는 루프명령의 설명부분을 참조한다.

2.9.5 END/RET

프로그램에서 1스캔을 완료하는 END와 서브루틴의 마감 명령인 RET이 없는 경우에 에러 처리한다.

```
LOAD      P0012
 ~
 JMP       10
 ~
 JMP       10
 ~
```

: END 가 없는 경우

```
END
SBRT
 ~
LOAD      P0000
 ~
OUT       P0010
 ~
```

: RET 가 없는 경우

2.9.6 이중 코일

작성한 명령어 중 동일 디바이스가 중복되어 프로그램 되었을 경우 XG5000의 프로그램 검사 메뉴에서 경고/에러로 설정할 수 있다.

```
LOAD      P0000
 ~
OUT       M0000

OUT       M0000  :  경고 또는 에러처리 ( 설정 )
OUT       M0001
```

2.10 에러 처리

2.10.1 런(RUN) 중 에러 처리

런(RUN) 상태에서 연산에러(간접지정 어드레스 초과 에러, BCD 연산 에러 등...)가 발생할 경우, XG5000의 기본 파라미터(연산에러시 운전속행 여부) 설정 여부에 따라 운전 속행이 결정된다. 연산에러시 운전속행을 설정하면 연산에러가 발생해도 PLC 상태는 런(RUN)을 유지하고, 시스템 이력에 "운전속행, 연산에러, 에러 스텝 : XX, 에러코드 : XX"와 같은 이력을 남긴다. 연산에러시 운전속행을 설정하지 않았을 경우에는 에러 발생시 PLC는 STOP 상태로 되고 에러에 대한 정보를 주는 팝업창이 뜬다. 기본 파라미터의 연산에러시 운전속행은 기본 설정되어 있다.

2.10.2 에러 플래그 처리

F0110은 각 명령어 수행시마다 에러 여부를 체크하여 에러이면 On, 정상실행이면 Off가 된다. 단, 에러 영향을 받지 않는 명령어에서는 전 상태가 그대로 유지된다. F0115는 한번 에러가 발생하면 계속 On으로 래치되어 있다. 따라서 이전 실행 명령에서 에러가 발생하고 현재 명령에서 에러가 발생하지 않으면 F0110은 Off, F0115는 On되어 있다.

프로그램	실 행 결 과	F110	F115
ADD D0000 h0010 M020	정상	Off	Off
MOV D0000 #D0010	에러	On	On
LOAD P0000		On	On
INC D0000		Off	On
LOAD P0001		Off	On
WAND P001 M010 #D0400	에러	On	On
LOAD P0002		On	On
WAND P001 M010 D0300		Off	On
CLE		Off	Off
WAND P001 M010 D0500	에러	On	On
LOAD P0003		On	On

2.10.3 에러시 LED 표시

<table>
<tr><th rowspan="2">LED 명</th><th rowspan="2">상 태</th><th colspan="2">LED 표시</th></tr>
<tr><th>XGK</th><th>XGB</th></tr>
<tr><td rowspan="2">RUN/STOP</td><td>RUN 운전 중에 경고 또는 에러 표시</td><td>녹색 점멸</td><td rowspan="2">-</td></tr>
<tr><td>1.STOP 운전 중에 경고 또는 에러 표시
2.운전을 정지하는 에러를 검출한 경우</td><td>적색 점멸</td></tr>
<tr><td>ERR</td><td>운전이 불가한 에러가 발생한 경우를 표시</td><td>On</td><td>적색 점멸</td></tr>
<tr><td>BAT</td><td>배터리 전압이 저하된 경우</td><td>On</td><td rowspan="3">-</td></tr>
<tr><td rowspan="2">CHK</td><td>1. '모듈교체' 스위치가 '모듈교체'로 설정 된 경우
2. '디버그 모드' 에서 운전 중 인 경우
3. '강제 ON' 설정 상태
4. '고장마스크', 'SKIP' 플래그가 설정 된 경우
5.운전 중 경고장(Warning)이 발생한 경우
6.증설베이스 전원 이상</td><td>On</td></tr>
<tr><td>연산에러시 운전속행 설정이 되어 있는 상태에서 에러가 발생된 경우</td><td>적색 점멸</td></tr>
</table>

제3장

시스템의 구성

XGB PLC는 기본 시스템, 컴퓨터 링크 및 네트워크 시스템 구성에 적합한 각종 제품을 구비하고 있다. 이 장은 각 시스템의 구성 방법 및 특징에 대해 설명한다.

3.1 XGB 시스템 구성

XGB PLC의 시스템 구성은 아래 그림과 같다.

"E" 타입은 옵션 모듈만 장착 가능하다.

"S" 타입은 증설 모듈을 최대 7단 접속을 지원하나 옵션 모듈 2단 장착시 증설 모듈은 최대 5단 장착이 가능하다.(단, 통신 모듈은 최대 2단까지 지원함)

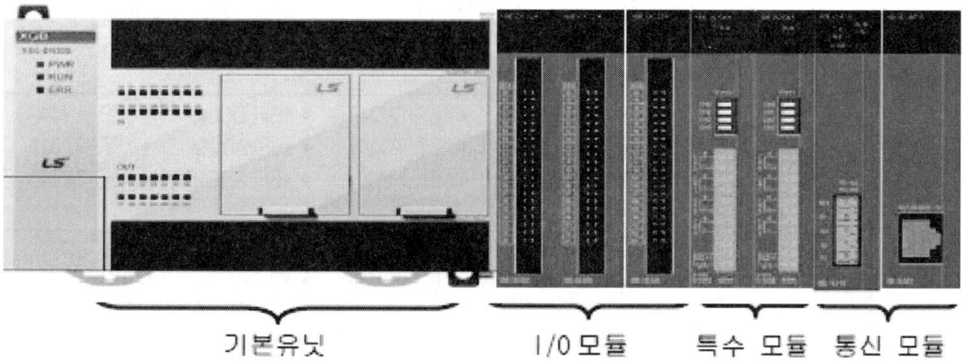

※ 알기

PMC-310S 결선도

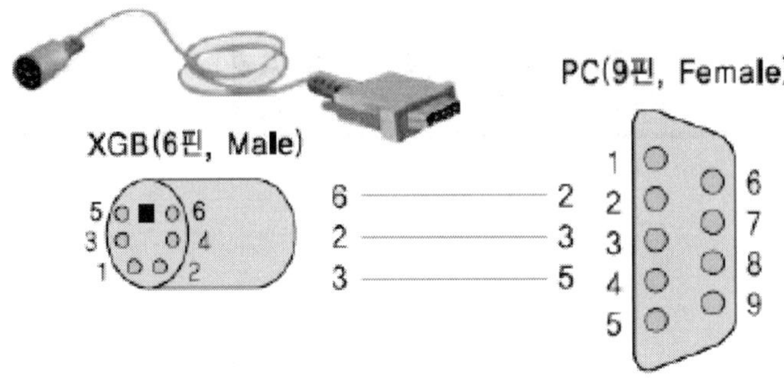

항목			내용
입출력 구성 점수			• XBC-DxxxS(U) (" S(U)" 타입) : 20 ~ 284 점 • XBC-DxxxE (" E" 타입) : 10 ~ 38 점
증설 모듈 접속 가능 대수		디지털 입출력모듈	• " S(U)" 타입: 최대 7 대
		특수 모듈	• " S(U)" 타입: 최대 7 대
		통신 모듈	• " S(U)" 타입: 최대 2 대
		옵션 모듈	• " S(U)" 타입: 최대 2 대 • " E" 타입: 최대 2 대 (10/14 점의 경우 1 개 장착 가능)
구성 제품	기본 유닛	"S" 타입	• XBC-DR20/30/40/60SU • XBC-DN20/30S • XBC-DN20/30/40/60SU • XBC-DP20/30/40/60SU
		"E" 타입	• XBC-DR10/14/20/30E • XBC-DN10/14/20/30E • XBC-DP10/14/20/30E
	증설 모듈	디지털 입출력 모듈	• XBE-DC08A/B/16/32A • XBE-TN08/16/32A • XBE-RY08A/B/16A • XBE-TP08/16/32A • XBE-DR16A
		특수 모듈	• XBF-AD04A • XBF-DV04A • XBF-DC04A • XBF-AH04A • XBF-RD04A • XBF-TC04S • XBF-AD08A • XBF-PD02A • XBF-HO02A • XBF-HD02A • XBF-AD04C • XBF-DV04C • XBF-DC04C
		통신모듈	• XBL-C41A • XBL-C21A • XBL-EMTA • XBL-EIPT • XBL-EIMT/F/H • XBL-CMEA • XBL-CSEA
	옵션 모듈	디지털 입출력 모듈	• XBO-DC04A • XBO-TN04A
		특수 모듈	• XBO-AD02A • XBO-DA02A • XBO-AH02A • XBO-RD01A • XBO-TC02A
		RTC 모듈	• XBO-RTCA
		메모리 모듈	• XBO-M2MB

3.2 제품 형명의 구분과 종류

3.2.1 기본 유닛의 구분 및 종류

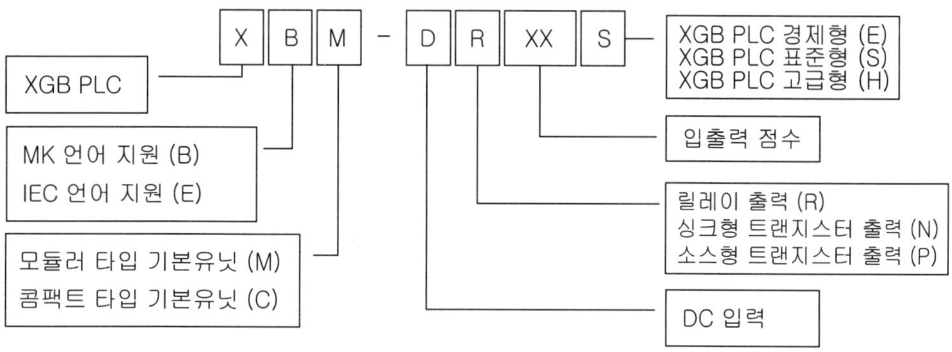

3.2.2 증설 입출력 모듈의 구분 및 종류

증설 모듈의 제품명은 다음과 같이 구분한다.

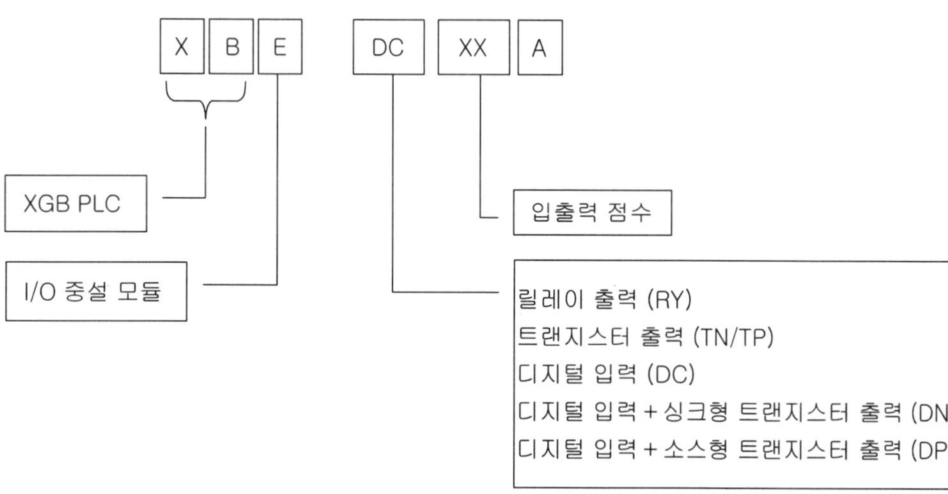

3.2.3 특수 모듈의 구분 및 종류

특수 모듈의 제품명은 다음과 같이 구분한다.

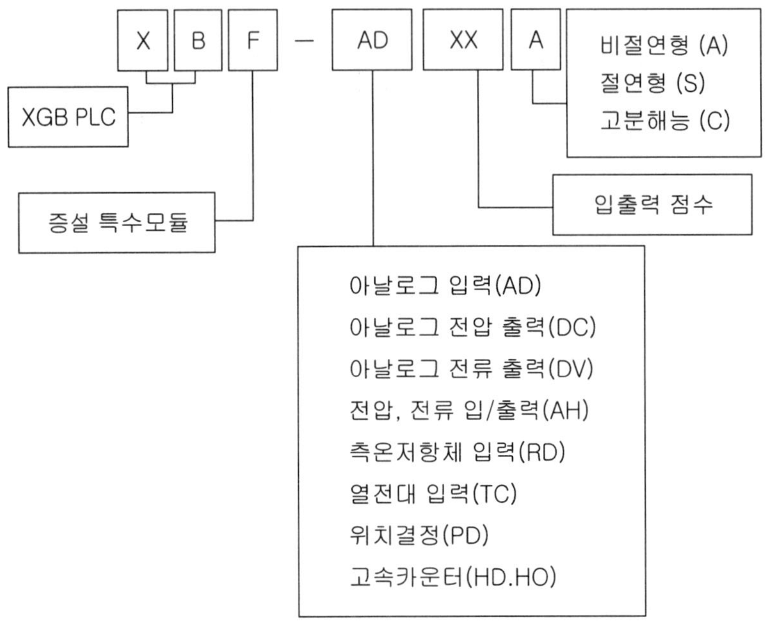

第五章(제5장) 教之大倫(교지대륜)

大學始教(대학시교) :

대학에서는 개강 첫날에 즈음하여

皮弁祭菜(피변제채) :

피변(의관을 정제하고)을 갖춘 유사(교관)들이 각종 나물을 준비하여 제사를 모시는 것은(弁 : 고깔/두려울)

示敬道也(시경도야) :

학문선배와 성인들의 도를 공경해야 함을 예를 보여 줌으로 가르치는 것이다.

宵雅肄三(소아이삼) :

학생들에게 시경(詩經)의 소아(宵雅) 세편을 읽고 암송하게 한 것은(宵 : 밤/닮을/작은 肄 : 익힐)

官其始也(관기시야) :

관가의 벼슬길에 들어섰음을 알려서 가르치려는 것이다.

入學鼓篋(입학고협) :

입학하면 큰북을 두드려 수업시작을 알리고 네모난 책 상자에서 책을 꺼내게 하는데(篋 : 네모상자)

孫其業也(손기업야) :

이는 겸손과 겸양된 마음으로 수업에 임해야 함을 가르치려는 것이다.

夏楚二物(하초이물) :

학당에 개오동나무와 광대싸리로 만든 두 개의 회초리를 걸어둔 것은(夏 : 안거/학당, 楚 : 회초리)

收其威也(수기위야) :

교학(가르치고 배움)에 대한 위엄을 갖게 하려 함이다.

未卜禘不視學(미복체불시학) :

천자가 점을 쳐서 체제(禘祭)의 날을 확정하지 않았을 때, 학생들을 평가하지 않는 것은(禘 : 천자의 종묘제사)

游其志也(유기지야) :

배움에 대한 학생들의 뜻을 여유롭게 하고자 함이다.(游 : 헤엄칠/놀/별장)

時觀而弗語(시관이불어) :

스승(교관)이 때때로 학생들의 수업진도를 보고도 시시콜콜 말하지 않는 것은

存其心也(존기심야) :

학생들 스스로 배움에 대한 바른 마음을 갖게 하여 깨우침을 주기 위함이다.

幼者聽而弗問(유자청이불문) :

연소한 학생들이 듣기만 할뿐 연장자들 보다 앞서 함부로 질문하지 않는 것은

學不躐等也(학불렵등야) :

배움에 있어 질서를 가리고 선배를 함부로 넘지 않게 하려함이다.(躐 : 밟을/넘을/쥘) 즉, 조금 안다고 촐싹대지 않고 겸손을 체질화하기 위함이다.

此七者(차칠자) :

대학에서 이 일곱 가지는

敎之大倫也(교지대륜야) :

교학(敎學:가르치고 배움)의 대원칙이고 윤리인 것이다.

記曰(기왈) :

옛 성현들의 기록에 이르기를

凡學官先事(범학관선사) :

"대저 교학이란 벼슬에 있는 사람들에게 구체적인 사례를 먼저 가르치고

士先志(사선지) :

다음으로 아직 벼슬에 나가지 않은 선비들에게는 그 뜻을 기르도록 우선 가르쳤다"

其此之謂乎(기차지위호) :

이는 소위 위에서 언급한 대학의 일곱 가지 원칙이 아니겠는가!

※ 巧言令色(교언영색) 鮮矣仁(선의인).

3.3 일반 규격

XGB PLC의 일반 규격은 다음과 같다.

3.3.1 일반 규격

<table>
<tr><th>No.</th><th>항목</th><th colspan="4">규 격</th><th>관련 규격</th></tr>
<tr><td>1</td><td>사용 온도</td><td colspan="4">0℃ ~ +55℃</td><td></td></tr>
<tr><td>2</td><td>보관 온도</td><td colspan="4">-25℃ ~ +70℃</td><td></td></tr>
<tr><td>3</td><td>사용 습도</td><td colspan="4">5~95%RH, 이슬이 맺히지 않을 것</td><td></td></tr>
<tr><td>4</td><td>보관 습도</td><td colspan="4">5~95%RH, 이슬이 맺히지 않을 것</td><td></td></tr>
<tr><td rowspan="8">5</td><td rowspan="8">내진동</td><td colspan="4">단속적인 진동이 있는 경우</td><td></td></tr>
<tr><td>주파수</td><td>가속도</td><td>진폭</td><td>횟수</td><td rowspan="7">IEC 61131-2</td></tr>
<tr><td>10≤f< 57 ㎐</td><td>-</td><td>0.075mm</td><td rowspan="6">X,Y,Z
각방향
10 회</td></tr>
<tr><td>57≤f≤150 ㎐</td><td>9.8 ㎨</td><td>-</td></tr>
<tr><td colspan="3">연속적인 진동이 있는 경우</td></tr>
<tr><td>주파수</td><td>가속도</td><td>진폭</td></tr>
<tr><td>10≤f< 57 ㎐</td><td>-</td><td>0.035mm</td></tr>
<tr><td>57≤f≤150 ㎐</td><td>4.9 ㎨(0.5G)</td><td>-</td></tr>
<tr><td>6</td><td>내충격</td><td colspan="4">* 최대 충격 가속도:147 ㎨(15G)
* 인가 시간 :11 ㎳
* 펄스 파형 : 정현 반파 펄스(X,Y,Z 3 방향 각 3 회)</td><td>IEC 61131-2</td></tr>
<tr><td rowspan="5">7</td><td rowspan="5">내노이즈</td><td colspan="2">방형파 임펄스 노이즈</td><td colspan="2">±1,500V</td><td>LS 산전 내부시험규격</td></tr>
<tr><td colspan="2">정전기 방전</td><td colspan="2">전압 : 4kV(접촉 방전)</td><td>IEC 61131-2,
IEC 61000-4-2</td></tr>
<tr><td colspan="2">방사 전자계 노이즈</td><td colspan="2">80 ~ 1,000MHz, 10 V/m</td><td>IEC 61131-2,
IEC 61000-4-3</td></tr>
<tr><td rowspan="2">패스트
트랜지언트
/버스트
노이즈</td><td>구분</td><td>전원
모듈</td><td>디지털/아날로그 입출력,
통신 인터페이스</td><td rowspan="2">IEC 61131-2,
IEC 61000-4-4</td></tr>
<tr><td>전압</td><td>2kV</td><td>1kV</td></tr>
<tr><td>8</td><td>주위환경</td><td colspan="4">부식성 가스, 먼지가 없을 것</td><td></td></tr>
<tr><td>9</td><td>사용고도</td><td colspan="4">2000m 이하</td><td></td></tr>
<tr><td>10</td><td>오염도</td><td colspan="4">2 이하</td><td></td></tr>
<tr><td>11</td><td>냉각 방식</td><td colspan="4">자연 공랭식</td><td></td></tr>
</table>

※ 알기

① IEC(International Electrotechnical Commission : 국제 전기 표준회의) : 전기 · 전자기술분야의 표준화에 대한 국제 협력을 촉진하고 국제 규격을 발간하며 이와 관련된 적합성 평가제도를 운영하고 있는 국제적 민간단체.

② 오염도 : 장치의 절연 성능을 결정하는 사용 환경의 오염 정도를 나타내는 지표이며 오염도 2란 통상, 비 도전성 오염만 발생하는 상태이다. 단, 이슬 맺힘에 따라 일시적인 도전이 발생하는 상태를 말한다.

3.4 성능 규격

3.4.1 성능 규격

XBC 표준형 기본 유닛(XBC-Dx20/30/40/60SU)의 성능 규격은 다음과 같다.

항 목		규 격("SU" 타입)				비 고
		XBC-DR20SU XBC-DN20SU XBC-DP20SU	XBC-DR30SU XBC-DN30SU XBC-DP30SU	XBC-DR40SU XBC-DN40SU XBC-DP40SU	XBC-DR60SU XBC-DN60SU XBC-DP60SU	
연산 방식		반복 연산, 정주기 연산, 인터럽트 연산, 고정주기 스캔				
입출력 제어 방식		스캔 동기 일괄처리 방식 (리프레시 방식), 명령어에 의한 다이렉트 방식				
프로그램 언어		래더 다이어그램 (Ladder Diagram) 명령 리스트 (Instruction List)				
명령어 수	기본 명령	28 종				
	응용 명령	687 종				
연산 속도(기본 명령)		94 ns/step				
프로그램 메모리 용량		15kstep				
최대 입출력 점수		244 점 (기본+증설 7 단)	254 점 (기본+증설 7 단)	264 점 (기본+증설 7 단)	284 점 (기본+증설 7 단)	

항목		규격("SU" 타입)				비고
		XBC-DR20SU	XBC-DR30SU	XBC-DR40SU	XBC-DR60SU	
		XBC-DN20SU	XBC-DN30SU	XBC-DN40SU	XBC-DN60SU	
		XBC-DP20SU	XBC-DP30SU	XBC-DP40SU	XBC-DP60SU	
데이터 영역	P	P0000 ~ P1023F (16,384 점)				
	M	M0000 ~ M1023F (16,384 점)				
	K	K0000 ~ K4095F (65,536 점)				
	L	L0000 ~ L2047F (32,768 점)				
	F	F0000 ~ F1023F (16,384 점)				
	T	100 ㎳, 10 ㎳, 1 ㎳: T0000 – T1023 (1,024 점) (파라미터 설정에 의해 영역 변경이 가능함)				
	C	C0000 ~ C1023 (1,024 점)				
	S	S00.00 ~ S127.99				
	D	D0000 ~ D10239 (10,240 워드)				워드
	U	U0.0 ~ U0A.31 (352 워드, 아날로그 데이터 리프레시 영역)				워드
	Z	Z000~Z127 (128 워드)				워드
	R	R0000~R10239(10,240 워드)				워드
총 프로그램 수		128 개				
초기화 태스크		1 개				
정주기 태스크		최대 8 개				
외부 접점 태스크		최대 8 개				
내부 디바이스 태스크		최대 8 개				
운전 모드		RUN, STOP, DEBUG				
자기 진단 기능		연산 지연 감시, 메모리 이상, 입출력 이상				
프로그램 포트		RS-232C 1 채널, USB 1 채널 지원				
정전시데이터 보존방법		기본 파라미터에서 래치 영역 설정				
내부 소비 전류		478 mA	626 mA	684 mA	942 mA	
		252 mA	310 mA	288 mA	340 mA	
		305 mA	352 mA	355 mA	394 mA	
중량		514g	528g	594g	804g	
		475g	476g	578g	636g	
		442g	446g	544g	717g	

<table>
<tr><th colspan="3" rowspan="2">항 목</th><th colspan="2">규 격</th><th rowspan="2">비 고</th></tr>
<tr><th>"E" 타입</th><th>"S(U)" 타입</th></tr>
<tr><td rowspan="15">내장 기능</td><td colspan="2">PID 제어기능</td><td colspan="2">명령어에 의한 제어, 오토 튜닝, PWM 출력 기능
강제 출력, 연산 스캔시간 설정, Anti Windup
Delta MV 기능, SV-Ramp 기능</td><td>"S(U)"타입만 지원함</td></tr>
<tr><td colspan="2" rowspan="2">Cnet I/F 기능</td><td colspan="2">전용 프로토콜 지원
모드버스 프로토콜 지원
사용자 정의 프로토콜 지원</td><td rowspan="2"></td></tr>
<tr><td>RS-232C 1 포트, RS-485 1 포트 중 파라미터에 의해 1 포트 선택</td><td>RS-232C 1 포트, RS-485 1 포트 각각 지원</td></tr>
<tr><td rowspan="4">고속카운터기능</td><td>성 능</td><td>1 상 : 4 ㎑ 4 채널
2 상 : 2 ㎑ 2 채널</td><td>1 상 : 100 ㎑ 2 채널, 20 ㎑ 6 채널
2 상 : 50 ㎑ 1 채널, 8 ㎑ 3 채널</td><td></td></tr>
<tr><td rowspan="2">카운터 모드</td><td colspan="2">입력 펄스와 가·감산 방식에 따라 4가지의 카운터 모드 지원
•1 상 펄스 입력 시 가·감산 카운터
•1 상 펄스 입력 시 B 상 입력에 의한 가·감산 카운터
•2 상 펄스 입력 시 가·감산 펄스 입력 카운터</td><td rowspan="2"></td></tr>
<tr><td>•2 상 펄스 입력 시 상승 펄스 위상차에 의한 가·감산 카운터</td><td>•2 상 펄스 입력시 상승/하강펄스 위상차에 의한 가·감산카운터</td></tr>
<tr><td>부가 기능</td><td colspan="2">• 내부/외부 프리셋 기능
• 래치 카운터 기능
• 비교 출력 기능
• 단위시간당 회전수 기능</td><td></td></tr>
<tr><td rowspan="5">위치결정 기능</td><td>기본 기능</td><td colspan="2">제어축수 : 2 축
제어방식 : 위치/속도제어
제어단위 : 펄스
위치 결정 데이터
:각 축마다 80 개 데이터 선택
(운전 스텝 번호:1 ~ 80)
운전 모드 : 종료, 계속, 연속운전
운전 방식 : 단독, 반복운전</td><td rowspan="5">"S(U)" 타입 TR 출력 타입만 지원</td></tr>
<tr><td>위치 결정</td><td colspan="2">위치 결정 방식 :
앱솔루트(Absolute) 방식 / 인크리멘탈(Incremental)방식
위치 어드레스 범위 : -2,147,483,648 ~ 2,147,483,647
속도 : 최대 100kpps(설정 속도 범위: 1 ~ 100,000pps)
가/감속 처리 (운전 패턴 : 사다리꼴 방식)</td></tr>
<tr><td>원점 복귀 방법</td><td colspan="2">근사 원점 신호(Off)와 원점 신호에 의한 방법
근사 원점 신호(On)와 원점 신호에 의한 방법
근사 원점 신호에 의한 방법</td></tr>
<tr><td>조그 운전</td><td colspan="2">설정 속도 범위: 1 ~ 100,000pps(고속/저속)</td></tr>
<tr><td>부가 기능</td><td colspan="2">인칭운전, 속도동기운전, 위치동기운전, 직선보간운전 등</td></tr>
<tr><td colspan="2">펄스 캐치</td><td>50 ㎲ 4 점(P0000 ~ P0003)</td><td>10 ㎲ 2 점(P0000~P0001),
50 ㎲ 6 점 (P0002 ~ P0007)</td><td></td></tr>
<tr><td colspan="2">외부접점 인터럽트</td><td>4 점 : 50 ㎲
(P0000 ~ P0003)</td><td>10 ㎲ 2 점(P0000~P0001),
50 ㎲ 6 점 (P0002 ~ P0007)</td><td></td></tr>
<tr><td colspan="2">입력 필터</td><td colspan="2">1,3,5,10,20,70,100 ㎳중 선택(모듈별 선택 가능)</td><td></td></tr>
</table>

3.4.2 XBC 각 부의 명칭 및 기능

(1) “S” 타입

“S” 타입

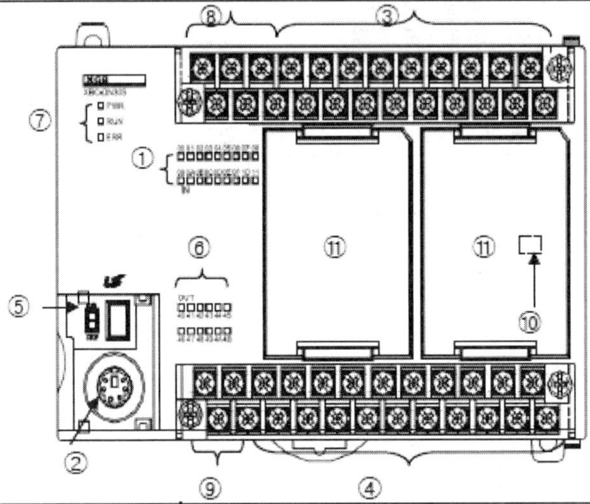

No	명 칭	용 도
①	입력 표시용 LED	■ 입력 접점의 On/Off 상태를 표시합니다.
②	PADT 접속용 커넥터	■ XG5000과 접속하기 위한 커넥터 • RS-232C 1채널
③	입력 단자대	■ 실제 입력신호를 입력받는 단자대
④	출력 단자대	■ 실제 출력신호를 출력하는 단자대
⑤	RUN/STOP 모드스위치	■ 기본 유닛의 운전모드를 설정합니다. • STOP → RUN : 프로그램의 연산 실행. • RUN → STOP : 프로그램의 연산 정지. (STOP 인 경우 리모트 모드변경 가능)
⑥	출력 표시용 LED	■ 출력 접점의 On/Off 상태를 표시합니다
⑦	상태 표시 LED	■ 기본 유닛의 동작 상태를 나타냅니다 • PWR(적색점등) : 전원이 공급되고 있음을 표시. • RUN(녹색점등) : RUN 모드로 운전 중을 표시. • ERR(적색점멸) : PLC 운전 중 에러 발생을 표시.
⑧	내장 통신 접속 단자대	■ 내장 RS-232C/485 통신 접속용 단자대
⑨	전원 단자대	■ 전원 공급용 단자대 (AC 100 ~ 240V)
⑩	O/S 모드 딥스위치	■ 동작 또는 O/S 다운로드 모드 설정용 딥 스위치 • On: 부트(BOOT) 모드로 O/S 다운로드 가능 • Off: 사용자 모드로 PADT를 이용하여 프로그램 다운로드 가능
⑪	옵션 보드 홀더	■ 옵션 보드 장착용

3.4.3 XBC 전원 규격

기본 유닛의 전원 규격에 대해 설명한다.

* 전원공급기의 보호를 위하여 최대 4[A]의 퓨즈가 장착되어 있는 전원 공급기를 사용한다.

항 목		규 격					
		XBC-Dx10/14E	XBC-Dx20/30E	XBC-Dx20S(U)	XBC-Dx30S(U)	XBC-Dx40SU	XBC-Dx60SU
입력	정격 입력 전압 (UL 취득전압)	AC 100 ~ 240 V					
	입력 전압 범위	AC85~264V(-15%, +10%)					
	돌입 전류	50A Peak 이하					
	입력 전류	0.5A 이하(220V), 1A 이하(110V)					
	효 율	65% 이상					
	허용 순시 정전	10 ㎳ 이내					

항 목		규 격					
		XBC-Dx10/14E	XBC-Dx20/30E	XBC-Dx20S(U)	XBC-Dx30S(U)	XBC-Dx40SU	XBC-Dx60SU
	정격 입력 전압 (UL 취득전압)	AC 100 ~ 240 V					
	입력 전압 범위	AC85~264V(-15%, +10%)					

第六章(제6장) 大學之敎(대학지교)

大學之敎也(대학지교야) :

대학에서의 교육은

時敎必有正業(시교필유정업) :

계절에 맞춘 정해진 교과과정이 반드시 있다.

退息必有居學(퇴식필유거학) :

학교에서 수업이 끝나 하교하여 휴식하더라도 그곳(집 등)에서 배울 교과(자학자습숙제)가 반드시 있다.(息 : 숨 쉴/휴식할)

不學操縵(불학조만) :

퍼지고 늘어져서 배우고 익히지 아니하면 즉, 끊임없이 배우고 연습하지 않으면(操 : 잡을/조종할 縵 : 늘어질/다스리지 않을)

不能安弦(불능안현) :

거문고와 비파를 안정되고 능숙하게 탈 수가 없고

不學博依(불학박의) :

넓고 다양한 비유와 은유를 배우고 익히지 않으면(博 : 넓을 依 : 의지할/도울)

不能安詩(불능안시) :

시를 편안하고 아름답게 읽을 수 없고 운율에 맞춰 지을 수 없으며

不學雜服(불학잡복) :

예에 관한 여러 가지 복식을 배워놓지 않으면 (腹-複 : 겹옷)

不能安禮(불능안례) :

각종 의례를 접하고 실천할 때 그 격에 맞춰 편안할 수 없으며

不興其藝(불흥기예) :

다양한 역사와 전통문화에 나타난 기예에 흥미를 갖지 않으면 (藝 : 심을/궁극)

不能樂學(불능락학) :

전통학문과 예술을 즐겁고 재미있게 또한 능숙하게 배우고 접할 수가 없는 것이다.

故君子之於學也(고군자지어학야) :

그러므로 군자는 학문을 함에 있어서

藏焉(장언) :

학문(학습방법)에 대한 시비를 간직하고 있다가(藏 : 감출/간직할/품을)

修焉(수언) :

그것을 가릴 시기가 오면 열심히 연구하여 갈고 닦아 시비를 가리며

息焉(식언) :

물러나 한가롭게 휴식할 때에 조차도 중단함이 없고

遊焉(유언) :

멀리 외유할 때 조차도 학문에 대한 관심과 애심을 버리지 않는다.

夫然故安其學而親其師(부연고안기학이친기사) :

대저 이와 같이 학문과 삶이 한 궤로 어우러져 즐겁고 편안하므로 스승과도 친근하게 되며

樂其友而信其道(낙기우이신기도) :

벗과 학문적으로 사귀는 것이 즐겁고, 생활 속에서도 학문의 도를 신뢰하게 되는 것이며

是以雖離師輔而不反也(시이수이사보이불반야) :

이런 까닭에 비록 스승과 벗을 떠나 있다 해도 학문과 도를 배반하지 않는 것이다.(雖 : 비록 輔 : 도울/벗)

兌命曰(열명왈) :

'열명' 에 이르기를

敬孫務時敏 厥修乃來(경손무시민 궐수내래) :

"스승과 친구를 공경하고 그 앞에서 겸손하며 때에 따라 민첩하게 배움에 힘쓴다면, 학문을 닦고 다 완수할 날이 올 것이다." 라고 했으니 (厥 : 다할/다될)

其此之謂乎(기차지위호)! :

이는 곧 이상의 모든 것을 일컫는 말이리라!

※ learning is the process of life. to live is to learn. 인생은 學이다. 배움은 영육(靈肉-心身)과 全生을 통한 것이다. 成功人生은 好學에 있다.

3.5 XGK 시스템 구성

XGK 시리즈는 기본 시스템, 컴퓨터 링크 및 네트워크 시스템 구성에 적합한 각종 제품을 구비하고 있다. 본 장은 각 시스템의 구성방법 및 특징을 설명한다.

3.5.1 XGK 시리즈 시스템 구성

XGK 시리즈의 시스템 구성은 아래 그림과 같다.

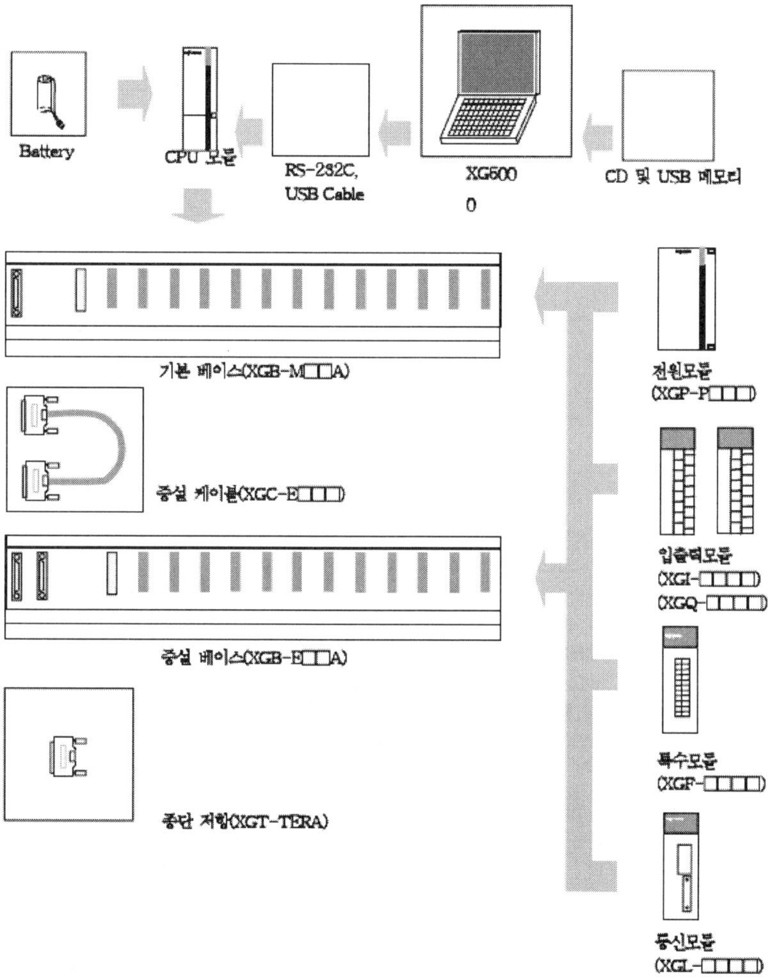

3.5.2 XGK 기본 시스템의 구성 방법

기본 베이스와 증설 베이스를 케이블로 연결하여 구성되는 기본 시스템의 특징은 아래와 같다. 증설 베이스의 단수는 CPU의 종류에 따라 제한이 있으며 입출력 번호의 할당방식은 기본 파라미터의 설정에 따라서 고정식과 가변식의 선택이 가능하다.

<table>
<tr><th>구 분</th><th>XGK-CPUE</th><th>XGK-CPUS
XGK-CPUSN</th><th>XGK-CPUA</th><th>XGK-CPUH
XGK-CPUHN</th><th>XGK-CPUU
XGK-CPUUN</th></tr>
<tr><td>최대 증설 단수</td><td>1단</td><td>3단</td><td>3단</td><td>7단</td><td>7단</td></tr>
<tr><td>최대 입출력모듈 장착 수</td><td>24 모듈</td><td>48 모듈</td><td>48 모듈</td><td>96 모듈</td><td>96 모듈</td></tr>
<tr><td>최대 입출력 점수</td><td>1,536 점</td><td>3,072 점</td><td>3,072 점</td><td>6,144 점</td><td>6,144 점</td></tr>
<tr><td>최대 증설 거리</td><td colspan="5">15m</td></tr>
<tr><td>입출력 번호의 할당
(고정식)</td><td colspan="5">
• 베이스의 각 슬롯은 모듈의 장착여부 및 종류에 관계없이 64점씩 할당된다.
• 한 개의 베이스에는 16개 슬롯 분의 입출력 번호가 할당 됩니다. 즉 1번 베이스의 시작 번호는 P00640 이 된다.(2.3.2 참조)
• 12 Slot 베이스의 입출력 번호의 할당 예는 아래와 같다.
<table>
<tr><td>Slot 번호</td><td></td><td>♪</td><td>1</td><td>2</td><td>3</td><td>4</td><td>5</td><td>6</td><td>7</td><td>8</td><td>9</td><td>10</td><td>11</td></tr>
<tr><td>PWR</td><td>CPU</td><td>입력16</td><td>입력16</td><td>입력32</td><td>입력64</td><td>출력16</td><td>출력32</td><td>출력32</td><td>출력64</td><td>입력32</td><td>출력16</td><td>출력32</td><td>출력32</td></tr>
<tr><td></td><td></td><td>P0
~
P3F</td><td>P40
~
P7F</td><td>P80
~
P11F</td><td>P120
~
P15F</td><td>P160
~
P19F</td><td>P200
~
P23F</td><td>P240
~
P27F</td><td>P280
~
P31F</td><td>P320
~
P35F</td><td>P360
~
P39F</td><td>P400
~
P43F</td><td>P440
~
P47F</td></tr>
</table>
</td></tr>
<tr><td>입출력 번호의 할당
(가변식)</td><td colspan="5">
• 슬롯별 장착모듈의 지정에 따라 점수가 할당 된다.
- I/O 파라미터로 장착모듈을 지정하면 지정 점수 할당
- I/O 파라미터로 지정하지 않은 슬롯은 실제 장착모듈에 따라서 자동할당
(주의: 8점 모듈은 16점으로 할당된다.)
- **I/O 파라미터로 지정하지 않은 빈 슬롯은 16점으로 처리**
• I/O 파라미터로 모듈지정 없이 점수만 지정도 가능
• **특수모듈, 통신모듈이 장착된 슬롯은 16점으로 할당**
• 12 Slot 베이스의 입출력 번호의 할당 예는 아래와 같다.
<table>
<tr><td>Slot 번호</td><td></td><td>0</td><td>1</td><td>2</td><td>3</td><td>4</td><td>5</td><td>6</td><td>7</td><td>8</td><td>9</td><td>10</td><td>11</td></tr>
<tr><td>PWR</td><td>CPU</td><td>입력16</td><td>입력16</td><td>입력32</td><td>입력64</td><td>출력16</td><td>출력32</td><td>출력32</td><td>출력64</td><td>입력32</td><td>출력16</td><td>출력32</td><td>출력32</td></tr>
<tr><td></td><td></td><td>P00
~
P0F</td><td>P10
~
P1F</td><td>P20
~
P3F</td><td>P40
~
P7F</td><td>P80
~
P8F</td><td>P90
~
P10F</td><td>P110
~
P12F</td><td>P130
~
P16F</td><td>P170
~
P18F</td><td>P190
~
P19F</td><td>P200
~
P21F</td><td>P220
~
P23F</td></tr>
</table>
</td></tr>
</table>

※ 알기

① 입출력 번호의 할당 방식은 기본 파라미터에서 설정한다.

② 기본 베이스 번호는 '0'으로 고정되며, 증설 베이스 번호는 설정 스위치가 있다.

③ I/O 파라미터로 모듈타입을 설정한 경우는 실제 장착된 모듈의 타입이 일치해야 운전을 개시한다.

3.5.3 XGK 성능 규격

표준형 CPU 모듈과(XGK-CPUS/CPUE) 고급형 CPU 모듈(XGK-CPUA/CPUH/CPUU)의 성능 규격은 다음과 같다.

항 목		규 격					비 고
		XGK-CPUE	XGK-CPUS	XGK-CPUA	XGK-CPUH	XGK-CPUU	
연산 방식		반복연산, 정주기 연산, 고정주기 스캔					
입출력 제어 방식		스캔동기 일괄처리 방식(리프레시 방식), 명령어에 의한 다이렉트 방식					
프로그램 언어		래더 다이어그램(Ladder Diagram) 명령 리스트(Instruction List) SFC(Sequential Function Chart) ST(Structured Text)					
명령어 수	기본명령	약 40개					
	응용명령	약 700개					
연산처리 속도 (기본명령)	LD	0.084[μs]/Step		0.028[μs]/Step			
	MOV	0.252[μs]/Step		0.084[μs]/Step			
	실수연산	±: 1.442[μs](S), 2.87[μs](D) ×: 1.948[μs](S), 4.188[μs](D) ÷: 1.974[μs](S), 4.2[μs](D)		±: 0.602[μs](S), 1.078[μs](D) ×: 1.106[μs](S), 2.394[μs](D) ÷: 1.134[μs](S), 2.66[μs](D)			S: 단장 D: 배장
프로그램 메모리 용량		16kstep (64[KB])	32kstep (128[KB])	32kstep (128[KB])	64kstep (256[KB])	128kstep (512[KB])	
입출력 점수(설치가능)		1,536점	3,072점	3,072점	6,144점		

항 목		규 격					비 고
		XGK-CPUE	XGK-CPUS	XGK-CPUA	XGK-CPUH	XGK-CPUU	
데이터 영역	P	P00000~P2047F(32,768점)					
	M	M00000~M2047F(32,768점)					
	K	K00000~K2047F(32,768점)					
	L	L00000~L11263F(180,224점)					
	F	F00000~F2047F(32,768점)					
	T	100[ms] : T0000-T0999 10[ms] : T1000-T1499 1[ms] : T1500-T1999 0.1[ms] : T2000-T2047					파라미터 설정에 의해 영역 변경이 가능함
	C	C0000~C2047					
	S	S00.00~S127.99					
	D	D0000~D19,999		D0000~D32,767			
	U	U0.0~U1F.31	U0.0~U3F.31	U0.0~U3F.31	U0.0~U7F.31		특수모듈 데이터 리프레시 영역
	Z	128점					인덱스
	N	N00000~N21,503					
	R	1블록		2블록			1블록당 32K 워드 (R0~R32767)
플래시 영역		2[Mbyte], 32블록1블록당 32K 워드					R 디바이스를 이용해서 제어 가능
프로그램 구성	총 프로그램 수	256개					
	초기화 태스크	1개					
	정주기 태스크	32개					
	내부 디바이스 태스크	32개					
운전모드		RUN, STOP, DEBUG					
자기진단 기능		연산지연감시, 메모리 이상, 입출력 이상, 배터리 이상, 전원이상 등					
프로그램 포트		RS-232C(1CH), USB(1CH)					RS-232C 포트로 Modbus slave 지원
정전시 데이터 보존방법		기본 파라미터에서 래치영역 설정					
최대 증설베이스 확장		1단	3단	3단	7단		총연장 15[m]
내부 소비 전류		940[mA]		960[mA]			
중량		0.12[kg]					

※ 알기
CPU OS 버전에 따른 기능 지원 : OS 버전과 관련된 XG5000을 사용해야 한다.

3.5.4 XGK 각부 명칭 및 기능

CPU OS 버전	XG5000 버전	기능	비고
V3.0	V3.0	SFC, ST 언어 지원 자동 할당 변수 지원	-
V3.1	V3.1	이벤트 입력 모듈(XGF-SOEA) 모듈	-
V3.2	V3.2	아날로그 입력 모듈 기능(유효변환값, 알람 기능)	-
V3.4	V3.3	XGK 용 사용자 정의 펑션 / 펑션블록 기능 위치결정 명령어 4 종 (APM/XPM) : VRD, VWR, XVRD, XVWR	-
V3.50	V3.4	접속 비밀번호 강화(XG5000 V3.4 이상에서만 접속 가능) 리셋/ D.Clear 스위치 동작 차단 설정 버전 두 자리 표기(_OS_VER_PATCH 플래그 추가)	-
V3.60	V3.5	명령어 4 종 : TRAMP, RTRAMP, VTPP, XVTPP	-
V3.70	V3.6	정주기 태스크 스캔타임 관련 플래그 P2P, HS enable-disable 관련 플래그 SOE 관련 플래그	-

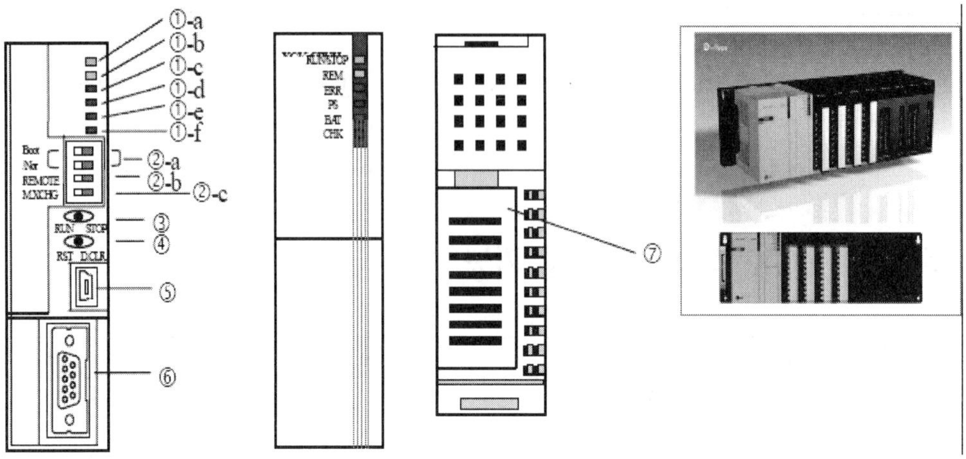

No.	명 칭	용 도
①-a	RUN/STOP LED	CPU 모듈의 동작 상태를 나타냅니다. • 녹색 점등: 'RUN' 모드 상태로 운전 중 을 표시 ▶ RUN/STOP 모드 스위치에 의해 'RUN' 운전 중 ▶ RUN/STOP 모드 스위치가 'STOP' 인 상태에서 '리모트 RUN' 운전 중 • 적색점등: 'STOP' 모드 상태로 운전 중을 표시 ▶ RUN/STOP 모드 스위치에 의해 'STOP' 운전 중 ▶ 모드 스위치가 'STOP' 인 상태에서 리모트 'STOP' 운전 중 ▶ 운전을 정지하는 에러를 검출한 경우
①-b	REM LED	• 점등(황색): 리모트 허용 상태임을 표시 ▶ 'REMOTE' 스위치가 'On' 인 경우 • 소등: 리모트 금지 상태임을 표시 ▶ 'REMOTE' 스위치가 'Off' 인 경우
①-c	ERR LED	• 점등(적색): 운전이 불가한 에러가 발생한 경우를 표시 • 소등: 이상 없음을 표시
①-d	PS LED (Programmable Status)	• 점등(적색): ▶ '사용자 지정 플래그' 가 'On' 인 경우 ▶ '에러시 운전 속행' 설정으로 에러 상태에서 운전 중인 경우 ▶ M.XCHG '스위치가 'On' 인 상태에서 모듈을 빼거나 다른 모듈을 장착한 경우 • 소등: ▶ 이상 없음을 표시
①-e	BAT LED	• 점등(적색): 배터리 전압이 저하된 경우 • 소등: 배터리 이상 없음

No.	명 칭	용 도
①-f	CHK LED	• 점등(적색): 표준설정과 다른 내용이 설정되어 있는 경우에 표시 (파라미터로 추가/삭제[해제]가 가능함) ▶ '모듈교체' 스위치가 '모듈교체' 로 설정 된 경우 ▶ '디버그 모드' 에서 운전 중 인 경우 ▶ '강제 ON' 설정 상태 ▶ '고장마스크' , 'SKIP' 플래그가 설정된 경우 ▶ 운전 중 경고장(Warning)이 발생한 경우 ▶ 증설베이스 전원 이상 • 점멸: 연산에러시 운전속행 설정이 되어 있는 상태에서 에러가 발생한 경우 • 소등: 표준설정으로 운전 중에 표시
②-a	Boot/Nor 스위치	출하 전 O/S를 다운로드 하는 경우 사용한다. • On (우측) : 정상운전 모드에서 제어동작을 수행 • Off (좌측) : 제조 시 사용하는 모드로 사용자 조작 금지 (O/S의 다운로드 모드) • **주의** : Boot/Nor 스위치는 항상 On(우측)상태로 유지해야 한다. Off(좌측) 상태로 설정하게 되면 모듈 소손의 원인이 된다.
②-b	REMOTE허용 스위치	리모트 접속을 통한 PLC의 동작을 제한 한다. • On(우측): 모든 기능 허용 (REMOTE모드) • Off(좌측): 리모트 기능 제한 ▶ 프로그램 다운로드, 운전모드 조작 제한 ▶ 모니터, 데이터 변경 등은 조작 허용
②-c	M.XCHG (모듈교체 스위치)	운전 중 모듈을 교체할 경우에 사용한다. • On (우측): 모듈교체 실시 ▶ 키스위치의 조작만으로 모듈교체가 가능 • Off(좌측): 모듈교체 완료

<table>
<tr><th>No.</th><th>명 칭</th><th>용 도</th></tr>
<tr><td>③</td><td>RUN/STOP 모드
스위치</td><td>CPU 모듈의 운전모드를 설정한다.
• STOP → RUN : 프로그램의 연산 실행
• RUN → STOP : 프로그램의 연산 정지

REMOTE 스위치에 우선하여 동작 한다.</td></tr>
<tr><td>④</td><td>리셋/ D.Clear
스위치</td><td>리셋/D.Clear에 대해 "XG5000 → 기본파라미터 → 기본 동작 설정" 에 대해
동작 차단을 설정 할 수 있다.

• 리셋 스위치 동작 차단 설정을 하지 않을 경우
<table><tr><th>동 작</th><th>결 과</th></tr><tr><td>좌측이동 → 중앙복귀</td><td>리셋</td></tr><tr><td>좌측이동 → 3초 이상 유지 → 중앙복귀</td><td>오버올 리셋</td></tr></table>
• D.Clear 스위치 동작 차단 설정을 하지 않을 경우
<table><tr><th>동 작</th><th>결 과</th></tr><tr><td>우측으로 누름
→ 중앙복귀</td><td>일반 데이터 영역 및 리테인 설정 영역
(M, 자동변수) 데이터 지움</td></tr><tr><td>우측으로 누름
→ 3초 이상 유지
→ 중앙복귀</td><td>일반 데이터 영역, 리테인 설정 영역
(M, 자동변수) 데이터 지움과 R영역 데이터까지 지움</td></tr></table>
• 주의: 데이터 클리어 동작은 "STOP" 운전모드 만에서 동작한다.</td></tr>
<tr><td>⑤</td><td>USB 커넥터</td><td>주변기기 (XG5000 등)와 접속하기 위한 커넥터 (USB 1.1 지원)</td></tr>
<tr><td>⑥</td><td>RS-232C 커넥터</td><td>주변기기와 접속하기 위한 커넥터
• XG5000 접속: 기본적으로 지원
• Modbus 기기 접속: Modbus 프로토콜 지원(서버만 동작함)
TX: 7번Pin, RX: 8번Pin, GND: 5번 Pin</td></tr>
<tr><td>⑦</td><td>배터리 장착 커버</td><td>백업 배터리 장착용 커버</td></tr>
</table>

3.5.5 XGK 프로그램 수행 방식

(1) 반복 연산 방식(Scan)

PLC의 기본적인 프로그램 수행방식으로 작성된 프로그램을 처음부터 마지막 스텝까지 반복적으로 연산을 수행하며 이 과정을 프로그램 스캔이라고 한다. 이와 같이 수행되는 일련의 처리를 반복연산 방식이라 한다. 이 과정을 단계별로 구분하면 아래와 같다.

단 계	처 리 내 용
운 전 시 작	—
초기화 처리	• 스캔처리를 시작하기 위한 단계로 전원을 투입한 경우 또는 리셋을 실행한 경우에 한번 수행하며 다음과 같은 처리를 수행한다. ▸입출력 모듈 리셋 ▸자기진단 실행 ▸데이터 클리어 ▸입출력 모듈의 번지할당 및 종류등록
입력 이미지 영역 리프레시	• 프로그램의 연산을 시작하기 전에 입력 모듈의 상태를 읽어 입력 이미지 영역에 저장한다.
프로그램 연산처리 프로그램 시작 ⋮ 프로그램 마지막	• 프로그램의 시작부터 마지막 스텝까지 순서대로 연산을 수행한다.
출력 이미지 영역 리프레시	• 프로그램의 연산이 종료하면 출력이미지 영역에 저장되어 있는 내용을 출력 모듈에 출력한다.
END 처리	• CPU 모듈이 1스캔 처리를 종료한 후 처음 스텝으로 돌아가기 위한 처리 단계로 다음과 같은 처리를 수행한다. ▸타이머, 카운터 등의 현재값 갱신 ▸사용자 이벤트, 데이터 트레이스 서비스 수행 ▸자기진단 실행 ▸고속링크, P2P 서비스 수행 ▸모드설정 키스위치 상태 점검

(2) 프로그램의 구성

프로그램은 특정한 제어를 실행하는데 필요한 모든 기능 요소로 구성되며 CPU 모듈의 내장 RAM 또는 플래시 메모리에 프로그램이 저장된다. 이러한 기능 요소는 일반적으로 다음과 같이 분류한다.

기 능 요 소	연 산 처 리 내 용
스캔 프로그램	• 1 스캔마다 일정하게 반복되는 신호를 처리한다.
정주기 인터럽트 프로그램	• 다음과 같이 시간 조건 처리가 요구되는 경우에 설정된 시간 간격에 따라 프로그램을 수행한다. ▸ 1스캔 평균 처리 시간 보다 빠른 처리가 필요한 경우 ▸ 1스캔 평균 처리 시간 보다 긴 시간 간격이 필요한 경우 ▸ 지정된 시간간격으로 처리를 해야 하는 경우
서브루틴 프로그램	• 어느 조건이 만족할 경우만 수행한다.(CALL 명령의 입력조건이 On인 경우)

(3) 인터럽트 기능

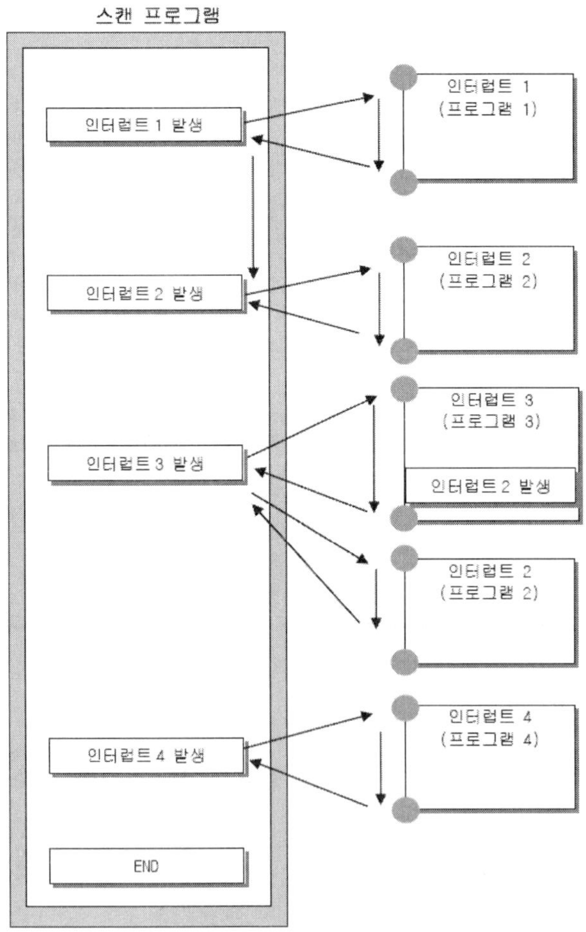

(4) 운전모드

CPU 모듈의 동작 상태에는 RUN 모드, STOP 모드, DEBUG 모드 등 3종류가 있다. 각 동작 모드시 연산 처리에 대해 설명한다.

(가) RUN 모드

프로그램 연산을 정상적으로 수행하는 모드이다.

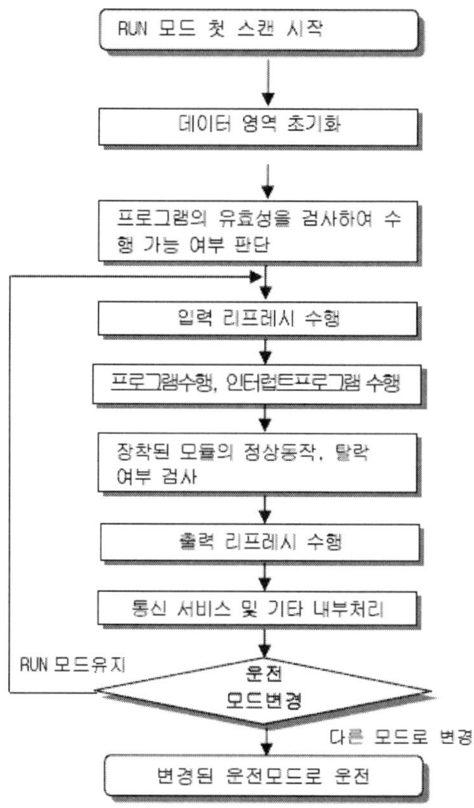

① 모드 변경시 처리

시작시에 데이터 영역의 초기화가 수행되며, 프로그램의 유효성을 검사하여 수행 가능 여부를 판단한다.

② 연산 처리 내용

입출력 리프레시와 프로그램의 연산을 수행한다.

㉠ 인터럽트 프로그램의 기동 조건을 감지하여 인터럽트 프로그램을 수행한다.

㉡ 장착된 모듈의 정상 동작, 탈락 여부를 검사한다.

㉢ 통신 서비스 및 기타 내부 처리를 한다.

(나) STOP 모드

프로그램 연산을 하지 않고 정지 상태인 모드이다. 리모트 STOP 모드에서만 XG5000을 통한 프로그램의 전송이 가능하다.

① 모드 변경시의 처리

출력 이미지 영역을 소거하고 출력 리프레시를 수행한다.

② 연산처리 내용

㉠ 입출력 리프레시를 수행한다.

㉡ 장착된 모듈의 정상 동작, 탈락 여부를 검사한다.

㉢ 통신 서비스 및 기타 내부 처리를 한다.

(다) DEBUG 모드

프로그램의 오류를 찾거나, 연산 과정을 추적하기 위한 모드로 이 모드로의 전환은 STOP 모드에서만 가능하다. 프로그램의 수행상태와 각 데이터의 내용을 확인해 보며 프로그램을 검증할 수 있는 모드이다.

① 모드 변경시의 처리

㉠ 모드 변경 초기에 데이터 영역을 초기화 한다.

㉡ 출력 이미지 영역을 클리어하고, 입력 리프레시를 수행한다.

② 연산처리 내용

㉠ 입출력 리프레시를 수행한다.

㉡ 설정 상태에 따른 디버그 운전을 한다.

㉢ 프로그램의 마지막까지 디버그 운전을 한 후, 출력 리프레시를 수행한다.

㉣ 장착된 모듈의 정상 동작, 탈락 여부를 검사한다.

㉤ 통신 등 기타 서비스를 수행한다.

③ 디버그 운전 조건

디버그 운전조건은 다음 4가지가 있고 브레이크 포인터에 도달한 경우 다른 종류의 브레이크 포인터의 설정이 가능하다.

운전 조건	동작 설명
한 연산 단위씩 실행 (스텝 오버)	운전 지령을 하면 하나의 연산 단위를 실행 후 정지한다.
브레이크 포인트 (Break Point) 지정에 따라 실행	프로그램에 브레이크 포인트를 지정하면 지정한 포인트에서 정지한다.
접점의 상태에 따라 실행	감시하고자 하는 접점 영역과 정지하고자 하는 상태지정(Read, Write, Value)을 하면 설정한 접점에서 지정한 동작이 발생할 때 정지한다.
스캔 횟수의 지정에 따라 실행	운전할 스캔 횟수를 지정하면 지정한 스캔 수 만큼 운전하고 정지한다.

④ 조작방법

㉠ XG5000에서 디버그 운전 조건을 설정한 후 운전을 실행한다.

㉡ 인터럽트 프로그램은 각 인터럽트 단위로 운전 여부(Enable/Disable)를 설정할 수 있다.

(자세한 조작방법은 XG5000 사용설명서 제9장 디버깅을 참조한다.)

3.5.6 XGK-CPUS 데이터 영역

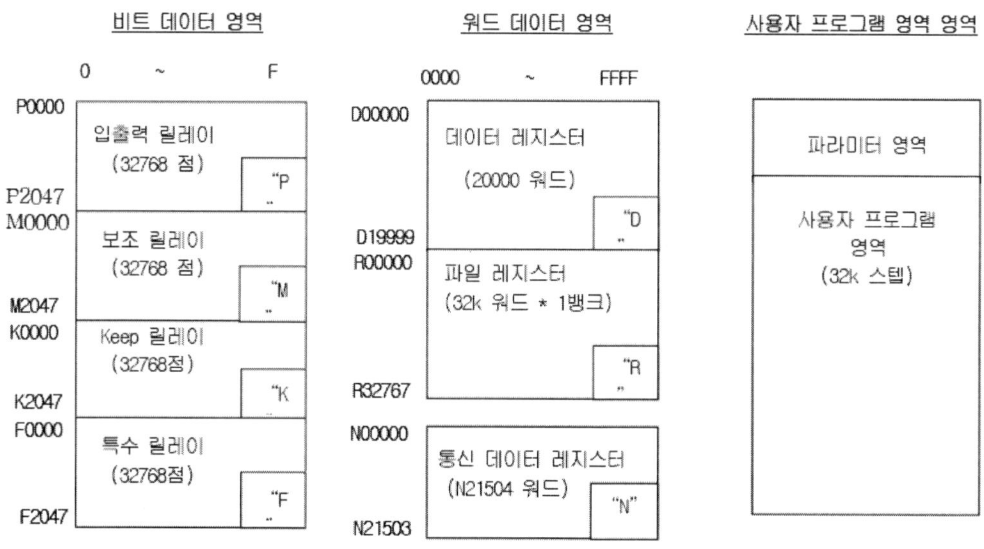

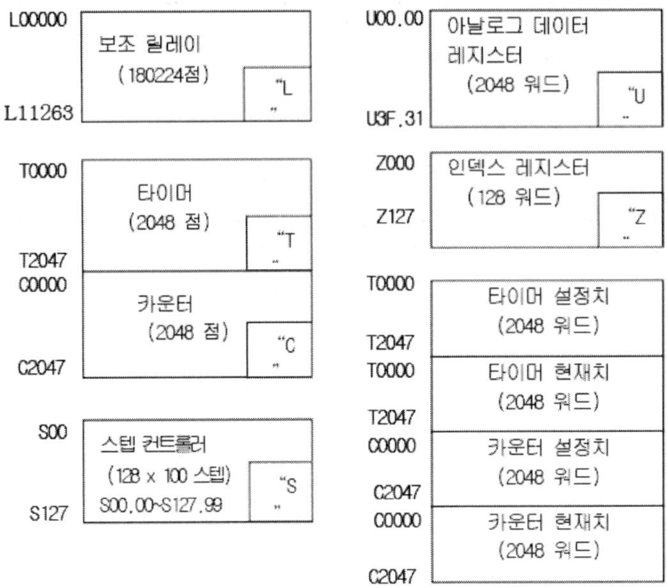
L00000
보조 릴레이
(180224점)
"L"
L11263
T0000
타이머
(2048 점)
"T"
T2047
C0000
카운터
(2048 점)
"C"
C2047
S00
스텝 컨트롤러
(128 x 100 스텝)
S00.00~S127.99
"S"
S127
U00.00
아날로그 데이터
레지스터
(2048 워드)
"U"
U3F.31
Z000
인덱스 레지스터
(128 워드)
"Z"
Z127
T0000
타이머 설정치
(2048 워드)
T2047
T0000
타이머 현재치
(2048 워드)
T2047
C0000
카운터 설정치
(2048 워드)
C2047
C0000
카운터 현재치
(2048 워드)
C2047

第七章(제7장) 歎敎之無刑(탄교지무형)

今之敎者(금지교자) :

옛날과는 달리 오늘날 교육당국과 교육자들은

呻其佔畢(신기점필) :

교과서와 기타 잡다한 것들을 엿보고 참고하여 정해진 교과과정을 시간 내에 끝내려고 읊조리거나 되풀이하고(呻 : 읊조릴/웅얼거릴 佔:볼/엿볼 畢:마칠/쬘)

多其訊言(다기신언) :

쓸데없이 많은 것을 나열하고 질문하여 자신의 박학다식함을 과시할 뿐 정작 학생들에게는 별 도움이 되지 않으며(訊 : 물을/힐문할/충고할)

及于數(급우수) :

또한 말만 많아 산만하기 그지없고 정작 교학에는 별로 보탬이 되지 않는다.

進而不顧其安(진이불고기안) :

교과진도만을 고집하여 학생들이 편안하고 쉽게 배울 수 있는 방법이 무엇일까에 대해 생각하지도 않으며(顧 : 돌아볼/생각할/마음에 새길/반성할)

使人不由其誠(사인불유기성) :

학생들에게 배움을 강요하되 그들 스스로 성심성의를 다해 학문에 정진할 수 있도록 이끌어 주지 아니하고

敎人不盡其材(교인불진기재) :

학생들을 가르침에 있어 그들의 타고난 재능을 모두 발현하도록

지도하고 안내하지 않으며(盡 : 다 될)

其施之也悖(기시지야패) :

이와 같이 스승의 가르침이 스승의 정도에 어긋나 있으니(悖 : 도리에 어긋날)

其求之也佛(기구지야불) :

학생들이 추구하는 학문의 길 또한 그릇될 수밖에 없는 것이다.

夫然(부연) :

대저 이러한 고로 자연히

故隱其學而疾其師(고은기학이질기사) :

학생들은 배운 것을 숨기고 배움의 본질을 왜곡하고 싫어하면서 스승까지 미워하게 되는데(隱 : 숨길/편향 될)

苦其難而不知其益也(고기난이불지기익야) :

그로 인해 배움의 어려움이 고통스럽게 되므로, 그 배움이 자기인생에 유익하게 작용함을 미처 알지 못하고 깨닫지도 못하는 것이다.

雖終其業(수종기업) :

비록 학교에서 정해진 교과과정을 다 마치고 졸업한다 해도

其去之必速(기거지필속) :

학교를 떠나자마자 곧바로 학문에서 마음이 떠나버리고 학문을 내팽개치며 엇나가게 되는 것이다.

教之不刑(교지불형) :

오늘날 교육과 교육자들이 사회의 모범이 되지 못하고 오히려 타박을 받는 것은(刑-型 : 벌할/모범/본보기)

其此之由乎(기차지유호) :

바로 이런 현상 때문이 아니겠는가?

※ 교학은 雙方적이나 그 결과의 책임은 교육자에게 있다. 특히 교육자와 교육당국의 폐해와 폐단은 국민행복과 국가미래는 물론 인류와 만물의 생사를 암울하게 한다.

※비행자녀와 부족한 학생은 없다. 오직 비행부모와 부족한 선생이 있을 뿐이다. 부진하고 부족한 자녀와 학생은 없다. 다만 부진하고 부족한 부모와 선생이 있을 뿐이다. 자녀와 학생은 밀가루(Flexible)와 같다. 어떤 모양이 되느냐는 부모와 선생에게 달린 것이다.

※ 里仁爲美(이인위미) 擇不處仁(택불처인) 焉得知(언득지)!

제4장

명령어 상세

〈명령어 분류〉

구분	명령어 종류	내용	비고
기본명령	접점명령	LOAD, AND, OR 관련명령	
	결합명령	AND LOAD, OR LOAD, MPUSH, MLOAD, MPOP	
	반전명령	NOT	
	마스터 컨트롤 명령	MCS, MCSCLR	
	출력명령	OUT, SET, RST, 1스캔출력명령, 출력반전명령(FF)	
	순차/후입 우선명령	스텝 컨트롤 명령 (SET Sxx.xx, OUT Sxx.xx)	
	종료명령	END	
	무처리명령	NOP	
	타이머명령	TON, TOFF, TMR, TMON, TRTG	
	카운터명령	CTD, CTU, CTUD, CTR	

구분	명령어 종류	내용	비고
응용명령	데이터전송명령	지정된 데이터 전송, 그룹전송, 문자열전송	4/8/64 비트 가능
	변환명령	지정된 데이터 BIN/BCD 변환, 그룹 BIN/BCD 변환	4/8 비트가능
	데이터형변환명령	정수/실수 변환명령	
	출력단 비교명령	비교결과를 특수릴레이에 저장.	Unsigned 비교
	입력단 비교명령	비교결과를 BR 에 저장. 실수, 문자열 비교, 그룹비교, 오퍼랜드 3개 비교	Signed 비교
	증감명령	지정된 데이터 1증가 또는 1감소	4/8 비트가능
	회전명령	지정된 데이터 좌회전, 우회전, 캐리포함 회전	4/8 비트가능
	이동명령	지정된 데이터 좌이동, 우이동, 워드단위 이동, 비트이동	4/8 비트가능
	교환명령	디바이스간 교환, 상하위바이트 교환, 그룹데이터 교환	
	BIN 사칙명령	정수/실수 덧셈, 뺄셈, 곱셈, 나눗셈, 문자열 덧셈, 그룹 덧셈, 그룹뺄셈	
	BCD 사칙명령	덧셈, 뺄셈, 곱셈, 나눗셈.	
	논리연산명령	논리곱, 논리합, Exclusive OR, Exclusive NOR, 그룹연산	
	시스템 명령	고장표시, WDT 초기화, 출력제어, 운전정지 등	
	데이터처리명령	Encode, Decode, 데이터분리/연결, 검색, 정렬, 최대, 최소, 합계, 평균 등	
	데이터테이블처리명령	데이터 테이블의 데이터 입출력	
	문자열처리명령	문자열 관련변환, 코멘트읽기, 문자열 추출, 아스키변환, HEX 변환, 문자열 검색 등	
	특수함수 명령	삼각함수, 지수/로그 함수, 각도/라디안 변환 등	
	데이터 제어명령	상하한리미트 제어, 불감대 제어, 존 제어	
	시간관련 명령	날짜시간 데이터 읽기/쓰기, 시간데이터 가감 및 변환	
	분기명령	JMP, CALL	
	루프명령	FOR/NEXT/BREAK	
	플래그관련명령	캐리플래그 Set/Reset, 에러플래그 클리어	
	특수/통신관련명령	Bus Controller Direct 액세스하여 데이터 읽기/쓰기	
	인터럽트관련명령	인터럽트 Enable/Disable	
	부호반전명령	정수/실수값의 부호 반전, 절대값 연산	

〈명령어 보는 법〉

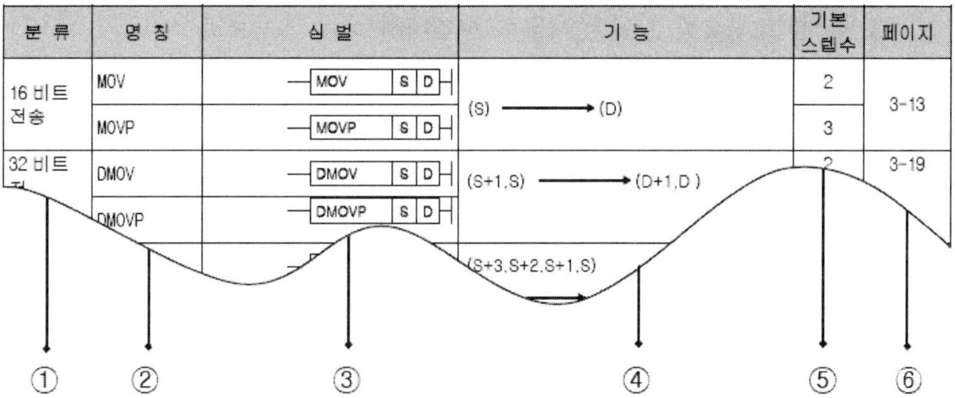

① 분류 : 명령어를 용도별로 분류한다.

② 프로그램에서 사용할 명령어를 표시한다.

- 표시규칙 : 명령어는 기본적으로 워드단위 명령 기준으로 표시한다. 데이터의 크기나 동작특성, 실수 데이터 처리, 문자열 처리에 따라 아래와 같은 규칙을 갖는다.
- 데이터 크기 및 유형에 따른 표기
- · D : 더블워드(Double Word) 명령어를 나타낸다.
- · R : 단장형 실수(Real) 명령어를 나타낸다.
- · L : 배장형 실수(Long Real) 명령어를 나타낸다.
- · $: 문자열 명령어를 나타낸다.
- · G : 그룹(Group) 연산을 나타낸다.
- · 4 : 니블(Nibble) 명령어를 나타낸다. 명령어 뒤쪽에만 사용된다.
- · 8 : 바이트(Byte) 명령어를 나타낸다. 명령어 뒤쪽에만 사용된다.
- · 3 : 오퍼랜드 3개를 처리하는 명령어를 나타낸다. 명령어 뒤쪽에만 사용된다.
- 동작특성에 따른 표기
- · P : 입력신호가 Off. On으로 바뀔 때 1회 실행되는 명령어를 나타낸다. 명령어 뒤쪽에만 사용된다.

③ 프로그램에서 사용되는 심벌을 표시한다. 사용되는 오퍼랜드 개수와 Source인지 Destination인지를 알 수 있다. 오퍼랜드 표현 규칙은 다음과 같다.

· S : 소스(Source)를 나타내고, 연산 후 데이터 값이 변하지 않는다. 이때, 데

이터의 크기는 사용된 명령어에 따라 결정된다.

- D : 데스티네이션(Destination)을 나타내고, 연산 후 데이터 값이 변할 수 있다. 이때, 데이터의 크기는 사용된 명령어에 따라 결정된다.
- N, n : 처리할 개수를 나타낸다.
- St, En : 시작(Start)과 끝(End)을 나타내고, BSFT와 WSFT에만 사용된다.
- Sb : 소스(Source)이면서, 비트 위치를 지정할 경우를 나타낸다. 주로, 니블/바이트 명령에 사용된다.
- Db : 데스티네이션(Destination)이면서, 비트 위치를 지정할 경우를 나타낸다. 주로, 니블/바이트 명령에 사용된다.
- Z : 컨트롤워드를 나타내고, 각 명령어에 따라 미리 정해진 포맷을 의미한다.

④ 명령어의 기능을 대략적으로 설명한다.

⑤ 명령어의 기본 스텝수를 나타낸다. 기본 스텝수란 간접지정, 인덱스 수식, 직접 변수 입력 등을 사용하지 않았을 경우의 스텝수를 말한다.

⑥ 명령어에 대한 상세 설명 페이지를 나타낸다.

〈명령어 개요〉

§ 접점 명령

분 류	명 칭	심 벌	기 능	기본 스텝수	비 고
접점	LOAD	├─┤ ├─	A 접점 연산 개시	1	
	LOAD NOT	├─┤/├─	B 접점 연산 개시	1	
	AND	─┤ ├─	A 접점 직렬 접속	1	
	AND NOT	─┤/├─	B 접점 직렬 접속	1	
	OR	└┤ ├┘	A 접점 병렬 접속	1	
	OR NOT	└┤/├┘	B 접점 병렬 접속	1	
	LOADP	├─┤P├─	양(Positive) 변환 검출 접점	2	
	LOADN	├─┤N├─	음(Negative) 변환 검출 접점	2	
	ANDP	─┤P├─	양변환 검출 접점 직렬 접속	2	
	ANDN	─┤N├─	음변환 검출 접점 직렬 접속	2	
	ORP	└─┤P├─┘	양변환 검출 접점 병렬 접속	2	
	ORN	└─┤N├─┘	음변환 검출 접점 병렬 접속	2	

§ 결합 명령

분 류	명 칭	심 벌	기 능	기본 스텝수	비 고
결합	AND LOAD	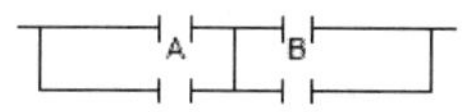	A,B 블록 직렬 접속	1	
	OR LOAD	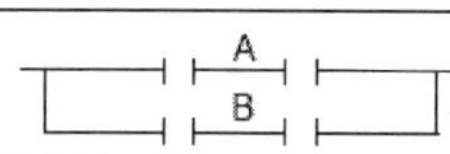	A,B 블록 병렬 접속	1	
	MPUSH	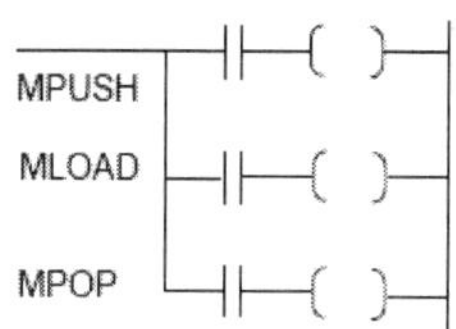	현재까지의 연산결과 Push	1	
	MLOAD		분기점 이전 연산결과 Load	1	
	MPOP		분기점 이전 연산결과 Pop	1	

§ 반전 명령

분 류	명 칭	심 벌	기 능	기본 스텝수	비 고
반전	NOT	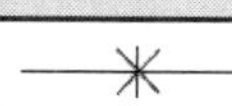	이전 연산결과 반전	1	

§ 마스터 컨트롤 명령

분 류	명 칭	심 벌	기 능	기본 스텝수	비 고
마스터 컨트롤	MCS	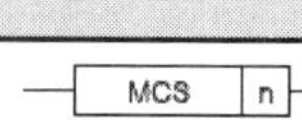	마스터 컨트롤 설정 (n:0~7)	1	
	MCSCLR	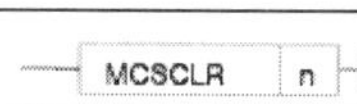	마스터 컨트롤 해제 (n:0~7)	1	

§ 출력 명령

분 류	명 칭	심 벌	기 능	기본 스텝수	비 고
출력	OUT	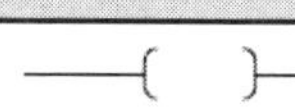	연산 결과 출력	1	
	OUT NOT	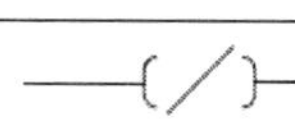	연산 결과 반전 출력	1	
	OUTP	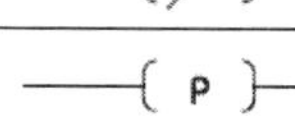	입력조건 상승시 1스캔 출력	2	
	OUTN	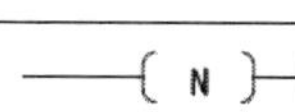	입력조건 하강시 1스캔 출력	2	
	SET	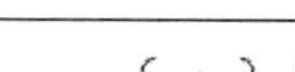	접점 출력 On 유지	1	
	RST	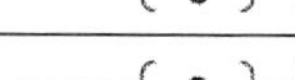	접점 출력 Off 유지	1	
	FF	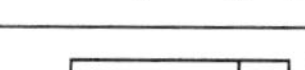	입력조건 상승시 출력 반전	1	

§ 순차/후입 우선 명령

분 류	명 칭	심 벌	기 능	기본 스텝수	비 고
스텝 컨트롤	SET S	Sxx.xx (S)	순차 제어	1	
	OUT S	Sxx.xx ( )	후입 우선	1	

§ 종료 명령

분 류	명 칭	심 벌	기 능	기본 스텝수	비 고
종료	END	[END]	프로그램의 종료	1	

§ 무처리 명령

분 류	명 칭	심 벌	기 능	기본 스텝수	비 고
무처리	NOP	래더 표현 없음	무처리 명령, 니모닉에서 사용	1	

§ 타이머 명령

분 류	명 칭	심 벌	기 능	기본 스텝수	비 고
타이머	TON	[TON | T | t]	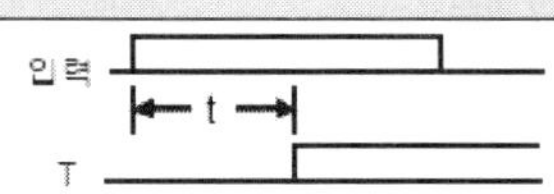	2	
	TOFF	[TOFF | T | t]	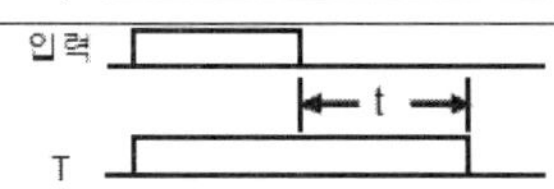	2	
	TMR	[TMR | T | t]	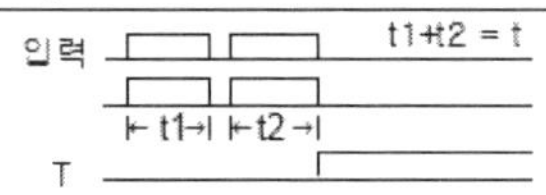	2	
	TMON	[TMON | T | t]	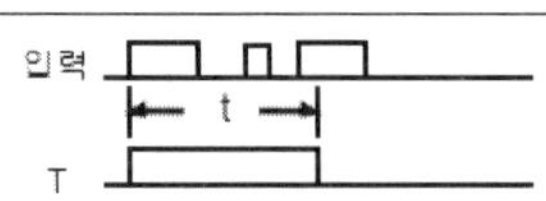	2	
	TRTG	[TRTG | T | t]	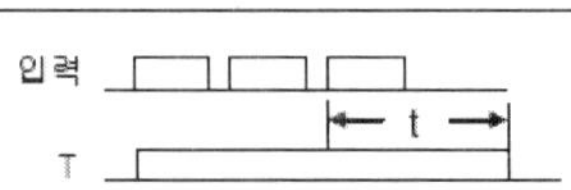	2	

§ 카운터 명령

분 류	명 칭	심 벌	기 능	기본 스텝수	비 고
카운터	CTD	CTD | C | c	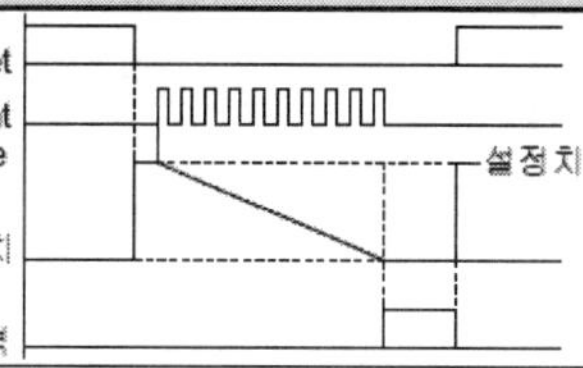	2	
	CTU	CTU | C | c	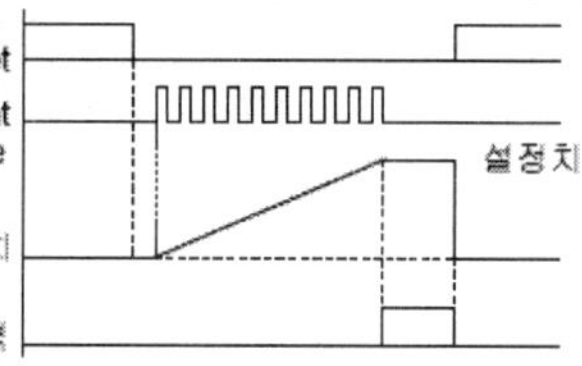	2	
	CTUD	CTUD | C | U | D | c	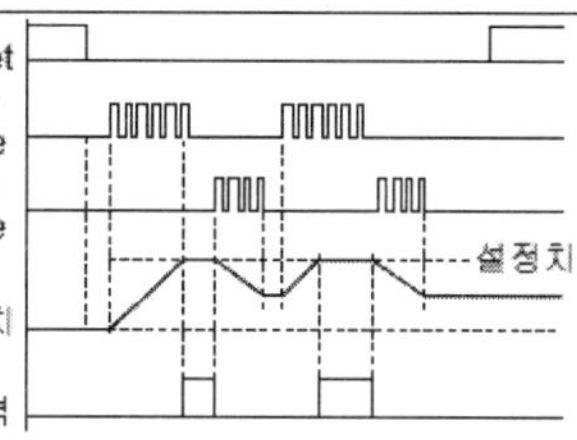	4	
	CTR	CTR | C | c	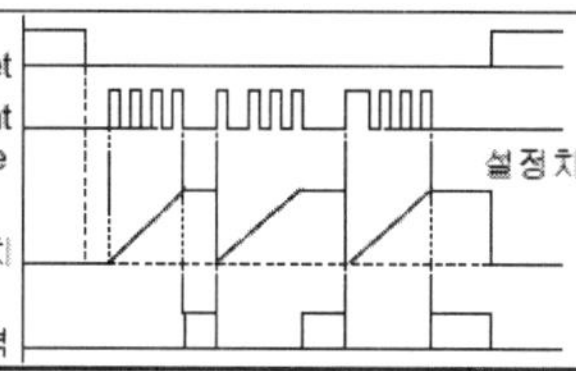	2	

§ 데이터 전송 명령

분 류	명 칭	심 벌	기 능	기본 스텝수	비 고
16 비트 전송	MOV	MOV | S | D	(S) ⟶ (D)	2	
	MOVP	MOVP | S | D		3	
32 비트 전송	DMOV	DMOV | S | D	(S+1,S) ⟶ (D+1,D)	2	
	DMOVP	DMOVP | S | D		3	
단장형 실수전송	RMOV	RMOV | S | D	(S+1,S) ⟶ (D+1,D)	2	
	RMOVP	RMOVP | S | D		3	
배장형 실수전송	LMOV	LMOV | S | D	(S+3,S+2,S+1,S) ⟶ (D+3,D+2,D+1,D)	2	
	LMOVP	LMOVP | S | D		3	

분 류	명 칭	심 벌	기 능	기본 스텝수	비 고
4 비트 전송	MOV4	MOV4 Sb Db	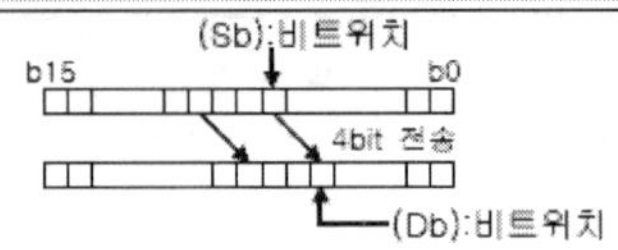	3	
	MOV4P	MOV4P Sb Db		4	
8 비트 전송	MOV8	MOV8 Sb Db	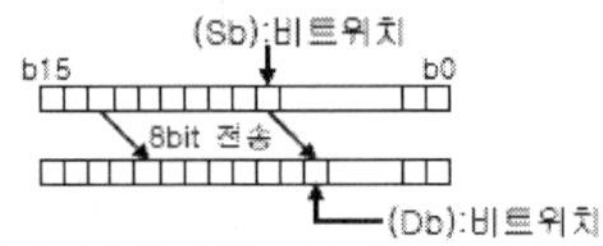	3	
	MOV8P	MOV8P Sb Db		4	
1 의 보수 전송	CMOV	CMOV S D	(S) —1 의 보수→ (D)	2	
	CMOVP	CMOVP S D		3	
	DCMOV	DCMOV S D	(S+1,S) —1 의 보수→ (D+1,D)	2	
	DCMOVP	DCMOVP S D		3	
16bit 그룹전송	GMOV	GMOV S D N	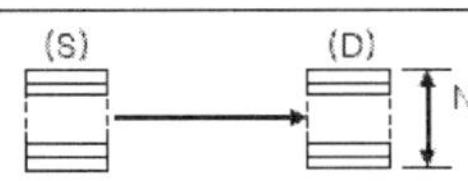	4	
	GMOVP	GMOVP S D N			
다중전송	FMOV	FMOV S D N	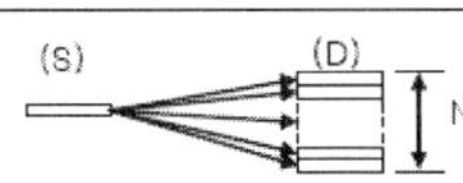	4	
	FMOVP	FMOVP S D N			
지정비트 전송	BMOV	BMOV S D Z	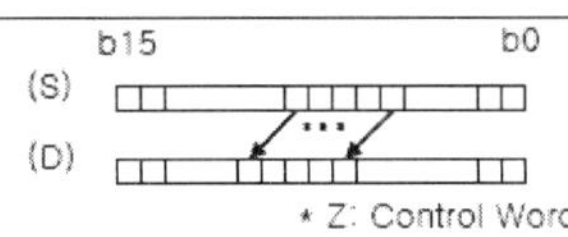	4	
	BMOVP	BMOVP S D Z			
지정비트 그룹전송	GBMOV	GBMOV S D Z N	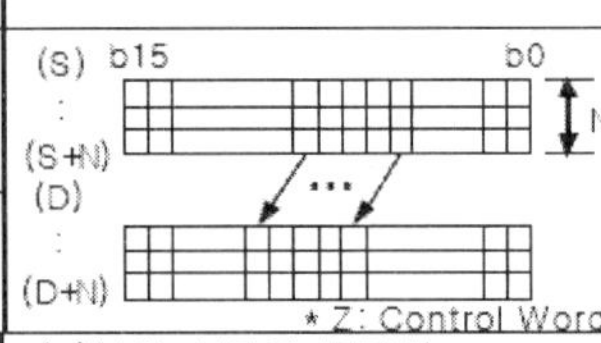	4	
	GBMOVP	GBMOVP S D Z N		5	
문자열 전송	$MOV	$MOV S D	(S)부터 시작된 문자열 → (D)부터 시작된 문자열	2	
	$MOVP	$MOVP S D		3	

§ BCD/BIN 변환 명령

분 류	명 칭	심 벌	기 능	기본 스텝수	비 고
BCD 변환	BCD	BCD S D	(S) —BCD 변환→ (D) BIN(0~9999)	2	
	BCDP	BCDP S D		3	
	DBCD	DBCD S D	(S+1,S) —BCD 변환→ (D+1,D) BIN(0~99999999)	2	
	DBCDP	DBCDP S D		3	
4/8 비트 BCD 변환	BCD4	BCD4 Sb Db	(Sb):비트위치, BIN(0~9) b15 … b0 4bit BCD 변환 (Db):비트위치	3	
	BCD4P	BCD4P Sb Db		4	
	BCD8	BCD8 Sb Db	(Sb):비트위치, BIN(0~99) b15 … b0 8bit BCD 변환 (Db):비트위치	3	
	BCD8P	BCD8P Sb Db		4	
BIN 변환	BIN	BIN S D	(S) —BIN 변환→ (D) BCD(0~9999)	2	
	BINP	BINP S D		3	
	DBIN	DBIN S D	(S+1,S) —BIN 변환→ (D+1,D) BCD(0~99999999)	2	
	DBINP	DBINP S D		3	
4/8 비트 BIN 변환	BIN4	BIN4 Sb Db	(Sb):비트위치, BCD(0~9) b15 … b0 4bit BIN 변환 (Db):비트위치	3	
	BIN4P	BIN4P Sb Db		4	
	BIN8	BIN8 Sb Db	(Sb):비트위치, BCD(0~99) b15 … b0 8bit BIN 변환 (Db):비트위치	3	
	BIN8P	BIN8P Sb Db		4	
그룹 BCD,BIN 변환	GBCD	GBCD S D N	□(S)부터 N 개의 데이터를 BCD 로 변환하여 (D)부터 N까지 저장	4	
	GBCDP	GBCDP S D N			
	GBIN	GBIN S D N	□(S)부터 N 개의 데이터를 BIN 으로 변환하여 (D)부터 N까지 저장	4	
	GBINP	GBINP S D N			

§ 데이터형 변환 명령

분 류	명 칭	심 벌	기 능	기본 스텝수	비 고
16bit 정수 실수 변환	I2R	I2R | S | D	(S) —Real 변환→ (D+1,D) Int(-32,768~32,767)	2	
	I2RP	I2RP | S | D		3	
	I2L	I2L | S | D	(S) —Long 변환→ (D+3,D+2,D+1,D) Int(-32,768~32,767)	2	
	I2LP	I2LP | S | D		3	
32bit 정수 실수 변환	D2R	D2R | S | D	(S+1,S) —Real 변환→ (D+1,D) Dint(-2,147,483,648~2,147,483,647)	2	
	D2RP	D2RP | S | D		3	
	D2L	D2L | S | D	(S+1,S) —Long 변환→ (D+3,D+2,D+1,D) Dint(-2,147,483,648~2,147,483,647)	2	
	D2LP	D2LP | S | D		3	
단장형 실수정수 변환	R2I	R2I | S | D	(S+1,S) —INT 변환→ (D) 단장형실수 전체범위	2	
	R2IP	R2IP | S | D		3	
	R2D	R2D | S | D	(S+1,S) —DINT 변환→ (D+1,D) 단장형실수 전체범위	2	
	R2DP	R2DP | S | D		3	
배장형 실수정수 변환	L2I	L2I | S | D	(S+3,S+2,S+1,S) —INT 변환→ (D) 배장형실수 전체범위	2	
	L2IP	L2IP | S | D		3	
	L2D	L2D | S | D	(S+3,S+2,S+1,S) —DINT 변환→ (D+1,D) 배장형실수 전체범위	2	
	L2DP	L2DP | S | D		3	
단장형 실수 배장형 실수변환	R2L	R2L | S | D	(S+1,S) —Long 변환→ (D+3,D+2,D+1,D) 단장형실수 전체 범위	2	
	R2LP	R2LP | S | D		3	
배장형 실수 단장형 실수변환	L2R	L2R | S | D	(S+3,S+2,S+1,S) —Real 변환→ (D+1,D) 배장형실수 전체범위	2	
	L2RP	L2RP | S | D		3	
16bit 무보호 정수실수 변환	U2R	U2R | S | D	(S) —Real 변환→ (D+1,D) Uint(0~65,535)	2	
	U2RP	U2RP | S | D		3	
	U2L	U2L | S | D	(S) —Lreal 변환→ (D+3,D+2,D+1,D) Uint(0~65,535)	2	
	U2LP	U2LP | S | D		3	
32bit 무보호 정수실수 변환	UD2R	UD2R | S | D	(S+1,S) —Real 변환→ (D+1,D) UDint(0~4,294,967,295)	2	
	UD2RP	UD2RP | S | D		3	
	UD2L	UD2L | S | D	(S+1,S) —Real 변환→ (D+1,D) UDint(0~4,294,967,295)	2	
	UD2LP	UD2LP | S | D		3	

분 류	명 칭	심 벌	기 능	기본 스텝수	비 고
단장형 실수 무보호 정수 변환	R2U	[R2U | S | D]	(S+1,S) —UINT 변환→ (D) ↑ 단장형실수 전체범위	2	
	R2UP	[R2UP | S | D]		3	
	R2UD	[R2UD | S | D]	(S+1,S) —UDINT 변환→ (D+1, D) ↑ 단장형실수 전체범위	2	
	R2UDP	[R2UDP | S | D]		3	
배장형 실수 무보호 정수 변환	L2U	[L2U | S | D]	(S+3,S+2,S+1,S) —UINT 변환→ (D) ↑ 배장형실수 전체범위	2	
	L2UP	[L2UP | S | D]		3	
	L2UD	[L2UD | S | D]	(S+3,S+2,S+1,S) —UDINT 변환→ (D+1, D) ↑ 배장형실수 전체범위	2	
	L2UDP	[L2UDP | S | D]		3	

§ 비교 명령

분 류	명 칭	심 벌	기 능	기본 스텝수	비 고
특수릴레이를 사용한 Unsigned 비교	CMP	[CMP | S1 | S2]	CMP(S1,S2) 하여 해당 플래그 Set (S1, S2는 워드)	2	
	CMPP	[CMPP | S1 | S2]		3	
	DCMP	[DCMP | S1 | S2]	CMP(S1,S2) 하여 해당 플래그 Set (S1, S2는 더블워드)	2	
	DCMPP	[DCMPP | S1 | S2]		3	
4/8 비트 비교	CMP4	[CMP4 | S1 | S2]	CMP(S1,S2) 하여 해당 플래그 Set (S1, S2는 니블)	3	
	CMP4P	[CMP4P | S1 | S2]		4	
	CMP8	[CMP8 | S1 | S2]	CMP(S1,S2) 하여 해당 플래그 Set (S1, S2는 바이트)	3	
	CMP8P	[CMP8P | S1 | S2]		4	
테이블 비교	TCMP	[TCMP | S1 | S2 | D]	CMP(S1,S2)) : CMP(S1+15,S2+15) 결과:(D) ~ (D+15), 같은 값이면 1	4	
	TCMPP	[TCMPP | S1 | S2 | D]			
	DTCMP	[DTCMP | S1 | S2 | D]	CMP((S1+1,S1),(S2+1,S2)) : CMP((S1+31,S1+30),(S2+31,S2+30)) 결과:(D) ~ (D+15)	4	
	DTCMPP	[DTCMPP | S1 | S2 | D]			

분 류	명 칭	심 벌	기 능	기본 스텝수	비 고
그룹비교 (16bit)	GEQ	GEQ S1 S2 D N	S1 데이터와 S2 데이터를 1 워드 단위로 비교하여, 비교 결과를 D 로 지정된 디바이스의 하위비트부터 한 비트씩 저장한다. (N ≤ 16)	4	
	GEQP	GEQP S1 S2 D N			
	GGT	GGT S1 S2 D N		4	
	GGTP	GGTP S1 S2 D N			
	GLT	GLT S1 S2 D N		4	
	GLTP	GLTP S1 S2 D N			
	GGE	GGE S1 S2 D N		4	
	GGEP	GGEP S1 S2 D N			
	GLE	GLE S1 S2 D N		4	
	GLEP	GLEP S1 S2 D N			
	GNE	GNE S1 S2 D N		4	
	GNEP	GNEP S1 S2 D N			
그룹비교 (32bit)	GDEQ	GDEQ S1 S2 D N	S1 데이터와 S2 데이터를 2 워드 단위로 비교하여, 비교 결과를 D 로 지정된 디바이스의 하위비트부터 한 비트씩 저장한다. (N ≤ 16)	4	
	GDEQP	GDEQP S1 S2 D N			
	GDGT	GDGT S1 S2 D N		4	
	GDGTP	GDGTP S1 S2 D N			
	GDLT	GDLT S1 S2 D N		4	
	GDLTP	GDLTP S1 S2 D N			
	GDGE	GDGE S1 S2 D N		4	
	GDGEP	GDGEP S1 S2 D N			
	GDLE	GDLE S1 S2 D N		4	
	GDLEP	GDLEP S1 S2 D N			
	GDNE	GDNE S1 S2 D N		4	
	GDNEP	GDNEP S1 S2 D N			

분 류	명 칭	심 벌	기 능	기본 스텝수	비 고
16bit 데이터 비교 (LOAD)	LOAD=	= S1 S2	(S1)과(S2)의 내용 비교하여 결과를 Bit Result(BR)에저장 (Signed 연산)	2	
	LOAD>	> S1 S2			
	LOAD<	< S1 S2			
	LOAD>=	>= S1 S2			
	LOAD<=	<= S1 S2			
	LOAD<>	<> S1 S2			
16bit 데이터 비교 (AND)	AND=	= S1 S2	(S1)과(S2)의 내용 비교결과와 Bit Result(BR)값을 AND 연산한 후 BR 에 저장(Signed 연산)	2	
	AND>	> S1 S2			
	AND<	< S1 S2			
	AND>=	>= S1 S2			
	AND<=	<= S1 S2			
	AND<>	<> S1 S2			
16bt 데이터 비교 (OR)	OR=	= S1 S2	(S1)과(S2)의 내용 비교결과와 Bit Result(BR)값을 OR 연산한 후 BR 에 저장 (Signed 연산)	2	
	OR>	> S1 S2			
	OR<	< S1 S2			
	OR>=	>= S1 S2			
	OR<=	<= S1 S2			
	OR<>	<> S1 S2			
32bit 데이터 비교 (LOAD)	LOADD=	D= S1 S2	(S1)과(S2)의 내용 비교하여 결과를 Bit Result(BR)에저장 (Signed 연산)	2	
	LOADD>	D> S1 S2			
	LOADD<	D< S1 S2			
	LOADD>=	D>= S1 S2			
	LOADD<=	D<= S1 S2			
	LOADD<>	D<> S1 S2			

분 류	명 칭	심 벌	기 능	기본 스텝수	비 고
32bit 데이터 비교 (AND)	ANDD=	┤├ D= S1 S2	(S1)과(S2)의 내용 비교결과와 Bit Result(BR)값을 AND 연산한 후 BR에 저장(Signed 연산)	2	
	ANDD>	┤├ D> S1 S2			
	ANDD<	┤├ D< S1 S2			
	ANDD>=	┤├ D>= S1 S2			
	ANDD<=	┤├ D<= S1 S2			
	ANDD<>	┤├ D<> S1 S2			
32bt 데이터 비교 (OR)	ORD=	┤├ / D= S1 S2	(S1)과(S2)의 내용 비교결과와 Bit Result(BR)값을 OR 연산한 후 BR에 저장(Signed 연산)	2	
	ORD>	┤├ / D> S1 S2			
	ORD<	┤├ / D< S1 S2			
	ORD>=	┤├ / D>= S1 S2			
	ORD<=	┤├ / D<= S1 S2			
	ORD<>	┤├ / D<> S1 S2			
단장형 실수 비교 (LOAD)	LOADR=	├ R= S1 S2	(S1)과 (S2)의 내용 비교결과와 Bit Result(BR)값을 OR 연산한 후 BR에 저장(Signed 연산)	2	
	LOADR>	├ R> S1 S2			
	LOADR<	├ R< S1 S2			
	LOADR>=	├ R>= S1 S2			
	LOADR<=	├ R<= S1 S2			
	LOADR<>	├ R<> S1 S2			
단장형 실수 비교 (AND)	ANDR=	┤├ R= S1 S2	(S1+1,S)과 (S2+1,S2)의 내용을 비교하여 Bit Result(BR)에 저장 (Signed 연산)	2	
	ANDR>	┤├ R> S1 S2			
	ANDR<	┤├ R< S1 S2			
	ANDR>=	┤├ R>= S1 S2			
	ANDR<=	┤├ R<= S1 S2			
	ANDR<>	┤├ R<> S1 S2			

분 류	명 칭	심 벌	기 능	기본 스텝수	비 고
단장형 실수 비교 (OR)	ORR=	R= S1 S2	(S1+1,S1)과 (S2+1,S2)의 내용 비교 결과와 Bit Result(BR)값을 OR 연산한 후 BR에 저장(Signed 연산)	2	
	ORR>	R> S1 S2			
	ORR<	R< S1 S2			
	ORR>=	R>= S1 S2			
	ORR<=	R<= S1 S2			
	ORR<>	R<> S1 S2			
배장형 실수 비교 (LOAD)	LOADL=	L= S1 S2	(S1+3,S1+2,S1+1,S)과 (S2+3,S2+2,S2+1,S2)의 내용을 비교하여 Bit Result(BR)에 저장(Signed 연산)	2	
	LOADL>	L> S1 S2			
	LOADL<	L< S1 S2			
	LOADL>=	L>= S1 S2			
	LOADL<=	L<= S1 S2			
	LOADL<>	L<> S1 S2			
배장형 실수 비교 (AND)	ANDL=	L= S1 S2	(S1+1,S1)과 (S2+1,S2)의 내용 비교 결과와 Bit Result(BR)값을 AND 연산 한 후 BR에 저장(Signed 연산)	2	
	ANDL>	L> S1 S2			
	ANDL<	L< S1 S2			
	ANDL>=	L>= S1 S2			
	ANDL<=	L<= S1 S2			
	ANDL<>	L<> S1 S2			

분 류	명 칭	심 벌	기 능	기본 스텝수	비 고
배장형 실수 비교(OR)	ORL=	L= S1 S2	(S1+1,S1)과 (S2+1,S2)의 내용 비교 결과와 Bit Result(BR)값을 OR 연산 한 후 BR에 저장(Signed 연산)	2	
	ORL>	L> S1 S2			
	ORL<	L< S1 S2			
	ORL>=	L>= S1 S2			
	ORL<=	L<= S1 S2			
	ORL<>	L<> S1 S2			
문자열 비교 (LOAD)	LOAD$=	$= S1 S2	(S1)과 (S2)로 시작되는 문자열을 비교하여 Bit Result(BR)에 저장	2	
	LOAD$>	$> S1 S2			
	LOAD$<	$< S1 S2			
	LOAD$>=	$>= S1 S2			
	LOAD$<=	$<= S1 S2			
	LOAD$<>	$<> S1 S2			
문자열 비교 (AND)	AND$=	$= S1 S2	(S1)과 (S2)로 시작되는 문자열 비교 결과와 Bit Result(BR)의 결과를 AND 연산한 후 BR에 저장	2	
	AND$>	$> S1 S2			
	AND$<	$< S1 S2			
	AND$>=	$>= S1 S2			
	AND$<=	$<= S1 S2			
	AND$<>	$<> S1 S2			

분 류	명 칭	심 벌	기 능	기본 스텝수	비 고
문자열 비교 (OR)	OR$=	$= S1 S2	(S1)과 (S2)로 시작되는 문자열 비교결과와 Bit Result(BR)의 결과를 OR 연산한 후 BR에 저장	2	
	OR$>	$> S1 S2			
	OR$<	$< S1 S2			
	OR$>=	$>= S1 S2			
	OR$<=	$<= S1 S2			
	OR$<>	$<> S1 S2			
16bit 데이터 그룹 비교 (LOAD)	LOADG=	G= S1 S2 N	(S1), (S1+1), …, (S1+N) 과 (S2), (S2+1), … , (S2+N) 의 값을 일대일로 비교하여 비교한 모든 값이 주어진 조건을 만족하면 Bit Result(BR)에 1을 저장	4	
	LOADG>	G> S1 S2 N			
	LOADG<	G< S1 S2 N			
	LOADG>=	G>= S1 S2 N			
	LOADG<=	G<= S1 S2 N			
	LOADG<>	G<> S1 S2 N			
16bit 데이터 그룹 비교 (AND)	ANDG=	G= S1 S2 N	(S1), (S1+1), …, (S1+N) 과 (S2), (S2+1), … , (S2+N) 의 값을 일대일로 비교한 최종값과 Bit Result(BR)의 값을 AND 연산한 후 BR에 저장	4	
	ANDG>	G> S1 S2 N			
	ANDG<	G< S1 S2 N			
	ANDG>=	G>= S1 S2 N			
	ANDG<=	G<= S1 S2 N			
	ANDG<>	G<> S1 S2 N			
16bit 데이터 그룹 비교 (OR)	ORG=	G= S1 S2 N	(S1), (S1+1), …, (S1+N) 과 (S2), (S2+1), … , (S2+N) 의 값을 일대일로 비교한 최종값과 Bit Result(BR)의 값을 OR 연산한 후 BR에 저장	4	
	ORG>	G> S1 S2 N			
	ORG<	G< S1 S2 N			
	ORG>=	G>= S1 S2 N			
	ORG<=	G<= S1 S2 N			
	ORG<>	G<> S1 S2 N			

분 류	명 칭	심 벌	기 능	기본 스텝수	비 고
32bit 데이터 그룹 비교 (LOAD)	LOADDG=	DG= S1 S2 N	(S1), (S1+1), …, (S1+N) 과 (S2), (S2+1), … , (S2+N) 의 값을 일대일로 비교하여 비교한 모든 값이 주어진 조건을 만족하면 Bit Result(BR)에 1을 저장	4	
	LOADDG>	DG> S1 S2 N			
	LOADDG<	DG< S1 S2 N			
	LOADDG>=	DG>= S1 S2 N			
	LOADDG<=	DG<= S1 S2 N			
	LOADDG<>	DG<> S1 S2 N			
32bit 데이터 그룹 비교 (AND)	ANDDG=	DG= S1 S2 N	(S1), (S1+1), …, (S1+N) 과 (S2), (S2+1), … , (S2+N) 의 값을 일대일로 비교한 최종값과 Bit Result(BR)의 값을 AND 연산한 후 BR에 저장	4	
	ANDDG>	DG> S1 S2 N			
	ANDDG<	DG< S1 S2 N			
	ANDDG>=	DG>= S1 S2 N			
	ANDDG<=	DG<= S1 S2 N			
	ANDDG<>	DG<> S1 S2 N			
32bit 데이터 그룹 비교 (OR)	ORDG=	DG= S1 S2 N	(S1), (S1+1), …, (S1+N) 과 (S2), (S2+1), … , (S2+N) 의 값을 일대일로 비교한 최종값과 Bit Result(BR)의 값을 OR 연산한 후 BR에 저장	4	
	ORDG>	DG> S1 S2 N			
	ORDG<	DG< S1 S2 N			
	ORDG>=	DG>= S1 S2 N			
	ORDG<=	DG<= S1 S2 N			
	ORDG<>	DG<> S1 S2 N			

분 류	명 칭	심 벌	기 능	기본 스텝수	비 고
3 개의 16bit 데이터 비교 (LOAD)	LOAD3=	=3 S1 S2 S3	(S1),(S2),(S3)의 값이 주어진 조건식을 만족하면 Bit Result(BR)에 1을 저장	4	
	LOAD3>	>3 S1 S2 S3			
	LOAD3<	<3 S1 S2 S3			
	LOAD3>=	>=3 S1 S2 S3			
	LOAD3<=	<=3 S1 S2 S3			
	LOAD3<>	<>3 S1 S2 S3			
3 개의 16bit 데이터 비교 (AND)	AND3=	=3 S1 S2 S3	주어진 조건식에 따른 (S1),(S2),(S3)값의 비교결과와 Bit Result(BR)의 값을 AND 연산한 후 BR에 저장	2	
	AND3>	>3 S1 S2 S3			
	AND3<	<3 S1 S2 S3			
	AND3>=	>=3 S1 S2 S3			
	AND3<=	<=3 S1 S2 S3			
	AND3<>	<>3 S1 S2 S3			
3 개의 32bit 데이터 비교 (OR)	OR3=	=3 S1 S2 S3	주어진 조건식에 따른 (S1),(S2),(S3)값의 비교결과와 Bit Result(BR)의 값을 OR 연산한 후 BR에 저장	4	
	OR3>	>3 S1 S2 S3			
	OR3<	<3 S1 S2 S3			
	OR3>=	>=3 S1 S2 S3			
	OR3<=	<=3 S1 S2 S3			
	OR3<>	<>3 S1 S2 S3			
3 개의 16bit 데이터 비교 (LOAD)	LOADD3=	D=3 S1 S2 S3	(S1+1,S1),(S2+1,S2),(S3+1,S3)의 값이 주어진 조건식을 만족하면 Bit Result (BR)에 1을 저장	4	
	LOADD3>	D>3 S1 S2 S3			
	LOADD3<	D<3 S1 S2 S3			
	LOADD3>=	D>=3 S1 S2 S3			
	LOADD3<=	D<=3 S1 S2 S3			
	LOADD3<>	D<>3 S1 S2 S3			

분 류	명 칭	심 벌	기 능	기본 스텝수	비 고
3 개의 32bit 데이터 비교 (AND)	ANDD3=	D=3 S1 S2 S3	주어진 조건식에 따른 (S1+1,S1), (S2+1,S2), (S3+1,S3)값의 비교결과와 Bit Result(BR)의 값을 AND 연산한 후 BR에 저장	4	
	ANDD3>	D>3 S1 S2 S3			
	ANDD3<	D<3 S1 S2 S3			
	ANDD3>=	D>=3 S1 S2 S3			
	ANDD3<=	D<=3 S1 S2 S3			
	ANDD<>	D<>3 S1 S2 S3			
3 개의 32bit 데이터 비교 (OR)	ORD3=	D=3 S1 S2 S3	주어진 조건식에 따른 (S1+1,S1), (S2+1,S2), (S3+1,S3)값의 비교결과와 Bit Result(BR)의 값을 OR 연산한 후 BR에 저장	4	
	ORD3>	D>3 S1 S2 S3			
	ORD3<	D<3 S1 S2 S3			
	ORD3>=	D>=3 S1 S2 S3			
	ORD3<=	D<=3 S1 S2 S3			
	ORD3<>	D<>3 S1 S2 S3			
4bit 데이터 비교 (LOAD)	LOAD4=	4= S1 S2	(S1)과(S2)의 내용을 NIBBLE 단위로 비교하여 결과를 Bit Result(BR)에 저장 (Unsigned 연산)	3	
	LOAD4>	4> S1 S2			
	LOAD4<	4< S1 S2			
	LOAD4>=	4>= S1 S2			
	LOAD4<=	4<= S1 S2			
	LOAD4<>	4<> S1 S2			

분 류	명 칭	심 벌	기 능	기본 스텝수	비 고
4bit 데이터 비교 (AND)	AND4=	4= S1 S2	(S1)과(S2)의 내용을 NIBBLE 단위로 비교하여 결과를 Bit Result(BR) 값과 AND 연산한 후 BR에 저장 (Unsigned 연산)	3	
	AND4>	4> S1 S2			
	AND4<	4< S1 S2			
	AND4>=	4>= S1 S2			
	AND4<=	4<= S1 S2			
	AND4<>	4<> S1 S2			
4bit 데이터 비교 (OR)	OR4=	4= S1 S2	(S1)과(S2)의 내용을 NIBBLE 단위로 비교하여 결과를 Bit Result(BR) 값과 OR 연산한 후 BR에 저장 (Unsigned 연산)	3	
	OR4>	4> S1 S2			
	OR4<	4< S1 S2			
	OR4>=	4>= S1 S2			
	OR4<=	4<= S1 S2			
	OR4<>	4<> S1 S2			
8bit 데이터 비교 (LOAD)	LOAD8=	8= S1 S2	(S1)과(S2)의 내용을 BYTE 단위로 비교하여 결과를 Bit Result(BR)에 저장 (Unsigned 연산)	3	
	LOAD8>	8> S1 S2			
	LOAD8<	8< S1 S2			
	LOAD8>=	8>= S1 S2			
	LOAD8<=	8<= S1 S2			
	LOAD8<>	8<> S1 S2			

분 류	명 칭	심 벌	기 능	기본 스텝수	비 고
8bit 데이터 비교 (AND)	AND8=	8= S1 S2	(S1)과(S2)의 내용을 BYTE 단위로 비교하여 결과를 Bit Result(BR) 값과 AND 연산한 후 BR에 저장 (Unsigned 연산)	3	
	AND8>	8> S1 S2			
	AND8<	8< S1 S2			
	AND8>=	8>= S1 S2			
	AND8<=	8<= S1 S2			
	AND8<>	8<> S1 S2			
8bit 데이터 비교 (OR)	OR8=	8= S1 S2	(S1)과(S2)의 내용을 BYTE 단위로 비교하여 결과를 Bit Result(BR) 값과 OR 연산한 후 BR에 저장 (Unsigned 연산)	3	
	OR8>	8> S1 S2			
	OR8<	8< S1 S2			
	OR8>=	8>= S1 S2			
	OR8<=	8<= S1 S2			
	OR8<>	8<> S1 S2			
무보호 16bit 데이터 비교 (LOAD)	ULOAD=	U= S1 S2	(S1)과(S2)의 내용 비교하여 결과를 Bit Result(BR)에 저장 (Unsigned 연산)	2	
	ULOAD>	U> S1 S2			
	ULOAD<	U< S1 S2			
	ULOAD>=	U>= S1 S2			
	ULOAD<=	U<= S1 S2			
	ULOAD<>	U<> S1 S2			

분 류	명 칭	심 벌	기 능	기본 스텝수	비 고
무보호 16bit 데이터 비교 (AND)	UAND=	U= S1 S2	(S1)과(S2)의 내용 비교하여 결과를 Bit Result(BR)값과 AND 연산한 후 BR에 저장 (Unsigned 연산)	2	
	UAND>	U> S1 S2			
	UAND<	U< S1 S2			
	UAND>=	U>= S1 S2			
	UAND<=	U<= S1 S2			
	UAND<>	U<> S1 S2			
무보호 16bit 데이터 비교 (OR)	UOR=	U= S1 S2	(S1)과(S2)의 내용 비교하여 결과를 Bit Result(BR)값과 OR 연산한 후 BR에 저장 (Unsigned 연산)	2	
	UOR>	U> S1 S2			
	UOR<	U< S1 S2			
	UOR>=	U>= S1 S2			
	UOR<=	U<= S1 S2			
	UOR<>	U<> S1 S2			

분 류	명 칭	심 벌	기 능	기본 스텝수	비 고
무보호 32bit 데이터 비교 (LOAD)	ULOADD=	UD= S1 S2	(S1)과(S2)의 내용 비교하여 결과를 Bit Result(BR)에 저장 (Unsigned 연산)	2	
	ULOADD>	UD> S1 S2			
	ULOADD<	UD< S1 S2			
	ULOADD>=	UD>= S1 S2			
	ULOADD<=	UD<= S1 S2			
	ULOADD<>	UD<> S1 S2			
무보호 32bit 데이터 비교 (AND)	UANDD=	UD= S1 S2	(S1)과(S2)의 내용 비교하여 결과를 Bit Result(BR)값과 AND 연산한 후 BR에 저장 (Unsigned 연산)	2	
	UANDD>	UD> S1 S2			
	UANDD<	UD< S1 S2			
	UANDD>=	UD>= S1 S2			
	UANDD<=	UD<= S1 S2			
	UANDD<>	UD<> S1 S2			
무보호 32bit 데이터 비교 (OR)	UORD=	UD= S1 S2	(S1)과(S2)의 내용 비교하여 결과를 Bit Result(BR)값과 OR 연산한 후 BR에 저장 (Unsigned 연산)	2	
	UORD>	UD> S1 S2			
	UORD<	UD< S1 S2			
	UORD>=	UD>= S1 S2			
	UORD<=	UD<= S1 S2			
	UORD<>	UD<> S1 S2			

§ 증감 명령

분 류	명 칭	심 벌	기 능	기본 스텝수	비 고
BIN 데이터 증감 (Signed)	INC	INC D	(D)+1 → (D)	2	
	INCP	INCP D			
	DINC	DINC D	(D+1,D)+1 → (D+1,D)	2	
	DINCP	DINCP D			
	DEC	DEC D	(D)−1 → (D)	2	
	DECP	DECP D			
	DDEC	DDEC D	(D+1,D)−1 → (D+1,D)	2	
	DDECP	DDECP D			
4/8 비트 데이터 증감 (Signed)	INC4	INC4 Db	(D:x bit – D:x bit+4) + 1	2	
	INC4P	INC4P Db	→ (D:x bit – D:x bit+4)	3	
	INC8	INC8 Db	(D:x bit – D:x bit+8) + 1	2	
	INC8P	INC8P Db	→ (D:x bit – D:x bit+8)	3	
	DEC4	DEC4 Db	(D:x bit – D:x bit+4) − 1	2	
	DEC4P	DEC4P Db	→ (D:x bit – D:x bit+4)	3	
	DEC8	DEC8 Db	(D:x bit – D:x bit+8) − 1	2	
	DEC8P	DEC8P Db	→ (D:x bit – D:x bit+8)	3	
BIN 데이터 증감 (Unsigned)	INCU	INCU D	(D)+1 → (D)	2	
	INCUP	INCUP D			
	DINCU	DINCU D	(D+1,D)+1 → (D+1,D)	2	
	DINCUP	DINCUP D			
	DECU	DECU D	(D)−1 → (D)	2	
	DECUP	DECUP D			
	DDECU	DDECU D	(D+1,D)−1 → (D+1,D)	2	
	DDECUP	DDECUP D			

§ 회전 명령

분류	명칭	심벌	기능	기본 스텝수	비고
왼쪽 회전	ROL	ROL D n		2	
	ROLP	ROLP D n		3	
	DROL	DROL D n	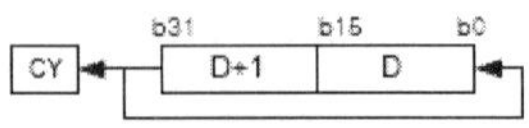	2	
	DROLP	DROLP D n		3	
4/8 비트 왼쪽 회전	ROL4	ROL4 Db n	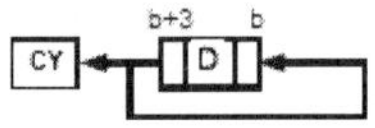	3	
	ROL4P	ROL4P Db n		4	
	ROL8	ROL8 Db n	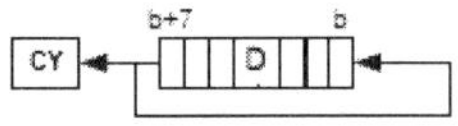	3	
	ROL8P	ROL8P Db n		4	
오른쪽 회전	ROR	ROR D n	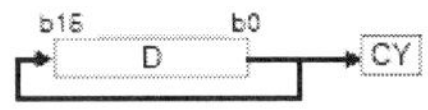	2	
	RORP	RORP D n		3	
	DROR	DROR D n	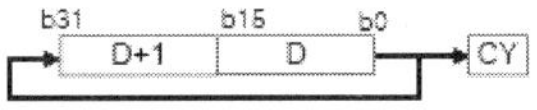	2	
	DRORP	DRORP D n		3	
4/8 비트 오른쪽 회전	ROR4	ROR4 Db n	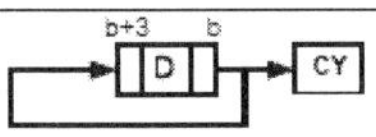	3	
	ROR4P	ROR4P Db n		4	
	ROR8	ROR8 Db n	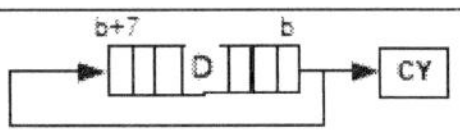	3	
	ROR8P	ROR8P Db n		4	
왼쪽 회전 (캐리 포함)	RCL	RCL D n	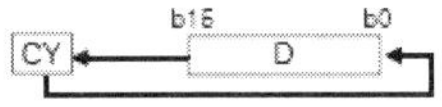	2	
	RCLP	RCLP D n		3	
	DRCL	DRCL D n	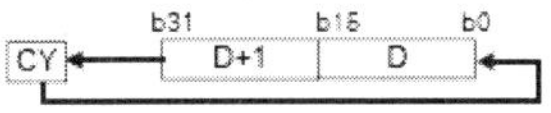	2	
	DRCLP	DRCLP D n		3	
4/8 비트 왼쪽 회전 (캐리 포함)	RCL4	RCL4 Db n	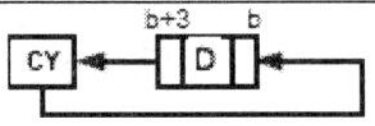	3	
	RCL4P	RCL4P Db n		4	
	RCL8	RCL8 Db n	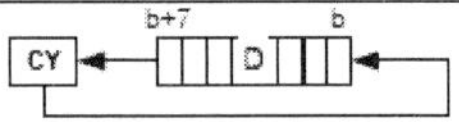	3	
	RCL8P	RCL8P Db n		4	
오른쪽 회전 (캐리 포함)	RCR	RCR D n	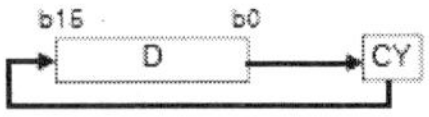	2	
	RCRP	RCRP D n		3	
	DRCR	DRCR D n	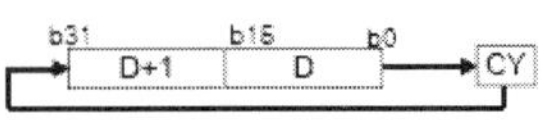	2	
	DRCRP	DRCRP D n		3	
4/8 비트 오른쪽 회전 (캐리 포함)	RCR4	RCR4 Db n	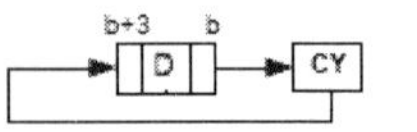	3	
	RCR4P	RCR4P Db n		4	
	RCR8	RCR8 Db n	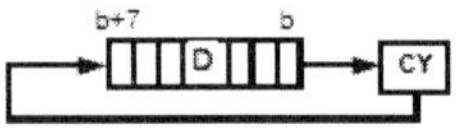	3	
	RCR8P	RCR8P Db n		4	

§ 이동 명령

분 류	명 칭	심 벌	기 능	기본 스텝수	비 고
비트이동	BSFT	BSFT St Ed	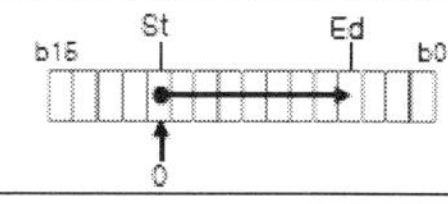	3	
	BSFTP	BSFTP St Ed		4	
상위비트 방향으로 이동	BSFL	BSFL D n	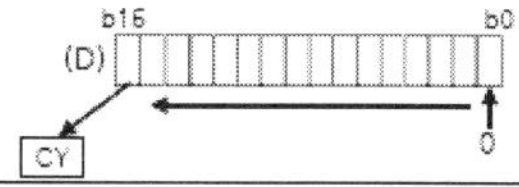	2	
	BSFLP	BSFLP D n		3	
	DBSFL	DBSFL D n	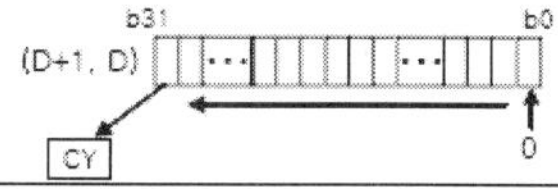	2	
	DBSFLP	DBSFLP D n		3	
4/8 비트범위 내에서 상위비트 방향으로 이동	BSFL4	BSFL4 Db n	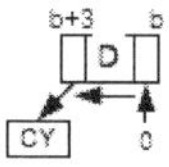	3	
	BSFL4P	BSFL4P Db n			
	BSFL8	BSFL8 Db n	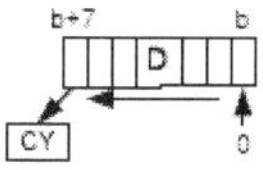	3	
	BSFL8P	BSFL8P Db n			
하위비트 방향으로 이동	BSFR	BSFR D n	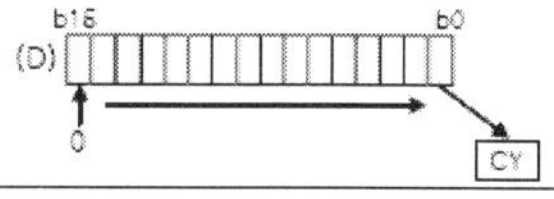	2	
	BSFRP	BSFRP D n		3	
	DBSFR	DBSFR D n	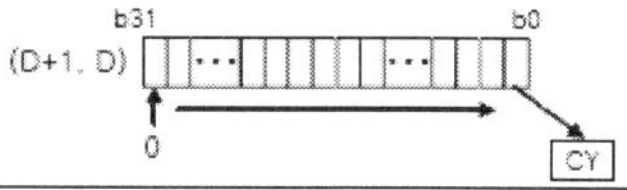	2	
	DBSFRP	DBSFRP D n		3	
4/8 비트범위 내에서 하위비트 방향으로 이동	BSFR4	BSFR4 Db n	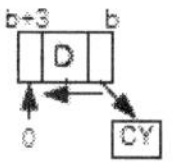	3	
	BSFR4P	BSFR4P Db n			
	BSFR8	BSFR8 Db n	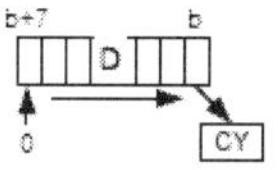	3	
	BSFR8P	BSFR8P Db n			
워드이동	WSFT	WSFT St Ed	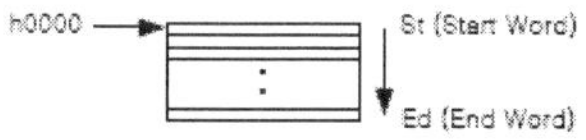	2	
	WSFTP	WSFTP St Ed		3	
워드 데이터 좌/우 방향이동	WSFL	WSFL D1 D2 N	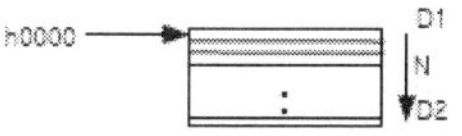	3	
	WSFLP	WSFLP D1 D2 N			
	WSFR	WSFR D1 D2 N	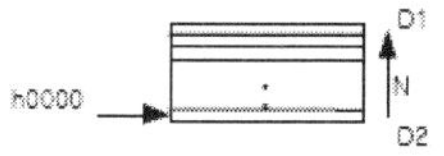	3	
	WSFRP	WSFRP D1 D2 N			
비트이동	SR	SR Db I D N	Db 로 지정된 비트부터 N 개의 비트를 입력방향(I)과 이동방향(D)을 따라 비트 이동	2	

분 류	명 칭	심 벌	기 능	기본 스텝수	비 고
바이트 이동 (우측)	BRR	BRR | S | D | n1 | n2	S[0]~S[n1-1]바이트까지의 데이터를 우측으로 n2 번 회전하여 그 결과를 D[0]~D[n1-1]에 저장	5	
	BRRP	BRRP | S | D | n1 | n2		5	
바이트 이동 (좌측)	BRL	BRL | S | D | n1 | n2	S[0]~S[n1-1]바이트까지의 데이터를 좌측으로 n2 번 회전하여 그 결과를 D[0]~D[n1-1]에 저장	5	
	BRLP	BRLP | S | D | n1 | n2		5	

§ 교환 명령

분 류	명 칭	심 벌	기 능	기본 스텝수	비 고
데이터 교환	XCHG	XCHG | D1 | D2	(D1) ↔ (D2)	2	
	XCHGP	XCHGP | D1 | D2		3	
	DXCHG	DXCHG | D1 | D2	(D1+1, D1) ↔ (D2+1, D2)	2	
	DXCHGP	DXCHGP | D1 | D2		3	
그룹 데이터 교환	GXCHG	GXCHG | D1 | D2 | N	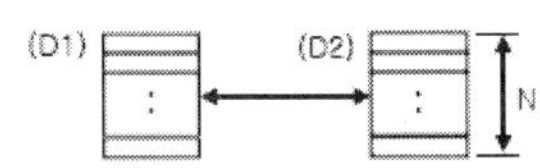	4	
	GXCHGP	GXCHGP | D1 | D2 | N			
상하위 바이트 교환	SWAP	SWAP | D	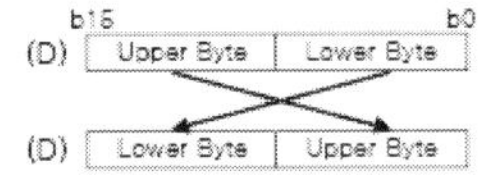	2	
	SWAPP	SWAPP | D			
그룹 바이트 교환	GSWAP	GSWAP | D | N	D 부터 N 개의 워드를 상하위 바이트 교환	2	
	GSWAPP	GSWAPP | D | N		3	
상하위 바이트 교환	SWAP2	SWAP2 | S | D	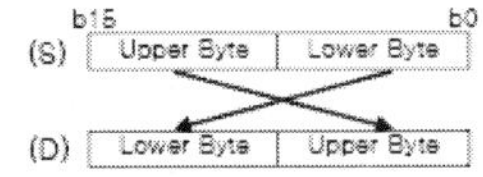	2	
	SWAP2P	SWAP2P | S | D		3	
바이트 그룹 교환	GSWAP2	GSWAP2 | S | D	S 부터 N 개의 워드를 상하위 바이트 교환하여 D부터 저장	2	
	GSWAP2P	GSWAP2P | S | D | N		3	

§ BIN 사칙 명령

분 류	명 칭	심 벌	기 능	기본 스텝수	비 고
정수덧셈 (Signed)	ADD	ADD S1 S2 D	(S1)+(S2) → (D)	4	
	ADDP	ADDP S1 S2 D			
	DADD	DADD S1 S2 D	(S1+1,S1)+(S2+1,S2) → (D+1,D)	4	
	DADDP	DADDP S1 S2 D			
정수뺄셈 (Signed)	SUB	SUB S1 S2 D	(S1)-(S2) → (D)	4	
	SUBP	SUBP S1 S2 D			
	DSUB	DSUB S1 S2 D	(S1+1,S1)-(S2+1,S2) → (D+1,D)	4	
	DSUBP	DSUBP S1 S2 D			
정수곱셈 (Signed)	MUL	MUL S1 S2 D	(S1)×(S2) → (D+1,D)	4	
	MULP	MULP S1 S2 D			
	DMUL	DMUL S1 S2 D	(S1+1,S1)×(S2+1,S2) → (D+3,D+2,D+1,D)	4	
	DMULP	DMULP S1 S2 D			
정수나눗셈 (Signed)	DIV	DIV S1 S2 D	(S1)÷(S2) → (D) 몫, (D+1) 나머지	4	
	DIVP	DIVP S1 S2 D			
	DDIV	DDIV S1 S2 D	(S1+1,S1)÷(S2+1,S2) → (D+1,D) 몫, (D+3,D+2) 나머지	4	
	DDIVP	DDIVP S1 S2 D			
정수덧셈 (Unsigned)	ADDU	ADDU S1 S2 D	(S1)+(S2) → (D)	4	
	ADDUP	ADDUP S1 S2 D			
	DADDU	DADDU S1 S2 D	(S1+1,S1)+(S2+1,S2) → (D+1,D)	4	
	DADDUP	DADDUP S1 S2 D			
정수뺄셈 (Unsigned)	SUBU	SUBU S1 S2 D	(S1)-(S2) → (D)	4	
	SUBUP	SUBUP S1 S2 D			
	DSUBU	DSUBU S1 S2 D	(S1+1,S1)-(S2+1,S2) → (D+1,D)	4	
	DSUBUP	DSUBUP S1 S2 D			
정수곱셈 (Unsigned)	MULU	MULU S1 S2 D	(S1)×(S2) → (D+1,D)	4	
	MULUP	MULUP S1 S2 D			
	DMULU	DMULU S1 S2 D	(S1+1,S1)×(S2+1,S2) → (D+3,D+2,D+1,D)	4	
	DMULUP	DMULUP S1 S2 D			

분 류	명 칭	심 벌	기 능	기본 스텝수	비 고
정수나눗셈 (Unsigned)	DIVU	DIVU S1 S2 D	(S1)÷(S2) → (D) 몫, (D+1) 나머지	4	
	DIVUP	DIVUP S1 S2 D			
	DDIVU	DDIVU S1 S2 D	(S1+1,S1)÷(S2+1,S2) → (D+1,D) 몫, (D+3,D+2) 나머지	4	
	DDIVUP	DDIVUP S1 S2 D			
실수덧셈	RADD	RADD S1 S2 D	(S1+1,S1)+(S2+1,S2) → (D+1,D)	4	
	RADDP	RADDP S1 S2 D			
	LADD	LADD S1 S2 D	(S1+3,S1+2,S1+1,S1) +(S2+3,S2+2,S2+1,S2) → (D+3,D+2,D+1,D)	4	
	LADDP	LADDP S1 S2 D			
실수뺄셈	RSUB	RSUB S1 S2 D	(S1+1,S1)-(S2+1,S2) → (D+1,D)	4	
	RSUBP	RSUBP S1 S2 D			
	LSUB	LSUB S1 S2 D	(S1+3,S1+2,S1+1,S1) -(S2+3,S2+2,S2+1,S2) → (D+3,D+2,D+1,D)	4	
	LSUBP	LSUBP S1 S2 D			
실수곱셈	RMUL	RMUL S1 S2 D	(S1+1,S1)×(S2+1,S2) → (D+1,D)	4	
	RMULP	RMULP S1 S2 D			
	LMUL	LMUL S1 S2 D	(S1+3,S1+2,S1+1,S1) ×(S2+3,S2+2,S2+1,S2) → (D+3,D+2,D+1,D)	4	
	LMULP	LMULP S1 S2 D			
실수나눗셈	RDIV	RDIV S1 S2 D	(S1+1,S1)÷(S2+1,S2) → (D+1,D)	4	
	RDIVP	RDIVP S1 S2 D			
	LDIV	LDIV S1 S2 D	(S1+3,S1+2,S1+1,S1) ÷(S2+3,S2+2,S2+1,S2) → (D+3,D+2,D+1,D)	4	
	LDIVP	LDIVP S1 S2 D			
문자열 덧셈	$ADD	$ADD S1 S2 D	S1 문자열과 S2 문자열을 연결하여 D에 저장	4	
	$ADDP	$ADDP S1 S2 D			
그룹덧셈	GADD	GADD S1 S2 D N	(S1) + (S2) = (D) N	4	
	GADDP	GADDP S1 S2 D N		5	
그룹뺄셈	GSUB	GSUB S1 S2 D N	(S1) - (S2) = (D) N	4	
	GSUBP	GSUBP S1 S2 D N		5	

§ BCD 사칙 명령

분 류	명 칭	심 벌	기 능	기본 스텝수	비 고
BCD 덧셈	ADDB	ADDB S1 S2 D	(S1)+(S2) → (D)	4	
	ADDBP	ADDBP S1 S2 D			
	DADDB	DADDB S1 S2 D	(S1+1,S1)+(S2+1,S2) → (D+1,D)	4	
	DADDBP	DADDBP S1 S2 D			
BCD 뺄셈	SUBB	SUBB S1 S2 D	(S1)−(S2) → (D)	4	
	SUBBP	SUBBP S1 S2 D			
	DSUBB	DSUBB S1 S2 D	(S1+1,S1)−(S2+1,S2) → (D+1,D)	4	
	DSUBBP	DSUBBP S1 S2 D			
BCD 곱셈	MULB	MULB S1 S2 D	(S1)×(S2) → (D+1,D)	4	
	MULBP	MULBP S1 S2 D			
	DMULB	DMULB S1 S2 D	(S1+1,S1)×(S2+1,S2) → (D+3,D+2,D+1,D)	4	
	DMULBP	DMULBP S1 S2 D			
BCD 나눗셈	DIVB	DIVB S1 S2 D	(S1)÷(S2) → (D) 몫, (D+1) 나머지	4	
	DIVBP	DIVBP S1 S2 D			
	DDIVB	DDIVB S1 S2 D	(S1+1,S1)÷(S2+1,S2) → (D+1,D) 몫, (D+3,D+2) 나머지	4	
	DDIVBP	DDIVBP S1 S2 D			

§ 논리 연산 명령

분 류	명 칭	심 벌	기 능	기본 스텝수	비 고
논리곱	WAND	WAND S1 S2 D	Word AND (S1) & (S2) ──→ (D)	4	
	WANDP	WANDP S1 S2 D			
	DWAND	DWAND S1 S2 D	DWord AND (S1+1,S1) & (S2+1,S2) ──→ (D+1,D)	4	
	DWANDP	DWANDP S1 S2 D			
논리합	WOR	WOR S1 S2 D	Word OR (S1) | (S2) ──→ (D)	4	
	WORP	WORP S1 S2 D			
	DWOR	DWOR S1 S2 D	DWord OR (S1+1,S1) | (S2+1,S2) ──→ (D+1,D)	4	
	DWORP	DWORP S1 S2 D			
Exclusive OR	WXOR	WXOR S1 S2 D	Word Exclusive OR (S1) ^ (S2) ──→ (D)	4	
	WXORP	WXORP S1 S2 D			
	DWXOR	DWXOR S1 S2 D	DWord Exclusive OR (S1+1,S1) ^ (S2+1,S2) ──→ (D+1,D)	4	
	DWXORP	DWXORP S1 S2 D			
Exclusive NOR	WXNR	WXNR S1 S2 D	Word Exclusive NOR $\overline{(S1) \wedge (S2)}$ ──→ (D)	4	
	WXNRP	WXNRP S1 S2 D			
	DWXNR	DWXNR S1 S2 D	DWord Exclusive NOR $\overline{(S1+1,S1) \wedge (S2+1,S2)}$ ──→ (D+1,D)	4	
	DWXNRP	DWXNRP S1 S2 D			
그룹 논리연산	GWAND	GWAND S1 S2 D N	(S1) & (S2) = (D) ↕N	4	
	GWANDP	GWANDP S1 S2 D N		5	
	GWOR	GWOR S1 S2 D N	(S1) | (S2) = (D) ↕N	4	
	GWORP	GWORP S1 S2 D N		5	
	GWXOR	GWXOR S1 S2 D N	(S1) ^ (S2) = (D) ↕N	4	
	GWXORP	GWXORP S1 S2 D N		5	
	GWXNR	GWXNR S1 S2 D N	$\overline{(S1) \wedge (S2)}$ = (D) ↕N	4	
	GWXNRP	GWXNRP S1 S2 D N		5	

분 류	명 칭	심 벌	기 능	기본 스텝수	비 고
바이트 논리곱	BAND	BAND S1 S2 D N	(S1) & (S2) = (D) N	6	
	BANDP	BANDP S1 S2 D N			
바이트 논리합	BOR	BOR S1 S2 D N	(S1) | (S2) = (D) N	6	
	BORP	BORP S1 S2 D N			
바이트 Exclusive OR	BXOR	BXOR S1 S2 D N	(S1) ^ (S2) = (D) N	6	
	BXORP	BXORP S1 S2 D N			
바이트 Exclusive NOR	BXNR	BXNR S1 S2 D N	$\overline{(S1) \wedge (S2)}$ = (D) N	6	
	BXNRP	BXNRP S1 S2 D N			
Array 바이트 논리곱	ABAND	ABAND S D N	(S1) N & = (D)	5	
	ABANDP	ABANDP S D N			
Array 바이트 논리합	ABOR	ABOR S D N	(S1) N | = (D)	5	
	ABORP	ABORP S D N			
Array 바이트 Exclusive OR	ABXOR	ABXOR S D N	(S1) N ^ = (D)	5	
	ABXORP	ABXORP S D N			
Array 바이트 Exclusive NOR	ABXNR	ABXNR S D N	$\overline{(S1)}$ N ^ = (D)	5	
	ABXNRP	ABXNRP S D N			

§ 데이터 처리 명령

분 류	명 칭	심 벌	기 능	기본 스텝수	비 고
비트체크	BSUM	BSUM S D	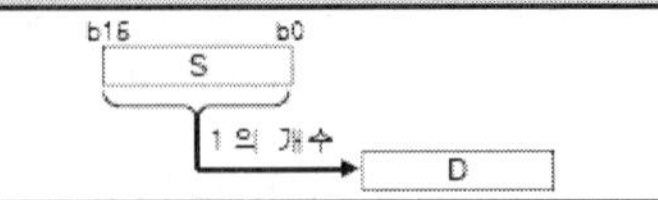	2	
	BSUMP	BSUMP S D		3	
	DBSUM	DBSUM S D	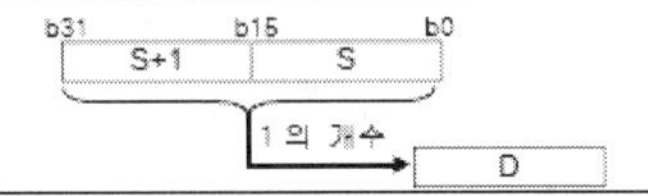	2	
	DBSUMP	DBSUMP S D		3	
비트 리셋	BRST	BRST D N	D 로 지정한 비트부터 N 개의 비트를 0으로 지움.	2	
	BRSTP	BRSTP D N			
ENCODE	ENCO	ENCO S D N	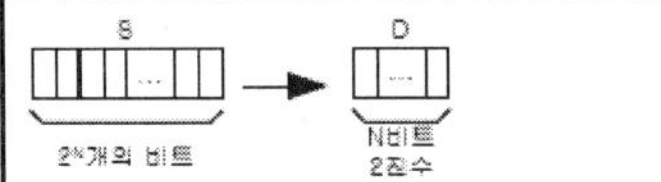	4	
	ENCOP	ENCOP S D N			
DECODE	DECO	DECO S D N	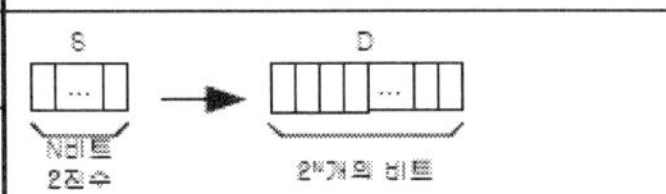	4	
	DECOP	DECOP S D N			
데이터 분리와 연결	DIS	DIS S D N	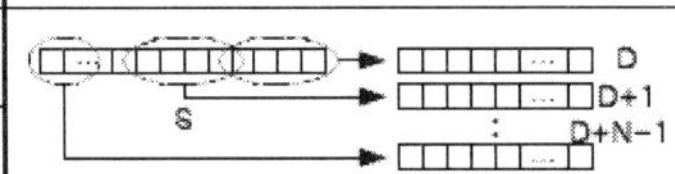	4	
	DISP	DISP S D N			
	UNI	UNI S D N	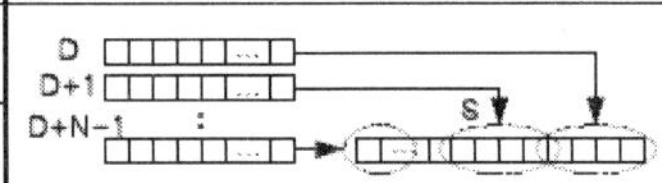	4	
	UNIP	UNIP S D N			
워드/바이트 변환	WTOB	WTOB S D N	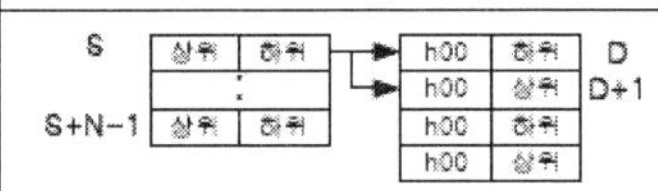	4	
	WTOBP	WTOBP S D N			
	BTOW	BTOW S D N	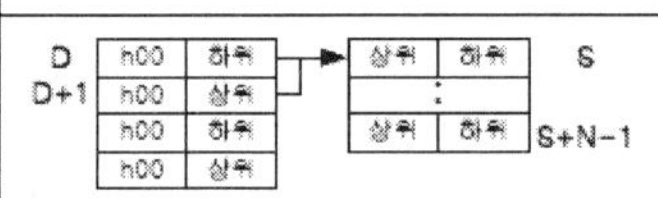	4	
	BTOWP	BTOWP S D N			
I/O 리프레쉬	IORF	IORF S1 S2 S3	S1 으로 지정된 위치의 I/O 데이터를 S2, S3 데이터와 마스크한뒤 즉시 처리한다.	4	
	IORFP	IORFP S1 S2 S3		4	
데이터 검색	SCH	SCH S1 S2 D N	S1 의 값을 S2 부터 N 개까지의 범위 내에서 찾아서 D 에는 첫번째 같은 값이 나온 위치를 , D+1 에는 S1 과 같은 값의 총 개수를 저장합니다.	4	
	SCHP	SCHP S1 S2 D N		5	
	DSCH	DSCH S1 S2 D N		4	
	DSCHP	DSCHP S1 S2 D N		5	
최대값 검색	MAX	MAX S D N	S 부터 N 개의 워드 중 최대값을 D 에 저장한다.	4	
	MAXP	MAXP S D N			
	DMAX	DMAX S D N	S 부터 N 개의 더블워드 중 최대값을 D 에 저장한다.	4	
	DMAXP	DMAXP S D N			

분 류	명 칭	심 벌	기 능	기본 스텝수	비 고
최소값 검색	MIN	MIN | S | D | N	S 부터 N 개의 워드 중 최소값을 D 에 저장한다.	4	
	MINP	MINP | S | D | N			
	DMIN	DMIN | S | D | N	S 부터 N 개의 더블워드 중 최소값을 D 에 저장한다.	4	
	DMINP	DMINP | S | D | N			
합계 구하기	SUM	SUM | S | D | N	S 부터 N 개의 워드 총합을 구하여 D 에 저장한다.	4	
	SUMP	SUMP | S | D | N			
	DSUM	DSUM | S | D | N	S 부터 N 개의 더블워드 총합을 구하여 D 에 저장한다.	4	
	DSUMP	DSUMP | S | D | N			
평균 구하기	AVE	AVE | S | D | N	S 부터 N 개의 워드 평균값을 구하여 D 에 저장한다.	4	
	AVEP	AVEP | S | D | N			
	DAVE	DAVE | S | D | N	S 부터 N 개의 더블워드 평균값을 구하여 D 에 저장한다.	4	
	DAVEP	DAVEP | S | D | N			
MUX	MUX	MUX | S1 | S2 | D | N	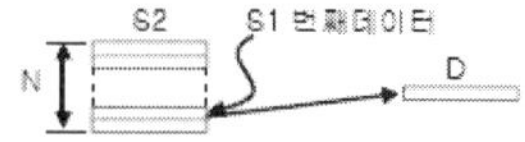	4	
	MUXP	MUXP | S1 | S2 | D | N		5	
	DMUX	DMUX | S1 | S2 | D | N	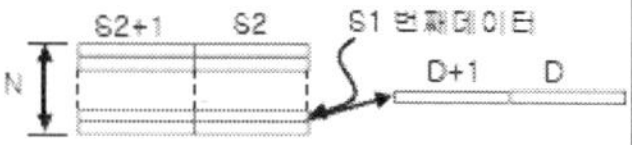	4	
	DMUXP	DMUXP | S1 | S2 | D | N		5	
데이터 감시	DETECT	DETECT | S1 | S2 | D | N	S1 부터 N 개의 데이터를 감시하여 S2 보다 큰 최초 값을 D 에, 초과 횟수를 D+1 에 저장한다	4	
	DETECTP	DETECTP | S1 | S2 | D | N		5	
경사신호 출력	RAMP	RAMP | N1 | N2 | D1 | N3 | D2	초기값 n1 부터 최종값 N2 까지 N3 스캔 동안 선형으로 변하는 값을 D1 에 저장하고 D1+1 에는 현재의 스캔 횟수를 표시. 완료 후에는 D2 의 값을 ON 으로 바꾼다.	5	
데이터 정렬	SORT	SORT | S | N1 | N2 | D1 | D2	S : 소트데이터 선두 번지 N1 : 소트할 워드 개수 N1+1 : 소트방법 N2 : 스캔당 연산횟수 D1 : 수행완료 시 ON D2 : 보조영역	5	
	SORTP	SORTP | S | N1 | N2 | D1 | D2			
시간 기반 경사신호 출력	TRAMP	TRAMP | N2 | D1 | N3 | D2	N3 로 지정된 시간(초)동안, 초기값에서 최종값까지 직선으로 변화되는 값을 D 에 저장하고, D+2 에는 타이머이 저장, 완료되면 D 의 값은 N2 의 값과 같아짐	4	
	RTRAMP	RTRAMP | N2 | D1 | N3 | D2		4	

§ 데이터 테이블 처리 명령

분 류	명 칭	심 벌	기 능	기본 스텝수	비 고
데이터 쓰기	FIWR	FIWR S D	S 를 데이터 테이블 D ~ D+N 의 마지막에 추가하고 D 에 저장된 데이터 테이블의 길이(N)를 1 증가시킨다.	2	
	FIWRP	FIWRP S D		3	
선입 데이터 읽기	FIFRD	FIFRD S D	데이터 테이블 S ~ S+N 의 첫 번째 데이터인 S+1 을 D 로 옮기고 (원본 삭제 후 1 자리씩 당김) S 에 저장된 데이터 테이블의 길이(N)를 1 감소시킨다.	2	
	FIFRDP	FIFRDP S D		3	
후입 데이터 읽기	FILRD	FILRD S D	데이터 테이블 S ~ S+N 의 마지막 데이터인 S+N 을 D 로 옮기고 (원본 삭제) S 에 저장된 데이터 테이블의 길이(N)를 1 감소시킨다.	2	
	FILRDP	FILRDP S D		3	
데이터 삽입	FIINS	FIINS S D N	S 를 데이터 테이블 D ~ D+N 의 N 번째 자리에 추가(기존 데이터는 1 자리씩 밀림)하고 D 에 저장된 데이터 테이블의 길이(N)를 1 증가시킨다.	4	
	FIINSP	FIINSP S D N			
데이터 가져오기	FIDEL	FIDEL S D N	데이터 테이블 S ~ S+N 의 N 번째 데이터를 삭제 후(1 자리씩 당김) S 에 저장된 데이터 테이블의 길이(N)를 1 감소시킨다.	4	
	FIDELP	FIDELP S D N			

§ 표시 명령

분 류	명 칭	심 벌	기 능	기본 스텝수	비 고
7 Segment 표시	SEG	SEG S D Z	S 로 지정된 데이터를 Z 의 포맷에 맞추어 7-Segment 로 변환하여 D 에 저장한다.	4	
	SEGP	SEGP S D Z			

§ 문자열 처리 명령

분 류	명 칭	심 벌	기 능	기본 스텝수	비 고
10 진 아스키 코드값으로 변환	BINDA	BINDA S D	S 로 지정된 1 워드 BIN 값을 10 진 아스키코드로 변환하여 D 부터 저장	2	
	BINDAP	BINDAP S D		3	
	DBINDA	DBINDA S D	S 로 지정된 2 워드 BIN 값을 10 진 아스키코드로 변환하여 D 부터 저장	2	
	DBINDAP	DBINDAP S D		3	
16 진 아스키 코드값으로 변환	BINHA	BINHA S D	S 로 지정된 1 워드 BIN 값을 16 진 아스키코드로 변환하여 D 부터 저장	2	
	BINHAP	BINHAP S D		3	
	DBINHA	DBINHA S D	S 로 지정된 2 워드 BIN 값을 16 진 아스키코드로 변환하여 D 부터 저장	2	
	DBINHAP	DBINHAP S D		3	
BCD 값을 10 진 아스키 코드값으로 변환	BCDDA	BCDDA S D	S 로 지정된 1 워드 BCD 값을 아스키 코드로 변환하여 D 부터 저장	2	
	BCDDAP	BCDDAP S D		3	
	DBCDDA	DBCDDA S D	S 로 지정된 2 워드 BCD 값을 아스키 코드로 변환하여 D 부터 저장	2	
	DBCDDAP	DBCDDAP S D		3	
10 진아스키값을 BIN 값으로 변환	DABIN	DABIN S D	S+2, S+1, S 의 10 진 아스키코드값을 BIN 값으로 변환하여 D 에 저장	2	
	DABINP	DABINP S D		3	
	DDABIN	DDABIN S D	S+5~S 까지의 10 진 아스키 코드값을 BIN 값으로 변환하여 D+1, D 에 저장	2	
	DDABINP	DDABINP S D		3	
16 진아스키값을 BIN 값으로 변환	HABIN	HABIN S D	S+1, S 의 16 진 아스키 코드값을 BIN 값으로 변환하여 D 에 저장	2	
	HABINP	HABINP S D		3	
	DHABIN	DHABIN S D	S+3~S 까지의 16 진 아스키 코드값을 BIN 값으로 변환하여 D 에 저장	2	
	DHABINP	DHABINP S D		3	
10 진아스키값을 BCD 값으로 변환	DABCD	DABCD S D	S+1, S 의 10 진 아스키 코드값을 BCD 값으로 변환하여 D 에 저장	2	
	DABCDP	DABCDP S D		3	
	DDABCD	DDABCD S D	S+3~S 까지의 10 진 아스키 코드값을 BCD 값으로 변환하여 D 에 저장	2	
	DDABCDP	DDABCDP S D		3	
문자열 길이 검출	LEN	LEN S D	S 로 시작하는 문자열의 길이를 D 에 저장	2	
	LENP	LENP S D		3	

분 류	명 칭	심 벌	기 능	기본 스텝수	비 고
BIN16/32 을 문자열로 변환	STR	STR S1 S2 D	S2 에 저장된 워드 데이터를 S1 에 들어있는 자릿수에 맞추어 문자열로 변환하여 D 에 저장한다.	4	
	STRP	STRP S1 S2 D			
	DSTR	DSTR S1 S2 D	S2 에 저장된 더블워드 데이터를 S1 에 들어있는 자릿수에 맞추어 문자열로 변환하여 D 에 저장한다.	4	
	DSTRP	DSTRP S1 S2 D			
문자열을 BIN16/32 로 변환	VAL	VAL S D1 D2	S 에 들어있는 문자를 숫자로 변환하여 워드 D1 에 저장하고 자릿수는 D2 에 저장한다.	4	
	VALP	VALP S D1 D2			
	DVAL	DVAL S D1 D2	S 에 들어있는 문자를 숫자로 변환하여 더블워드 D1 에 저장하고 자릿수는 D2 에 저장한다.	4	
	DVALP	DVALP S D1 D2			
실수를 문자열로 변환	RSTR	RSTR S1 S2 D	부동소수점형 실수 데이터(S1:숫자, S2:자릿수)를 문자열 저장 형식에 맞추어 D 에 저장한다.	4	
	RSTRP	RSTRP S1 S2 D			
	LSTR	LSTR S1 S2 D	부동소수점형 Long 실수 데이터(S1:숫자, S2:자릿수)를 문자열 저장 형식에 맞추어 D 에 저장한다.	4	
	LSTRP	LSTRP S1 S2 D			
문자열을 실수로 변환	STRR	STRR S D	문자열 S 를 부동소수점형 실수 데이터로 변환하여 D 에 저장한다.	2	
	STRRP	STRRP S D			
	STRL	STRL S D	문자열 S 를 부동소수점형 Long 실수 데이터로 변환하여 D 에 저장한다.	2	
	STRLP	STRLP S D			
아스키변환	ASC	ASC S D cw	S 부터 cw 의 포멧에 따라 BIN 데이터를니블 단위로 ASCII 변환하여 바이트 단위로 D 에 저장한다.	4	
	ASCP	ASCP S D cw			
HEX 변환	HEX	HEX S D N	S 부터 N 개의 워드에 저장된 바이트 단위의 2N 개의 ASCII 값을 니블 단위의 16 진 BIN 으로 변환하여 D 에 저장한다.	4	
	HEXP	HEXP S D N			
오른쪽부터 문자열추출	RIGHT	RIGHT S D N	S 로 지정된 문자열의 최종 문자에서 N 개의 문자를 추출하여 D 부터 저장	4	
	RIGHTP	RIGHTP S D N			
왼쪽부터 문자열추출	LEFT	LEFT S D N	S 로 지정된 문자열의 선두 문자에서 N 개의 문자를 추출하여 D 부터 저장	4	
	LEFTP	LEFTP S D N			
문자열임의 추출	MID	MID S1 S2 D	S1 으로 지정된 문자열 중 S2 조건에 맞는 문자를 추출하여 D 부터 저장	4	
	MIDP	MIDP S1 S2 D			

분 류	명 칭	심 벌	기 능	기본 스텝수	비 고
문자열임의 치환	REPLACE	REPLACE S1 D S2	D 로 지정된 문자열에 S1 문자열을 S2 조건에 맞게 처리하여 저장	4	
	REPLACEP	REPLACEP S1 D S2			
문자열검색	FIND	FIND S1 S2 D N	S1 부터 N 개의 데이터에서 S2 와 같은 문자열을 찾아 그 절대위치를 D 에 저장	4	
	FINDP	FIND S1 S2 D N			
실수를 BCD 로 분해	RBCD	RBCD S1 S2 D	부동소수점 실수 데이터 S1 을 자리수 S2 에 맞추어 BCD 로 변환 후 D 에 저장한다.	4	
	RBCDP	RBCDP S1 S2 D			
	LBCD	LBCD S1 S2 D	부동소수점 Long 실수 데이터 S1 을 자리수 S2 에 맞추어 BCD 로 변환 후 D 에 저장한다.	4	
	LBCDP	LBCDP S1 S2 D			
BCD 데이터를 실수로 변환	BCDR	BCDR S1 S2 D	BCD 데이터 S1 을 자리수 S2 에 맞게 부동소수점형 실수로 변환하여 D 에 저장한다.	4	
	BCDRP	BCDRP S1 S2 D			
	BCDL	BCDR S1 S2 D	BCD 데이터 S1 을 자리수 S2 에 맞게 부동소수점형 Long 실수로 변환하여 D 에 저장한다.	4	
	BCDLP	BCDRP S1 S2 D			

§ 특수 함수 명령

분 류	명 칭	심 벌	기 능	기본 스텝수	비 고
SIN 연산	SIN	SIN S D	SIN(S+1,S) → (D+1,D)	2	
	SINP	SINP S D		3	
ASIN 연산	ASIN	ASIN S D	ASIN(S+1,S) → (D+1,D)	2	
	ASINP	ASINP S D		3	
COS 연산	COS	COS S D	COS(S+1,S) → (D+1,D)	2	
	COSP	COSP S D		3	
ACOS 연산	ACOS	ACOS S D	ACOS(S+1,S) → (D+1,D)	2	
	ACOSP	ACOSP S D		3	
TAN 연산	TAN	TAN S D	TAN(S+1,S) → (D+1,D)	2	
	TANP	TANP S D		3	
ATAN 연산	ATAN	ATAN S D	ATAN(S+1,S) → (D+1,D)	2	
	ATANP	ATANP S D		3	
RAD 변환	RAD	RAD S D	(S+1,S) → (D+1,D) 각도를 레디안값으로 변환	2	
	RADP	RADP S D		3	
각도변환	DEG	DEG S D	(S+1,S) → (D+1,D) 레디안값을 각도로 변환	2	
	DEGP	DEGP S D		3	
제곱근 연산	SQRT	SQR S D	$\sqrt{(S+1,S)}$ → (D+1,D)	2	
	SQRTP	SQRP S D		3	
자연대수 연산	LN	LN S D	ln(S+1,S) → (D+1,D)	2	
	LNP	LNP S D		3	
상용대수 연산	LOG	LOG S D	$\log_{10}$ (S+1,S) → (D+1,D)	2	
	LOGP	LOGP S D		3	
지수연산	EXP	EXP S D	$e^{(S+1,S)}$ → (D+1,D)	2	
	EXPP	EXPP S D		3	
	EXPT	EXPT S1 S2 D	$(S1+1,S1)^{(S2+1,S2)}$ → (D+1,D)	2	
	EXPTP	EXPTP S1 S2 D		3	

§ 데이터 제어명령

분 류	명 칭	심 벌	기 능	기본 스텝수	비 고

Limit 제어	LIMIT	LIMIT S1 S2 S3 D	If S1 < S2, then
			D = S2
			If S2 < S1 < S3, then
			D = S1
			If S3 < S1, then
			D = S3
				4	

	LIMITP	LIMITP S1 S2 S3 D		5	
	DLIMIT	DLIMIT S1 S2 S3 D		4	
	DLIMITP	DLIMITP S1 S2 S3 D		5	

Dead-zone 제어	DZONE	DZONE S1 S2 S3 D	If S1 < -S2, then
			D = S1+S2-S2(S3/100)
			If -S2 < S1 < S2, then
			D = (S3/100)S1
			If S1 < S2, then
			D = S1-S2+S2(S3/100)
				4	

	DZONEP	DZONEP S1 S2 S3 D		5	
	DDZONE	DDZONE S1 S2 S3 D		4	
	DDZONEP	DDZONEP S1 S2 S3 D		5	

	DZONES	DZONES S1 S2 S3 D	If S2 > S1, then
			D = S1 – S2
			If S3 < S1, then
			D = S1 –S3
			If S2 <= S1 <= S3, then
			D = 0
			If (S2 == S3) < S1, then
			D = S1 –S3
			If (S2 == S3) > S1, then
			D = S1 –S3
				4	

	DZONESP	DZONESP S1 S2 S3 D		4	
	DDZONES	DDZONES S1 S2 S3 D		4	
	DDZONESP	DDZONESP S1 S2 S3 D		4	

Vertical-zone 제어	VZONE	VZONE S1 S2 S3 D	If S1 < -S2(S3/100), then
			D = S1-S2+S2(S3/100)
			If –S2(S3/100) <S1< S2(S3/100), then
			D = (100/S3)S1
			If S1 < S2(S3/100), then
			D = S1+S2-S2(S3/100)
				4	

	VZONEP	VZONEP S1 S2 S3 D		5	
	DVZONE	DVZONE S1 S2 S3 D		4	
	DVZONEP	DVZONEP S1 S2 S3 D		5	
PID 제어	PIDRUN	PIDRUN N	PID 루프 N을 동작시킨다.	2	
	PIDPRMT	PIDPRMT S N	PID 루프 N의 파라미터를 변경한다. (SV(word) / Ts(word) / Kp(real) / Ti(real) / Td(real))	2	
	PIDPAUSE	PIDPAUSE N	PID 루프 N의 동작을 일시정지 한다.	2	

분 류	명 칭	심 벌	기 능	기본 스텝수	비 고
PID 제어	PIDINIT	PIDINIT | N	PID 루프 N 의 설정 및 상태를 초기화한다	2	
	PIDAT	PIDAT | N	사용자가 저장한 파라미터 또는 K 영역의 PID 루프 자동동조를 가동합니다.	2	
	PIDHBD	PIDHBD | F | R	사용자가 저장한 정동작, 역동작 파라미터 또는 K 영역의 PID 루프를 연결하여 정/역 혼합운전을 가동합니다.	2	
	PIDCAS	PIDCAS | M | S	사용자가 저장한 외부루프, 내부루프 파라미터 또는 K 영역의 PID 루프를 연결하여 Casoade 운전을 가동합니다.	2	
	SCAL	SCAL | S1 | S2 | S3 | D	S2+1≤S1≤S2 범위의 입력 값 S1 을 S3+1≤D≤S3 범위의 출력 값 D 로 스케일링 변환합니다.	4	
	SCALP	SCALP | S1 | S2 | S3 | D		5	
	DSCAL	DSCAL | S1 | S2 | S3 | D		4	
	DSCALP	DSCALP | S1 | S2 | S3 | D		5	
	RSCAL	RSCAL | S1 | S2 | S3 | D		4	
	RSCALP	RSCALP | S1 | S2 | S3 | D		5	
	SCAL2	SCAL2 | S1 | S2 | S3 | D	S2, S3, S4 의 설정에 의해 결정되는 1 차 함수를 통해 입력 S1 을 출력 D로 스케일링 합니다.	5	
	SCAL2P	SCAL2P | S1 | S2 | S3 | D		5	
	DSCAL2	DSCAL2 | S1 | S2 | S3 | D		5	
	DSCAL2P	DSCAL2P | S1 | S2 | S3 | D		5	
	RSCAL2	RSCAL2 | S1 | S2 | S3 | D		5	
	RSCAL2P	RSCAL2P | S1 | S2 | S3 | D		5	

§ 시간관련 명령

분 류	명 칭	심 벌	기 능	기본 스텝수	비 고
날짜시간 데이터 읽기	DATERD	DATERD D	PLC 의 시간을 읽어 D ~ D+6 에 저장 (년/월/일/시/분/초/요일)	2	
	DATERDP	DATERDP D			
날짜시간 데이터 쓰기	DATEWR	DATEWR S	S ~ S+6 의 시간 데이터를 PLC 에 입력 (년/월/일/시/분/초/요일)	2	
	DATEWRP	DATEWRP S			
시간 데이터 가산	ADDCLK	ADDCLK S1 S2 D	S1 ~ S1+2 와 S2 ~ S2+2 의 시간 데이터를 합하여 D ~ D+2 에 시간 데이터 형식으로 저장한다. (시/분/초)	4	
	ADDCLKP	ADDCLKP S1 S2 D			
시간 데이터 감산	SUBCLK	SUBCLK S1 S2 D	S1 ~ S1+2 에서 S2 ~ S2+2 의 시간 데이터를 빼서 D ~ D+2 에 시간 데이터 형식으로 저장한다. (시/분/초)	4	
	SUBCLKP	SUBCLKP S1 S2 D			
시간 데이터 포멧변환	SECOND	SECOND S D	시간 데이터 S ~ S+2 를 초로 환산하여 더블워드 D 에 저장	2	
	SECONDP	SECONDP S D		3	
	HOUR	HOUR S D	더블워드 S 에 저장된 초를 시/분/초로 환산하여 D ~ D+2 에 저장	2	
	HOURP	HOURP S D		3	

§ 분기 명령

분 류	명 칭	심 벌	기 능	기본 스텝수	비 고
분기명령	JMP	JMP LABEL	LABEL 위치로 점프.	1	
	LABEL	LABEL ( )	JMP 해서 이동할 위치 지정.	5	
서브루틴 콜함수	CALL	CALL LABEL	LABEL 에 해당하는 함수 호출.	1	
	CALLP	CALLP LABEL			
	SBRT	SBRT LABEL	CALL 에 의해 호출될 함수 지정.	1	
	RET	RET	RETURN	1	

§ 루프 명령

분 류	명 칭	심 벌	기 능	기본 스텝수	비 고
루프명령	FOR	FOR | N	FOR~NEXT 구간을 n번 실행	2	
	NEXT	NEXT		1	
	BREAK	BREAK	FOR~NEXT 구간을 빠져 나옴	1	

§ 플래그 명령

분 류	명 칭	심 벌	기 능	기본 스텝수	비 고
캐리 플래그 Set,Reset	STC	STC	캐리 플래그(F0112) SET	1	
	CLC	CLC	캐리 플래그(F0112) RESET	1	
에러플래그 클리어	CLE	CLE	에러 래치 플래그(F0115) RESET	1	

§ 시스템 명령

분 류	명 칭	심 벌	기 능	기본 스텝수	비 고
고장표시	FALS	FALS | n	자기진단 (고장표시)	2	
스캔클럭	DUTY	DUTY | D | n1 | n2	n1 스캔동안 On, n2 스캔동안 Off	4	
시간클럭	TFLK	TFLK | D1 | S1 | S2 | D2	S1 으로 설정된 시간동안 On, S2로 설정된 시간동안 Off	5	
WDT 초기화	WDT	WDT	Watch Dog Timer Clear	1	
	WDTP	WDTP			
출력제어	OUTOFF	OUTOFF	전출력 Off	1	
운전정지	STOP	STOP	해당 스캔을 끝내고 PLC 운전을 종료	1	
비상운전정지	ESTOP	ESTOP	명령어 수행 즉시 PLC 운전을 종료	1	
초기화 태스크 종료	INIT_DONE	INIT_DONE	초기화 태스크 종료	1	

§ 인터럽트 관련 명령

분 류	명 칭	심 벌	기 능	기본 스텝수	비 고
전채널 인터럽트 설정	EI	[EI]	전채널 인터럽트 허가	1	
	DI	[DI]	전채널 인터럽트 금지	1	
채널별 인터럽트 설정	EIN	[EIN N]	채널별 인터럽트 허가	2	
	DIN	[DIN N]	채널별 인터럽트 금지	2	

§ 부호반전 명령

분 류	명 칭	심 벌	기 능	기본 스텝수	비 고
2의 보수	NEG	[NEG D]	D 의 값을 2 의 보수를 취해 다시 D 에 저장	2	
	NEGP	[NEGP D]			
	DNEG	[DNEG D]	(D+1,D)의 값을 2 의 보수를 취해 다시 (D+1,D)에 저장	2	
	DNEGP	[DNEGP D]			
실수 데이터 부호 반전	RNEG	[RNEG D]	D 로 지정된 단장형 실수의 부호를 반전하여 다시 저장	2	
	RNEGP	[RNEGP D]			
	LNEG	[LNEG D]	D 로 지정된 배장형 실수의 부호를 반전하여 다시 저장	2	
	LNEGP	[LNEGP D]			
절대값 연산	ABS	[ABS D]	D 로 지정된 최상위 비트를 0 으로 변환	2	
	ABSP	[ABSP D]			
	DABS	[DABS D]	(D+1,D)로 지정된 최상위 비트를 0 으로 변환	2	
	DABSP	[DABSP D]			

§ 파일 관련 명령

분 류	명 칭	심 벌	기 능	기본 스텝수	비 고
블록 전환	RSET	RSET S	파일 레지스터의 블록 번호를 S 로 지정된 번호로 변경한다.	2	
	RSETP	RSETP S			
플래쉬 워드 데이터 전송	EMOV	EMOV S1 S2 D	S1 으로 지정한 블록내의 S2 의 워드 데이터를 D로 전송	4	
	EMOVP	EMOVP S1 S2 D			
플래쉬 더블 워드 데이터 전송	EDMOV	EDMOV S1 S2 D	S1 으로 지정한 블록내의 S2+1, S2 의 더블 워드 데이터를 D+1, D 로 전송	4	
	EDMOVP	EDMOVP S1 S2 D			
블록 읽기	EBREAD	EBREAD S1 S2	플래쉬 메모리 블록 읽기	2	
블록 쓰기	EBWRITE	EBWRITE S1 S2	플래쉬 메모리 블록 쓰기	2	
블록 비교	EBCMP	EBCMP S1 S2 D1 D2	R 영역의 뱅크와 플래시 영역의 블록 비교	4	
블록 에러 클리어	EERRST	EERRST	블록 상태플래그(F0159)의 에러 리셋 및 에러블럭플래그(F0164) 리셋	1	

§ F영역 제어 명령

분 류	명 칭	심 벌	기 능	기본 스텝수	비 고
루프명령	FSET	FSET D	F 영역 비트 Set	2	
	FRST	FRST D	F 영역 비트 Reset	2	
	FWRITE	FWRITE S D	F 영역 데이터 쓰기	2~3	

§ 워드영역 비트 제어 명령

분 류	명 칭	심 벌	기 능	기본 스텝수	비 고
	LOADB	B D N	Device D 영역의 N 번째 비트를 현재의 연산 결과로 한다.	2	
	LOADBN	BN D N	Device D 영역의 N 번째 비트를 반전하여 현재의 연산결과로 한다.	2	
	ANDB	B D N	Device D 영역의 N 번째 비트를 현재의 연산 결과와 AND 한다.	2	
	ANDBN	BN D N	Device D 영역의 N 번째 비트를 반전하여 현재의 연산 결과와 AND 한다.	2	
루프명령	ORB	B D N	Device D 영역의 N 번째 비트를 현재의 연산 결과와 OR 한다.	2	
	ORBN	BN D N	Device D 영역의 N 번째 비트를 반전하여 현재의 연산 결과와 OR 한다.	2	
	BOUT	BOUT D N	Device D 영역의 N 번째 비트를 현재의 연산 결과를 출력한다.	2	
	BSET	BSET D N	조건 만족시 Device D 영역의 N 번째 비트를 Set 한다.	2	
	BRESET	BRESET D N	조건 만족시 Device D 영역의 N 번째 비트를 Reset 한다.	2	

§ 통신모듈 관련 명령

분 류	명 칭	심 벌	기 능	기본 스텝수	비 고
국번 설정	P2PSN	P2PSN n1 n2 n3	P2P 통신시 상대방의 국번을 지정 n1:P2P 번호, n2:블록, n3:국번	4	
읽기영역 지정 (WORD)	P2PWRD	P2PWRD n1 n2 n3 n4 n5	워드데이터 읽기 영역 지정 n1:P2P 번호, n2:블록, n3:변수순서,n4:변수 크기, n5:디바이스	5	
쓰기영역 지정 (WORD)	P2PWWR	P2PWWR n1 n2 n3 n4 n5	워드데이터 쓰기 영역 지정 n1:P2P 번호, n2:블록, n3:변수순서,n4:변수 크기, n5:디바이스	5	
읽기영역 지정(BIT)	P2PBRD	P2PBRD n1 n2 n3 n4 n5	비트데이터 읽기 영역 지정 n1:P2P 번호, n2:블록, n3:변수순서,n4:변수 크기, n5:디바이스	5	
쓰기영역 지정(BIT)	P2PBWR	P2PBWR n1 n2 n3 n4 n5	비트데이터 쓰기 영역 지정 n1:P2P 번호, n2:블록, n3:변수순서,n4:변수 크기, n5:디바이스	5	

분 류	명 칭	심 벌	기 능	기본 스텝수	비 고
특수모듈 읽기/쓰기	GET	GET sl S D N	메모리가 장착된 특수 모듈의 데이터를 읽어온다.	4	
	GETP	GETP sl S D N		5	
	PUT	PUT sl S1 S2 N	메모리가 장착된 특수 모듈에 데이터를 써 넣는다.	4	
	PUTP	PUTP sl S1 S2 N		5	

§ 모션제어 전용 명령

분 류	명 칭	심 벌	기 능	기본 스텝수	비 고
모션모듈 읽기/쓰기	GETM	GETM sl S D N	sl slot 에 장착되어 있는 모션 모듈의 메모리 어드레스(S 로 지정)로부터 N 개 만큼의 Double Word 데이터를 D 로 지정된 CPU 영역으로 Read 합니다.	4	
	GETMP	GETMP sl S D N		5	
	PUTM	PUTM sl S1 S2 N	sl slot 에 장착되어 있는 모션 모듈의 메모리 어드레스(S1 으로 지정)에 S2 로 지정된 Device 로부터 N 개만큼의 Double Word 데이터를 Write 합니다	4	
	PUTMP	PUTMP sl S1 S2 N		5	

§ 위치제어 전용 명령(APM, XPM)

분 류	명 칭	심 벌	기 능	기본 스텝수	비 고
원점복귀	ORG XORG	ORG | sl | ax	sl slot 에 장착되어 있는 위치결정 모듈의 ax 축에 원점복귀지령을 내린다.	2	
부동원점	FLT XFLT	FLT | sl | ax	sl slot 에 장착되어 있는 위치결정 모듈의 ax 축에 부동원점설정 지령을 내린다.	2	
직접기동	DST XDST	DST | sl | ax | n1 | n2 | n3 | n4 | n5	sl slot 에 장착되어 있는 위치결정 모듈의 ax 축에 목표위치(n1), 목표속도(n2), 드웰타임(n3), M 코드(n4), 콘트롤워드(n5)을 이용한 직접기동 지령을 내린다.	8	
간접기동	IST XIST	IST | sl | ax | n	sl slot 에 장착되어 있는 위치결정 모듈의 ax 축에 n step 을 기동하는 간접기동 지령을 내린다.	4	
직선보간	LIN	LIN | sl | ax | n1 | n2	sl slot 에 장착되어 있는 위치결정 모듈의 ax 축에 n2 축들이 n1 스텝을 직선보간 운전을 하도록 지령을 내린다.	4	
원호보간	CIN	CIN | sl | ax | n1 | n2	sl slot 에 장착되어 있는 위치결정 모듈의 ax 축에 n2 축들이 n1 스텝을 원호보간 운전을 하도록 지령을 내린다.	4	
동시기동	SST XSST	SST | sl | ax | n1 | n2 | n3 | n4	sl slot 에 장착되어 있는 위치결정 모듈의 ax 축에 n4 축들이 n1(X), n2(Y), n3(Z) step 을 기동하는 동시기동지령을 내린다.	5	
속도/위치 제어절환	VTP XVTP	VTP | sl | ax	sl slot 에 장착되어 있는 위치결정 모듈의 ax 축에 속도/위치제어절환 지령을 내린다.	2	
위치지정 속도/위치 제어절환	XVTPP	XVTPP | sl | ax | n1	sl slot 에 장착되어 있는 위치결정 모듈의 ax 축에 n1 의 위치 이동량을 갖는 속도/위치제어절환 지령을 내린다.	5	
위치/속도 제어절환	PTV XPTV	PTV | sl | ax	sl slot 에 장착되어 있는 위치결정 모듈의 ax 축에 위치/속도제어절환 지령을 내린다.	2	
위치/토크 제어절환	XPTT	XPTT | sl | ax | n1	sl slot 에 장착되어 있는 위치결정 모듈의 ax 축에 n1 의 토크로 위치/토크제어절환 지령을 내린다.	4	
감속정지	STP XSTP	STP | sl | ax | n1	sl slot 에 장착되어 있는 위치결정 모듈의 ax 축에 감속정지 지령을 내린다.	2	
스킵	SKP XSKP	SKP | sl | ax	sl slot 에 장착되어있는 위치결정 모듈의 ax 축에 스킵 지령을 내린다.	2	

분 류	명 칭	심 벌	기 능	기본 스텝수	비 고
위치동기	SSP XSSP	SSP | sl | ax | n1 | n2 | n3	sl slot 에 장착되어있는 위치결정 모듈의 ax 축에 n3 축을 주축으로 하고, n1 을 동기위치로 하며, n2 step 을 운전하는 위치동지지령을 내린다. 내린나.	5	
속도동기	SSS XSSS	SSS | sl | ax | n1 | n2 | n3	sl slot 에 장착되어 있는 위치결정 모듈의 ax 축에 n3 축을 주축으로 하고, n1 을 주축비, n2 를 종축비로 하는 속도동기 지령을 내린다.	5	
위치 오버라이드	POR XPOR	POR | sl | ax | n	sl slot 에 장착되어 있는 위치결정 모듈의 ax 축에 목표위치를 n 으로 변경하는 위치오버라이드 지령을 내린다.	4	
속도 오버라이드	SOR XSOR	SOR | sl | ax | n	sl slot 에 장착되어 있는 위치결정 모듈의 ax 축에 목표속도를 n 으로 변경하는 속도오버라이드 지령을 내린다.	4	
위치지정 속도 오버라이드	PSO XPSO	PSO | sl | ax | n1 | n2	sl slot 에 장착되어 있는 위치결정 모듈의 ax 축에 n1 위치에서 목표속도를 n2 로 변경하는 위치지정 속도오버라이드 지령을 내린다.	4	
연속운전	NMV XNMV	NMV | sl | ax	sl slot 에 장착되어 있는 위치결정 모듈의 ax 축에 n step 으로의 연속운전 지령을 내린다.	2	
인칭	INCH XINCH	INCH | sl | ax | n	sl slot 에 장착되어 있는 위치결정 모듈의 ax 축에 n 위치만큼 이동시키는 인칭 지령을 내린다.	4	
수동운전 이전위치로 복귀	RTP XRTP	RTP | sl | ax	sl slot 에 장착되어 있는 위치결정 모듈의 ax 축에 수동운전 이전 위치로 복귀 지령을 내린다.	2	
운전 스텝변경	SNS XSNS	SNS | sl | ax | n	sl slot 에 장착되어 있는 위치결정 모듈의 ax 축의 운전스텝을 n 스텝으로 변경하는 운전스텝변경 지령을 내린다.	4	
반복운전 스텝변경	SRS XSRS	SRS | sl | ax | n	sl slot 에 장착되어 있는 위치결정 모듈의 ax 축의 반복운전스텝을 n 스텝으로 변경하는 반복운전스텝 변경 지령을 내린다.	4	
M 코드 오프	MOF XMOF	MOF | sl | ax	sl slot 에 장착되어 있는 위치결정 모듈의 ax 축에 발생한 M 코드를 오프한다.	2	

분 류	명 칭	심 벌	기 능	기본 스텝수	비 고
현재위치 변경	PRS XPRS	PRS sl ax n	sl slot 에 장착되어 있는 위치결정 모듈의 ax 축의 현재위치를 n 으로 변경한다.	4	
Zone 허용	ZOE	ZOE sl ax	sl slot 에 장착되어 있는 위치결정 모듈의 Zone 출력을 허용한다.	2	
Zone 금지	ZOD	ZOD sl ax	sl slot 에 장착되어 있는 위치결정 모듈의 Zone 출력을 금지한다.	2	
엔코더값 변경	EPRS XEPRS	EPRS sl ax n	sl slot 에 장착되어 있는 위치결정 모듈의 엔코더값을 n 으로 변경한다.	4	
티칭	TEA	TEA sl ax n1 n2 n3 n4	sl slot 에 장착되어 있는 위치결정 모듈의 ax 축의 n1 스텝의 목표위치 혹은 목표속도값을 변경한다.	5	
티칭 어레이	TEAA XTEAA	TEAA sl ax n1 n2 n3 n4	sl slot 에 장착되어 있는 위치결정 모듈의 ax 축의 다수의 목표위치 혹은 목표속도값을 변경한다.	5	
비상정지	EMG XEMG	EMG sl ax	sl slot 에 장착되어 있는 위치결정 모듈에 비상정지 지령을 내린다.	2	
에러리셋	CLR XCLR	CLR sl ax n	sl slot 에 장착되어 있는 위치결정 모듈의 ax 축에 발생한 에러를 리셋한다.	4	
에러 히스토리 리셋	ECLR XECLR	ECLR sl ax	sl slot 에 장착되어 있는 위치결정 모듈의 ax 축에 발생한 에러 히스토리를 지운다.	2	
포인트 운전	PST XPST	PST sl ax n	sl slot 에 장착되어 있는 위치결정 모듈의 ax 축을 포인트운전 시킨다.	4	
기본 파라미터 티칭	TBP XSBP	TBP sl ax n1 n2	sl slot 에 장착되어 있는 위치결정 모듈의 ax 축의 기본파라미터 중 n2 항목을 n1 의 값으로 변경한다.	4	
확장 파라미터 티칭	TEP XSEP	TEP sl ax n1 n2	sl slot 에 장착되어 있는 위치결정 모듈의 ax 축의 확장파라미터 중 n2 항목을 n1 의 값으로 변경한다.	4	
원점복귀 파라미터 티칭	THP XSHP	THP sl ax n1 n2	sl slot 에 장착되어 있는 위치결정 모듈의 ax 축의 원점복귀 파라미터 중 n2 항목을 n1 의 값으로 변경한다.	4	
수동운전 파라미터 티칭	TMP XSMP	TMP sl ax n1 n2	sl slot 에 장착되어 있는 위치결정 모듈의 ax 축의 수동운전 파라미터 중 n2 항목을 n1 의 값으로 변경한다.	4	
입력신호 파라미터 티칭	TSP XSES	TSP sl ax n	sl slot 에 장착되어 있는 위치결정 모듈의 ax 축의 입력신호 파라미터의 값을 n1 에 설정된 값으로 변경한다.	4	
공통 파라미터 티칭	TCP XSCP	TCP sl ax n1 n2	sl slot 에 장착되어 있는 위치결정 모듈의 공통 파라미터 중 n2 항목을 n1 의 값으로 변경한다.	4	

분 류	명 칭	심 벌	기 능	기본 스텝수	비 고
파라미터 저장	WRT XWRT	WRT sl ax n	sl slot 에 장착되어 있는 위치결정 모듈의 ax 축에 n 축의 현재 파라미터를 Flash ROM 에 저장하도록 지령을 내린다.	4	
현재상태 읽기	SRD XSRD	SRD sl ax D	sl slot 에 장착되어 있는 위치결정 모듈의 ax 축의 현재상태를 읽어서 CPU 의 D 영역에 저장한다.	4	
포인트 운전 스텝쓰기	PWR XPWR	PWR sl ax S n1	sl slot 에 장착되어 있는 위치결정 모듈의 ax 축의 포인트 운전 스텝 영역에 CPU 의 S 영역의 값을 n1 개 쓴다.	4	
복수티칭 데이터 읽기	TWR XTWR	TWR sl ax S n1	sl slot 에 장착되어 있는 위치결정 모듈의 ax 축의 복수 티칭 데이터 영역에 CPU 의 S 영역의 값을 n1 개 쓴다.	4	
운전 데이터 쓰기	TMD XSMD	TMD sl ax S n1 n2 n3	sl slot 에 장착되어 있는 위치결정 모듈의 ax 축의 운전데이타의 n3 스텝 중 n2 항목을 n1 값으로 변경한다.	4	
CAM 운전 지령	XCAM	XCAM sl ax n1 n2	sl slot 으로 지정된 위치결정 모듈의 ax 로 지정된 축에 n1 축을 주축으로 하여 n2 의 CAM 데이터로 CAM 운전을 하라는 지령을 내린다	4	
주축 옵셋 지정 캠운전	XCAMO	XCAMO sl ax n1 n2 n3	sl slot 으로 지정된 위치결정 모듈의 ax 로 지정된 축에 n1 축을 주축으로 하여 n2 의 CAM 데이터로 주축이 n3 의 위치에 도달한 순간 CAM 운전을 하라는 지령을 내린다	4	
타원 보간 지령	XELIN	XELIN sl ax n1 n2 n3	Sl slot 으로 지정된 위치결정 모듈의 ax 로 지정된 축에 운전데이터 n1 스텝을 n2 로 설정된 비율로 n3 에 설정된 각도만큼 타원 보간함	4	
위치지정 속도 동기	XSSSP	XSSSP sl ax n1 n2 n3 n4	sl slot 으로 지정된 위치결정 모듈의 ax 로 지정된 축에 n3 축을 주축으로 하여 주축비 n1, 종축비 n2 의 비율로 운전하는 속도 동기 지령을 내린다	4	
스텝데이터 설정	XSWR	XSWR sl ax S n1	sl slot 으로 지정된 위치결정 모듈의 ax 로 지정된 축에 사용될 동시기동 운전 스텝 값들을 S 로 지정된 CPU 영역에서 n1 개수만큼 위치결정 모듈로 옮긴다	4	

분 류	명 칭	심 벌	기 능	기본 스텝수	비 고
가변 데이터 읽기	VRD XVRD	VRD | sl | ax | n1 | n2 | n3	파라미터, 운전데이터, 캠데이터 중 위치결정 모듈 내부 메모리의 OP3 에 설정된 "읽기 주소" 위치에서부터 OP5 에 설정된 "블록 크기" 만큼의 데이터를 WORD 단위로 CPU 로 읽어오는 명령	4	
가변 데이터 쓰기	VWR XVWR	VWR | sl | ax | n1 | n2 | n3 | n4 | n5	위치결정 모듈 내부 메모리의 파라미터, 운전데이터, 캠데이터 중 OP4 에 설정된 "쓰기 주소" 위치에서부터 OP6 "블록 크기" 만큼의 데이터를 OP3 에 지정한 데이터들로 쓰기를 실행하는 명령	4	
EtherCAT 통신연결	XECON	XECON | sl | ax	sl slot 에 지정된 위치결정 모듈의 ax 로 지정된 축에 EtherCAT 통신연결 지령을 내린다. (XGF-PN8A)	3	
EtherCAT 통신끊기	XDCON	XDCON | sl | ax	sl slot 으로 지정된 위치결정 모듈의 ax 로 지정된 축에 EtherCAT 통신끊기 지령을 내린다. (XGF-PN8A)	3	
서보 온	XSVON	XSVON | sl | ax	sl slot 으로 지정된 위치결정 모듈의 ax 로 지정된 축에 서보 온 지령을 내린다. (XGF-PN8A)	3	
서보 오프	XSVOFF	XSVOFF | sl | ax	sl slot 으로 지정된 위치결정 모듈의 ax 로 지정된 축에 서보 오프 지령을 내린다. (XGF-PN8A)	3	
서보 에러 리셋	XSCLR	XSCLR | sl | ax	sl slot 으로 지정된 위치결정 모듈의 ax 로 지정된 축에 서보 에러 리셋 지령을 내린다. (XGF-PN8A)	3	
서보 에러 히스토리 리셋	XSECLR	XSECLR | sl | ax	sl slot 으로 지정된 위치결정 모듈의 ax 로 지정된 축에 서보 에러 히스토리 리셋 지령을 내린다. (XGF-PN8A)	3	
재기동	XRSTR	XRSTR | sl | ax	sl slot 으로 지정된 위치결정 모듈의 ax 로 지정된 축에 재기동 지령을 내린다.	3	
서보드라이브 파라미터 쓰기	XSVPWR	VSVPWR | sl | ax | n1 | n2 | n3 | n4 | n5	sl slot 으로 지정된 위치결정 모듈의 ax 로 지정된 축의 서보파라미터 중 n1, n2, n3 로 지정된 Object 를 n4 값으로 변경하는 지령을 내린다.(XGF-PN8B)	4	

분 류	명 칭	심 벌	기 능	기본 스텝수	비 고
서보드라이브 파라미터 저장	XSVSAVE	XSVSAVE sl ax n1	sl slot 으로 지정된 위치결정 모듈의 n1 에 지정된 축의 서보파라미터를 EEPROM 에 저장하는 지령을 내립니다.(XGF-PN8B)	4	
토크 제어 지령	XTRQ	XTRQ sl ax n1 n2	sl slot 으로 지정된 위치결정 모듈의 ax 로 지정된 축에 n1, n2 의 토크값, 토크 기울기로 토크 제어 지령을 내립니다.(XGF-PN8A,PN8B)	4	
래치 위치 데이터 읽기	XLRD	XLRD sl ax n1	sl slot 으로 지정된 위치결정 모듈의 ax 로 지정된 축의 래치 데이터를 읽어서 n1 에 지정된 디바이스에 저장하는 지령을 내린다.(XGF-PN8A,PN8B)	4	
래치 리셋	XLCLR	XLCLR sl ax n1	sl slot 으로 지정된 위치결정 모듈의 ax 로 지정된 축의 래치 데이터를 n1 에 설정된 항목에 따라 래치 리셋 지령을 내립니다.(XGF-PN8A,PN8B)	4	
래치 설정	XLSET	XLSET sl ax n1 n2	sl slot 으로 지정된 위치결정 모듈의 ax 로 지정된 축에 n1, n2 에 설정된 허용/금지, 래치 모드로 래치 설정 지령을 내립니다.(XGF-PN8B)	4	

第八章(제8장) 大學之法:豫時孫摩(대학지법:예시손마)

大學之法(대학지법) :

대학의 교육방법에는

禁於未發之謂豫(금어미발지위예) :

학생들이 잘못을 범하기 전인 어린 시절(청소년기 이전)에 미리 방지하는 교육을 예(豫)라 일컫고(豫 : 미리 할/즐길)

當其可之謂時(당기가지위시) :

적절한 시기가 되면 당연히 그 때에 맞춰 가르쳐야 할 교과를 시(時)라 하며

不陵節而施之謂孫(불릉절이시지위손) :

학생들의 수용능력 절도를 넘지 않고 적절하게 가르치는 것을 손(孫-順陵)이라 말하고(陵 : 큰 언덕 孫 : 후손/새싹)

相觀而善之謂摩(상관이선지위마) :

학생들이 교우들을 서로 관찰하면서 서로를 고양시키고, 선하고 아름답게 권면(勸勉)하는 것을 마(摩)라 한다.

此四者(차사자) :

이 네 가지 예-豫, 시-時, 손-孫, 마-摩는

敎之所由興也(교지소유흥야) :

대학교육을 흥기(興起)하게 함으로서 성공적인 교학으로 이끄는 인자(因子)들이다.(興 : 일어 날/일으킬)

※ 豫 : prevention, 사전에 잘못을 방지함. liberal education의 기초공사.

※ 時 : timeliness, 적기에 맞춰 가르침. 계절, 학령에 맞춤.

※ 孫 : proper capacity, 수용능력에 맞춰 가르침. 수준과 환경에 맞춤.

※ 摩 : mutual enlightening, 상호관찰로 서로능력을 향상시킴. 萬物調和.

4.1 접점 명령

4.1.1 LOAD, LOAD NOT, LOADP, LOADN

(1) LOAD, LOAD NOT

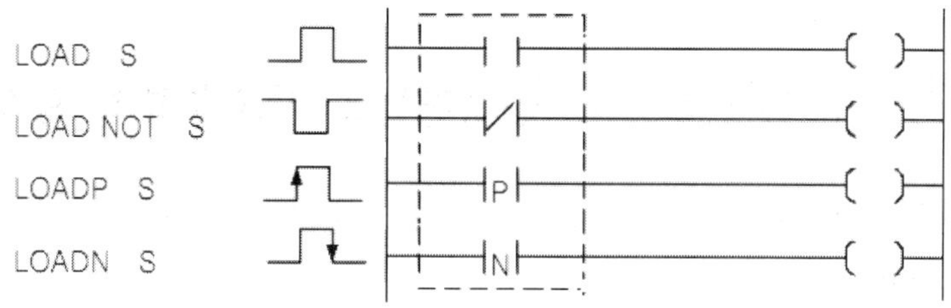

오퍼랜드	설 명	데이터 타입
S	비트 디바이스의 접점/워드 디바이스의 비트 접점	BIT

① LOAD는 한 회로의 a접점 연산시작을 의미하고, LOAD NOT은 b접점 연산 시작을 의미한다.

② 지정 접점(S)의 On/Off 정보를 연산 결과로 한다. 이때 S 영역의 비트 지정의 경우 해당 비트의 값(0 또는 1)을 연산 결과로 한다.

(2) LOADP, LOADN

① LOADP는 상승 펄스시 연산 시작 명령으로, 지정 접점이 Off에서 On으로 변할 때(상승 펄스), S 영역의 비트 지정의 경우는 해당 비트의 값이 0에서 1로 변할 때만 연산 결과가 On이다.

② LOADN은 하강 펄스시 연산 시작 명령으로, 지정 접점이 On에서 Off로 변할 때(하강 펄스), S 영역의 비트 지정의 경우는 해당 비트의 값이 1에서 0으로 변할 때만 연산 결과가 On이다.

※ 알기

① D영역의 비트 지정은 16진수로 표기한다. 즉, Dxxxxx.0~Dxxxxx.F까지 가능하다. 예를 들어, D00010.A라는 의미는 D10에 해당하는 워드의 열 번째 비트를 의미한다.

② LOAD/AND/OR 명령은 오퍼랜드에 대한 인덱스 수식이 가능하다.

- 즉, LOAD P1[Z2]은 LOAD P(1+[Z2]의 값)을 나타내고(Z1의 값이 5이면 P6), LOAD D10[Z1].5은 LOAD D(10+[Z1]의 값).5(Z1의 값이 5이면 D15.5)를 나타낸다. 여기서 차이점은 P 디바이스는 비트 디바이스이기 때문에 인덱스 수식이 비트 값에 더해졌고, D 디바이스는 워드 디바이스이기 때문에 인덱스 수식이 워드 값에 더해진다.

③ LOAD/LOAD NOT명령어는 인덱스 수식을 사용하면 스텝수가 1 증가 2스텝이다.

④ 접점 명령에 인덱스 수식을 사용하면 에러 플래그(F110)에 영향을 준다.

⑤ 인덱스 Z사용 예

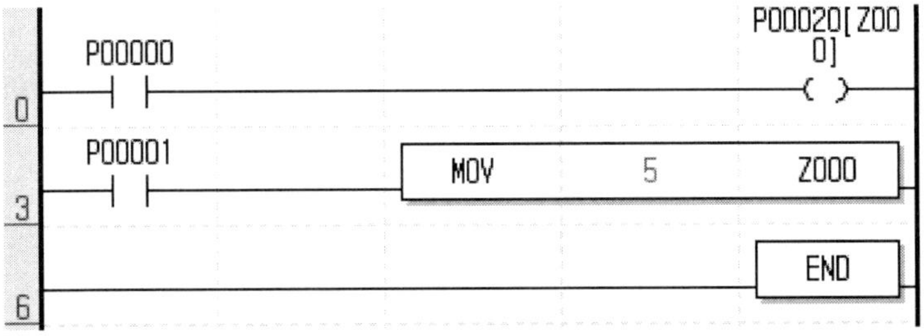

(3) 프로그램 예제

① 입력조건 P00000이 On되면 P00020 출력은 On되고 동시에 P00021 출력은 Off되는 프로그램이다. 또한 P00002가 0→1로 되는 1스캔동안 M00000(P00022) 출력이 On되고, P00002가 1→0로 되는 1스캔동안 M00001(P00023)출력이 On된다.

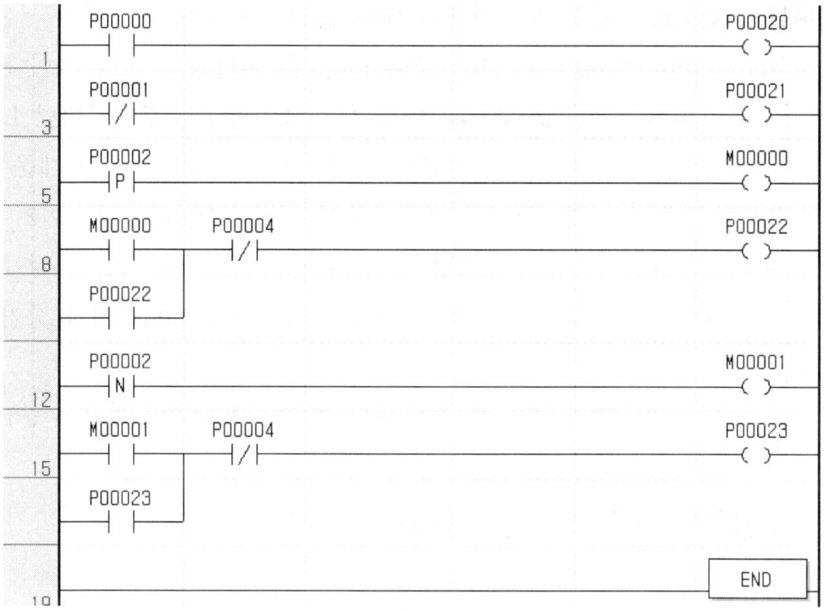

예제 자기유지회로

(1) 동작설명

PBS(Push Button Switch) 2개와 보조계전기 1개 및 표시등 2개를 이용하여 자기유지회로를 구성하여 제어한다.

① PLC가 run되면 정지 표시등 Lamp1이 점등된다.

② 시작버튼스위치 PBS0을 ON하면 정지표시등 Lamp1는 소등하고 운전 표시등 Lamp0가 점등되며, PBS0를 복귀시켜도 보조계전기 M0는 자기유지(self holding)된다.

③ 정지버튼스위치 PBS1을 ON하면 정지표시등 Lamp1는 소등되고, 운전 표시등 Lamp0가 점등되며, M0의 자기유지는 해제된다.

(2) 주소할당

변수명	PBS0	PBS1	Lamp1	Lamp2	보조릴레이M
접점번호	P0	P1	P20	P21	M0

(3) 프로그램

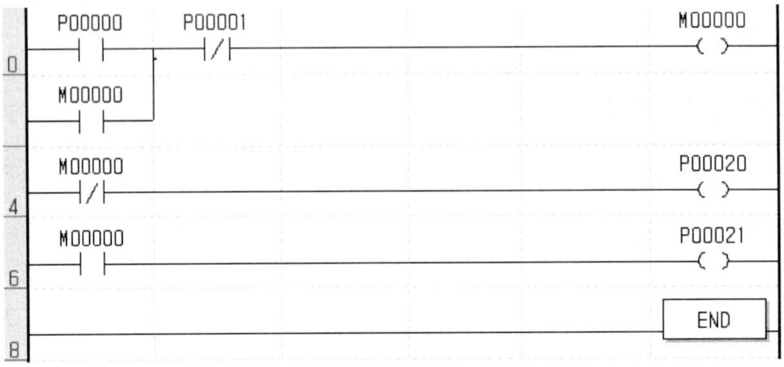

4.1.2 AND, AND NOT, ANDP, ANDN

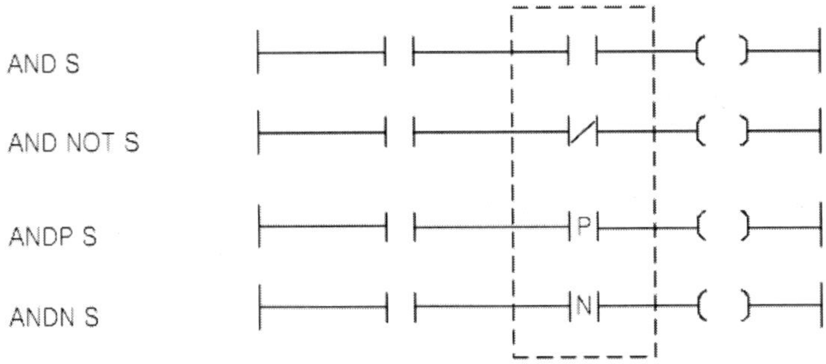

오퍼랜드	설 명	데이터 타입
S	비트 디바이스의 접점/워드 디바이스의 비트 접점	BIT

(1) AND, AND NOT

① AND는 a접점의 직렬접속 명령이고, AND NOT은 b접점 직렬접속 명령이다.

② 지정접점(S) 앞 단계의 연산결과와 지정접점(S)을 AND 혹은 AND NOT 연산하여 그것을 연산결과로 한다.

(2) ANDP, ANDN

① ANDP는 상승 펄스시 a접점 직렬접속 명령이고, ANDN은 하강 펄스시 b접점직렬 접속명령이다.

② 해당 접점 값이 변할 때, 즉, ANDP는 상승 펄스일 때, ANDN은 하강 펄스일 때, 지정접점(S) 앞 단계의 연산결과와 지정접점(S)을 AND연산하여 그것을 연산결과로 한다.

(3) 프로그램 예제

① 입력조건 P00000값과 P00001값을 AND연산하고, 그 결과 값과 P00002값을 AND NOT 연산을 하여 그 결과를 P00020에 출력한다. D0000.3의 값과 P00003의 상태에 따른 ANDP연산을 하고, 그 결과 값과 P00004의 값을 ANDN연산을 하여 그 결과를 P00021에 출력하는 프로그램이다.

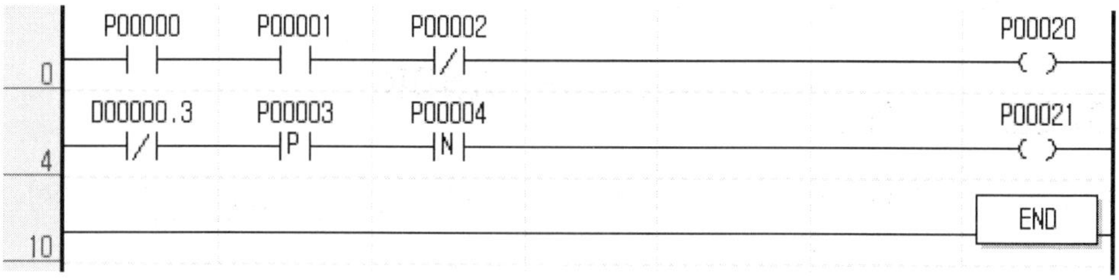

4.1.3 OR, OR NOT, ORP, ORN

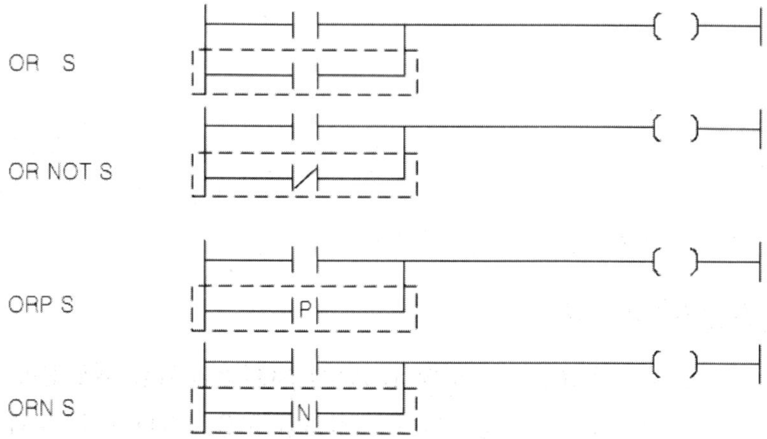

오퍼랜드	설 명	데이터 타입
S	비트 디바이스의 접점/워드 디바이스의 비트 접점	BIT

(1) OR, OR NOT

① OR는 a접점의 병렬접속 명령이고, OR NOT은 b접점의 병렬접속 명령이다.

② 지정접점(S) 앞 단계의 연산결과와 지정접점(S)을 OR 또는 OR NOT연산을 하여 그것을 연산결과로 한다.

(2) ORP, ORN

① ORP는 상승 펄스시 a접점 병렬이고, ORN은 하강 펄스시 b접점 병렬이다.

② 해당 접점값이 변할 때(즉, ORP는 상승 펄스, ORN은 하강 펄스) 지정접점(S) 앞 단계의 연산결과와 지정접점(S)을 OR연산하여 그것을 연산결과로 한다.

(3) 프로그램 예제

① 입력 조건 P00000(P)와 P00001(N) 중 하나의 접점만 On되어도 P00020이 출력되는 프로그램이다.

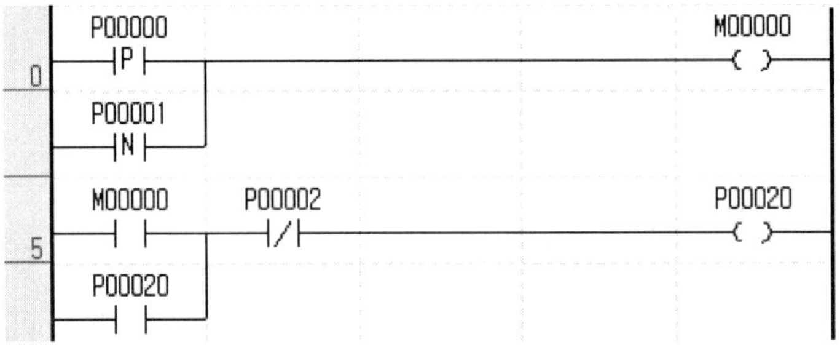

예제 모터의 정역운전_LOAD, AND, OR, OUT

(1) 동작설명

순간 접촉 푸쉬 버튼 PB1을 누르면 모터는 시계 방향으로 회전하고, 순간 접촉 푸쉬 버튼 PB2를 누르면 모터는 시계 반대 방향으로 회전한다. 모터는 정지하지 않고 회전 방향을 변경할 수 있고, 순간 접촉 푸쉬 버튼 PB0을 누르면 모터는 정지한다.

(2) 시스템도

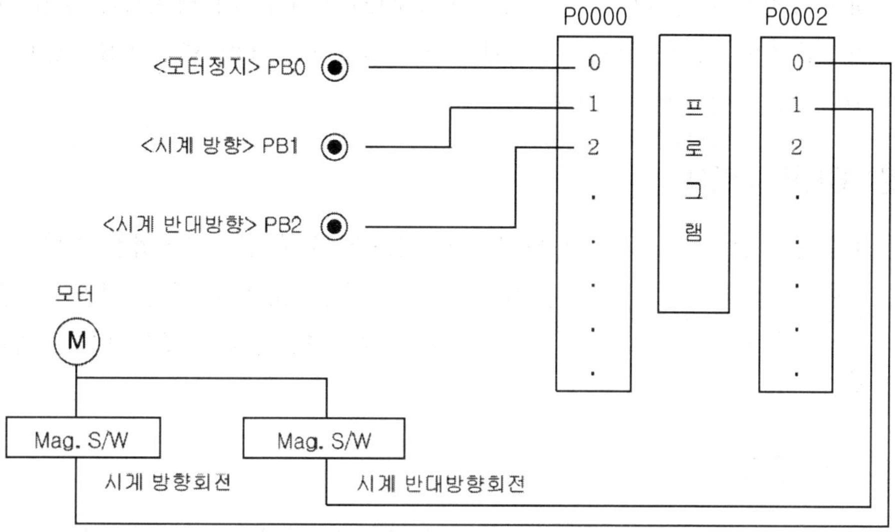
P0000
P0002
<모터정지> PB0
<시계 방향> PB1
<시계 반대방향> PB2
0
1
2
프로그램
모터
M
Mag. S/W
Mag. S/W
시계 방향회전
시계 반대방향회전

(3) 프로그램

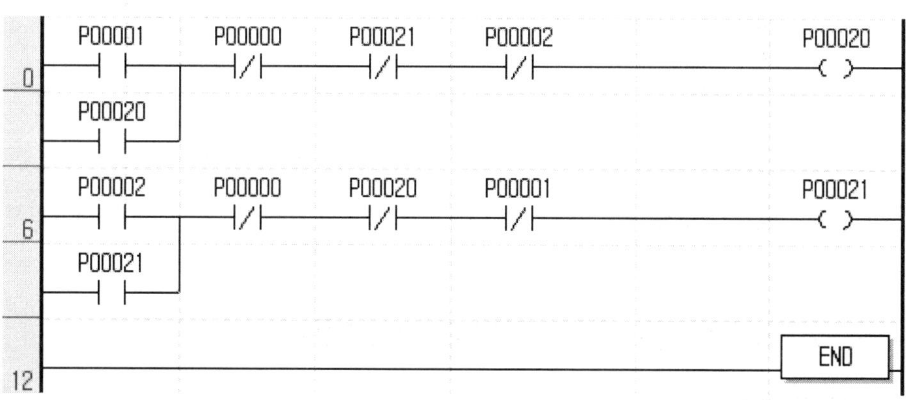
0
P00001
P00000
P00021
P00002
P00020
P00020
6
P00002
P00000
P00020
P00001
P00021
P00021
12
END

第九章(제9장) 敎之所由廢(교지소유폐)

發然後禁(발연후금) :

이미 그릇된 언행이 몸에 발현되어 생활 속에서 자연스럽게 나타나버린 후에 그를 금하고 고치려고 하면,

則扞格而不勝(즉한격이불승) :

즉 그런 잘못된 언행을 고치려고 하면 엄청난 저항으로 바로 잡을 수 없고 교육자는 피교육자를 이겨낼 수도 없다.(扞 : 막을/거절할 格 : 바로잡을/대적할)

時過然後學(시과연후학) :

적절한 교육시기를 놓친 후에 배우고 가르치려고 하면

則勤苦而難成(즉근고이난성) :

즉 그것은 힘만 쓰고 고생만할 뿐 성공적인 교육결과를 낳기 어렵다.

雜施而不孫(잡시이불손) :

잡다하게 많은 것을 보여주고 가르쳐도 교육생이 순조롭게 받아들이지 못하면

則壞亂而不修(즉괴란이불수) :

즉 그것은 교육생에게 혼란만을 가중시켜 작게 쌓은 것까지 무너뜨릴 것이고 오히려 학문수련에 방해가 될 것이다.(壞 : 무너질)

獨學而無友(독학이무우) :

同學하고 토론하는 교우 없이 홀로 배우고 익히면서 학문에 정진하는 것은

則孤陋而寡聞(즉고루이과문) :

즉 혼자 공부한다는 것은 가상하지만, 그것은 고리타분해지고 편견과 아집 및 완고함 그리고 천박함만 가득하다는 소리를 들을 것이다.(陋 : 좁을/낮을/천할 寡 : 적을 聞 : 들을/알)

燕朋逆其師(연붕역기사) :

친구들과 어울려 주연만 즐기고 놀기를 좋아한다면 스승의 참된 가르침마저 거역하게 될 것이고(燕 : 제비/주연/편안)

燕辟廢其學(연벽폐기학) :

만약 친구들과 어울리는 주연(酒色雜技)등을 하는 것이 버릇(습벽)이 된다면 : 학문을 폐기되고 패가망신할 것이다.(癖 : 버릇)

此六者(차육자) :

이상에서 말한 바로 이 여섯 가지

教之所由廢也(교지소유폐야) :

그들로 말미암아 교육을 패망하게 하는 원인이 되는 것이다.

※ 동학하는 사형, 사매, 사제 간의 토론 없는 학문은 진정한 학문의 진전을 이룰 수 없다. 학문은 기본을 지키는 가운데 모든 것을 수용할 수 있는 가장 개방적인 자세로 임해야 한다.

※ 學而時習之(학이시습지) 不亦說乎(불역열호) 有朋自遠方來(유붕자원방래) 不亦樂乎(불역낙호) 人不知而不慍(인불지이불온) 不亦君子乎(불역군자호).

※ 有同學同習之友(유동학동습지우).

4.2 결합 명령

4.2.1 AND LOAD

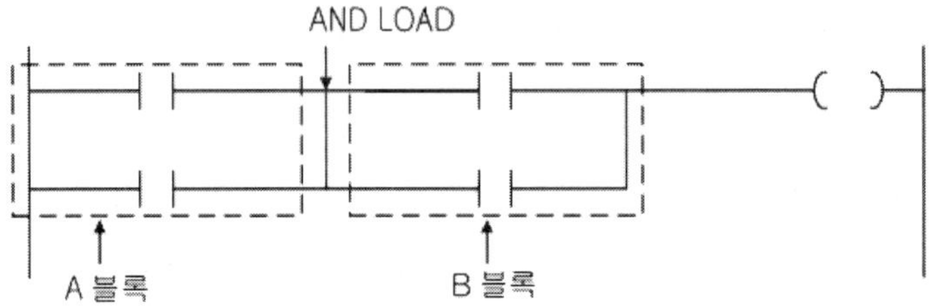

(1) 기 능

① A블록과 B블록을 AND 연산한다. A블록과 B블록이 모두 On되면 연산한다.

② AND LOAD를 연속사용 할 경우 최대 사용 횟수를 넘으면 정상연산이 불가하다.

③ 연속 사용의 경우 최대 15회(16블록)까지만 가능하다.

4.2.2 OR LOAD

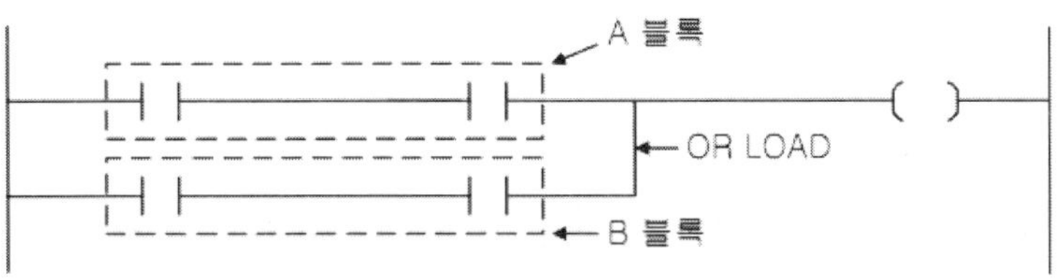

(1) OR LOAD

① A블록과 B블록을 OR 연산하여 연산결과로 한다.

② OR LOAD를 연속해서 사용하는 경우 최대 사용 명령횟수를 넘으면 정상적으로 연산이 불가능하다.

③ 연속 사용의 경우 최대 15회(16블록)까지 가능하다.

(2) 프로그램 예제

① 입력 조건 P00000~P00007이 만족되면 P00030이 출력되는 프로그램

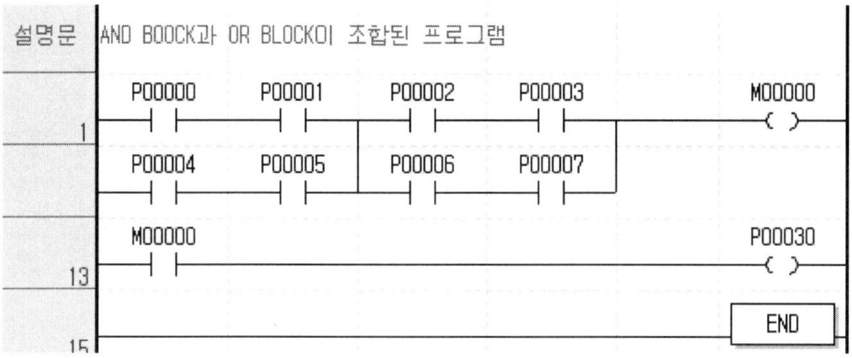

예제 3로스위치 두개로 출력반전회로 구성

복도/계단의 3로 스위치로 램프를 점등하며, 반대편 스위치로 램프를 소등한다.

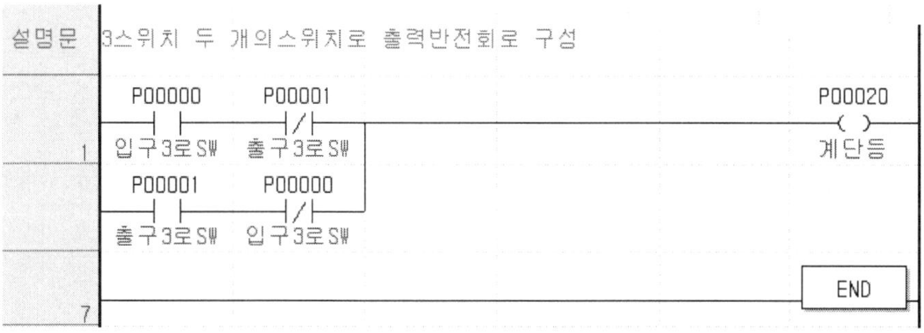

예제 지하차고 환기제어

(1) 동작조건

4개의 환풍기가 설치된 지하차고의 입/출구에 설치된 상태 표시등에 따라 자동차의 입/출고를 제어한다. 상태표시등은 다음과 같다.

① 녹색 표시등 : 환기가 좋은 상태, 3개 이상의 환풍기가 동작한다.

② 황색 표시등 : 환기가 적당한 상태, 2개의 환풍기가 동작한다.

③ 적색 표시등 : 환기가 나쁜 상태, 1개 이하의 환풍기가 동작한다.

(2) 모형도

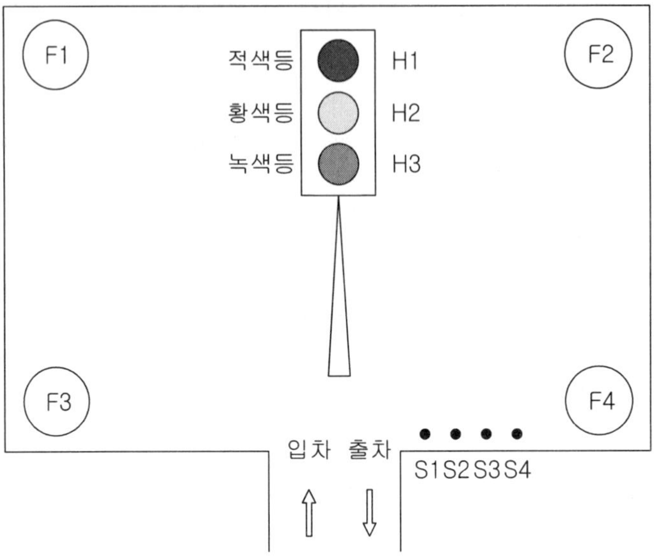

(3) 주소할당

변수명	S1	S2	S3	S4	F1	F2	F3	F4	H1	H2	H3
접점번호	P1	P2	P3	P4	P21	P22	P23	P24	P31	P32	P33

(4) 프로그램

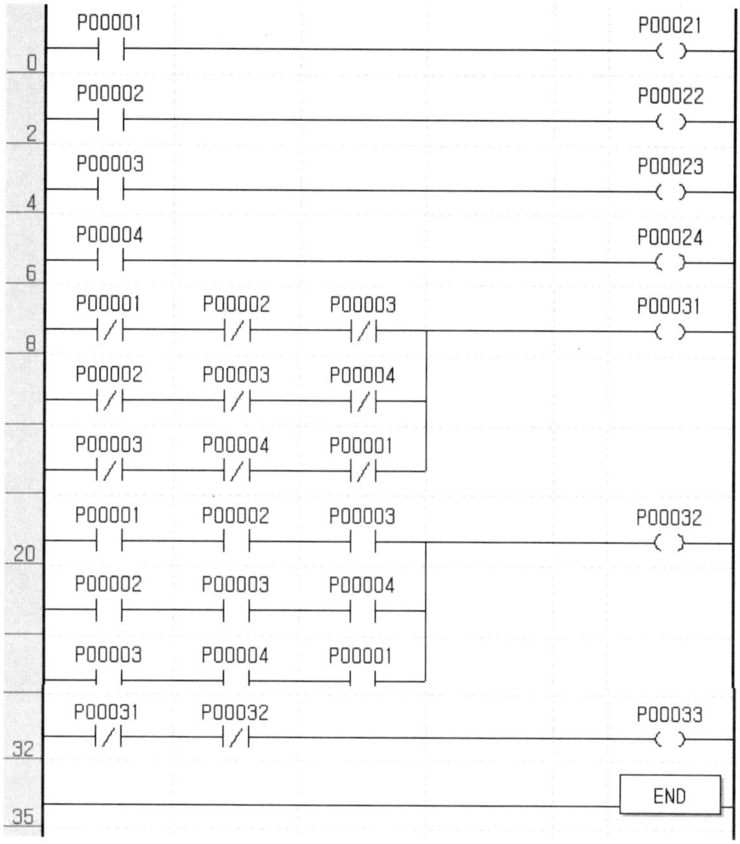

4.2.3 MPUSH, MLOAD, MPOP

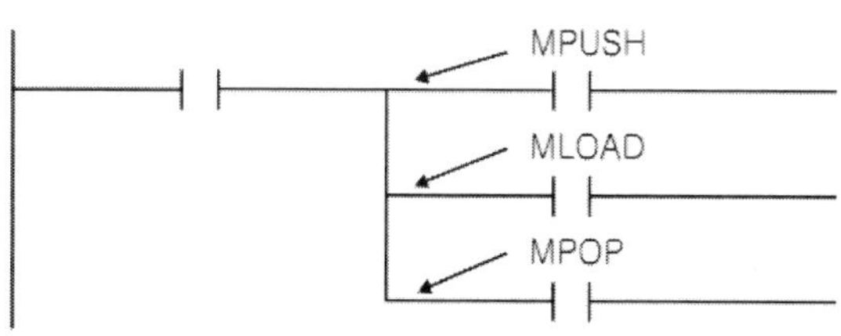

(1) MPUSH, MLOAD, MPOP

① Ladder의 다중 분기를 가능하게 하는 명령이다.

② MPUSH, MPOP는 XGK는 16단, XGB는 8단까지 가능하다.

③ MPUSH : 현재까지 연산결과를 저장하는 기능을 한다. 다중분기 시작점.

④ MLOAD : 다음연산을 위해 이전연산결과를 읽어오기만, 저장영역의 값은 불변. 다중분기 연결점.

⑤ MPOP : 분기점에 저장된 이전연산결과를 읽어와 저장된 이전결과를 지운다. 다중분기 종료점.

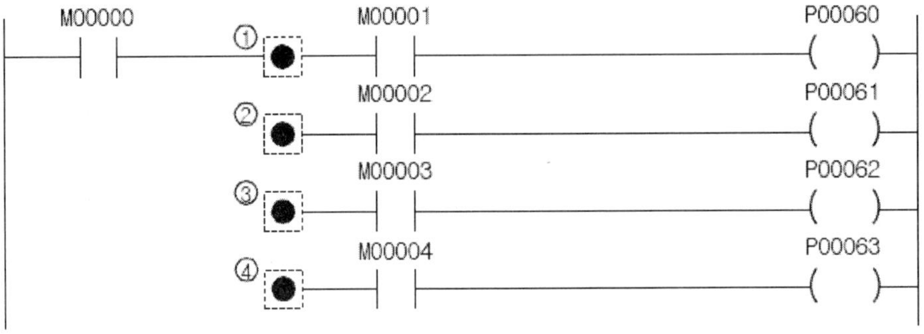

① MPUSH : M00000의 상태가 PLC 내부메모리에 저장된다. 최초의 분기로 사용.

② MLOAD : 저장된 M00000의 상태를 읽어 다음 연산을 한다. 분기의 중계점 사용.

③ MLOAD : 저장된 M00000의 상태를 읽어 다음 연산을 한다.

④ MPOP : 저장된 M00000의 상태를 PLC의 내부 메모리에서 읽어온 다음 연산하고 리셋(Reset)한다. 분기의 종료로 사용한다.

(2) 다중분기회로의 참고

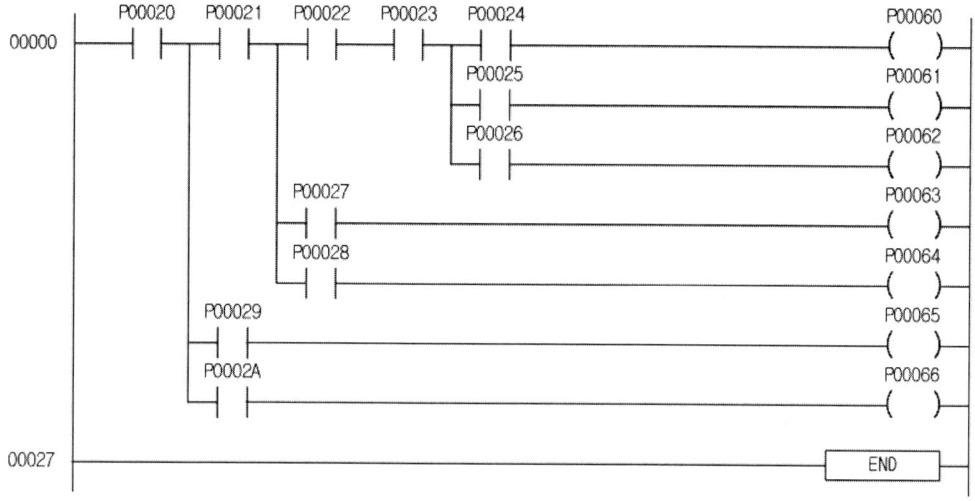

[LD(Ladder Diagram)로 보기]

스텝	니모닉	오퍼랜드
0000	LOAD	P00200
0001	MPUSH	
0002	AND	P00021
0003	MPUSH	
0004	AND	P00022
0005	AND	P00023
0006	MPUSH	
0007	AND	P00024
0008	OUT	P00060
0009	MLOAD	
0010	AND	P00025
0011	OUT	P00061
0012	MPOP	
0013	AND	P00026
0014	OUT	P00062
0015	MLOAD	
0016	AND	P00027
0017	OUT	P00063
0018	MPOP	
0019	AND	P00028
0020	OUT	P00064
0021	MLOAD	
0022	AND	P00029
0023	OUT	P00065
0024	MPOP	
0025	AND	P0002A
0026	OUT	P00066
0027	END	

[IL(Instruction List)로 보기]

4.3 반전 명령

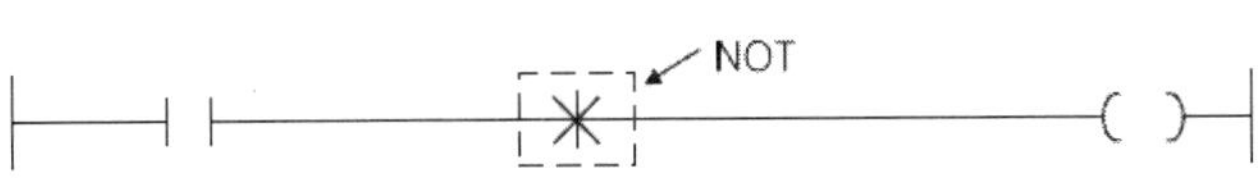

4.3.1 NOT

(1) NOT

① NOT명령은 이전의 연산결과를 반전시키는 기능이다.

② 반전명령(NOT)을 사용하면 반전명령 좌측의 회로에 대하여 a접점 회로는 b접점 회로로, b접점 회로는 a접점 회로로, 그리고 직렬연결 회로는 병렬연결

회로로, 병렬연결 회로는 직렬연결 회로로 반전된다.

(2) 프로그램 예제

프로그램 ①, ②는 동일결과를 출력하는 예제이다.

- 프로그램 ①

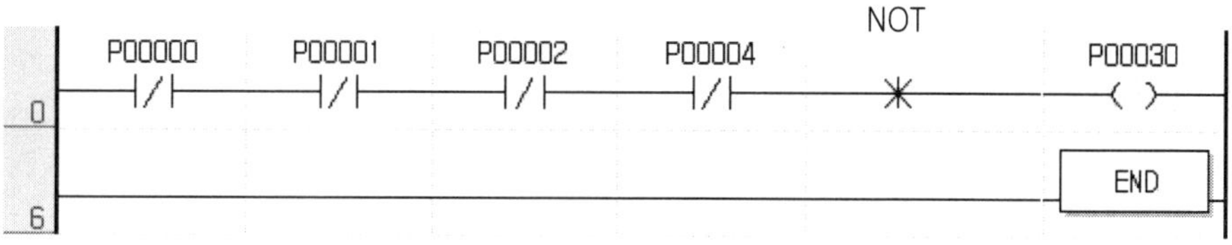

- 프로그램 ②

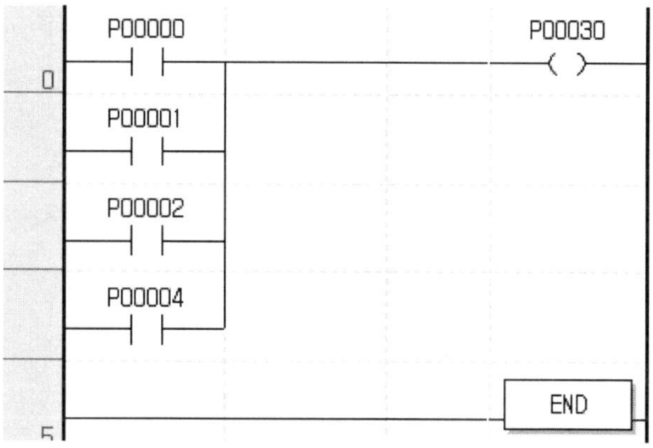

예제 DC MOTOR 자동왕복운전

(1) 동작조건

① 초기상태에서 전동기는 LS4 또는 LS5 위치에 있다.

② STA를 ON하면, 전동기가 LS4 위치에 있을 때는 우회전(정전)하고, 전동기가 LS5 위치에 있을 때는 좌회전(역전)을 시작한다.

③ 운전이 시작된 전동기는 LS4와 LS5사이를 정해진 프로그램에 따라 왕복운전하다가 임무가 종료되면 초기위치에서 정지한다.(예 : 10회 왕복)

④ LS4 또는 LS5 위치에 도착해서는 정해진 시간동안(예 : 10초) 작업을 수행한 후 다음단계로 진행한다.

⑤ STP가 ON하면 바로 정지하지 않고, 진행방향 끝단(LS4나 LS5 위치)에 도착한 후 정지한다. 만약 LS5위치에서 정지하면 초기위치 복귀스위치로 복귀시킨다.

⑥ 비상정지 스위치를 ON하면 그 자리에 바로 정지하고, 사고를 수습한 후 초기위치 복귀 스위치를 ON하면 LS4위치에서 정지한다.

⑦ 초기위치 복귀시에는 모든 데이터는 "0"으로 세팅 된다.

(2) 모형도

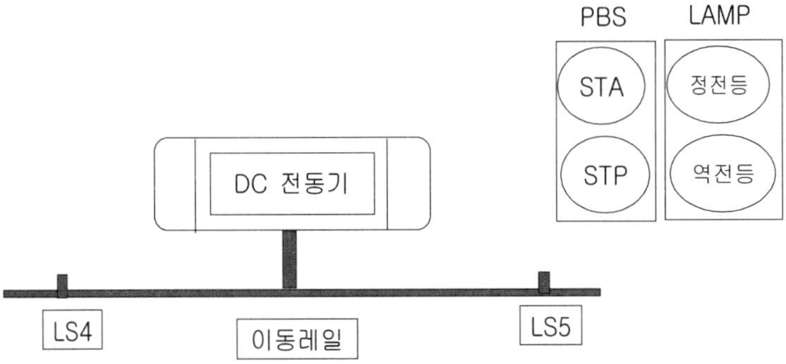

(3) 주소할당

변수	디바이스
시작보조	M00000
정지보조	M00001
STA	P00000
STP	P00001
LS4	P00004
LS5	P00005
정전_부	P00020
역전_부	P00021
정전등	P00024
역전등	P00025
정전_정	P00030
역전_정	P00031

(4) 프로그램

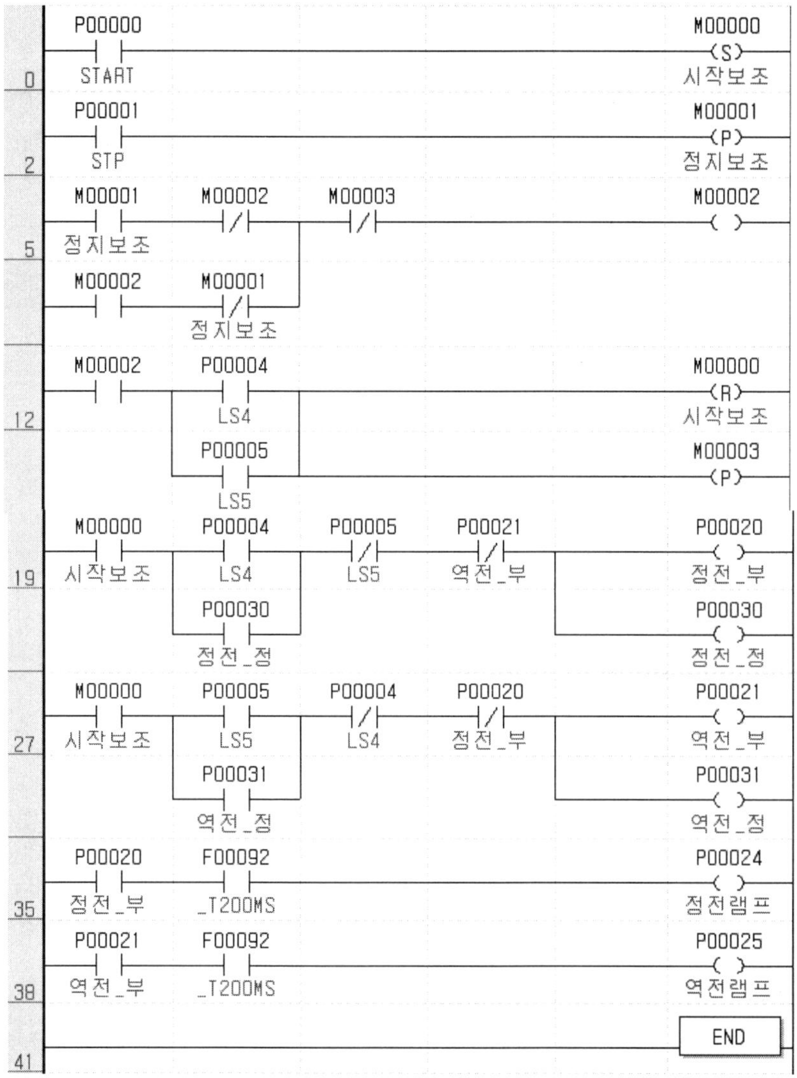

0
P00000
START
M00000
(S)
시작보조
2
P00001
STP
M00001
(P)
정지보조
5
M00001
정지보조
M00002
M00003
M00002
M00002
M00001
정지보조
12
M00002
P00004
LS4
P00005
LS5
M00000
(R)
시작보조
M00003
(P)
19
M00000
시작보조
P00004
LS4
P00005
LS5
P00021
역전_부
P00030
정전_정
P00020
정전_부
P00030
정전_정
27
M00000
시작보조
P00005
LS5
P00004
LS4
P00020
정전_부
P00031
역전_정
P00021
역전_부
P00031
역전_정
35
P00020
정전_부
F00092
_T200MS
P00024
정전램프
38
P00021
역전_부
F00092
_T200MS
P00025
역전램프
41
END

4.4 마스터 컨트롤 명령

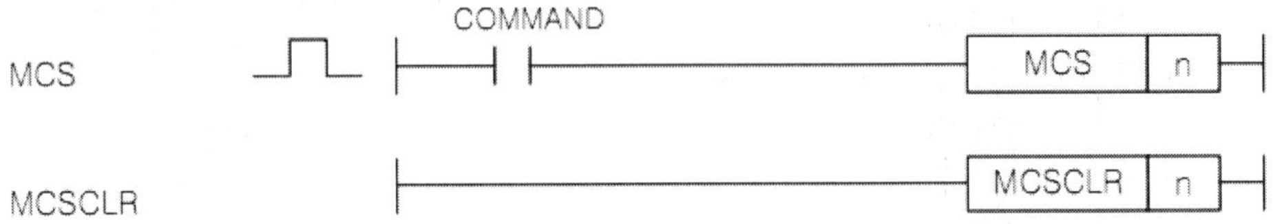

오퍼랜드	설 명	데이터 타입
n	정수. n(Nesting) 설정은 XGK는 0~15, XGB는 0~7까지 사용가능	WORD(0~15)

4.4.1 MCS, MCSCLR

(1) MCS, MCSCLR

① MCS의 입력조건이 On이면 MCS번호와 동일한 MCSCLR까지를 실행하고 입력조건이 Off가 되면 실행하지 않는다.

② 우선순위는 MCS번호 0이 가장 높고 15(XGK)/7(XGB)가 가장 낮으므로 우선순위가 높은 순으로 사용하고 해제는 그 역순으로 한다.

③ MCSCLR시 높은 우선순위가 해제하면 낮은 순위의 MCS블록도 함께 해제된다.

④ MCS 혹은 MCSCLR는 우선순위에 따라 순차적으로 사용하여야 한다.

(2) 프로그램 예제

MCS명령을 2개 사용하고 MCSCLR 명령은 우선순위가 높은 0을 사용한 프로그램

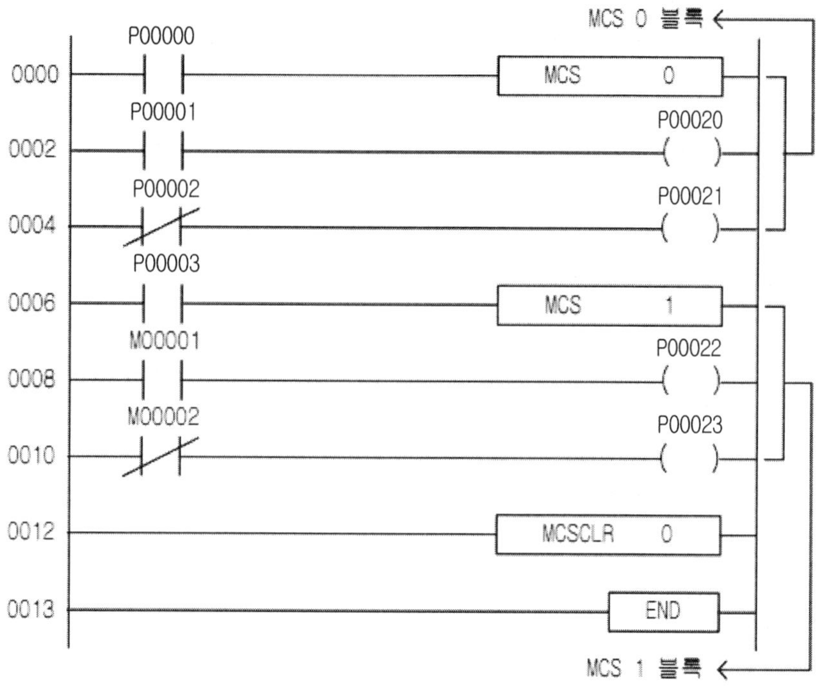

예제 공통 LINE이 있는 회로_MCS와 MCSCLR의 예제

다음 회로를 PLC의 마스터 콘트롤(MCS, MCSCLR) 명령을 사용하여 프로그램 한다.

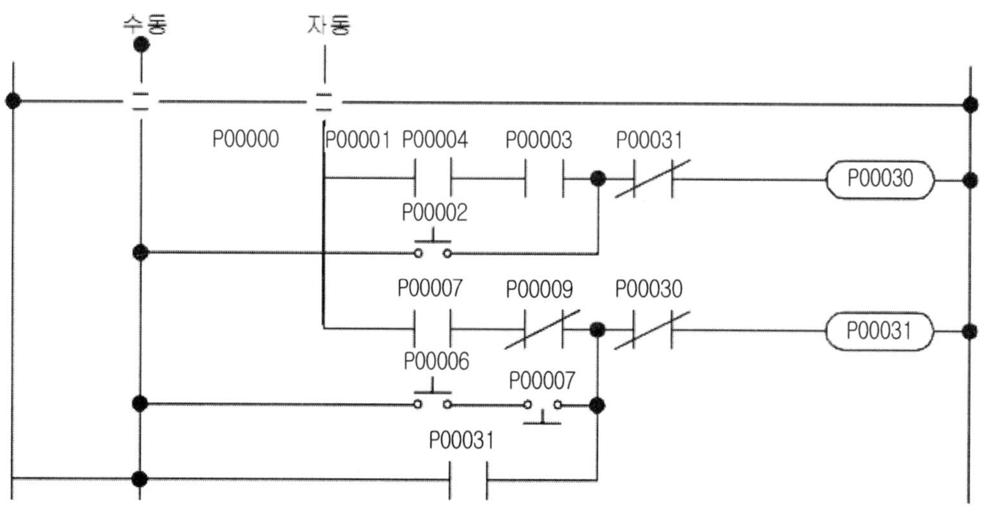

[유접점 릴레이 회로]

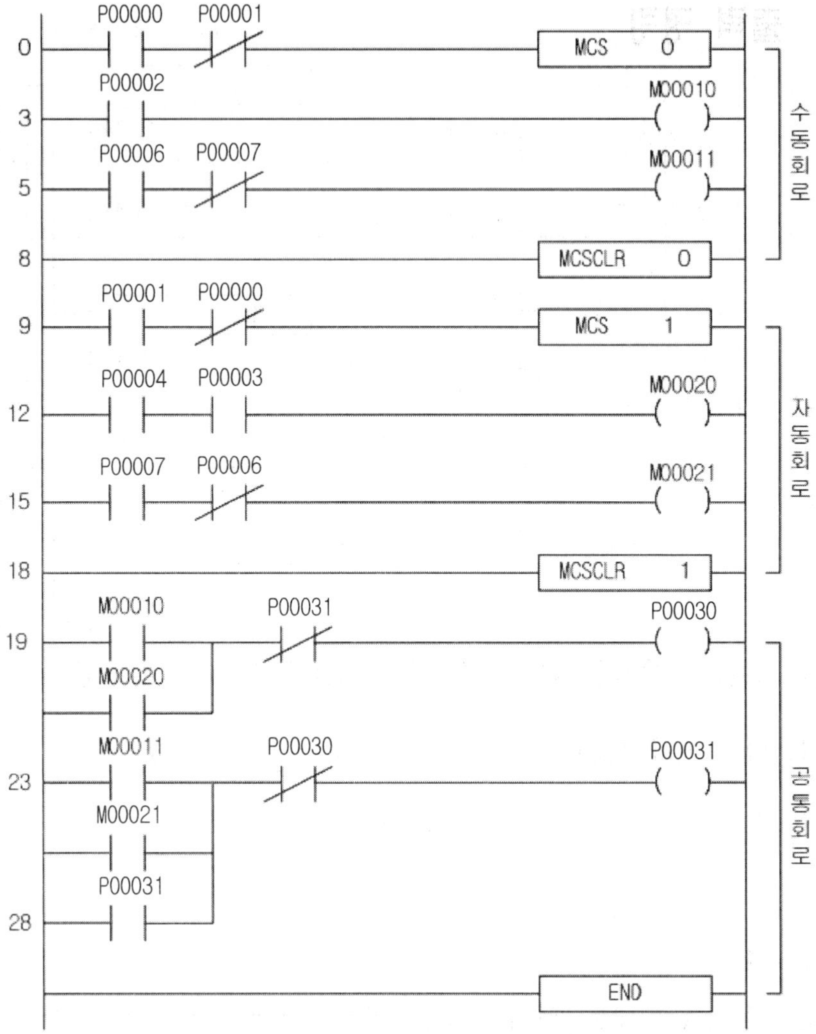

[마스터 콘프롤을 사용한 PLC회로]

4.5 출력 명령

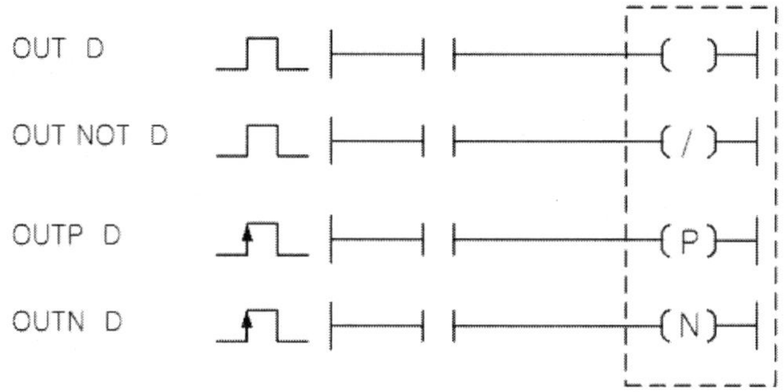

오퍼랜드	설 명	데이터 타입
D	On/Off하게 될 접점/워드 디바이스의 비트 접점	BIT

4.5.1 OUT, OUT NOT, OUTP, OUTN

(1) OUT, OUT NOT

① OUT명령은 OUT명령까지의 연산 결과를 지정된 디바이스로 그대로 출력한다.

② OUT NOT은 OUT NOT명령까지 연산결과를 반전해서 지정된 디바이스에 출력한다.

③ OUT Sxx.yy에 대한 설명은 4.6 순차후입 우선 명령을 참조한다.

(2) OUTP, OUTN

① OUTP는 OUTP 명령까지의 연산 결과가 Off→On으로 될 때 지정 접점을 1스캔 동안만 On하고 그 이외에는 Off 된다. 지정 접점이 워드 디바이스의 비트 접점이면 해당 비트는 1스캔동안만 1이 되고 그 외에는 0이 된다.

② OUTN는 OUTN명령까지의 연산 결과가 On→Off로 될 때 지정 접점을 1스캔 동안만 On하고 그 외는 Off 된다. 지정 접점이 워드 디바이스의 비트 접점이면 해당 비트는 1스캔동안만 1이 되고 그 외에는 0이 된다.

③ Master-K의 D, D NOT명령이 변경된 명령어이다.

(3) 프로그램 예제

① OUTP 예제 : 입력접점 P00032가 Off에서 On이 될 때 OUTP명령을 실행하는 프로그램

[래더 프로그램]

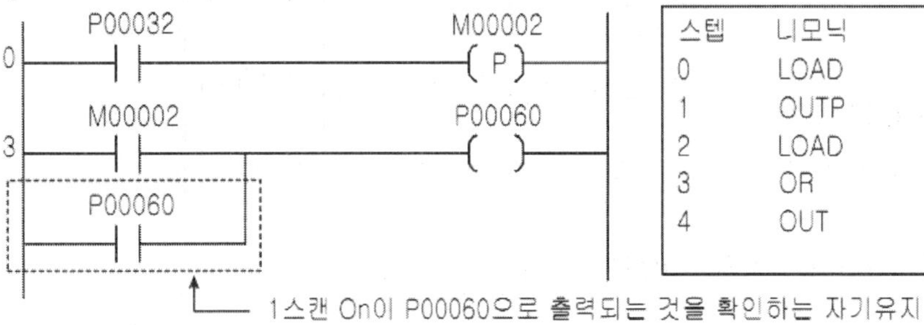

[니모닉 프로그램]

스텝	니모닉	오퍼랜드
0	LOAD	P00032
1	OUTP	M00002
2	LOAD	M00002
3	OR	P00060
4	OUT	P00060

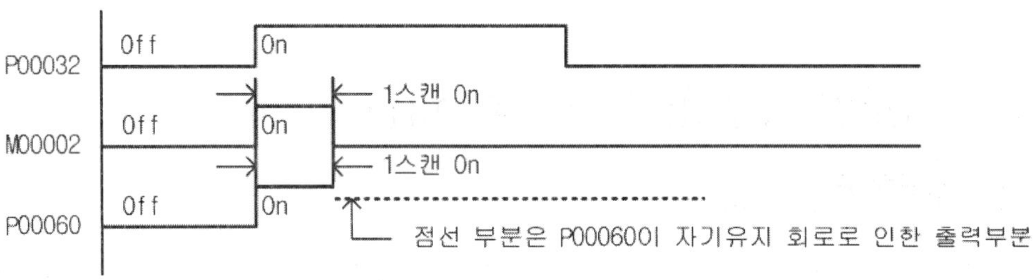

② OUTN 예제 : 입력접점 P00033이 On에서 Off가 될 때 OUTN 명령을 실행하는 프로그램

[래더 프로그램]

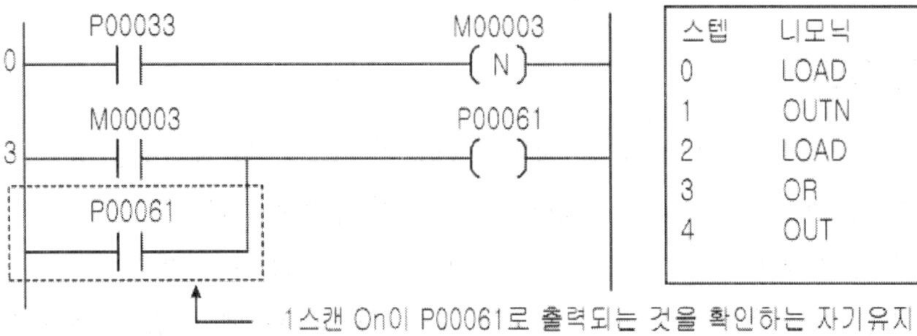

[니모닉 프로그램]

스텝	니모닉	오퍼랜드
0	LOAD	P00033
1	OUTN	M00003
2	LOAD	M00003
3	OR	P00061
4	OUT	P00061

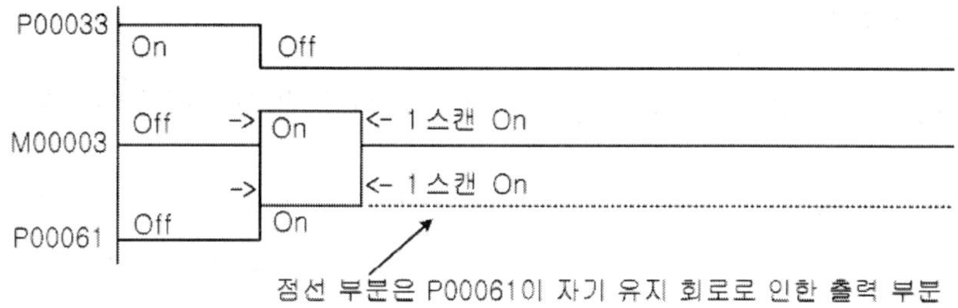

③ OUTP, OUTN명령은 입력 조건 성립시 1스캔동안만 On하므로 P영역으로 출력은 주의를 요한다.

예제 출력 On/Off 조작_OUTP와 OUTN의 예제

(1) 동작설명

순간 접촉 푸시버튼 PB0을 첫 번째 누르면 출력이 On하고, 두 번째 누르면 출력이 Off된다. PB0을 누를 때 마다 출력이 On/Off를 반복한다.

(2) 시스템도

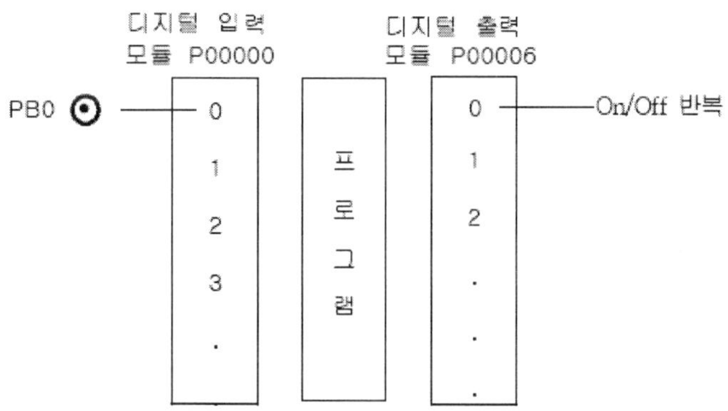

[래더 프로그램]

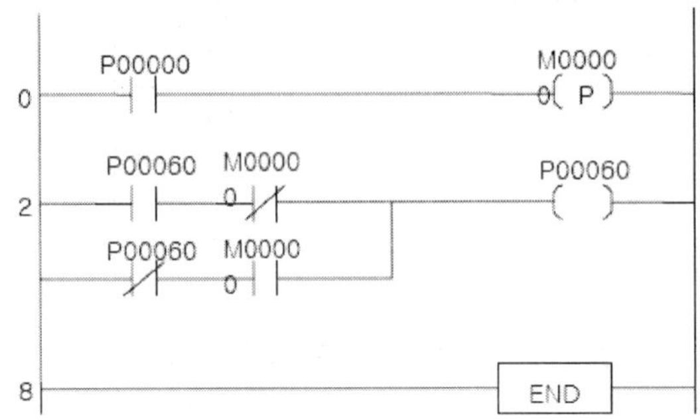

[니모닉 프로그램]

스텝	니모닉	오퍼랜드
0	LOAD	P00000
1	OUTP	M0000
2	LOAD	P00060
3	AND NOT	M0000
4	LOAD NOT	P00060
5	AND	M0000
6	OR LOAD	0
7	OUT	P00060
8	END	

[타임 차트]

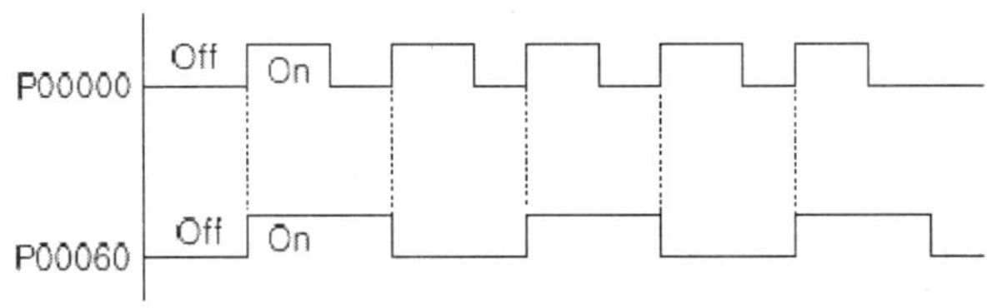

예제 출력코일 활용

(1) 동작설명

프로그램을 작성하여 PLC로 전송한 후 P00000~P00007스위치를 ON/OFF하면서 P00020~P00026의 상태를 확인하고 코일, 역코일, 반전접점, 양변환검출접점, 음변환검출접점, 양변환검출코일, 음변환검출코일 기호와 기능을 익힌다.

(2) 프로그램

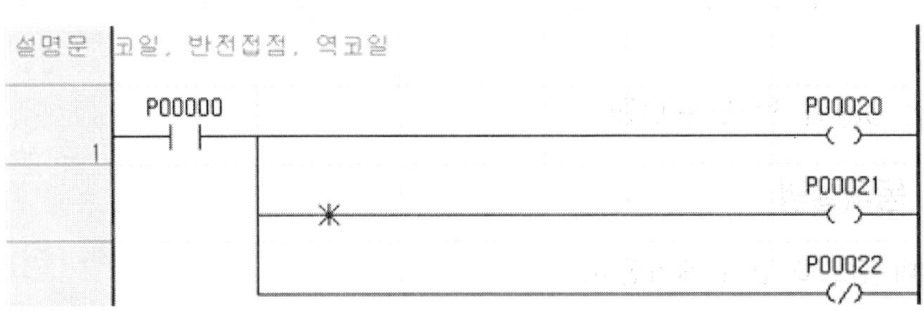

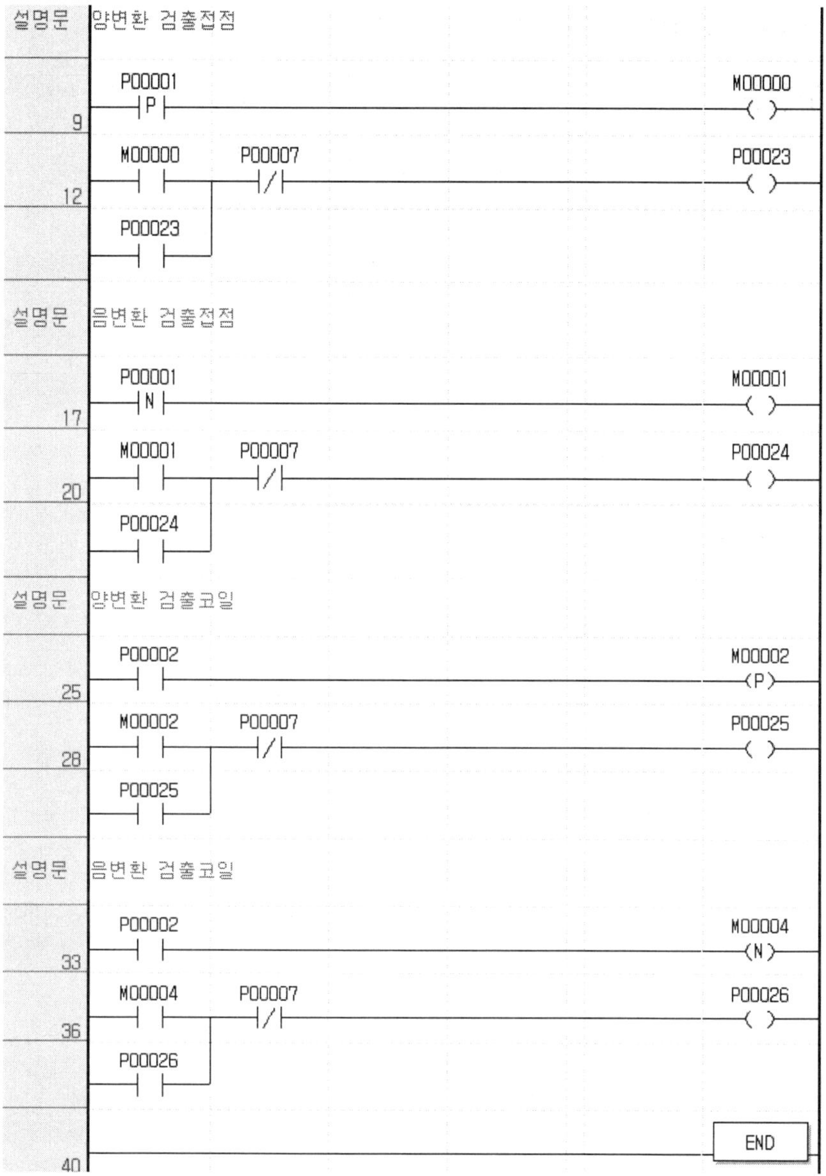

예제 3대의 펌프 모니터

(1) 동작설명

① 3대 펌프를 감시 제어한다.

② 2대 이상의 펌프 동작시 H1은 상시 ON된다. 1대의 펌프 동작시 H1은 2.5초 간격으로 점멸한다.

③ 펌프 모두 정지시 1초 간격으로 점멸한다.

(2) 모형도

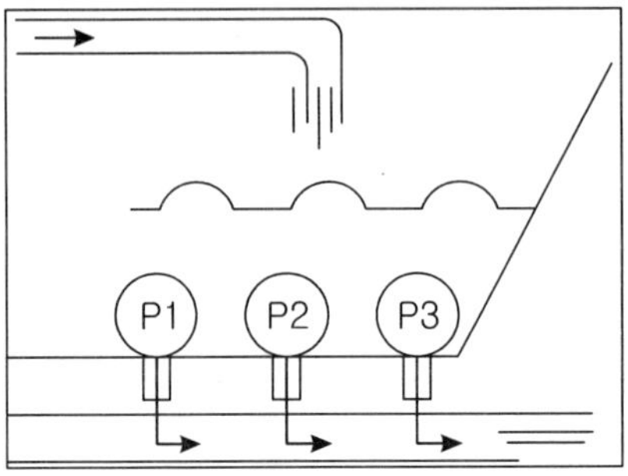

(3) 주소할당

변수	타입	디바이스
PB1	BIT	P00001
PB2	BIT	P00002
PB3	BIT	P00003
MOTOR1	BIT	P00041
MOTOR2	BIT	P00042
MOTOR3	BIT	P00043
LAMP	BIT	P00044

(4) 프로그램

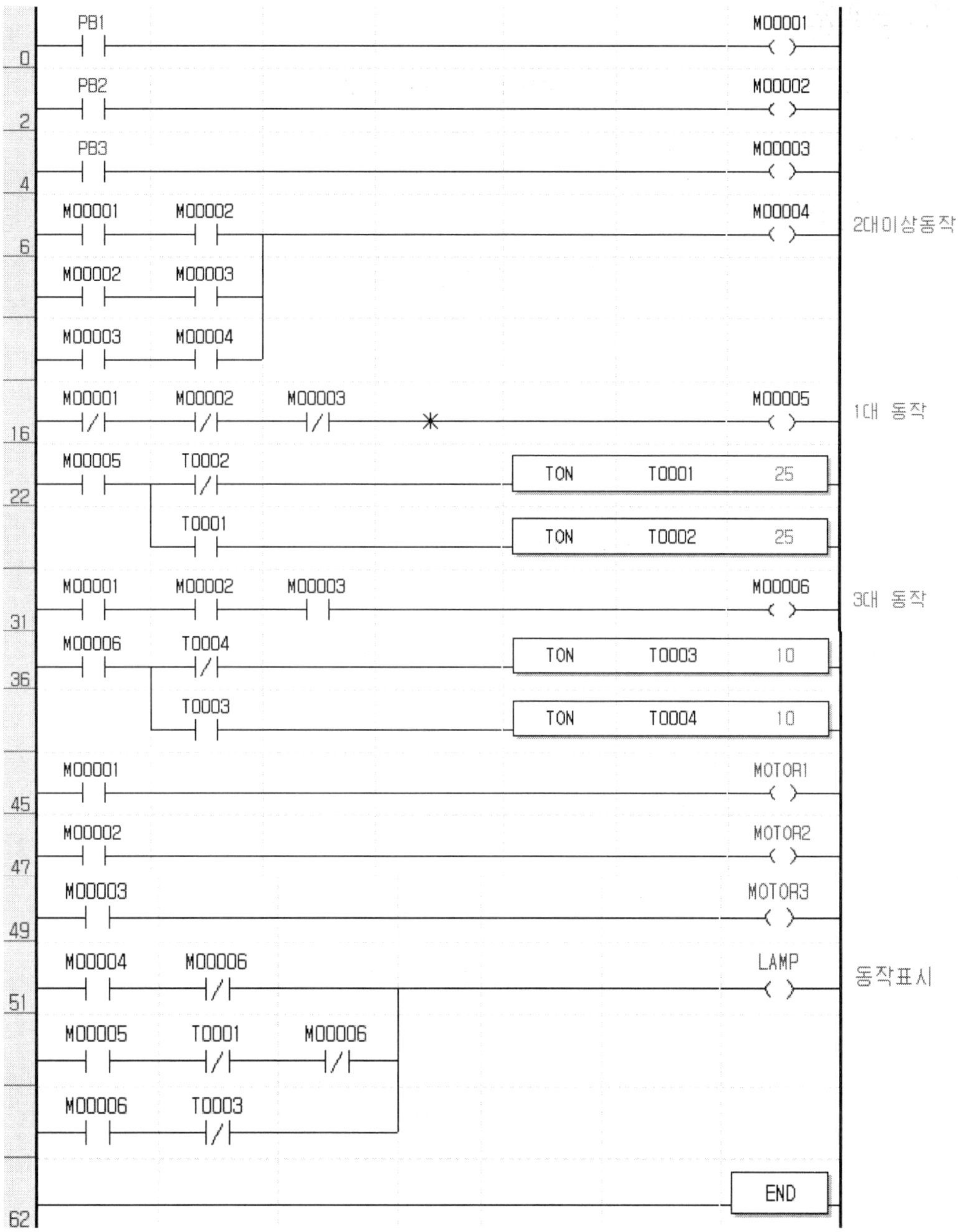
PB1
M00001
0
PB2
M00002
2
PB3
M00003
4
M00001 M00002
M00004
2대이상동작
6
M00002 M00003
M00003 M00004
M00001 M00002 M00003
M00005
1대 동작
16
M00005 T0002
TON T0001 25
22
T0001
TON T0002 25
M00001 M00002 M00003
M00006
3대 동작
31
M00006 T0004
TON T0003 10
36
T0003
TON T0004 10
M00001
MOTOR1
45
M00002
MOTOR2
47
M00003
MOTOR3
49
M00004 M00006
LAMP
동작표시
51
M00005 T0001 M00006
M00006 T0003
END
62

예제 한 개의 복동실린더의 자동왕복제어

(1) 동작설명

① 한 개의 복동실린더를 양솔로 자동왕복 제어한다.

② PBS를 ON하면 동작은 A+ A− 동작한다.

(2) 공압회로

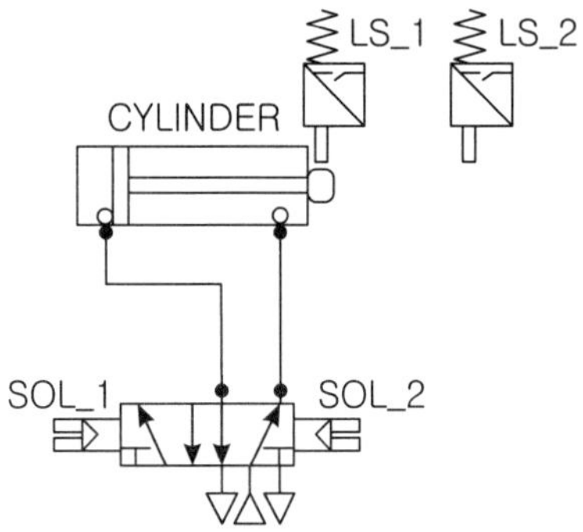

(3) 전기회로

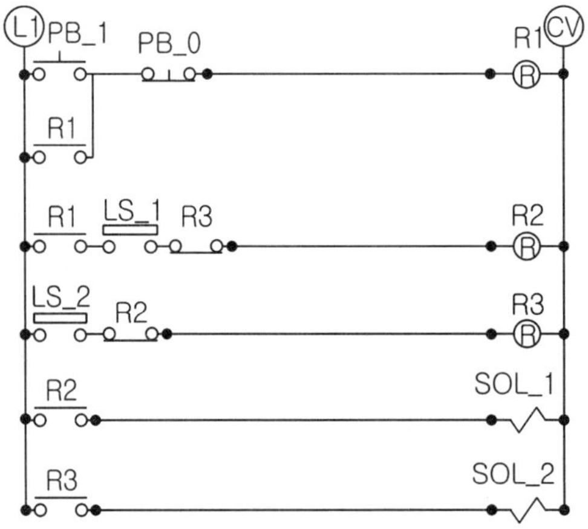

(4) PLC 프로그램

① 주소할당

변수	디바이스	설명문
PB_1	P00001	START
PB_0	P00000	STOP
LS_1	P00002	하단검출
LS_2	P00003	상단검출
SOL_1	P00020	SOL_1 VALVE
SOL_2	P00021	SOL_2 VALVE

② 프로그램 1

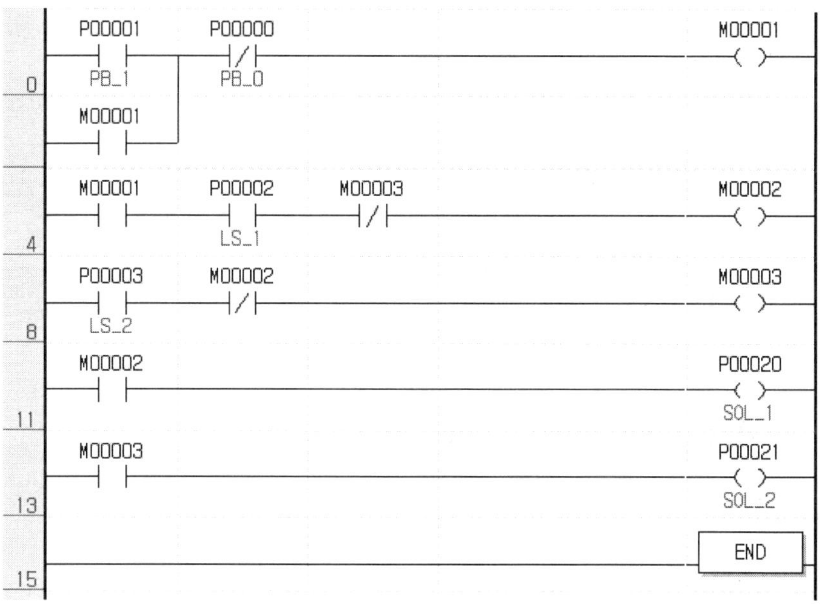

③ 프로그램 2

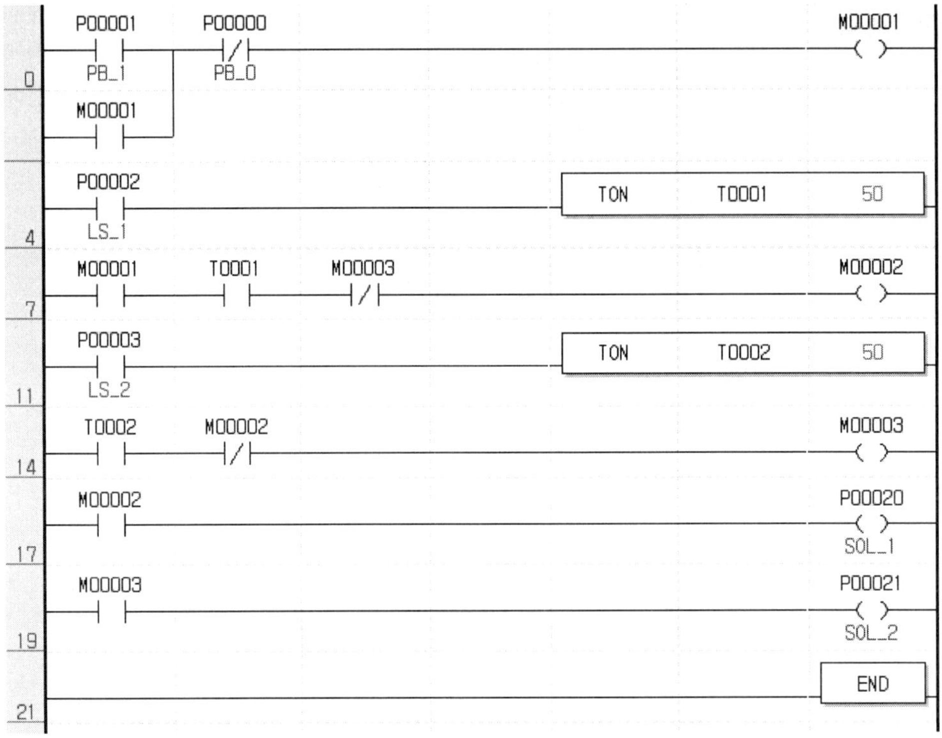

예제 두 개의 복동실린더의 지동왕복제어

(1) 동작설명

① 두개의 복동실린더를 편솔과 양솔로 각각 제어한다.

② PBS를 ON하면 동작은 A+ B+ B− A− 동작한다.

(2) 주소할당

변수	디바이스	설명문
LS_1	P00002	A-(SYL_1하단)
LS_2	P00003	A+(SYL_1상단)
PB_0	P00000	STOP
PB_1	P00001	START
SOL_1	P00020	SOL_1 VALVE
SOL_2	P00021	SOL_2 VALVE
LS_3	P00004	B-(SYL_2하단)
LS_4	P00005	B+(SYL_2상단)

(3) 공압회로

(가) 편솔

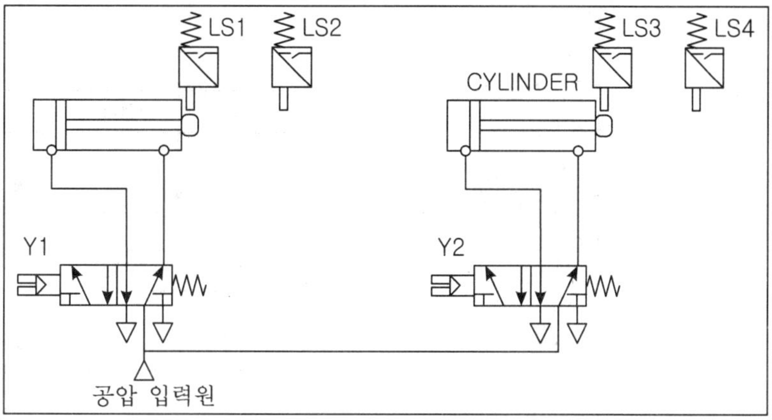

(나) 양솔

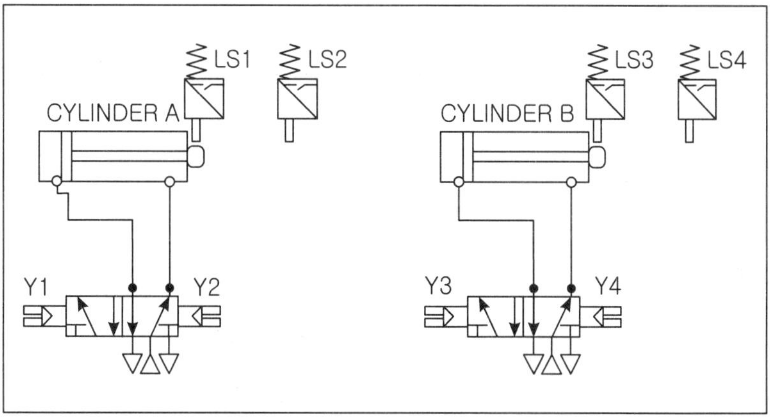

(4) 전기회로

(가) 편솔

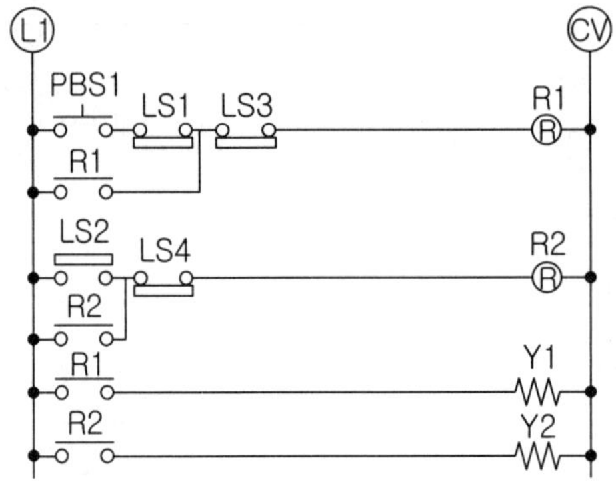

<PLC 회로>

SET S를 사용하면 다음과 같다.

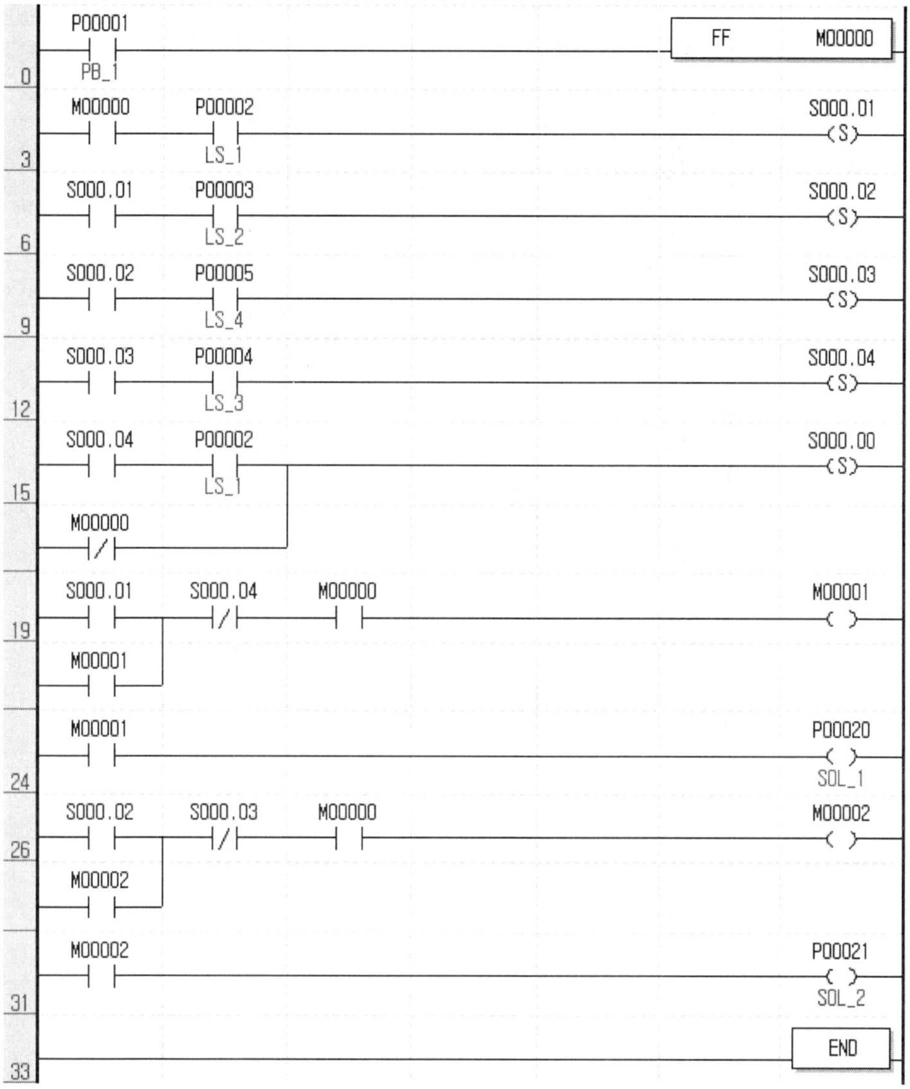

(나) 양솔

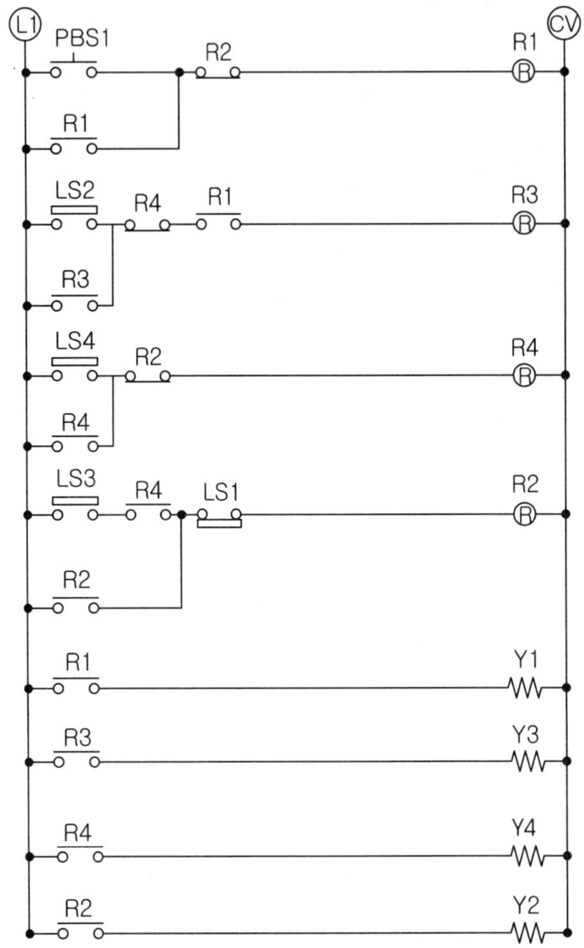
L1
CV
PBS1
R2
R1
R1
LS2
R4
R1
R3
R3
LS4
R2
R4
R4
LS3
R4
LS1
R2
R2
R1
Y1
R3
Y3
R4
Y4
R2
Y2

<PLC 회로>

SET S를 사용하면 다음과 같다.

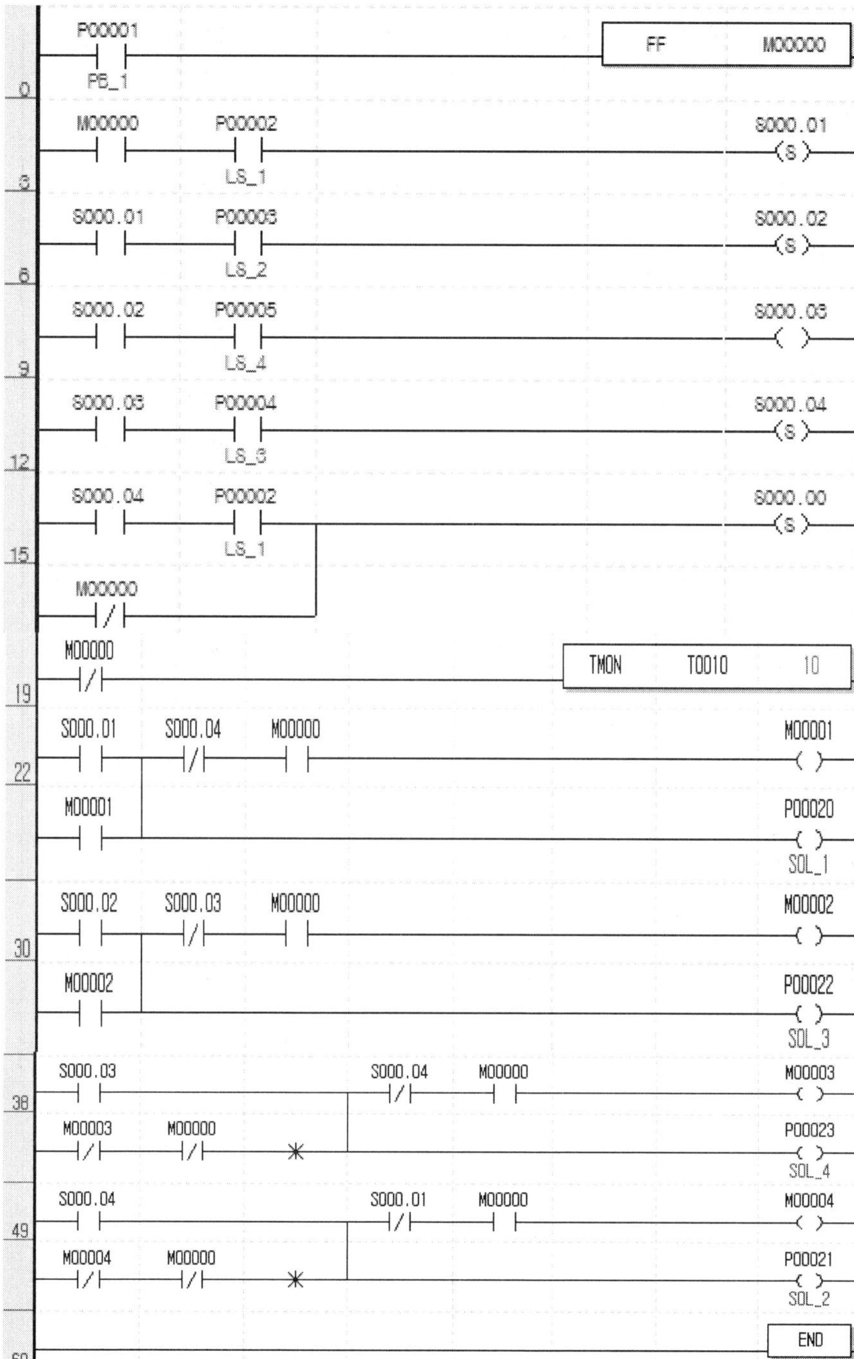

(5) 프로그램

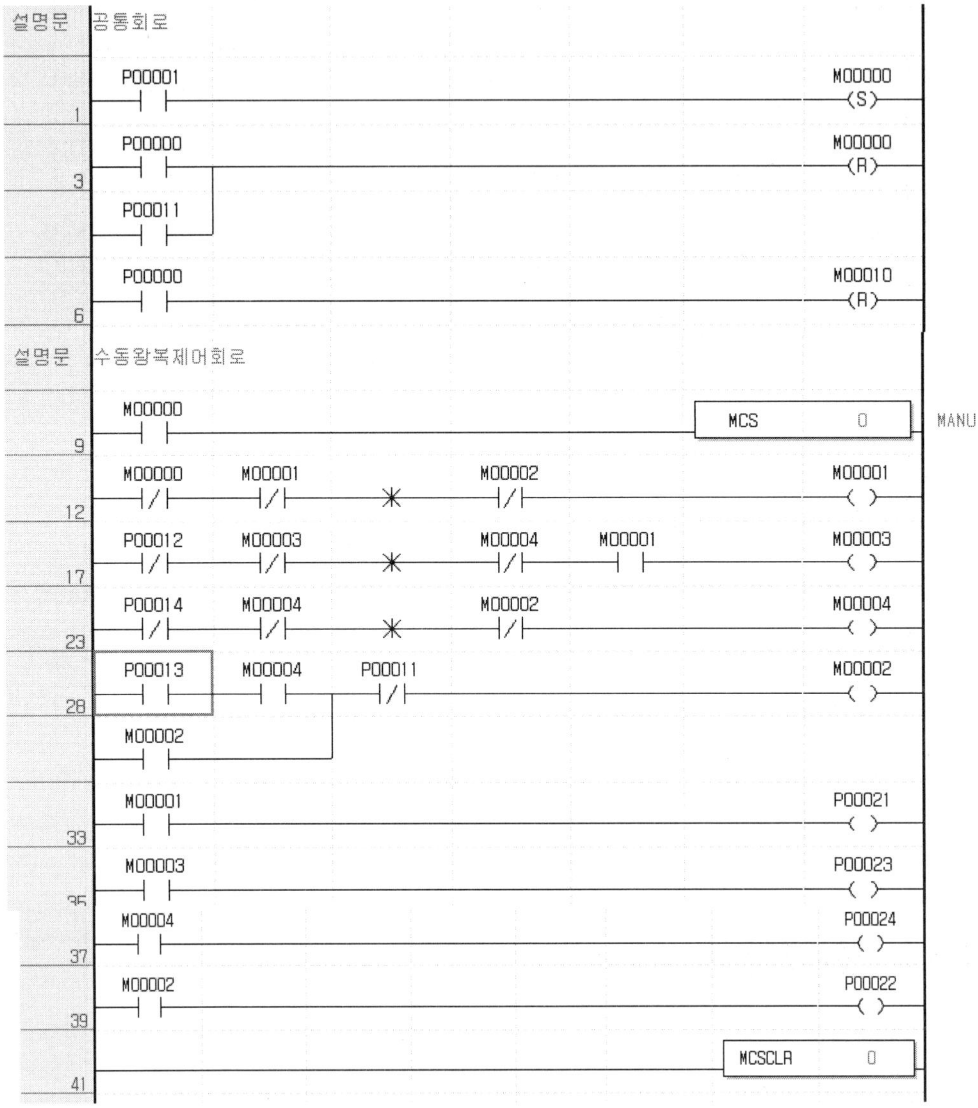
설명문 공통회로
P00001
M00000
(S)
1
P00000
M00000
(R)
3
P00011
P00000
M00010
(R)
6
설명문 수동왕복제어회로
M00000
MCS 0
MANU
9
M00000
M00001
M00002
M00001
12
P00012
M00003
M00004
M00001
M00003
17
P00014
M00004
M00002
M00004
23
P00013
M00004
P00011
M00002
28
M00002
M00001
P00021
33
M00003
P00023
M00004
P00024
37
M00002
P00022
39
MCSCLR 0
41

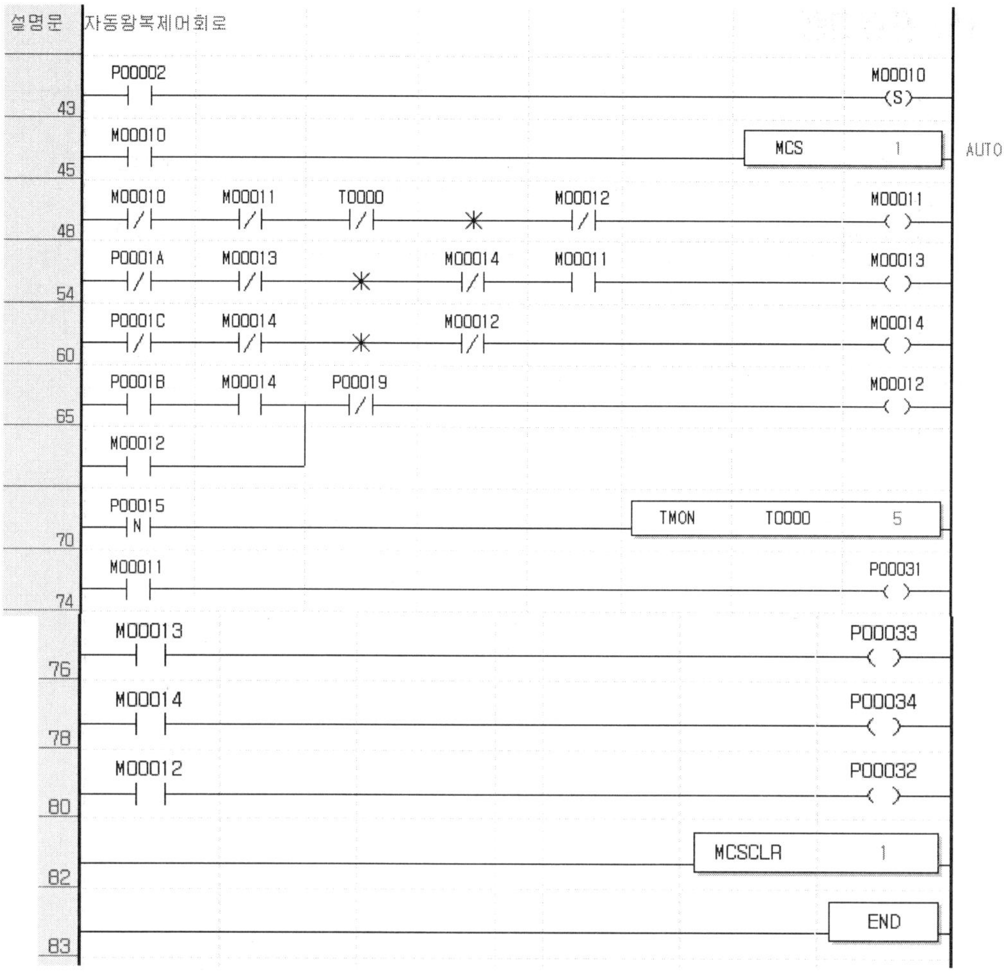

4.5.2 셋(SET)

오퍼랜드	설 명	데이터 타입
D	On 상태를 유지시키고자 하는 접점/워드 디바이스의 비트 접점	BIT

(1) 셋(SET)

① 입력조건이 On되면 지정출력 접점을 On상태로 유지시켜 입력이 Off되어도 출력이 On상태를 유지한다. 지정출력 접점이 워드 디바이스의 비트접점이라면 해당 비트를 1로 셋(SET)한다.

② 셋(SET) 명령으로 On된 접점은 RST 명령으로 Off시킬 수 있다.

③ 셋(SET) Syy.xx에 대한 설명은 4.6.1 순차후입 우선 명령을 참조한다.

(2) 프로그램 예제

① 입력 P00000이 Off/On시 P00030, P00031의 상태를 확인하는 프로그램

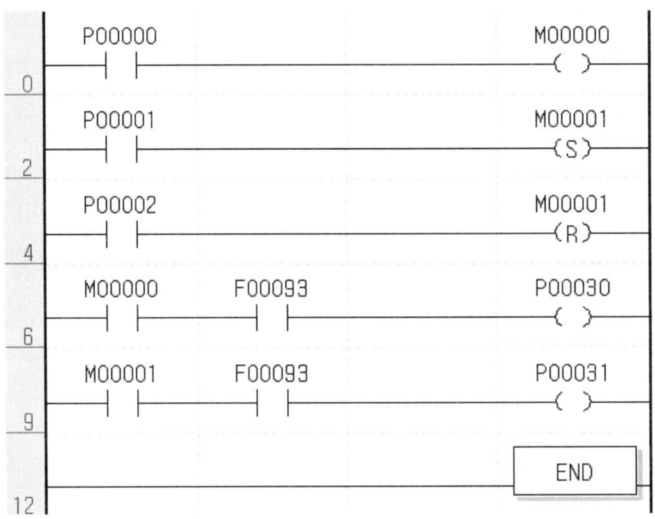

4.5.3 RST

(1) RST(리셋)

오퍼랜드	설 명	데이터 타입
D	On 상태를 유지시키고자 하는 접점/워드 디바이스의 비트 접점	BIT

① 입력조건이 On되면 지정출력 접점을 Off상태로 유지시켜 입력이 Off되어도 출력이 Off상태를 유지한다. 지정출력 접점이 워드 디바이스의 비트접점이라면 해당 비트를 0으로 한다.

(2) 프로그램 예제

① 입력조건이 P00000이 On/Off 하였을 때 P00060/P00021의 출력 상태를 확인하고 P00021 출력을 Off시키는 프로그램

예제 정전대책에 대하여

P와 K 영역의 차이점, 셋(SET)/리셋(RST) 동작에 대하여

① 입출력 릴레이(P)와 킵릴레이(K)의 차이점 다음 시퀀스는 모두 자기유지회로를 가지며 동작은 동일하다. 그러나 출력이 On중에 정전되면 복전시의 출력상태는 다르다.

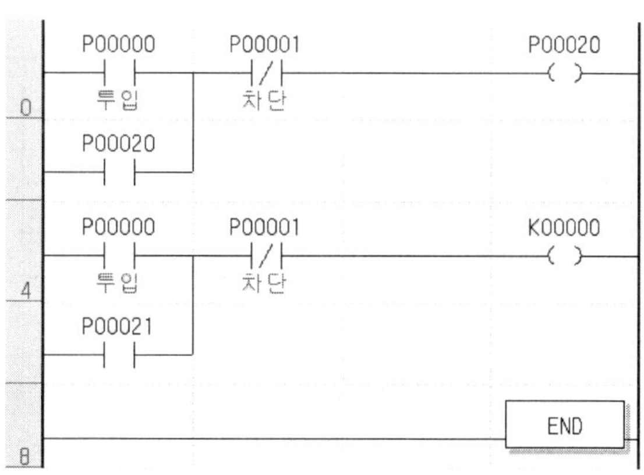

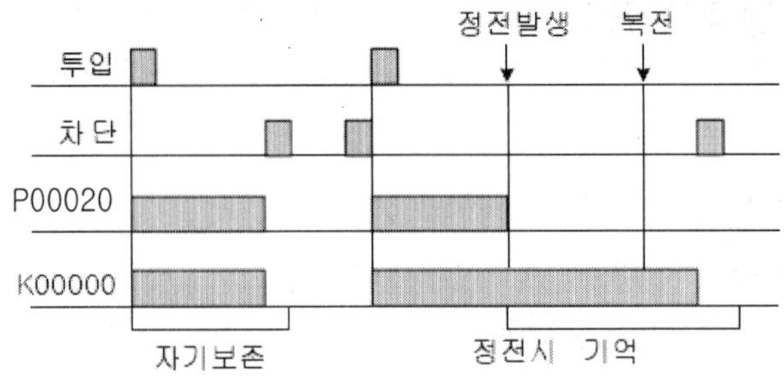

② 셋(SET)/리셋(RST) 명령에서 입출력 릴레이(P)와 킵 릴레이(K) 영역동작의 차이점 셋/리셋 명령은 자기유지기능을 갖고 있기 때문에 출력이 1회 셋(SET) 되면 "차단" 입력이 들어 올 때까지 그 상태가 계속된다. 그러나 입출력 릴레이(P) 영역과 킵 릴레이(K) 영역의 차이점에 의해, 복전시의 동작이 다르다.

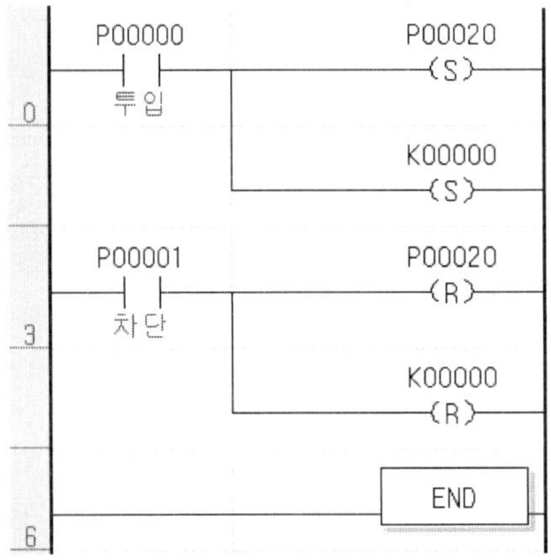

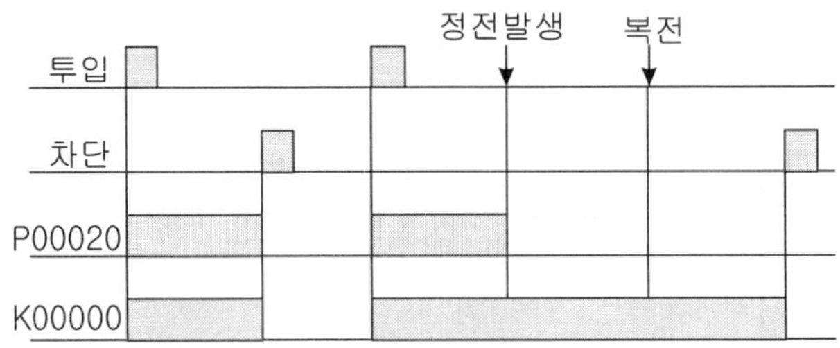

예제 팔레트 승강대 제어

(1) 동작설명

① 1번 컨베이어는 S1에 의해 동작하고, 경사 롤러를 내려온 화물은 1번 컨베이어에서 2번 컨베이어 방향으로 이동한다.

② 화물이 이송하여 S2가 ON되면, 1번 컨베이어는 정지하고, 팔레트 승강대는 상승한다.

③ 상승한 팔레트 승강대가 S4를 ON시키면 팔레트 승강대는 정지하고, 1번과 2번 컨베이어가 동시에 동작한다.

④ 화물이 S5를 ON시, 두 컨베이어는 멈추고, 팔레트는 하강하여 S3가 ON시 멈춘다.

(2) 주소할당

변수	디바이스
S1	P00001
S2	P00002
S3	P00003
S4	P00004
CONVEYOR_1	P00021
CONVEYOR_2	P00022
PALETTE_상승	P00023
PALETTE_하강	P00024
초기상태_보조	M00000
단계1_보조	M00001
단계2_보조	M00002
단계3_보조	M00003
단계4_보조	M00004

(3) 모형도

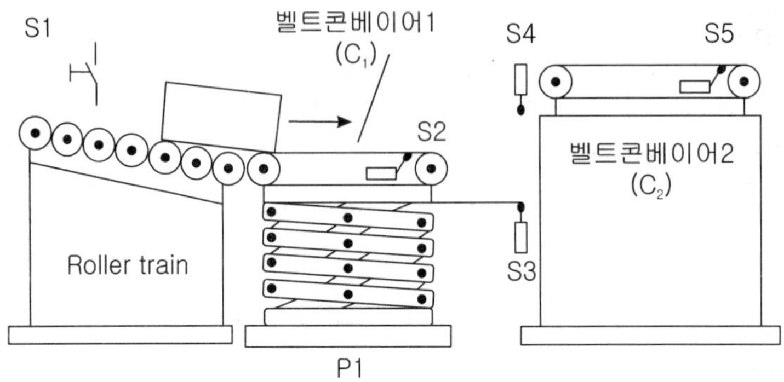
S1
벨트콘베이어1
(C1)
S4
S5
S2
벨트콘베이어2
(C2)
Roller train
S3
P1

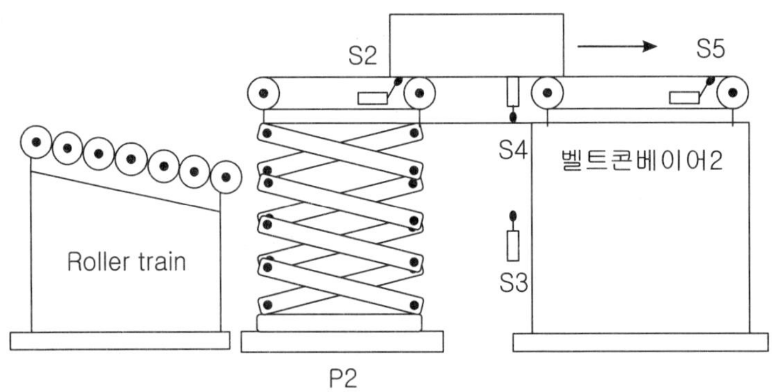
S2
S5
S4
벨트콘베이어2
Roller train
S3
P2

(4) 프로그램

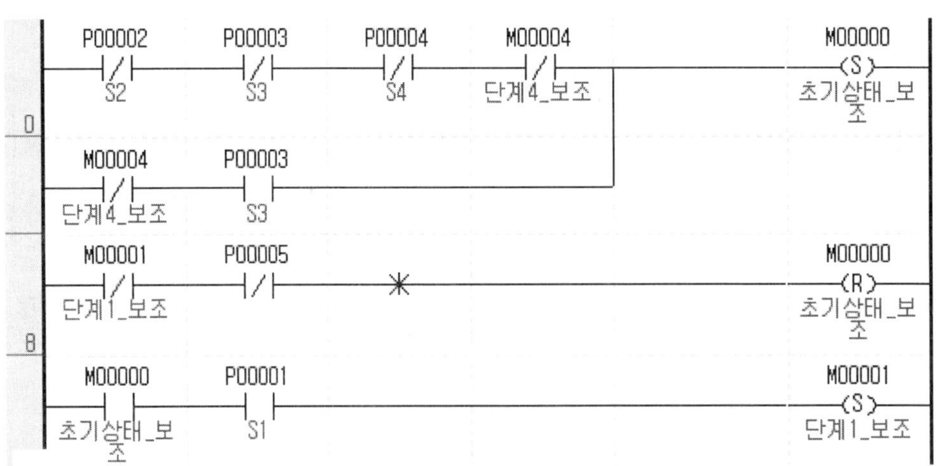
0
P00002
S2
P00003
S3
P00004
S4
M00004
단계4_보조
M00000
S
초기상태_보조
M00004
단계4_보조
P00003
S3
M00001
단계1_보조
P00005
M00000
R
초기상태_보조
8
M00000
초기상태_보조
P00001
S1
M00001
S
단계1_보조

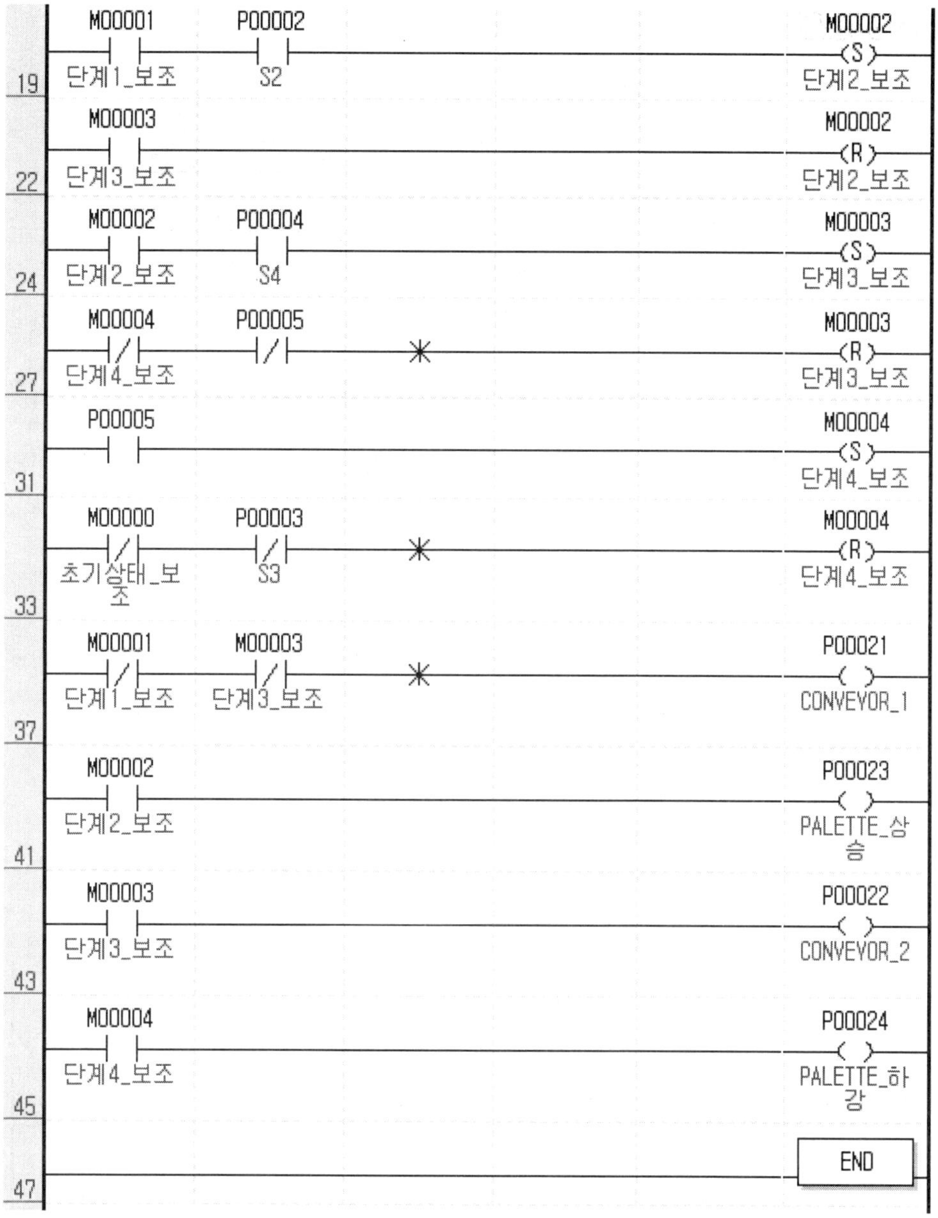
19
M00001
단계1_보조
P00002
S2
M00002
(S)
단계2_보조
22
M00003
단계3_보조
M00002
(R)
단계2_보조
24
M00002
단계2_보조
P00004
S4
M00003
(S)
단계3_보조
27
M00004
단계4_보조
P00005
M00003
(R)
단계3_보조
31
P00005
M00004
(S)
단계4_보조
33
M00000
초기상태_보조
P00003
S3
M00004
(R)
단계4_보조
37
M00001
단계1_보조
M00003
단계3_보조
P00021
CONVEYOR_1
41
M00002
단계2_보조
P00023
PALETTE_상승
43
M00003
단계3_보조
P00022
CONVEYOR_2
45
M00004
단계4_보조
P00024
PALETTE_하강
47
END

4.5.4 FF

오퍼랜드	설 명	데이터 타입
D	비트 디바이스의 접점/워드 디바이스의 비트 접점	BIT

(1) FF

① 비트 출력 반전 명령으로 입력접점이 Off/On으로 될 때, 지정된 디바이스의 상태를 반전시킨다.

(2) 프로그램 예제

① 입력접점 P00000이 Off→n으로 변경될 때마다, P00020의 출력상태가 반전되는 프로그램

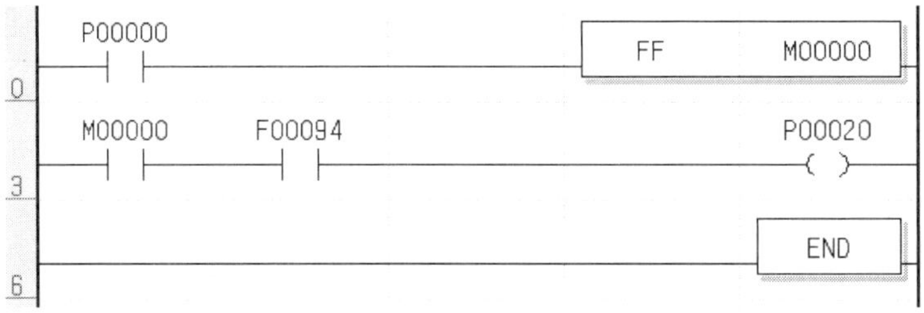

② P00000를 ON할 때마다 P00020상태를 반전한다. 위 프로그램은 비트반전 응용 명령어 FF를 이용하면 간단하다.

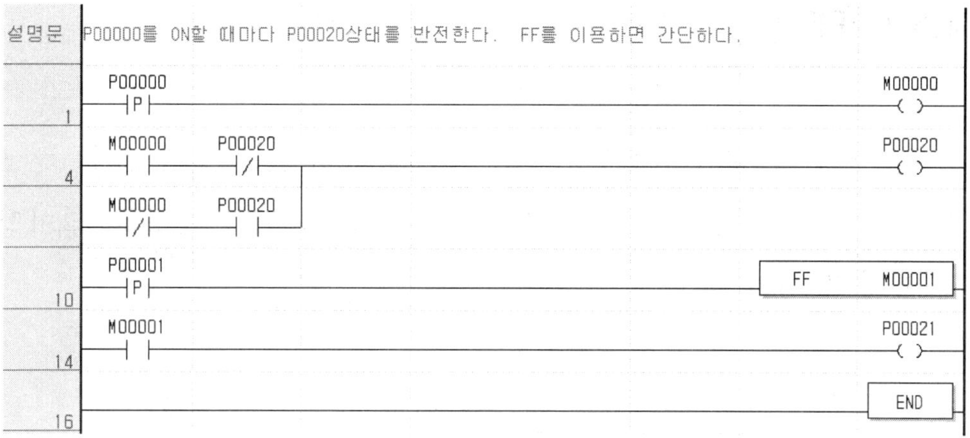
설명문
P00000를 ON할 때마다 P00020상태를 반전한다. FF를 이용하면 간단하다.
1
P00000
P
M00000
4
M00000
P00020
P00020
M00000
P00020
10
P00001
P
FF
M00001
14
M00001
P00021
16
END

第十章(제10장) 善喩:和易思(선유:화이사)

君子旣知敎之所由興(군자기지교지소유흥) :

이와 같이 군자는 교육을 흥하게 하는 이유가 어떤 것으로 말미암은 것인지 이미 알고 있고

又知敎之所由廢(우지교지소유폐) :

또한 교육을 피폐하게 하는 원인을 이미 알고 있으므로

然後可以爲人師也(연후가이위인사야) :

그리(교육의 흥폐이유를 앎)된 연후에야 비로소 타인들을 가르치는 스승이 될 수 있는 것이다.

故君子之敎喩也(고군자지교유야) :

그러므로 군자는 학생들이 장차 가야할 큰 길을 가르쳐 깨닫게 하고(喩 : 깨우칠/깨달을)

道而弗牽(도이불견) :

학문의 큰 길을 안내하되 무리하게 끌고 가지 않으며(牽:끌/강요할/구애)

强而弗抑(강이불억) :

스승의 권위를 강압적으로 세우고 학생들을 몰아부쳐 억지논리를 강요 않고

開而弗達(개이불달) :

학문의 길을 열어주되 바로 통달키를 바라지 않고 스스로 깨닫기를 기다리며

道而弗牽則和(도이불견칙화) :

학문의 길을 안내하되 무리하게 끌지 않음으로서 학생 스스로 학

문을 터득하여 조화롭게 성장해 가도록 잘 지도하며

强而弗抑則易(강이불억즉이) :

강요하거나 억지로 주입하지 않음으로서 학생들이 쉽게 학업을 진행토록 하며

開而弗達則思(개이불달칙사) :

학문의 길을 열어 주지만 목표에 도달하지 못하는 학생은 스스로 그 원인을 생각하고 연구하게 되는 것이다.

和易以思(화역이사) :

이와 같이 학문을 함에 있어 조화로움과 평화로움, 쉬움(용이 주도)과 사색케 하는, 이 삼자를 학생들에게 갖게 하는 스승이야말로

可謂善喩矣(가위선유의) :

소위 위대한 가르침과 큰 깨달음을 주는 참 스승이라 일컬을 수 있을 것이다.

※ 한 나라의 흥망성쇠(興亡盛衰)는 教學에 달려 있고, 教學의 成敗는 教育者에게 달려 있다. 교육은 全人과 全生을 통해 이뤄지는 것으로 어느 한 순간 한 부분으로 섣부르게 판단할 수 없는 것이다. 교육은 기다림인 것이다. 공장에서 상품을 찍어 내듯이 학교에서 동일한 인간상품을 배출하려고 해서는 안 되는 것이다. 같은 인재는 별로 쓸모가 없기 때문이다. 이런 교육은 재앙을 부를 것이다. 기둥으로 쓸 나무는 오랜 수령이 필요하듯이 사람 또한 그렇다. 인간은 상품과 달리 교육을 통해 서로 달라져야 하며, 이 다름과 차이로 인해 그 사람은 존재가치를 확장하고 삶의 보람도 찾을 수 있을 것이다.

4.6 순차후입 우선 명령

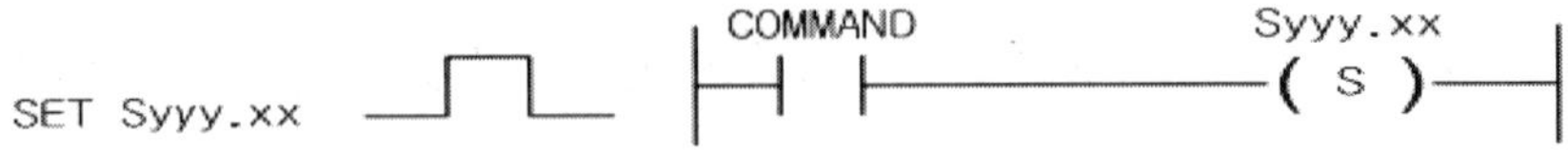

오퍼랜드	설 명	데이터 타입
Syyy.xx	S디바이스 접점으로, yyy는 조 번호를, xx는 스텝 번호를 나타낸다. 조 번호는 0~127까지, 스텝 번호는 0~99까지 사용 가능하다.	BIT

4.6.1 SET Syyy.xx

(1) 셋(SET) Syyy.xx(순차제어)

① 동일 조 내에서 이전 스텝번호가 On되어 있는 상태에서 현재 스텝번호의 입력접점이 On되면 현재 스텝번호가 On되고, 이전 스텝번호는 Off된다.

② 현재 스텝이 On되면 자기유지 되어 입력접점이 Off되어도 On상태를 유지한다.

③ 입력조건 접점이 동시 On되어도 한 조 내에서는 한 스텝번호만이 된다.

④ 초기 Run시 Syyy.00은 On되어 있다.

⑤ 셋(SET) Syyy.xx 명령은 Syyy.00의 입력 접점을 On시킴으로써 클리어 된다.

(2) 프로그램 예

① S001.xx조를 이용한 순차제어 프로그램

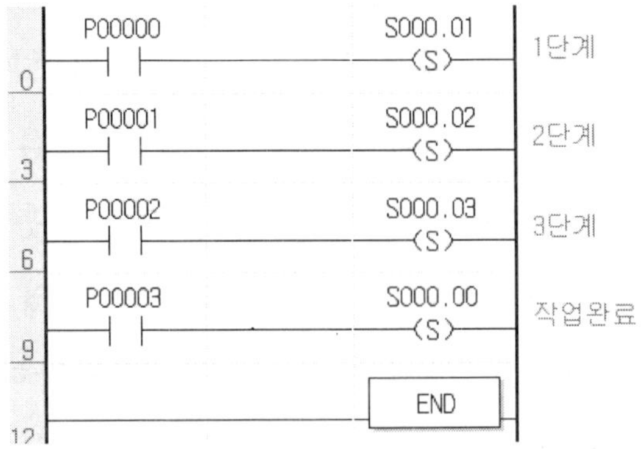

렁	스텝	명령어	OP 1 변수
0	0	LOAD	P00000
	1	SET	S000.01
1	3	LOAD	P00001
	4	SET	S000.02
2	6	LOAD	P00002
	7	SET	S000.03
3	9	LOAD	P00003
	10	SET	S000.00
4	12	END	

4.6.2 OUT Syyy.xx

오퍼랜드	설 명	데이터 타입
Syyy.xx	S디바이스 접점으로, yyy는 조 번호를, xx는 스텝 번호를 나타낸다. 조 번호는 0~127까지, 스텝 번호는 0~99까지 사용 가능하다.	BIT

(1) OUT Syyy.xx(후입우선)

① 셋(SET) Syyy.xx와는 달리, 스텝순서에 관계없이 입력접점이 On되면 해당 스텝이 ON된다.

② 동일 조 내에서 입력조건 접점이 다수가 On 하여도 오직 한 개의 스텝 번호만 On 한다. 이때, 나중에 프로그램된 것이 우선으로 출력된다.

③ 현재 스텝이 On되면 자기유지 되어 입력이 Off되어도 On된 상태를 유지한다.

④ OUT Syyy.xx 명령은 Syyy.00의 입력 접점을 On시킴으로써 클리어 된다.

(2) 프로그램 예제

S002조를 이용한 후입우선 제어 프로그램

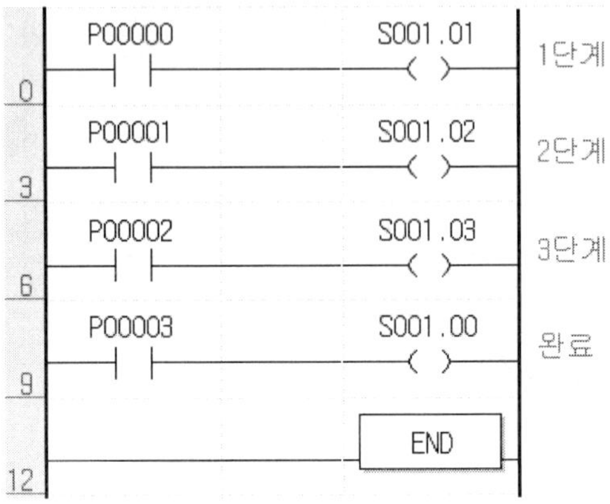

렁	스텝	명령어	OP 1 변수
0	0	LOAD	P00000
	1	OUT	S001.01
1	2	LOAD	P00001
	3	OUT	S001.02
2	4	LOAD	P00002
	5	OUT	S001.03
3	6	LOAD	P00004
	7	OUT	S001.00
4	8	END	

4.7 종료 명령

4.7.1 END

(1) END

① 프로그램 종료를 표시한다.

② END 명령 처리 후 0000 스텝으로 돌아가 처리한다.

③ END 명령은 반드시 프로그램의 마지막에 입력해야 한다. 입력하지 않으면

'오류 E4000 : END명령어가 존재하지 않는다.' 에러가 발생한다.

예제 수위제어

(1) 동작설명

고수위/중수위/저수위 3개의 센서가 설치된 탱크에 두 대 펌프를 이용하여 고수위~저수위 사이를 제어한다. 저수위 센서가 감지되었을 때 두 대의 펌프 모두 가동을 하고, 중수위 센서가 감지되면 1대의 펌프만 가동한다. 고수위 센서가 감지되면 모든 펌프는 정지한다. 중수위 때 두 펌프는 교대로 운전된다.

(2) 모형도

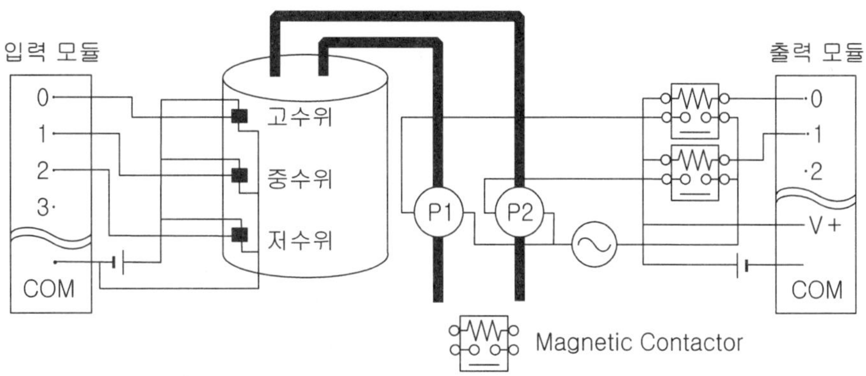

(3) 프로그램

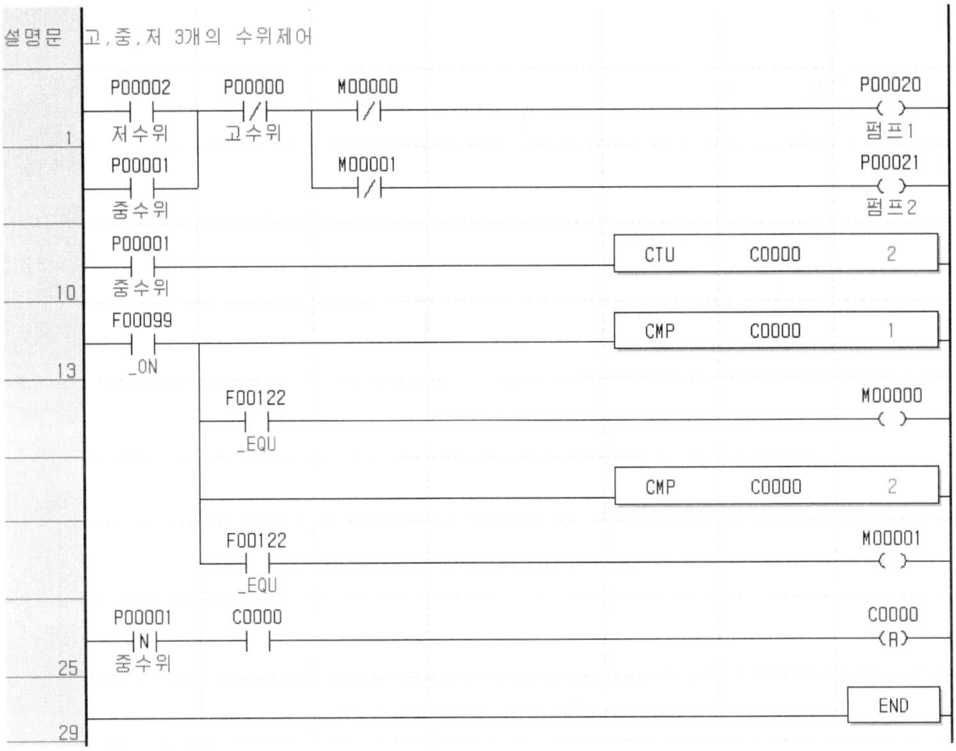

※ 스캔이란?

입력 리프레시→사용자 프로그램 실행→자기진단→출력 리프레시가 1스캔이다.

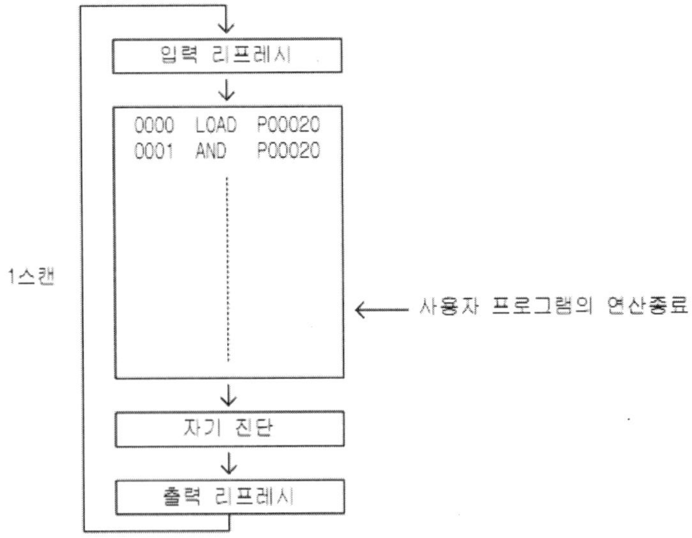

4.8 무처리 명령

(1) NOP

① 무처리(No Operation)명령은 해당 프로그램의 연산결과에 영향을 안 준다.

② 니모닉 프로그램에서만 사용되는 명령어이다.

③ NOP 사용 목적은 시퀀스 프로그램의 디버깅용이며 일시적으로 스텝수를 유지하면서 명령어를 제거하기 위해 사용된다.

(2) 프로그램 예제

① NOP 명령을 사용한 IL(Instruction List) 프로그램을 래더 프로그램으로 변경하면 스텝수가 증가해 있는 것을 알 수 있는 예제이다.

스텝	니모닉	오퍼랜드
0	LOAD	P00020
1	AND	P00021
2	NOP	
3	OUT	P00060
4	LOAD	P00022
5	OUT	P00061
6	END	

第十一章(제11장) 學者有四失(학자유사실)

學者有四失(학자유사실) :

배우는 사람에게는 유념하고 없애야할 단점(결함)이 네 가지가 있는데,

敎者必知之(교자필지지) :

가르치는 사람은 반드시 없애야할 이 단점을 알고 가르쳐야 한다.

人之學也(인지학야) :

사람들이 배움에 있어 다음과 같은 네 가지의 폐단을 갖고 있다.

或失則(於)多(혹실즉다) :

혹자들은 자신을 과대평가하여 너무 많은 것을 배우려고 설쳐대다가 하나도 제대로 터득하지 못하고 다 잃어버리는 결함(어리석음)을 갖고 있으며,

或失則寡(혹실즉과) :

혹자들은 배우고자 하는 것을 너무 적게 잡는 등 자신을 과소평가하여 자기능력을 다 개발하지 못하는 결함(어리석음)을 갖고

或失則易(혹실즉이) :

혹자들은 너무 쉬운 단편적인 것만 배우는데 만족하여 전체적이고 포괄적인 학문의 윤곽을 잡지 못하는 결함(어리석음)을 갖고

或失則止(혹실즉지) :

혹자들은 광대한 학문과 지식의 세계를 너무 협소한 것에 한정함으로서 편협함과 옹졸함에 그치는 결함(어리석음)을 갖는다.

此四者(차사자) :

이상의 다(多), 과(寡), 이(易), 지(止)의 네 가지 단점은

心之莫同也(심지막동야) :

배우는 자들이 배움에 임하는 자세가 학문과 부합되지 않은 마음과 기질에서 오는 것이므로(莫 : 없을, 저물)

知其心(지기심) :

스승 된 자는 배우는 자들의 마음과 기질을 알고, 그 특성을 파악하여 그들의 심신을 치유한 후에 각자의 성향에 따라 가르치도록 유념해 지도해야 한다.

然後能救其失也(연후능구기실야) :

그런 연후에야 스승은 학생들의 결점을 보완해 줄 수 있고, 그들을 결함의 굴레에서 구출해 정상적인 학문의 세계로 나가게 할 수 있을 것이다.

教也者(교야자) :

스승이 학생들을 가르고 지도한다는 것은

長善而救其失者也(장선이구기실자야) :

학생들의 좋은 점을 조기에 발견하여 키워주고 결함을 보완해 줌으로서, 길을 잃고 방황할 수 있는 상황에서 그들을 구해주는 것이다.(올바르고 건강한 배움과 학문의 길을 가도록 하는 것이다.)

※학문과 교육의 정상화를 위해서는 교육자와 교육당국은 통렬한 자기반성이 필요하다. 즉 교육자와 교육당국은 大悟覺醒(대오각성)해야 한다. 교육의 성패는 교육자와 교육당국에 달려 있기 때문이다. 교육자가 교육에 대해 책임지기 위해서는 교육자의 자질과 능력을 먼저 갖춰야 한다. 어떤 면에서 보면 교직은 종교지도자(승려, 목사, 신부 등)보다 더 성스러운 직이다. 교직은 참다운 인생의 안내자이기 때문이다. 교육자와 교육당국은 그 사회와 국

가의 바로미터이다. 이를 위해 국가와 사회는 교육자를 교육자답게 바르게 양성하고 바르게 대우해야 한다.

4.9 타이머 명령

4.9.1 타이머의 특징

(1) 기본적인 특징

① 4가지 종류(0.1ms : XGB는 지원안함, 1ms, 10ms, 100ms)의 타이머가 있다. 기본 파라미터에서 각 타이머 번호에 따른 시간 설정을 할 수 있다.

② 타이머는 그 동작특성에 따라 다음과 같이 5개의 명령어가 존재한다.

명령어	명칭	동작 특성
TON	On 딜레이 타이머	입력조건이 On되면, 타이머 접점 출력 Off, 타이머 현재값이 설정값에 도달했을 때 타이머 접점 출력 On
TOFF	Off 딜레이 타이머	입력조건이 On되면, 현재값은 설정값이 되고 타이머 접점 출력 On, 현재값이 감소되어 0이 되면 타이머 접점 출력 Off
TMR	적산 타이머	입력조건이 Off되어도 현재값 유지 누적된 타이머 값이 설정값에 도달하면 타이머 접점 출력 On
TMON	단안정 타이머	입력조건이 On되면, 현재값은 설정값이 되고 타이머 접점 출력 On, 타이머 입력조건이 Off되어도 계속 현재값 감소. 0이 되면 접점 출력 Off
TRTG	재 트리거 타이머	단안정 타이머와 같은 기능이지만 현재값이 감소하고 있을 때 타이머에 재입력되면 현재값은 다시 설정값이 되어 동작함.

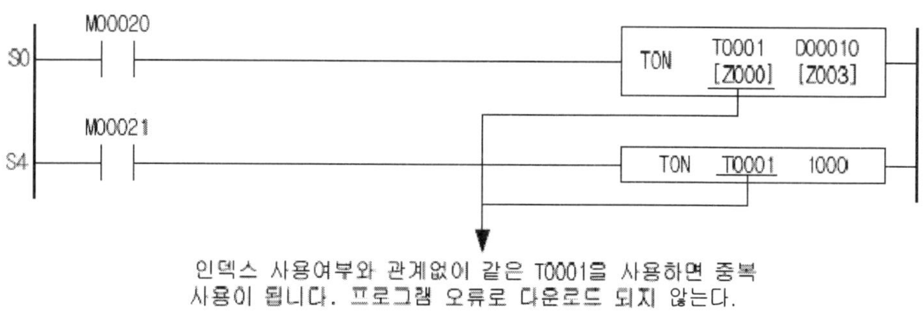

③ 타이머 종류에 관계없이 모두 XGK는 2,048개, XGB는 256개의 타이머를 사용 할 수 있고, 설정할 수 있는 값의 범위는 0~65,535까지이다. 같은 타이머 번호의 중복사용은 불가능하다. 인덱스 사용여부와 관계없이 같은 타이머 번호

를 사용하면 중복사용으로 처리되어 프로그램을 다운로드 할 수 없다.

④ 타이머 값 설정가능 디바이스(사용 가능 오퍼랜드)는 정수, P, M, K, U, D, R 등이며, 인덱스 기능을 사용할 수 있다. 단, 이때 사용가능한 인덱스 범위는 Z0~Z3이다.

⑤ 타이머를 리셋시키기 위해서는 입력접점을 Off시키는 방법과 리셋 코일을 사용하는 방법이 있다. 리셋코일이 On동안에는 타이머가 동작하지 않는다.

⑥ 타이머를 리셋시키기 위해 리셋명령을 사용할 경우, 반드시 사용된 타이머 형태와 같은 형태로 입력해야 한다. 즉, 아래 프로그램과 같이 TON T0001[Z000] D00010[Z003]을 사용했다면, 리셋 코일에 사용되는 타이머 형태는 T0001[Z000]이여야 한다. 그렇지 않을 경우에는 XG5000에서 프로그램 오류를 발생시키고 프로그램을 다운로드 하지 않는다.

⑦ 타이머는 END 명령 실행 후에 타이머의 현재값 갱신 및 접점을 On/Off한다. 따라서 타이머 명령어는 사용상의 오차가 발생할 수 있다. 이 부분에 대한 설명은 부록 2. 타이머의 계측방법과 정밀도를 참조한다.

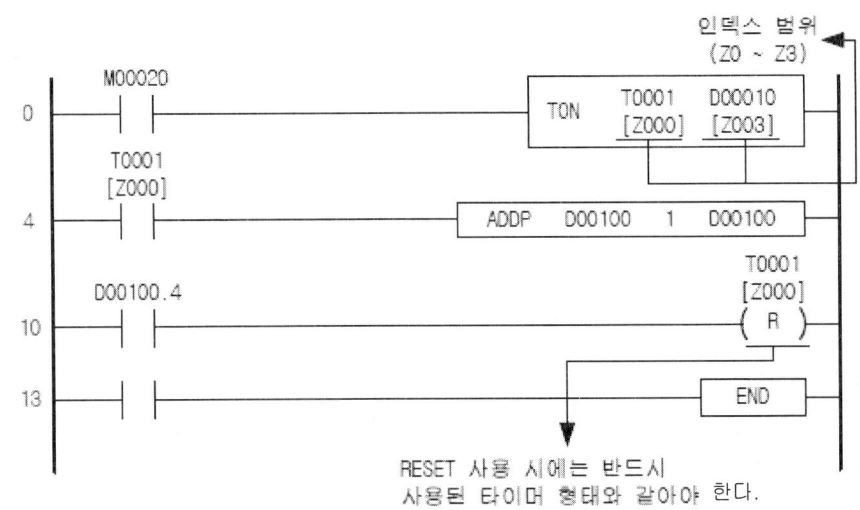

(2) 인덱스 기능(Z)

(가) 특징

① 인덱스 레지스터를 사용해서 디바이스를 설정하는 방법으로 시퀀스 프로그램에서 인덱스기능을 사용하면, 사용 디바이스는 직접 지정하는 디바이스 번호에

인덱스 레지스터의 값을 더한 위치를 가지게 된다. 예를 들어, P10[Z1]을 사용했을 경우, Z1의 내용이 5였다면, P(10+5)=P15가 사용대상이 된다.

② 인덱스 레지스터 Z0~Z127(128개)

③ 지정할 수 있는 값의 범위 : −32768~32767

④ 워드/비트 디바이스의 인덱스 기능

⑤ 간접지정에도 사용가능 : #D00100[Z12]

⑥ 인덱스 결과 영역 초과시 연산 에러 플래그(F110) SET한다. 기본 파라미터의 연산에러시 운전속행으로 설정되어 있을 경우 연산 에러 플래그가 셋(Set)되고 해당 명령어는 스킵 처리한다.

(나) 사용 가능 디바이스

① 비트 디바이스 : P, M, L, K, F, T, C

② 워드 디바이스 : U, D, R, N, T의 현재값, C의 현재값

예 MOV T1[Z1] D10 : Z1의 값이 5라면, T(1+5).. T6의 현재값을 D10으로 전송한다.

③ U 디바이스에 대한 인덱스 사용법 : U10.3[Z10]과 같이 슬롯 번호에는 인덱스를 사용할 수 없고 채널에만 인덱스 사용이 가능하다. 그러나 인덱스 값에 따라 다른 슬롯의 채널을 지정하는 것은 가능하다.

(다) 사용방법

① 사용하고자 하는 오퍼랜드 뒤에 [ ]을 이용하여 사용한다.

② 비트 디바이스의 경우 : 해당 명령어에 사용되는 오퍼랜드의 종류(비트/워드)에 따라 비트/워드 단위로 인덱스 처리한다.

예 1) LOAD P10[Z1] : 만약 Z1의 값이 5라면 LOAD P(10+5).. LOAD P15(비트)가 된다.

예 2) MOV P10[Z1] D10 : 여기서 P10은 워드를 의미하므로 P10[Z1]은 P(10+5)=P15 워드가 된다.

③ 워드 디바이스의 경우 : 워드 단위로만 인덱스 처리하고 절대 비트 단위 인덱스 처리는 불가능하다.

예 LOAD D10[Z1].5 : 만약 Z1의 값이 5라면, LOAD D(10+5).5.. LOAD D15.5가 된다.

주의) LOAD D10.5[Z1]과 같은 표현은 사용할 수 없다.

④ 인덱스 기능은 배열의 의미를 갖는 변수에서, 인덱스로 지정된 변수 값을 취하거나 인덱스로 지정된 변수에 값을 저장할 때 유용하게 사용할 수 있다.

※ 알기

① XGK의 경우 각 디바이스의 간접지정 가능한 범위는 다음과 같다.

P 영역, M 영역, L 영역, K 영역 : 각각 0~2047

D 영역 : 0~32767

R 영역 : 0~32767

ZR 영역 : 0~65535(기종에 따라 제한될 수 있음)

② 간접 지정한 디바이스의 값이 해당 디바이스의 영역을 벗어날 경우, 연산 에러 플래그(F110)가 셋(Set) 된다. 기본 파라미터의 연산 에러시 운전속행으로 설성뇌어 있을 경우 연산 에러 플래그가 셋(Set)되고 해당 명령어는 스킵처리하고, 연산 에러시 운전속행이 미설정으로 되어 있으면 연산에러 플래그는 셋(Set)되고 CPU 모듈은 에러가 발생함과 동시에 연산이 정지된다.

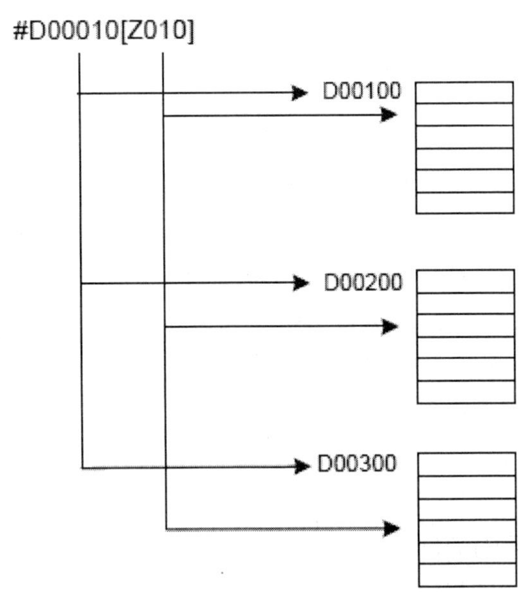

<프로그램>

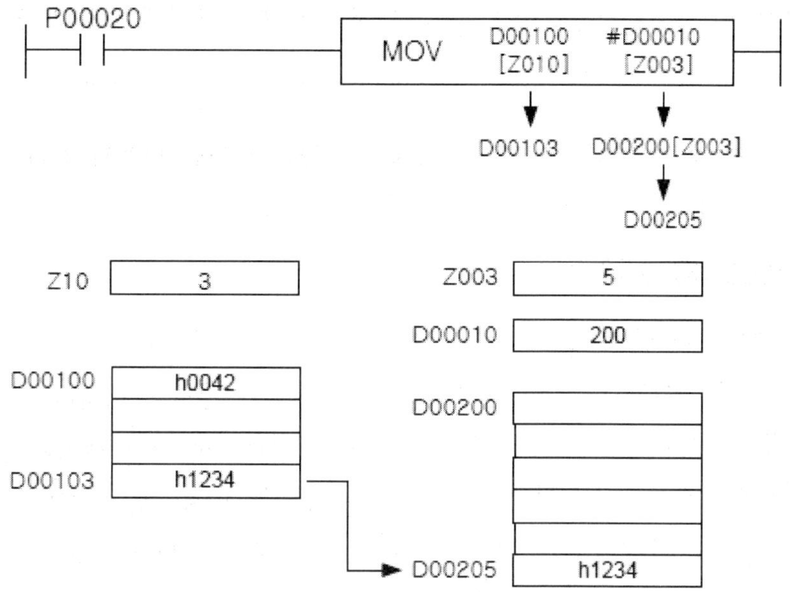

4.9.2 TON

오퍼랜드	설 명	데이터 타입
T	사용하고자 하는 타이머 접점	WORD
t	타이머의 설정치를 나타내고 정수나 워드 디바이스 지정 가능 설정시간=기본주기 (0.1ms : XGB는 지원안함, 1ms, 10ms, 100ms) x 설정치(t)	WORD

(1) TON(On 타이머)

① 입력조건이 On 되는 순간부터 현재치가 증가하여 타이머 설정시간(t)에 도달하면 타이머 접점이 On 된다.

② 입력조건이 Off 되거나 리셋(Reset)명령을 만나면 타이머 출력이 Off 되고 현

재값은 0이 된다.

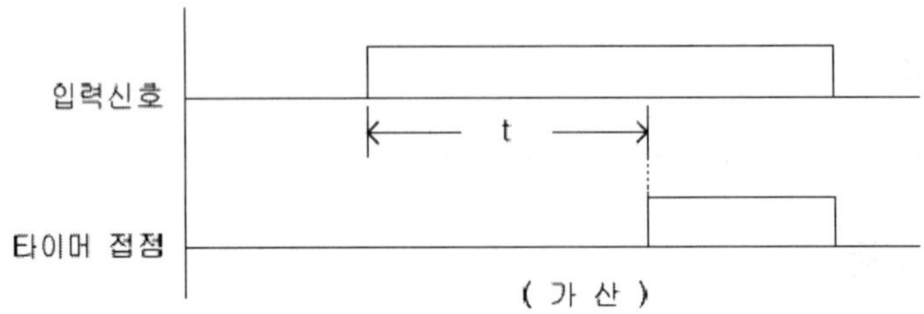

(2) 프로그램 예제

① P00020이 On한 후 20초 후인 타이머의 현재치와 설정치가 같을 때 T0097은 On이 되고, P00065가 On이 된다.

② 만약, 현재치가 설정치에 도달 전에 입력조건이 Off 되면 현재치는 0이 된다. P00000이 On되면 T0000의 현재치=설정치가 되면 P00020이 ON된다.

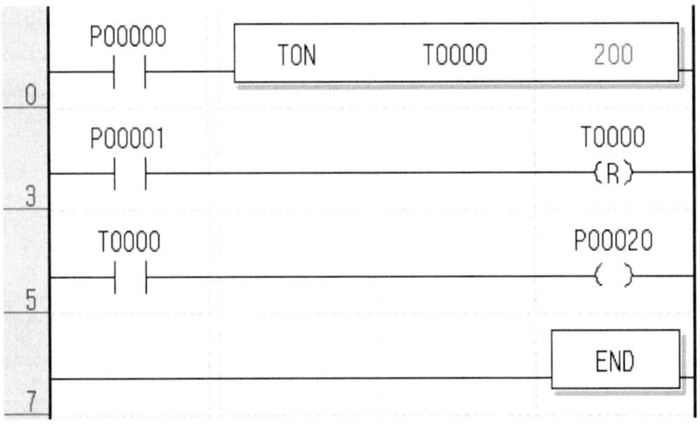

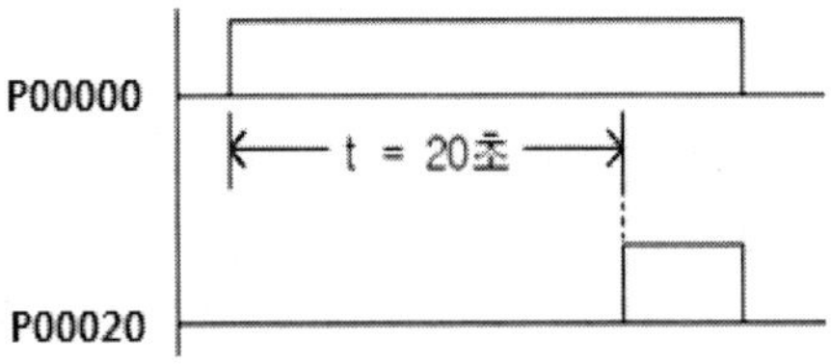

예제 플리커 회로_TON의 예제

(1) 동 작

타이머 2개를 사용하여 출력을 점멸시킨다.

(2) 타임차트

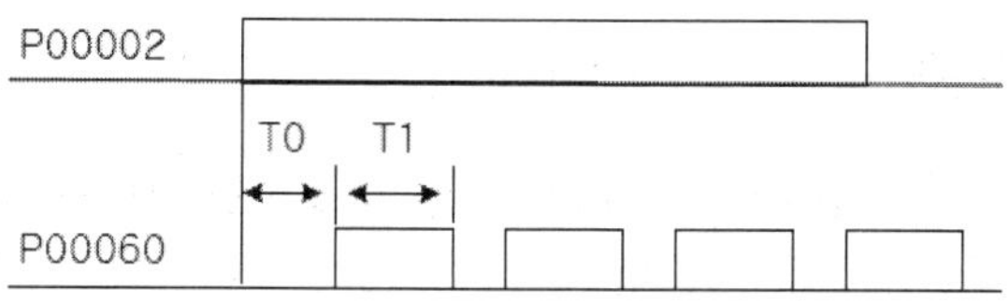

(3) 시스템도

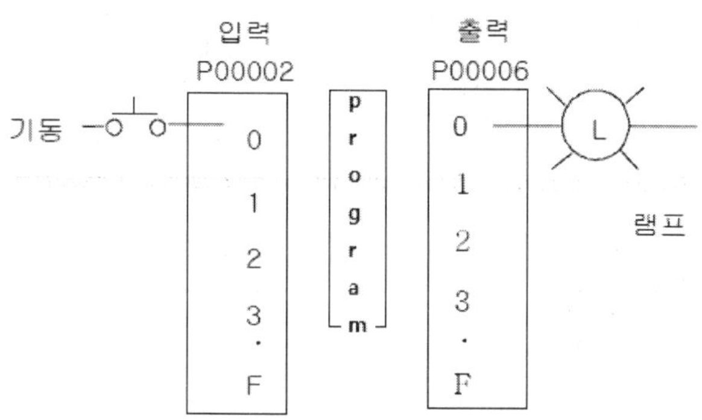

(4) 프로그램

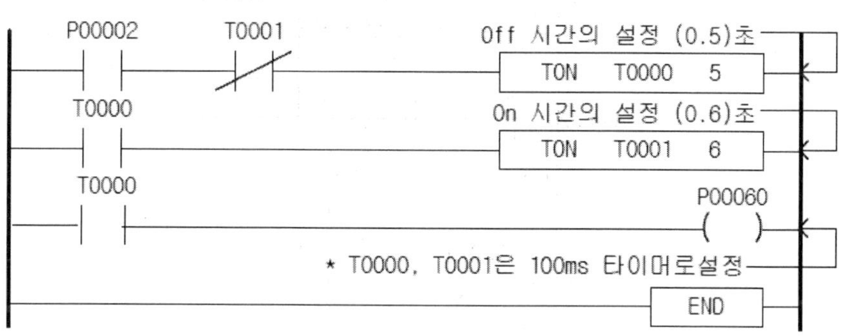

예제 이동 호이스트제어

(1) 동 작

① LS1의 동작위치 A에서 PB0를 ON하면 호이스트는 D방향으로 이동하여 작업을 시작하고, LS4가 ON되면 D의 위치에서 5초간 작업을 위해 정지한 후
② B위치로 이동하여 LS2가 ON되면 B의 위치에서 5초간 작업을 위해 정지한 후
③ C의 위치로 이동하여 LS3가 ON되면 C의 위치에서 5초간 작업을 위해 정지한 후, 최초위치 A로 복귀하여 LS1이 ON되면 운전을 완료한다.
④ 운전 중 PB1을 ON하면 호이스트는 비상정지한 후, 수시로 PB2를 ON하면 호이스트는 A위치로 복귀한다.

(2) 모형도

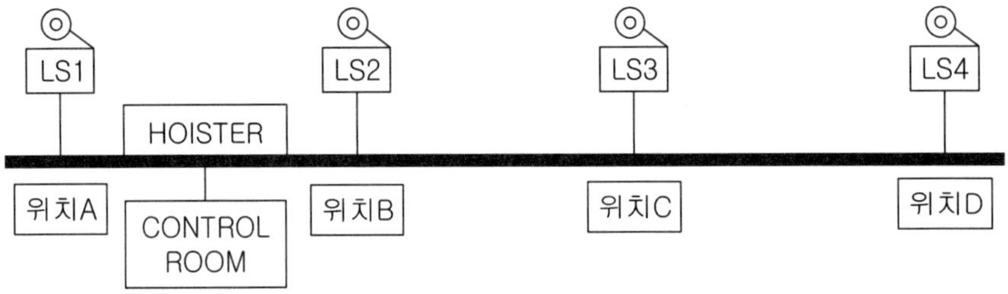

(3) 주소할당

변수	디바이스
PB0	P00000
LS1	P00001
LS2	P00002
LS3	P00003
LS4	P00004
PB1	P00005
PB2	P00006
정전_MC1	P00020
역전_MC2	P00021

(4) 프로그램

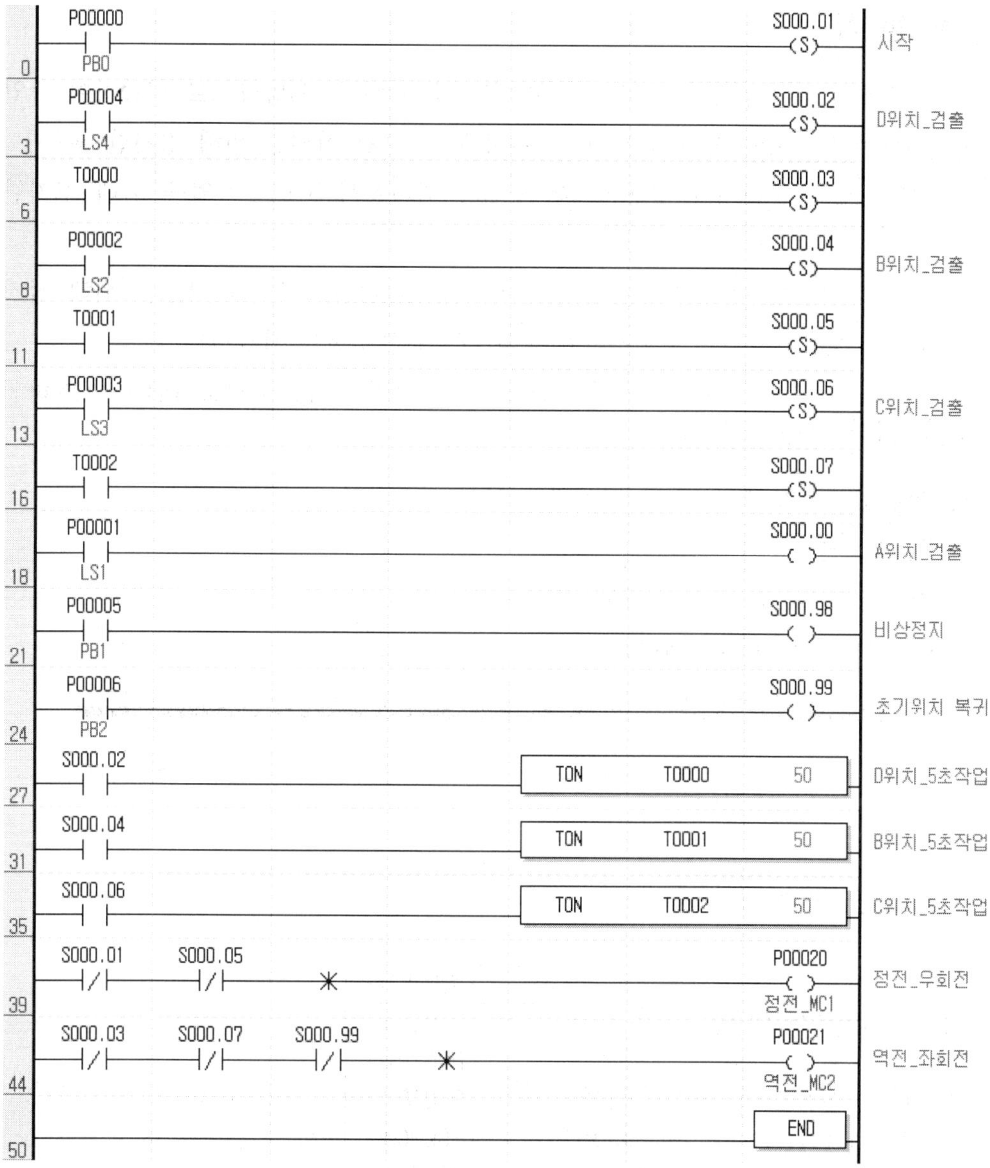
0 P00000 PB0 S000.01 (S) 시작
3 P00004 LS4 S000.02 (S) D위치_검출
6 T0000 S000.03 (S)
8 P00002 LS2 S000.04 (S) B위치_검출
11 T0001 S000.05 (S)
13 P00003 LS3 S000.06 (S) C위치_검출
16 T0002 S000.07 (S)
18 P00001 LS1 S000.00 ( ) A위치_검출
21 P00005 PB1 S000.98 ( ) 비상정지
24 P00006 PB2 S000.99 ( ) 초기위치 복귀
27 S000.02 TON T0000 50 D위치_5초작업
31 S000.04 TON T0001 50 B위치_5초작업
35 S000.06 TON T0002 50 C위치_5초작업
39 S000.01 S000.05 P00020 정전_MC1 정전_우회전
44 S000.03 S000.07 S000.99 P00021 역전_MC2 역전_좌회전
50 END

4.9.3 TOFF

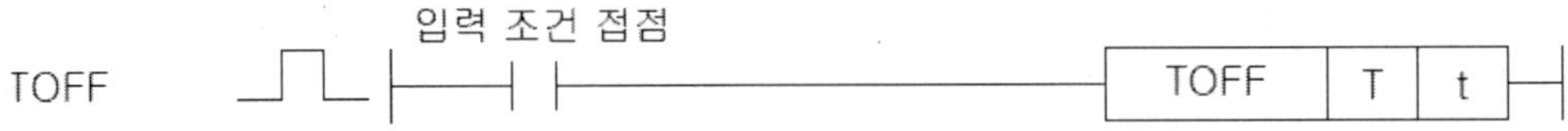

오퍼랜드	설 명	데이터 타입
T	사용하고자 하는 타이머 접점	WORD
t	타이머의 설정치를 나타내고 정수나 워드 디바이스 지정 가능 설정시간=기본주기 (0.1ms : XGB는 지원안함, 1ms, 10ms, 100ms) x 설정치(t)	WORD

(1) TOFF(Off Timer)

① 입력조건이 On되는 순간 성립되는 동안 타이머의 현재치는 설정치가 되며 출력은 On된다.

② 입력조건이 Off되면 타이머 현재치가 설정치로부터 감산되어 현재치가 0이 되는 순간 출력이 Off된다.

③ 리셋(Reset) 명령을 만나면 타이머 출력은 Off되고 현재치는 0이 된다.

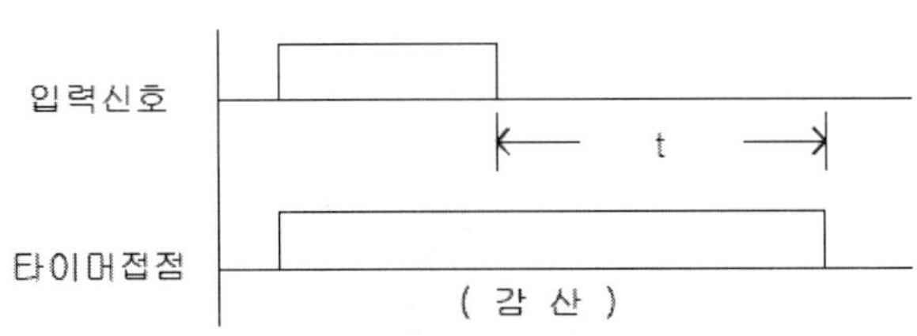

(2) 프로그램 예제

① 입력 P00000이 On하면 T0000 접점이 동시에 0하고 출력 P00020는 On한다.

② 입력 P00000이 Off 한 후 타이머는 설정시간(t)동안 감산하여 현재치가 0이 되면 타이머 접점이 Off 된다.

③ P00001이 On하면 현재치는 0이 된다.

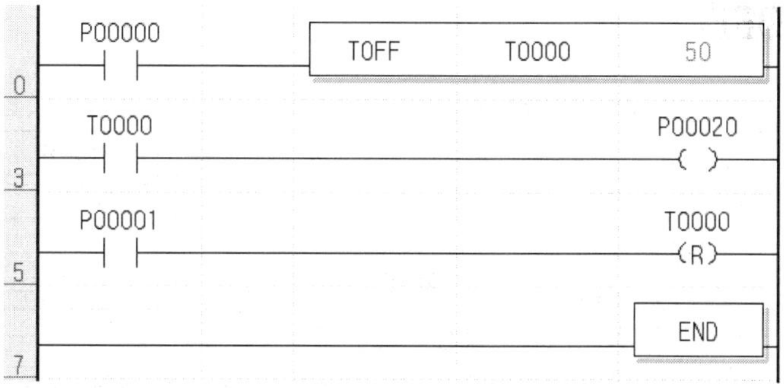

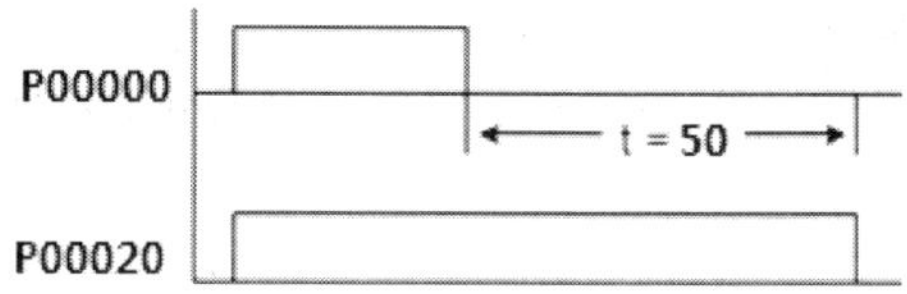

예제 남성 소변기 제어

(1) 동 작

소변을 보려는 사람이 변기에 접근하면 1초 후, 3초간 물이 나와 세척하고, 소변 후 이탈하면 3초간 물이 나와 세척한다.

(2) 모형도

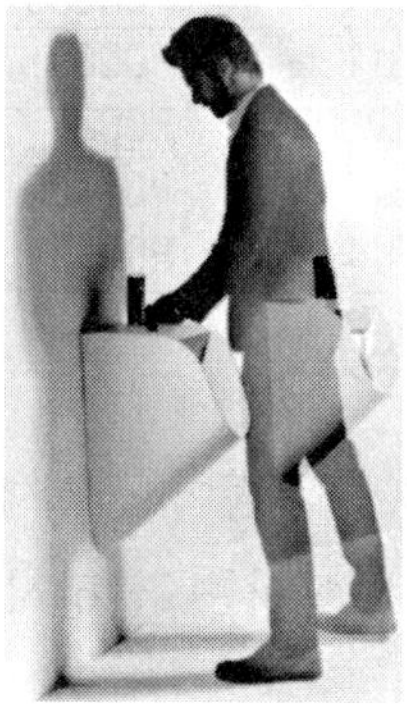

(3) 프로그램 1

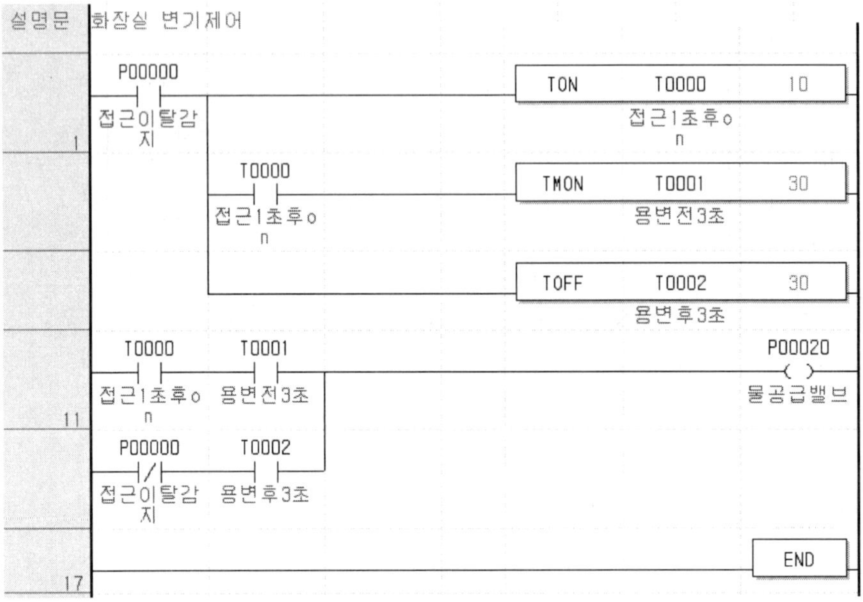

(4) 프로그램 2

<로컬변수>

변수 종류	변수	타입	디바이스	설명문
VAR	화장실입구_감지센서	BIT	P00000	화장실입구 출입자를 감지한다.
VAR	소변기_접근이탈감지	BIT	P00001	소변기 접근과 이탈감지
VAR	경고협조문구	LWORD	P0003	'한 걸 더 행복하세요'
VAR	조명등	BIT	P00020	입구 조명등
VAR	물공급밸브	BIT	P00021	세척물 공급 밸브

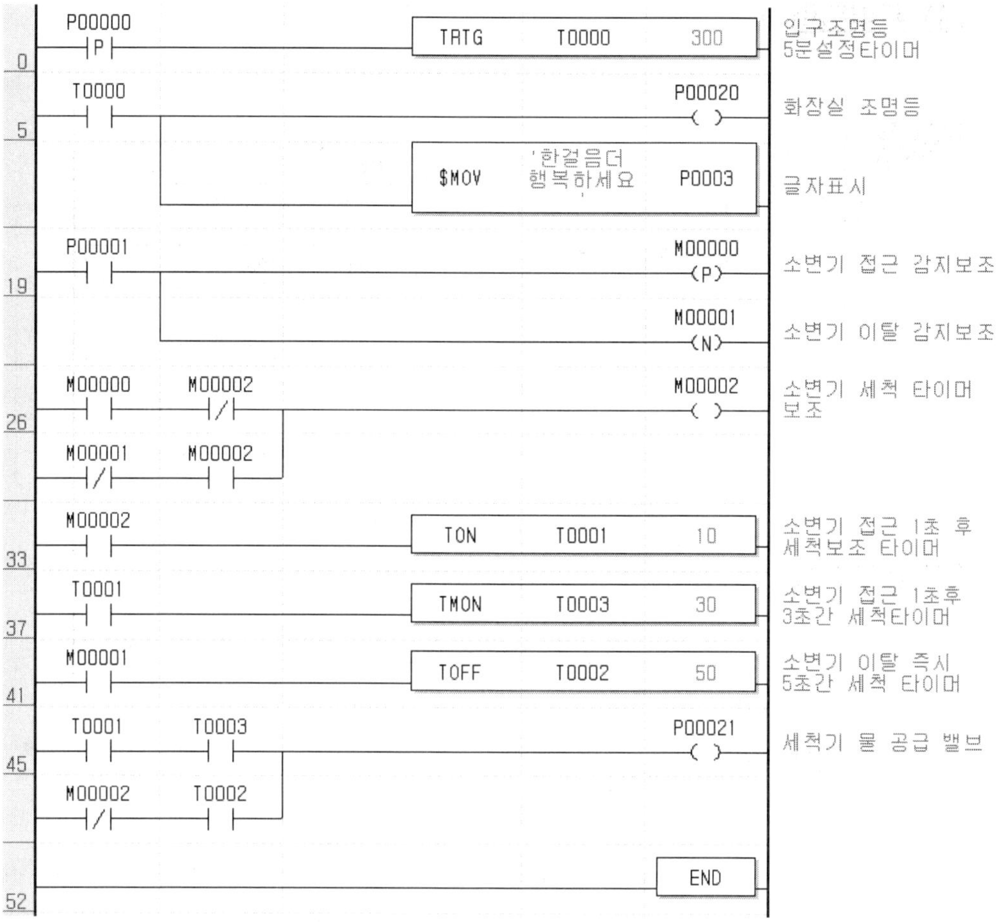

예제 컨베이어 제어_TON, TOFF의 예제

(1) 동 작

여러 대의 컨베이어를 순서에 따라 기동(A. B. C), 정지(C. B. A)한다.

(2) 시스템도

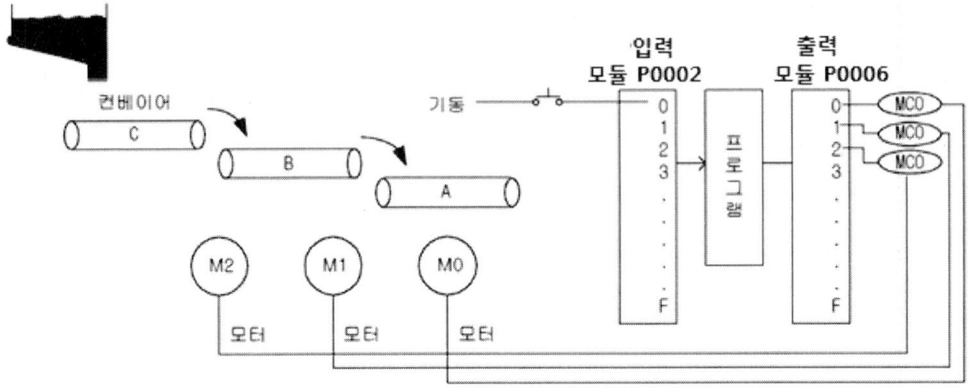
컨베이어
C
B
A
기동
입력
모듈 P0002
출력
모듈 P0006
프로그램
MCO
M2
M1
M0
모터
모터
모터

(3) 타임차트

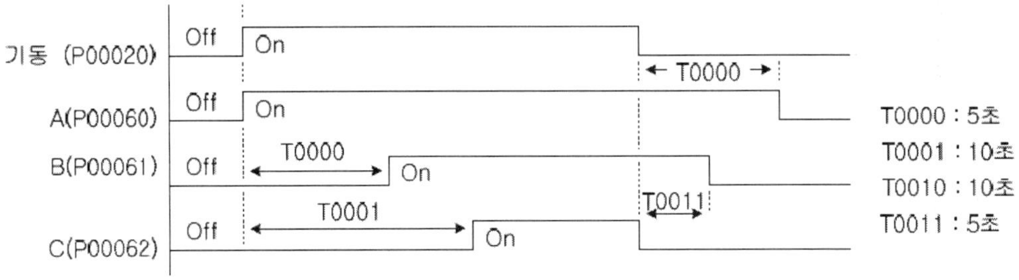
기동 (P00020)
A(P00060)
B(P00061)
C(P00062)
Off
On
T0000
T0001
T0011
T0000 : 5초
T0001 : 10초
T0010 : 10초
T0011 : 5초

(4) 프로그램

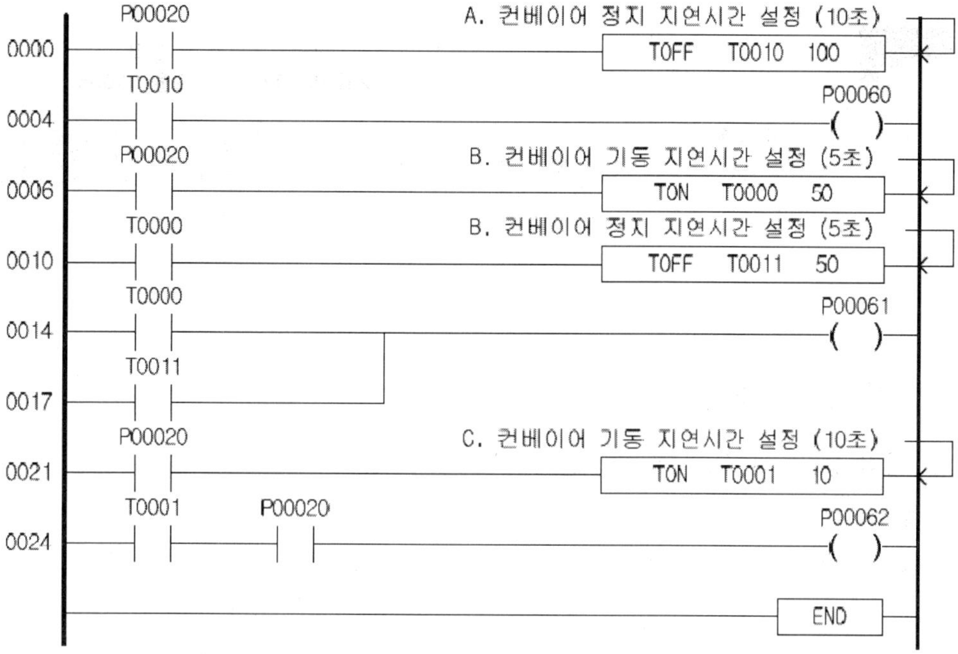

4.9.4 TMR

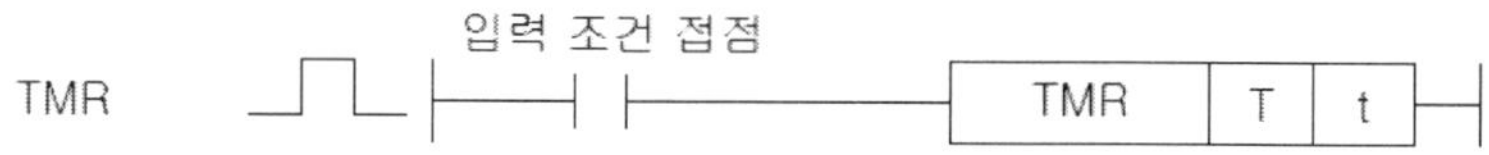

오퍼랜드	설 명	데이터 타입
T	사용하고자 하는 타이머 접점	WORD
t	타이머의 설정치를 나타내고 정수나 워드 디바이스 지정 가능 설정시간=기본주기 (0.1ms : XGB는 지원안함, 1ms, 10ms, 100ms) x 설정치(t)	WORD

(1) TMR(적산 타이머)

① 입력조건이 온(On)되는 동안 현재치가 증가하여 누적된 값이 타이머의 설정시간에 도달하면 타이머 접점이 On 된다. 적산 타이머는 정전시도 타이머 값을 유지하므로 PLC 야간 정전에도 이상 없다.(불휘발성 영역 사용의 경우)

② 리셋(Reset) 입력조건이 성립되면 타이머 접점은 Off 되고 현재치는 0이 된다.

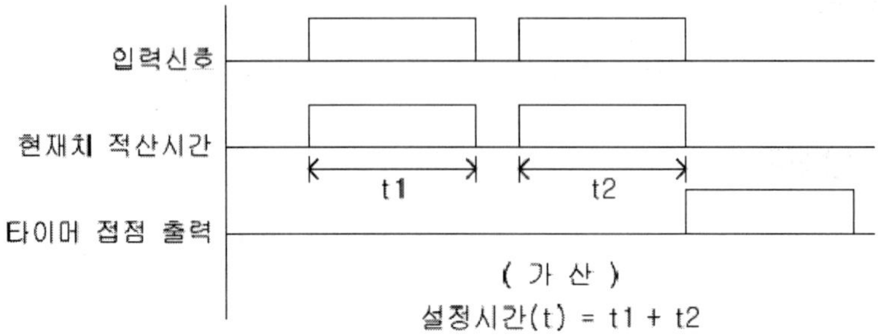

(2) 프로그램 예제

① 접점 P0000이 On, Off, On을 반복한 후 T0000이 On하여 출력 접점 P0020을 On(t1+t2=30초)한다.

② 리셋(Reset)신호 P0001을 On하면 현재치는 0이 되면서 P0020은 Off된다.

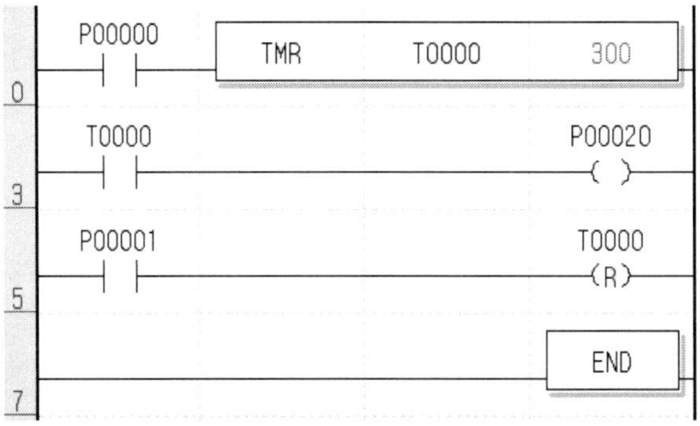

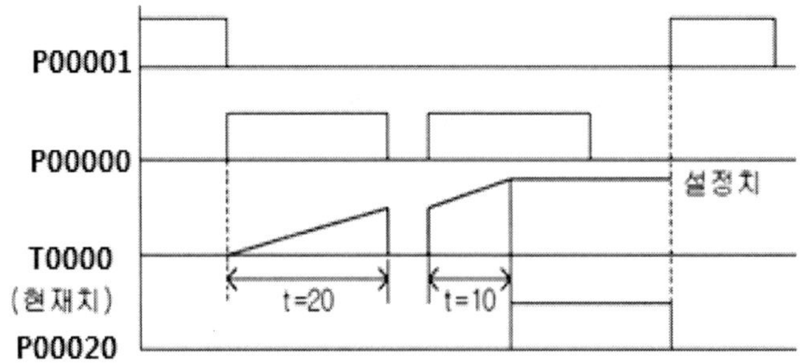

예제 공구수명 경보회로_TMR의 예제

(1) 동 작

머시닝센터 등의 공구사용시간을 측정하여 공구교환을 위한 경보를 출력한다.

(2) 시스템도

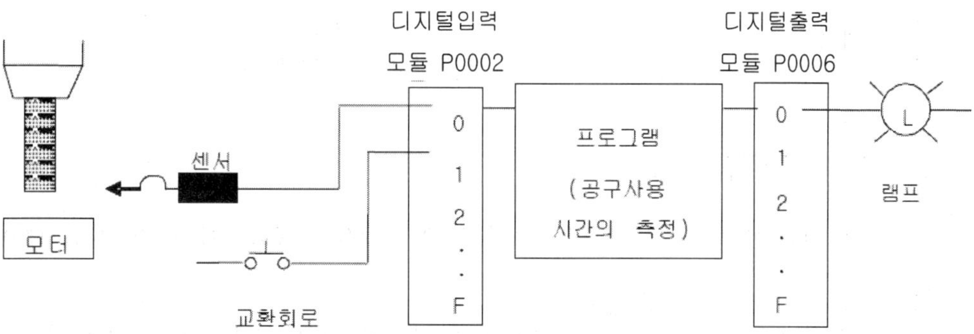

어드레스	용 도
P00020	드릴 하강 검출
P00021	드릴 교환 완료
P00060	공구 수명 경보
T0000	공구 수명 설정 타이머

(3) 프로그램

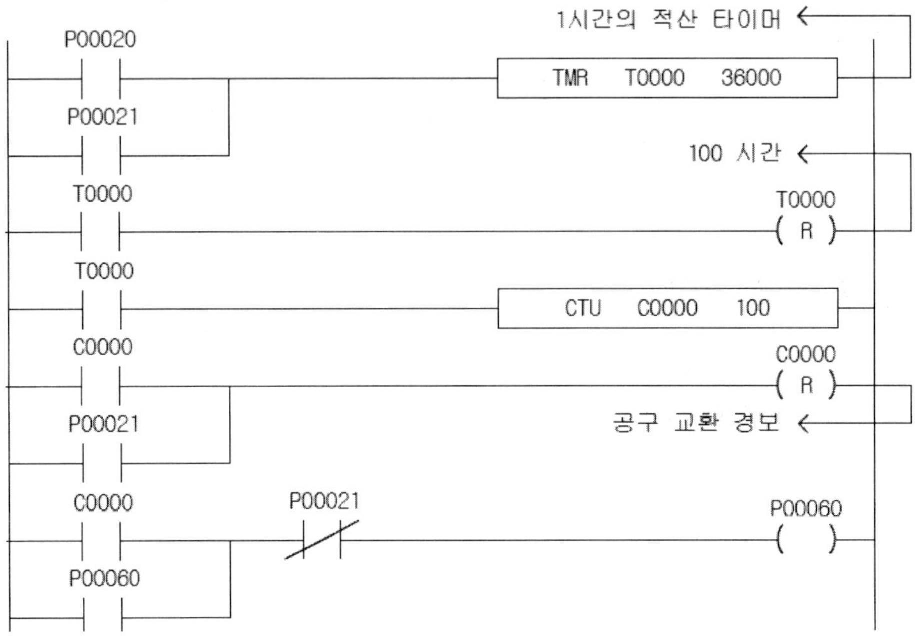

4.9.5 TMON

오퍼랜드	설 명	데이터 타입
T	사용하고자 하는 타이머 접점	WORD
t	타이머의 설정치를 나타내고 정수나 워드 디바이스 지정 가능 설정시간=기본주기 (0.1ms : XGB는 지원안함, 1ms, 10ms, 100ms) x 설정치(t)	WORD

(1) TMON(모노스테이블 타이머)

① 입력조건이 On 되는 순간 타이머 출력이 On 되고 타이머의 현재값이 설정값으로부터 감소하기 시작하여 0이 되면 타이머 출력은 Off 된다.

② 타이머 출력이 On 된 후 입력조건이 On, Off 변화를 하여도 입력조건과 관계

없이 감산은 계속한다.

③ 리셋 입력조건이 성립하면 타이머 접점은 Off되고 현재값은 0이 된다.

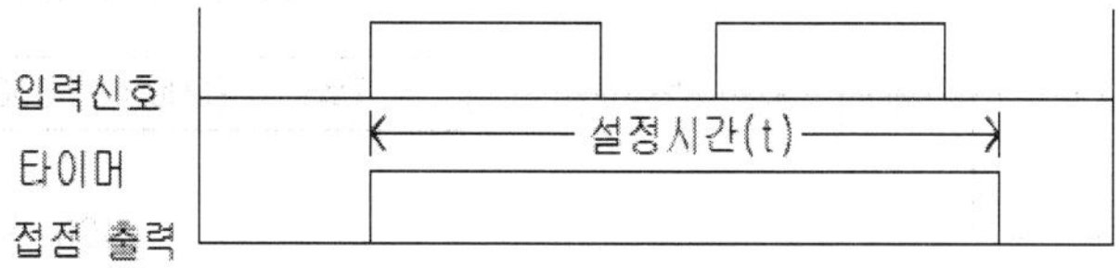

(감 산)

(2) 프로그램 예제

① P00000을 On하면 접점 T0000는 즉시 On하며 타이머가 감산한다.

② 감산 중에 P00000이 On, Off를 반복하여도 감산은 계속한다.

③ 리셋(Reset)신호 P00001을 On하면 현재값은 0이 되며 출력은 Off 된다.

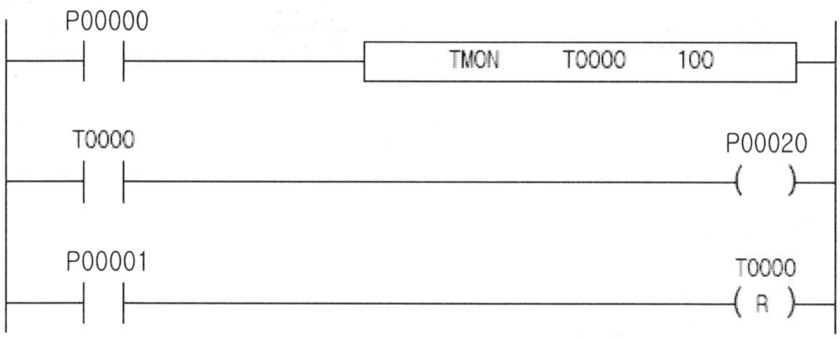

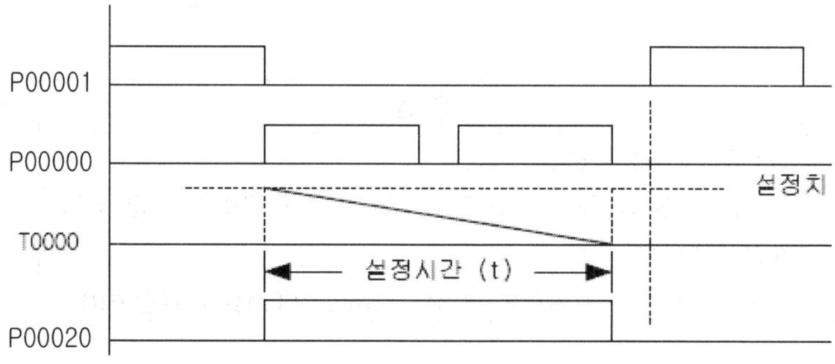

예제 신호떨림 방지회로_TMON의 예제

(1) 동 작

속도가 일정치 않은 물체의 통과신호(리미트 스위치)의 떨림을 방지하여, 안정된 신호를 얻는다.

(2) 시스템도

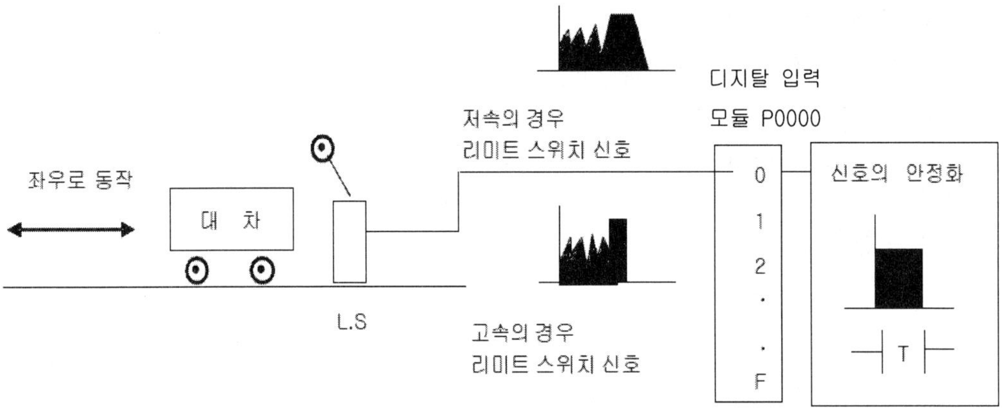

어드레스	용 도
P00000	위치 검출용 리미트 스위치
P00020	일정시간 출력 릴레이
T0000	떨림 방지 타이머

(3) 프로그램

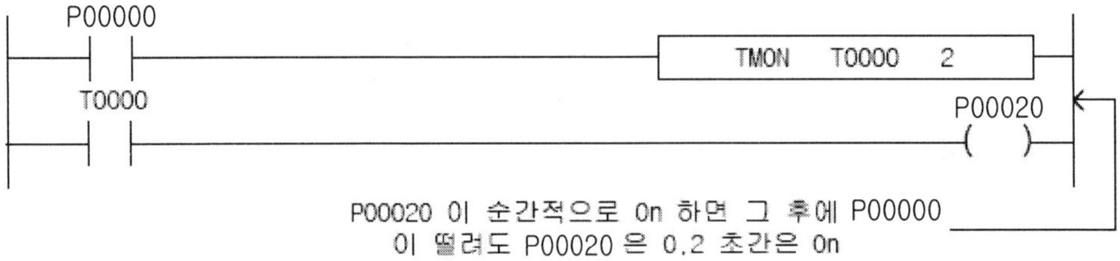

예제 보행자 우선 횡단보도제어

(1) 동 작

① 사람의 통행이 빈번하지 않은 교외의 횡단보도신호등을 제어한다.

② 평상시에는 보행자 방향은 적색등, 자동차 방향은 녹색등이다. 보행자가 PBS를 누르면 다음과 같이 동작한다.

⇨ 보행자 신호등 : 적색등 10초 유지 → 녹색등 25초 유지 → 녹색등 5초 점멸경고 → 적색등

⇨ 자동차 신호등 : 녹색등 5초 유지 → 황색등 5초 점멸 → 적색등 30초 유지 → 황색등 5초 점멸경고 → 녹색등

③ 10분(600초) 이내 PBS신호는 무시한다.

(2) 모형도

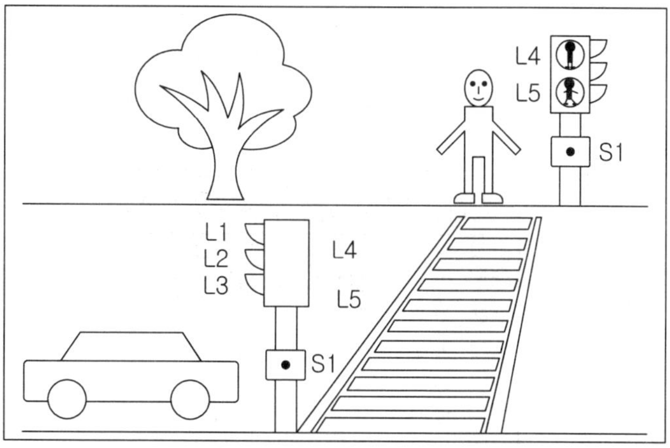

(3) 타임차트

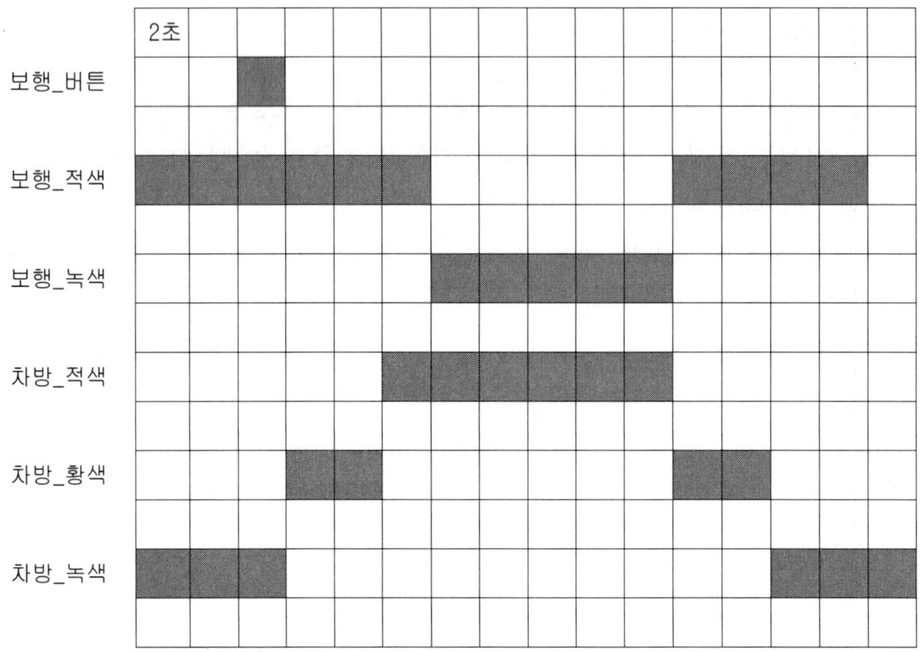

(4) 주소할당

변수	타입 ▲	디바이스
시작_보조	BIT	M00000
PBS	BIT	P00000
보행_적색	BIT	P00020
보행_녹색	BIT	P00021
차방_적색	BIT	P00022
차방_황색	BIT	P00023
차방_녹색	BIT	P00024

(5) 프로그램 1

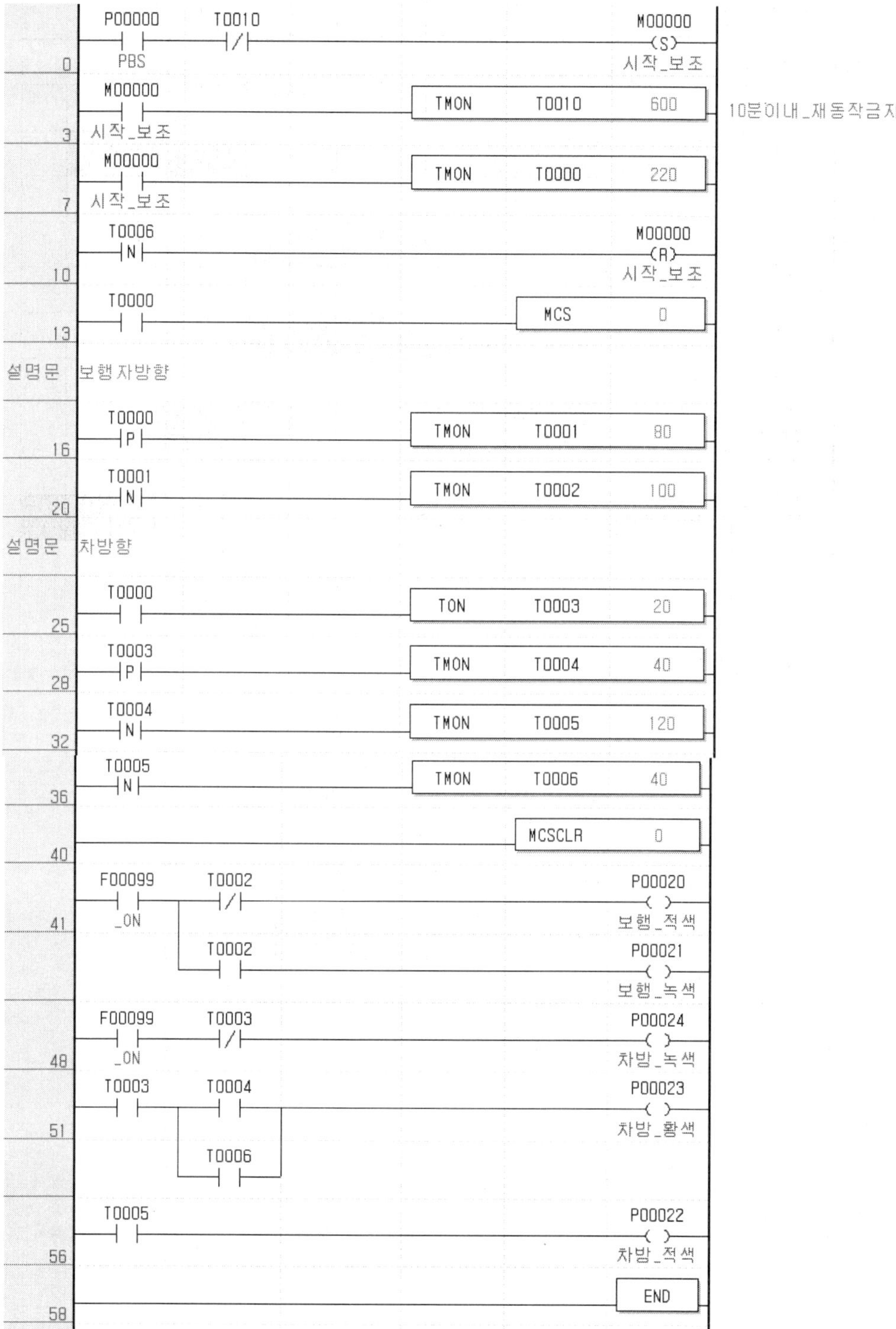
P00000
T0010
M00000
PBS
시작_보조
M00000
TMON T0010 600
시작_보조
10분이내_재동작금지
M00000
TMON T0000 220
시작_보조
T0006
M00000
시작_보조
T0000
MCS 0
설명문 보행자방향
T0000
TMON T0001 80
T0001
TMON T0002 100
설명문 차방향
T0000
TON T0003 20
T0003
TMON T0004 40
T0004
TMON T0005 120
T0005
TMON T0006 40
MCSCLR 0
F00099
T0002
P00020
_ON
보행_적색
T0002
P00021
보행_녹색
F00099
T0003
P00024
_ON
차방_녹색
T0003
T0004
P00023
차방_황색
T0006
T0005
P00022
차방_적색
END

(6) 프로그램 2

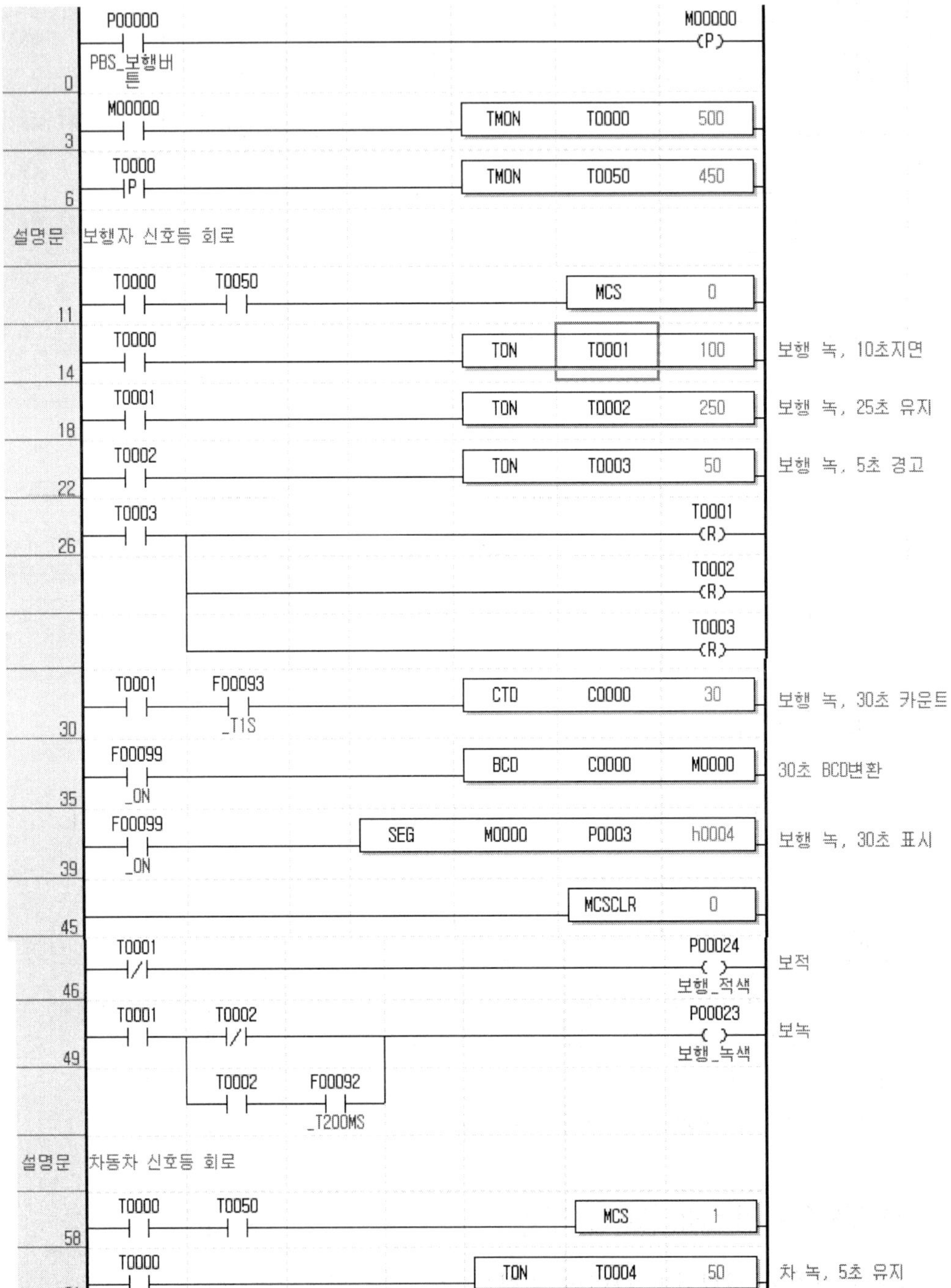
P00000
M00000
(P)
PBS_보행버튼
0
M00000
TMON T0000 500
3
T0000
P
TMON T0050 450
6
설명문 보행자 신호등 회로
T0000 T0050
MCS 0
11
T0000
TON T0001 100
보행 녹, 10초지연
14
T0001
TON T0002 250
보행 녹, 25초 유지
18
T0002
TON T0003 50
보행 녹, 5초 경고
22
T0003
T0001 (R)
T0002 (R)
T0003 (R)
26
T0001 F00093
_T1S
CTD C0000 30
보행 녹, 30초 카운트
30
F00099
_ON
BCD C0000 M0000
30초 BCD변환
35
F00099
_ON
SEG M0000 P0003 h0004
보행 녹, 30초 표시
39
MCSCLR 0
45
T0001
P00024
보행_적색
보적
46
T0001 T0002
P00023
보행_녹색
보녹
T0002 F00092
_T200MS
49
설명문 차동차 신호등 회로
T0000 T0050
MCS 1
58
T0000
TON T0004 50
차 녹, 5초 유지
61

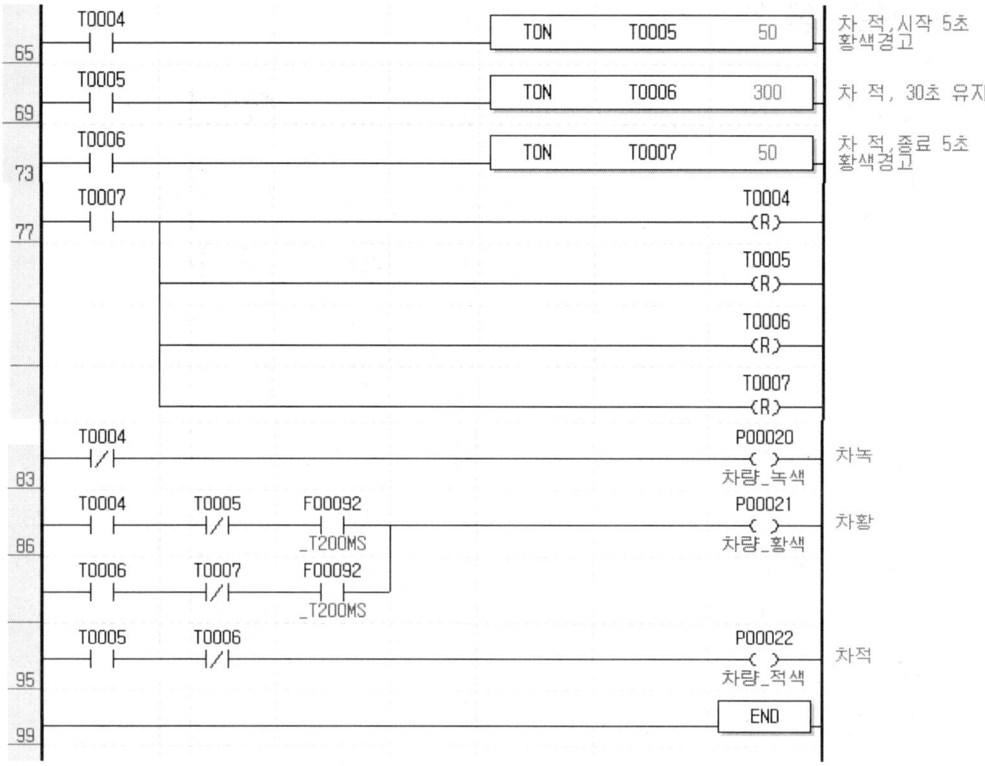

4.9.6 TRTG

오퍼랜드	설 명	데이터 타입
T	사용하고자 하는 타이머 접점	WORD
t	타이머의 설정치를 나타내고 정수나 워드 디바이스 지정 가능 설정시간=기본주기 (0.1ms : XGB는 지원안함, 1ms, 10ms, 100ms) x 설정치(t)	WORD

(1) TRTG(리트리거블 타이머)

① 입력조건이 성립되면 타이머 출력이 On 되고 타이머의 현재치가 설정치로부터 감소하기 시작하여 0이 되면 타이머 출력은 Off 된다.

② 타이머 현재치가 0이 되기 전에 또 다시 입력 조건이 Off/On하면 타이머 현재치는 설정치로 재설정된다.

③ 리셋 입력조건이 성립하면 타이머 접점은 Off되고 현재치는 0이 된다.

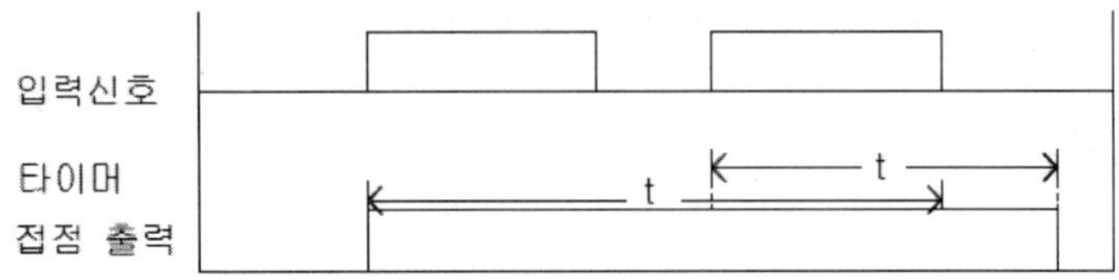

(감 산)

(2) 프로그램 예제

① P00000이 On 되면 접점 T0000이 동시 On 되고 타이머는 감산을 시작하여 0에 도달하게 되면 P00020는 Off 된다.

② 0에 도달 전에 P00000 입력조건이 성립하면 현재치는 설정치가 되며 다시 감산을 한다.

③ 리셋(Reset)신호 P00001을 On하면 현재치는 0이 되며 출력은 Off 된다.

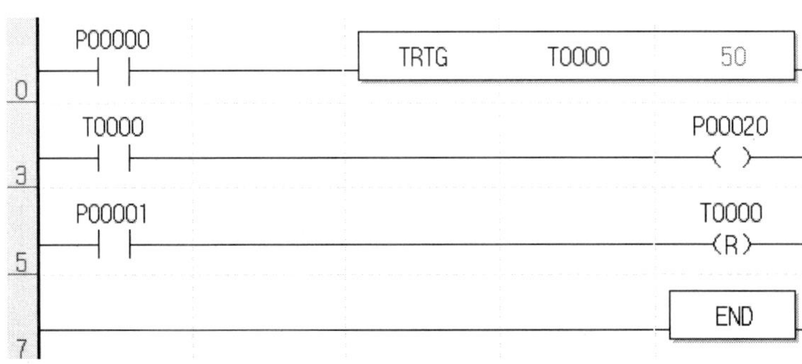

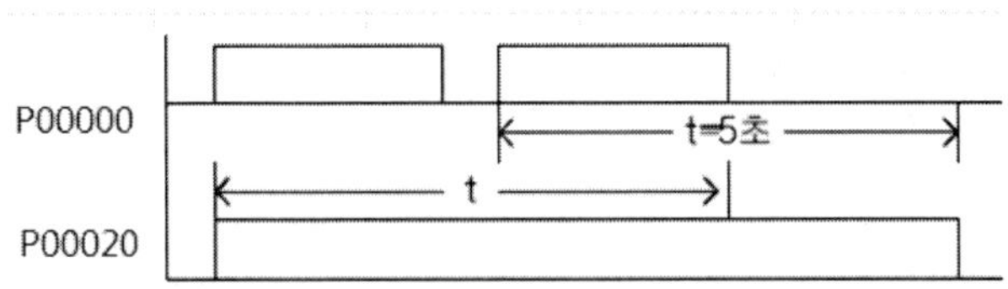

예제 반송장치 고장검출회로_TRTG의 예제

(1) 동 작

일정시간마다 공급되는 제품에 의해 반송장치의 고장을 검출한다.

(2) 시스템도

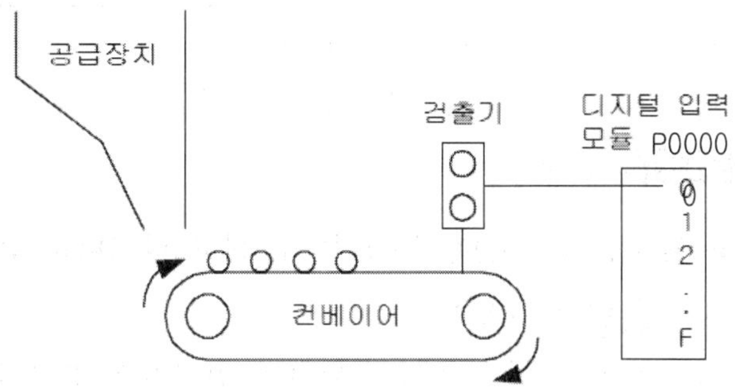

(3) 프로그램

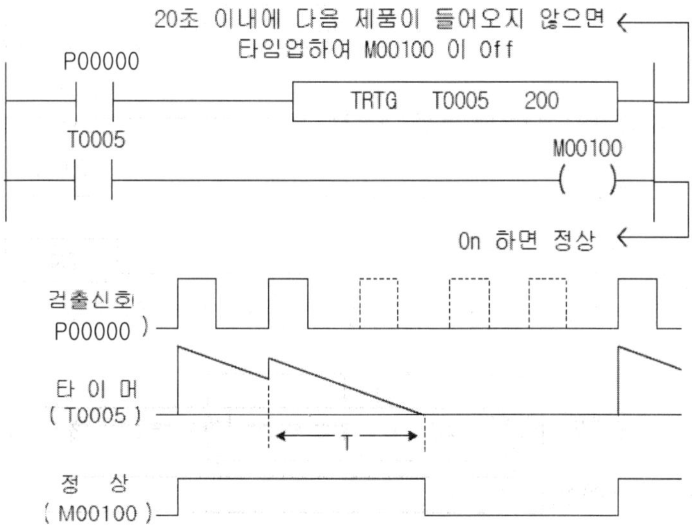

第十二章(제12장) 善歌善敎(선가선교)

善歌者使人繼其聲(선가자사인계기성) :

노래를 좋아하고 잘 부르는 사람은 세상 사람들이 그 노래를 계속 따라 부르게 하여 세상에 널리 유행시킨다.

善敎者使人繼其志(선교자사인계기지) :

마찬가지로 학문을 사랑하고 잘 가르치는 스승은 세상 사람들이 그 뜻을 계승하여 세세토록 널리 퍼지고 이어지게 한다.

其言也(기언야) :

그러한 말들이 뜻하는 것은

約而達(약이달) :

훌륭한 가르침은 간략하고 단순해 보이지만 통달하지 않음이 없고 (一以貫之)

微而臧(미이장) :

미묘하고 하찮아 보이면서도 담지 않는 것이 없으며

罕譬而喩(한자이유) :

장황하게 늘려 비유하여 설명하지 않아도 깨우침을 주지 않음이 없다. (罕 : 그물/드물 譬 : 헐뜯을/비유할 喩 : 깨우칠/도달할)

可謂繼志矣(가위계지의) :

이와 같으므로 위대한 스승의 가르침은 그 뜻이 세상에 널리 계승되지 않을 수 없다고 말하는 것이다.

君子知至學之難易(군자지지학지난이) :

군자는 학문의 지고한 길에 이르는 어려움과 쉬움을 알고 있고

而知其美惡(이지기미오) :

또한 지난한 학문의 길을 가는데 있어서 아름다움(가까이함)과 추함(멀리함)이 있음을 알고 있다.

然後能博喩(연후능박유) :

그런 것을 안 연후에 군자는 자연스럽게 세상 사람들을 널리 깨우쳐서 그 뜻을 계승될 수 있게 할 수 있는 것이다.

能博喩然後能爲師(능박유연후능위사) :

그렇게 세상 사람들을 널리 깨우칠 수 있도록 할 수 있기 때문에 위대한 스승이 될 수 있는 것이고,

能爲師然後能爲長(능위사연후능위장) :

능히 위대한 스승이 될 수 있었기 때문에 자연스럽게 사회 각 분야의 훌륭한 지도자가 될 수 있는 것이며,

能爲長然後能爲君(능위장연후능위군) :

능히 사회의 훌륭한 지도자가 될 수 있었기 때문에 당연히 한 나라의 임금(군왕)도 될 수 있는 것이다.

故師也者(고사야자) :

그러므로 스승이 된 자는

所以學爲君也(소이학위군야) :

학생들이 학문을 통하여 이루고 도달해야 하는 것, 즉 임금(성인군자/최고 지도자)이 될 수 있도록 가르치고 지원하며 그 본(솔선수범)이 되는 것이다.

是故擇師不可不愼也(시고택사불가불신야)

그러한 고로 배우고자 하는 자들은 스승을 선택함에 있어 신중에 신중을 기하지 않으면 아니 되는 것이다.

記曰(기왈) :

그러므로 옛 기록에 이르기를

三王四代唯其師(삼왕사대유기사) :

"삼왕(禹왕, 湯왕, 文왕과 武왕)과 사대(禹나라, 夏, 殷, 周)가 오직 명군(훌륭한 임금)이면서 위대한 스승이시다"라고 했던 것이다.

此之謂乎(차지위호)

이것은 곧 위에서 언급한 스승 된 자의 본(삼왕사대)을 일컬은 것이다.

※ ① 위대한 군왕(지도자)은 먼저 위대한 스승이 되어야 한다. 학문은 위대한 군왕(지도자)을 키우는 것이다. 군왕(지도자)이 되려면 먼저 훌륭한 스승이 되어야 한다. ② 장자 천하편 內聖外王(내성외왕), 先聖後王(선성후왕), 修己治人(수기치인), 修己安人(수기안인).

4.10 카운터 명령

4.10.1 카운터의 특징

(1) 기본적인 특징

① 카운터는 입상펄스가 입력될 때마다 현재치를 가산/감산해서 설정값을 만족하면 출력을 On한다.

② 카운터는 그 동작특성에 따라 다음과 같이 4개의 명령어가 존재한다.

③ 카운터 종류에 관계없이 모두 XGK는 2,048개, XGB는 256개의 카운터를 사용 할 수 있고, 설정할 수 있는 값의 범위는 0~65,535까지다. 같은 카운터 번호의 중복 사용은 불가능하다. 인덱스 사용여부와 관계없이 같은 카운터 번호를 사용하면 중복사용으로 처리되어 프로그램을 다운로드 할 수 없다.

명령어	명칭	동작 특성
CTD	Down 카운터	펄스가 입력될 때마다 설정치로부터 1씩 감산. 0이 되면 출력 On
CTU	Up 카운터	펄스가 입력될 때마다 현재치를 1씩 가산. 설정치 이상이면 출력 On
CTUD	Up-Down 카운터	Up 단자에 펄스가 입력되면 1씩 가산, Down 단자에 펄스가 입력되면 1씩 감산. 현재치가 설정치 이상이면 On
CTR	Ring 카운터	펄스가 입력될 때마다 현재치를 1 씩 가산. 현재치가 설정치에 도달하면 출력 On. 이후 다시 펄스가 입력되면 현재치는 0.

④ 카운터값 설정 가능 디바이스(사용 가능 오퍼랜드)는 정수, P, M, K, U, D, R 등이며, 인덱스기능을 사용할 수 있다. 단, 이때 사용가능한 인덱스 범위는 Z0~Z3이다.

⑤ 카운터를 리셋하기 위한 리셋명령은 필히 사용된 카운터 형태와 같은 형태여야 한다. 즉, 아래와 같이 CTU C0010[Z000] P0010[Z003]을 사용했다면, 리셋코일에 사용되는 카운터 형태는 C0010[Z000]이여야 한다. 그렇지 않을 경우에는 XG5000에서 프로그램 오류가 발생하고 프로그램 다운로드가 되지 않는다.

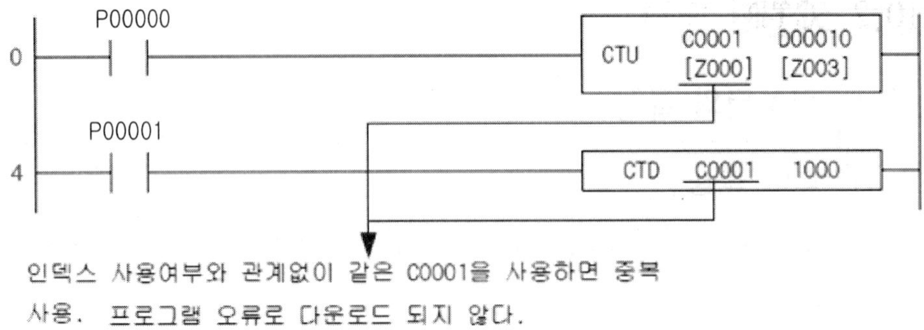

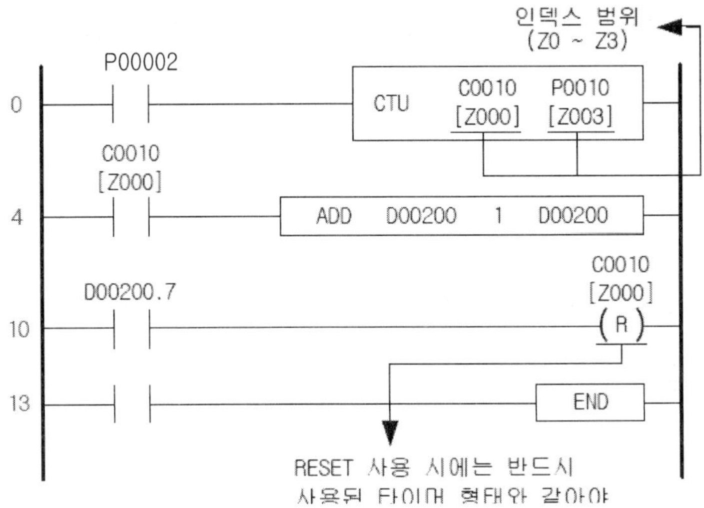

⑥ CTUD 명령어의 경우, 카운터 리셋하기 위해서 리셋 코일 이외에 입력접점을 Off시키면 된다.

⑦ CTU, CTUD 명령은 설정한 값을 초과해도 UP 카운터 펄스가 계속 입력되면 카운터값은 계속 증가한다. 단 65,535 이상 증가되지 않는다. 따라서 CTU, CTUD 명령의 값을 0으로 초기화시키기 위해서는 RST명령을 사용해야 한다.

※ 알기

① 인덱스 기능으로 인해 서로 다른 특성의 카운터를 동시에 기동시키게 될 경우, 각각 실행되기 때문에 카운터가 이상하게 동작할 수 있다. 인덱스 기능을 사용할 경우에는 이 점을 주의한다.

4.10.2 CTD

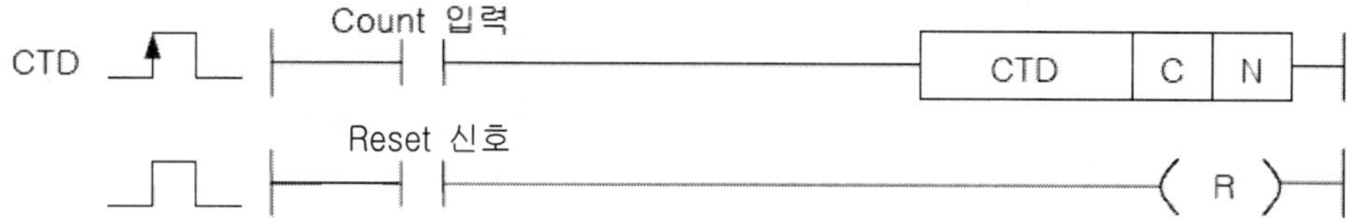

오퍼랜드	설 명	데이터 타입
C	사용하고자 하는 카운터 접점	WORD
N	설정치(0~65,535)	WORD

(1) 기 능

① 펄스가 입력시마다 설정치로부터 1씩 감산하여 0이 되면 출력을 On한다.

② 리셋(Reset) 신호가 On하면 출력을 Off시키며 현재치는 설정치가 된다.

(2) 타임차트

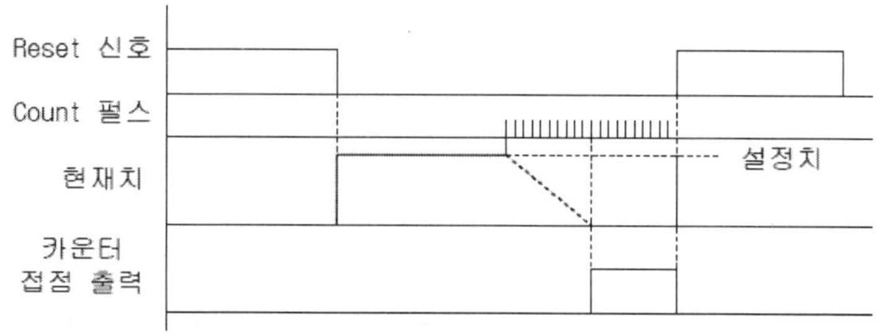

(3) 프로그램 예제

① P00030 접점이 5회 On하면 Count Down하여 현재치가 0이 될 때 P00060 출력이 On된다. P00031접점이 On하면 출력을 Off시키며 현재치는 설정치가 된다.

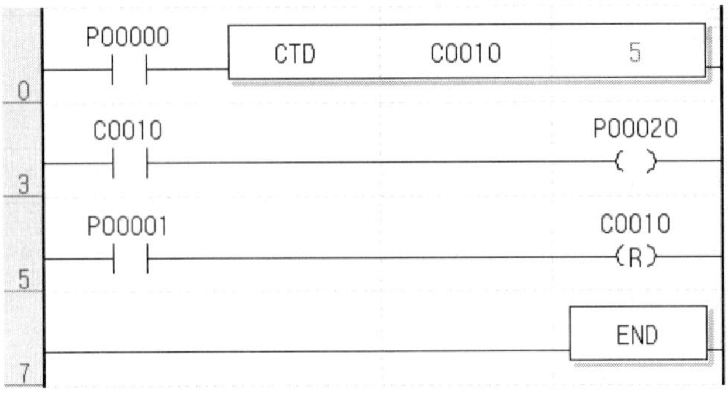

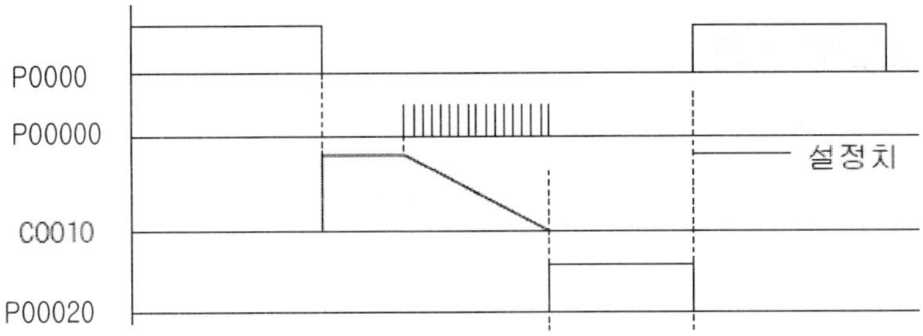

4.10.3 CTU

오퍼랜드	설 명	데이터 타입
C	사용하고자 하는 카운터 접점	WORD
N	설정치(0~65,535)	WORD

(1) 기 능

① 입상펄스가 입력될 때마다 현재치를 +1하고 현재치가 설정치 이상이면 출력을 On하고 카운터 최대치(65,535)까지 Count한다.

② 리셋(Reset) 신호가 On하면 출력을 Off시키며 현재치는 0(zero)이 된다.

(2) 타임차트

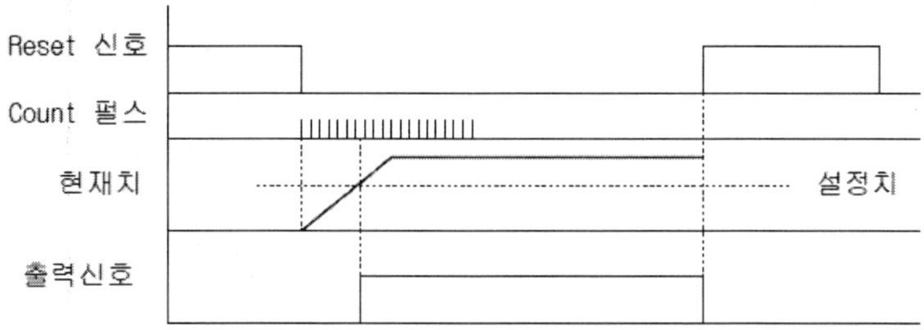

(3) 프로그램 예제

① P00000접점으로 Count Up하여 현재치와 설정치가 같을 때 P00030이 On된다.

② P00001 접점이 On하면 출력을 Off시키며 현재치는 0으로 초기화 된다.

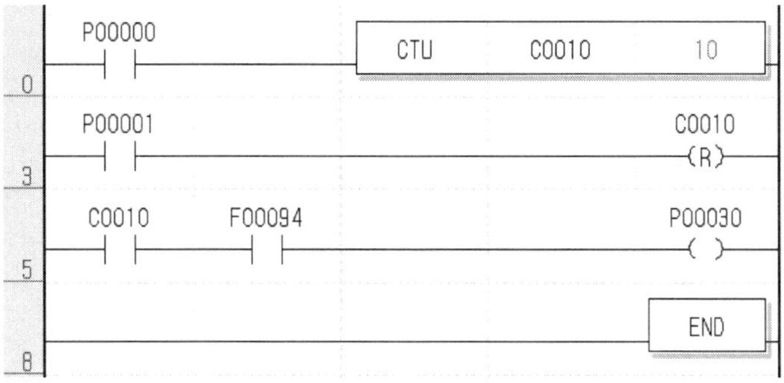

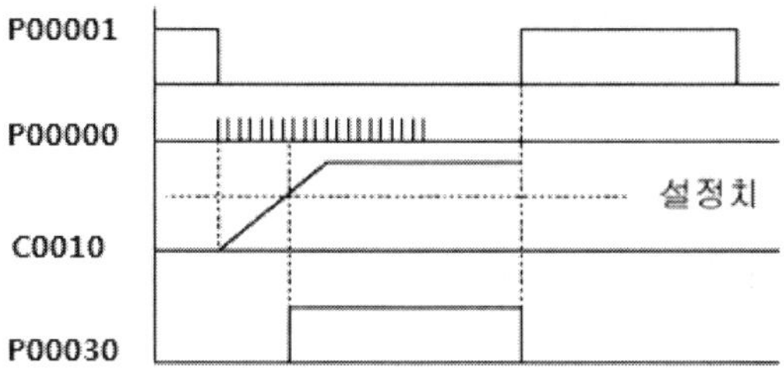

예제 세척통제어

(1) 동 작

① 세척통은 수동으로 올리고 내린다.

② S1을 ON하면 세척통은 자동으로 세척수에 10초씩 3번 담겼다가 나온다. 이동 구간은 상(S2)과 하(S3)이다.

③ 작업이 완료되면 완료 표시등이 켜지고 작업행거(Hanger)는 멈춘다.

④ 다시 S1을 ON하면 작업이 반복된다.

(2) 모형도

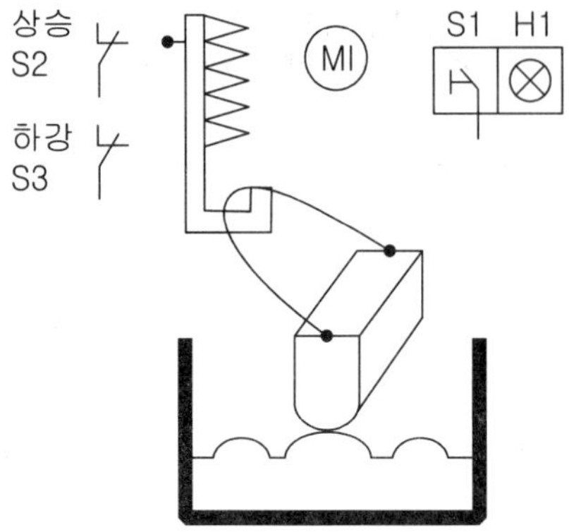

(3) 주소할당

변수	디바이스
S1	P00001
S2	P00002
S3	P00003
M1_정전	P00021
M2_역전	P00022
L1_완료등	P00023
초기조건	M00000

(4) 실린더와 솔레노이드 밸브

실린더의 전진을 전동기의 하강으로, 실린더의 후진을 전동기의 상승으로 하여 회로를 구성한다.

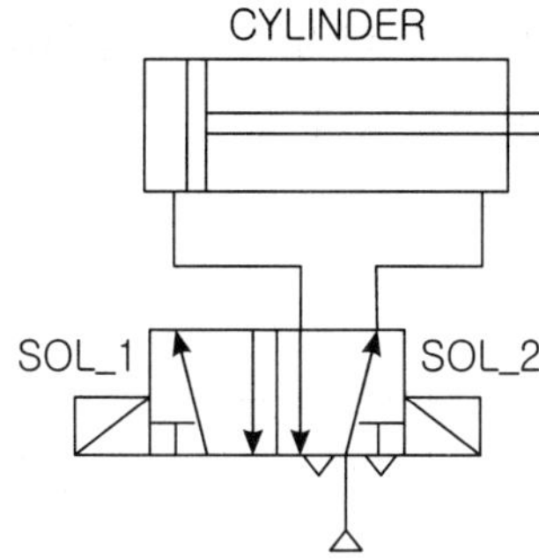
CYLINDER
SOL_1
SOL_2

(5) 프로그램

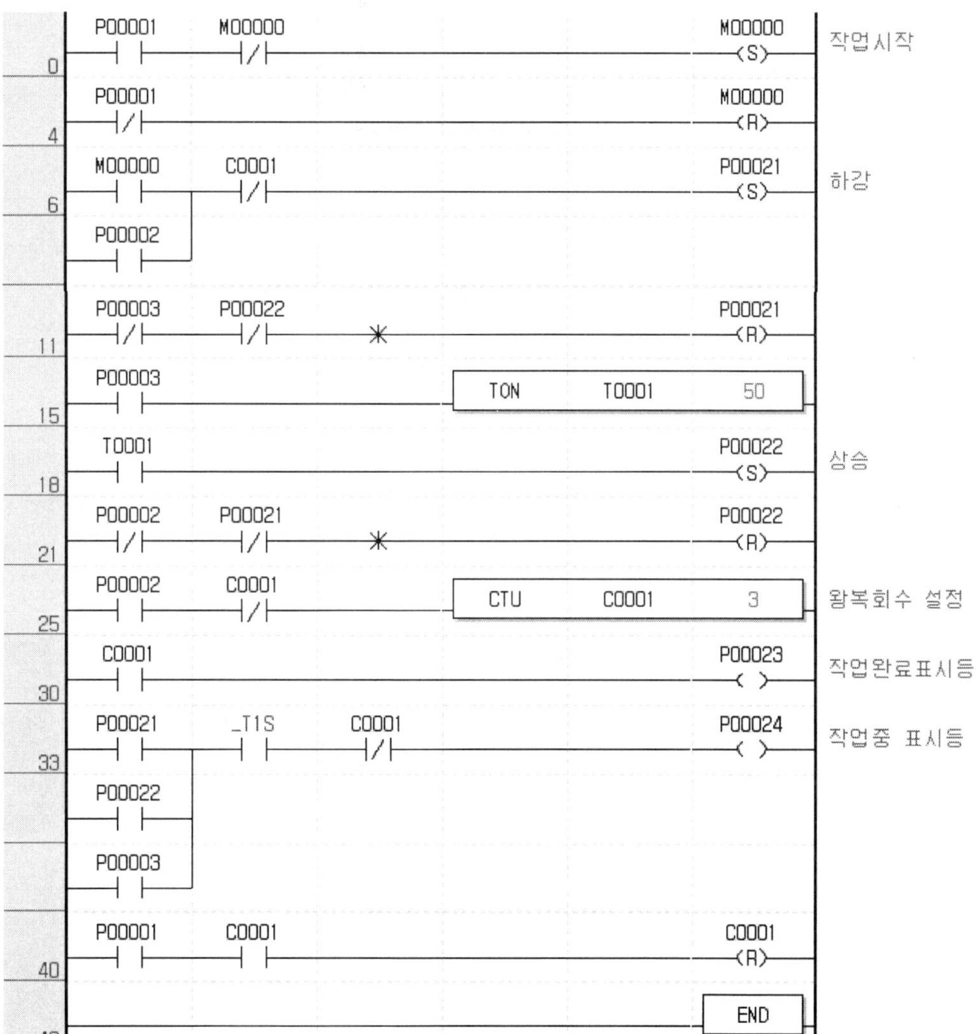
0 P00001 M00000 M00000 (S) 작업시작
4 P00001 M00000 (R)
6 M00000 C0001 P00021 (S) 하강
P00002
11 P00003 P00022 P00021 (R)
15 P00003 TON T0001 50
18 T0001 P00022 (S) 상승
21 P00002 P00021 P00022 (R)
25 P00002 C0001 CTU C0001 3 왕복회수 설정
30 C0001 P00023 ( ) 작업완료표시등
33 P00021 _T1S C0001 P00024 ( ) 작업중 표시등
P00022
P00003
40 P00001 C0001 C0001 (R)
43 END

4.10.4 CTUD

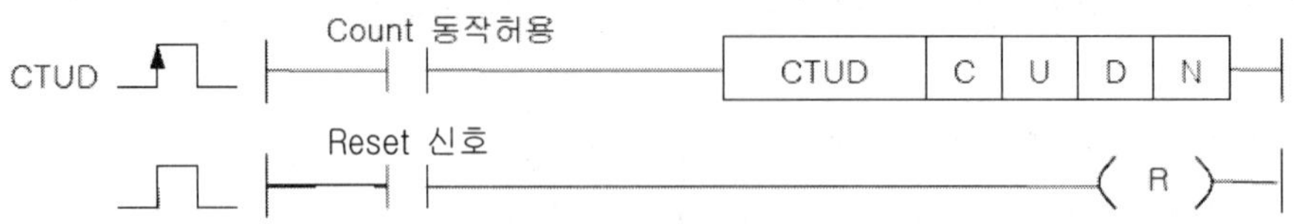

오퍼랜드	설 명	데이터 타입
C	사용하고자 하는 카운터 접점	WORD
U	현재치를 +1하는 신호	BIT
D	현재치를 -1하는 신호	BIT
N	설정치(0~65,535)	WORD

(1) 기 능

① U로 지정된 디바이스에 상승신호가 입력될 때마다 현재치를 +1하며, 현재치가 설정치 이상이면 출력을 On하고 카운터 최대치(65,535)까지 Count한다.
② D로 지정된 디바이스에 상승 신호가 입력될 때마다 현재치를 -1 한다.
③ 리셋(Reset) 신호가 On하면 현재치는 0이 된다.
④ U, D로 지정된 디바이스에 펄스가 동시에 On하면 현재치는 변하지 않는다.
⑤ Count 동작허용신호는 On된 상태를 유지하고 있어야 Up-Down 카운트된다.

(2) 타임차트

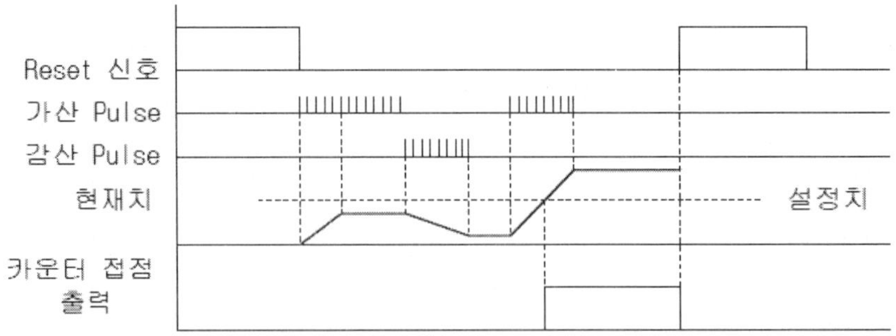

(3) 프로그램 예제

① P00000 접점으로 Count Up하여 현재치와 설정치가 같을 때 P00020 출력이 On된다.

② P00001 접점의 입상 펄스에 의해 Count Down된다.

③ P00002가 On되어 리셋(Reset) 조건이 만족되면 출력은 Off되고 카운터 현재치는 0이 된다.

④ 카운터 허용신호인 F00099(상시 On 플래그)에 의해 항상 가감산 카운트가 자동으로 가능하게 할 수 있다.

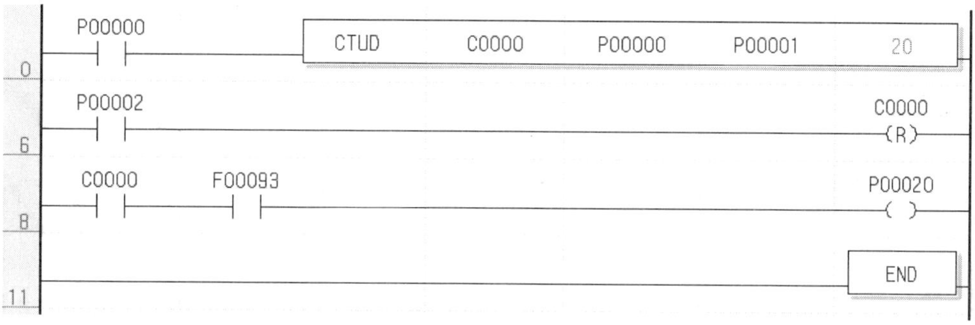

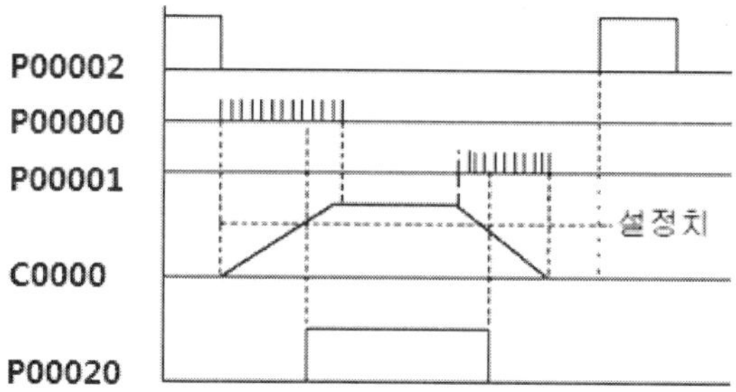

예제 모터 동작수 증감제어_CTUD의 예제

(1) 동 작

4대의 모터를 제어하는데, 순간접촉 푸시버튼 PB1을 누를 때마다 동작하는 모터 수를 1개씩 증가시키고, 순간 접촉 푸시버튼 PB2를 누를 때마다 모터 동작 수를 1개씩 감소시킨다. 4개의 모터가 동작하고 있을 때 PB1을 누르면 모든 모터는 정지하고, 1개의 모터가 동작하고 있을 때 PB2를 누르면 모터는 하나도 동작하지 않는다.

(2) 시스템도

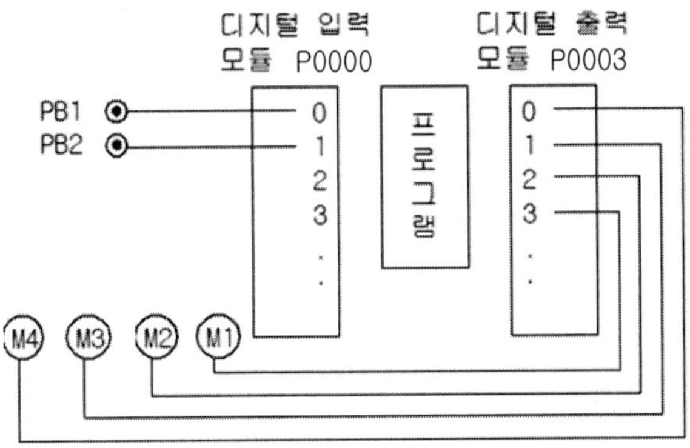
디지털 입력 모듈 P0000
디지털 출력 모듈 P0003
PB1
PB2
0
1
2
3
프로그램
M4
M3
M2
M1

(3) 프로그램

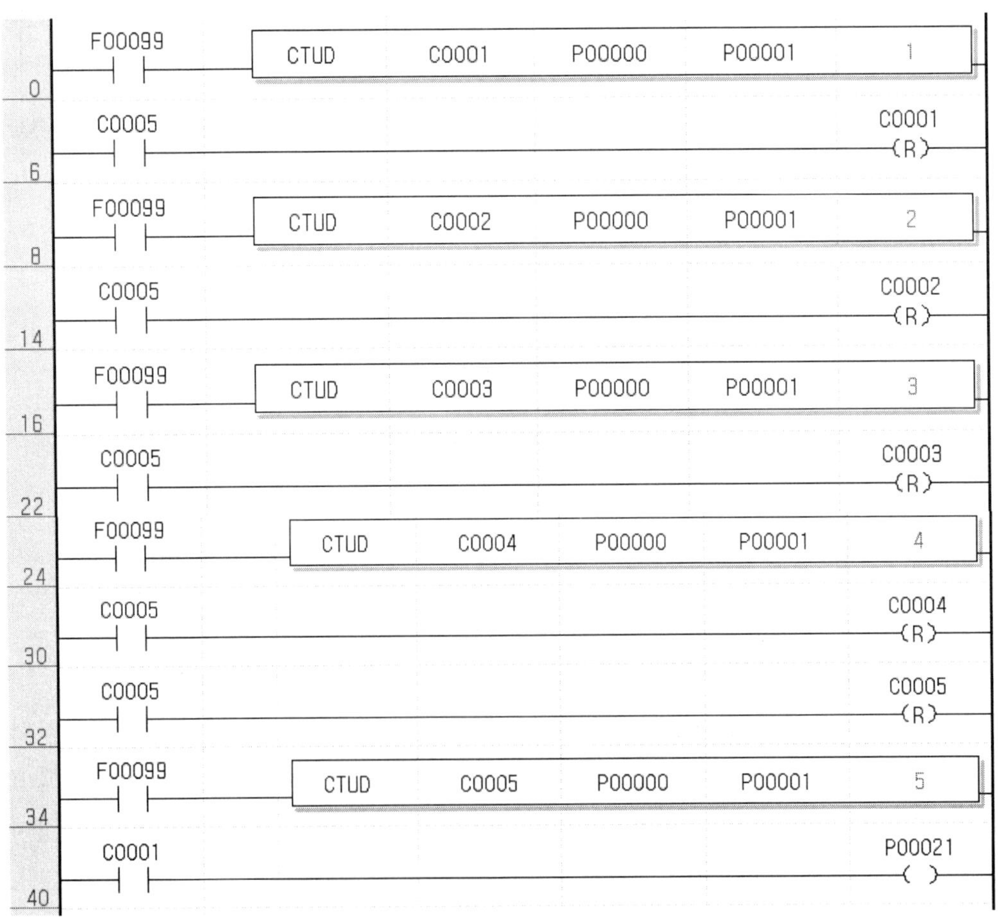
0
F00099
CTUD C0001 P00000 P00001 1
6
C0005
C0001
R
8
F00099
CTUD C0002 P00000 P00001 2
14
C0005
C0002
R
16
F00099
CTUD C0003 P00000 P00001 3
22
C0005
C0003
R
24
F00099
CTUD C0004 P00000 P00001 4
30
C0005
C0004
R
32
C0005
C0005
R
34
F00099
CTUD C0005 P00000 P00001 5
40
C0001
P00021

예제 수위표시 제어

(1) 동 작

① 시작 SW로 시스템을 ON/OFF한다. 탱크수위는 상하 LS에 의해 검출된다.

② 탱크가 완전히 비면 유량계를 0으로 맞추고 유량센서의 정도(精度)를 맞춘다.

③ 표시등 LAMP11과 LAMP2는 상한값(30)과 하한값(10)을 나타내며, 해당 값에 도달하면 0.5초 간격으로 점멸한다. 10<수위<20이면 LAMP3 1초 간격 점멸한다.

(2) 모형도

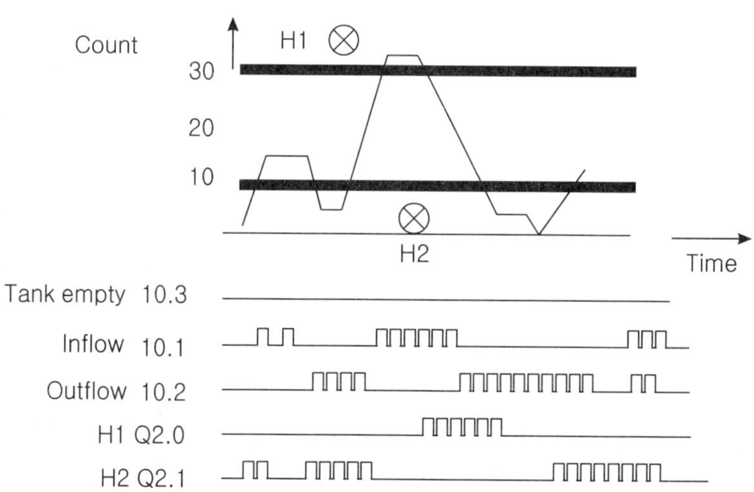

(3) 주소할당

변수	타입	디바이스	설명문
LS1	BIT	P00001	상수위 검출_흡입
LS2	BIT	P00002	하수위 검출_배출
PBS	BIT	P00003	입력값 0 셋팅
START	BIT	P00000	운전시작
LAMP1	BIT	P00021	수위 30표시
LAMP2	BIT	P00022	수위 10표시

(4) 프로그램

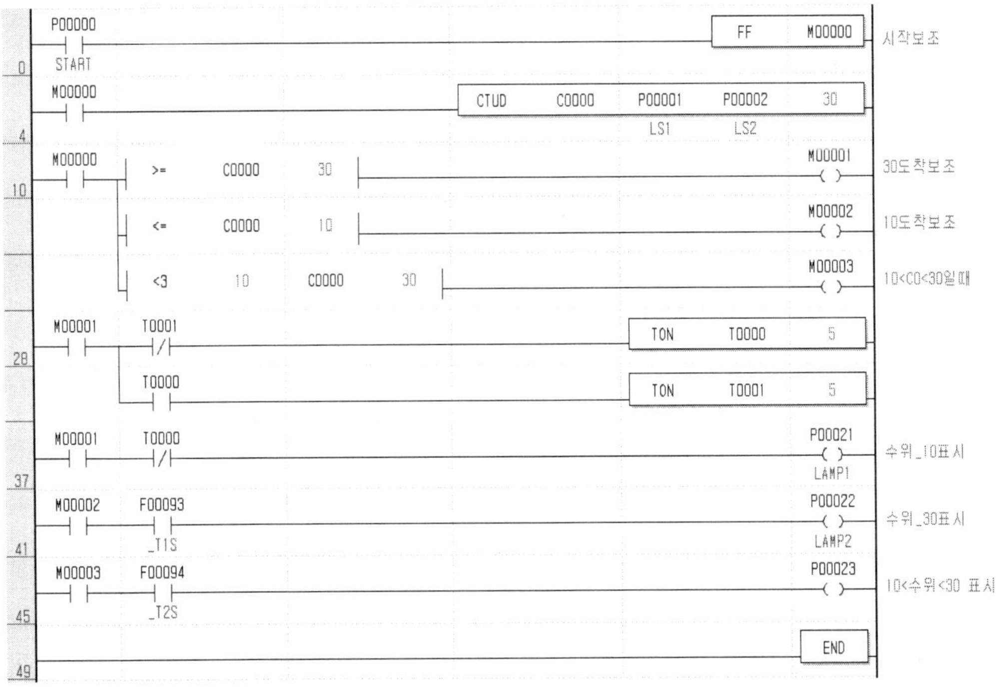

4.10.5 CTR

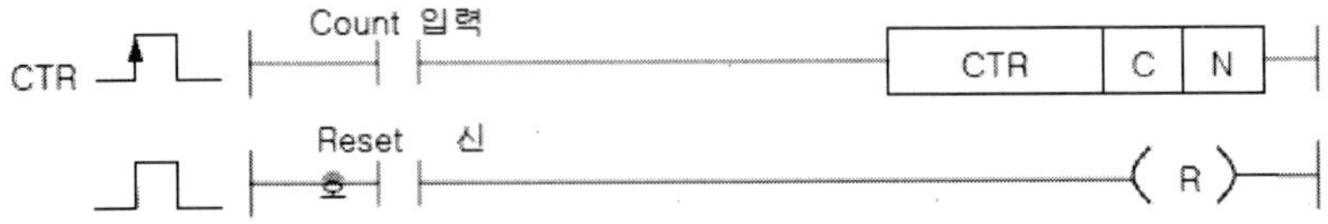

오퍼랜드	설 명	데이터 타입
C	사용하고자 하는 카운터 접점	WORD
N	설정치(0~65,535)	WORD

(1) 기 능

① 입상 펄스가 입력될 때마다 현재치를 +1하고 현재치가 설정치에 도달한 후 입력신호가 Off/On되면 현재치는 0으로 된다.

② 현재치가 설정치에 도달하면 출력은 On된다.

③ 현재치가 설정치 미만이거나 리셋(Reset)조건이 On이면 출력은 Off된다.

(2) 타임차트

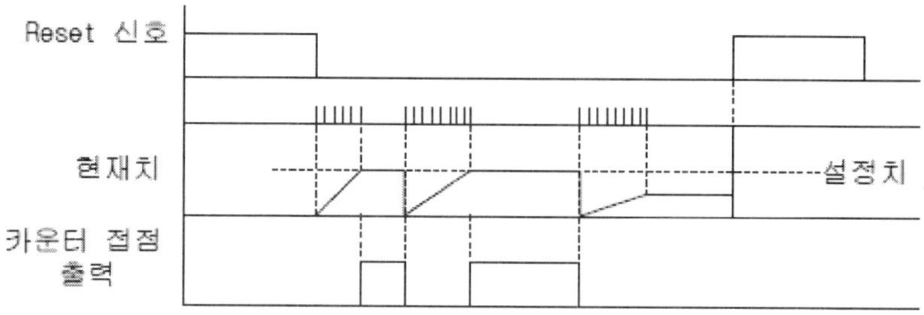

(3) 프로그램 예제

① P00000 접점의 입상펄스에 의해 Count Up하여 현재치와 설정치가 같을 경우 출력 P00020이 On된다.

② P00000 접점이 11회째 On하면 P00020 출력이 Off되면서 현재치는 0으로 리셋(Reset)된다.

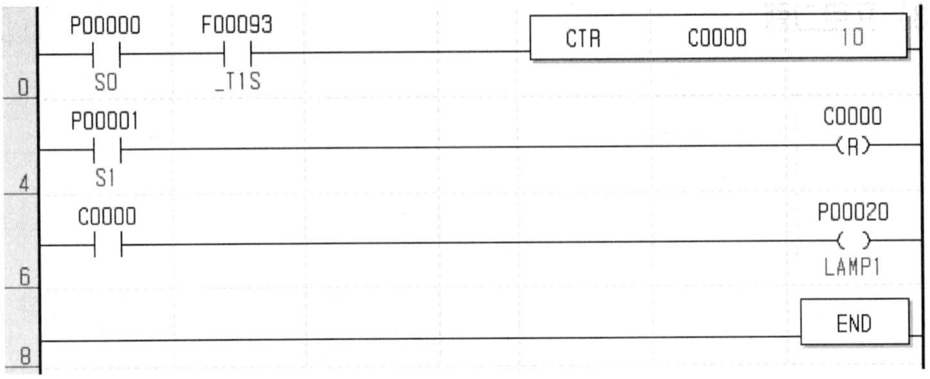

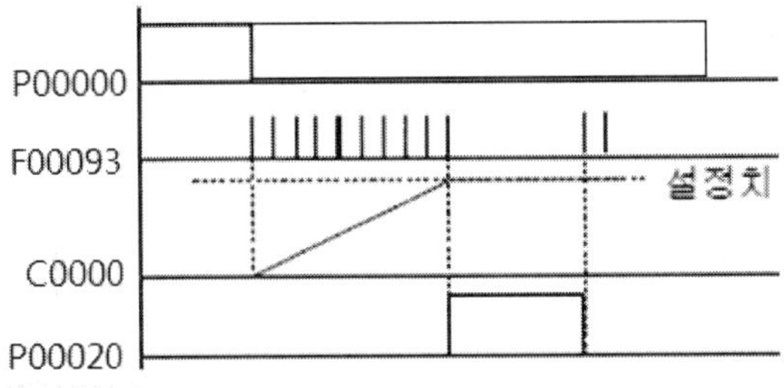

예제 광고보드제어

(1) 동 작

① "한국폴리텍대학"의 네온광고보드를 제어한다.

② PBS1을 ON하면 한글자씩 순차적으로 점등한 후 반복한다.

③ PBS2를 ON하면 진행 사이클을 종료한 후 소등한다.

(2) 주소할당

변수	PBS1	PBS2	L1(한)	L2(국)	L3(폴)	L4(리)	L5(텍)	L6(대)	L7(학)	보조
접점	P1	P2	P21	P22	P23	P24	P25	P26	P27	M0

(3) 프로그램

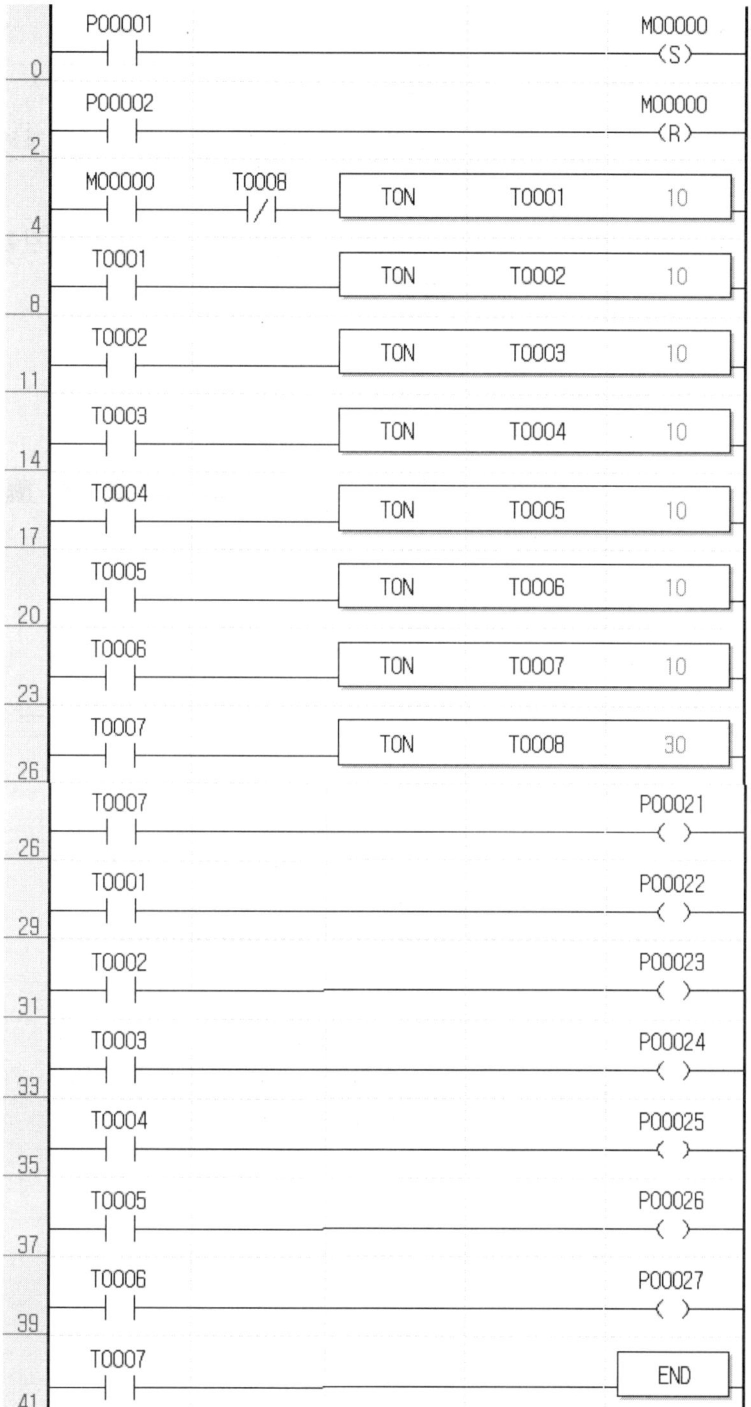
0 P00001 M00000 (S)
2 P00002 M00000 (R)
4 M00000 T0008 TON T0001 10
8 T0001 TON T0002 10
11 T0002 TON T0003 10
14 T0003 TON T0004 10
17 T0004 TON T0005 10
20 T0005 TON T0006 10
23 T0006 TON T0007 10
26 T0007 TON T0008 30
26 T0007 P00021 ( )
29 T0001 P00022 ( )
31 T0002 P00023 ( )
33 T0003 P00024 ( )
35 T0004 P00025 ( )
37 T0005 P00026 ( )
39 T0006 P00027 ( )
41 T0007 END

예제 박스 제품 포장제어

(1) 동 작

① 제품 검출센서가 제품을 검출하여 박스에 10개 제품이 들어가면, 1개 박스는 주입을 완료하고, 10개 BOX가 주입을 완료하면 컨베이어는 정지하여 작업을 종료한다.

② 한 공정이 완료되고 5초가 지난 후에 제품검출 센서가 제품을 검출하면 다시 컨베이어는 기동하여 작업을 시작한다.

(2) 모형도

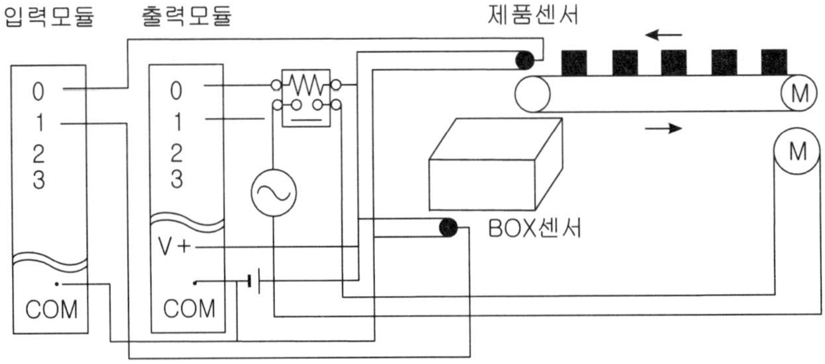

(3) 주소할당

변수	디바이스	설명문
S1	P00000	제품검출
S2	P00001	박스검출
MOTOR	P00020	콘베이어

(4) 프로그램

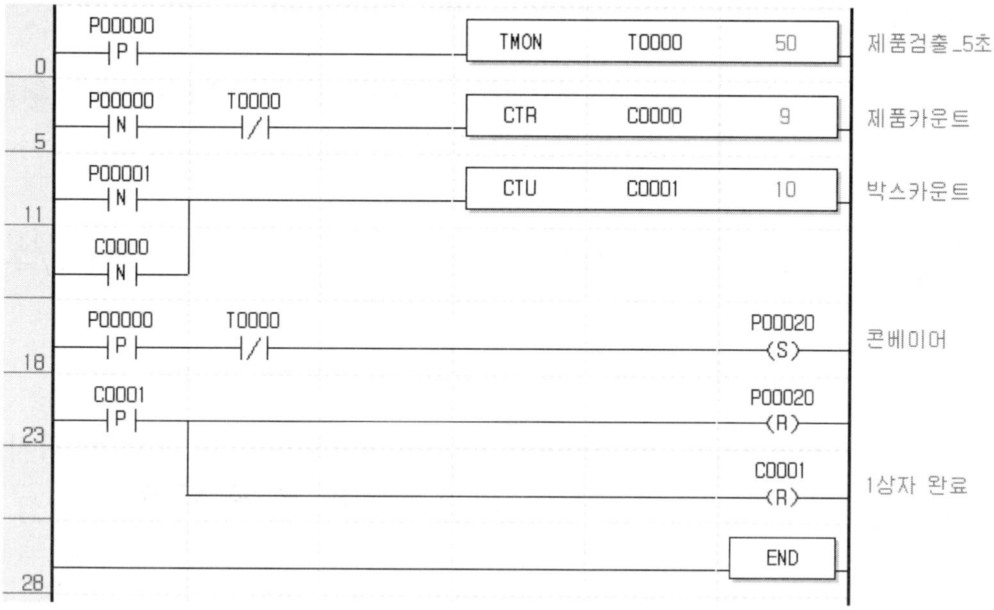
0
P00000
P
TMON T0000 50
제품검출_5초
5
P00000
N
T0000
CTR C0000 9
제품카운트
11
P00001
N
CTU C0001 10
박스카운트
C0000
N
18
P00000
P
T0000
P00020
S
콘베이어
23
C0001
P
P00020
R
C0001
R
1상자 완료
28
END

第十三章(제13장) 師無北面(사무북면)

凡學之道(범학지도) :

무릇 학문(배움)의 길에 들어서게 되면

嚴師爲難(엄사위난) :

존엄하신 스승을 지극히 모시는 일은 참으로 어렵다.(嚴 : 엄할/혹독할)

師嚴然後道尊(사엄연후도존) :

하지만 스승이 세상 사람들에게 존엄한 예우를 받고 존엄한 위치에 오른 후에라야 세상의 道 또한 존엄하게 세워지는 것이다.(尊 : 높을 우러러 볼)

道尊然後民知敬學(도존연후민지경학) :

세상의 도가 존엄해진 연후에야 백성들은 학문을 선망하고 경건히 대하며 학문에 대한 존엄성을 알게 되는 것이다.

是故君之所不臣於其臣者二(시고군지소불신어기신자이) :

이러한 고로 군주가 신하를 신하로 대하지 않는 두 가지 사례가 있는데

當其爲尸(당기위시) :

첫째는 제사를 주관하는 시(尸)의 역할을 담당하는 자(體祭使 : 체제사)를

則弗臣也(칙불신야) :

신하로 대하지 않고

當其爲師(당기위사) :

군주의 스승의 역할을 담당하는 자(王師 : 왕사)를

則弗臣也(칙불신야) :

신하로 대하지 아니한다.

大學之禮(대학지례) :

이와 같은 연유가 있으므로 대학에서 예식을 집행할 때에는

雖詔於天子(수조어천자) :

"비록 천자가 대전에 납시어 신하들에게 고할 때 모든 신하들이 천자를 북면으로 대하지만(詔 : 윗사람이 아랫사람에게 고할/알릴)

無北面(무북면) :

스승(왕사)은 북면하지 않는다." 라고 함은

所以尊師也(소이존사야) :

스승은 지극히 존엄한 분으로서 왕까지도 스승에 대한 존엄함을 인정하고 존경해야 함을 나타내는 것이다.

※ ① 스승이 된 자는 師道를 지켜야 하고, 사회는 尊師를 지켜야 한다. 師道와 尊師가 무너지면 사회질서도 무너진다.

② 師道와 尊師는 학문하는 자들이 지켜야할 당위일 뿐만 아니라, 바른 사회와 국가를 세우는 핵심적인 근간이다.

4.11 데이터 전송 명령

4.11.1 MOV, MOVP, DMOV, DMOVP

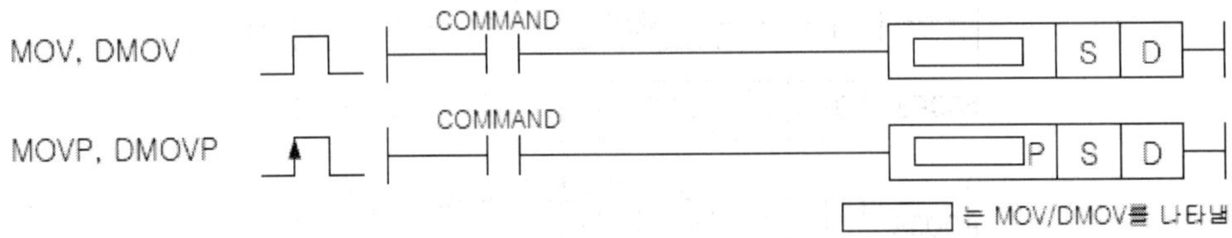

오퍼랜드	설 명	데이터 타입
S	전송하고자 하는 데이터 또는 데이터가 들어있는 디바이스 번호	WORD/DWORD
D	전송된 데이터를 저장할 디바이스 번호	WORD/DWORD

(1) MOV(Move)

① S로 지정된 디바이스의 워드 데이터를 D로 전송한다.

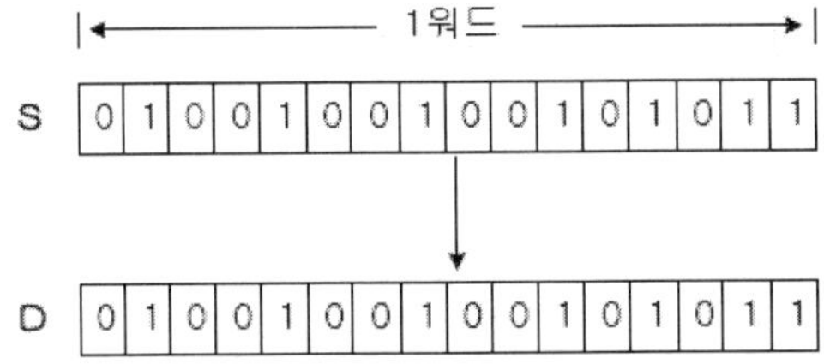

(2) DMOV(Double Move)

S+1, S로 지정된 디바이스의 더블 워드 데이터를 D+1, D에 전송한다.

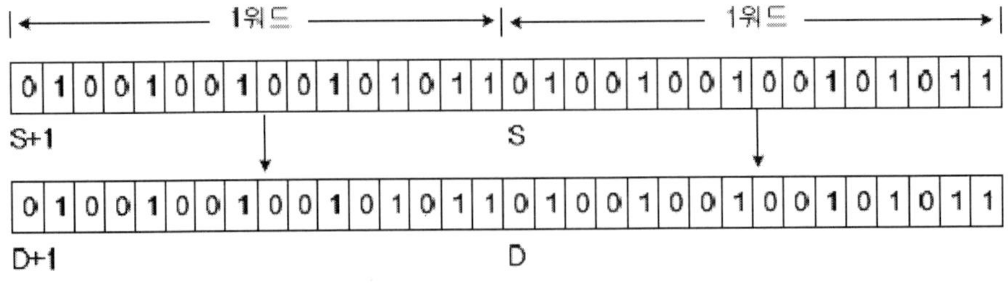

(3) 프로그램 예제

① P00020이 On될 때마다 MOVP에 의해 h00F3데이터가 P0004워드로 옮겨진다.

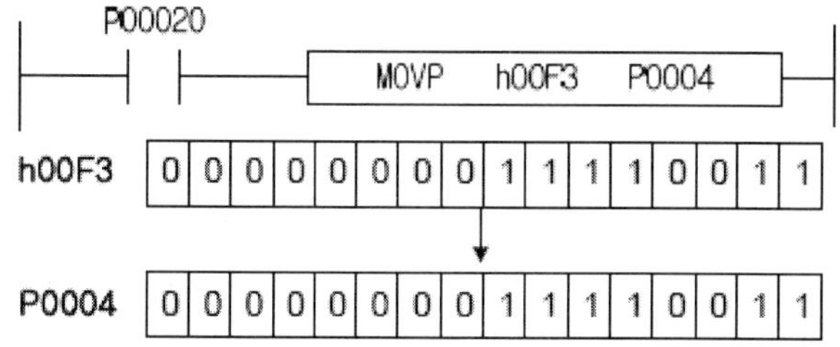

② 입력 P00001이 On 될 때마다 DMOVP 명령에 의해 P0002, P0001의 데이터 (hF0F0 FF33)가 P0006, P0005 더블워드로 옮겨지는 프로그램이다.

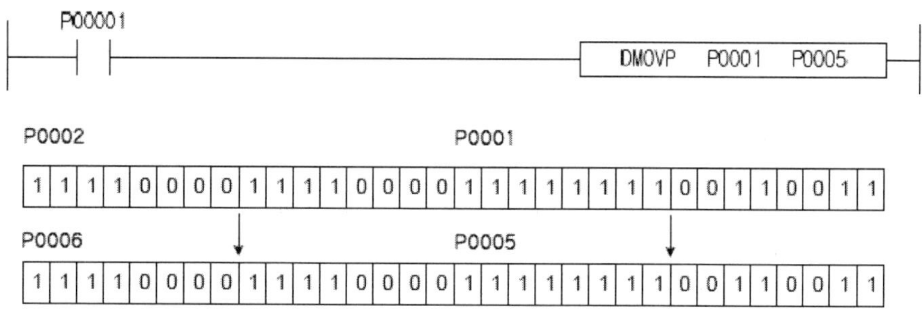

※ 알기

① MOV 명령의 오퍼랜드로 타이머나 카운터를 사용하면 해당 타이머나 카운터의 현재값(1워드)을 읽어 오거나 변경이 가능하다.

예제 Word단위 데이터 전송

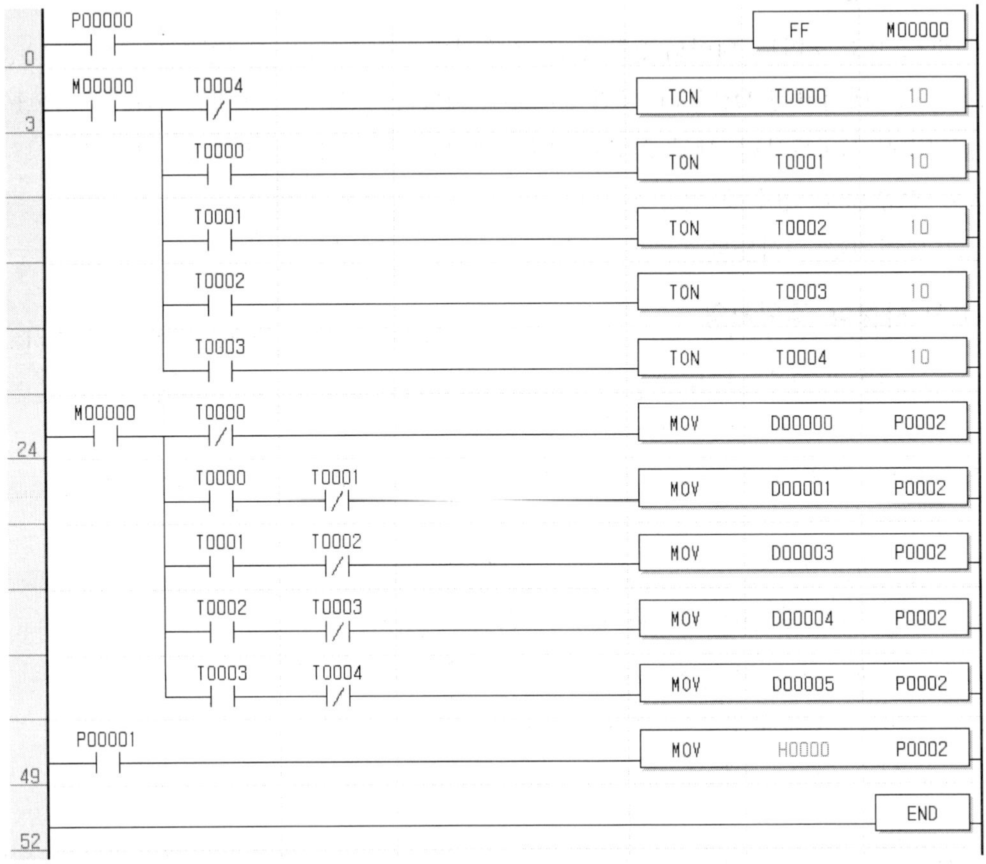

4.11.2 MOV4, MOV4P, MOV8, MOV8P

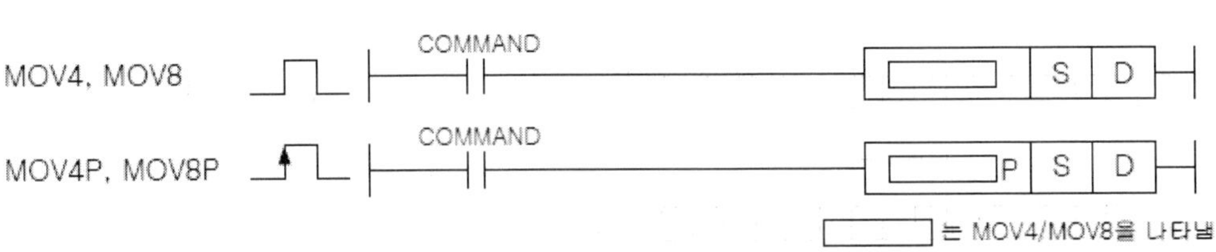

오퍼랜드	설 명	데이터 타입
S	전송하고자 하는 데이터 또는 데이터가 들어있는 디바이스 번호의 비트 위치	NIBBLE/BYTE
D	전송된 데이터를 저장할 디바이스 번호의 비트 위치	NIBBLE/BYTE

(1) MOV4, MOV8(MOV4 : Move Nibble / MOV8 : Move Byte)

(가) 기 능

4비트 또는 8비트 데이터 S를 D로 전송한다. MOV4(P)은 지정한 S비트부터 상위 4비트 데이터를 D로부터 상위 4비트에 해당하는 영역으로 전송한다. MOV8(P)은 지정한 S비트부터 상위 8비트 데이터를 D로부터 상위 8비트에 해당하는 영역으로 전송한다. 정수를 전송하고자 할 경우, 해당 명령의 데이터 크기만큼만 전송되고 나머지는 무시된다.

(나) 사용상 주의사항

비트 디바이스(P, M, L, K)와 워드 디바이스(D, R, U)에 따라 데이터 처리를 다르게 한다. 비트 디바이스의 경우, Source로 지정된 S가 명령 수행시에 워드 범위를 벗어날 경우, 다음 워드에서 나머지 비트를 가져온다. Destination으로 지정된 D 역시 저장할 부분이 워드를 넘어가면 다음 워드에 나머지 비트가 저장된다. 만약, 비트 디바이스의 마지막 워드를 지정했고, 다음 워드까지 포함해서 명령을 수행해야 될 경우, 아래에 설명한 워드 디바이스와 같이 처리한다.

워드 디바이스의 경우, Source로 지정된 S가 명령 수행시에 워드 범위를 벗어날 경우, 벗어난 부분은 0으로 채운다. 그리고 Destination으로 지정된 D가 워드를 넘어가게 되면 넘어간 데이터에 대해서는 처리하지 않는다.

(2) MOV8 P0003A D10.3

Source로 지정된 디바이스가 비트 디바이스일 경우, 전송할 데이터가 지정한 워드범위를 벗어날 경우 다음 영역의 비트 값까지 전송한다.

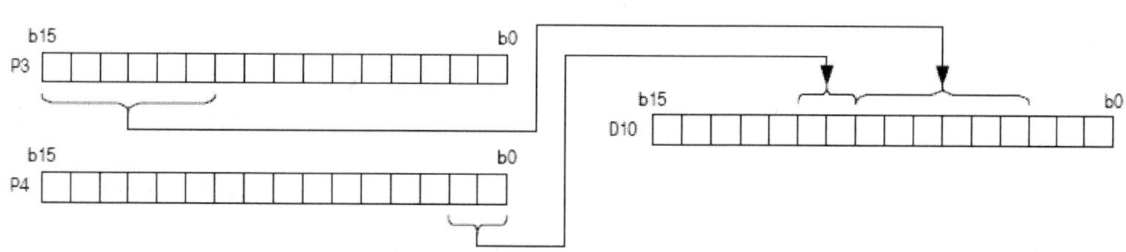

(3) MOV8 D00003.A D10.3

Source로 지정된 디바이스가 워드 디바이스일 경우, 전송할 데이터가 지정한 워드 범위를 벗어날 경우 그 벗어난 것은 무시하고 Destination에 0으로 채워진다.

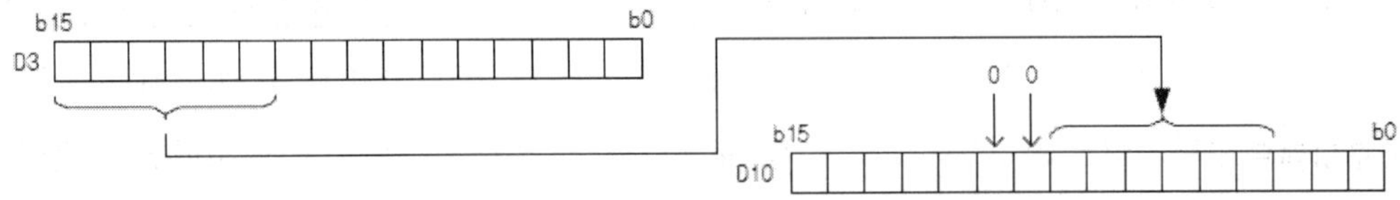

(4) 프로그램 예제

입력신호 P00000이 On 될 때 마다 MOV4P 명령에 의해 P00012부터 4개의 비트 데이터가 D00000.2부터 D00000.5에 전송되는 프로그램이다.

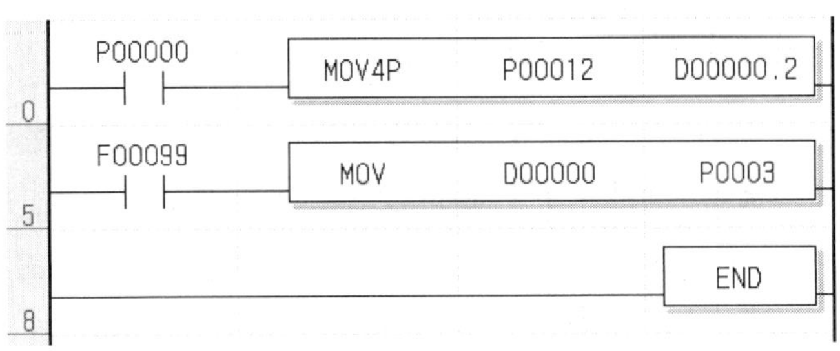

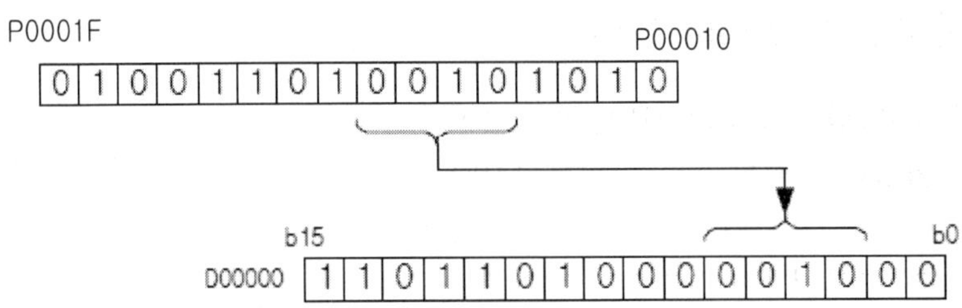

※ 알기

① Dxxxxx.x, Rxxxxx.x, Uxxx.xx.x 영역은 MOV4, MOV8 명령 결과값이 영역을 초과하는 경우에 D+1 영역에 전송이 안되고 무시한다.

4.11.3 CMOV, CMOVP, DCMOV, DCMOVP

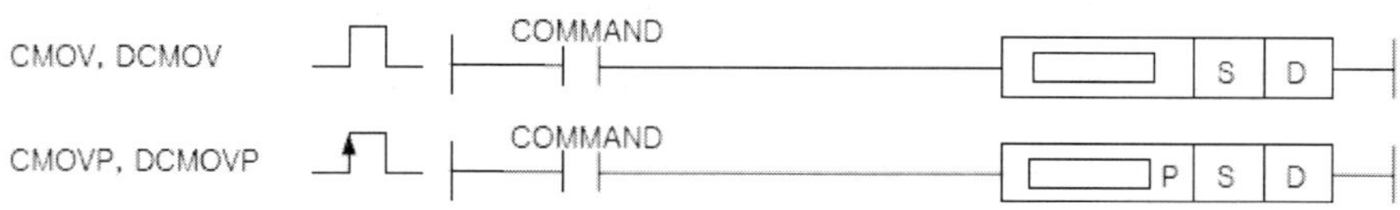

오퍼랜드	설 명	데이터 타입
S	전송하고자 하는 데이터 또는 데이터가 들어있는 디바이스 번호	WORD/DWORD
D	전송된 데이터를 저장할 디바이스 번호의 비트 위치	WORD/DWORD

(1) CMOV(Complement Move)

워드 데이터 S에 1의 보수를 취하여 그 결과를 D에 전송한다.

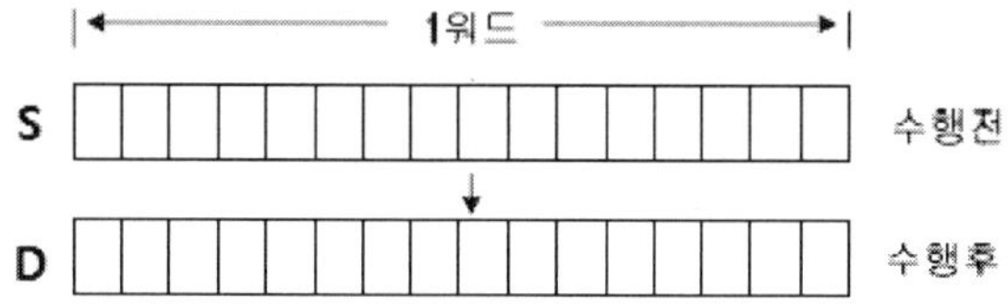

(2) DCMOV(Double Complement Move)

DCMOV(P)명령은 CMOV(P)명령의 2배의 데이터를 1의 보수를 취해 전송한다. (더블워드 전송)

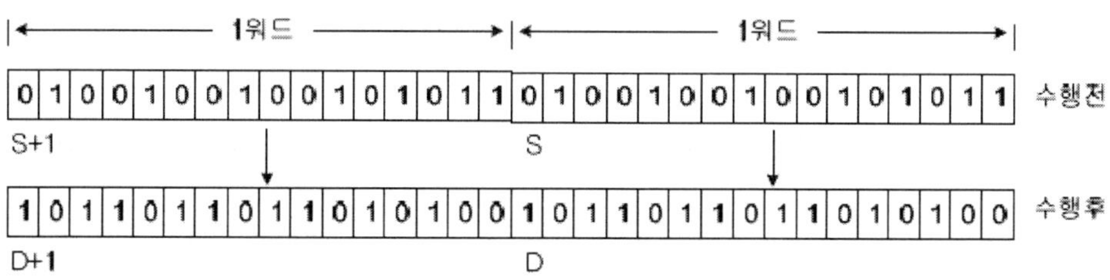

(3) 프로그램 예제

입력 P00010이 On하면 P0002 워드 데이터의 1의 보수를 P0006에 전송한다.

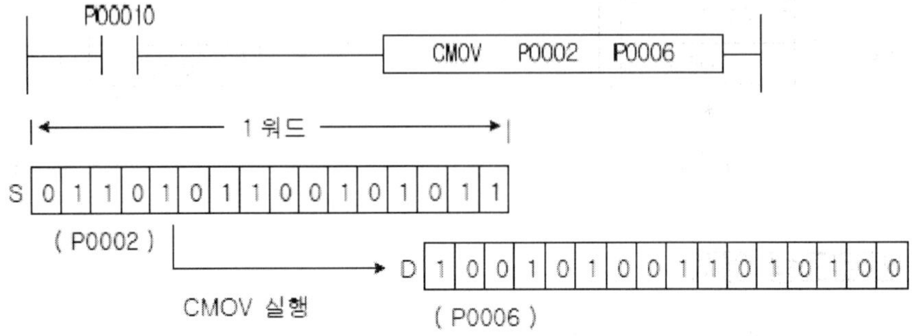

4.11.4 GMOV, GMOVP

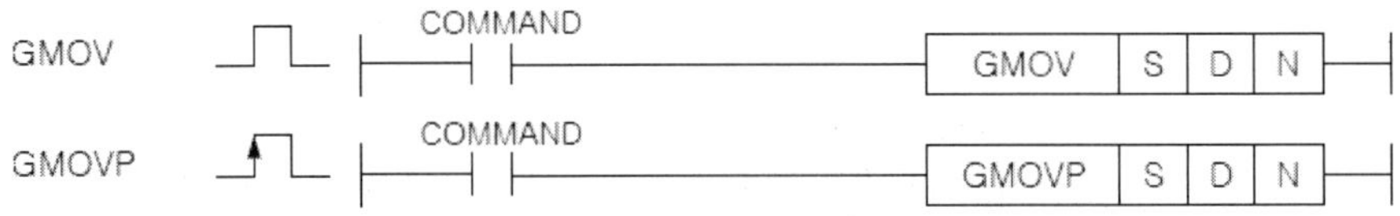

오퍼랜드	설 명	데이터 타입
S	전송하고자 하는 데이터 또는 데이터가 들어있는 디바이스 번호	WORD
D	전송된 데이터를 저장할 디바이스 번호	WORD
N	그룹으로 전송하고자 하는 개수(0~65,535)	WORD

(1) GMOV(Group Move)

① S로부터 N개 만큼의 워드 데이터를 D로 차례로 전송한다.

② MOV명령은 1:1로 워드를 전송하고, GMOV명령은 N:N으로 워드를 전송한다.

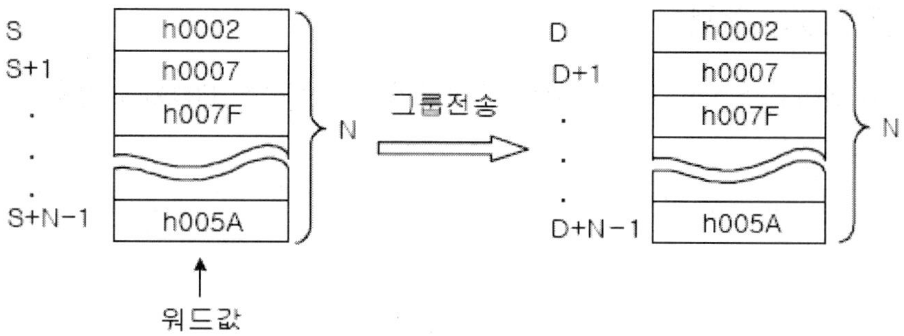

(2) 프로그램 예제

① 입력신호 P00020이 On 하였을 때 D00000, D00001, D00002 워드 데이터를 P00004, P00005, P00006에 저장하는 프로그램이다.

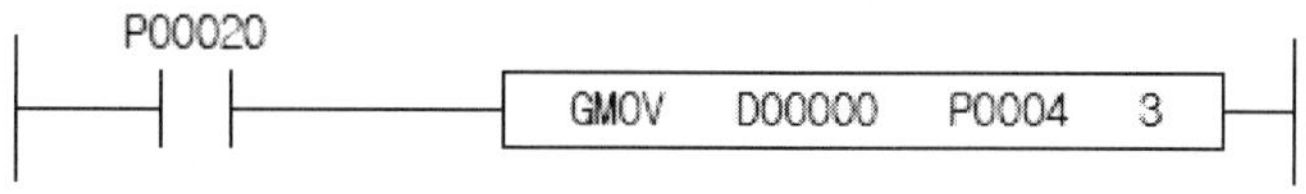

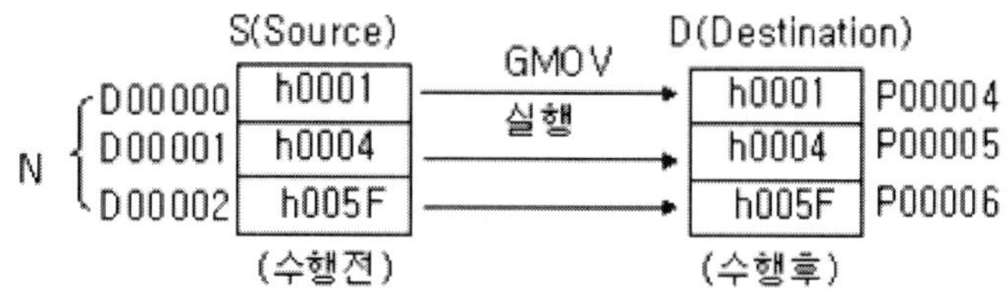

4.11.5 FMOV, FMOVP

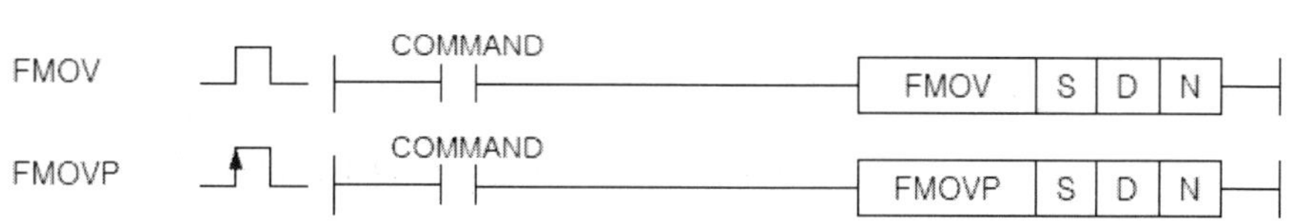

오퍼랜드	설 명	데이터 타입
S	전송하고자 하는 데이터 또는 데이터가 들어있는 디바이스 번호	WORD
D	전송된 데이터를 저장할 디바이스 번호	WORD
N	그룹으로 전송하고자 하는 개수(0~65,535)	WORD

(1) FMOV(File Move)

① 워드 데이터 S D로 부터 N개 워드수 만큼 차례로 전송한다.

② 데이터의 특정영역을 초기화할 경우 주로 사용한다.

③ N의 범위가 지정영역을 초과하는 경우는 에러 플래그(F110)를 셋(Set)하고 처리하지 않는다.

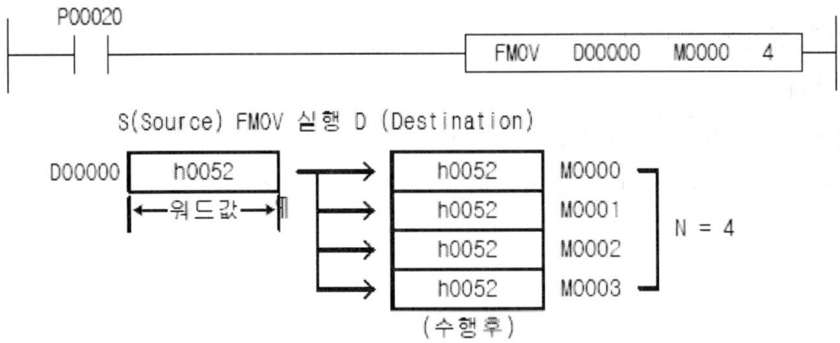

(2) 프로그램 예제

입력신호 P00020이 On 할 때마다 D00002에 저장된 워드 데이터가 P0004, P0005, P0006에 저장되는 프로그램이다.

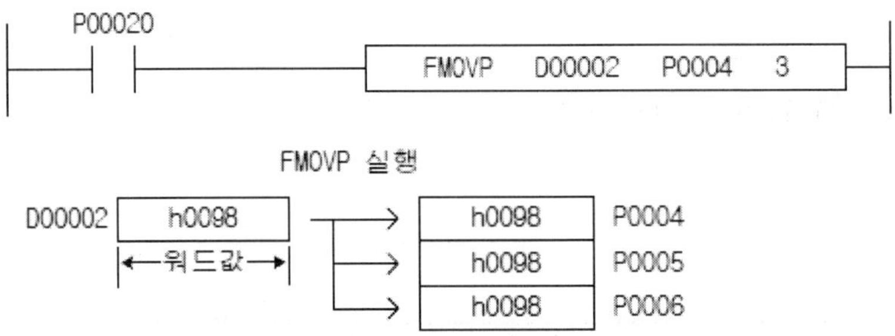

4.11.6 BMOV, BMOVP

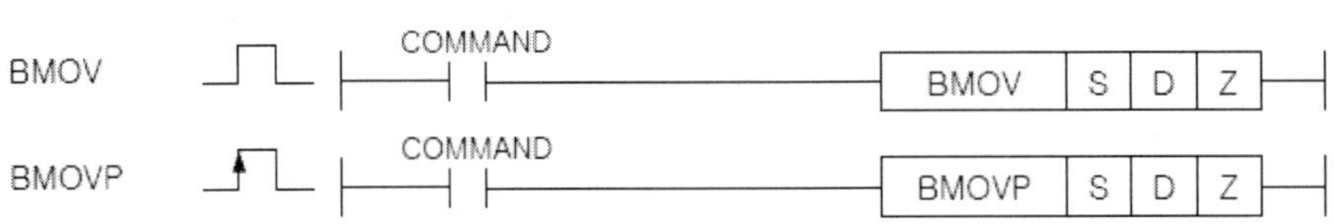

오퍼랜드	설 명	데이터 타입
S	데이터가 저장되어 있는 디바이스 번호	WORD
D	Destination 영역의 디바이스 번호	WORD
Z	BMOV(P)를 실행하는 포맷	WORD

(1) BMOV(Bit Move)

① Z에 설정된 포맷에 의해 워드 데이터 S로부터 지정된 개수의 비트를 D로 전송한다.

② Z의 전송 비트 개수 : h00~h10(00~16)까지 기능

③ D+Z의 결과 영역 초과시 에러 플래그(F110)를 셋(Set)시키며 결과 처리를 하지 않는다.

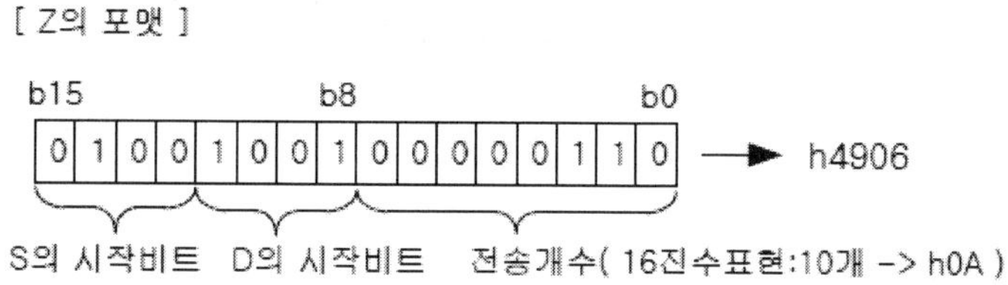

(2) 프로그램 예제

① 입력신호 P0030을 On 할 때마다 P002 영역의 0번째 비트부터 4개의 비트를 P006의 P0063 비트부터 저장하는 프로그램이다.

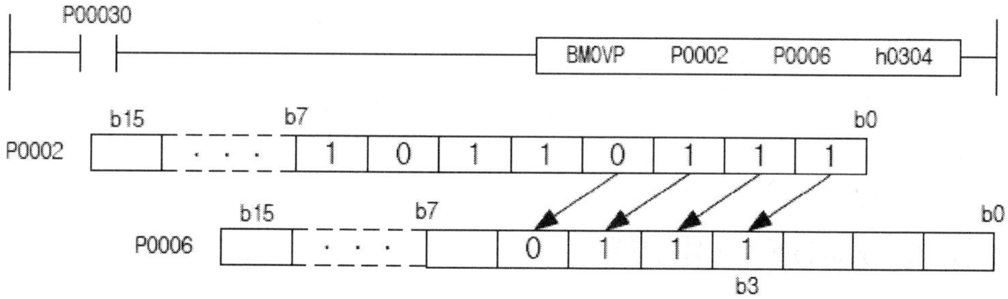

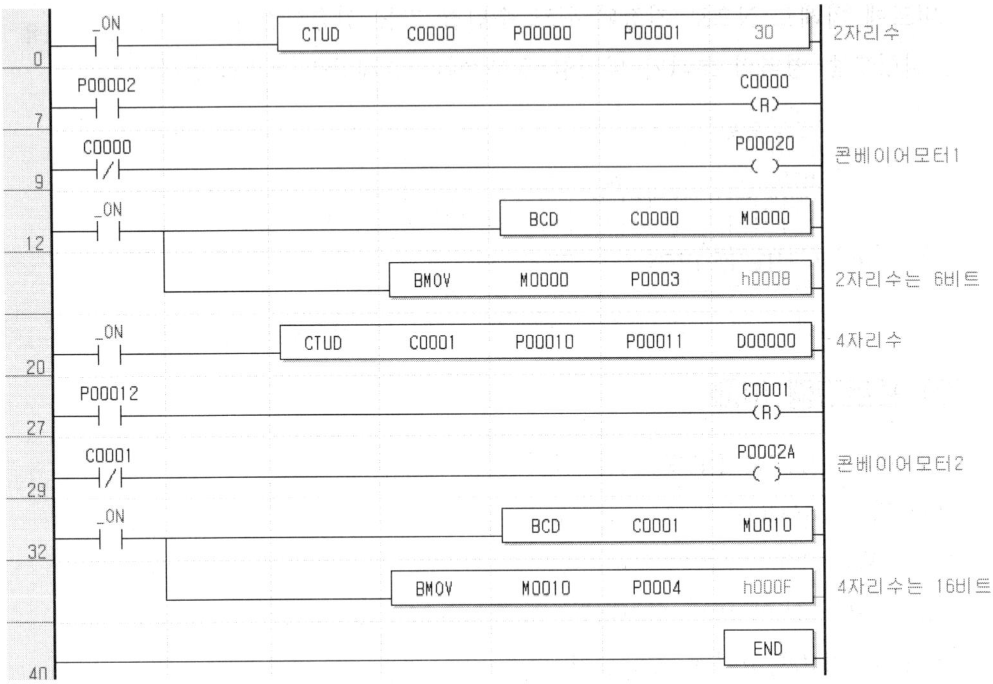

4.11.7 GBMOV, GBMOVP

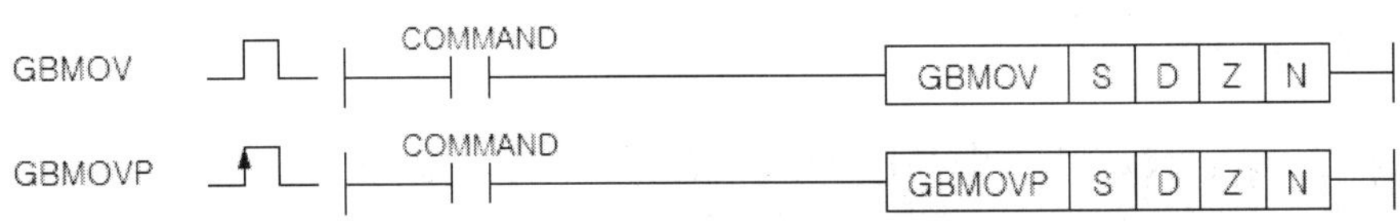

오퍼랜드	설 명	데이터 타입
S	데이터가 저장되어 있는 디바이스 번호	WORD
D	Destination 영역의 디바이스 번호	WORD
Z	GBMOV(P)를 실행하는 포맷	WORD
N	GBMOV(P)를 실행하고자 하는 개수(0~32,767)	WORD

(1) GBMOV(Group Bit Move)

① Z로 설정된 포맷에 의해 S의 데이터부터 N개 워드를 D로부터 차례로 그룹 전송시킨다.

② Z가 h130A일 경우 S의 1번 비트에서부터 총 10개의 비트 데이터를 D의 3번

비트에 차례로 N으로 지정된 워드 수만큼 그룹 전송시킨다.

③ 실행도중 영역의 초과가 발생할 경우 에러 플래그를 셋(Set)한다.

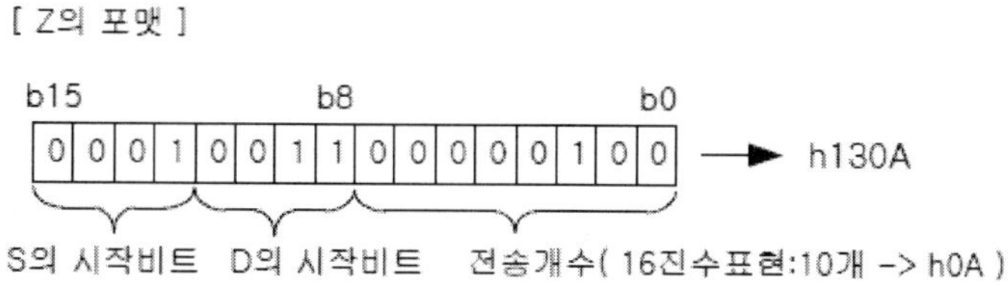

(2) 프로그램 예제

① D10000=h2408, P1200=4로 각각 저장되어 있는 경우 P00000의 입력접점이 On 되면 GBMOV 명령이 실행된다.

② P1000의 2번 비트에서부터(b02) 총 8개의 비트 데이터를 P1100의 4번 비트(b04)부터 8개의 비트 데이터영역에 저장하며 P1000~P1003의 4워드 데이터를 P1100~P1103 영역에 동일한 방법으로 각각 그룹비트전송을 시키는 프로그램이다.

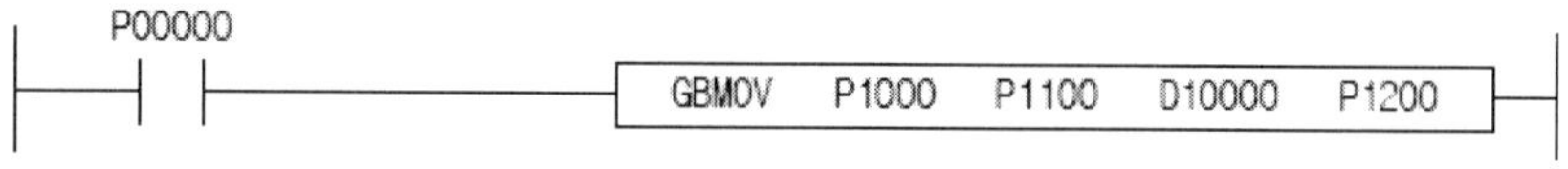

4.11.8 RMOV, RMOVP, LMOV, LMOVP

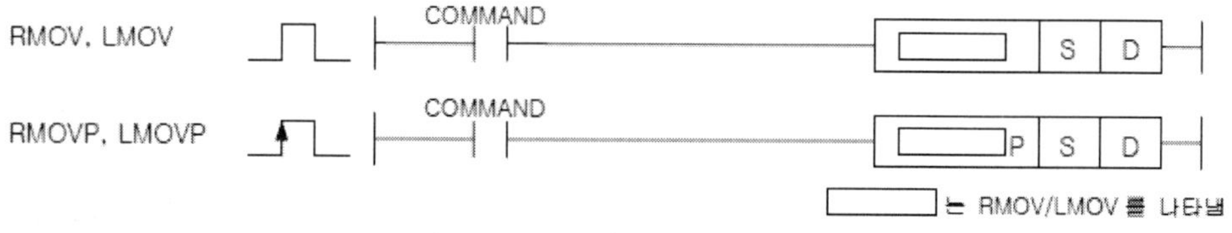

오퍼랜드	설 명	데이터 타입
S	전송하고자 하는 데이터 또는 데이터가 들어있는 디바이스 번호	REAL/LREAL
D	전송된 데이터를 저장할 디바이스 번호	REAL/LREAL

(1) RMOV(Real Move)

① S+1, S로 지정된 디바이스의 실수(Real) 데이터를 D+1, D에 전송한다.

② S에 상수를 입력할 경우, 10진수 형식으로만 입력 가능하다. 16진수 입력은 허용하지 않는다.

(2) LMOV(Long Real Move)

① S+3, S+2, S+1, S의 Long Real 데이터를 D+3, D+2, D+1, D로 전송한다.

② S에 상수를 입력할 경우, 10진수 형식으로만 입력 가능하다. 16진수 입력은 허용하지 않는다.

(3) 프로그램 예제

① 입력접점으로 P00000이 On 되면 실수값으로 설정된 1.234가 D1000에 실수값으로 저장하는 프로그램이다.

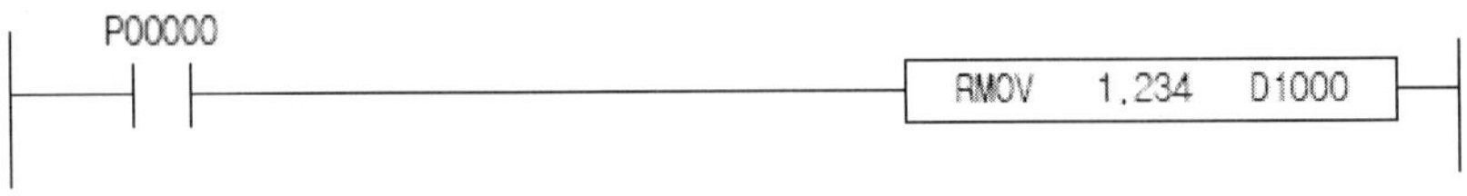

4.11.9 $MOV, $MOVP

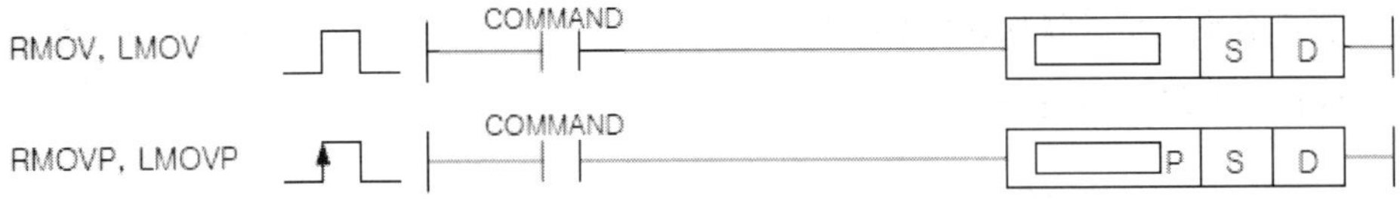

오퍼랜드	설 명	데이터 타입
S	전송하고자 하는 데이터 또는 데이터가 들어있는 디바이스 번호	REAL/LREAL
D	전송된 데이터를 저장할 디바이스 번호	REAL/LREAL

(1) $MOV(Character String Move)

① S부터 시작되는 문자열을 D로 시작되는 디바이스에 전송한다.

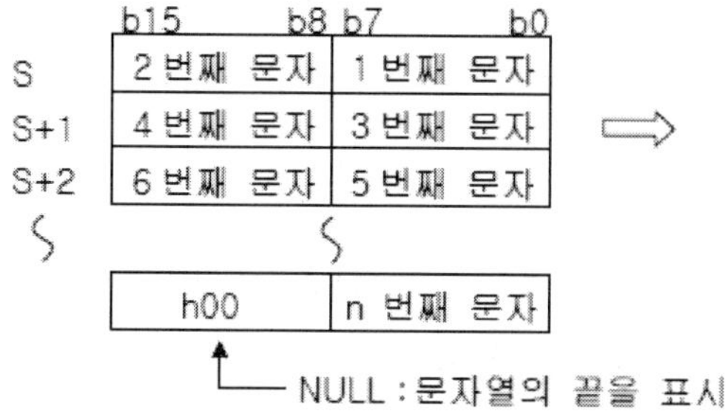

② S+n의 하위 바이트에 NULL이 저장되어 있는 경우, D+n의 상위 바이트에는 h00이 저장된다.

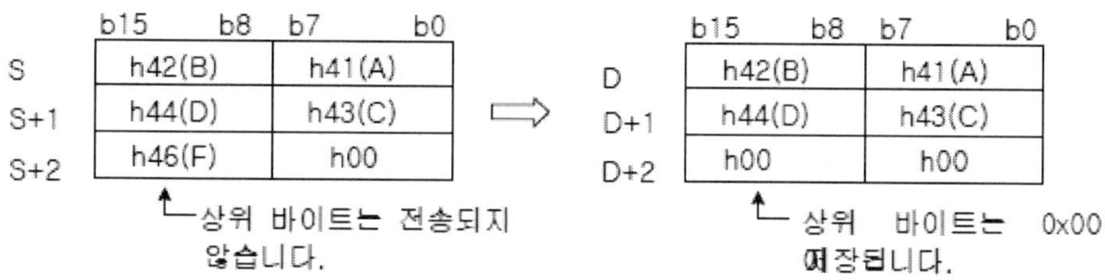

③ 최대 전송할 수 있는 문자열은 31글자(한글 15자)까지 가능하다.

(2) 프로그램 예제

① 입력접점으로 P00000이 On 되면 문자열의 '문자데이터'의 내용을 D2000에 저장하는 프로그램이다.

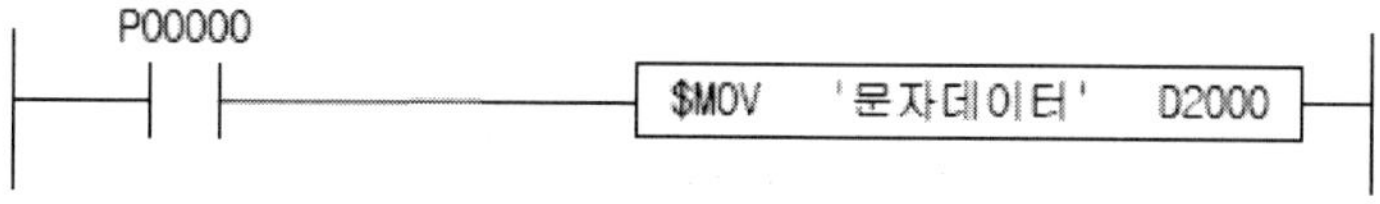

第十四章(제14장) 善學之道(선학지도)

善學者師逸而功倍(선학자사일이공배) :

잘 배우고 훌륭하게 학습한 학생은 스승을 기쁘게 하면서도 功績(성적)은 보통학생의 몇 배로 달린다.(逸 : 달아날)

又從而庸之(우종이용지) :

또한 좋은 성적 등 뒤따라오는 모든 공적을 스승의 덕으로 돌리고 스승의 은혜에 감사하고 보답한다.(從 : 좇을/순직할. 庸 : 공-功) 용

不善學者師勤而功半(불선학자사근이공반) :

반면 잘 배우지 못하는 어설픈(못된) 학생은 스승을 힘들게 하면서도 공적은 보통 학생들의 절반도 되지 못한다.

又從而怨之(우종이원지) :

그러면서도 또한 그 부족한 성적결과를 스승의 탓으로 돌리고 스승을 원망하고 미워한다.

善問者如攻堅木(선문자여공견목) :

질문을 잘하는 학생은 도끼로 크고 단단한 나무를 넘어뜨리기 위해 찍어갈 때와 같아서(攻 : 칠/공격할 堅 : 곧을/단단할)

先其易者(선기이자) :

찍기 쉬운 약한 부분을 먼저 찍고

後其節目(후기절목) :

나중에 굵고 중요한 節目(나무의 큰 마디)부분을 찍어 들어간다.

及其久也(급기구야) :

그렇게 한참을 찍어 가다보면 마침내 큰 나무도 쓰러지게 되는 것이다.

相說以解(상설이해) :

이와 같이 스승과 제자가 상호 질문하고 답하기를 이어가다 보면 문제는 술술 풀어지고 학문은 그 생생한 바른 삶의 길을 알려주는 것이다.

不善問者反此(불선문자반차) :

반면에 질문을 잘하지 못하는 미진한 학생은 엉뚱하면서 이와 반대이다.

善待問者如撞鐘(선대문자여당종) :

질문을 잘 받고 잘 대비하는 위대한 스승은 마치 종을 잘 치는 것과 같아서(待 : 기다릴/대비할 撞 : 칠/두드릴)

叩之以小者則小鳴(고지이소자즉소명) :

작은 막대기로 종을 치면 작은 소리로 울리고(叩 : 두드릴/물어볼)

叩之以大者則大鳴(고지이대자칙대명) :

굵은 막대기로 종을 치면 큰 소리로 웅장하게 울리는 것과 같다.

待其從容(대기종용) :

종을 치려는 사람은 종의 움직임을 좇아가면서 조용히 멈추기를 기다리다가(容 : 얼굴/몸가짐/모습)

然後盡其聲(연후진기성) :

종이 가만히 멈추는 순간 리듬에 맞춰 종을 치면 진정 크고 아름다운 소리가 나는 것이다.(盡 : 다될/끝날)

不善答問者反此(불선답문자반차) :

질문을 잘 받지 못하고 잘 응답하지 못하는 부족하고 우둔한 스승은 이와 반대이다.(此 : 이것)

此皆進學之道也(차개진학지도야) :

이상의 모든 것들이 바로 학문을 진전시키는 첩경인 것이다.

※ 스승과 제자는 상호적인 관계로 일방적이지 않다. 위대한 스승은 위대한 학생을 키우고, 위대한 학생은 위대한 스승을 만든다.

4.12 코드 변환 명령

4.12.1 BCD, BCDP, DBCD, DBCDP

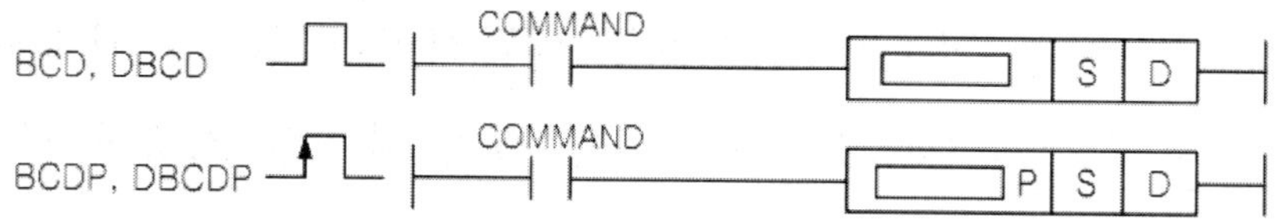

오퍼랜드	설 명	데이터 타입
S	데이터가 저장되어 있는 디바이스 번호	WORD/DWORD
D	Destination 영역의 디바이스 번호	WORD/DWORD

(1) BCD(Binary Coded Decimal)

① S로 지정된 디바이스의 BIN 데이터(0~h270F)를 BCD 변환하여 D에 저장한다.

명령어	데이터 크기	BIN 포맷	BCD 포맷
BCP(P)	16 비트	0 ~ h270F (0~9999)	h0 ~ h9999
DBCD(P)	32 비트	0 ~ h05F5E0FF (0 ~ 99999999)	h0 ~ h99999999

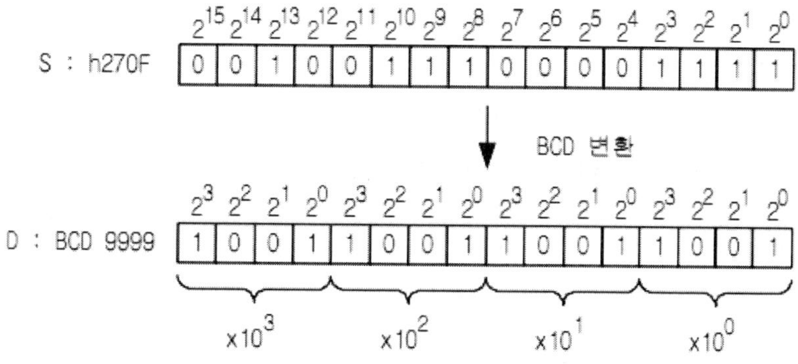

(2) DBCD(Double Binary Coded Decimal)

① S+1, S로 지정된 디바이스의 BIN 데이터(0~h05F5E0FF)를 BCD로 변환하여, D+1, D에 각각 저장한다.

명령어	데이터 크기	BIN 포맷	BCD 포맷
BCP(P)	16 비트	0 ~ h270F (0~9999)	h0 ~ h9999
DBCD(P)	32 비트	0 ~ h05F5E0FF (0 ~ 99999999)	h0 ~ h99999999

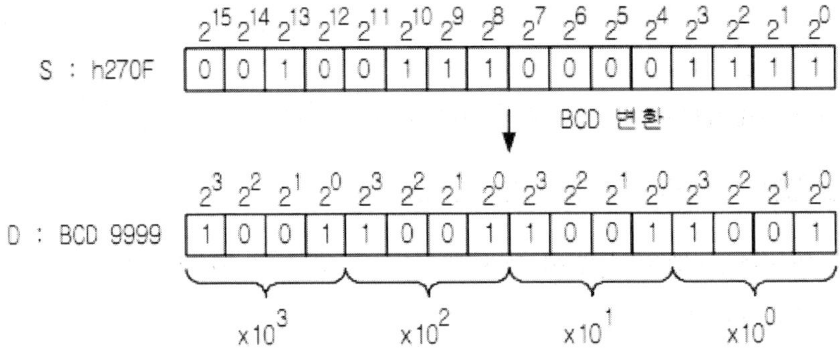

(3) 에 러

① BIN 데이터가 BCD 변환하여 표시할 수 있는 범위를 초과하면 에러 플래그(F110)를 셋(Set)한다.

(4) 프로그램 예제

① 입력신호 P00020이 On 하였을 때 D00001에 저장된 h1111의 데이터를 BCD 변환하여 P0005에 출력하는 프로그램이다.

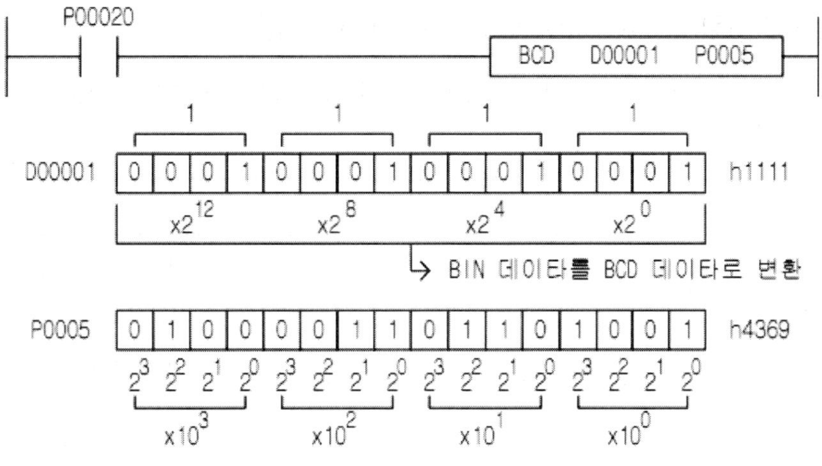

예제 Counter(Timer) 현재값 외부출력[BCD, BMOV의 예제]

(1) 동 작

재고가 입·출고 되는 창고에 재고가 30개이면 입고 컨베이어는 정지하고, 재고 숫자는 외부에 나타낸다.

(2) 시스템도

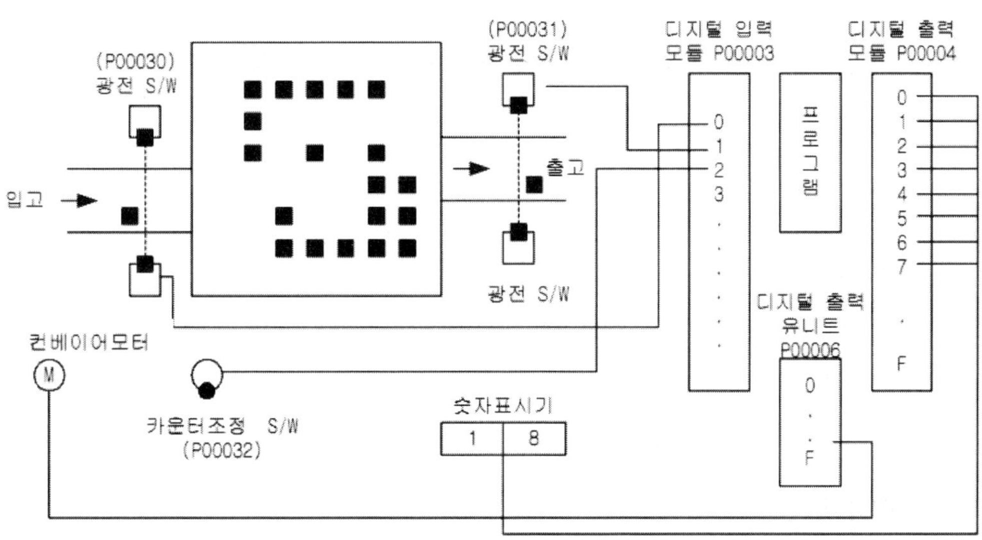

(3) 프로그램

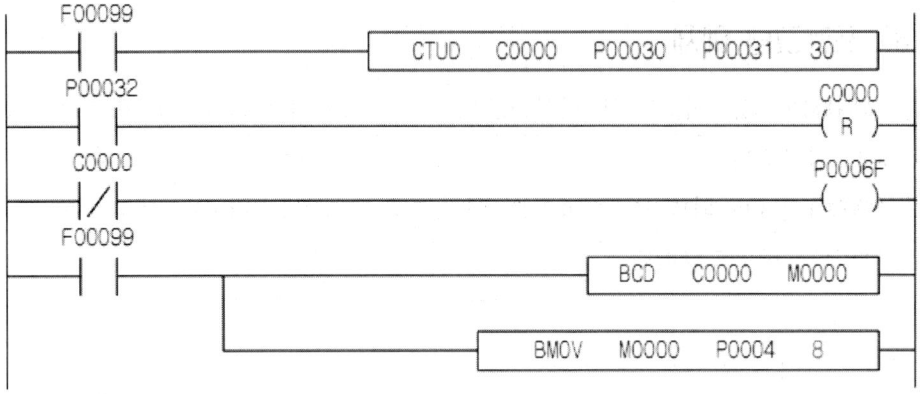

4.12.2 BCD4, BCD4P, BCD8, BCD8P

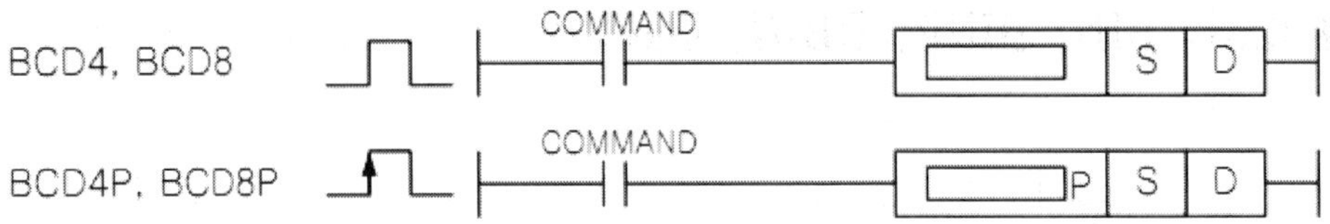

오퍼랜드	설 명	데이터 타입
S	BCD 변환하고자 하는 데이터 또는 데이터가 들어있는 디바이스 번호의 비트 위치	NIBBLE/BYTE
D	변환된 데이터를 저장할 디바이스 번호의 비트 위치	NIBBLE/BYTE

(1) BCD4

① S로 지정된 디바이스의 4비트의 BIN 데이터를(0~9) BCD4로 변환하여 D로 지정된 디바이스 영역에 저장한다.

② S로 지정된 디바이스 값이 (0~9) 이외일 때 에러플래그(F110)가 셋(Set)된다.

(2) BCD8

① S로 지정된 디바이스의 8비트의 BIN 데이터(0~99)를 BCD8로 변환하여 D로 지정된 디바이스 영역에 저장한다.

② S로 지정된 디바이스의 값이 (0~99) 이외 일 때, 에러 플래그(F110)가 셋(Set)된다.

(3) 프로그램 예제

① P00000이 On 되면 9의 니블(Nibble) 데이터가 P0200의 4번 비트부터 h9로 BCD 변환된다.

② P00001이 On 되면 99의 바이트 데이터가 P0400의 8번 비트부터 h99로 BCD 변환되는 프로그램이다.

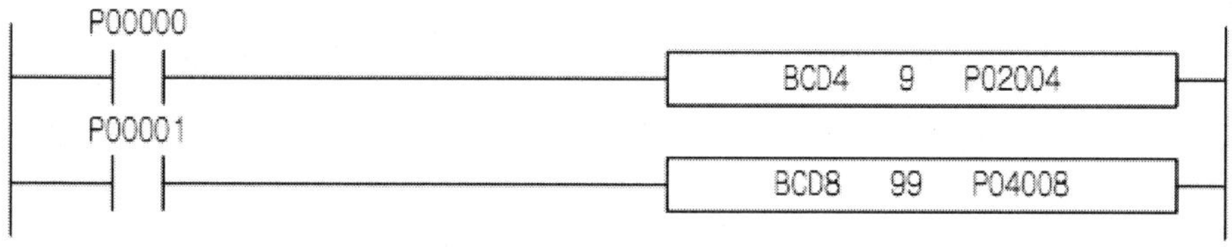

4.12.3 BIN, BINP, DBIN, DBINP

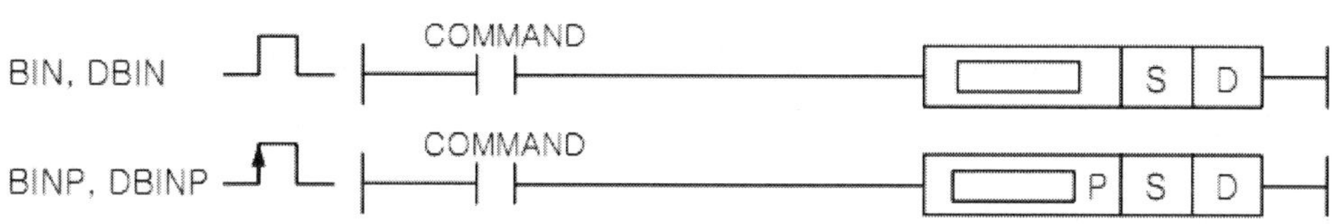

오퍼랜드	설 명	데이터 타입
S	BCD 데이터가 저장되어진 영역번호 또는 BCD 데이터	WORD/DWORD
D	BIN로 변환된 데이터를 저장하게 될 영역	WORD/DWORD

(1) BIN(Binary)

① S로 지정된 디바이스의 BCD 데이터(0~9999)를 BIN 데이터로 변환하여 D에 저장한다.

명령어	데이터 크기	BCD 포맷	BIN 포맷
BIN(P)	16 비트	h0 ~ h9999	0 ~ h270F (0 ~ 9999)
DBIN(P)	32 비트	h0 ~ h99999999	0 ~ h05F5E0FF (0 ~ 99999999)

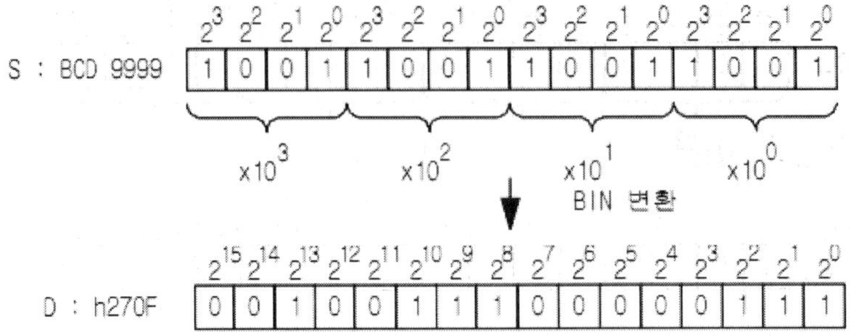

(2) DBIN(Double Binary)

① S+1, S로 지정된 디바이스의 BCD 데이터(h0~h99999999)를 BIN 데이터로 변환하여 D+1, D에 저장한다.

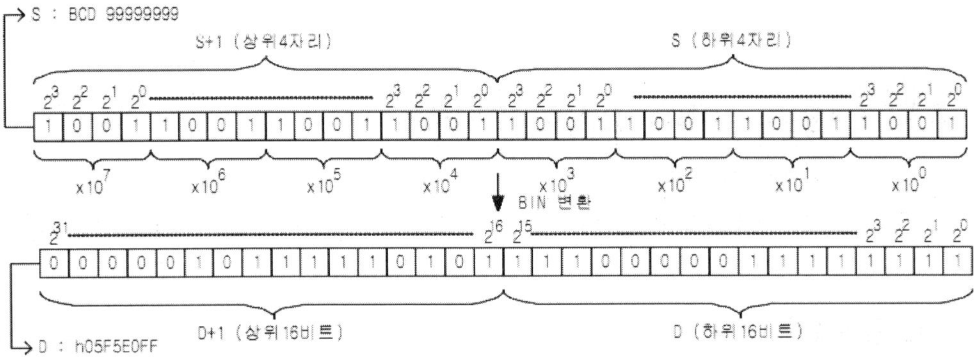

(3) 프로그램 예제

① 입력신호 P00000을 On 하였을 때 P0000의 데이터를 BIN 변환하여 D0002에 저장하는 프로그램이다.

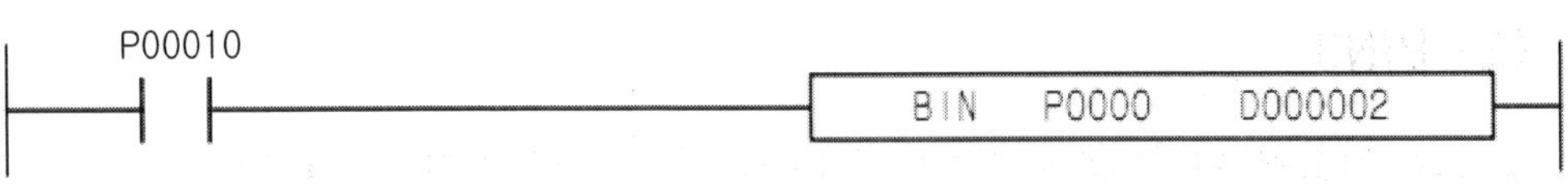

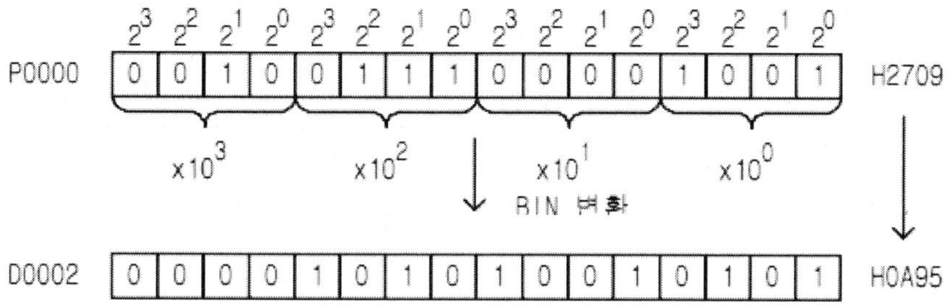

4.12.4 BIN4, BIN4P, BIN8, BIN8P

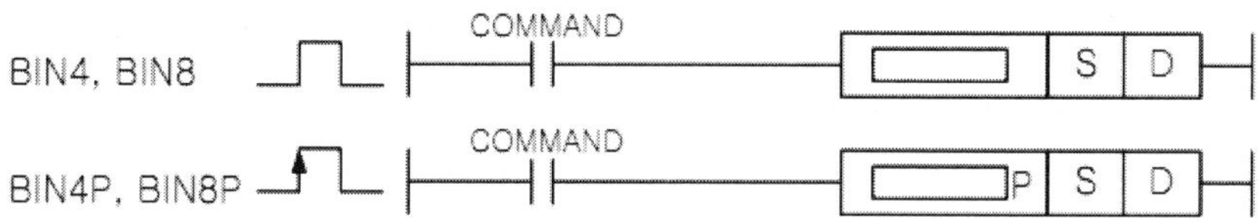

오퍼랜드	설 명	데이터 타입
S	변환하고자 하는 데이터 또는 데이터가 들어있는 디바이스 번호의 비트 위치	NIBBLE/BYTE
D	변환된 데이터를 저장할 디바이스 번호의 비트 위치	NIBBLE/BYTE

(1) BIN4

① S로 지정된 디바이스의 4비트의 BCD 데이터(h0~h9)를 BIN4로 변환하여 D에 저장한다.

② S로 지정된 디바이스의 값이 BCD 형태(h0~h9) 이외일 때, 에러 플래그(F110)가 셋(SET) 된다.

(2) BIN8

① S로 지정된 디바이스의 8비트의 BCD 데이터(h0~h99)를 BIN8로 변환하여 D에 저장한다.

② S로 지정된 디바이스의 값이 BCD 형태(h0~h99) 이외일 때, 에러 플래그(F110)가 셋(SET) 된다.

(3) 프로그램 예제

① 입력신호 P00000이 On 되면 BCD 데이터를 변환하여 P0200의 4번 비트부터 저장하고 입력신호 P00001이 On 되면 BCD 데이터를 변환하여 P0400의 8번 비트부터 저장하는 프로그램이다.

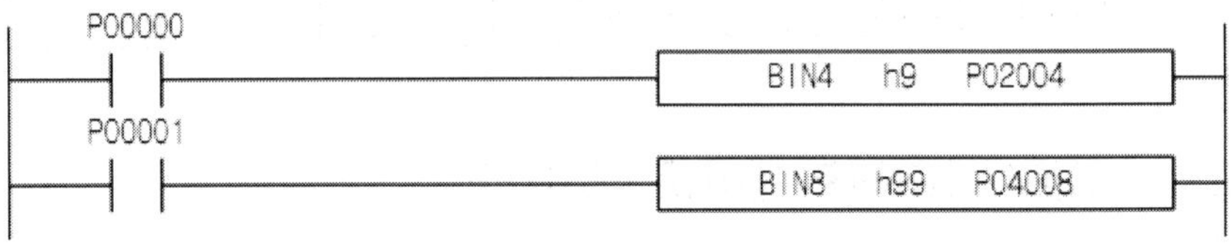

4.12.5 GBCD, GBCDP

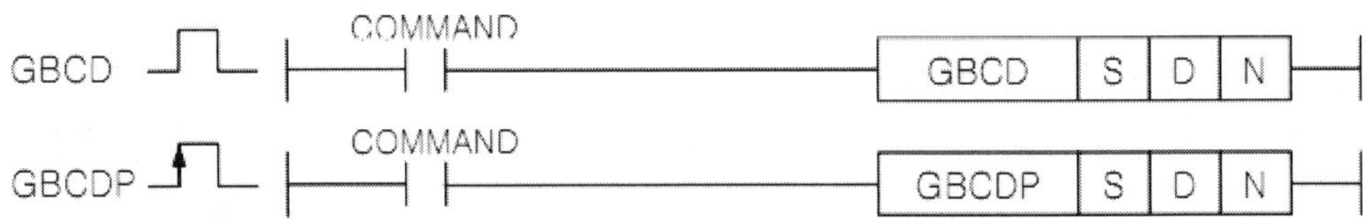

오퍼랜드	설 명	데이터 타입
S	BCD 변환하고자 하는 BIN 데이터 또는 그 데이터가 들어있는 디바이스 번호	WORD
D	변환된 BCD 데이터를 저장할 디바이스 번호	WORD
N	BCD 변환을 하고자 하는 총 데이터 개수	WORD

(1) GBCD(Group Binary Coded Decimal)

① S로 지정된 워드 데이터 N개의 BIN값을 BCD로 변환하여 각각을 D부터 순서대로 저장한다.

② S로 지정된 디바이스로부터 N개의 BIN 데이터 0~9,999를 GBCD로 변환하여 D로부터 1 : 1로 저장한다.

③ S로 지정된 디바이스로부터 D로 지정된 N개의 값이 0~9,999 이외일 때, 에러 플래그(F110)가 셋(Set)된다.

(2) 프로그램 예제

① 입력신호인 P00000이 On 되면 P1000~P1004까지의 5워드 데이터를 각각 그룹 BCD 변환하여 P1100~P1104까지의 영역에 저장하는 프로그램이다.

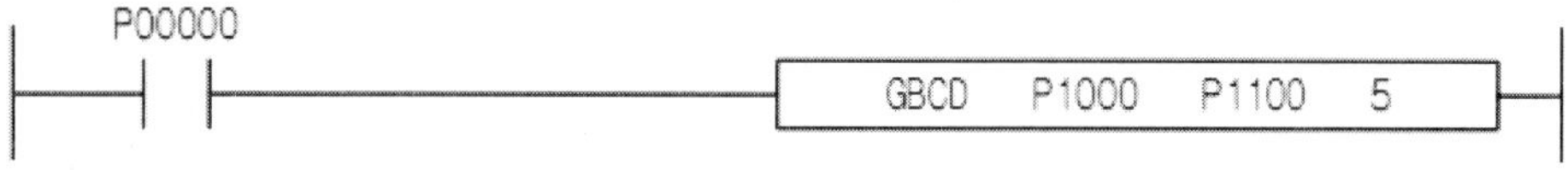

※ 알기
기본 파라미터에서 연산에러시 속행을 선택했을 경우, N개 중에 1개라도 데이터 값이 0~9999이외이면 다른 데이터의 BCD 변환도 하지 않고 무처리 한다.

4.12.6 GBIN, GBINP

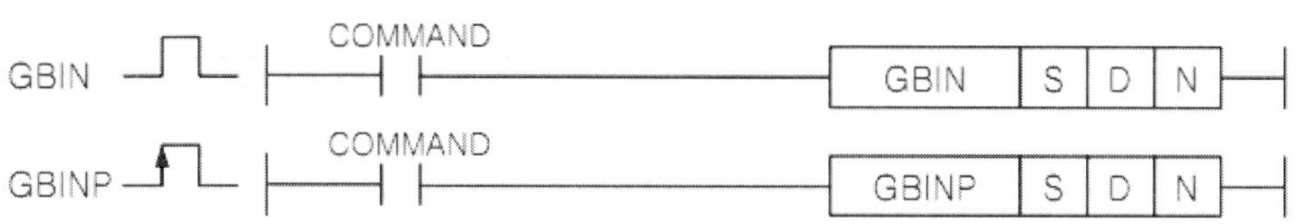

오퍼랜드	설 명	데이터 타입
S	BCD 변환하고자 하는 BCD 데이터 또는 그 데이터가 들어있는 디바이스 번호	WORD
D	변환된 BIN 데이터를 저장할 디바이스 번호	WORD
N	BIN 변환을 하고자하는 총 데이터 개수	WORD

(1) GBIN(Group Binary)

① S로 지정된 워드 데이터 N개의 BCD 값을 BIN 데이터로 변환하여 각각을 D부터 순서대로 저장한다.

② S로 지정된 디바이스의 BCD 데이터(h0~h9999)를 N으로 지정된 n개의 갯수만큼 GBIN로 변환하여 D에 저장한다.

③ S로 지정된 디바이스의 값이 BCD 형태(h0~h9999) 이외일 때, 에러 플래그

(F110)가 셋(Set)된다.

(2) 프로그램 예제

① 입력신호인 P00000이 On 되면 P1000~P1004까지의 5워드의 BCD 데이터를 그룹 BIN 데이터로 변환하여 P1100~P1104까지의 영역에 각각 저장하는 프로그램이다.

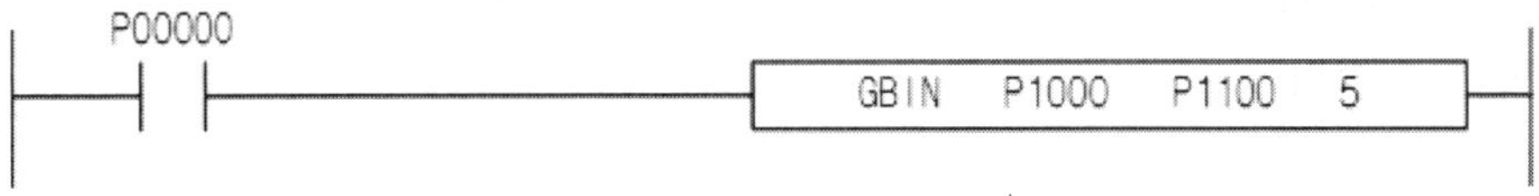

※ 알기
기본 파라미터에서 연산 에러시 속행을 선택했을 경우, S로 지정된 N개 데이터 중 BCD 형태가 아닌 값이 있으면 n개의 데이터 모두 무처리 한다.

4.12.7 WTODW, WTODWP, DWTOW, DWTOWP

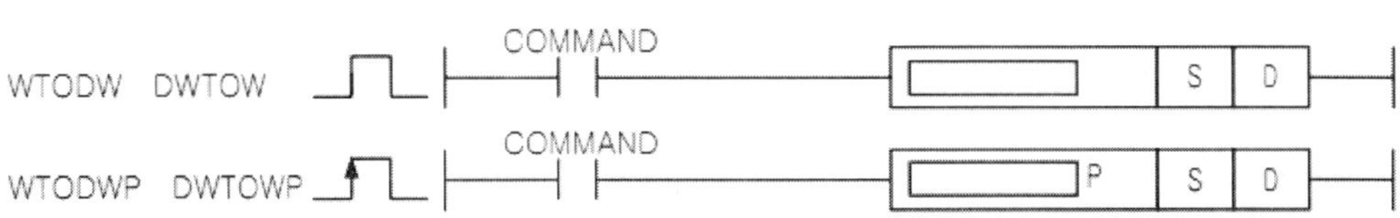

오퍼랜드	설 명	데이터 타입
S	변환할 16Bit(WORD)/32Bit(DWORD) 데이터	WORD/DWORD
D	변환할 32Bit(WORD)/16Bit(DWORD) 데이터를 저장하는 디바이스 번호	DWORD/WORD

(1) WTODW, WTODWP(Word to DWord)

① S로 지정된 데이터를 부호가 있는 32Bit(DWORD) 데이터로 변환하여 D에 저장하는 명령이다.

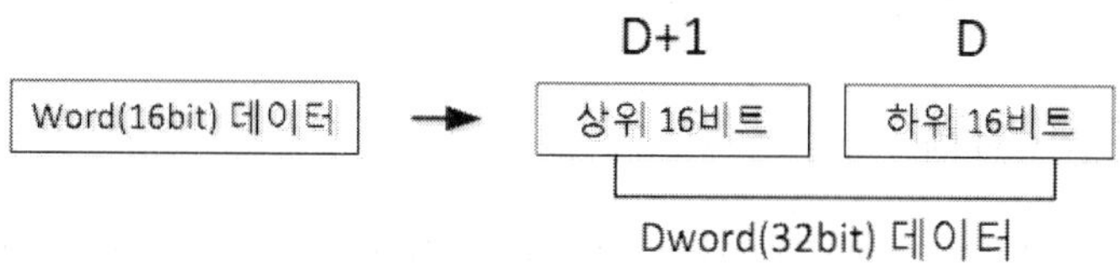

(2) DWTOW, DWTOWP(DWord to Word)

① S로 지정된 데이터를 부호가 있는 16Bit(WORD) 데이터로 변환하여 D에 저장하는 명령이다.

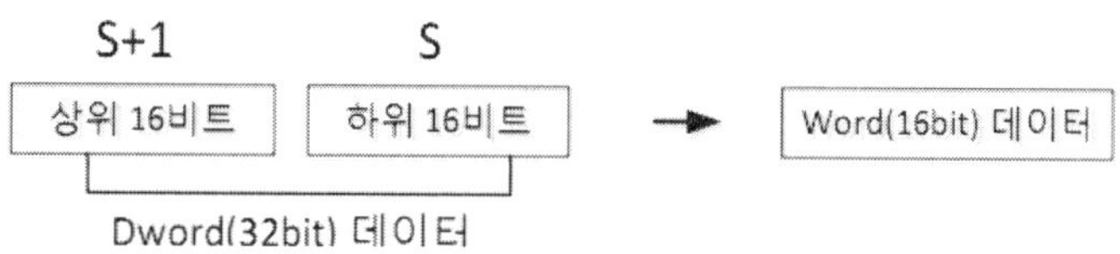

4.13 실수 변환 명령

4.13.1 I2R, I2RP, I2L, I2LP

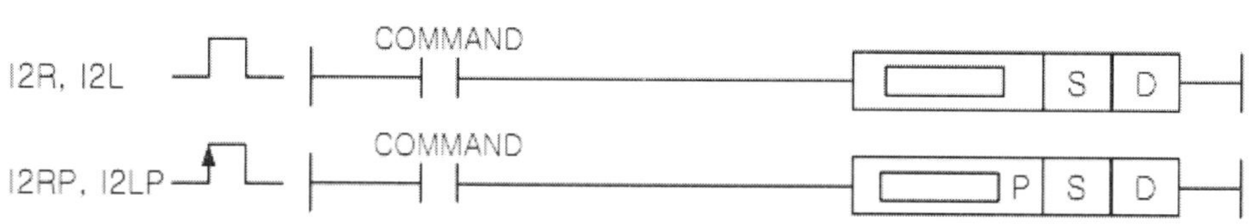

오퍼랜드	설 명	데이터 타입
S	정수형 데이터가 저장되어진 영역번호 또는 정수형 데이터	INT
D	실수형 데이터 형태로 변환된 데이터를 저장할 디바이스 위치	REAL/LREAL

(1) I2R(Integer to Real)

① S로 지정된 16비트 정수형 데이터를 단장형 실수(32비트)로 변환하여 D+1, D에 저장한다.

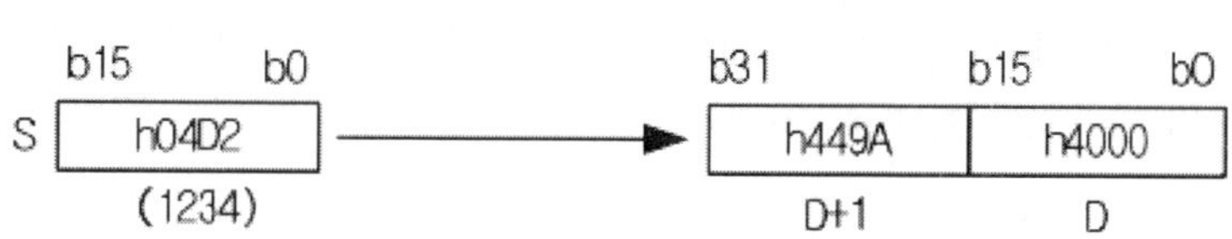

(2) I2L(Integer to Long real)

① S로 지정된 16비트 정수형 데이터를 배장형 실수(64비트)로 변환하여 D+3, D+2, D+1, D에 저장한다.

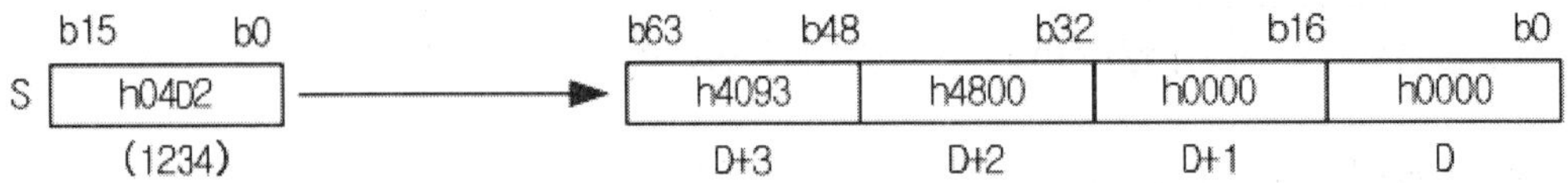

(3) 프로그램 예제

① 입력신호인 P00000이 On 되면 D1200~D1201의 2워드 데이터영역에 1234의 정수값을 실수형으로 변환한 값을 저장하는 프로그램이다.

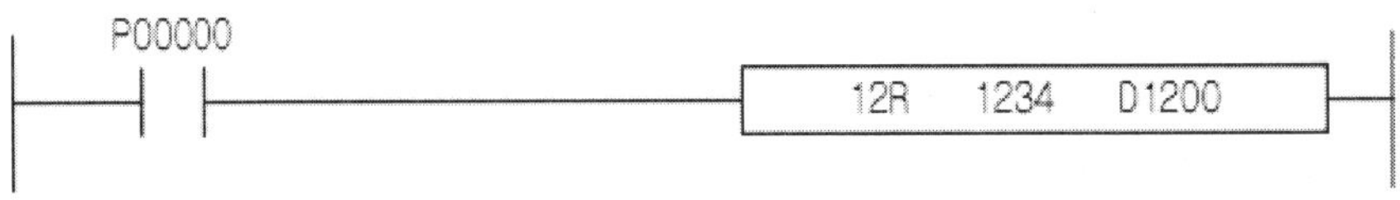

4.13.2 D2R, D2RP, D2L, D2LP

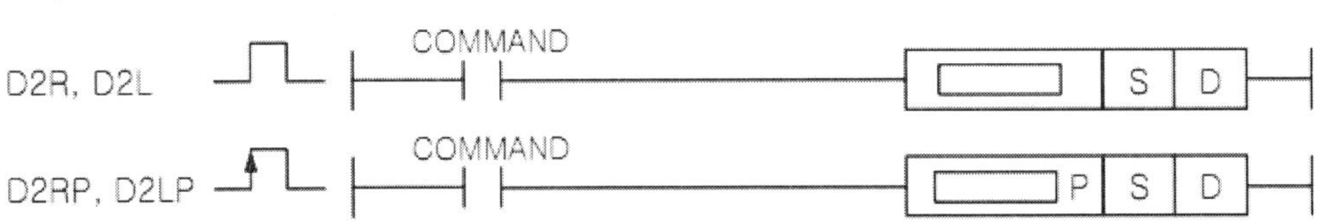

오퍼랜드	설 명	데이터 타입
S	배장 정수형 데이터가 저장되어진 영역번호 또는 배장 정수형 데이터	DINT
D	실수형 데이터 형태로 변환된 데이터를 저장할 디바이스 위치	REAL/LREAL

(1) D2R(Double Integer to Real)

① D2R(P)은 S+1, S로 지정된 32비트 배장 정수형 데이터를 단장형 실수(32비트)로 변환하여 D+1, D에 저장한다.

② 32bit 정수 데이터 값이 단장형 부동 소수점형 실수 데이터의 유효자리 범위

(24bit)를 초과할 경우, 정확도가 소실되며 부정확 에러 플래그(F0057A)가 셋(Set)된다. 부정확 에러 플래그가 셋(Set)되어도 PLC 운전상태는 변화가 없다.

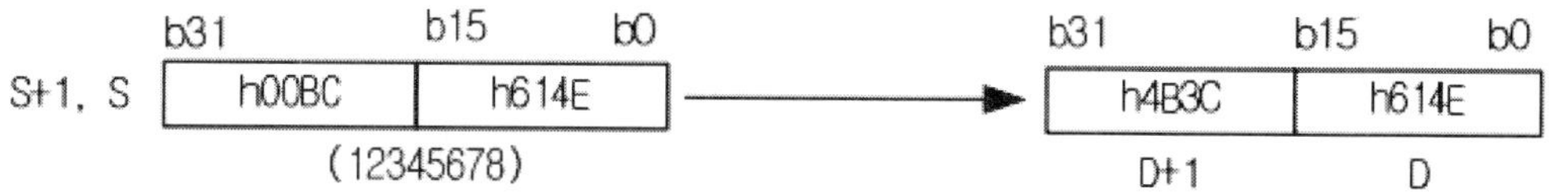

(2) D2L(Double Integer to Long real)

① D2L(P)은 S+1, S로 지정된 32비트 배장 정수형 데이터를 배장형 실수(64비트)로 변환하여 D+3, D+2, D+1, D에 저장한다.

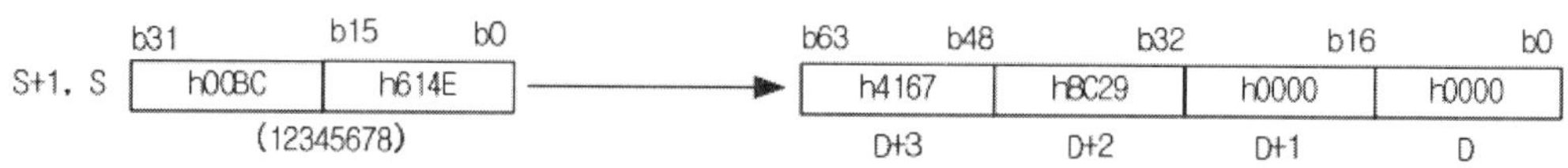

(3) 프로그램 예제

① P1000~P1001의 2워드 영역에 812121인 값이 저장된 경우 입력신호인 P00000이 On 되면 P1100~P1101의 2워드 영역에 실수변환된 값을 저장하는 프로그램이다.

第十五章(제15장) 人師必聽人語(인사필청인어)

記問之學(기문지학) :

기록된 학문만을 배워서 박학다식해졌다고 해서,

不足以爲人師(부족이위인사) :

남을 가르치는 진정한 스승이 되기에는 아직 부족하다.

必也其聽語乎(필야기청어호) :

스승이 된 자는 반드시 배우는 자들의 말을 들을 줄 알아야 한다.

力不能問然後語之(역불능문연후어지) :

질문하는 능력이 부족한 학생이라 하더라도 질문하고자 힘쓰는 모습을 본 후에야 설명해주고

語之而不知(어지이불지) :

스승이 설명을 해주어도 알아듣지(깨닫고자 노력하지 않는) 못하는 학생은

雖舍之可也(수사지가야) :

비록 아무 진전 없이 그 상태에 머물러 있더라도, 그냥 그대로 내버려 두어도 무방하다.(雖 : 비록/그러나 舍 : 머무는 곳/집)

良冶之子必學爲裘(양야지자필학위구) :

훌륭한 자질의 대장장이 아들이라 하더라도 필히 갓옷 짓는 것부터 배워 점차 쇠를 다루는 것을 배워가는 것이고(冶 : 대장장이/꾸밀. 裘 : 갓옷/가죽옷)

良弓之子必學爲箕(양궁지자필학위기) :

훌륭한 활을 만드는 사람의 아들이라 하더라도 기(키)를 만드는 것부터 배워 점차 활을 만드는 법을 배우는 것이며(箕 : 곡식의 알곡을 까는 기구)

始駕馬者反之(시가마자반지) :

천자의 수레를 끄는 초보 말이 처음 수레를 끄는 일을 시작할 때는, 수레의 앞이 아닌 반대편(뒤쪽)에서 따라오게 하는데(駕 : 천자의 수레)

車在馬前(차재마전) :

이는 초보 말을 수레의 뒤에 두어, 수레 앞에서 끄는 선배 말들의 모습을 보고 배우게 하는 것이다.

君子察於此三者(군자찰어차삼자) :

군자는 이상에서 언급한 세 가지를 잘 살피고 익힘으로서,

可以有志於學矣(가이유지어학의) :

배움(학문)에 대한 학구의지를 더욱 공고히 다질 수 있는 것이다.

※ 스승이 된 자는 학생들의 감수성(receptiveness)을 따라갈 줄 알아야 한다. 이를 방기(放棄)하는 것은 스승의 자격이 없고 도리와 책무를 잊은 것이다. 교육은 환경적이다. 스승을 비롯한 지도자는 자신의 뜻보다는 학생과 예하 사람들의 의지를 살펴 講學(강학)을 펼쳐야 한다.

.老者安之(노자안지) 朋友信之(붕우신지) 少者懷之(소자회지).

4.14 출력단 비교 명령(Unsigned)

4.14.1 CMP, CMPP, DCMP, DCMPP

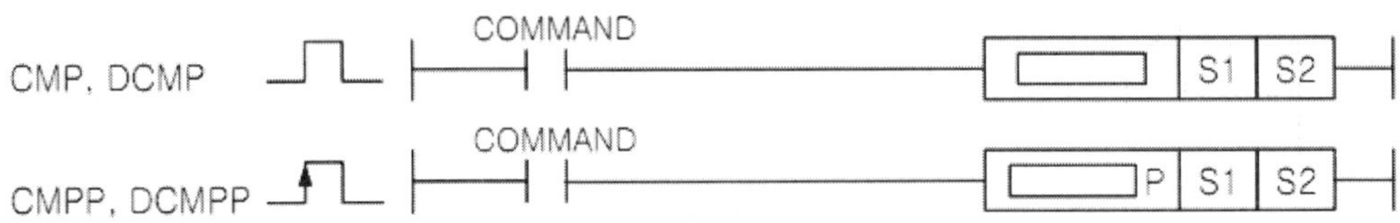

오퍼랜드	설 명	데이터 타입
S1	S2와 비교하게 되는 데이터나 데이터 주소	WORD/DWORD
S2	S1과 비교하게 되는 데이터나 데이터 주소	WORD/DWORD

(1) CMP(Compare)

① S1과 S2의 대소를 비교하여 그 결과 6개 특수 릴레이의 해당 플래그를 셋(Set)한다.(Unsign 연산)

플래그	F120	F121	F122	F123	F124	F125
셋(Set)기준	<	≤	=	>	≥	≠
S1> S2	0	0	0	1	1	1
S1< S2	1	1	0	0	0	1
S1= S2	0	1	1	0	1	0

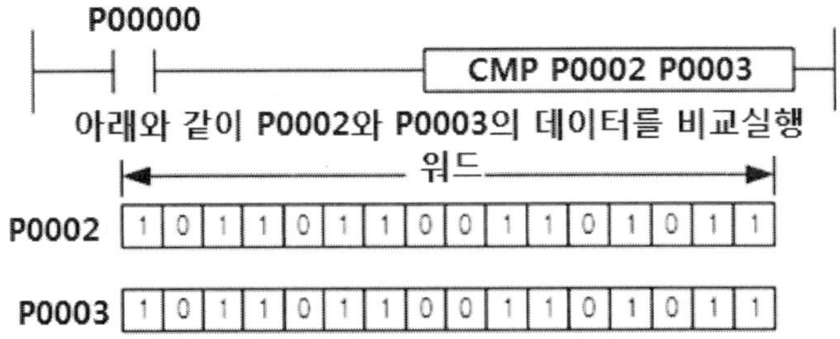

② S1과 S2를 실행하면 연산결과(S1=S2)를 특수 플래그에 셋(Set)한다.

③ 프로그램에서 6개의 특수 릴레이는 바로 이전에 사용한 비교명령에 대한 결과를 표시한다.

④ 6개의 특수 릴레이는 사용 횟수에 제한이 없다.

(2) 프로그램 예제

① P1000=100, P1100=10인 경우 입력신호인 P0000이 On 되면 P1000>P1100이 되어 F123이 셋(Set)되는 프로그램이다.

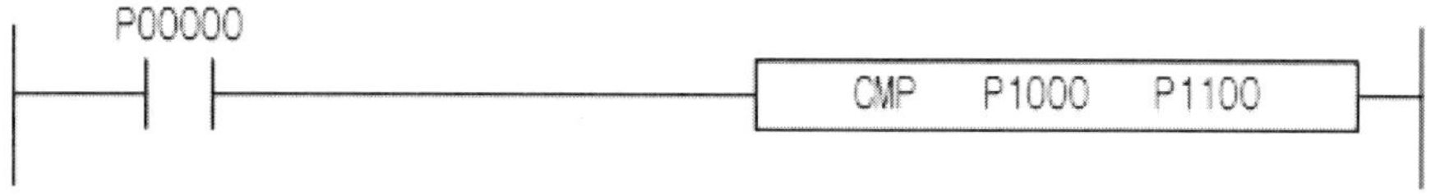

4.14.2 CMP4, CMP4P, CMP8, CMP8P

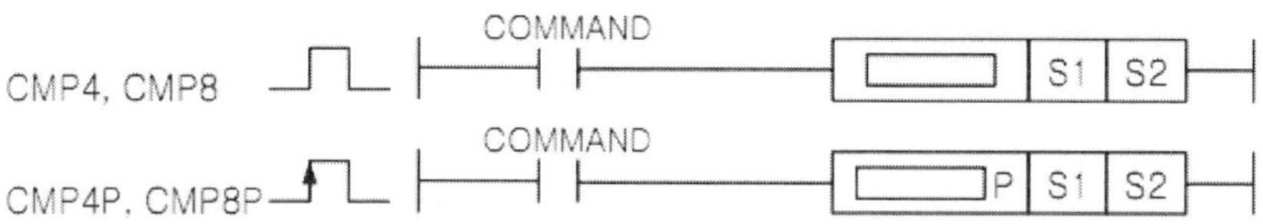

오퍼랜드	설 명	데이터 타입
S1	비교하고자 하는 데이터나 디바이스의 시작 비트	NIBBLE/BYTE
S2	비교하고자 하는 데이터나 디바이스의 시작 비트	NIBBLE/BYTE

(1) CMP4(Compare Nibble)

① OP1의 데이터중에서 지정한 4비트와 OP2에서 지정하는 4비트 데이터를 비교하여 해당하는 플래그를 셋(SET)한다.

② OP1과 OP2의 대소를 비교하여 그 결과 6개의 특수 플래그(F120~F125)를 셋(SET)한다.(Unsigned 연산)

③ 6개의 특수 플래그(F120~F125)는 바로 이전에 사용한 비교명령에 대한 결과를 표시한다. 6개의 특수 플래그(F120~F125)는 사용횟수에 제한이 없다.

(2) CMP8(Compare Byte)

① OP1의 데이터 중에서 지정한 8비트와 OP2에서 지정하는 8비트 데이터를 비교하여 해당하는 특수 플래그를 셋(SET)한다.

② OP1과 OP2의 대소를 비교하여 그 결과 6개의 해당 특수 플래그(F120~F125)를 셋(SET)한다.(Unsigned 연산)

③ 6개의 특수플래그(F120~F125)는 바로 이전에 사용한 비교명령의 결과다.

④ 6개의 특수 플래그(F120~F125)는 사용횟수에 제한이 없다.

(3) 프로그램 예제

① P01004=10, P02008=15인 경우 입력신호인 P00000이 On 되면 P01004<P02008이 되어 F120 플래그가 셋(Set)되는 프로그램이다.

② 비교 가능한 범위는 니블(Nibble)단위임으로 0~15까지만 설정이 가능하다.

③ P0100의 4번 비트부터 저장된 값과 P0200의 8번 비트부터 저장된 값만 4비트 단위로 비교한다.

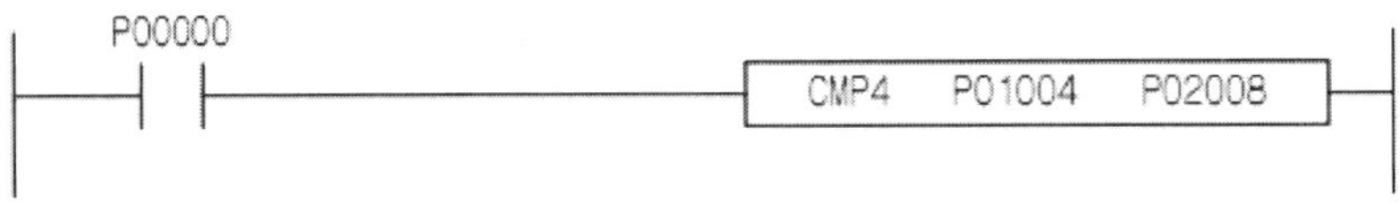

예제 재고완충창고제어

(1) 동 작

① 30개를 보관하는 재고완충창고이다.

- PH1 : 입고 감지센서
- PH2 : 출고 감지센서
- S0 : 스타트/스톱스위치
- S1 : 재고 숫자 초기화 스위치

② 30개에 이르면 입고 컨베이어가 정지, 0개가 되면 출고 컨베이어가 정지한다.

③ 재고가 10개 미만이면 표시등이 켜진다.

(2) 모형도

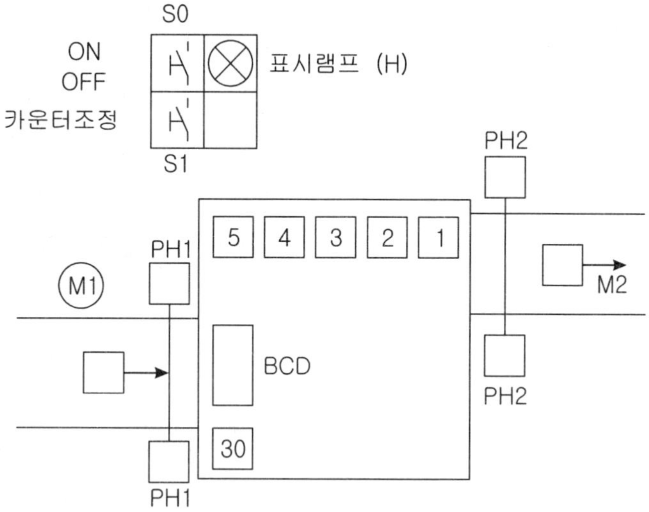

(3) 주소할당

변수	디바이스	설명문
S0	P00000	시작/정지
S1	P00001	초기화
PH1	P00002	입고감지
PH2	P00003	출고감지
LAMP1	P00020	10개이하 표시
재고숫자	P0003	WORD_재고숫자

(4) 프로그램

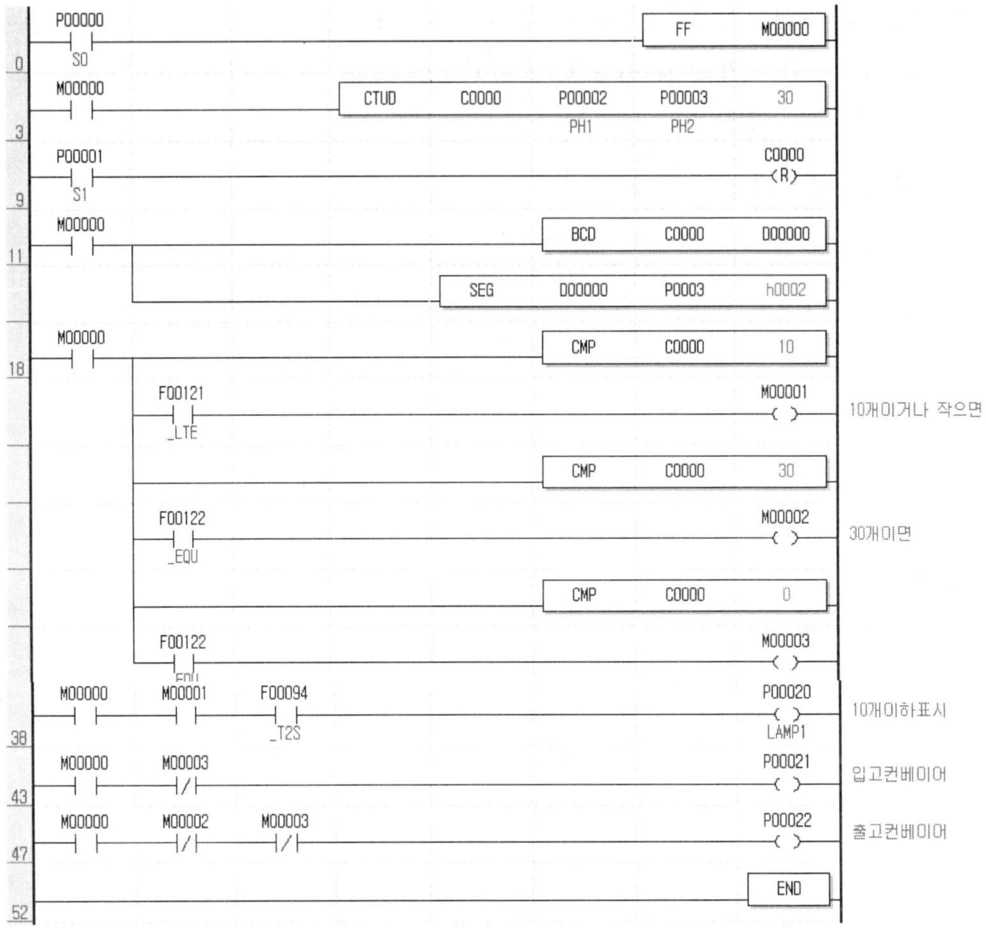

4.14.3 TCMP, TCMPP, DTCMP, DTCMPP

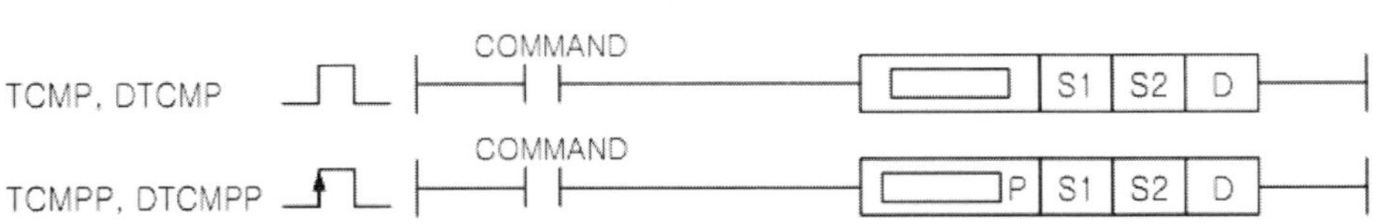

오퍼랜드	설 명	데이터 타입
S1	S2와 비교하게 되는 데이터나 데이터 구조	WORD/DWORD
S2	S1과 비교하게 되는 데이터 주소	WORD/DWORD
D	S1과 S2의 비교 결과를 저장할 영역(1워드)	WORD/DWORD

(1) TCMP(Table Compare)

① 비교 데이터로 지정된 S1과 S2로 시작되는 16개의 워드 데이터를 비교하여 D로 지정된 영역의 16개 비트에 출력(같으면 1, 다르면 0)한다.

② S1은 워드 데이터 또는 데이터 주소, S2는 Table 선두영역 주소를 지정한다.

(2) 프로그램 예제

① 입력신호인 P00000이 On 되면 D0000에 저장된 h0057의 데이터와 D0002부터 16개 워드영역의 데이터를 비교하여 P0003 영역에 비교한 결과값으로 5을 저장하는 프로그램이다.

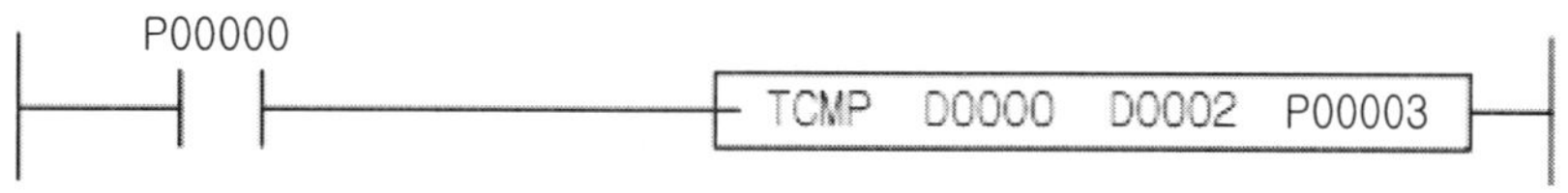

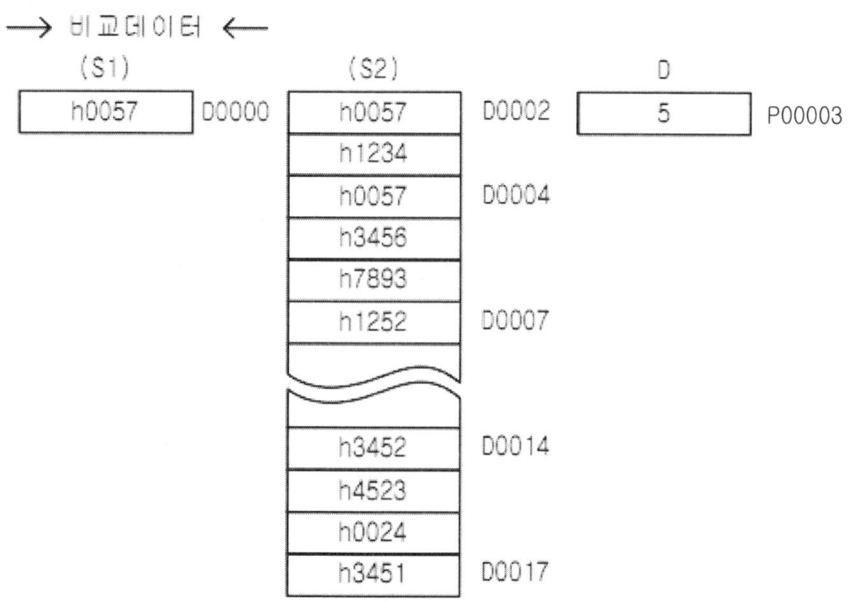

4.14.4 GEQ, GEQP, GGT, GGTP, GLT, GLTP, GGE, GGEP, GLE, GLEP, GNE, GNEP, GDEQ, GDEQP, GDGT, GDGTP, GDLT, GDLTP, GDGE, GDGEP, GDLE, GDLEP, GDNE, GDNEP

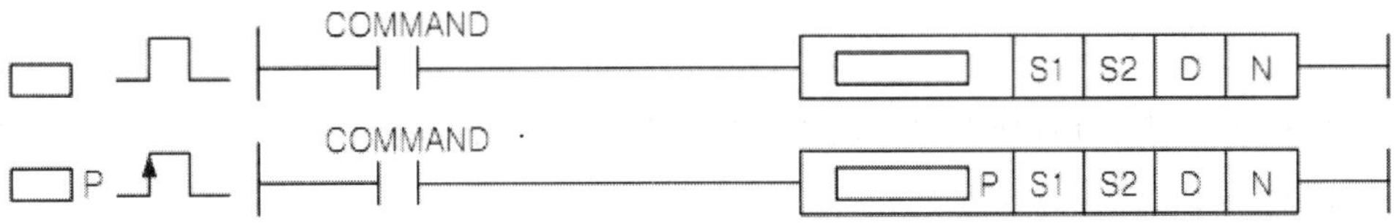

오퍼랜드	설 명	데이터 타입
S1	S2와 비교하게 되는 데이터나 데이터 주소	WORD
S2	S1과 비교하게 되는 데이터 주소	WORD
D	결과를 저장할 디바이스 영역(1워드)	WORD
N	비교 명령을 수행할 개수(0~16)	WORD

(1) 워드 데이터 그룹 비교 명령

① 비교 데이터로 지정된 S1과 S2로 시작되는 워드 데이터 N개를 1 대 1 비교하여 결과를 D 지정번호의 하위 비트부터 N번째 비트까지 비교결과를 저장한다.

② 비교 조건을 만족하는 경우에는 D의 해당 비트에 1을 저장한다.

③ 비교 조건을 만족하지 않는 경우에는 D의 해당 비트에 0을 저장한다.

④ S1에는 0~65,535의 상수값을 입력할 수 있다. 이때 명령어의 동작이다.

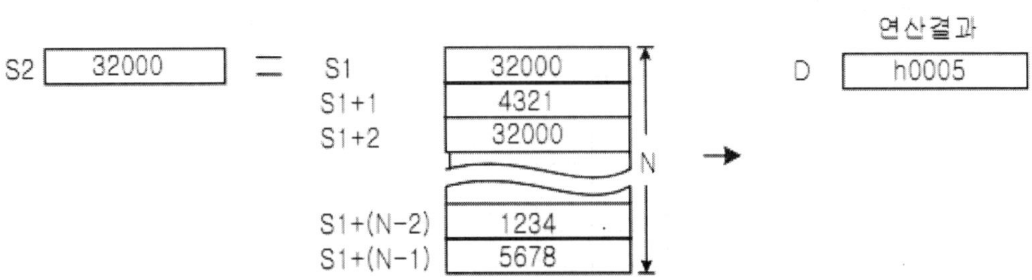

(2) 프로그램 예제

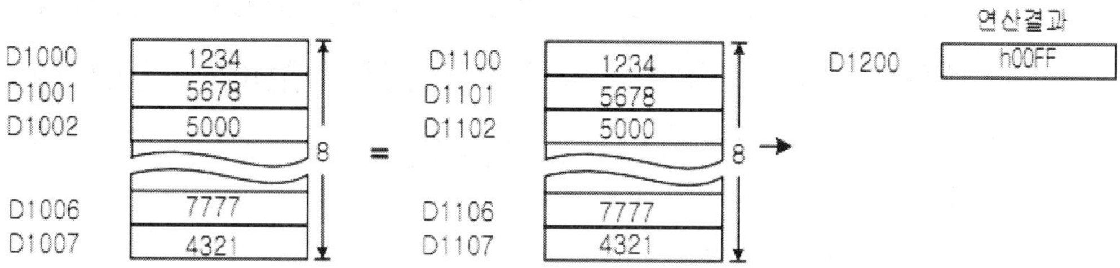

① 입력신호인 P00000이 On 되면 8워드의 데이터를 비교하여 D1200에 h00FF의 값을 저장하는 프로그램

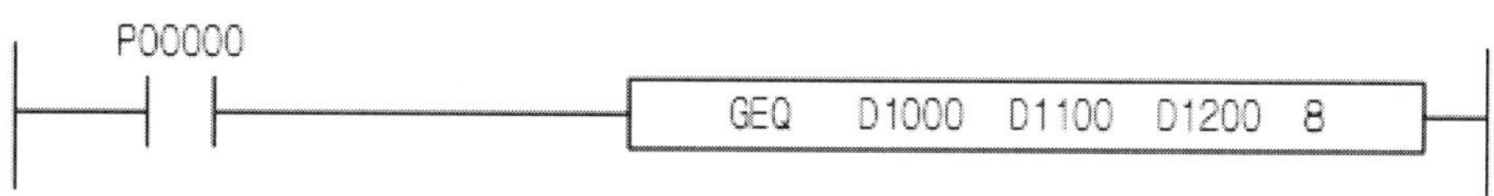

4.15 입력단 비교 명령

4.15.1 LOAD X, LOADD X

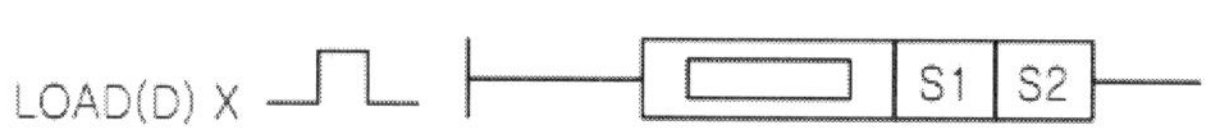

오퍼랜드	설 명	데이터 타입
S1	S2와 비교하게 되는 데이터나 데이터 주소	INT/DINT
S2	S1과 비교하게 되는 데이터나 데이터 주소	INT/DINT

(1) LOAD X(=, >, <, >=, <=, <>)

① S1과 S2를 비교하여 X조건과 일치하면 현재의 연산결과를 On, 이외는 Off.

X조건	조건	연산결과
=	S1 = S2	On
<=	S1 ≤ S2	On
>=	S1 ≥ S2	On
< >	S1 ≠ S2	On
<	S1 < S2	On
>	S1 > S2	On

② S1과 S2의 비교는 Signed연산으로 실행한다.

③ 즉 h8000(−32,768)~hFFFF(−1)<0~h7FFF(32,767)와 같은 결과를 취한다.

(2) LOADD X(D=, D>, D<, D>=, D<=, D<>)

① S1과 S2를 비교하여 X 조건과 일치하면 현재의 연산결과를 On 한다. 이외의 연산결과는 Off 한다.

X 조건	조건	연산결과
=	S1 = S2	On
<=	S1 ≤ S2	On
>=	S1 ≥ S2	On
< >	S1 ≠ S2	On
<	S1 < S2	On
>	S1 > S2	On

② S1과 S2의 비교는 Signed연산으로 실행한다.

③ 따라서 h80000000(−2,147,483,648)
~hFFFFFFFF(−1)<0~h7FFFFFFF(2,147,483,647)와 같은 결과를 취하게 된다.

(3) 프로그램 예제

① D1000=10, D2000=10인 경우 입력이 On되어 P0160영역에 h1500을 저장하는 프로그램이다.

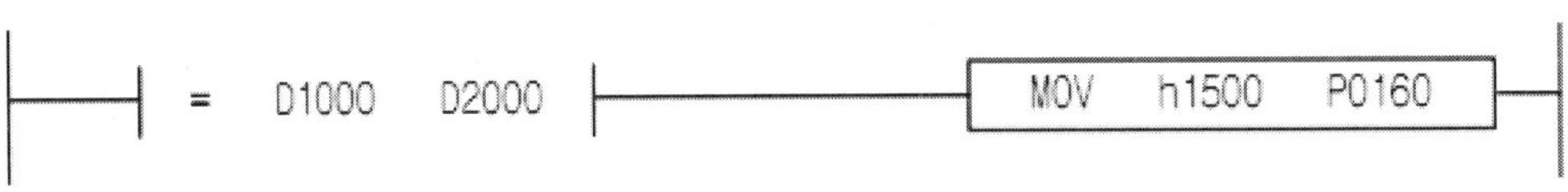

4.15.2 AND X, ANDD X

오퍼랜드	설 명	데이터 타입
S1	S2와 비교하게 되는 데이터나 데이터 주소	INT/DINT
S2	S1과 비교하게 되는 데이터나 데이터 주소	INT/DINT

(1) AND X(=, >, <, >=, <=, <>)

① S1과 S2를 비교하여 X 조건과 일치하면 On, 불일치하면 Off하고 이 결과와 현재의 BR값을 AND하여 새로운 연산결과로 취한다.

X 조건	조건	연산결과
=	S1 = S2	On
<=	S1 ≤ S2	On
>=	S1 ≥ S2	On
< >	S1 ≠ S2	On
<	S1 < S2	On
>	S1 > S2	On

② S1과 S2의 비교는 Signed 연산으로 실행한다. 따라서 h8000(−32,768)~hFFFF(−1)<0~h7FFF(32,767)와 같은 결과를 취하게 된다.

(2) ANDD X(D=, D>, D<, D>=, D<=, D<>)

① S1과 S2를 비교하여 X 조건과 일치하면 On, 불일치하면 Off하고 이 결과와 현재의 BR값을 AND하여 새로운 연산결과로 한다.

X 조건	조건	연산결과
=	S1 = S2	On
<=	S1 ≤ S2	On
>=	S1 ≥ S2	On
< >	S1 ≠ S2	On
<	S1 < S2	On
>	S1 > S2	On

② S1과 S2의 비교는 Signed연산 실행한다. 즉 h80000000(−2,147,483,648)~hFFFFFFFF(−1)<0~h7FFFFFFF(2,147,483,647)와 같은 결과를 취하게 된다.

(3) 프로그램 예제

① D1000=10, D2000=10인 경우, 입력신호 P00000이 On 되면 비교 입력신호가 On된 비교결과와 AND하여 P1600 영역에 1500을 저장하는 프로그램이다.

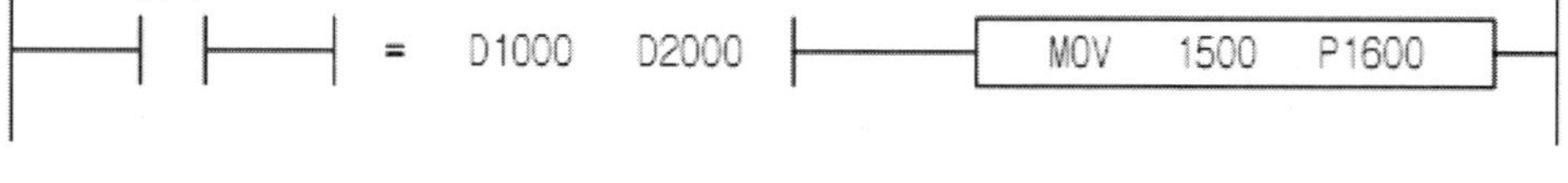

4.15.3 OR X, ORD X

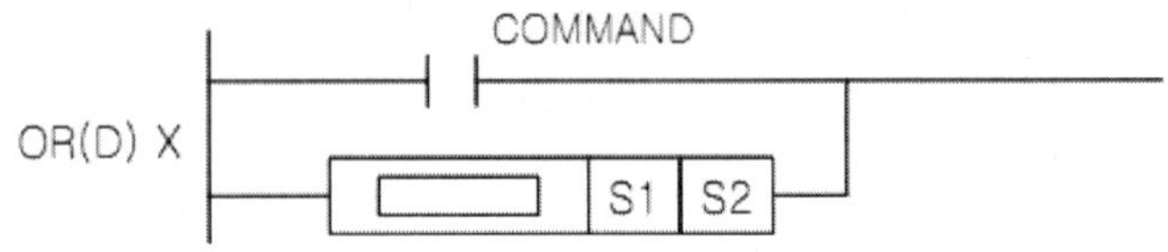

오퍼랜드	설 명	데이터 타입
S1	S2와 비교하게 되는 데이터나 데이터 주소	INT/DINT
S2	S1과 비교하게 되는 데이터나 데이터 주소	INT/DINT

(1) OR X(=, >, <, >=, <=, <>)

① S1과 S2를 비교하여 X 조건과 일치하면 On, 불일치하면 Off하여 이 결과와 현재의 연산결과를 OR하여 새로운 연산결과로 취한다.

X 조건	조건	연산결과
=	S1 = S2	On
<=	S1 ≤ S2	On
>=	S1 ≥ S2	On
<>	S1 ≠ S2	On
<	S1 < S2	On
>	S1 > S2	On

② S1과 S2의 비교는 Signed 연산으로 실행한다. 따라서 h8000(−32,768)~hFFFF(−1)<0~h7FFF(32,767)와 같은 결과를 취하게 된다.

(2) ORD X(D=, D>, D<, D>=, D<=, D<>)

① S1과 S2를 비교하여 X 조건과 일치하면 On, 불일치하면 Off하여 이 결과와 현재의 연산결과를 OR하여 새로운 연산결과로 취한다.

② S1과 S2의 비교는 Signed 연산으로 실행한다. 따라서 h80000000(−2,147,483,648)~hFFFFFFFF(−1)<0~h7FFFFFFF(2,147,483,647)와 같은 결과를 출력하게 된다. 이외의 경우는 현재의 연산결과에 따라 On, Off한다.

X 조건	조건	연산결과
=	S1 = S2	On
<=	S1 ≤ S2	On
>=	S1 ≥ S2	On
< >	S1 ≠ S2	On
<	S1 < S2	On
>	S1 > S2	On

(3) 프로그램 예제

① 입력신호인 P00000이 On 되거나 D1000=10, D2000=10이 되어 = 비교입력 신호가 On 되면 P1600에 1500을 저장하는 프로그램이다.

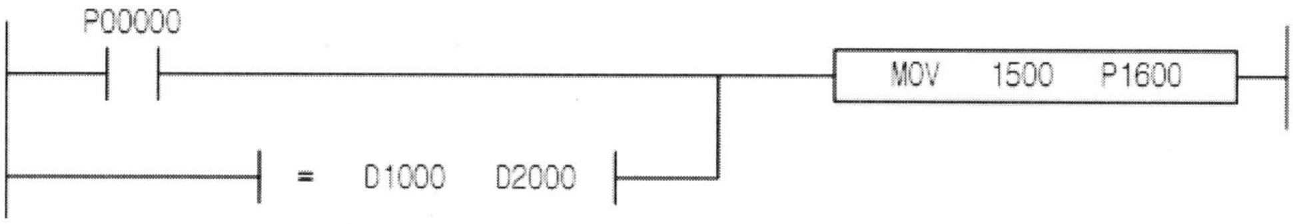

4.15.4 LOAD$ X

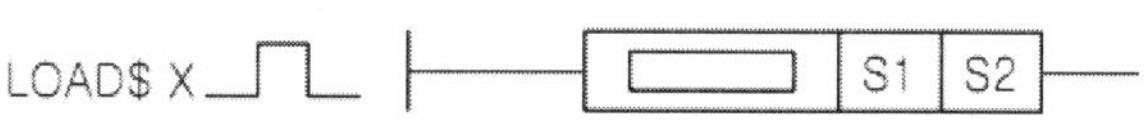

오퍼랜드	설 명	데이터 타입
S1	비교하고자 하는 문자열 혹은 문자열이 저장되어 있는 디바이스 번호	STRING
S2	비교하고자 하는 문자열 혹은 문자열이 저장되어 있는 디바이스 번호	STRING

(1) LOAD$ X($=, $<, $>, $<=, $>=, $<>)

① 아래의 X 조건을 만족할 경우 해당 비교 결과 On 한다.

X조건	조건	비교결과
=	S1 = S2	On
<=	S1 ≤ S2	On
>=	S1 ≥ S2	On
<>	S1 ≠ S2	On
<	S1 < S2	On
>	S1 > S2	On

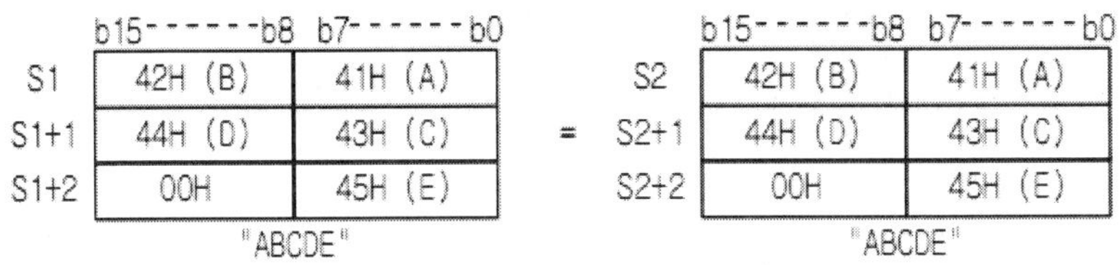

② 캐릭터 코드 비교는 내부적으로 16진수로 비교 후 해당 비교 결과 On 또는 Off 한다.(단, 문자열 앞자리와 문자열 길이를 우선으로 비교한다.)

(2) 프로그램 예제

① 저장되어 있는 문자열이 각각 D1000='한글', D2000='한글'인 경우 문자열 비교 입력신호가 On 되어 P1600에 3456을 저장하는 프로그램이다.

4.15.5 LOADG X, LOADDG X

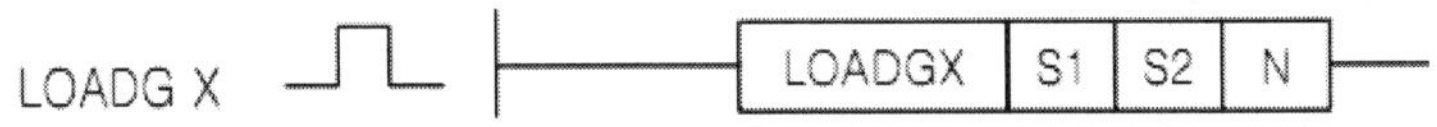

오퍼랜드	설 명	데이터 타입
S1	S2와 비교하게 되는 데이터나 데이터 주소	INT/DINT
S2	S1과 비교하게 되는 데이터나 데이터 주소	INT/DINT
N	그룹 비교할 개수	WORD

(1) LOADG X(G=, G>, G<, G>=, G<=, G<>)

① S1과 S2를 N개 비교하여 X 조건과 모두 일치하면 현재의 연산결과를 On 한다. S1과 S2의 비교는 Signed 연산으로 실행한다. 따라서 h8000(−32,768)~hFFFF(−1)<0~h7FFF(32,767)와 같은 결과를 취하게 된다.

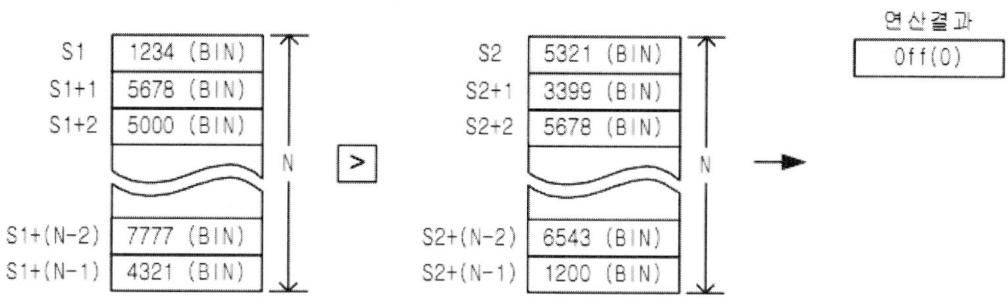

(2) LOADDG X(DG=, DG>, DG<, DG>=, DG<=, DG<>)

① S1과 S2를 N개 비교하여 X조건과 모두 일치하면 현재 연산결과를 On 한다. S1과 S2의 비교는 Signed 연산한다. 따라서 h80000000(−2,147,483,648)~hFFFFFFFF(−1)<0~h7FFFFFFF(2,147,483,647)와 같은 결과를 취한다.

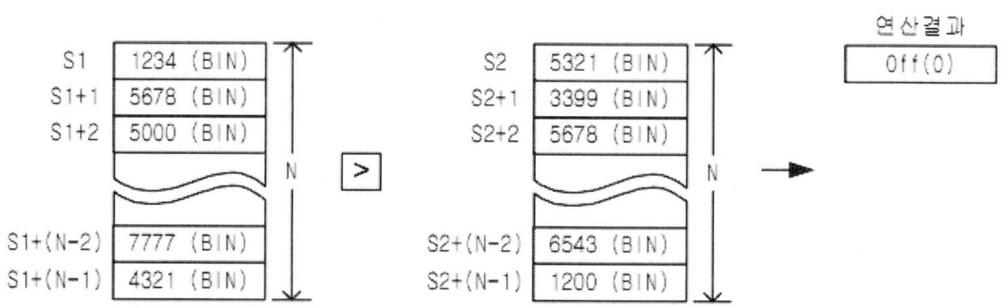

(3) 프로그램 예제

① D1000~D1007까지의 8워드 데이터와 D1100~D1107까지의 8워드의 데이터를 그룹 비교하여 같으면 비교 입력신호가 On되고 P1400에 1,300을 저장한다.

② 그룹 비교시 1개의 데이터라도 같지 않을 경우에는 비교 입력신호가 On되지 않는다.

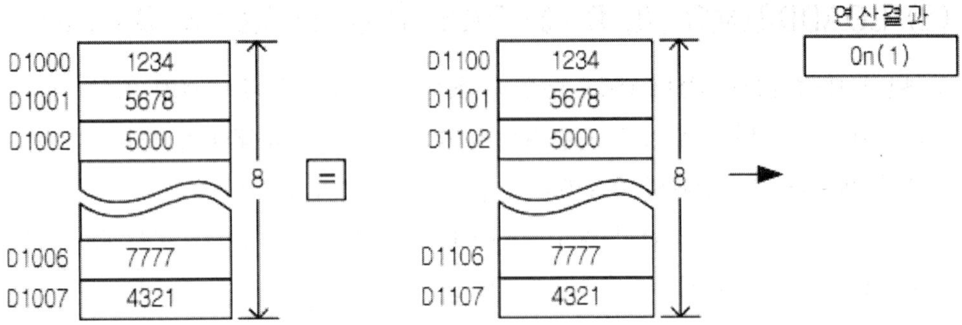

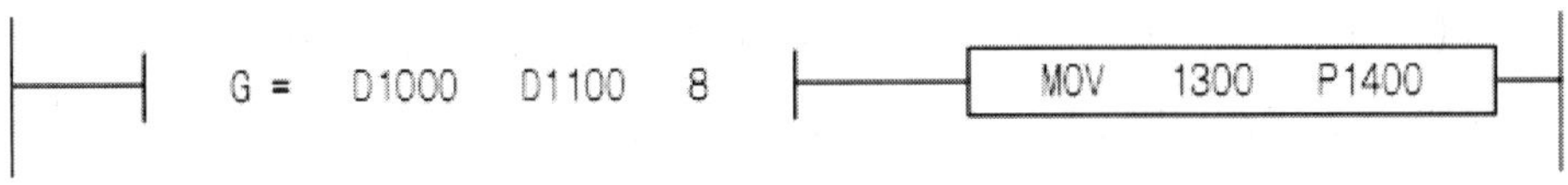

4.15.6 LOAD3 X, LOADD3 X

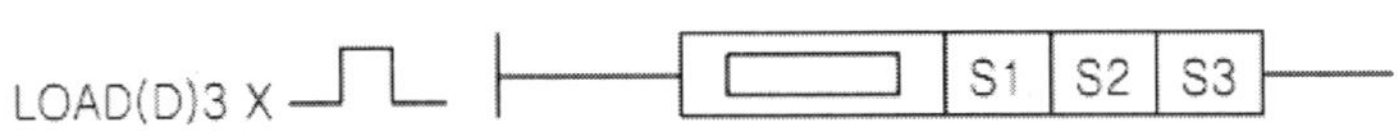

오퍼랜드	설 명	데이터 타입
S1	비교할 데이터 혹은 비교할 데이터를 지정하는 디바이스 번호	INT
S2	비교할 데이터 혹은 비교할 데이터를 지정하는 디바이스 번호	INT
S3	비교할 데이터 혹은 비교할 데이터를 지정하는 디바이스 번호	INT

(1) LOAD3 X(=3, >3, <3, >=3, <=3, <>3)

① 비교 데이터로 지정된 S1, S2, S3로 지정된 3개의 워드 데이터를 X조건으로 비교하여 조건과 일치하면 On, 불일치하면 Off해 새로운 연산결과로 취한다.

② 크기 비교를 하는 조건일 경우, S1, S2, S3 순서대로 조건을 만족할 때 연산결과를 On 한다. 단, 조건 <>일 경우, S1, S2, S3 모두 다를 경우 연산결과를 On 한다. 즉, S1≠S2≠S3이고, S1=S3이면 연산 결과는 Off이다.

③ S1과 S2의 비교는 Signed 연산으로 실행한다.

④ 즉 h8000(−32,768)~hFFFF(−1)<0~h7FFF(32,767)와 같은 결과를 취한다.

(2) LOADD3 X(D=3, D>3, D<3, D>=3, D<=3, D<>3)

① 비교 데이터로 지정된 (S1+1, S1), (S2+1, S2), (S3+1, S3)로 지정된 3개의 더블워드 데이터를 X 조건으로 비교하여 조건과 일치하면 On, 불일치하면 Off 하여 새로운 연산결과로 취한다.

② 크기 비교를 하는 조건일 경우, (S1+1, S1), (S2+1, S2), (S3+1, S3) 순서대로 조건을 만족할 때 연산결과를 On 한다. 단, 조건 <>일 경우, S1, S2, S3 모두 다를 경우 연산결과를 On 한다. 즉, (S1+1, S1)≠(S2+1, S2)≠(S3+1, S3)이고, (S1+1, S1)=(S3+1, S3)이면 연산 결과는 Off이다.

③ S1과 S2의 비교는 Signed 연산으로 실행한다. 따라서 h80000000 (−2,147,483,648)~hFFFFFFFF(−1)<0~h7FFFFFFF(2,147,483,647)와 같은 결과를 취하게 된다.

(3) 프로그램 예제

① D1000=100, D1200=100, D1300=100인 경우 3개의 워드 데이터가 모두 동일함으로 비교 입력신호가 On 되고 P1500에 1,234를 저장하는 프로그램이다.

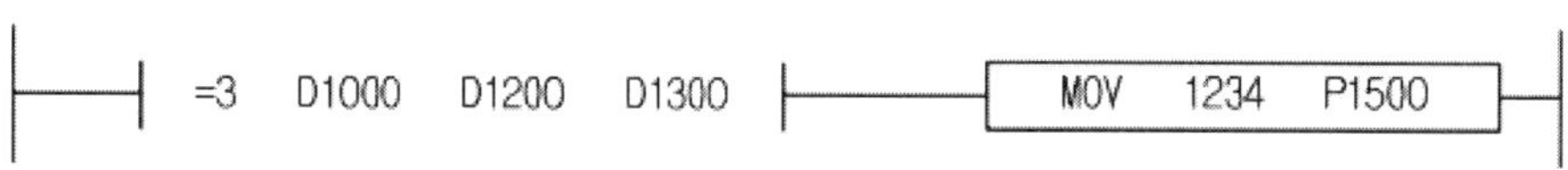

4.15.7 AND3 X, ANDD3 X

오퍼랜드	설 명	데이터 타입
S1	비교할 데이터 혹은 비교할 데이터를 지정하는 디바이스 번호	INT
S2	비교할 데이터 혹은 비교할 데이터를 지정하는 디바이스 번호	INT
S3	비교할 데이터 혹은 비교할 데이터를 지정하는 디바이스 번호	INT

(1) AND3 X(=3, >3, <3, >=3, <=3, <>3)

① 비교 데이터로 지정된 S1, S2, S3로 지정된 3개의 워드 데이터를 X 조건으로 비교하여 조건과 일치하면 On, 불일치하면 Off하고 이 결과와 현재의 연산결과를 AND하여 새로운 연산결과로 취한다.

② S1과 S2의 비교는 Signed 연산으로 실행한다. 따라서 h8000(−32,768)~hFFFF(−1)<0~h7FFF(32,767)와 같은 결과를 취하게 된다.

(2) ANDD3 X(D=3, D>3, D<3, D>=3, D<=3, D<>3)

① 비교 데이터로 지정된 (S1+1, S1), (S2+1, S2), (S3+1, S3)로 지정된 3개의 워드 데이터를 X 조건으로 비교하여 조건과 일치하면 On, 불일치하면 Off하고 이 결과와 현재의 연산결과를 AND하여 새로운 연산결과로 취한다.

② S1과 S2의 비교는 Signed 연산으로 실행한다. 따라서 h80000000(−2,147,483,648)~hFFFFFFFF(−1)<0~h7FFFFFFF(2,147,483,647)와 같은 결과를 취하게 된다.

(3) 프로그램 예제

① 입력신호인 P00000이 On 되고, D1000=100, D1200=100, D1300=100이 되어 3개의 워드 데이터가 모두 동일함으로 비교 입력신호가 On 되면 P1500에 1,234를 저장하는 프로그램이다.

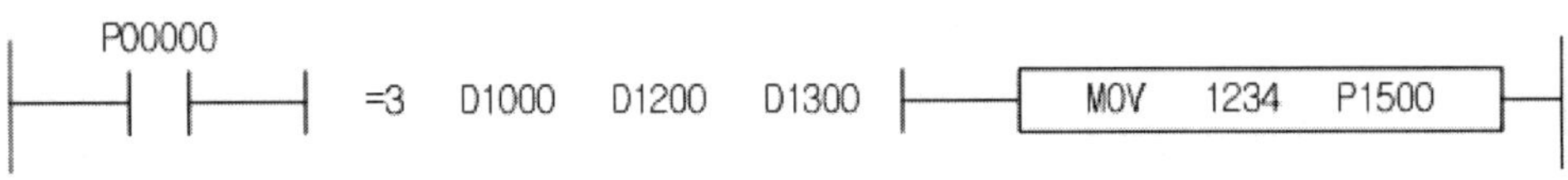

예제 보행자 우선 신호등

(1) 동 작

① 모형도와 같은 신호등 회로를 구성한다.

② 5분 이내에는 재동작하지 않는다.

③ 입력단 3개 요소 비교명령을 사용한다.

(2) 모형도

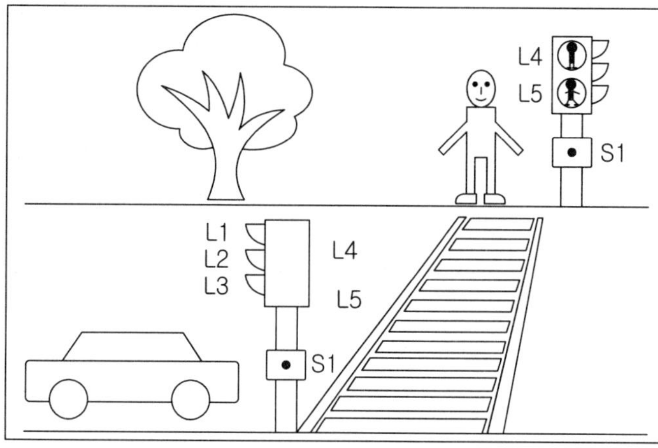

(3) 타임차트

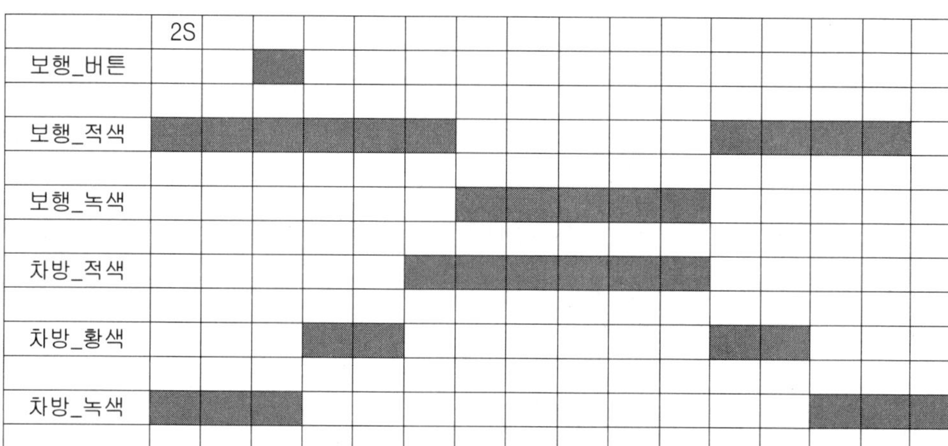

(4) 주소할당

변수	타입 ▲	디바이스
시작_보조	BIT	M00000
PBS	BIT	P00000
보행_적색	BIT	P00020
보행_녹색	BIT	P00021
차방_적색	BIT	P00022
차방_황색	BIT	P00023
차방_녹색	BIT	P00024

(5) 프로그램

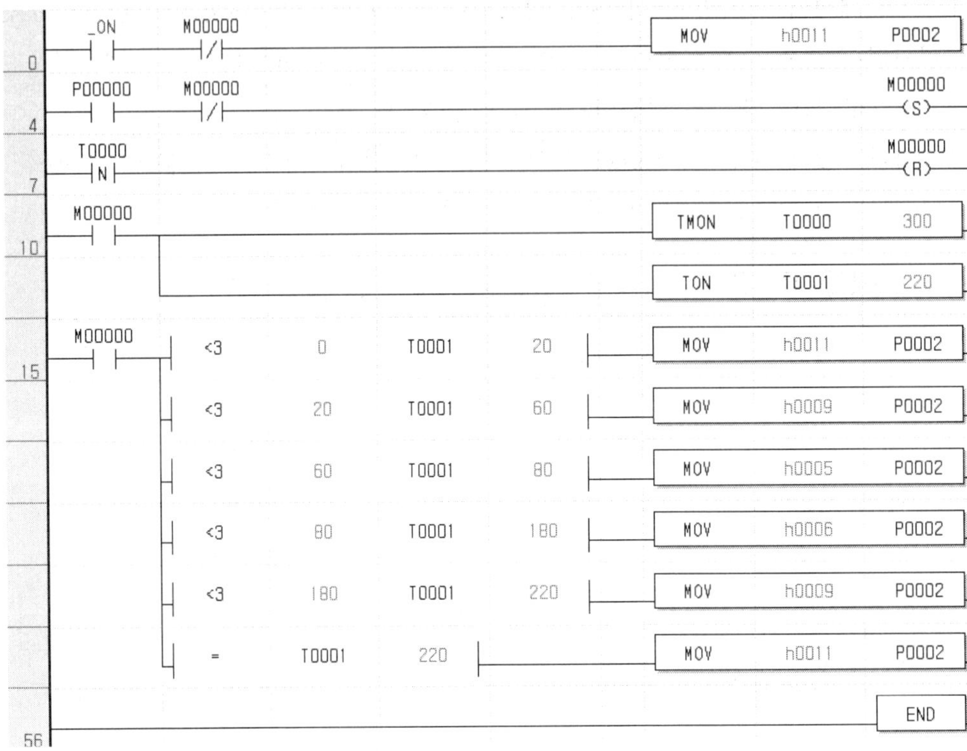

*. 國有道 其言足以興(국유도 기언족이흥 : 나라에 도가 있으면 그 말이 받아들여지기에 족하고), 國無道 其默足以容(국무도 기묵족이용 : 나라에 도가 없으면 그 침묵을 용납하기에 족하다.)

4.15.8 OR3 X, ORD3 X

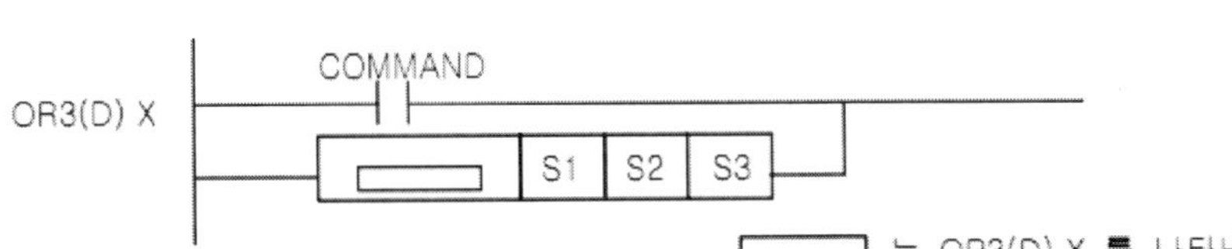

오퍼랜드	설 명	데이터 타입
S1	비교할 데이터 혹은 비교할 데이터를 지정하는 디바이스 번호	INT
S2	비교할 데이터 혹은 비교할 데이터를 지정하는 디바이스 번호	INT
S3	비교할 데이터 혹은 비교할 데이터를 지정하는 디바이스 번호	INT

(1) OR3(=3, <3, >3, <=3, >=3, <>3)

① 비교 데이터로 지정된 S1, S2, S3로 지정된 3개의 워드 데이터를 X 조건으로 비교하여 조건과 일치하면 On, 불일치하면 Off 하고 이 결과와 현재의 연산결과를 OR 하여 새로운 연산결과로 취하게 된다.

② S1과 S2의 비교는 Signed 연산으로 실행한다. 따라서 h8000(−32,768)~hFFFF(−1)<0~h7FFF(32,767)와 같은 결과를 취하게 된다.

(2) ORD3(D=3, D<3, D>3, D<=3, D>=3, D<>3)

① 비교 데이터로 지정된 (S1+1, S1), (S2+1, S2), (S3+1, S3)로 지정된 3개의 워드 데이터를 X 조건으로 비교하여 조건과 일치하면 On, 불일치하면 Off하고 이 결과와 현재의 연산결과를 OR하여 새로운 연산결과로 취한다.

② S1과 S2의 비교는 Signed 연산으로 실행한다. 따라서 h80000000(−2,147,483,648)~hFFFFFFFF(−1)<0~h7FFFFFFF(2,147,483,647)와 같은 결과를 취하게 된다.

(3) 프로그램 예제

① 입력신호인 P00000이 On 되거나, D1000=100, D1200=100, D1300=100이 되어 3개의 워드 데이터가 모두 동일하게 되면 비교 입력신호가 On 되어 P1600에 1234를 저장하는 프로그램이다.

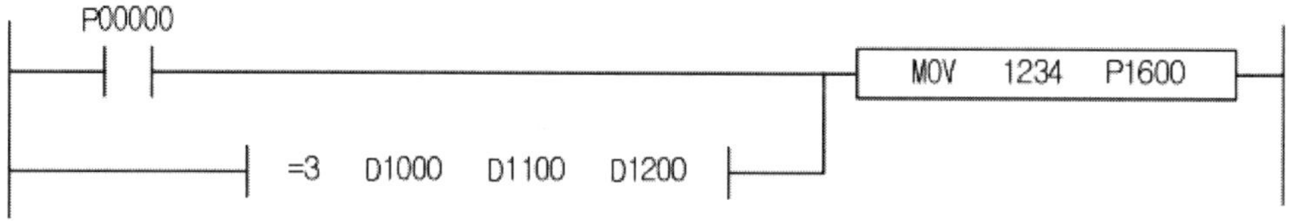

4.15.9 LOAD4 X, LOAD8 X

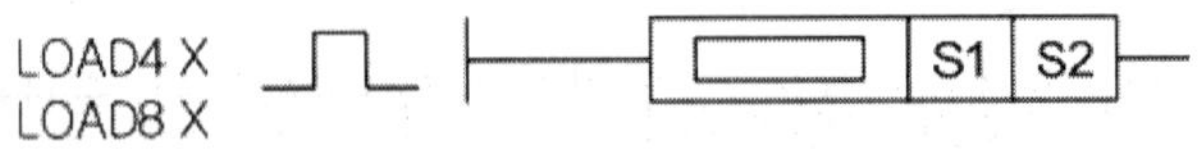

오퍼랜드	설 명	데이터 타입
S1	S2와 비교하게 되는 데이터나 데이터 주소	NIBBLE/BYTE
S2	S1과 비교하게 되는 데이터나 데이터 주소	NIBBLE/BYTE

(1) LOAD4 X(=, >, <, >=, <=, <>)

① S1과 S2를 NIBBLE 단위로 비교하여 X 조건과 일치하면 현재의 연산결과를 On 한다. 이외의 연산결과는 Off 한다.

② S1과 S2의 비교는 Unsigned 연산으로 실행한다.

(2) LOAD8 X(=, >, <, >, <=, <>)

① S1과 S2를 BYTE 단위로 비교하여 X 조건과 일치하면 현재의 연산결과를 On 한다. 이외의 연산결과는 Off 한다.

② S1과 S2의 비교는 Unsigned 연산으로 실행한다.

X 조건	조건	연산결과
=	S1 = S2	On
<=	S1 ≤ S2	On
>=	S1 ≥ S2	On
<>	S1 ≠ S2	On
<	S1 < S2	On
>	S1 > S2	On

(3) 프로그램 예제

① D01000.0=10, D02000.0=10인 경우 비교 입력신호가 On 되어 P0160 영역에 h1500을 저장하는 프로그램이다.

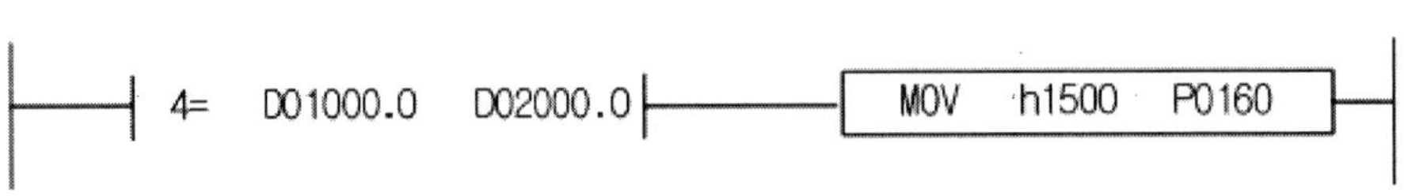

② D01000.0=255, D02000.0=255인 경우 비교 입력신호가 On 되어 P0160 영역에 h0015을 저장하는 프로그램이다.

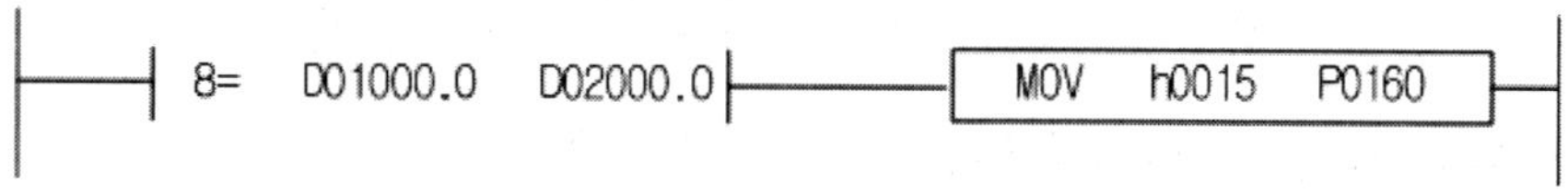

第十六章(제16장) 務本：大道不器(대도불기)

古之學者(고지학자) :

옛날부터 배우는 자들은(학문하는 자들은)

比物醜類(비물추류) :

여러 사물들을 비교하고 서로 견주어 봄으로서 그 무리들의 개념을 유추하였다.(醜 : 추할/미워할 類 : 무리/견줄)

鼓無當於五聲(고무당어오성) :

북은 오성(宮商角徵羽(궁상각치우):음의 다양성)에는 해당하지 않지만,

五聲弗得不和(오성불득불화) :

오성은 북소리와 함께 하지 않으면 소리의 아름다운 조화를 이뤄낼 수 없다.

水無當於五色(수무당어오색) :

물은 오색(黑白赤靑黃_흑백적청황)에는 해당하지 않지만,

五色弗得不章(오색불득불장) :

오색은 물빛과 함께 하지 않으면 그 찬란한 색조를 드러낼 수 없다.(章 : 꾸밈/찬란할)

學無當於五官(학무당어오관) :

배움(학문)은 오관(모든 벼슬, 특히 주요 관직)에 해당하지 않지만,

五官弗得不治(오관불득불치) :

오관(모든 관직관료)은 배움과 함께 하지 않으면 지도력을 발휘할 수 없다.

師無當於五服(사무당어오복) :

스승은 오복(斬衰-참최, 齋衰-재최, 大功-대공, 小功-소공, 緦麻-시마 등 大小家의 人倫)에 해당하지 않지만,

五服弗得不親(오복불득불친) :

오복은 스승과 함께하지 않으면 친친(親親)과 친화(親和)가 될 수 없다.

君子曰(군자왈) :

그러하므로 군자께서 말씀하시길,

大德不官(대덕불관) :

大德(天子)은 어떤 관직에 구애받지 않고(목매달지 않고),

大道不器(대도불기) :

대도는 정해진 그릇으로 제한되지 아니하며(君子不器),

大信不約(대신불약) :

대신은 사사로운 약정에 구속되지 않고,

大時不齊(대시불제) :

대시는 획일적인 고정된 질서에 억매이지 않는다.(齊:가지런할/질서/똑같을)

察於此四者(찰어차사자) :

이상의 네 가지(大德, 大道, 大信, 大時)를 잘 살필 수 있어야,

可以有志於本矣(가이유지어본의) :

학문의 근본적인 것에 뜻을 두고 깊이 헤아릴 수 있는 것이다.

三王之祭川也(삼왕지제천야) :

삼대(하, 은, 주) 임금들께서 물의 신께 제천(제사)행사를 거행하실 때,

皆先河而後海(개선하이후해) :

세분 모두 작은 개천에서 먼저 제사를 드린 후에 큰 바다에 제사를 드렸다.

或源也(혹원야) :

이는 작은 실개천이 거대한 대양의 근원(본류)임을 깨달았기 때문이고(惑 : 미혹할/정신 차릴),

或委也(혹위야) :

거대한 바다는 오히려 말류임을 깨달았기 때문이었다.(委 : 말길/밀릴/막힐)

此之謂務本(차지위무본) :

소위 이러함을 일컬어 근본에 힘쓰는 것이라고 한 것이다.

※

① 學記는 교육의 구체적인 교과과정을 제시하고 그 속에서 學問의 필연적인 속성을 논구하고 있다. 학기는 首尾一貫 교학, 즉 학문의 근본을 제시하고 그 성숙의 길을 논하고 있는 것이다.

② 배움의 최종 목표는 상하좌우 극단으로 나눠는 것이 아니라 인간은 물론 만물들과 조화롭게 사는 것이다. 이기고 승리하고 성공하여 남을 지배하거나 굴복시키는 것이 아니라, 서로서로 상조상보하며 함께 어울려 사는 것이다. 서로의 차이를 인정하고 배려하면서 차별 없이 공평하고 공정하게 그리고 평화롭게 사는 것이다. 나만이 또는 우리만이 아니라 모두 함께 잘 사는 것이다. 知本務本(지본무본). 和而不同(화이부동).

③ 교육의 궁극은 스승의 양성에 있다. 훌륭한 스승이라야 長(장 : 지도자)과 君(군 : 군왕)이 될 수 있기 때문이다. 그래서

pestalozzi는 가난한 아동들의 교육에 매진(루소와 에밀 영향, 공자의 有教無類)했고, 나이보다 능력에 맞게 교육했으며, 'Life itself teaches' 라 했다. 學記는 교육 특히 公教育의 모델인 教學相長이다. 교육은 어떤 획일적 원리에 구속되지 않고 제외나 금지가 없으며 또한 교육은 삶과 생활 등의 흐름과 곡률에 맞춰야 한다.

④ 성장(향상)하지 않는 스승(교사)은 퇴출해야 한다. 교사는 부단히 공부해야 하고 학생보다 더 열심히 연구해야 한다. 교사는 무엇을 가르치려는 것보다 무엇을 끊없이 공부하고 연구하는 모습을 보여주어야 한다. 본이 되는 것 이상의 교육은 없다. 率先垂範.

⑤ 교육은 개념(conceptual)적인 것으로서 도덕(moral)과 신체(physical)의 조화로운 발전을 도모해야 한다. 교육은 심신(心身)의 조화로운 성장이다. 物有本末(물류본말)이고 事有終始(사유시종)이며 知所先後即近道矣(지소선후즉근도의)인 것이다.

⑥ 교육의 권리는 인간의 가장 기본 권리이다. 교육차별은 어떤 것으로도 넘어설 수 없고 보상이 불가능하다. 참다운 민주주의는 교육의 평등이다. 교육이 필요하고 교육을 받고자 하는 자들에게 국가와 정부는 장방시(場方時)를 구분하지 말고 제공해야 한다.

⑦ 특히 우수자보다 열등자를 우선 선발하여 그들에게 삶의 지혜와 기술을 익히게 해야 한다. 진정 교육이 필요한 자는 열등자이기 때문이다. 교육의 사각지대를 없애는 것이 국가와 정부의 책무이다.

4.16 증감 명령

4.16.1 INC, INCP, DINC, DINCP

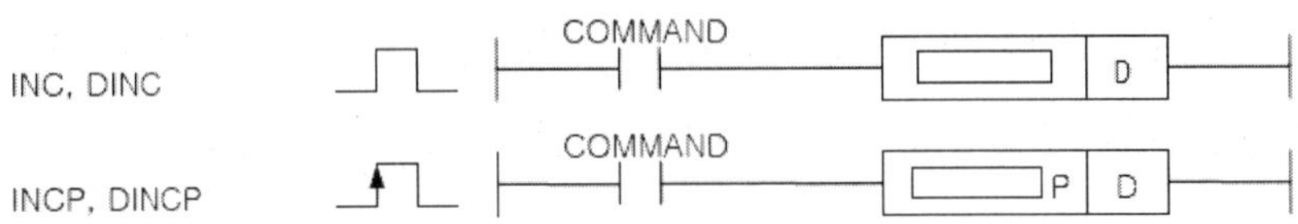

오퍼랜드	설 명	데이터 타입
D	연산을 수행하게 될 데이터의 주소	INT

(1) INC(Increment)

① D에 1을 더한 결과를 다시 D에 저장한다.

② Signed연산을 수행한다.

(2) DINC(Double Increment)

① D, D+1의 값에 1을 더한 결과를 다시 D, D+1에 저장한다.

(3) 플래그 처리

① INC/DINC 명령어는 연산 결과로 인한 플래그 처리는 없다. 따라서 최대값에서 1 증가하는 시점에서의 캐리플래그(F112)가 발생되지 않는다.

(4) 프로그램 예제

① 입력신호인 P00001이 Off→On되면 P1100에 저장된 5,678의 값에 1을 더한 값인 5,679가 P1100에 저장되고 P00001이 Off→On 동작을 반복할 때마다 P1100에 저장되는 값은 1씩 증가된 값이 저장되는 프로그램(5678→5679→5680→5681…)이다.

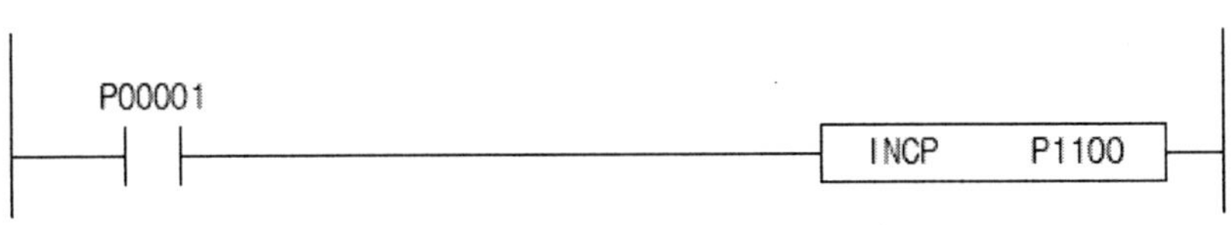

<예제>

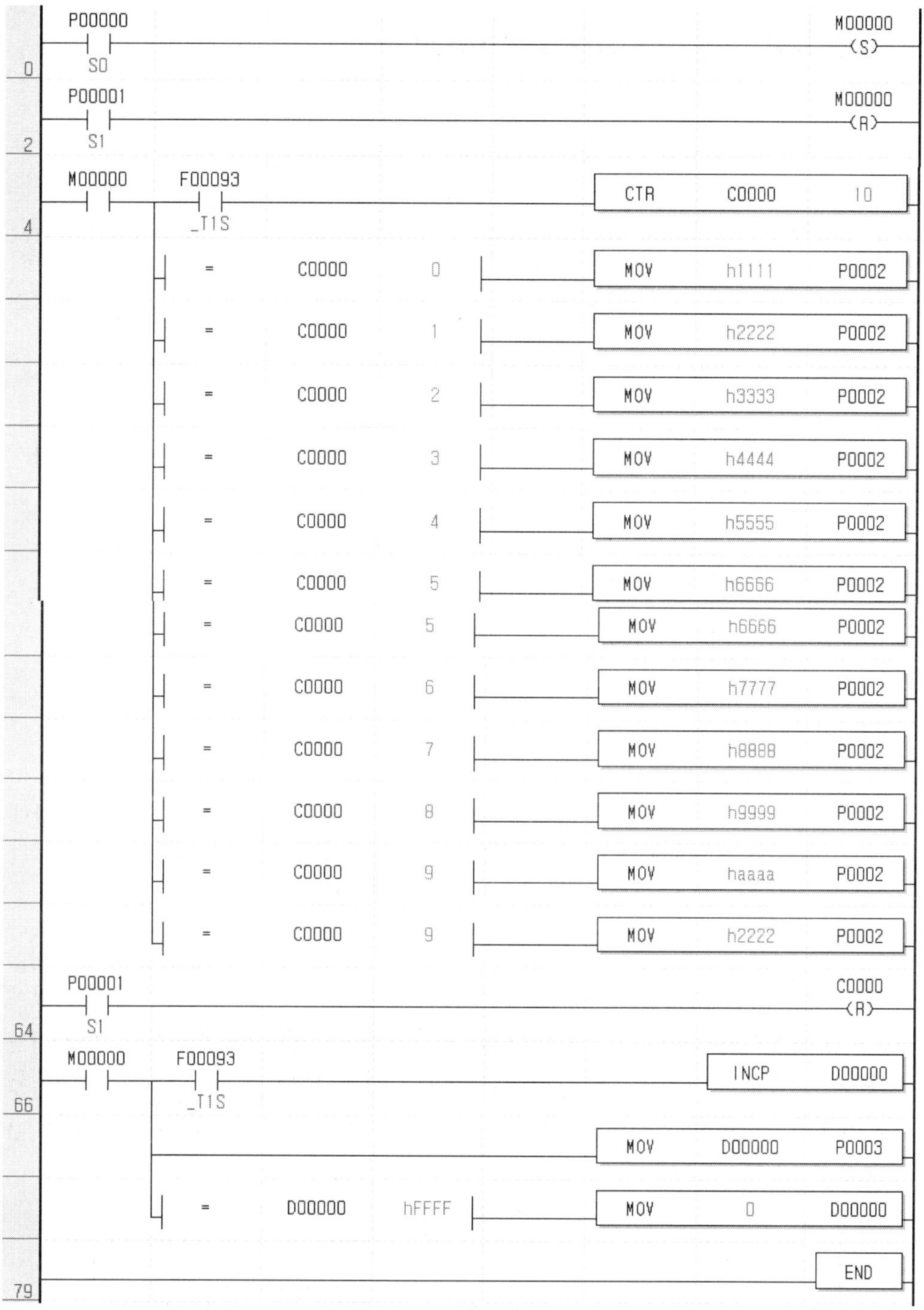

P00000
S0
M00000
(S)
P00001
S1
M00000
(R)
M00000
F00093
_T1S
CTR
C0000
10
= C0000 0
MOV h1111 P0002
= C0000 1
MOV h2222 P0002
= C0000 2
MOV h3333 P0002
= C0000 3
MOV h4444 P0002
= C0000 4
MOV h5555 P0002
= C0000 5
MOV h6666 P0002
= C0000 5
MOV h6666 P0002
= C0000 6
MOV h7777 P0002
= C0000 7
MOV h8888 P0002
= C0000 8
MOV h9999 P0002
= C0000 9
MOV haaaa P0002
= C0000 9
MOV h2222 P0002
P00001
S1
C0000
(R)
M00000
F00093
_T1S
INCP D00000
MOV D00000 P0003
= D00000 hFFFF
MOV 0 D00000
END
0
2
4
64
66
79

4.16.2 INC4, INC4P, INC8, INC8P

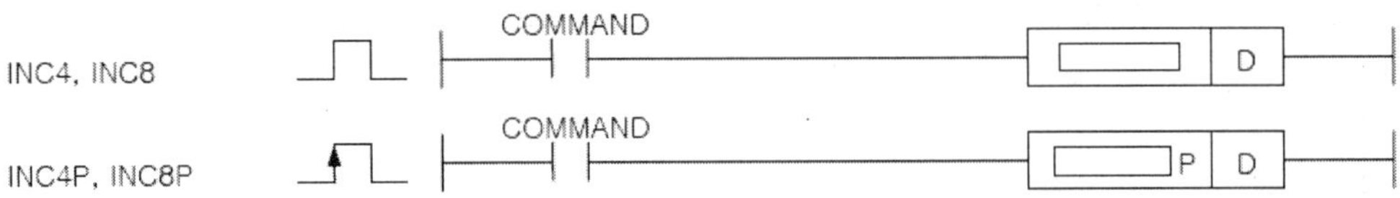

오퍼랜드	설 명	데이터 타입
D	연산을 수행하게 될 데이터의 주소	NIBBLE/BYTE

(1) INC4(Nibble Increment)

① Nibble 데이터 사이즈 범위내에서 D에 1을 더한 결과를 다시 D에 저장한다.

② Signed연산을 수행한다.

(2) INC8(Byte Increment)

① Byte 데이터 사이즈 범위내에서 D에 1을 더한 결과를 다시 D에 저장한다.

② Signed연산을 수행한다.

(3) 플래그 처리

① INC/DINC 명령어는 연산 결과로 인한 플래그 처리는 없다. 따라서 최대값에서 1 증가하는 시점에서의 캐리 플래그(F112)가 발생되지 않는다.

(4) 프로그램 예제

① 입력신호인 P00000이 Off→On 되면 P0100의 4번 비트부터 저장된 1의 값에 1을 더한 값인 2가 P0100의 4번 비트부터 니블(Nibble)단위로 저장되고 P00001이 Off→On 동작을 반복할 때마다 P0100에 저장되는 값은 4번 비트부터 1씩 증가된 값이 저장되는 프로그램 (h0015→h0025→h0035→h0045…)이다.

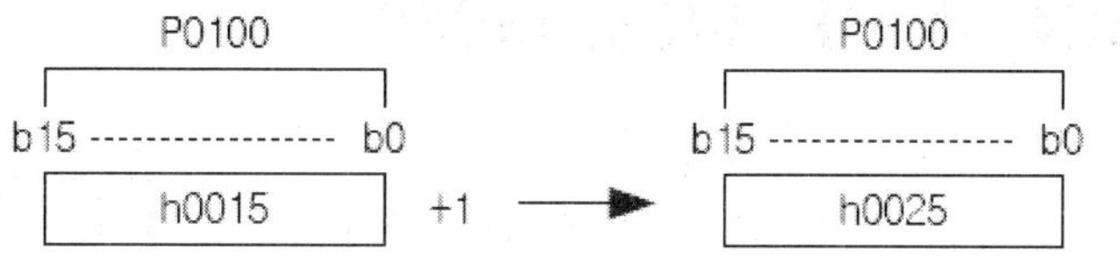

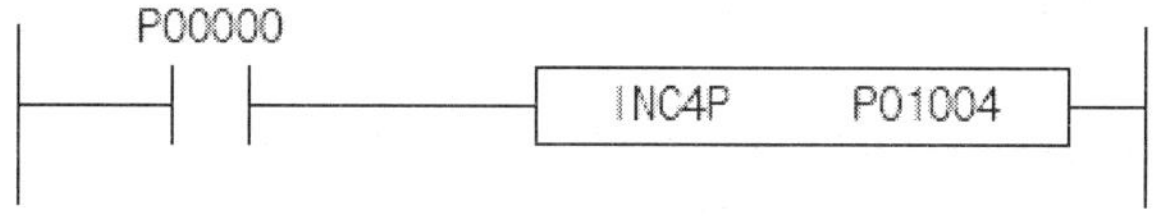

4.16.3 DEC, DECP, DDEC, DDECP

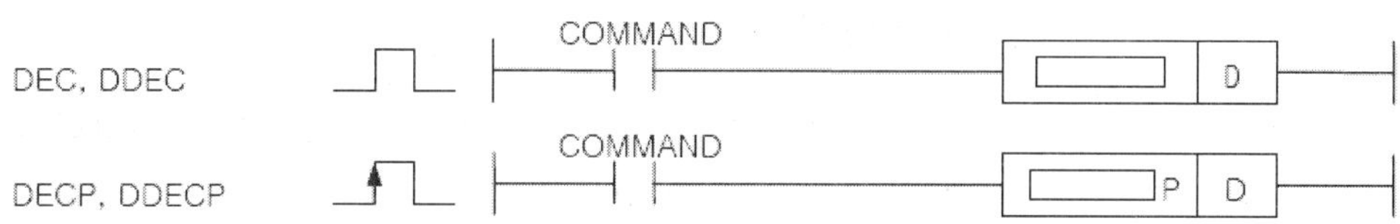

오퍼랜드	설 명	데이터 타입
D	연산을 수행하게 될 데이터의 주소	INT

(1) DEC(Decrement)

① D에 1을 뺀 결과를 다시 D에 저장한다.

② D는 Signed int의 값으로 처리된다.

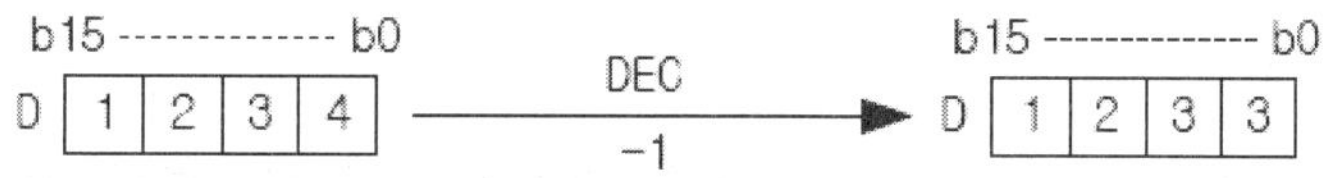

(2) DDEC(Double Decrement)

① D+1, D에서 1을 뺀 결과를 다시 D+1, D에 저장한다.

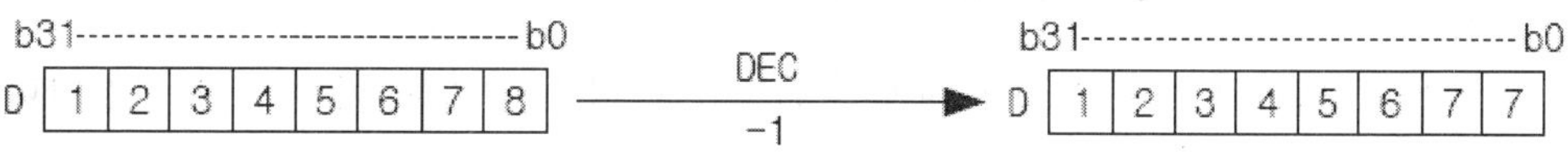

(3) 플래그 처리

① INC/DINC 명령어는 연산 결과로 인한 플래그 처리는 없다. 따라서 최소값에서 1 감소하는 시점에서의 캐리 플래그(F112)가 발생되지 않는다.

(4) 프로그램 예제

① 입력신호인 P00000이 Off→On되면 P1000에 저장된 1,234의 값에 1을 뺀 값인 1,233이 P1000에 저장되고 P00000이 Off→On 동작을 반복할 때마다 P1000에 저장되는 값은 1씩 뺀 값이 저장되는 프로그램이다.
(1,234→1,233→1,232→1,231→1,230…)

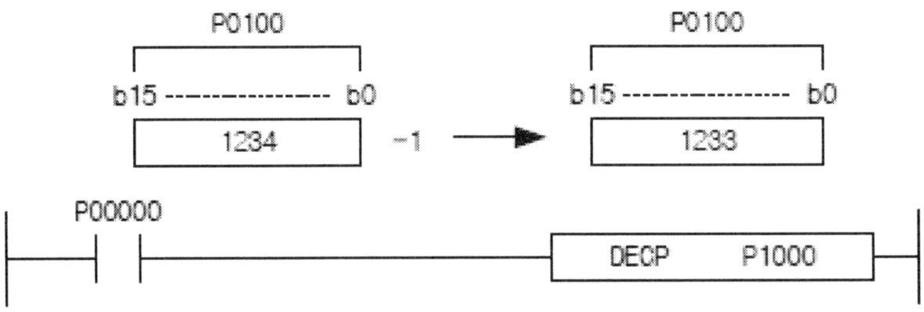

4.16.4 DEC4, DEC4P, DEC8, DEC8P

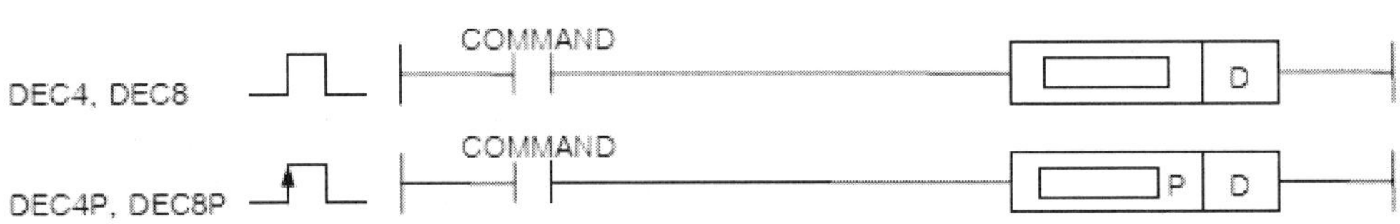

오퍼랜드	설 명	데이터 타입
D	연산을 수행하게 될 데이터의 주소	NIBBLE/BYTE

(1) DEC4(Nibble Decrement)

① Nibble 데이터 사이즈 범위내에서 D에 1을 더한 결과를 다시 D에 저장한다.

② Signed연산을 수행한다.

(2) DEC8(Byte Decrement)

① Byte 데이터 사이즈 범위내에서 D에 1을 더한 결과를 다시 D에 저장한다.
② Signed연산을 수행한다.

(3) 플래그 처리

① INC/DINC 명령어는 연산 결과로 인한 플래그 처리는 없다. 따라서 최소값에서 1 감소하는 시점에서의 캐리 플래그(F112)가 발생되지 않는다.

(4) 프로그램 예제

① 입력신호인 P00000이 Off→On 되면 P0100의 4번 비트부터 저장된 7의 값에 1을 뺀 값인 6이 P0100의 4번 비트부터 저장되고 P00000이 Off→On 동작을 반복할 때마다 P0100의 4번 비트부터 저장되는 값은 1씩 뺀 값이 저장되는 프로그램 (h0075→h0065→h0055→h0045→h0035…)이다.

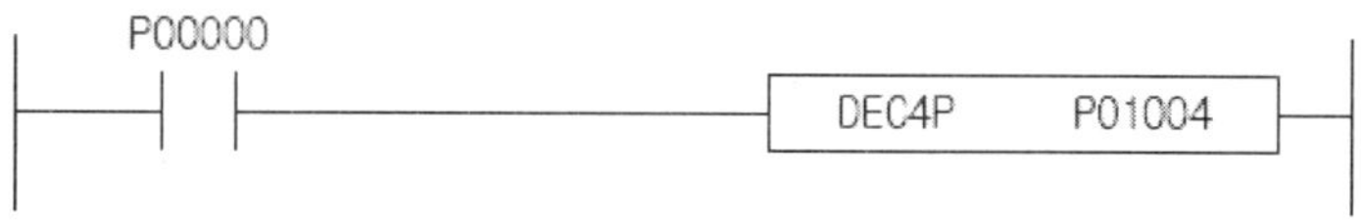

4.16.5 INCU, INCUP, DINCU, DINCUP

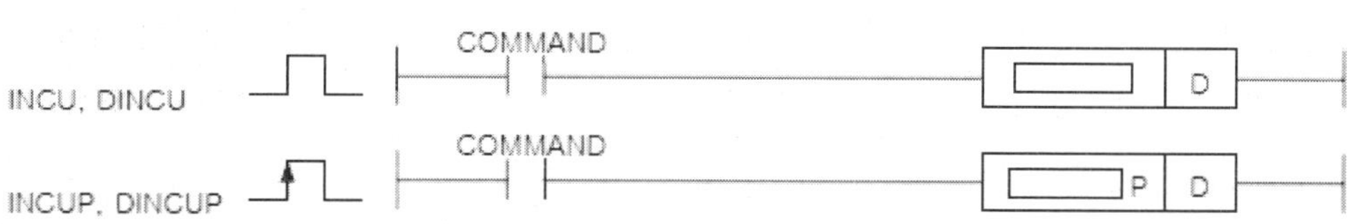

오퍼랜드	설 명	데이터 타입
D	연산을 수행하게 될 데이터의 주소	WORD

(1) INCU(Increment)

① D에 1을 더한 결과를 다시 D에 저장한다.

② Unsigned연산을 수행한다.

③ D의 값이 65,535(hFFFF)일 때 INCU(P)가 실행되면 0(h0000)을 출력하며 제로 플래그 및 캐리 플래그를 셋(Set) 한다.

(2) DINCU(Double Increment)

① D, D+1의 값에 1을 더한 결과를 다시 D, D+1에 저장한다.

② Unsigned연산을 수행한다.

③ D, D+1의 값이 4,294,967,295(hFFFFFFFF)일 때 DINCU(P)가 실행되면 0(h00000000)을 출력하며 제로 플래그 및 케리 플래그를 셋(Set)한다.

(3) 프로그램 예제

① P1000=100인 경우 입력신호인 P00000이 Off→On 될 때마다 P1000에 저장된 값을 1씩 증가시키는 프로그램이다.

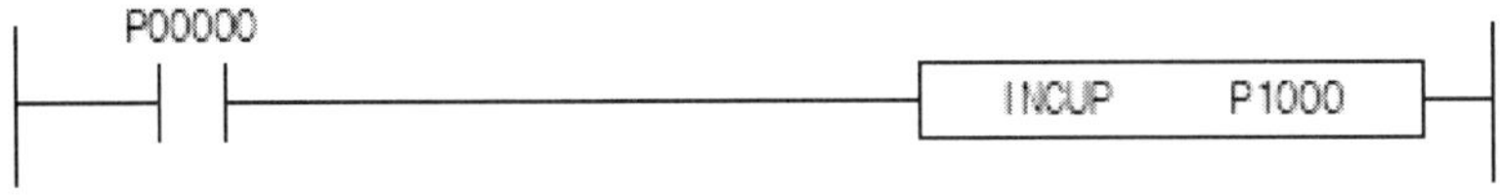

4.16.6 DECU, DECUP, DDECU, DDECUP

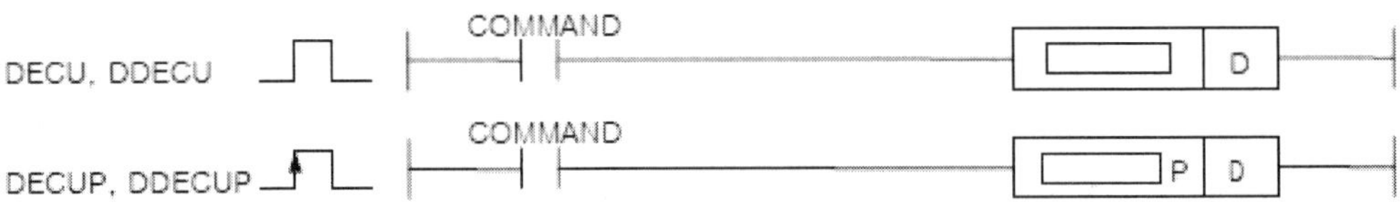

오퍼랜드	설 명	데이터 타입
D	연산을 수행하게 될 데이터의 주소	WORD

(1) DECU(Decrement)

① D에 1을 뺀 결과를 다시 D에 저장한다.

② D는 Unsigned 값으로 처리된다.

③ D가 0(h0000)일 때 DECU(P)가 실행되면 65,535(hFFFF)을 출력하며 캐리 플래그를 셋(Set)한다.

④ D가 1일 때 (D)DECU(P)가 실행되면 0을 출력하며 제로 플래그를 Set한다.

(2) DDECU(Double Decrement)

① D, D+1에 1을 뺀 결과를 다시 D, D+1에 저장한다.

② D, D+1은 Unsigned 처리한다.

③ D, D+1이 1일 때 (D)DECU(P)가 실행되면 0을 출력하며 제로 플래그를 셋(Set)한다.

④ D, D+1이 0(h00000000)일 때 DDECU(P)가 실행되면 4,294,967,295(hFFFFFFFF)을 출력하며 캐리 플래그를 셋(Set)한다.

(3) 프로그램 예제

① P1000=100인 경우 입력신호인 P00000 이 Off→On 될 때마다 P1000에 저장된 값을 1씩 감소시키는 프로그램이다.

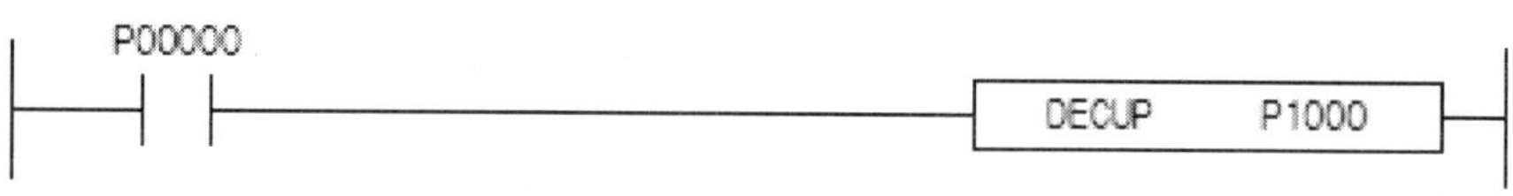

4.17 회전 명령

4.17.1 ROL, ROLP, DROL, DROLP

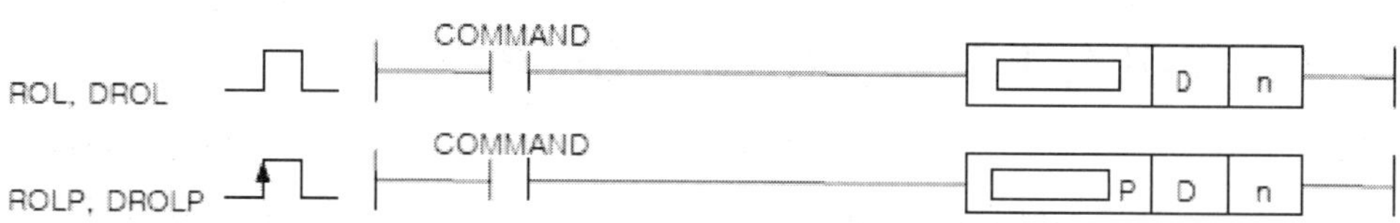

오퍼랜드	설 명	데이터 타입
D	연산을 수행하게 될 데이터의 주소	WORD/DWORD
n	좌측으로 회전시킬 비트 수	WORD

(1) ROL(Rotate Left)

① D의 16비트를 지정된 비트수 만큼 좌측으로 비트 회전하며 최상위 비트는 캐리 플래그(F112)와 최하위 비트로 회전한다.(1워드 내에서 회전)

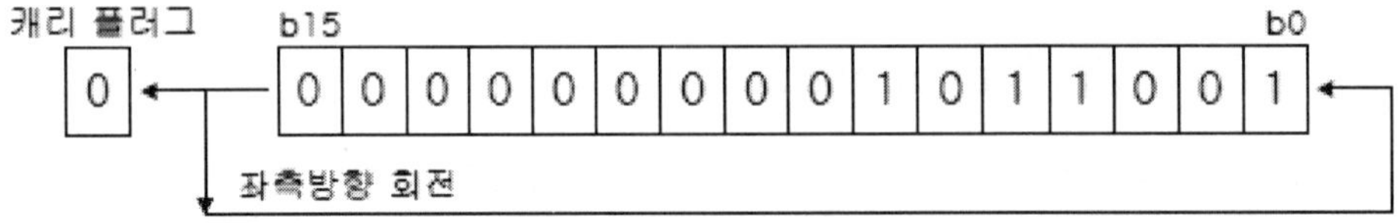

(2) DROL(Double Rotate Left)

① D과 D+1의 32비트 데이터를 좌측으로 캐리 플래그를 포함하지 않고 n bit회전한다.

(3) 프로그램 예제

① P1000=h1234인 경우 입력신호인 P00000이 Off→On 되면 4비트 좌측으로 회전한 후 P1000에는 h2341을 저장하는 프로그램이다.

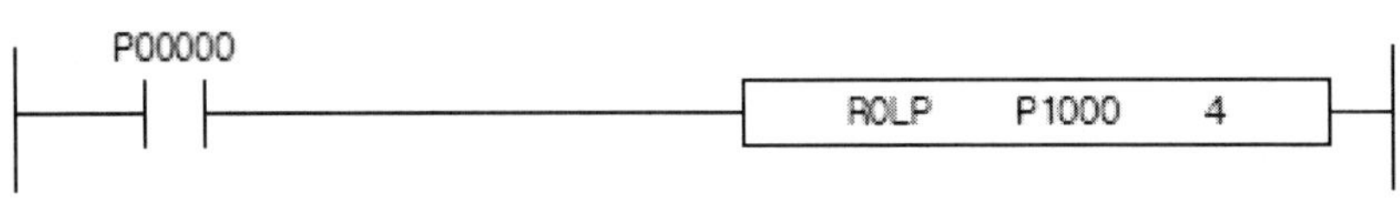

4.17.2 ROL4, ROL4P, ROL8, ROL8P

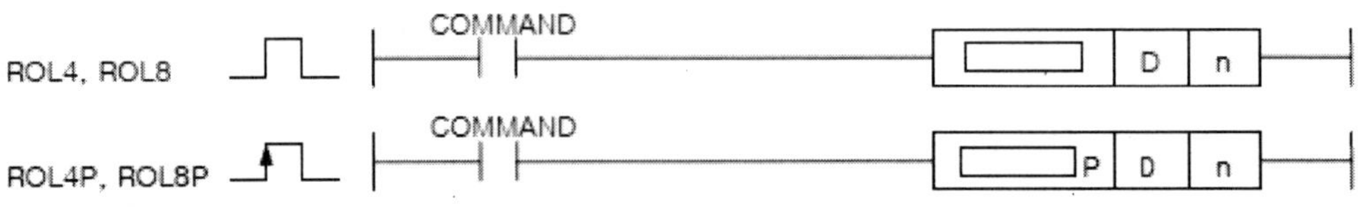

(1) ROL4(Rotate Left)

① D의 4개 비트를 n의 지정된 비트수 만큼 좌측으로 비트 회전하며 4개의 비트 중 최상위 비트는 캐리 플래그와 최하위 비트로 회전(4비트내에서 회전)한다.

② 회전중 캐리가 발생하면 캐리 플래그를 셋(SET)한다.

(2) ROL8(Double Rotate Left)

① D의 8개 비트를 n의 지정된 비트수 좌측으로 회전하며 8개의 비트중 최상위 비트는 캐리 플래그와 최하위 비트로 회전(8비트내에서 회전)한다.

② 회전중 캐리가 발생하면 캐리 플래그를 셋(SET)한다.

(3) 프로그램 예제

① P01004~P01007=h3인 경우 입력신호인 P00000이 Off→On 되면 2비트 좌측으로 회전한 후 P01004~P01007에 hC를 저장하는 프로그램이다.

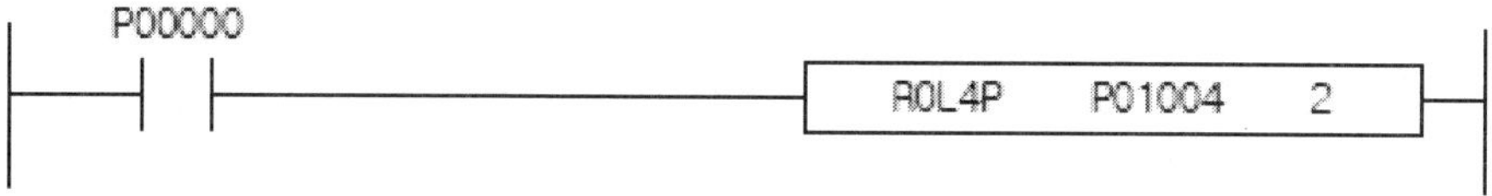

4.17.3 ROR, RORP, DROR, DRORP

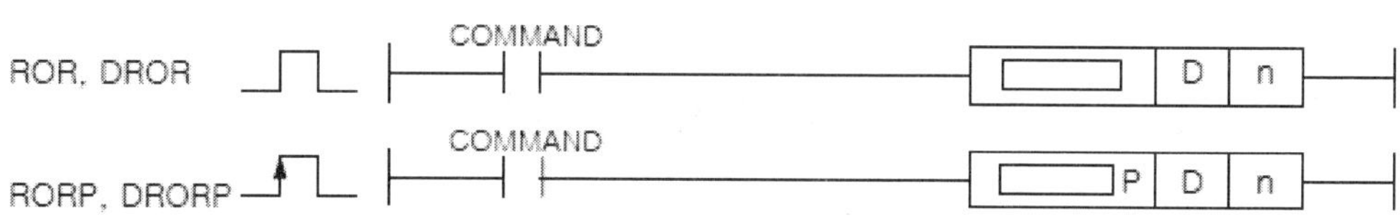

오퍼랜드	설 명	데이터 타입
D	연산을 수행하게 될 데이터의 주소	WORD/DWORD
n	좌측으로 회전시킬 비트 수	WORD

(1) ROR(Rotate Right)

① D1의 16개 비트를 지정된 비트수 만큼 우측으로 비트 회전하며 최하위 비트는 캐리 플래그(F112)와 최상위 비트로 회전한다.(1워드 내에서 회전)

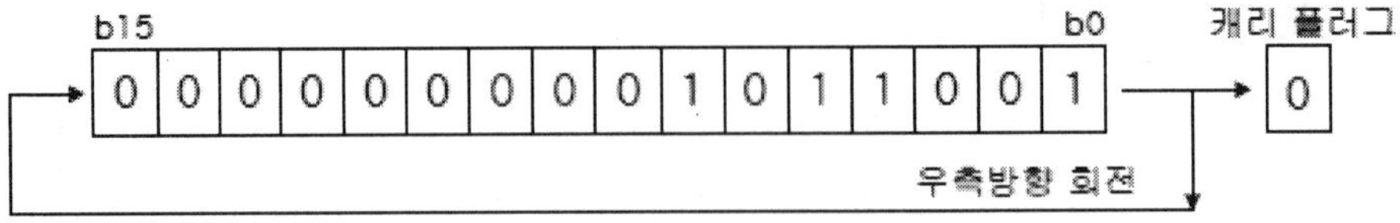

(2) DROR(Double Rotate Right)

① D과 D+1의 32bit 데이터를 우측으로 캐리 플래그를 포함하지 않고 n bit 회전한다.

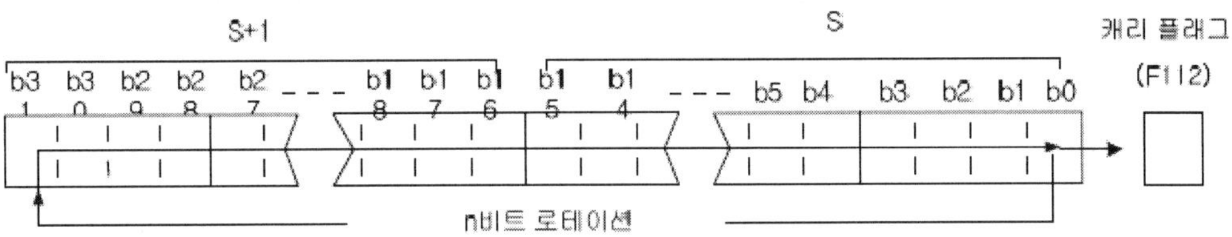

(3) 프로그램 예제

① P1000=h1234인 경우 입력신호인 P00000이 Off→On 되면 4비트 우측으로 회전한 후 P1000에는 h4123을 저장하는 프로그램이다.

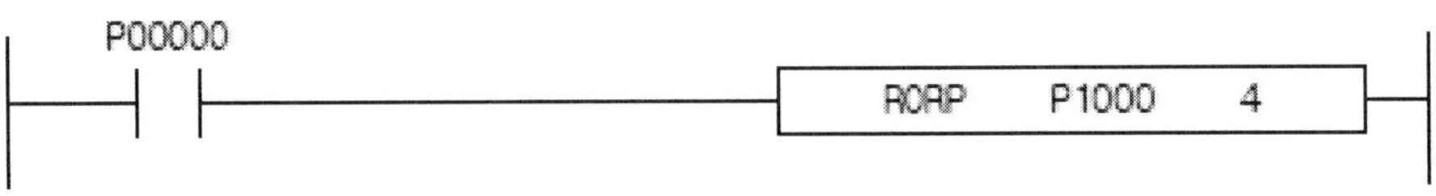

4.17.4 ROR4, ROR4P, ROR8, ROR8P

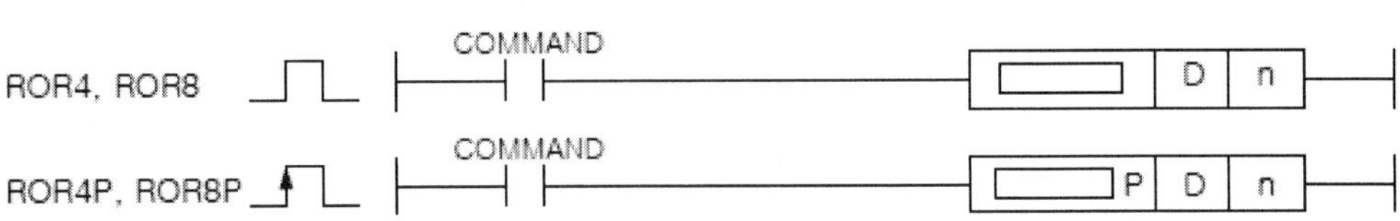

오퍼랜드	설 명	데이터 타입
D	연산을 수행하게 될 데이터의 주소	NIBBLE/BYTE
n	좌측으로 회전시킬 비트 수	WORD

(1) ROR4(Nibble Rotate Right)

① D의 4개 비트를 n의 수만큼 1비트씩 우측으로 비트 회전하며 4개의 비트중 최하위 비트는 캐리 플래그와 최상위 비트로 회전(4비트내에서 회전)한다.

② 회전중 캐리가 발생하면 캐리 플래그를 셋(SET)한다.

(2) ROR8(Byte Rotate Right)

① D의 8개 비트를 n의 수만큼 1비트씩 우측으로 비트 회전하며 8개의 비트중 최하위 비트는 캐리 플래그와 최상위 비트로 회전(8비트내에서 회전)한다.

② 회전중 캐리가 발생하면 캐리 플래그를 셋(SET)한다.

(3) 프로그램 예제

① P01004~P01007=h3인 경우 입력신호인 P00000이 Off→On 되면 2비트 우측으로 회전한 후 P01004~P01007에 hC를 저장하는 프로그램이다.

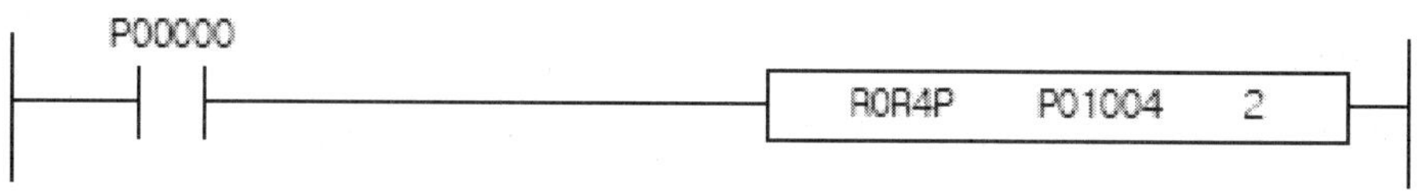

4.18 이동 명령

4.18.1 BSFT, BSFTP

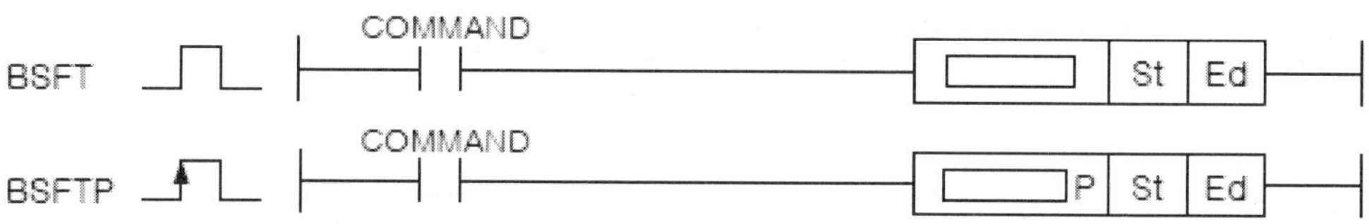

오퍼랜드	설 명	데이터 타입
St	BSFT 연산의 시작 비트	BIT
Ed	BSFT 연산의 끝 비트	BIT

(1) BSFT(Bit Shift)

① 시작 비트(St)로부터 끝 비트(Ed) 방향으로 비트 데이터를 각각 1비트씩 shift 한다.

② 비트 shift 방향은 다음과 같다.

- St < Ed : left shift
- St > Ed : right shift

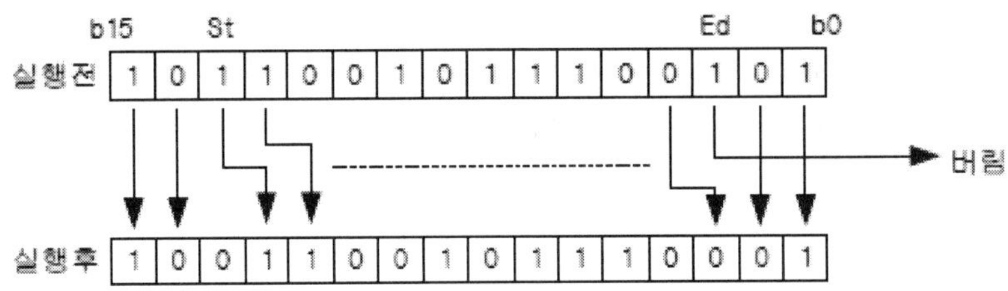

(2) 프로그램 예제

① P0070=h8000인 경우 입력신호인 P00000이 Off→On 될 때마다 P0070F>P00704 순으로 시작 비트인 P0070F에서 끝 비트인 P00704까지 우측으로 비트 이동을 시키는 프로그램이다.

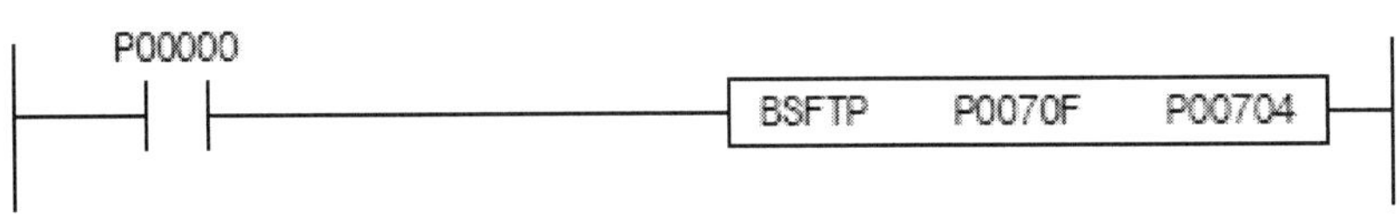

4.18.2 BSFL, BSFLP, DBSFL, DBSFLP

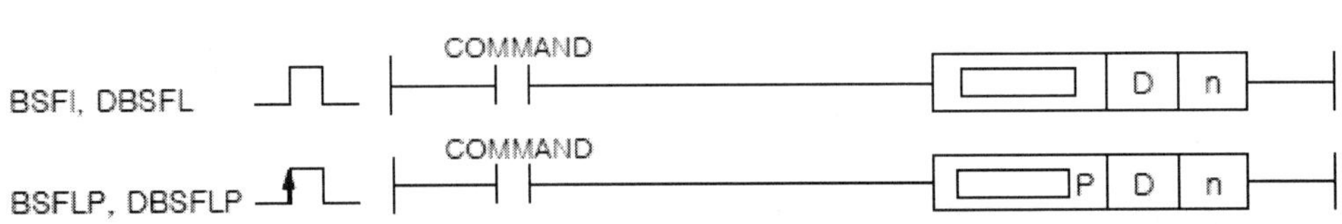

오퍼랜드	설 명	데이터 타입
D	비트 이동을 하고자 하는 디바이스 번호	WORD/DWORD
n	워드 데이터 D를 왼쪽으로 bit shift할 회로	WORD

(1) BSFL(Bit Shift Left)

① D의 워드 데이터의 각 비트들을 왼쪽으로 n번 bit shift 한다.

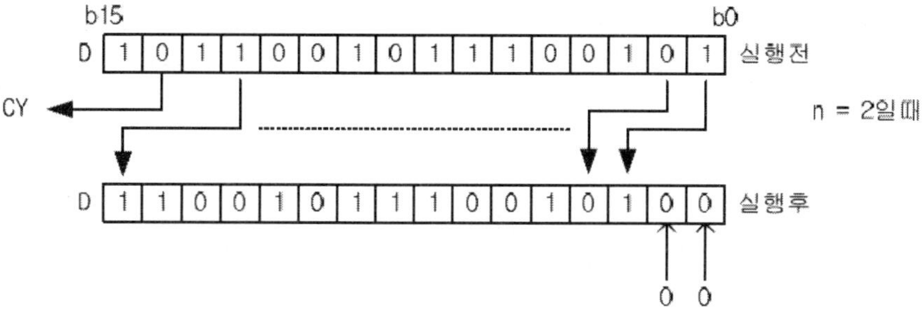

(2) DBSFL(Double Bit Shift Left)

① D+1, D의 더블 워드 데이터의 각 비트들을 왼쪽으로 n번 bit shift하고 0으로 채운다.

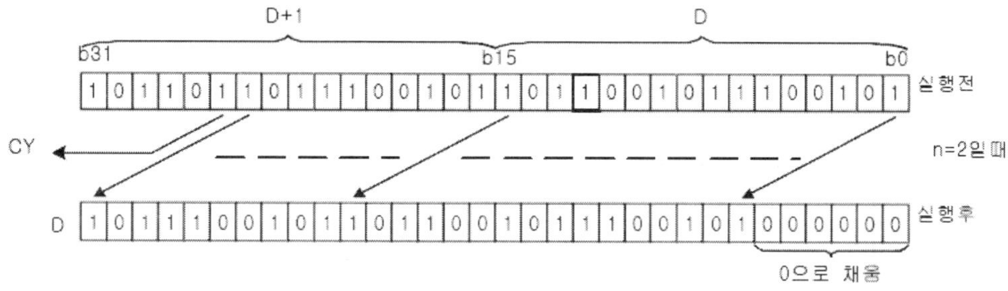

(3) 프로그램 예제

① P1000=h000F인 경우, 입력신호인 P00000이 Off→On 되면 4비트 좌측 이동되어 P1000에 h00F0가 저장되는 프로그램이다.

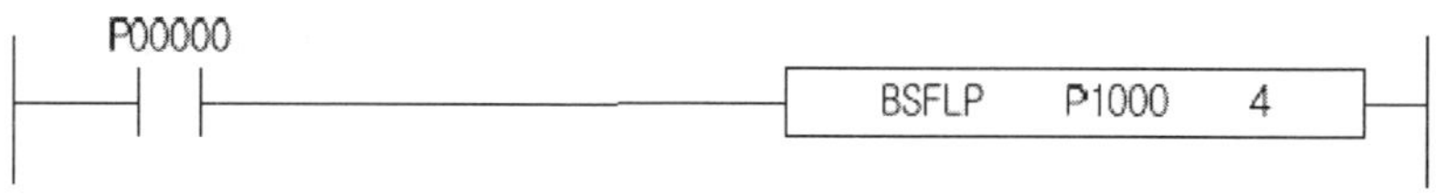

4.18.3 BSFL4, BSFL4P, BSFL8, BSFL8P

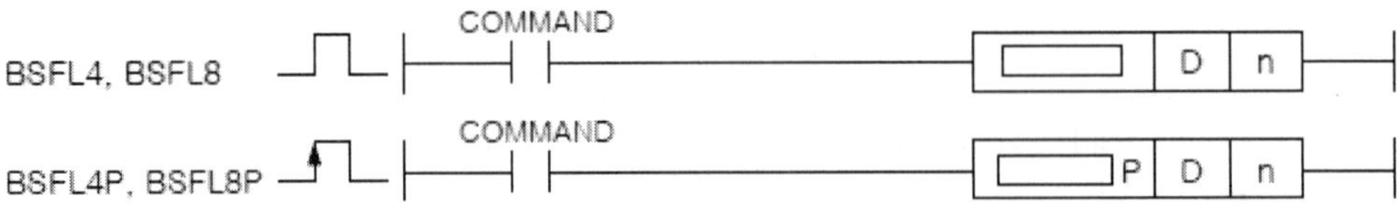

오퍼랜드	설 명	데이터 타입
D	BSFL 연산의 시작 비트 위치	NIBBLE/BYTE
n	D로 지정한 비트 위치부터 4/8비트 중 왼쪽으로 이동시킬 Bit 수	WORD

(1) BSFL4(Nibble Bit Shift Left)

① D로 지정한 비트 위치부터 4비트 중 n만큼 왼쪽으로 이동시킨다.

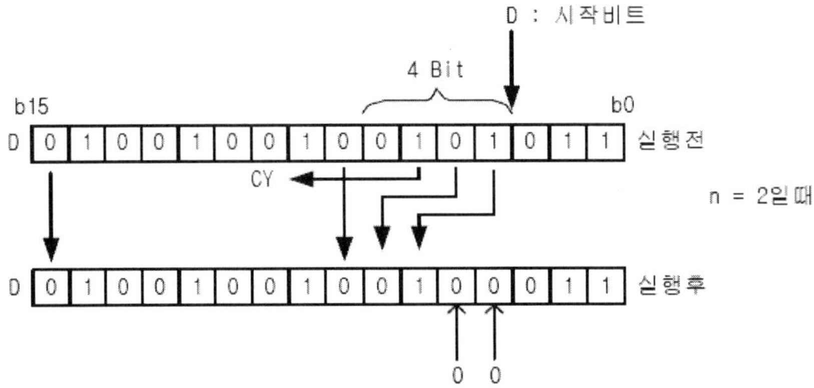

(2) BSFL8(Byte Bit Shift Left)

① D의 8비트 데이터의 각 비트들을 왼쪽으로 n으로 지정된 비트수만큼 비트이동한다.

② 마지막에 버려진 비트에 따라 캐리 플래그를 On/Off 한다.

(3) 프로그램 예제

① P0100=h00F0인 경우 4번 비트부터 4개의 비트(니블 데이터)를 2회 좌측 이

동시켜 P0100에 h00C0을 저장시키는 프로그램이다.

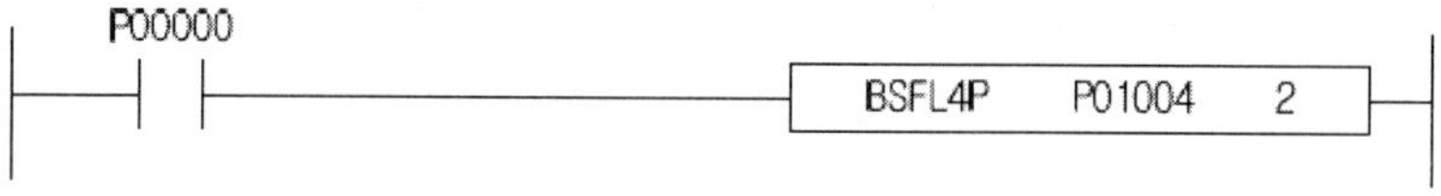

4.18.4 WSFT, WSFTP

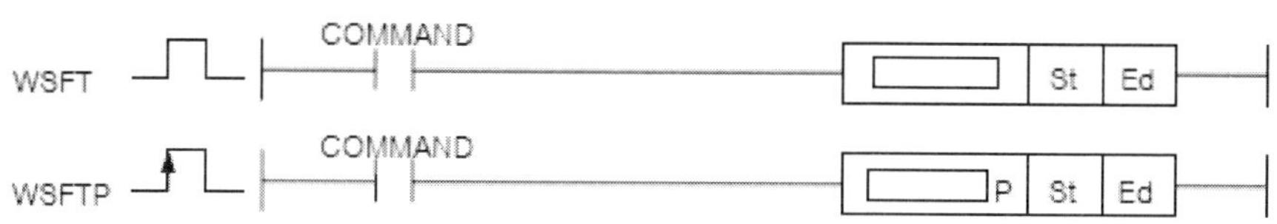

오퍼랜드	설 명	데이터 타입
St	WSFT 연산의 시작 워드 데이터의 주소	WORD
Ed	WSFT 연산의 끝 워드 데이터의 주소	WORD

(1) WSFT(Word Shift)

① 시작 워드(St)에서 끝 워드(Ed) 방향으로 1워드 단위로 shift 한다.

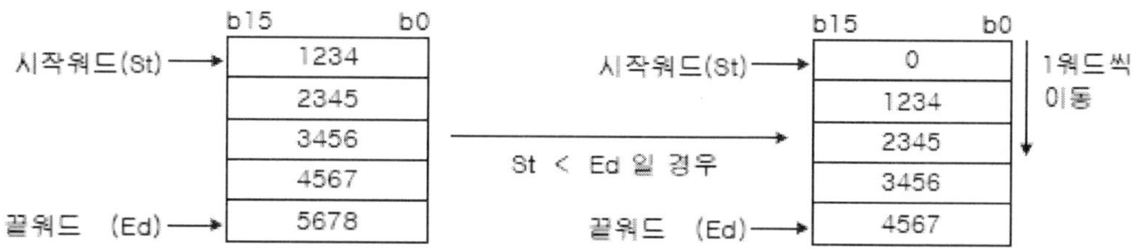

(2) 워드 Shift 방향

- S1 . S2 (예 : WSFT D0000 D0003) . 아래 방향으로 시프트한다.
- S1 . S2 (예 : WSFT D0003 D0000) . 위 방향으로 시프트한다.

(2) 프로그램 예제

① 입력신호인 P00000이 Off→On하면 D01000에 저장된 데이터 1,234가 아래로 1워드 이동하여 D01001에 저장되는 프로그램이다.

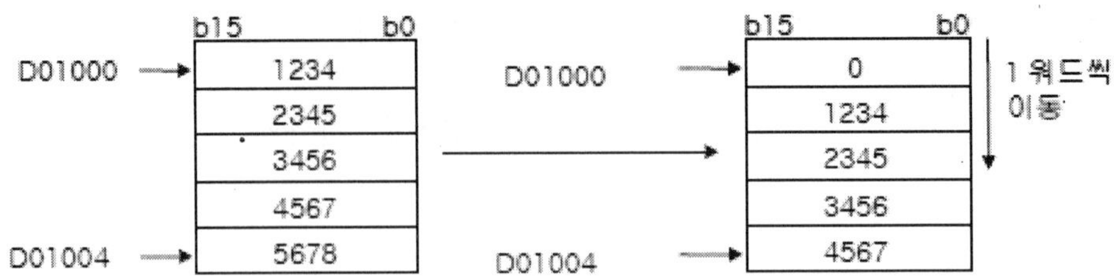

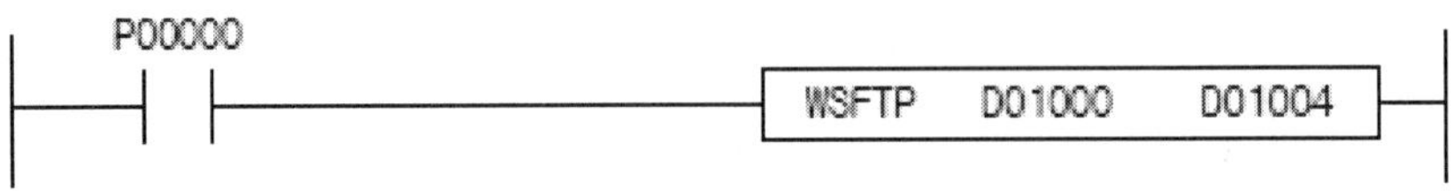

4.18.5 SR

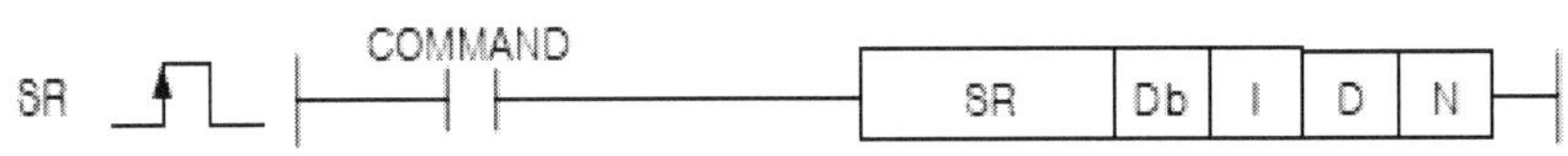

오퍼랜드	설 명	데이터 타입
Db	비트 단위로 Shift 할 영역의 시작 비트	BIT
I	비트 단위로 Shift 할 입력 데이터	
D	비트 단위로 Shift 할 이동 방향	
N	비트 Shift 할 개수	WORD

(1) SR

① SR 명령의 실행조건인 입력신호가 Off→On 될 때마다 shift 시작비트 Db로부터 N개 만큼의 데이터를 shift 한다.

② D에 설정된 입력방향 설정비트가 On이면 Right shift, 입력방향 비트가 Off이면 Left shift 한다.

③ 데이터 shift에 의해 비워진 비트는 I로 설정된 입력데이터 비트의 값으로 채워진다.

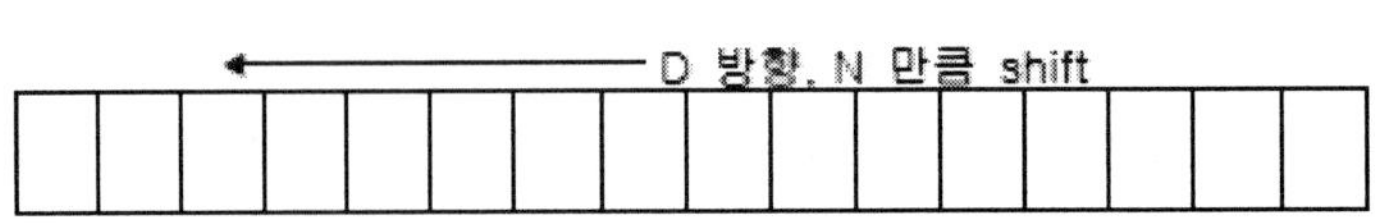

(2) 프로그램 예제

① M00012=0, M00013=0인 경우, 입력신호인 1초 주기 클록 F00093이 Off→On 될 때마다 D00000 영역의 0번 비트부터 8개의 비트 데이터를 좌측방향으로 비트 이동하고 비워진 입력 데이터의 비트값은 0으로 채워지는 프로그램

② 입력 비트 데이터인 M00012=1이 되면 1의 비트 데이터 값이 비워진 비트에 채워진다.

③ 이동 방향 비트인 M00013=1이 되면 비트 데이터의 이동 방향은 우측으로 전환되고 1초 주기로비트 이동을 실행한다.

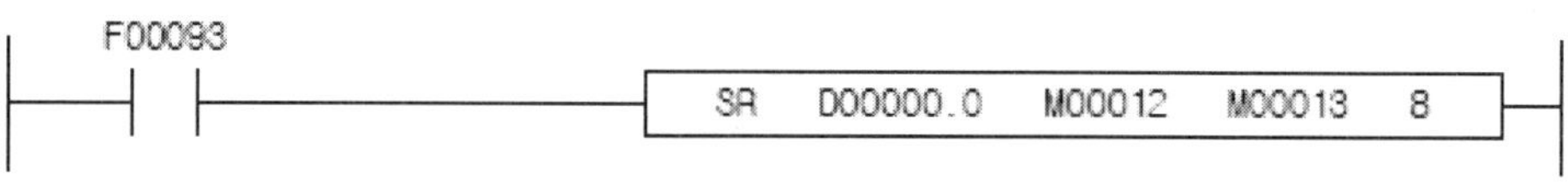

4.19 교환 명령

4.19.1 XCHG, XCHGP, DXCHG, DXCHGP

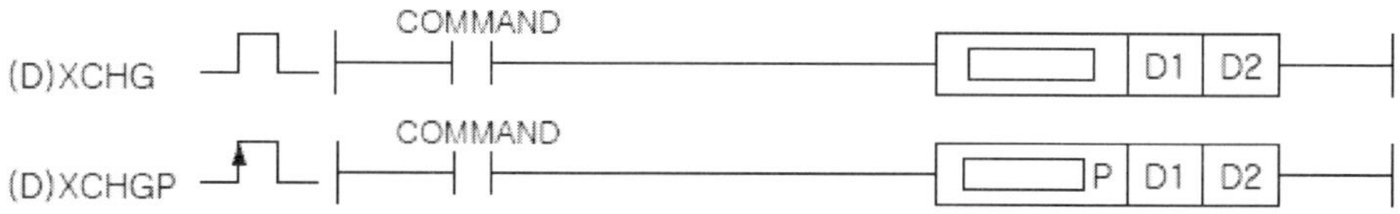

오퍼랜드	설 명	데이터 타입
D1	교환하고자 하는 데이터의 디바이스 번호	WORD/DWORD
D2	교환하고자 하는 데이터의 디바이스 번호	WORD/DWORD

(1) XCHG(Exchange)

① D1로 지정된 워드 데이터와 D2로 지정된 워드 데이터를 서로 교환한다.

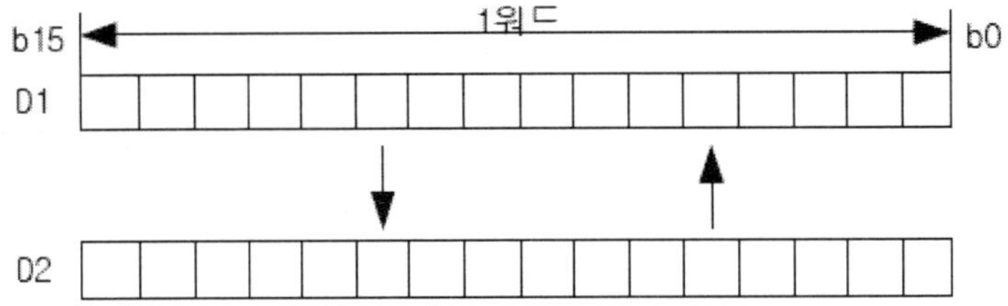

(2) DXCHG(Double Exchange)

① (D1+1, D1)으로 지정된 더블워드 데이터와 (D2+1, D2)로 지정된 더블워드 데이터를 서로 교환한다.

(3) 프로그램 예제

① P1000=h1234, P1100=h5678이 저장되어 있는 경우 입력신호인 P00000이 Off →On 되면 P1000에는 h5678이 저장되고 P1100에는 h1234가 각각 저장되는 프로그램이다.

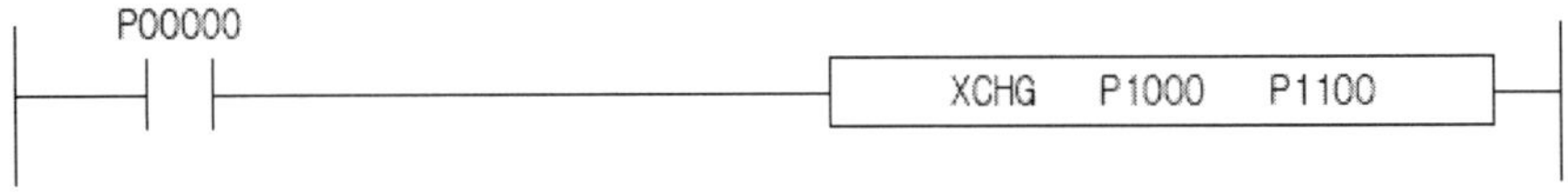

4.19.2 GXCHG, GXCHGP

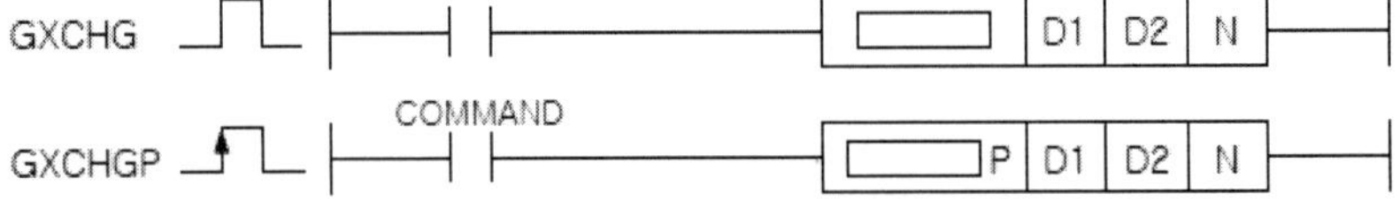

오퍼랜드	설 명	데이터 타입
D1	D2와 워드단위로 데이터를 교환하게 되는 영역의 시작주소	WORD
D2	D1과 워드단위로 데이터를 교환하게 되는 영역의 시작주소	WORD
N	워드단위로 데이터를 교환하는 개수	WORD

(1) GXCHG

① D1부터 시작되는 N개의 워드 데이터와 D2로 시작되는 N개의 워드 데이터를 서로 교환한다.

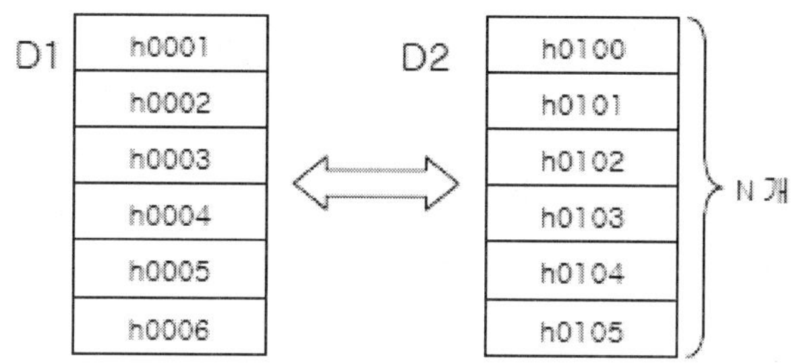

② D1과 D2의 값을 기준으로 증가하면서 N개의 워드만큼 데이터를 교환한다. 만약 D1과 D2가 겹치게 되면 의도하지 않은 결과를 초래할 수 있다.

(2) 프로그램 예제

① 입력신호인 P00000이 Off→On 되면 P0010~P0012와 P0020~P0022의 3워드 데이터를 교환하는 프로그램이다.

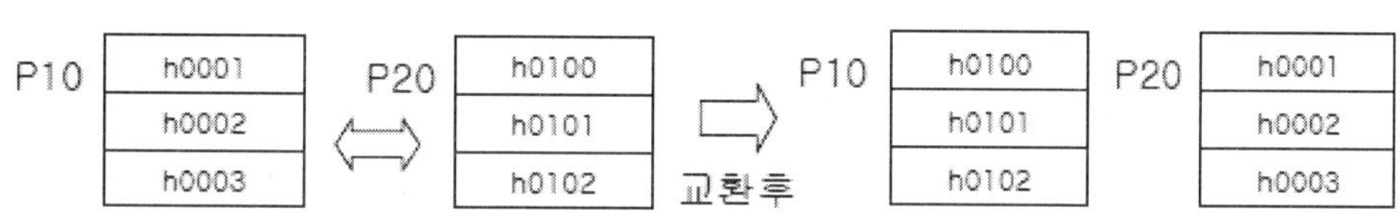

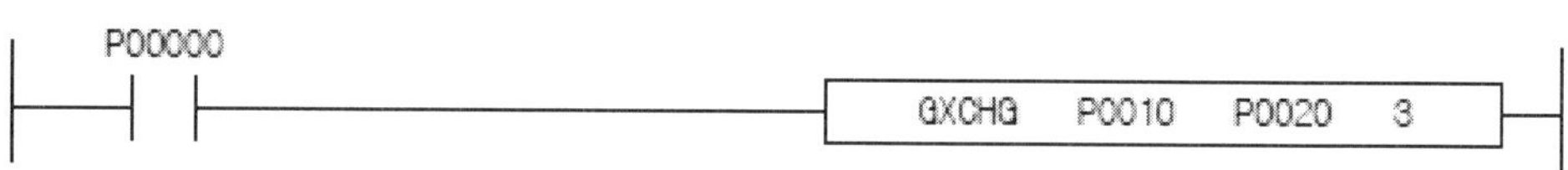

4.19.3 SWAP, SWAPP

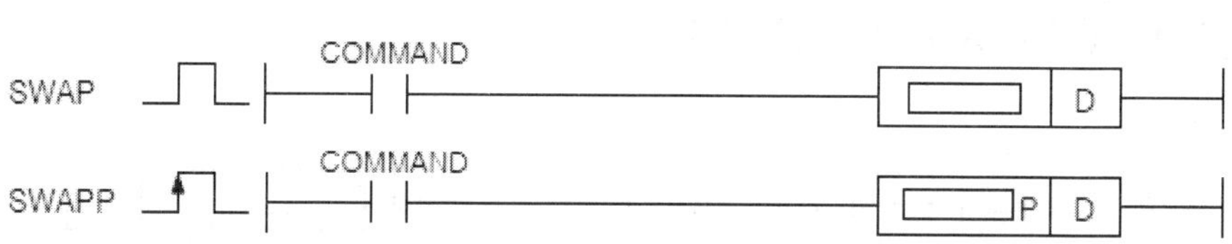

오퍼랜드	설 명	데이터 타입
D	상하위 바이트 교환을 하게 되는 데이터의 워드주소	WORD

(1) SWAP

① 한 워드 안에서 상하위 바이트를 서로 교환한다.

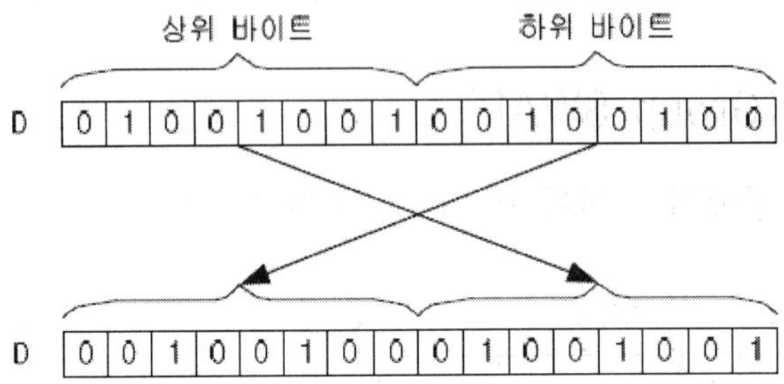

(2) 프로그램 예제

① 입력신호인 P00000이 Off→On 되면 D00100에 저장된 1워드 데이터의 상위 바이트와 하위 바이트가 교환되어 D00100에 다시 저장되는 프로그램이다.

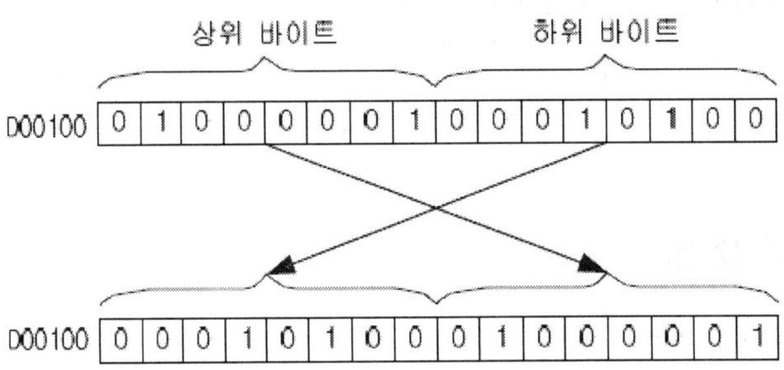

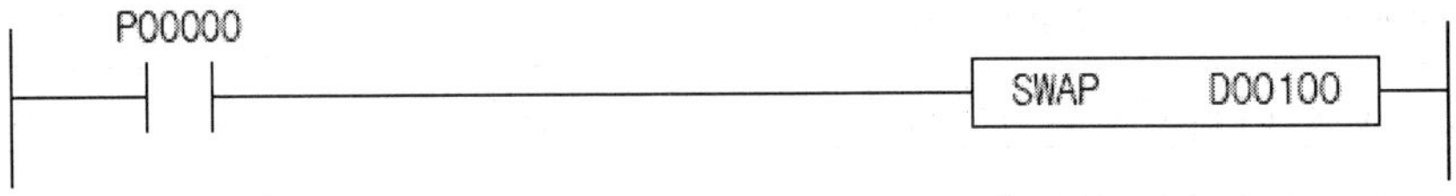

4.19.4 GSWAP, GSWAPP

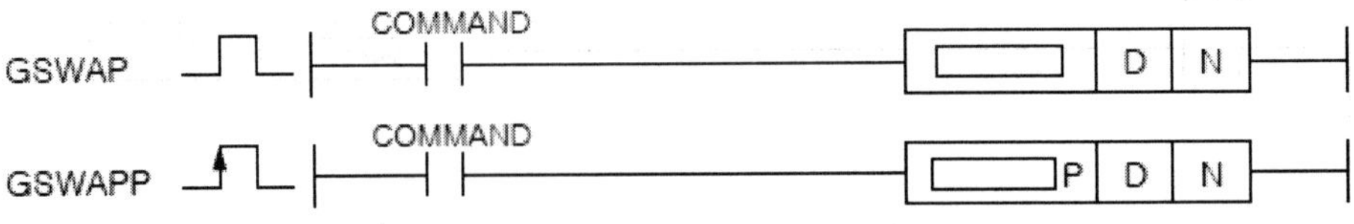

오퍼랜드	설 명	데이터 타입
D	상하위 바이트 교환을 하게 되는 데이터의 첫 디바이스 번호	WORD
N	상하위 바이트 교환을 하게 되는 워드 데이터의 개수	WORD

(1) GSWAP(Group SWAP)

① N개의 워드 안에서 상하위 바이트를 교환한다.

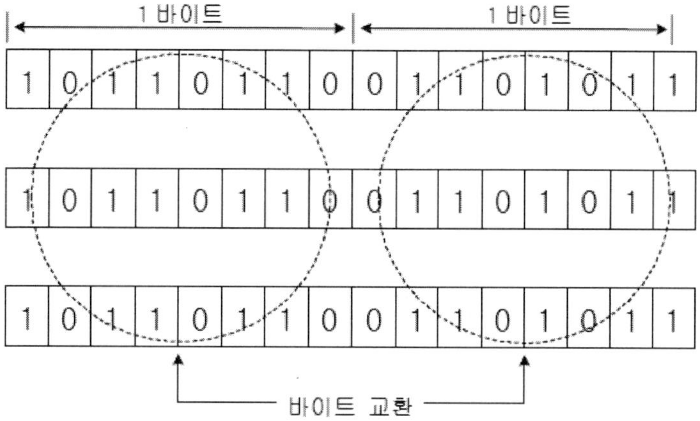

(2) 프로그램 예제

① 입력신호인 P00000이 Off→On 되면 P1000~P1002의 3워드 데이터의 상위 바이트와 하위 바이트의 데이터를 상호 교환하는 프로그램이다.

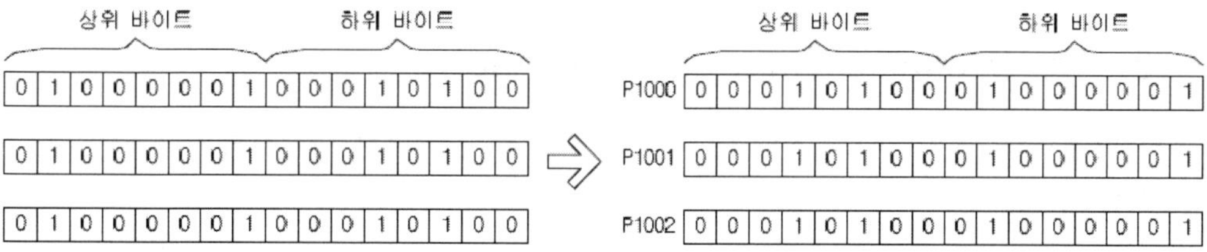

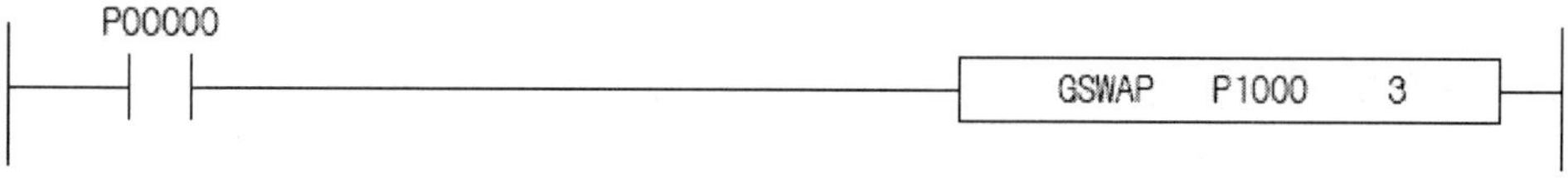

4.20 BIN 사칙연산 명령

4.20.1 ADD, ADDP, DADD, DADDP

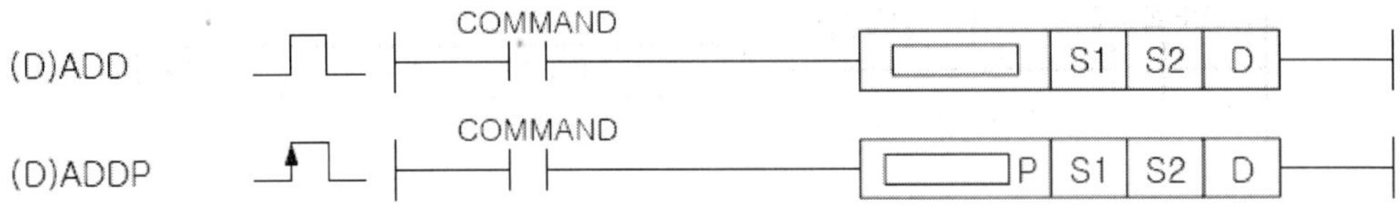

오퍼랜드	설 명	데이터 타입
S1	S2와 덧셈연산을 실행할 데이터	INT/DINT
S2	S1과 덧셈연산을 실행할 데이터	INT/DINT
D	연산결과를 저장할 주소	INT/DINT

(1) ADD(Signed Binary Add)

① 워드 데이터 S1과 S2를 더한 후 결과를 D에 저장한다.

② 이 때 Signed 연산을 실행한다. 연산결과가 32,767(h7FFF)를 초과하거나 −32,768(h8000) 미만일 때 캐리 플래그는 셋(Set)되지 않는다.

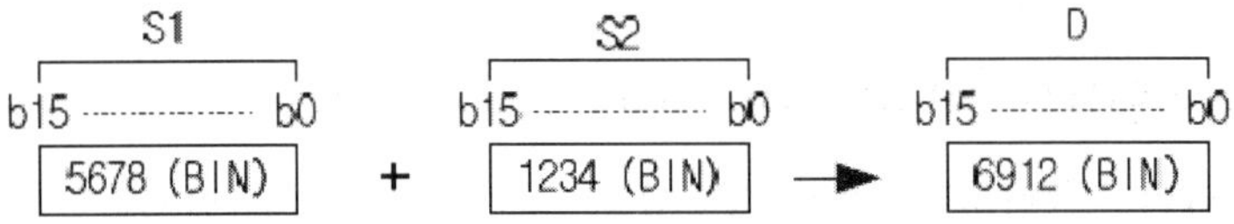

(2) DADD(Signed Binary Double Add)

① 더블워드 데이터 (S1+1, S1)과 (S2+1, S2)를 더한 후 결과를 (D+1, D)에 저장한다.

② 이 때 Signed 연산을 실행한다.

③ 연산결과가 2,147,483,647 (h7FFFFFFF)를 초과하거나 −2,147,483,648 (h80000000) 미만일 때 캐리 플래그는 셋(Set)되지 않는다.

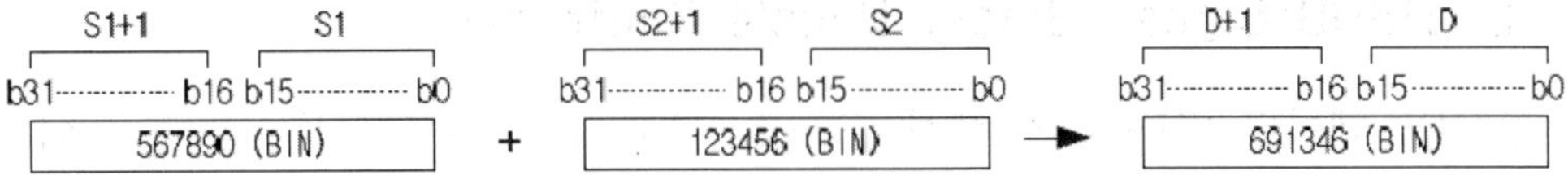

(3) 프로그램 예제

① P1000=1234, P1100=1111인 경우, 입력신호인 P00000이 Off→On 되면 P1200에는 더한 결과 값인 2345가 저장되는 프로그램이다.

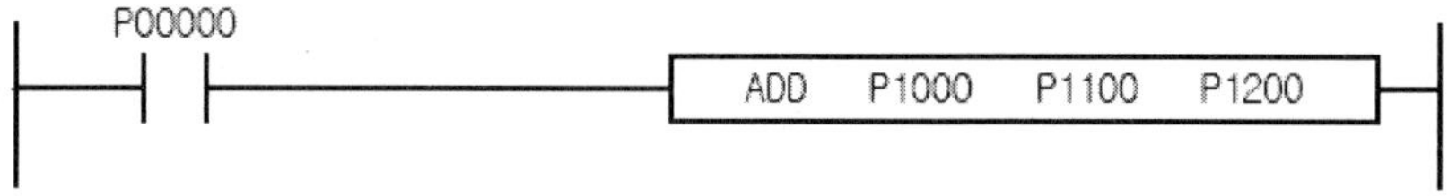

4.20.2 SUB, SUBP, DSUB, DSUBP

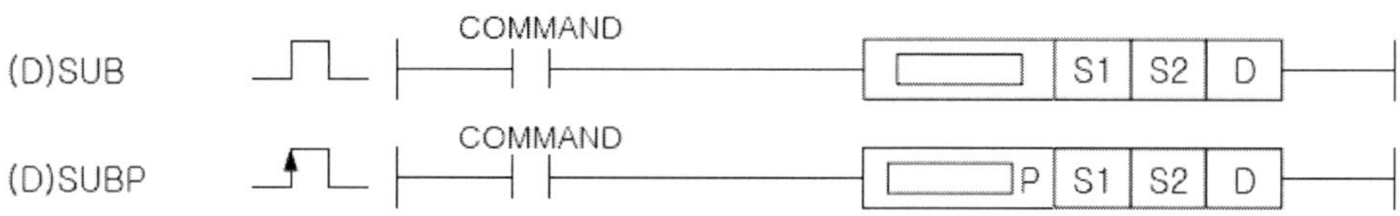

오퍼랜드	설 명	데이터 타입
S1	S2와 뺄셈연산을 실행할 데이터	INT/DINT
S2	S1과 뺄셈연산을 실행할 데이터	INT/DINT
D	연산결과를 저장할 주소	INT/DINT

(1) SUB(Signed Binary Subtract)

① 워드 데이터 S1에서 S2를 감산후 결과를 D(16bit)에 저장한다.

② 이 때 Signed 연산을 실행한다.

③ 연산결과가 32,767(h7FFF)을 초과하거나 −32,768(h8000) 미만일 때 캐리 플래그는 셋(Set)되지 않는다.

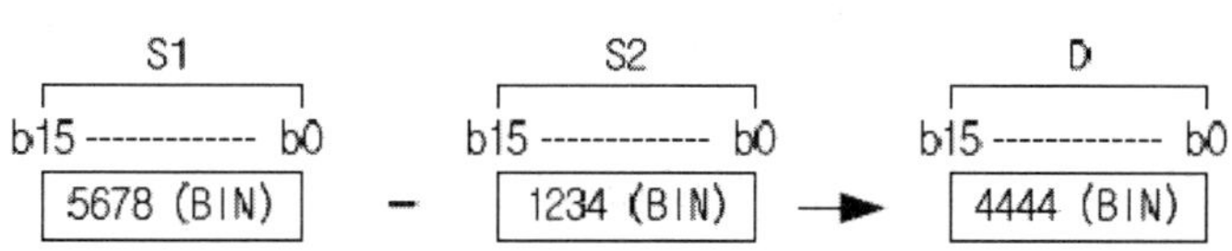

(2) DSUB(Signed Binary Double Subtract)

① 워드 데이터 (S1+1, S1)에서 (S2+1, S2)를 감산 후 결과를 (D+1, D)에 저장한다.

② 이 때 Signed 연산을 실행한다.

③ 연산결과가 2,147,483,647 (h7FFFFFFF)를 초과하거나 −2,147,483,648(h80000000) 미만일 때 캐리 플래그는 셋(Set)되지 않는다.

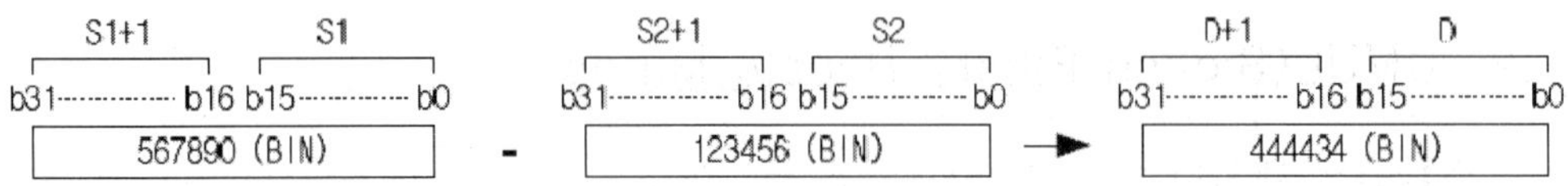

(3) 프로그램 예제

① P1000=200, P1100=100인 경우, 입력신호인 P00000이 Off→On 되면 P1200에는 감산한 결과 값인 100이 저장되는 프로그램이다.

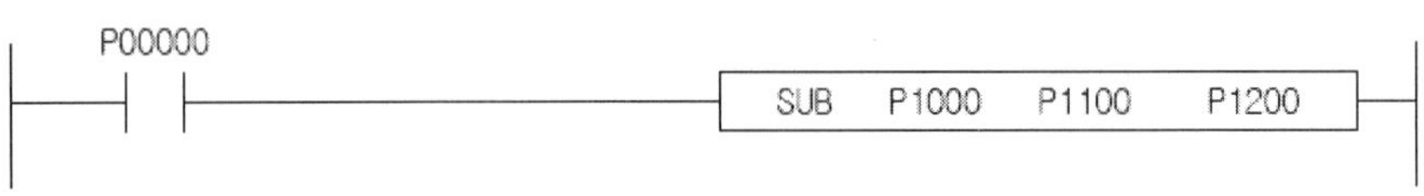

4.20.3 MUL, MULP, DMUL, DMULP

오퍼랜드	설 명	데이터 타입
S1	S2와 곱셈연산을 실행할 데이터	INT/DINT
S2	S1과 곱셈연산을 실행할 데이터	INT/DINT
D	연산결과를 저장할 주소	DINT/LINT

(1) MUL(Signed Binary Multiply)

① 워드 데이터 S1과 S2를 곱한 후 결과를 (D+1, D)(32bit)에 저장한다.

② 이 때 Signed 연산을 실행한다.

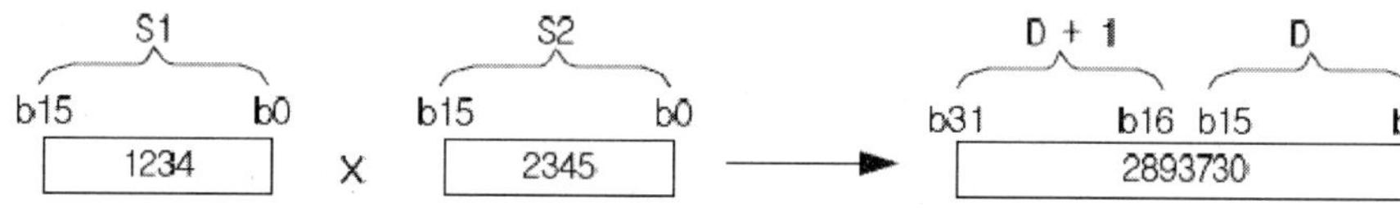

(2) DMUL(Signed Binary Double Multiply)

① 더블워드 데이터 (S1+1, S1)과 (S2+1, S2)를 곱한 후 결과를 D+3, D+2, D+1, D(64bit)에 저장한다.

② 이 때 Signed 연산을 실행한다.

(3) 프로그램 예제

① P1000=100, P1100=20인 경우, 입력신호인 P00000이 Off→On 되면 P1200~P1201에는 곱한 결과 값인 2000이 저장되는 프로그램이다.

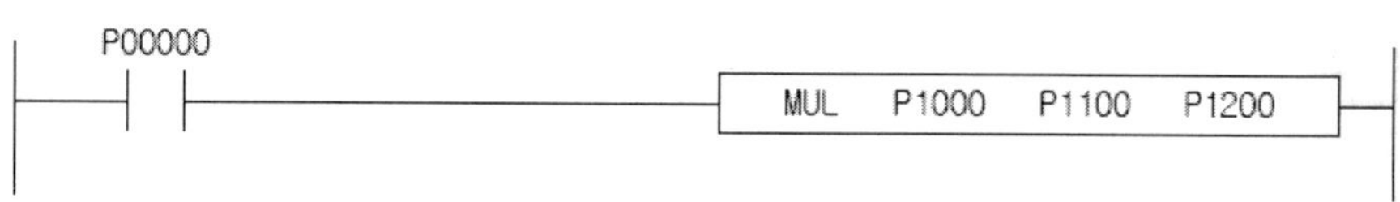

4.20.4 DIV, DIVP, DDIV, DDIVP

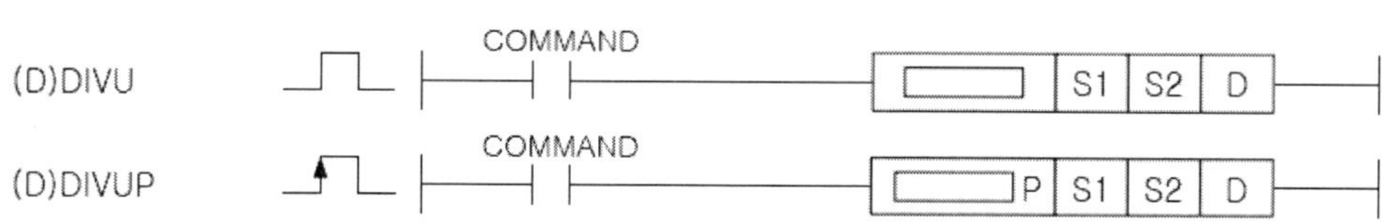

오퍼랜드	설 명	데이터 타입
S1	S2와 나눗셈연산을 실행할 데이터	INT/DINT
S2	S1과 나눗셈연산을 실행할 데이터	INT/DINT
D	연산결과를 저장할 주소	INT/DINT

(1) DIV(Signed Binary Divide)

① 워드 데이터 S1을 S2로 나눈 후 몫을 D(16bit)에 나머지를 D+1에 저장.

② 이 때 signed 연산을 실행한다.

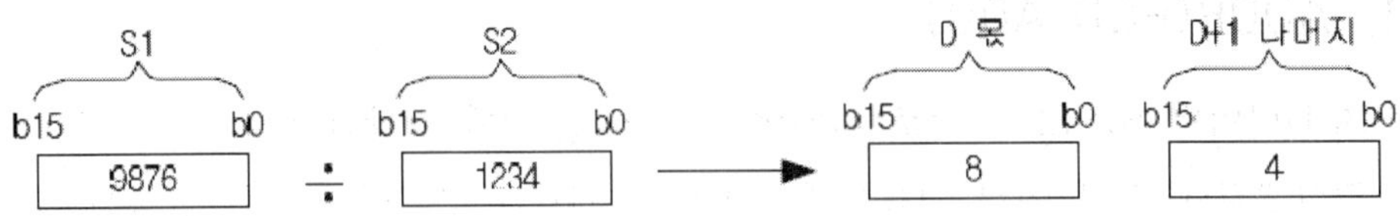

(2) DDIV(Signed Binary Double Divide)

① (S1+1, S1)을 (S2+1, S2)로 나눈 후 몫을 (D+1, D)에, 나머지를 (D+3, D+2)에 저장한다. 이 때 Signed 연산을 실행한다.

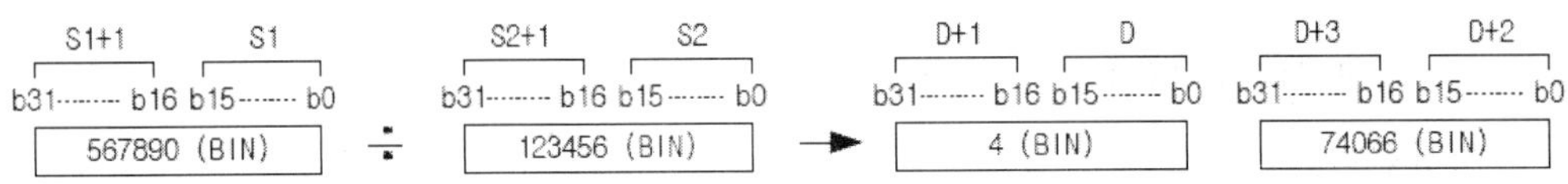

(3) 프로그램 예제

① P1000=5557, P1100=5인 경우, 입력신호인 P00000이 Off→On 되면 P1200에는 나눈 몫에 해당하는 1111이 저장되고 P1201에는 나눈 나머지 값인 2가 각각 저장되는 프로그램이다.

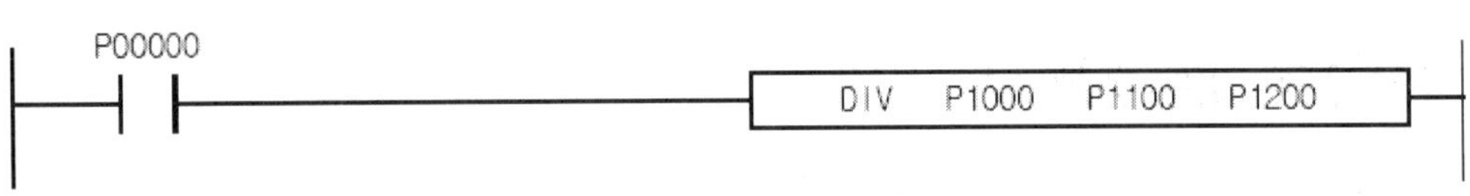

4.21 BCD 사칙연산 명령

4.21.1 ADDB, ADDBP, DADDB, DADDBP

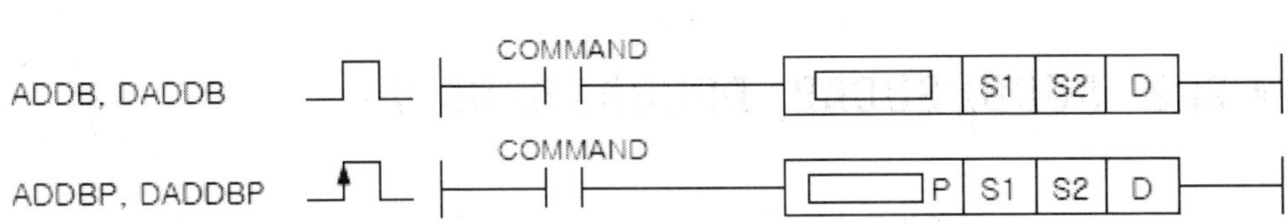

오퍼랜드	설 명	데이터 타입
S1	S2와 BCD 덧셈을 실행할 데이터	WORD/DWORD
S2	S1과 BCD 덧셈을 실행할 데이터	WORD/DWORD
D	연산결과를 저장할 주소	WORD/DWORD

(1) ADDB(BCD ADD)

① BCD데이터 S1, S2를 서로 더하여 그 결과를 D에 저장한다.

② 연산결과에 따라 에러(F110), 제로(F111), 캐리(F112) 플래그를 셋(Set)한다.

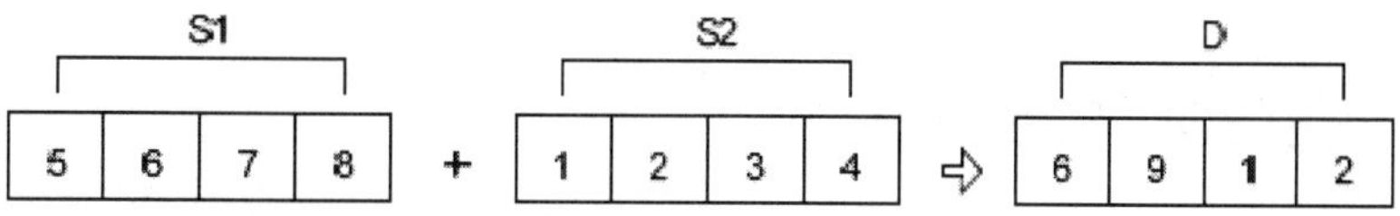

(2) DADDB(BCD Double ADD)

① BCD데이터 (S1+1, S1), (S2+1, S2)를 서로 더하여 그 결과를 (D+1, D)에 저장한다.

② S1과 S2에 0~99,999,999(BCD 8자리)를 지정할 수 있다.

③ 99,999,999를 초과한 경우 자리 올림은 무시되고 캐리 플래그는 셋(Set)한다.

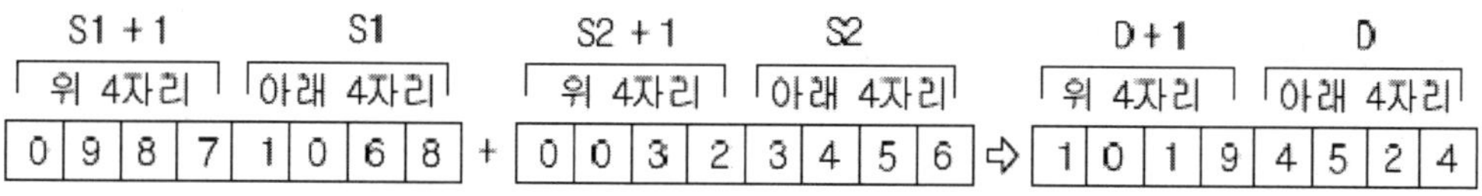

(3) 프로그램 예제

① P1000=h0123, P1100=h6789인 경우, 입력신호인 P00000이 Off→On하면 P1200에 h6912의 BCD데이터가 저장되는 프로그램이다.

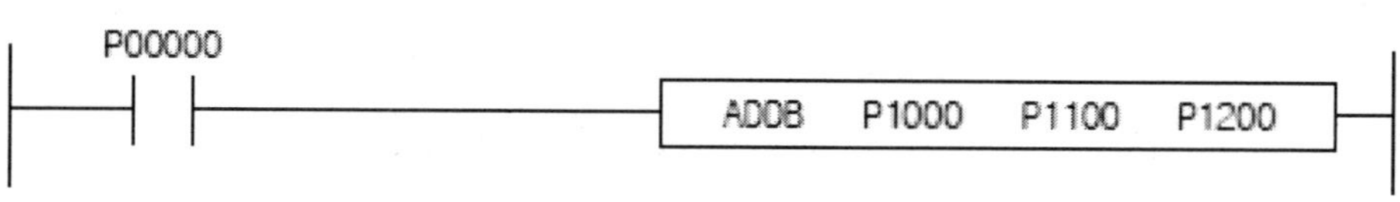

4.21.2 SUBB, SUBBP, DSUBB, DSUBBP

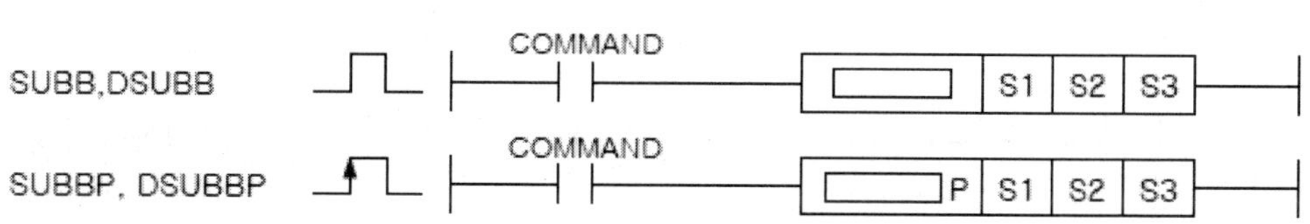

오퍼랜드	설 명	데이터 타입
S1	S2와 BCD 뺄셈을 실행할 데이터	WORD/DWORD
S2	S1과 BCD 뺄셈을 실행할 데이터	WORD/DWORD
D	연산결과를 저장할 주소	WORD/DWORD

(1) SUBB(BCD Subtract)

① BCD 데이터 S1에서 S2를 뺀 결과를 D에 저장한다.

② 연산결과에 따라 에러(F110), 제로(F111), 캐리(F112) 플래그를 셋(Set).

③ 감산결과가 언더 플로우가 발생할 경우 캐리 플래그가 셋(Set)된다.

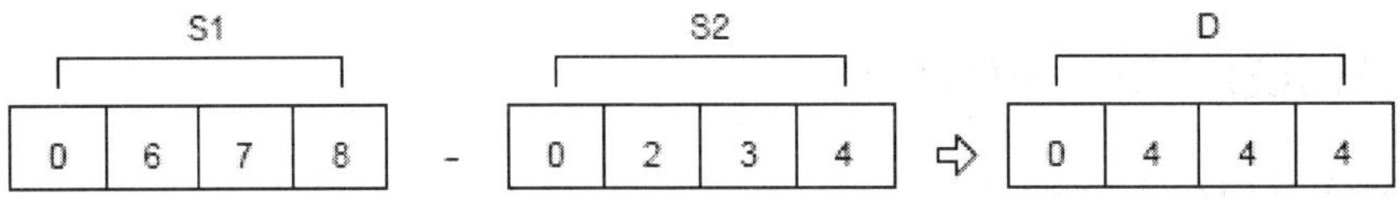

(2) DSUBB(BCD Double Subtract)

① BCD 데이터 (S1+1, S1), (S2+1, S2)를 서로 빼서 그 결과를 (D+1, D)에 저장한다.

② S1과 S2에 0~99,999,999(BCD 8자리)를 지정할 수 있다.

③ 감산결과가 언더 플로우가 발생할 경우 캐리 플래그가 셋(Set)된다.

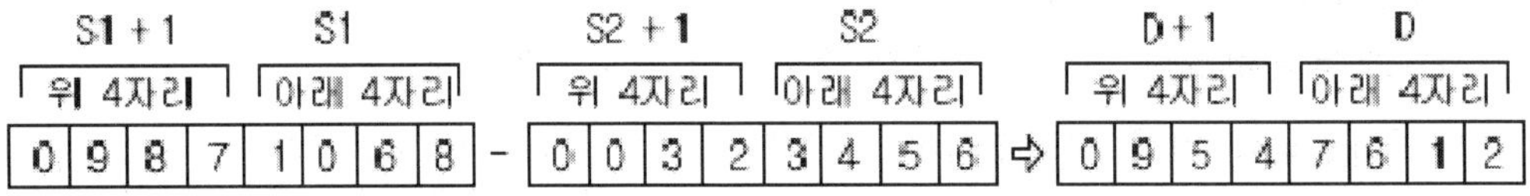

(3) 프로그램 예제

① P1000=h3333, P1100=h1234인 경우, 입력신호인 P00000이 Off→On하면 P1200에 h2099의 BCD 데이터가 저장되는 프로그램이다.

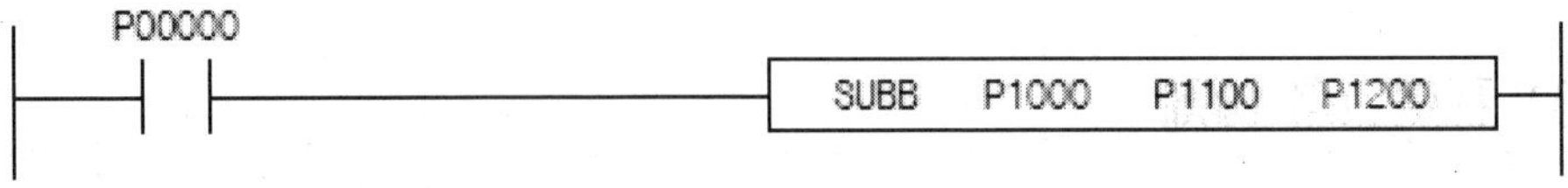

4.21.3 MULB, MULBP, DMULB, DMULBP

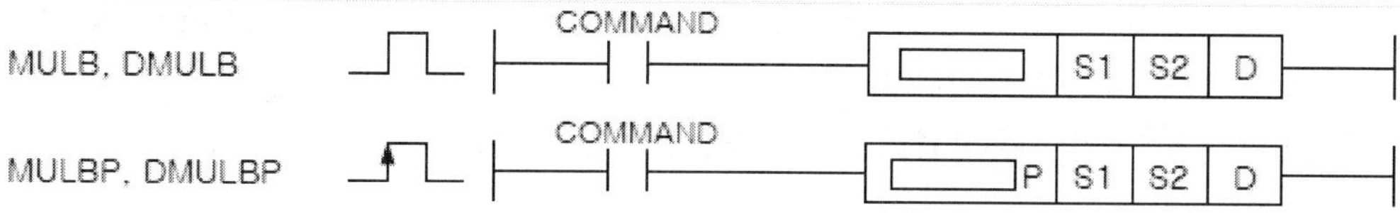

오퍼랜드	설 명	데이터 타입
S1	S2와 BCD 곱셈을 실행할 데이터	WORD/DWORD
S2	S1과 BCD 곱셈을 실행할 데이터	WORD/DWORD
D	연산결과를 저장할 주소	DWORD/LWORD

(1) MULB(BCD Multiply)

① BCD 데이터 S1과 S2를 곱한 결과를 (D+1, D)에 저장한다.

② 연산결과에 따라 에러(F110), 제로(F111) 플래그를 셋(Set)한다.

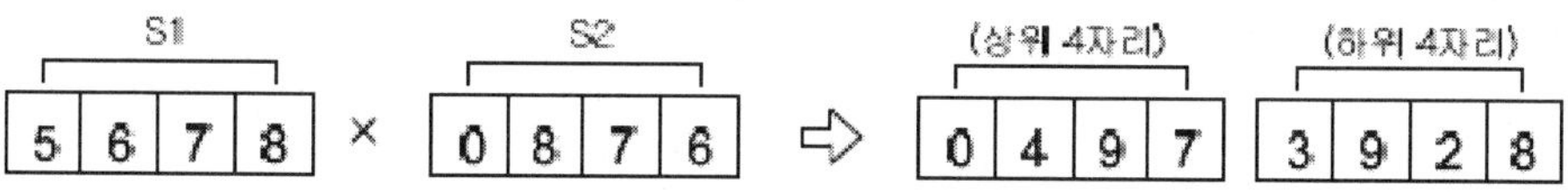

(2) DMULB(BCD Double Multiply)

① BCD 데이터 (S1+1, S1)과 (S2+1, S2)를 곱한 결과를 (D+3, D+2, D+1, D)에 저장한다.

② 연산결과에 따라 에러(F110), 제로(F111) 플래그를 셋(Set)한다.

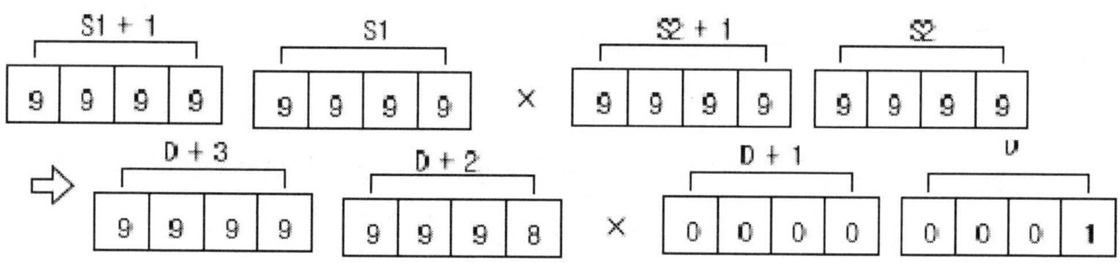

(3) 프로그램 예제

① P1000=h100, P1100=h10인 경우, 입력신호인 P00000이 Off→On하면 P1200~P1201의 2워드 영역에 h1000의 BCD 데이터가 저장되는 프로그램이다.

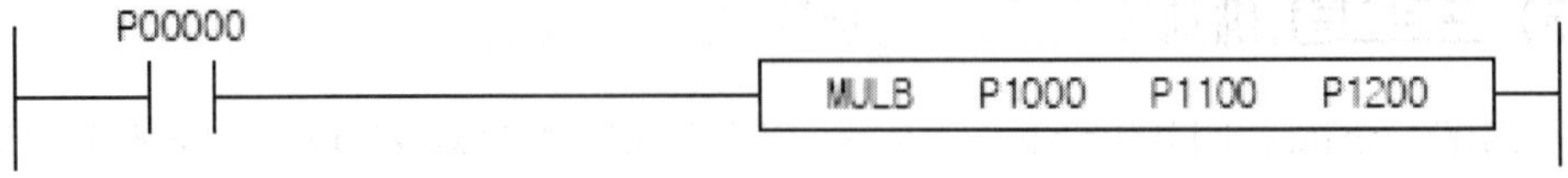

4.21.4 DIVB, DIVBP, DDIVB, DDIVBP

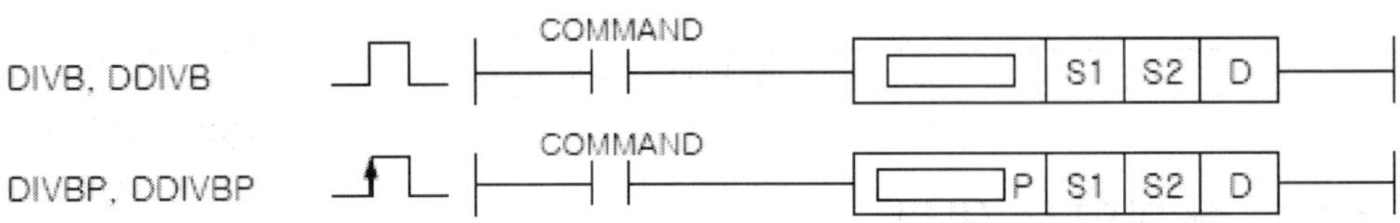

오퍼랜드	설 명	데이터 타입
S1	S2와 BCD 나눗셈을 실행할 데이터	WORD/DWORD
S2	S1과 BCD 나눗셈을 실행할 데이터	WORD/DWORD
D	연산결과를 저장할 주소	WORD/DWORD

(1) DIVB(BCD Divide)

① BCD 데이터 S1을 S2로 나눈 몫을 D에 저장한다.

② BCD 데이터 S1을 S2로 나눈 나머지를 D 다음 워드에 저장한다.

③ 연산결과에 따라 에러(F110), 제로(F111) 플래그를 셋(Set)한다.

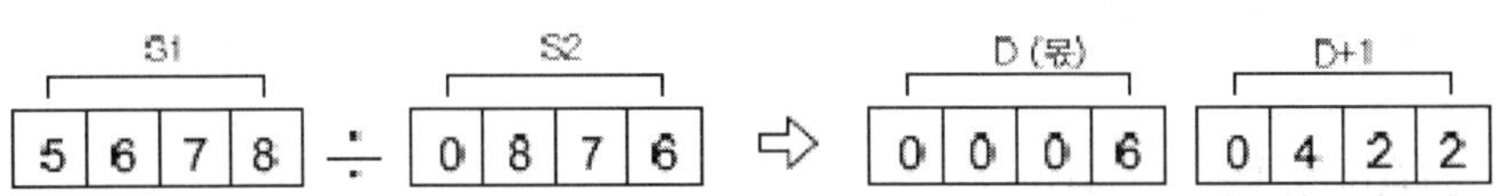

(2) DDIVB(BCD Double Divide)

① BCD 데이터 (S1+1, S1)을 (S2+1, S2)로 나눈 몫을 (D+1, D)에 저장한다.

② BCD 데이터 (S1+1, S1)을 (S2+1, S2)로 나눈 나머지를 (D+3, D+2)에 저장한다.

③ 연산결과에 따라 에러(F110), 제로(F111) 플래그를 셋(SET)한다.

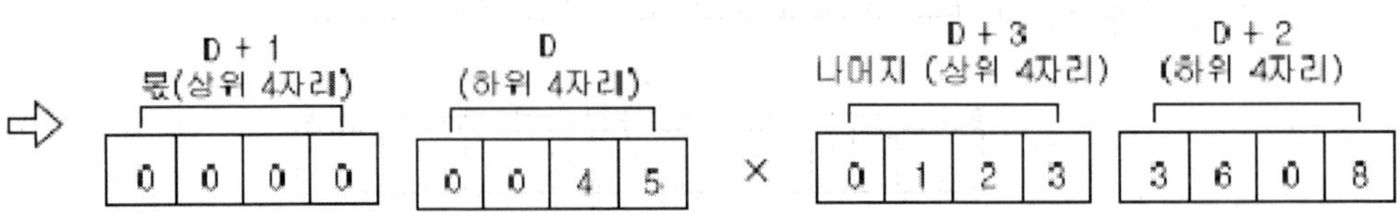

(3) 프로그램 예제

① P1000=h105, P1100=h10인 경우, 입력신호인 P00000이 Off→On하면 BCD 나눗셈을 하여 P1200 영역에 몫인 h10이 저장되고 P1201에 나머지 h5가 저장되는 프로그램이다.

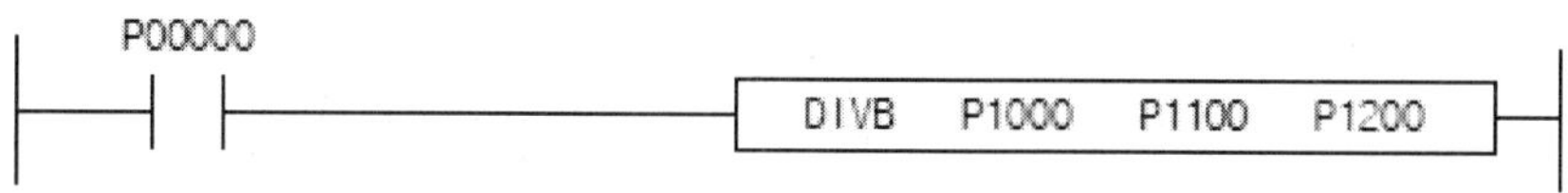

4.22 논리연산 명령

4.22.1 WAND, WANDP, DWAND, DWANDP

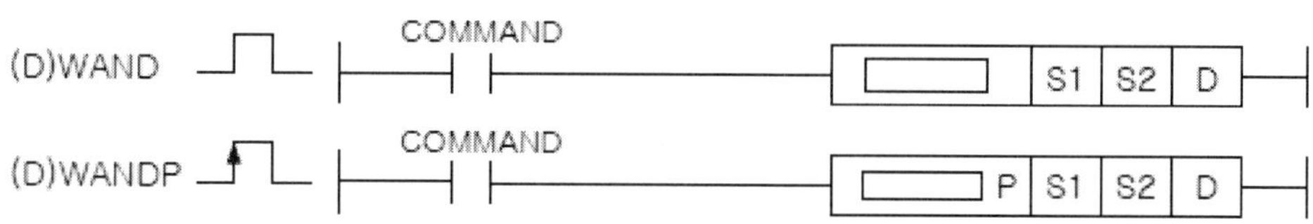

오퍼랜드	설 명	데이터 타입
S1	S2와 (D)WAMD 연산을 실행할 데이터	WORD/DWORD
S2	S1과 (D)WAMD 연산을 실행할 데이터	WORD/DWORD
D	연산결과를 저장할 주소	WORD/DWORD

(1) WAND(Word AND)

① 워드 데이터(16비트) S1과 S2의 각 비트를 서로 논리적(AND)하여 결과를 D에 저장한다.

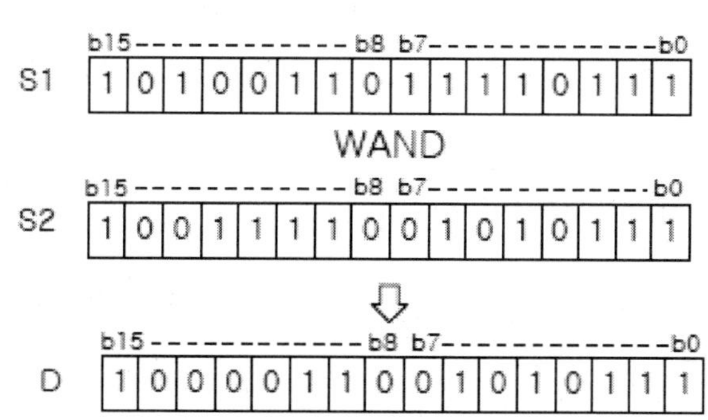

(2) DWAND(Double Word AND)

① 더블워드 데이터(32비트) (S1+1, S1)과 (S2+1, S2)의 각 비트를 서로 논리적(AND)하여 결과를 (D+1, D)에 저장한다.

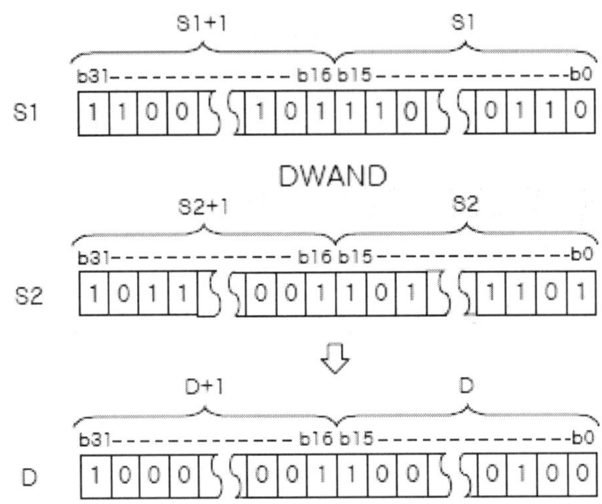

(3) 프로그램 논리테이블

분류	처리 내용	연산식	예		
			A	B	Y
논리적(AND)	입력 A, B가 모두 1일 때에만 1로 되고, 그 이외는 0이 됩니다.	Y=A·B	0	0	0
			0	1	0
			1	0	0
			1	1	1
논리합(OR)	입력 A, B가 모두 0일 때에만 0으로 되고, 그 이외는 1이 됩니다.	Y=A+B	0	0	0
			0	1	1
			1	0	1
			1	1	1
배타적 논리합(XOR)	입력 A와 B가 같을 때 0으로 되며, 다를 때는 1이 됩니다.	$Y=\overline{A}\cdot B+A\cdot\overline{B}$	0	0	0
			0	1	1
			1	0	1
			1	1	0
부정 배타적 논리합(XNR)	입력 A와 B가 같을 때 1로 되며, 다를 때는 0이 됩니다.	$Y=(\overline{A}+B)(A+\overline{B})$	0	0	1
			0	1	0
			1	0	0
			1	1	1

(4) 프로그램 예제

① P1000=h1111, P1100=h3333인 경우, 입력신호인 P00000이 Off→On하면 P1200 영역에 WAND한 결과값인 h1111이 저장되는 프로그램이다.

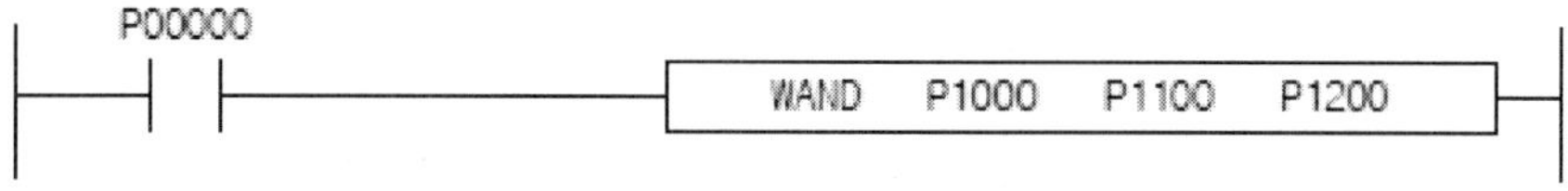

4.22.2 WOR, WORP, DWOR, DWORP

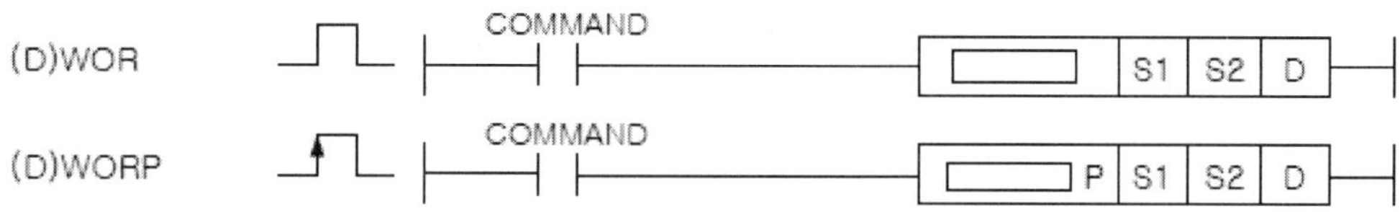

오퍼랜드	설 명	데이터 타입
S1	S2와 (D)WOR 연산을 실행할 데이터	WORD/DWORD
S2	S1과 (D)WOR 연산을 실행할 데이터	WORD/DWORD
D	연산결과를 저장할 주소	WORD/DWORD

(1) WOR(Word OR)

① 워드 데이터(16비트) S1과 S2의 각 비트를 서로 논리합(OR)하여 그 결과를 D에 저장한다.

b15 ------------ b8 b7 ------------ b0

S1 | 1 | 1 | 0 | 1 | 0 | 0 | 1 | 1 | 1 | 0 | 1 | 1 | 0 | 1 | 0 | 0 |

WOR

b15 ------------ b8 b7 ------------ b0

S2 | 1 | 1 | 0 | 0 | 0 | 1 | 1 | 0 | 0 | 1 | 1 | 1 | 0 | 1 | 1 | 0 |

⇩

b15 ------------ b8 b7 ------------ b0

D | 1 | 1 | 0 | 1 | 0 | 1 | 1 | 1 | 1 | 1 | 1 | 1 | 0 | 1 | 1 | 0 |

(2) DWOR(Double Word OR)

① 더블워드 데이터(32비트) (S1+1, S1)과 (S2+1, S2)의 각 비트를 서로 논리합(OR)하여 그 결과를 (D+1, D)에 저장한다.

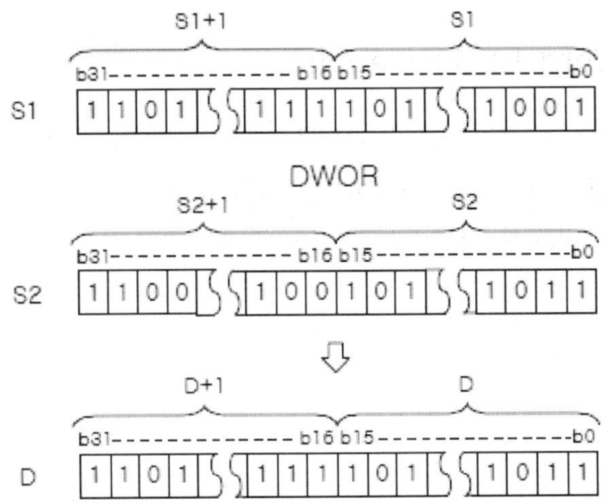

(3) 프로그램 예제

① P1000=h1111, P1100=h2222인 경우, 입력신호인 P00000이 Off→On하면 P1200 영역에 WOR한 결과 값인 h3333이 저장되는 프로그램이다.

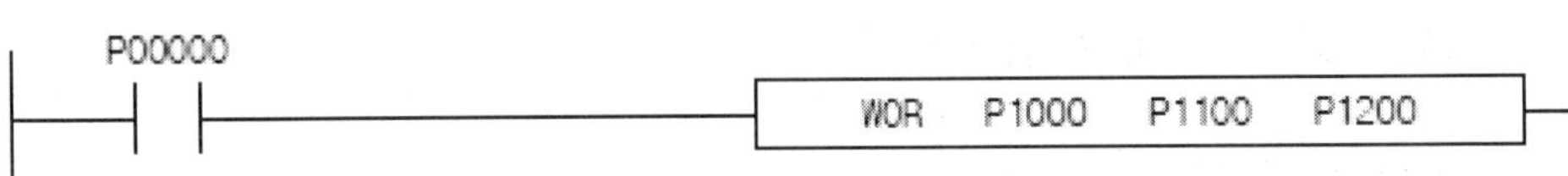

4.22.3 WXOR, WXORP, DWXOR, DWXORP

오퍼랜드	설 명	데이터 타입
S1	S2와 (D)WXOR 연산을 실행할 데이터	WORD/DWORD
S2	S1과 (D)WXOR 연산을 실행할 데이터	WORD/DWORD
D	연산결과를 저장할 주소	WORD/DWORD

(1) WXOR(Word Exclusive OR)

① 워드 데이터 S1과 S2의 각 비트를 배타적 논리합해 그 결과를 D에 저장한다.

② 배타적 논리합(WXOR)은 S1, S2 각각의 비트값이 다르면 '1'이고 같으면 '0'으로 D의 해당 비트에 저장하는 연산을 말한다.

	b15							b8	b7							b0
S1	0	1	0	0	1	1	1	0	1	1	0	0	1	1	0	0

WXOR

	b15							b8	b7							b0
S2	1	0	0	0	1	0	1	0	1	1	0	1	0	1	0	1

⇩

	b15							b8	b7							b0
D	1	1	0	0	0	1	0	0	0	0	0	1	1	0	0	1

(2) DWXOR(Double Word Exclusive OR)

① 더블워드 데이터 (S1+1, S1)과 (S2+1, S2)의 각 비트를 배타적 논리합(XOR)하여 그 결과를 (D+1, D)에 저장한다.

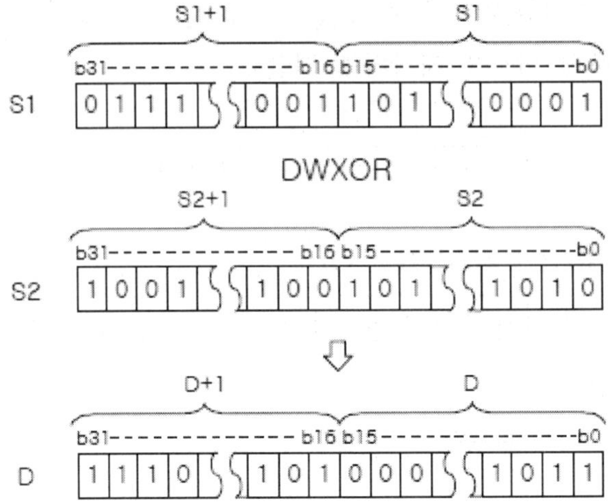

(3) 프로그램 예제

① P1000=h1111, P1100=h2222인 경우, 입력신호인 P00000이 Off→On하면 P1200 영역에 WXOR한 결과 값인 h3333이 저장되는 프로그램이다.

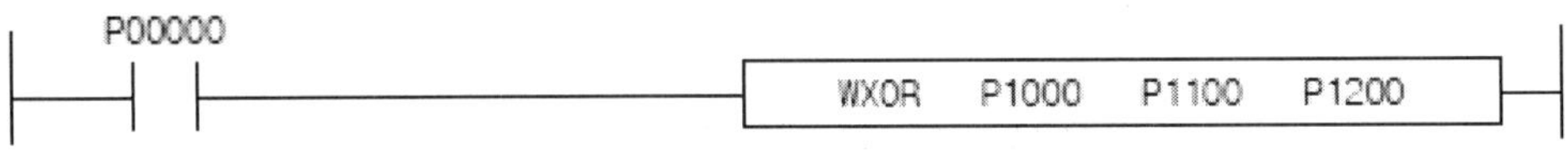

4.22.4 WXNR, WXNRP, DWXNR, DWXNRP

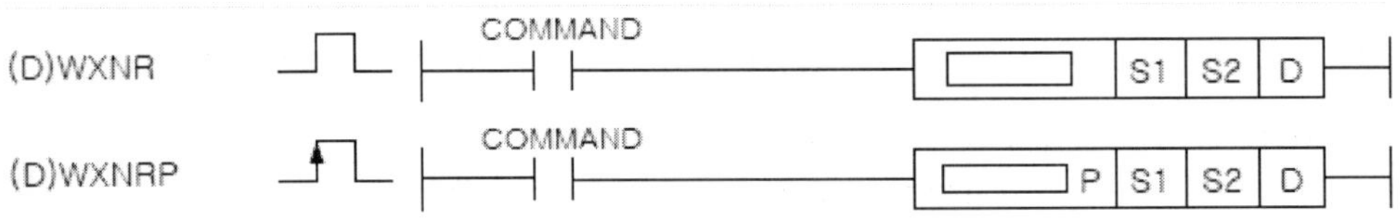

오퍼랜드	설 명	데이터 타입
S1	S2와 (D)WXNR 연산을 실행할 데이터	WORD/DWORD
S2	S1과 (D)WXNR 연산을 실행할 데이터	WORD/DWORD
D	연산결과를 저장할 주소	WORD/DWORD

(1) WXNR(Word Exclusive NOR)

① 워드 데이터 S1과 S2의 각 비트를 부정 배타적 논리합해 그 결과를 D에 저장한다.

② 부정 배타적 논리합(WXNR)은 S1, S2 각각의 비트값이 다르면 '0'이고 같으면 '1'로 D의 해당 비트에 저장하는 연산을 말한다.

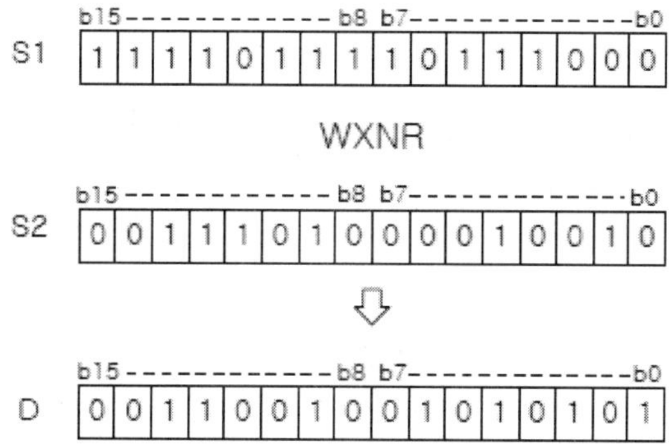

(2) DWXNR(Double Word Exclusive NOR)

① 더블워드 데이터 (S1+1, S1)과 (S2+1, S2)의 각 비트를 부정 배타적 논리합(DWXNR)하여 그 결과를 (D+1, D)의 더블워드 영역에 저장한다.

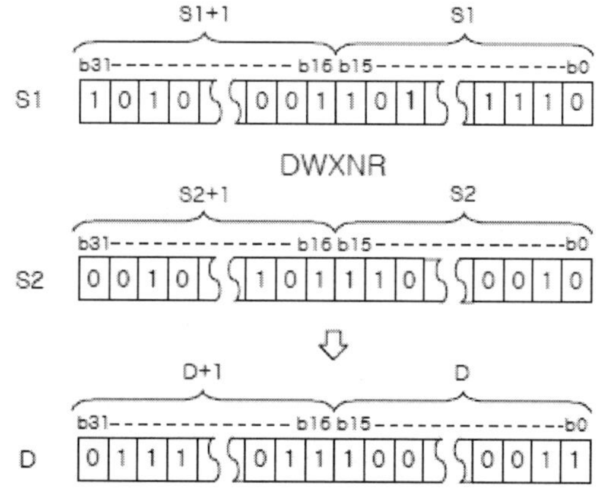

(3) 프로그램 예제

① P1000=h1111, P1100=h2222인 경우, 입력신호인 P00000이 Off→On하면 P1200 영역에 WXNR한 결과 값인 hCCCC가 저장되는 프로그램이다.

4.23 표시 명령

4.23.1 SEG, SEGP

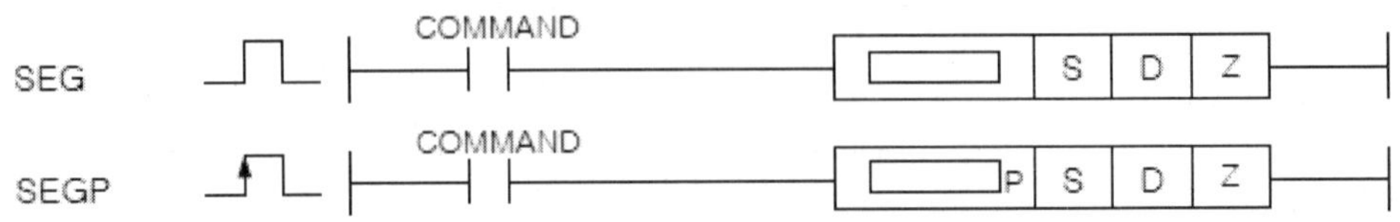

오퍼랜드	설 명	데이터 타입
S	7세그먼트로 디코드 할 데이터가 저장되어 있는 주소	BIN 32
D	Decode 한 데이터를 저장할 주소	BIN 32
Z	표시할 포맷	BIN 16

(1) SEG(7 Segment)

① Z에 설정된 포맷에 의해 S로부터 n개 숫자를 7세그먼트로 Decode하여 D에 저장한다.

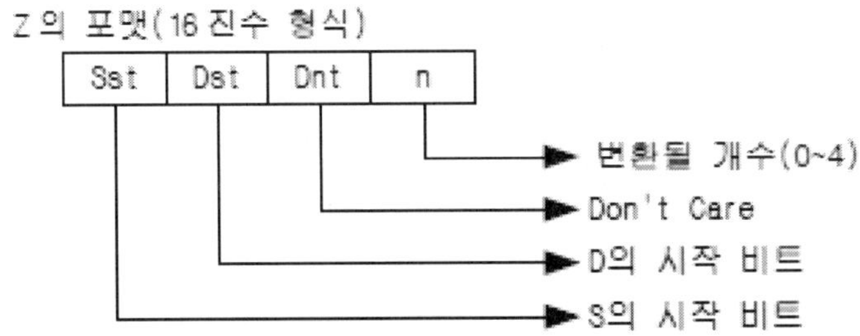

② 여기서 n은 변환될 숫자의 개수를 의미하며 4비트 단위이다.

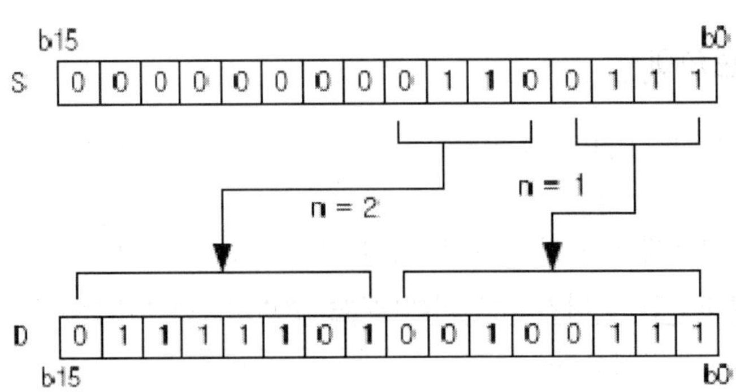

③ n이 0이면 변환하지 않는다.

(2) Segment의 구성

S1		7Segment 의 구성									표시 데이터
16 진수	비트		b7	b6	b5	b4	b3	b2	b1	b0	
0	0000		0	0	1	1	1	1	1	1	0
1	0001		0	0	0	0	0	1	1	0	1
2	0010		0	1	0	1	1	0	1	1	2
3	0011		0	1	0	0	1	1	1	1	3
4	0100		0	1	1	0	0	1	1	0	4
5	0101		0	1	1	0	1	1	0	1	5
6	0110	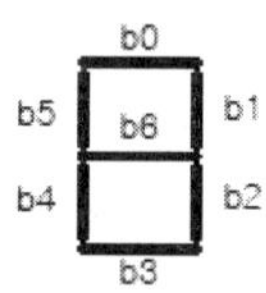	0	1	1	1	1	1	0	1	6
7	0111		0	0	1	0	0	1	1	1	7
8	1000		0	1	1	1	1	1	1	1	8
9	1001		0	1	1	0	1	1	1	1	9
A	1010		0	1	1	1	0	1	1	1	A
B	1011		0	1	1	1	1	1	0	0	B
C	1100		0	0	1	1	1	0	0	1	C
D	1101		0	1	0	1	1	1	1	0	D
E	1110		0	1	1	1	1	0	0	1	E
F	1111		0	1	1	1	0	0	0	1	F

(3) 프로그램 예제

① 입력신호인 P00000이 Off→On하면 7 Segment 변환형식인 h0004에 의해서 P1000의 0번 비트부터 P1100의 0번 비트로 4개의 숫자를 변화하여 P1100~P1101까지의 2워드 영역에 저장하여 4자리 숫자가 표시되도록 하는 프로그램이다.

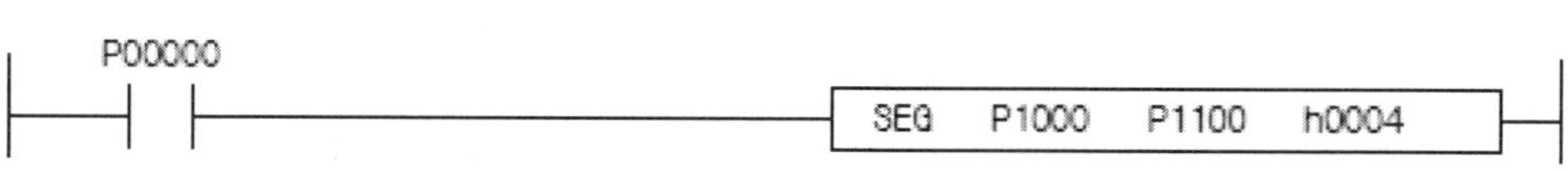

예제 자동문제어

(1) 동 작

① 자동문 내외부에 설치된 센서에 의해 사람의 출입을 감지한다.

② 사람을 감지하면 모터가 정전하여 문은 열리고, 완전히 열리면 LS1이 감지되고 정전모터는 정지한다.

③ 문이 완전히 열려 LS1이 감지된 후 5초가 경과하면 문은 닫히기 위해 역전을

시작한다.

④ 문은 완전히 닫혀 LS2가 감지되면 역전이 멈춘다.

⑤ 문이 닫히는 중에 사람이 다시 감지되면, 닫히는 것을 멈추고 문은 열리며 위 과정을 반복한다.

⑥ 하루 동안의 일을 집계한다.

(2) 모형도

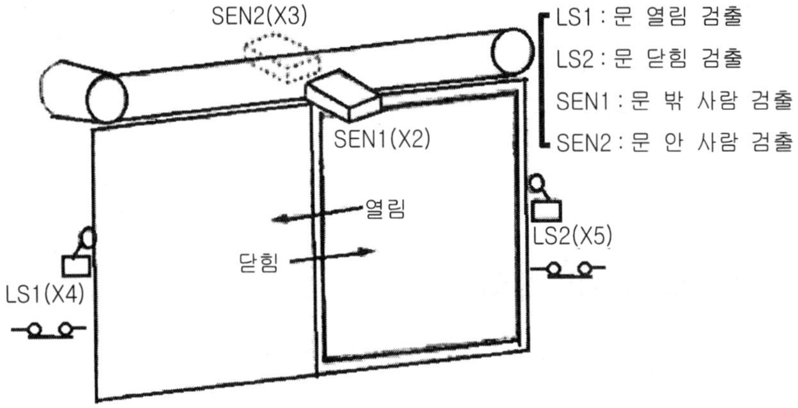

(3) 주소할당

변 수 명	디바이스명	설 명
SEN1	P001	문의 내부 감지센서
SEN2	P002	문의 외부 감지센서
LS1	P003	문 열림 LS
LS2	P004	문 닫힘 감지 LS
MC0	P040	문 열림(정전)FORWARD
MC1	P041	문 닫힘(정전)REVERSE

(4) 프로그램

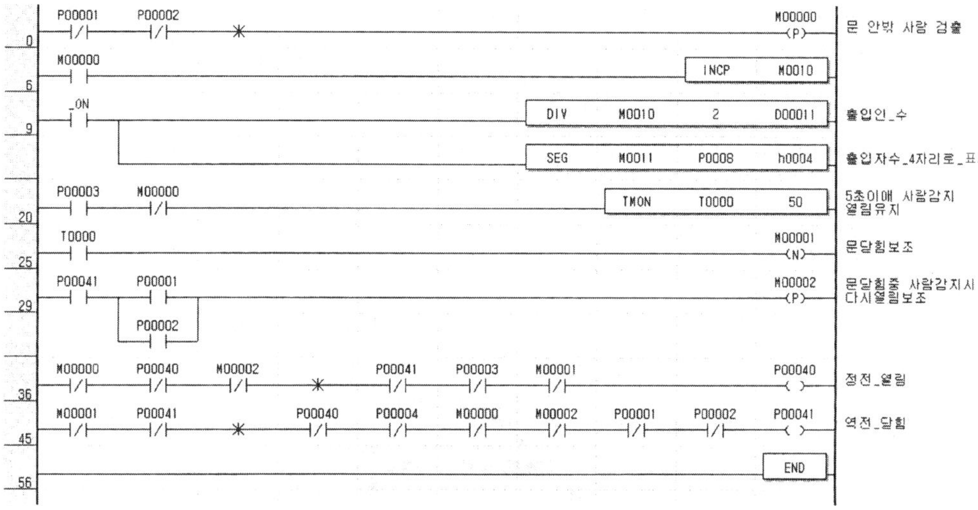

4.24 데이터 처리 명령

4.24.1 BSUM, BSUMP, DBSUM, DBSUMP

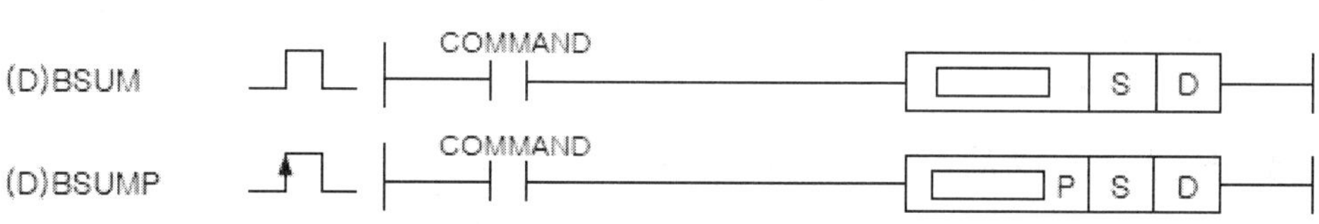

오퍼랜드	설 명	데이터 타입
S	1의 개수를 카운트하게 되는 워드 데이터의 주소	WORD/DWORD
D	카운트한 결과를 저장할 주소	WORD

(1) BSUM(Bit Summary)

① S로 지정된 영역의 워드 데이터 중 값이 1인 비트의 개수를 세어서 그 결과를 D에 16진수로 저장한다.

② 연산결과가 0일 때 제로 플래그를 셋(Set)한다.

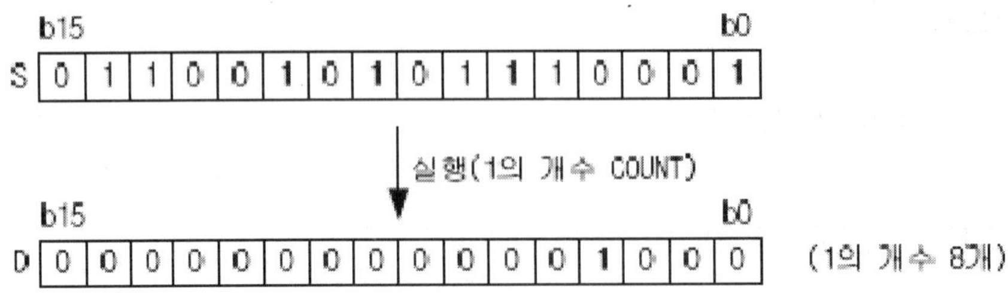

(2) DBSUM(Double Bit Summary)

① S로 지정된 영역의 더블 워드 데이터 중 값이 1인 비트의 개수를 세어서 그 결과를 D에 16진수로 저장한다.

② 연산결과가 0일 때 제로 플래그를 셋(Set)한다.

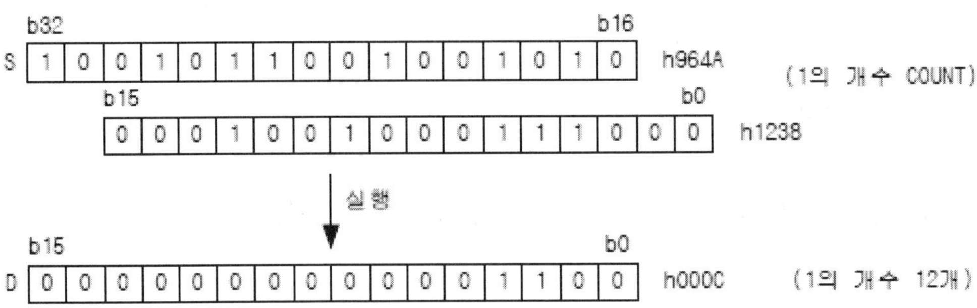

(3) 프로그램 예제

① D01000=h3333인 경우 입력신호인 P00000이 Off→On 되면 D01100에 8을 저장시키는 프로그램이다.

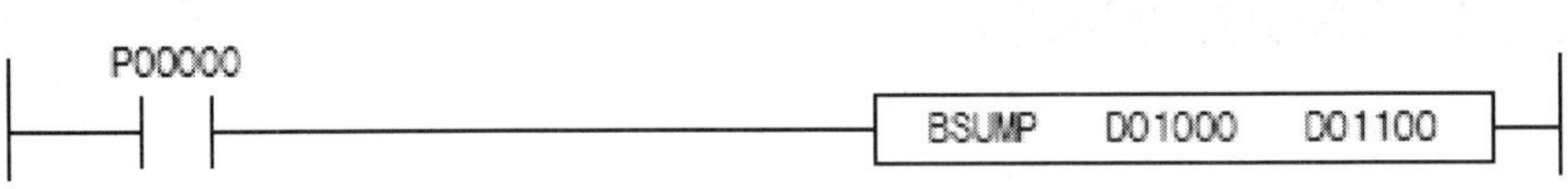

4.24.2 BRST, BRSTP

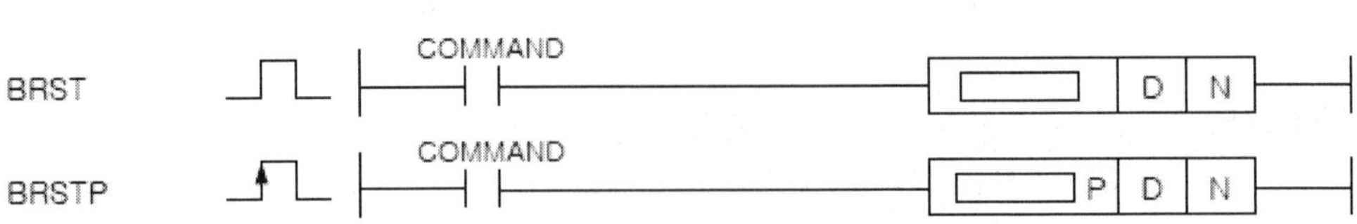

오퍼랜드	설 명	데이터 타입
D	리셋 시작 위치를 나타내는 디바이스의 번호	BIT
N	리셋시킬 비트 개수	WORD

(1) BRST(BIT RESET)

① D로 지정된 비트부터 N개의 비트를 Off로 한다.

② N의 값이 지정된 비트 접점 영역을 초과할 경우, 에러 플래그가 On 된다.

③ SR명령과 같이 사용하면, SR에서 사용영역을 간단하게 리셋 시킬 수 있다.

(2) 프로그램 예제

① P00000이 On 되면 P00103 비트부터 10개의 비트를 0으로 리셋시키는 프로그램이다.

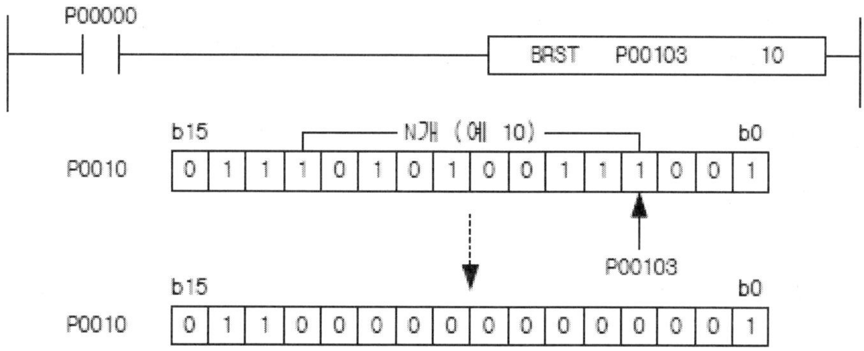

4.24.3 ENCO, ENCOP

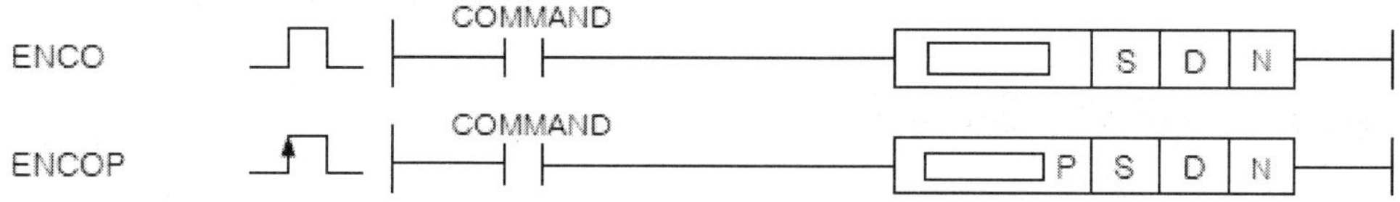

오퍼랜드	설 명	데이터 타입
S	ENCO 연산을 실행할 데이터 또는 주소	WORD
D	연산 결과를 저장할 주소	WORD
N	ENCO 할 비트의 승수로 1~8까지 지정 가능하다.	WORD

(1) ENCO(Encode)

① S의 디바이스에 저장된 데이터의 유효 비트 2N개 중에서 최상위에 있는 1의 위치를 수치화 하여 D로 지정한 디바이스에 16진수로 저장한다.

② S가 상수로 입력되면 N의 값이 4(검색 비트수 16)를 넘어가도 입력된 변수값 영역에서 인코딩 된다.

③ N=0일 때에는 D의 내용은 변화하지 않는다.

④ 2N 영역내 1이 있는 최상 접점 위치를 수치화(Hex 값)하여 D에 저장한다.

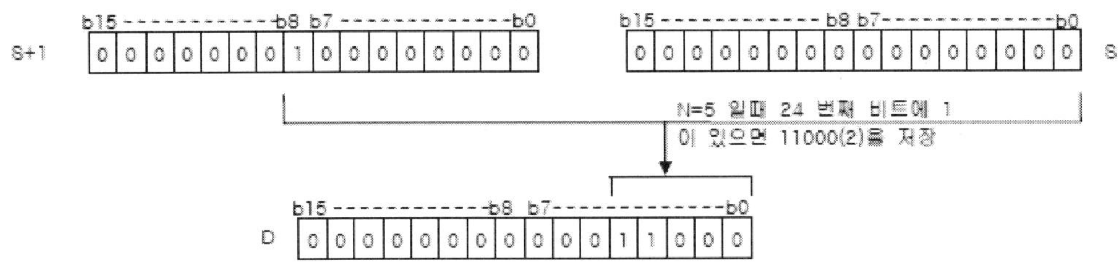

(2) 프로그램 예제

① P1000=h4321, P1200=h0004인 경우 입력신호인 P00000이 Off→On 되면 P1100에 h000E를 저장시키는 프로그램이다.

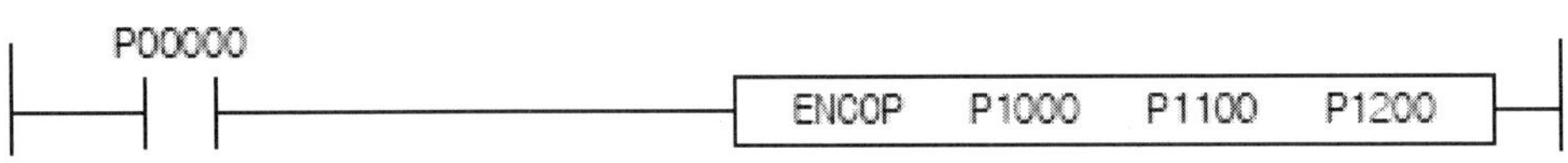

4.24.4 DECO, DECOP

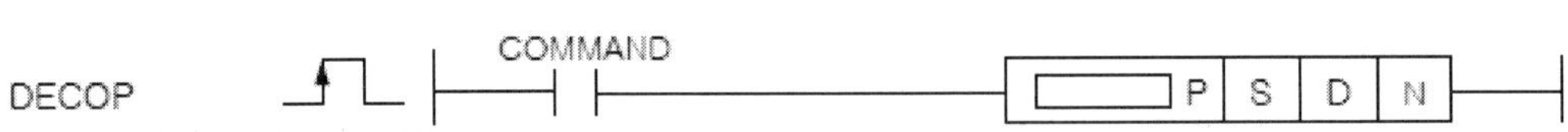

오퍼랜드	설 명	데이터 타입
S	DECO 연산을 실행할 데이터 또는 주소	WORD
D	연산 결과를 저장할 주소	WORD
N	DECO 할 비트의 승수	WORD

(1) DECO(Decode)

① S로 지정된 디바이스에 저장된 데이터 중에서 하위 N개의 비트를 디코드하여 그 결과를 D로 지정한 디바이스부터 2N의 비트 영역내에 저장하고, 나머지 비트는 0으로 지운다.(8비트를 256비트로 디코드)

② N은 1~8까지 지정 가능하다.

③ N=0일 때 기존의 D의 내용은 변화하지 않는다.

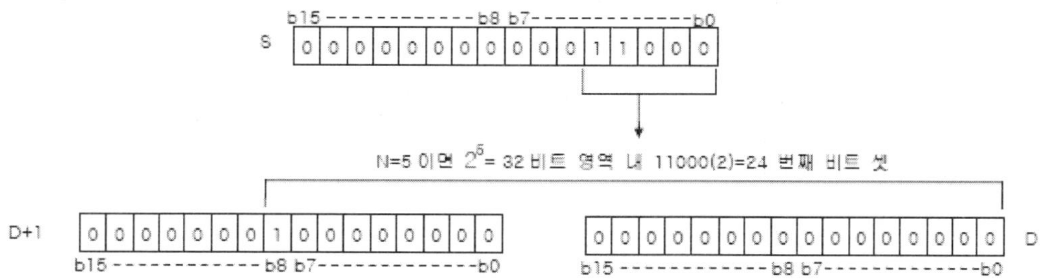

(2) 프로그램 예제

① D01000=h1234, D01200=h0005인 경우 입력신호인 P00000이 Off→On 되면 D01101=h0010, D01100=h0000를 저장시키는 프로그램이다.

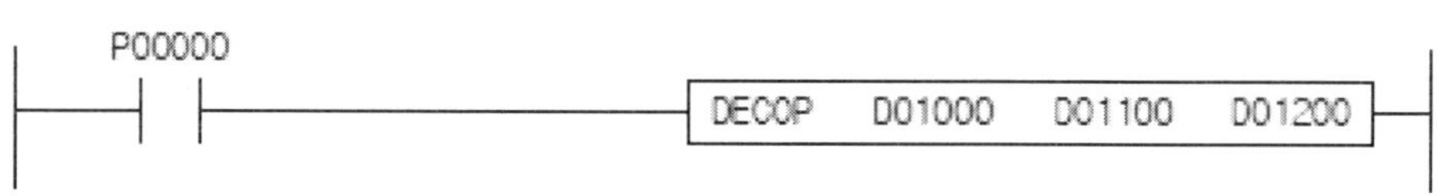

4.24.5 DIS, DISP

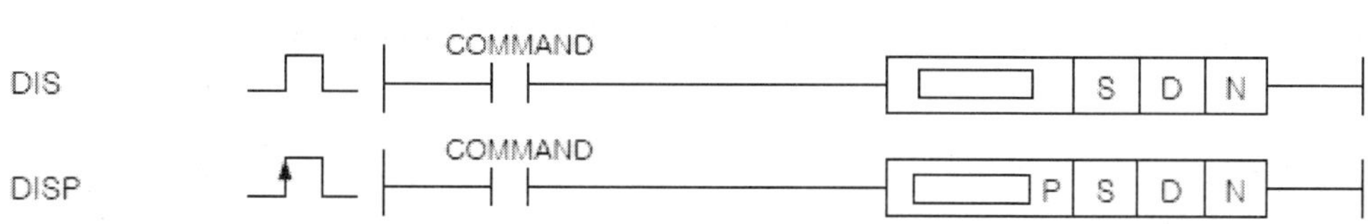

오퍼랜드	설 명	데이터 타입
S	DIS 연산을 실행할 데이터 또는 주소	WORD
D	연산 결과를 저장할 주소	WORD
N	D로부터 저장될 4bit 데이터 개수	WORD

(1) DIS(Distribute)

① S로 지정한 디바이스의 데이터를 N개의 니블(4bit)로 나누어 D로 지정한 디바이스부터 차례로 N개만큼 저장한다.

② N의 값이 0이면 명령은 실행되지 않는다.

③ 디바이스 D, D+1, …에서 하위 1니블에 분리된 데이터가 채워지고 남은 상위 비트들에는 0이 저장된다.

④ N이 4를 초과하면 에러 플래그를 셋(Set)한다.

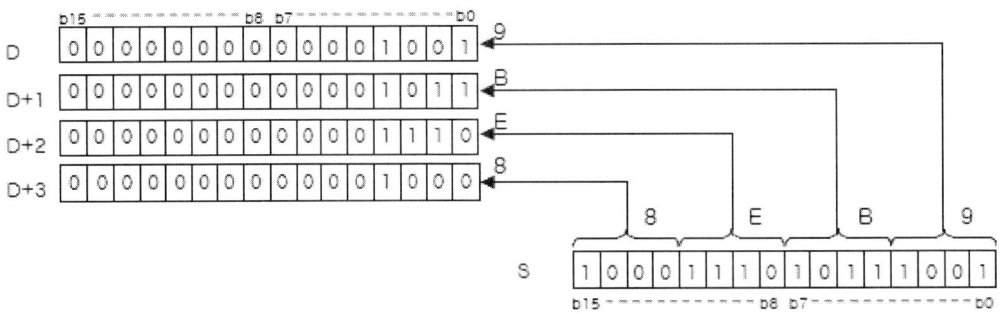

(2) 프로그램 예제

① D01000=h1234, D01200=h0003인 경우 입력신호인 P00000이 Off→On 되면 D01100=h0004, D01101=h0003, D01102=h0002를 저장시키는 프로그램이다.

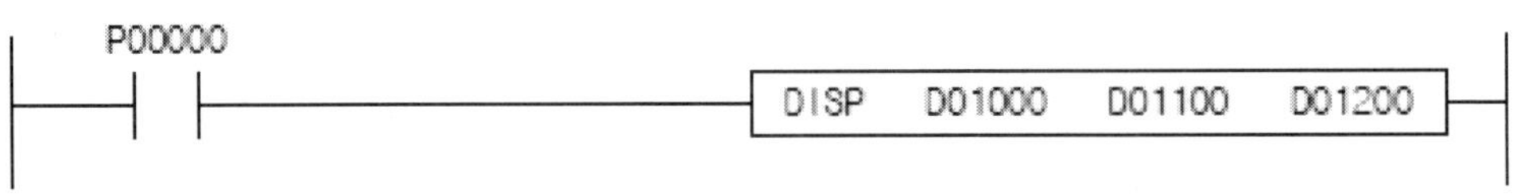

4.24.6 UNI, UNIP

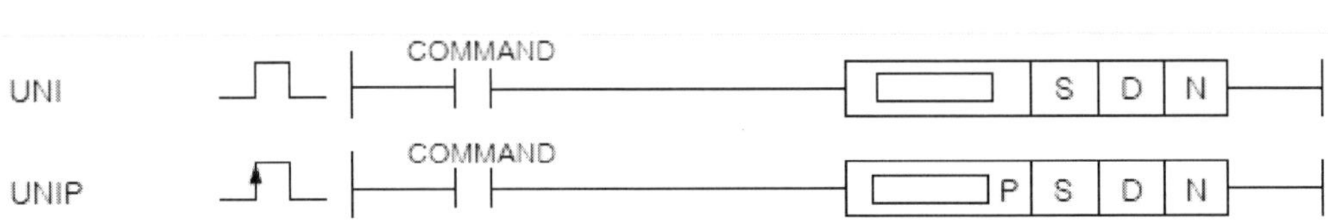

오퍼랜드	설 명	데이터 타입
S	UNI 연산을 실행할 데이터 또는 주소	WORD
D	연산 결과를 저장할 주소	WORD
N	S로부터 결합될 4bit 데이터 개수	WORD

(1) UNI(Unite)

① S로부터 N개 워드내의 하위 4bit들을 결합하여 워드 데이터 D에 저장한다. 이때, 상위 12bit는 무시된다.

② 각각의 4bit 데이터는 하위로부터 순서대로 결합하여 워드 데이터 D에 저장된다.

③ 워드 데이터 D의 하위 N개 4bit 데이터를 제외하고는 모두 0이 된다.

④ N이 4를 초과하면 에러 플래그를 셋(Set)한다.

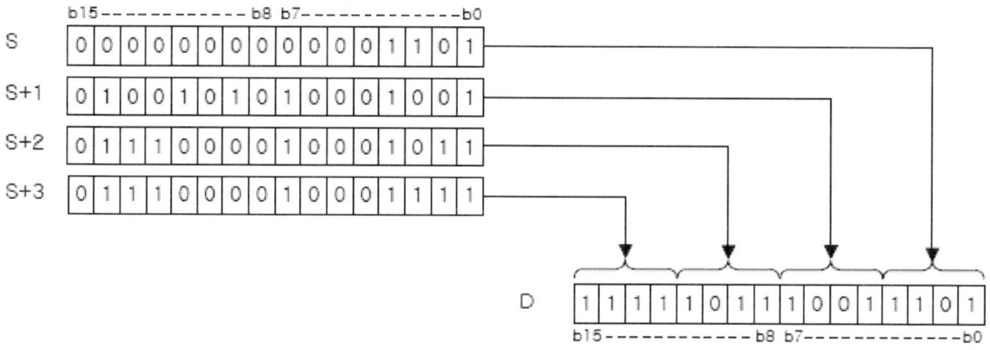

(2) 프로그램 예제

① D01000=h0004, D01001=h0003, D01002=h0002이고 D1200=h0003인 경우 입력신호인 P00000이 Off→On 되면 D01100=h0234를 저장시키는 프로그램이다.

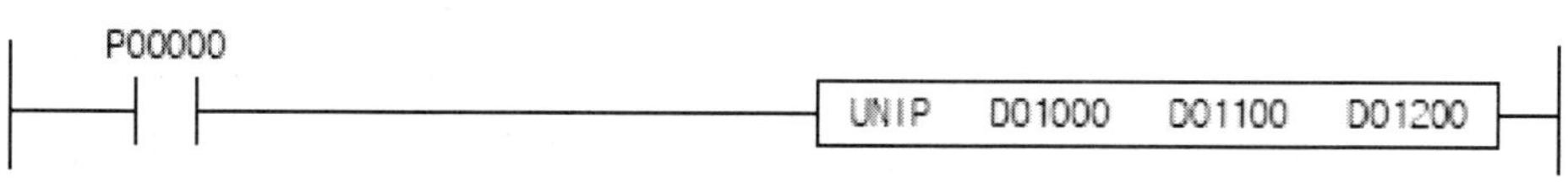

4.24.7 IORF, IORFP

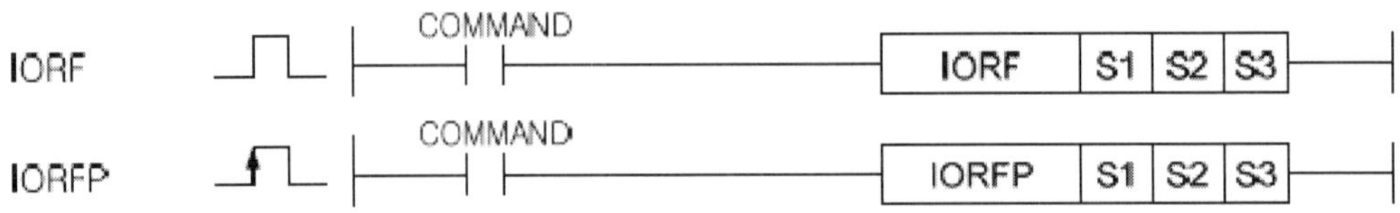

오퍼랜드	설 명	데이터 타입
S1	즉시 처리하고자 하는 I/O 모듈의 위치(베이스+슬롯)	WORD
S2	마스크 시킬 데이터 상위 32비트값 또는 디바이스 번호	DWORD
S3	마스크 시킬 데이터 하위 32비트값 또는 디바이스 번호	DWORD

(1) IORF(I/O Refresh)

① S1으로 지정한 위치에 있는 I/O 모듈의 값을 S2와 S3로 입력한 마스크 값과 AND 처리하여 즉시 데이터 처리를 수행한다.

② S1으로 지정된 위치의 I/O 점수만큼 마스크 처리한다. 즉, I/O 리프레시를 하고자하는 모듈이 16점일 경우에는 마스크 데이터를 하위 16비트만 입력하면 된다.

③ PLC의 연산과정에서 최신의 입력 정보를 필요로 할 때나 연산결과를 바로 출력해야 할 때 IORF를 사용한다.

④ 지정한 모듈위치에 I/O 모듈이 없거나 다른 모듈이 장착되어 있을 경우에는 무처리 한다.

(2) 프로그램 예제

① h0001은 0번 베이스 1번 슬롯을 의미한다. I/O 고정 점수 할당을 지정한 경우, 64점 입력 모듈을 사용 하였다면 해당 모듈의 주소는 P00040~P0007F이다.

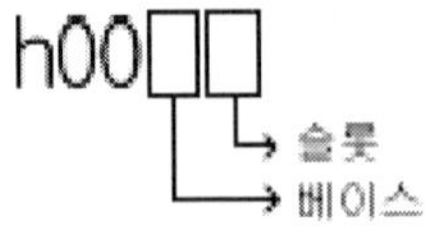

② D01000=hFFFF, D01001=h0000, D01100=hFFFF, D01101=h0000일 때,

P00000이 Off→On 되면, P0004는 D01100(h0000)으로 마스킹되어 입력 데이터를 리프레시 하지 않는다.

P0005는 D01101(hFFFF)으로 마스킹되어 입력 데이터를 리프레시한다.

P0006는 D01000(hFFFF)으로 마스킹되어 입력 데이터를 리프레시한다.

P0007는 D01001(h0000)으로 마스킹되어 입력 데이터를 리프레시하지 않는다.

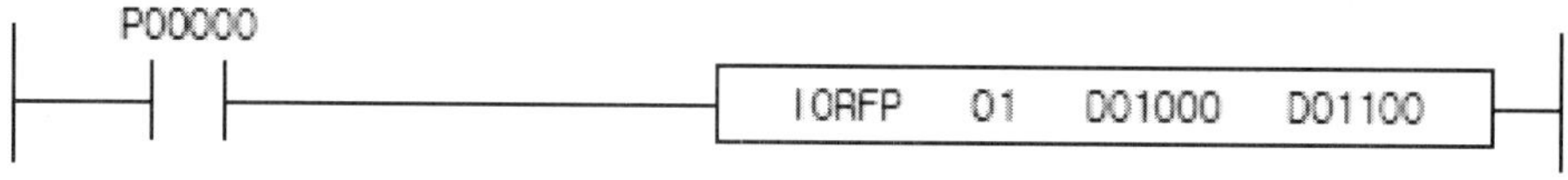

※ 알기

입출력 혼합 모듈을 사용했을 경우, S2의 값이 출력 마스크 데이터가 되고, S3의 값이 입력 마스크 데이터가 된다. 예를 들어 입력 16점 출력 16점 혼합 모듈을 리프레시할 경우, S3의 16비트 데이터가 입력부분 마스크 데이터가 되고, S2의 16비트 데이터가 출력 부분 마스크 데이터가 된다.

4.24.8 MAX, MAXP, DMAX, DMAXP

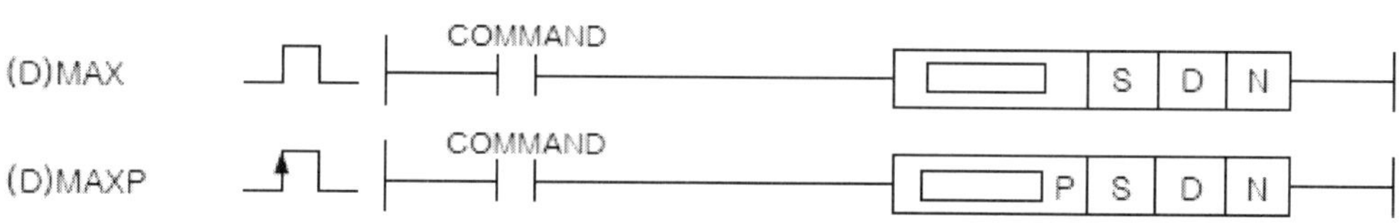

오퍼랜드	설 명	데이터 타입
S	MAX 연산을 시작할 데이터의 주소	INT/DINT
D	연산 결과를 저장할 주소	INT/DINT
N	S로부터 MAX 연산을 실행할 워드 개수	WORD

(1) MAX(Maximum)

① 워드 데이터 S로부터 N개까지의 범위 내에서 최대값을 찾아 D에 저장.

② 대소비교는 Signed연산한다.

③ 연산결과가 제로이면 제로플래그를 셋한다.

④ N이 0인 경우 명령어는 실행하지 않는다.

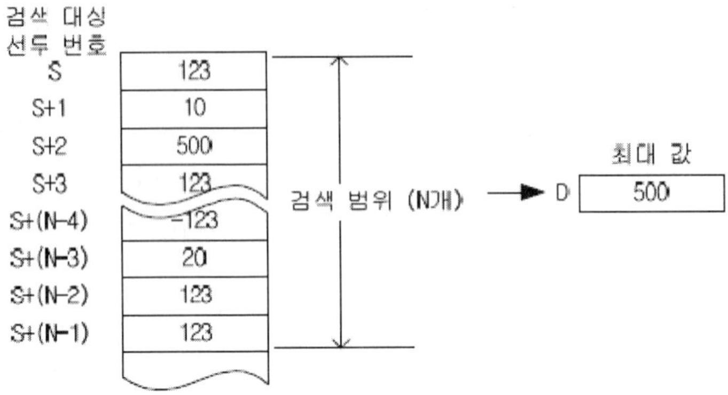

(2) DMAX(Double Maximum)

① 더블워드 데이터 (S+1, S)로부터 N개까지의 범위 내에서 최대값을 찾아 D에 저장한다.

② 대소 비교는 Signed 연산으로 한다.

③ 연산 결과가 제로이면 제로 플래그를 셋(Set)한다.

④ N이 0인 경우 명령어는 실행하지 않는다.

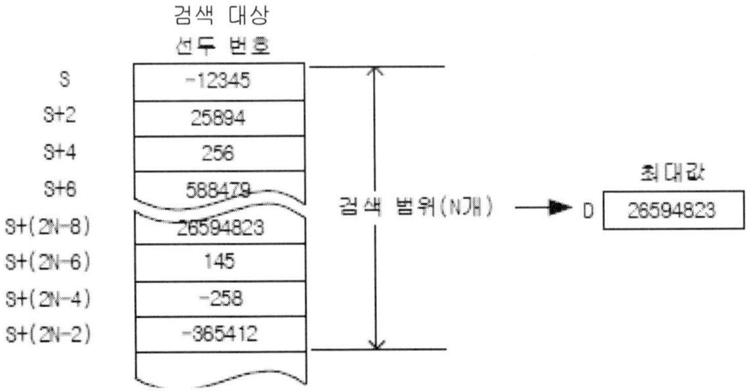

(3) 프로그램 예제

① D01000=1111, D01001=3333, D01002=2222이고 D01200=h0003인 경우 입력 신호인 P00000이 Off→On 되면 D01100=3333을 저장시키는 프로그램이다.

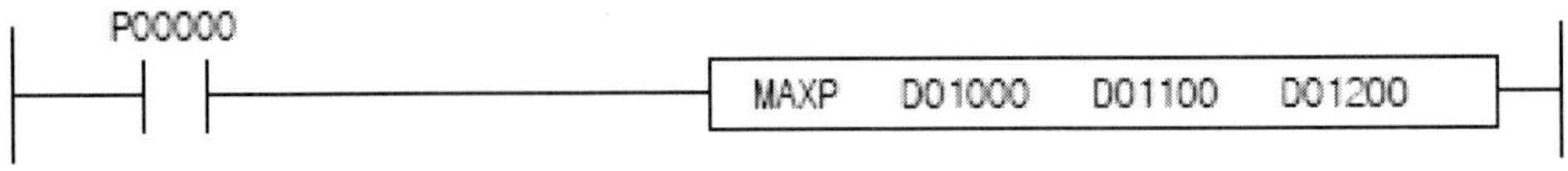

4.24.9 SUM, SUMP, DSUM, DSUMP

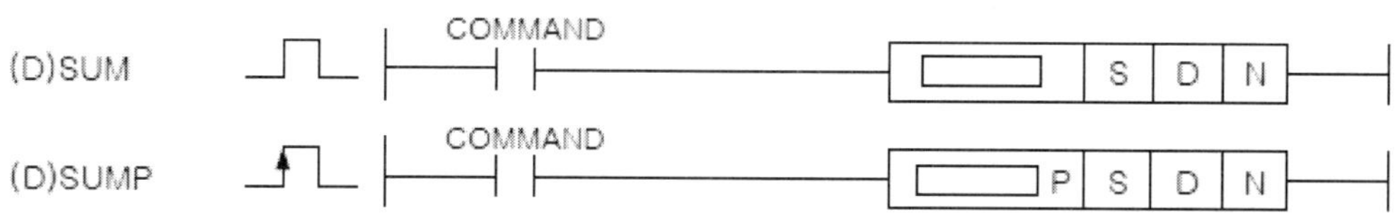

오퍼랜드	설 명	데이터 타입
S	SUM 연산을 시작할 데이터의 주소	INT/DINT
D	연산 결과를 저장할 주소	INT/DINT
N	S로부터 SUM 연산을 실행할 워드 개수	WORD

(1) SUM(Word Summary)

① 워드 데이터 S로부터 N개까지의 범위 내에서 데이터 합을 D에 저장한다.

② 덧셈 연산은 Signed 연산으로 한다.

③ 연산 결과가 제로이면 제로 플래그를 셋(Set)한다.

④ 연산도중 오버플로우가 발생하면 캐리 플래그와 에러 플래그를 셋(Set).

⑤ 오버플로우가 발생되어도 오버플로우를 무시하고 계산한 값을 결과에 저장한다. 따라서 원하지 않는 값이 결과에 저장될 수 있으므로 캐리 플래그를 반드시 확인해야 한다.

⑥ N이 0이면 연산을 하지 않는다.

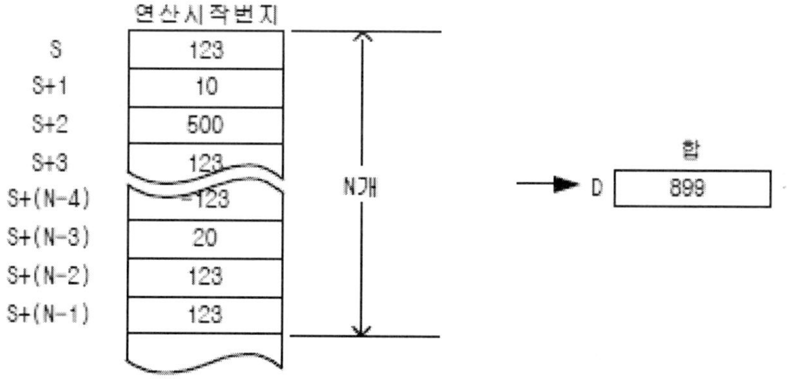

(2) DSUM(Double Word Summary)

① 더블 워드 데이터 S로부터 N개까지의 범위 내에서 데이터 합을 D에 저장.

② 덧셈연산은 Signed연산한다.

③ 연산 결과가 제로이면 제로 플래그를 Set한다.

④ 연산도중 오버플로우가 발생하면 캐리 플래그와 에러 플래그를 셋(Set).

⑤ 오버플로우가 발생되어도 오버플로우를 무시하고 계산한 값을 결과에 저장한다. 따라서 원하지 않는 값이 결과에 저장될 수 있으므로 캐리 플래그를 반드시 확인해야 한다.

⑥ N이 0이면 연산을 하지 않는다.

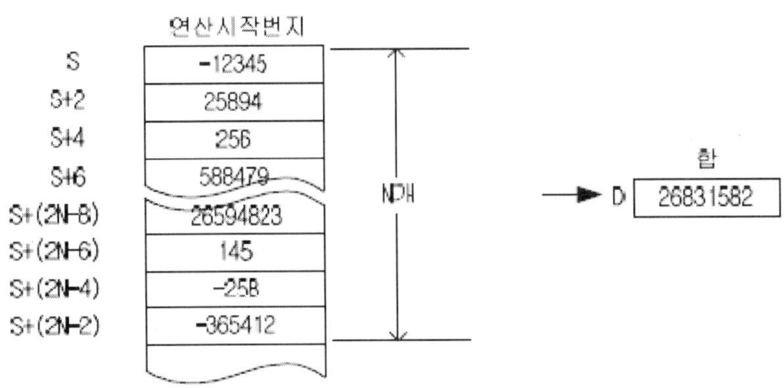

(3) 프로그램 예제

① D01000=h1111, D01001=h3333, D01002=h2222이고 D01200=h0003인 경우 입력신호인 P00000이 Off→On 되면 D01100=h6666을 저장시키는 프로그램이다.

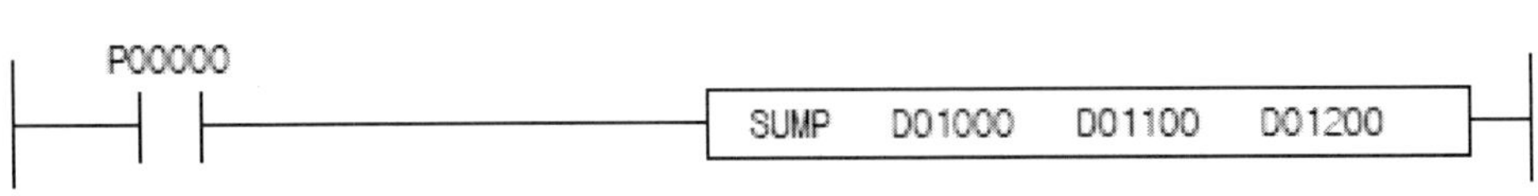

4.24.10 DETECT, DETECTP

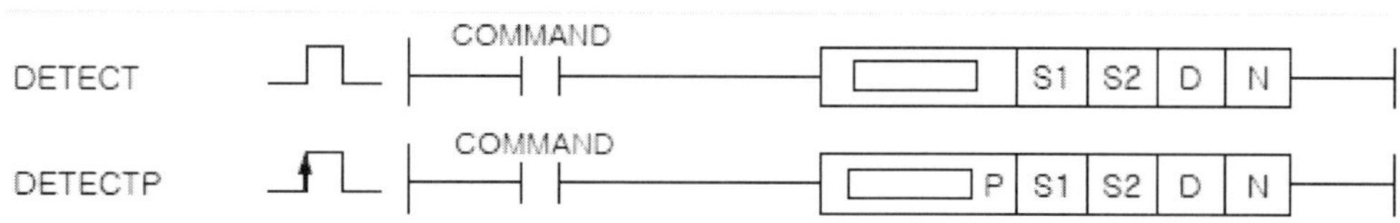

오퍼랜드	설 명	데이터 타입
S1	감시할 데이터 시작위치	WORD
S2	허용치	WORD
D	변경된 첫 번째 위치 및 검색된 개수	WORD
N	범위	WORD

(1) DETECT

① S1부터 N개의 데이터 중에 그 값이 허용치(S2)보다 클 경우(Signed 연산, 허용치와 같을 때는 검색 안됨) D에 허용치를 벗어난 첫번째 값의 위치를 저장하고, D+1에 S1보다 큰 데이터 개수를 저장한다.

② N이 0이면 명령어를 실행하지 않는다.

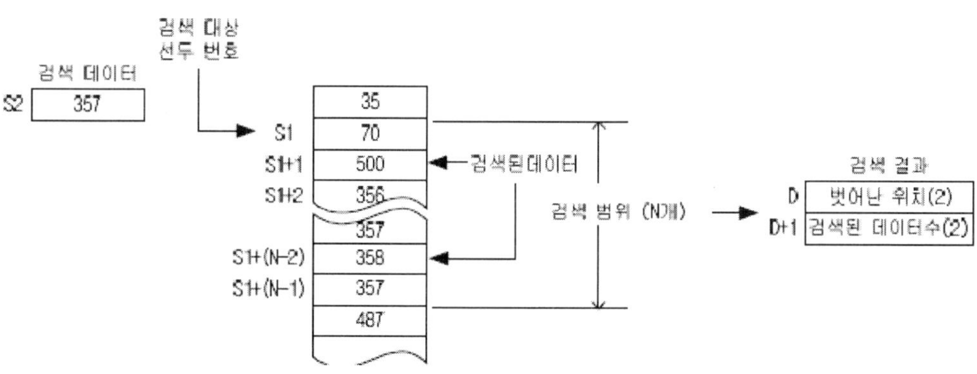

(2) 프로그램 예제

① D01000=h1111, D01001=h3333, D01002=h2222이고 D01100=h3000, D01300=h0003인 경우 입력신호인 P00000이 Off→On 되면 D01200=h0002, D01201=h0001을 저장시키는 프로그램이다.

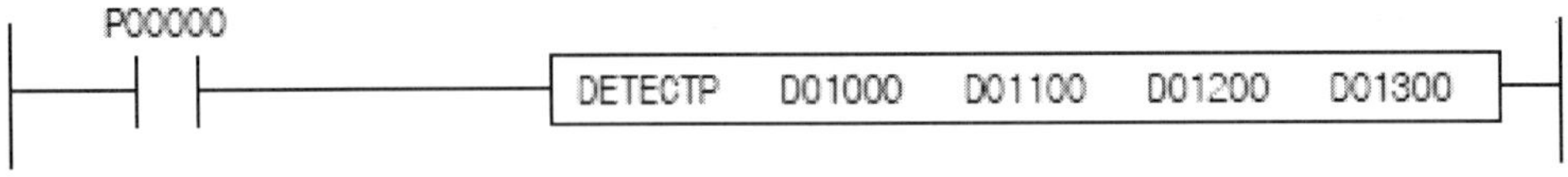

4.24.11 RAMP

오퍼랜드	설 명	데이터 타입
N1	초기값	WORD
N2	최종값	WORD
D1	현재값	WORD
N3	이행 횟수(스캔 수)	WORD
D2	수행완료 주소(1 : 완료, 0 : 진행중 또는 Off 상태)	WORD

(1) RAMP

① N3로 지정된 스캔 회수동안, 초기값에서 최종값까지 직선으로 변화되는 값을 D1에 저장하고, D1+1에는 현재 수행된 회수가 저장된다.

② 수행이 완료되면 D2의 값을 1로 만든다.(D2의 0번 비트 셋(Set))

③ N3로 지정된 이행 횟수로, N1으로 지정된 값부터 N2로 지정된 값까지의 직선으로 변화되는 값을 D1에 저장한다. D1에 저장시킨 값은 매 스캔, 다음 식으로 산출한다.

$$D1 = \frac{\{(\text{N2로 지정된 값}) - (\text{N1로 지정된 값})\}}{(\text{N3로 지정된 이행 횟수})} \times (\text{실행 횟수})$$

→ 1회의 변화값

④ 0부터 350까지의 구간을 7스캔 동안 변화시키는 경우는 다음 그림과 같이 된다.

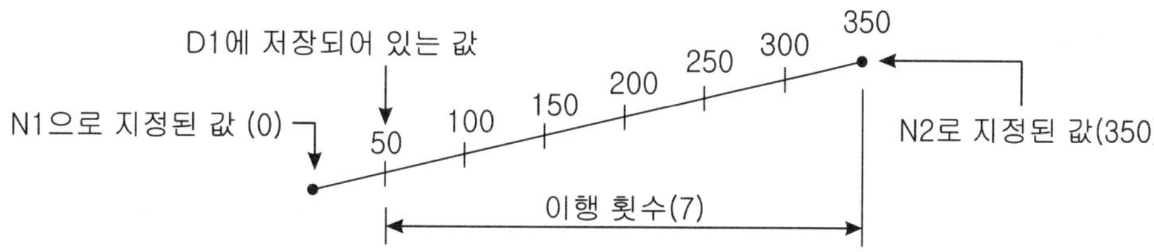

⑤ 1회의 변화값을 계산했을 때, 정수로 나누어 지지 않을 경우는 N3로 지정된 이행 횟수에서 N2로 지정된 값이 되도록 보정한다. 이 때문에 직선 경사가 되지 않는 경우가 있다.

⑥ N3에는 N1에서 N2로 이행할 때까지의 스캔 횟수를 지정한다. N3가 0인 경우는 무처리된다.

⑦ D1+1은 시스템이 사용하며, 본 명령의 실행 횟수를 저장한다. 따라서 사용자가 임의로 변경하였을 경우 원치 않는 결과가 발생이 될 수 있다.

⑧ 최종값까지의 이행이 완료되면 D2로 지정된 완료 디바이스가 1이 된다.

⑨ 본명령의 실행도중에 지령이 OFF경우, D1(현재값)내용은 변화하지 않는다.

⑩ RAMP 명령을 중간에 취소하고 싶은 경우 완료 디바이스에 1을 셋(Set) 하면 명령은 실행을 하지 않는다.

⑪ 완료된 RAMP 명령을 초기화 후 다시 실행시키고자 할 경우, 지령을 OFF, ON하면 RAMP 명령을 다시 수행한다.

⑫ D2로 지정된 완료 디바이스가 ON하기 전에 N1과 N2로 지정된 값을 변경하지 마십시오. 매 스캔, 동일한 계산식으로 D1+1에 저장하는 값을 산출하기 때문에, N1 또는 N2를 변경하면 급격히 변화하는 경우가 있다.

(2) 프로그램 예제

① D01000=1000, D01100=2000, D01300=100인 경우, 입력신호인 P00000이 Off→On 되면 1스캔마다 D01200을 10씩 증가시키고, D01201에 수행된 스캔수를 저장한다.

② 100스캔의 수행이 완료되면 D01400의 0번 비트 D01400.0은 셋(Set)한다.

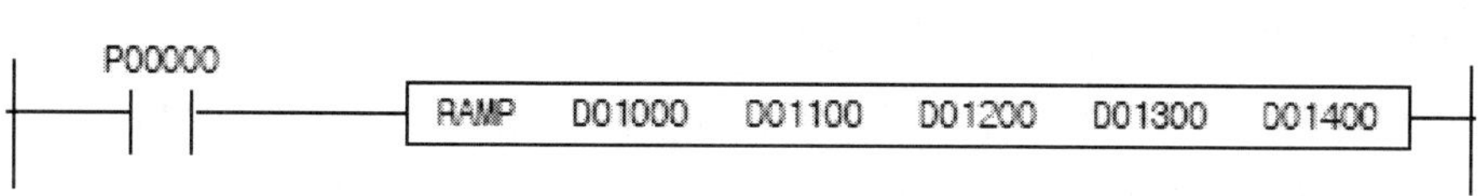

4.24.12 SORT, DSORT

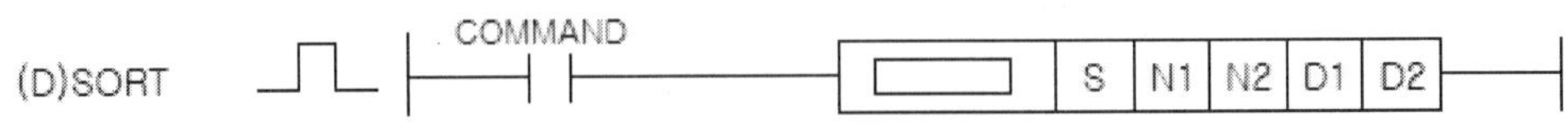

오퍼랜드	설 명	데이터 타입
S	정렬할 데이터 시작 위치	WORD/DWORD
N1	정렬 범위와 정렬 순서(오름차순/내림차순)	WORD
N2	1회 실행범위(<정렬 범위)	WORD
D1	수행 완료 주소(1 : 완료, 0 : 진행중 또는 Off 상태)	WORD
D2	보조영역	WORD

(1) SORT

① S부터 N1개의 BIN 16비트 데이터를 N1+1의 값에 따라 오름차순(0)/내림차순(1)로 소트(정렬)한다.

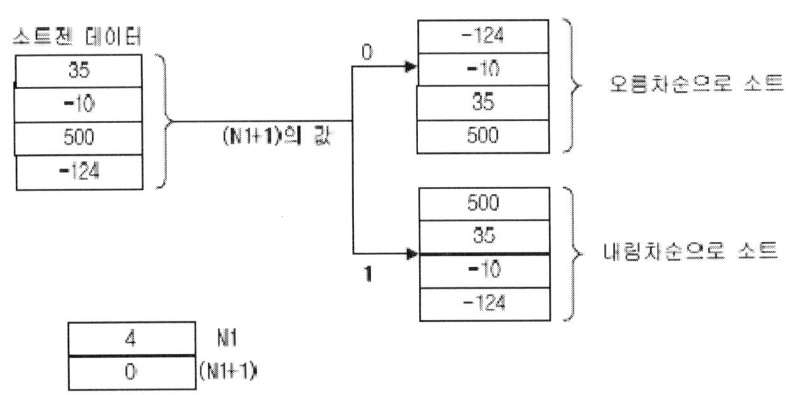

② SORT 명령에 의한 소트는 몇 스캔이 필요하다. 실행 완료까지의 스캔 횟수는 소트 실행완료까지의 최대 실행 횟수를 N2로 지정된 1회의 실행에서 비교하는 데이터 수로 나눈 값이 된다.(소수점 이하는 내림이 된다.) N2의 값을 크게 하면 소트완료까지의 스캔횟수는 적어지지만, 스캔타임은 연장된다.

③ N2 가 0이면 명령을 실행하지 않는다.

④ 소트의 실행 완료까지의 최대 실행 횟수는 다음 식으로 산출한다. 실행 완료까지의 최대 실행 횟수=(N1)*(N1-1)÷2÷N2[회] 예를 들면 N1=10, N2=1의 경우에는 10*(10-1)÷2÷1=45(회) 걸린다. 이 때, N2=2로 하면 소트 완료까지

에 45÷2=22.5→23[스캔]이 걸린다.

⑤ D1으로 지정된 디바이스(완료 디바이스)는 SORT 명령 실행을 완료하면 1을 저장한다. 소트 완(D)SORT COMMAND S N1 N2 D1 D2는 (D)SORT를 나타냄. 종료 후, 입력접점(지령)을 OFF하면 D1으로 지정된 디바이스의 값은 0으로 된다.

⑥ D2로 지정된 디바이스에서 4워드는 실행시에 시스템이 사용한다. D2로 지정된 디바이스에서 4워드는 사용자가 변경하지 마십시오.

⑦ 소트실행 중에 N1을 변경했을 경우에는 변경 후의 소트데이터 수로 소트를 한다.

(2) 프로그램 예제

① P1000=2222, P1001=3333, P1002=1111, P1100=3, P1101=1, P1200=1인 경우, 입력신호인 P00000이 Off→On 되면 정렬이 시작되고 정렬이 완료되면 수행 완료 주소인 P1300=1이 되고 P1000=3333, P1001=2222, P1002=1111와 같이 내림차순으로 저장된다.

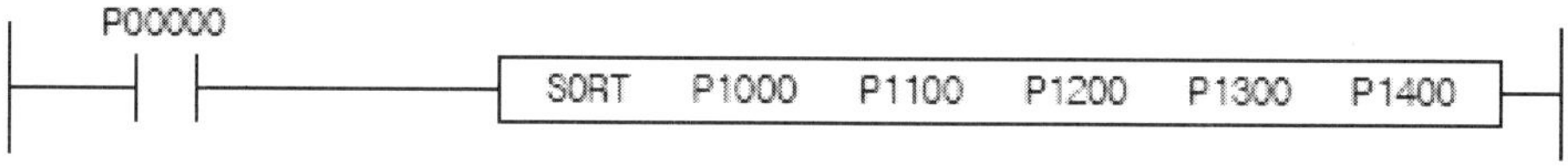

※ 주의

SORT/DSORT 명령은 접점이 ON 되지 않아도 내부적으로 처리되는 부분이 있으므로, 간접지정(#)이나 인덱스([Z]) 사용시 주의한다. 예를 들어, SORT 명령의 오퍼랜드 중 하나에 M100[Z10]을 사용하고 Z10의 값이 M 영역의 범위를 벗어날 수 있는 1947을 초과한 값이면 접점이 ON 되지 않았어도 에러가 발생하게 된다.

4.25 데이터 테이블 처리 명령

4.25.1 FIWR, FIWRP

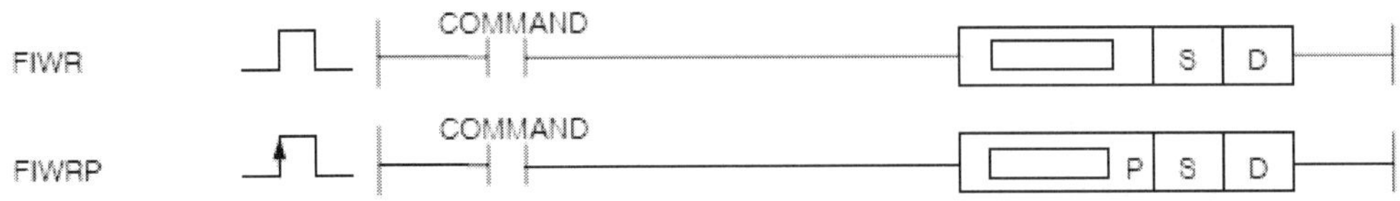

오퍼랜드	설 명	데이터 타입
S	입력할 데이터	WORD
D	테이블 시작위치	WORD

(1) 파일 테이블 구조

테이블 처리 명령은 테이블의 형태가 다음과 같아야 정상적인 수행을 한다.

테이블의 크기는 사용자가 어떻게 운용하느냐에 따라 결정된다. 데이터 테이블 처리 관련 명령어에서는 테이블 시작 위치로 지정된 디바이스에 저장된 데이터 개수를 보고 데이터 테이블의 크기를 판단한다. 따라서 테이블을 사용하고자 한다면 테이블의 초기화가 필요하다. 테이블의 크기가 해당 디바이스의 범위를 벗어나면 에러가 발생된다. 모든 테이블 처리 명령어는 테이블의 끝에 NULL(0)을 붙여준다. 그러나 테이블의 끝을 인식하는 방법을 테이블 시작 주소에 지정된 데이터 개수만을 보고 판단한다.

모든 테이블 내의 데이터는 WORD형으로 인식이 된다. 테이블에 INT형이나 BYTE형 데이터를 저장하고자 할 때에는 MOVE 명령어 등을 통해 디바이스 데이터 타입 변경을 해주어야 한다. 또한 DWORD 데이터를 저장하기 위해서는 삽입,

삭제 동작을 반복하여 사용해야 한다.

데이터 테이블의 크기 제한은 지정되어 있지 않는다. 그러나 테이블은 디바이스 영역을 벗어날 수 없으므로 테이블의 최대 크기는 테이블이 위치하는 디바이스의 크기에서 테이블 시작 주소를 뺀 값이 된다.

모든 테이블 관련 명령어는 데이터 개수를 변경 가능하지만 데이터 개수의 변경에 대한 오류는 검사하지 못한다. 즉 사용자가 임의로 데이터 개수를 변경시켜도 테이블 처리 명령어는 이를 알지 못하고 정상으로 처리한다. 따라서 사용자는 사전에 충분한 테이블 영역과 테이블 크기를 확보하고 테이블 명령을 사용하기 전에 영역 검사를 할 것을 권장한다.

(2) FIWR(File Write)

① D로 지정된 데이터 테이블에 S로 지정된 데이터를 저장한다. 이때 저장 위치는 지정한 D 위치부터 (현재 데이터 개수+1) 워드 위치에 저장된다.
② D로 지정된 값은 데이터 테이블 내의 유효 데이터 개수이다.

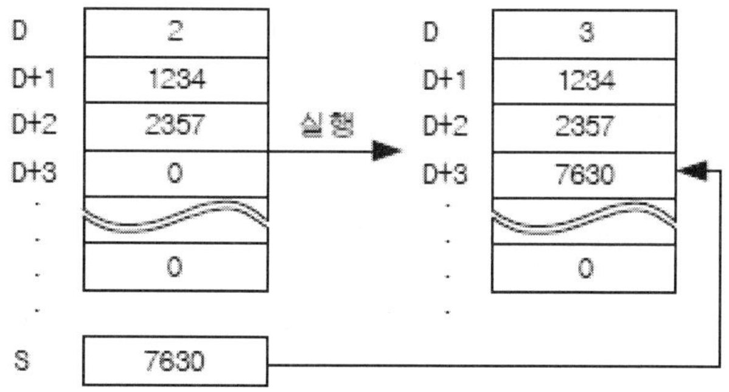

(3) 프로그램 예제

① P1000=3333, P1100=2, P1101=1111, P1102=2222인 경우, 입력신호인 P00000이 Off→On 되면 데이터 테이블의 끝에 3333이 추가되고 테이블 개수도 1만큼 증가되어 P1100=3, P1103=3333이 저장 된다.

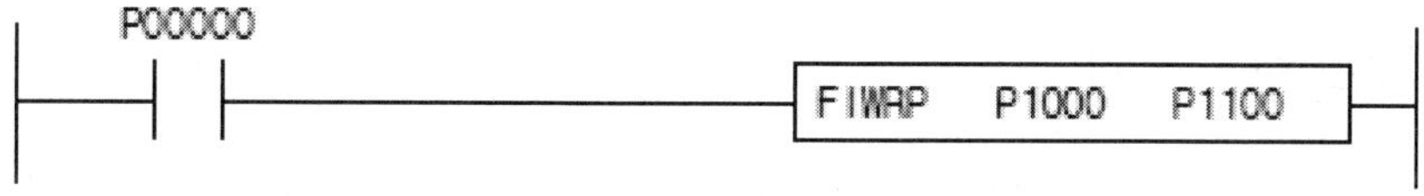

4.25.2 FIFRD, FIFRDP

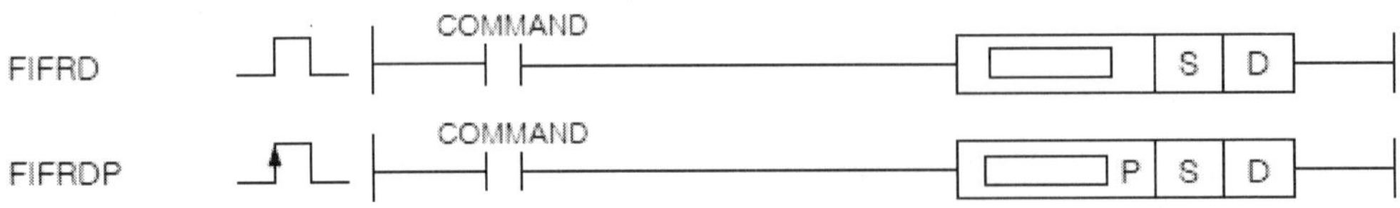

오퍼랜드	설 명	데이터 타입
S	데이터 테이블 시작위치	WORD
D	데이터 테이블로부터 읽어온 값을 저장할 위치	WORD

(1) FIFRD(First File Read)

① S로 지정된 데이터 테이블에서 첫번째 데이터를 D로 가져온다. 테이블의 데이터 개수는 1이 감소되고, 나머지 데이터들은 1 감소된 디바이스 위치로 모두 옮겨진다.

② S로 지정된 값은 데이터 테이블 내의 유효 데이터 개수이다.

③ 테이블의 데이터 개수가 1이 감소되면 데이터 테이블 크기+1에 있는 값은 0으로 채워진다.

④ 데이터 개수가 0이면 D에는 0이 저장되고 제로 플래그(F111)이 셋(Set)된다.

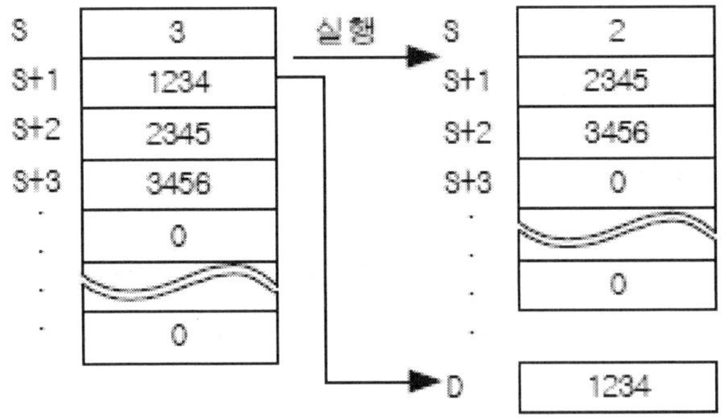

(2) 프로그램 예제

① P1000=3, P1001=1111, P1002=2222, P1003=3333인 경우, 입력신호인 P00000이 Off→On 되면 데이터 테이블의 첫번째 데이터인 1111을 P1100에

저장하고, 데이터 테이블은 1이 감소되어 P1000=2, P1001=2222, P1002=3333, P1003=0이 저장된다.

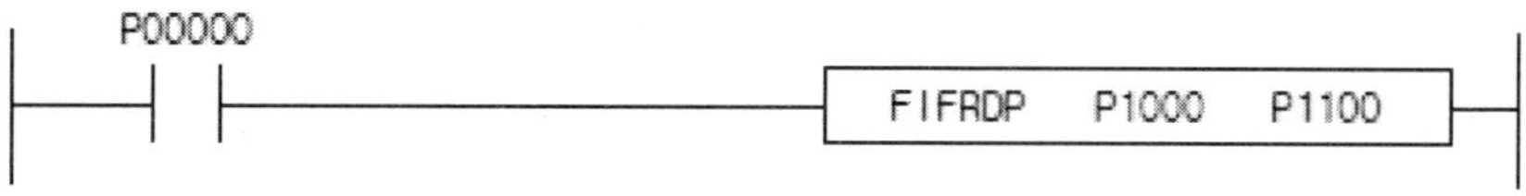

4.25.3 FILRD, FILRDP

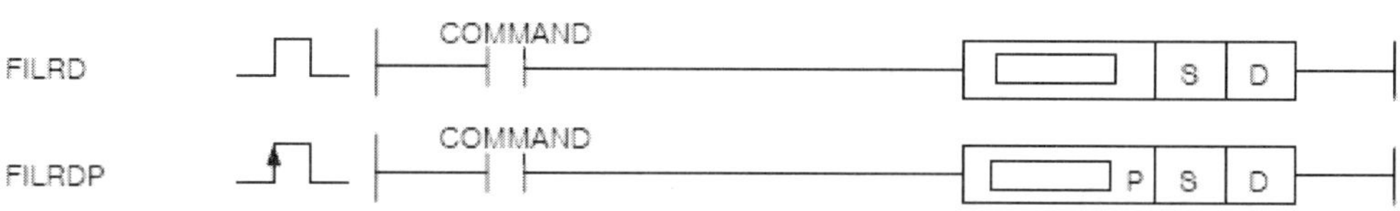

오퍼랜드	설 명	데이터 타입
S	데이터 테이블 시작위치	WORD
D	데이터 테이블로부터 읽어온 값을 저장할 위치	WORD

(1) FILRD(Last File Read)

① S로 지정된 데이터 테이블에서 마지막 데이터를 D로 가져온다. 테이블의 데이터 개수는 1이 감소되고, 나머지 데이터들은 변하지 않는다.

② S로 지정된 값은 데이터 테이블 내의 유효 데이터 개수이다.

③ 테이블 데이터수가 1감소시 데이터 테이블 크기+1에 있는 값은 0이 채워진다.

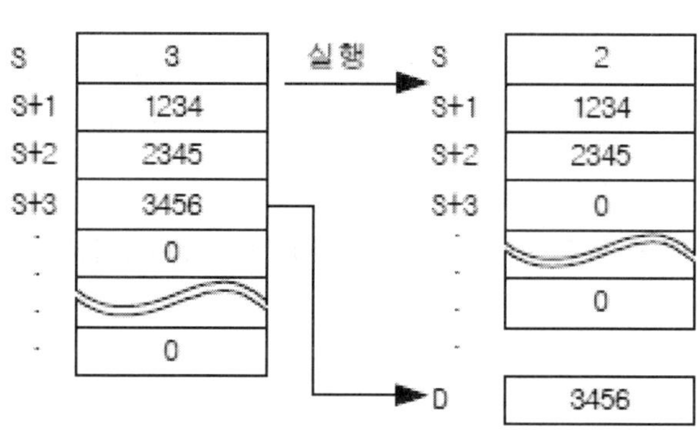

(2) 프로그램 예제

① P1000=3, P1001=1111, P1002=2222, P1003=3333인 경우, 입력신호인 P00000이 Off→On 되면 데이터 테이블의 마지막 데이터인 3333을 P1100에 저장하고, 데이터 테이블은 1이 감소되어 P1000=2, P1003=0이 저장된다.

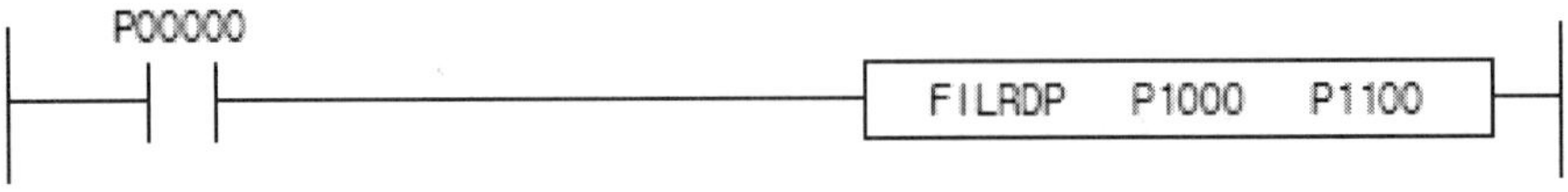

4.26 문자열 처리 명령

4.26.1 BINDA, BINDAP, DBINDA, DBINDAP

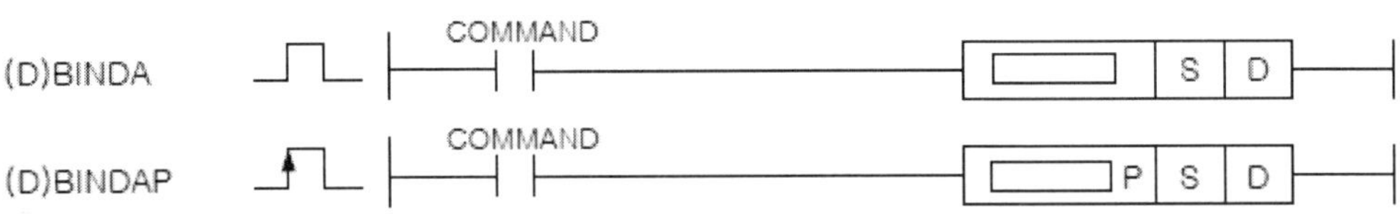

오퍼랜드	설 명	데이터 타입
S	ASCII 변환을 실시할 데이터 또는 주소	INT/DINT
D	연산 결과를 저장하게 되는 주소	STRING

(1) BINDA(Binary to Decimal ASCII)

① Bin 입력값 16비트 데이터를 10진수로 나타냈을 때의 각 자리수를 상위부터 차례로 ASCII 값으로 변환한다.

② ASCII변환 된 값들을 D에서부터 한 워드당 2자리씩 차례로 저장한다.

③ S가 음수일 때 D의 첫번째 바이트에는 부호값인 '-'(h2D)를 먼저 출력한다.

④ 데이터 S는 Signed로 취급된다.

⑤ BINDA에서 연산 범위는 −32768(h8000)부터 32767(h7FFF)까지이다.

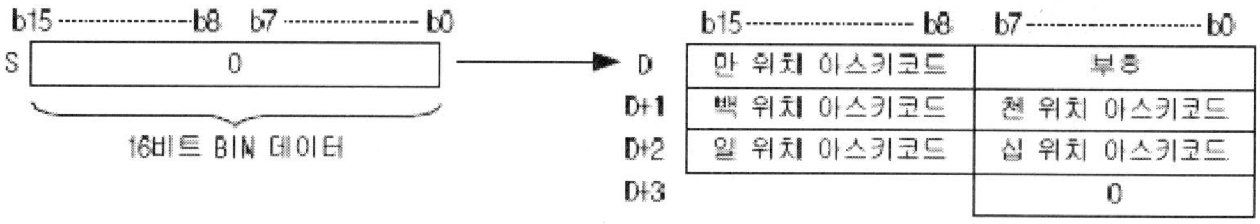

⑥ 예를 들면, S에 −12345를 지정했을 경우, D 이후에는 다음과 같이 저장된다.

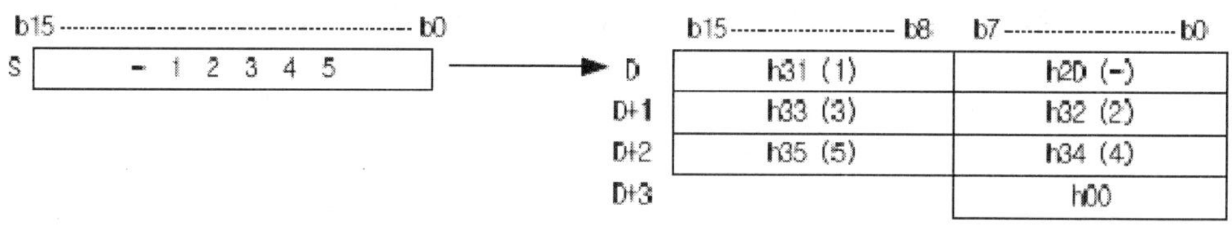

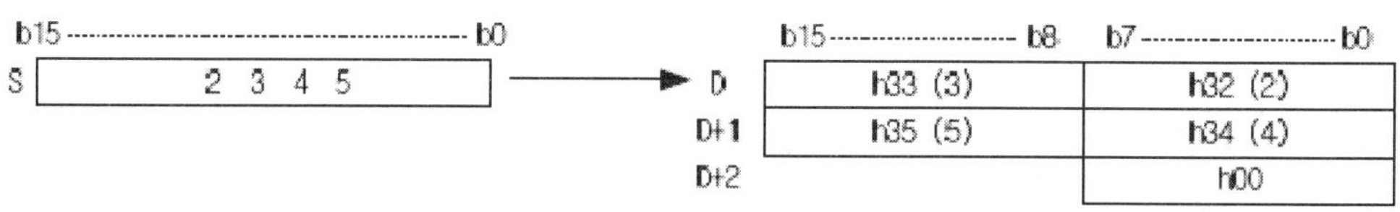

(2) DBINDA(Double Binary to Decimal ASCII)

① BIN 입력값 32비트를 10진수로 나타냈을 때의 각 자리수를 상위부터 차례로 ASCII 값으로 변환 한다.

② ASCII 변환된 값들을 D에서부터 한 워드당 2자리씩 차례로 저장한다.

③ S가 음수일 경우 D의 첫번째 바이트에는 부호값인 '. '를 먼저 출력한다.

④ 데이터 S는 Signed 로 취급된다.

⑤ DBINDA에서 연산 범위는 . 2147483648(h80000000)부터 2147483647 (h7FFFFFFF) 까지이다.

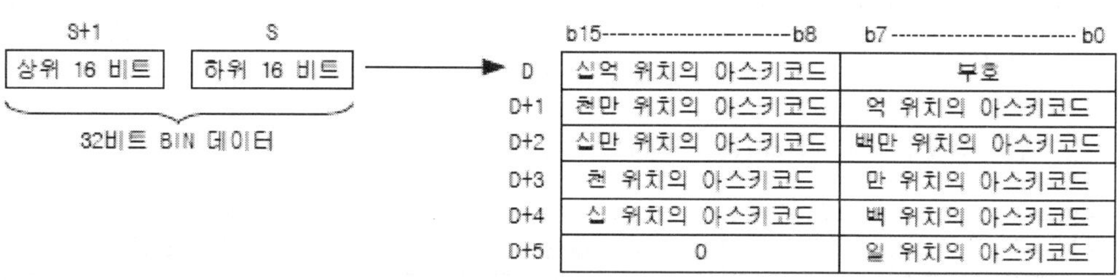

(3) 프로그램 예제

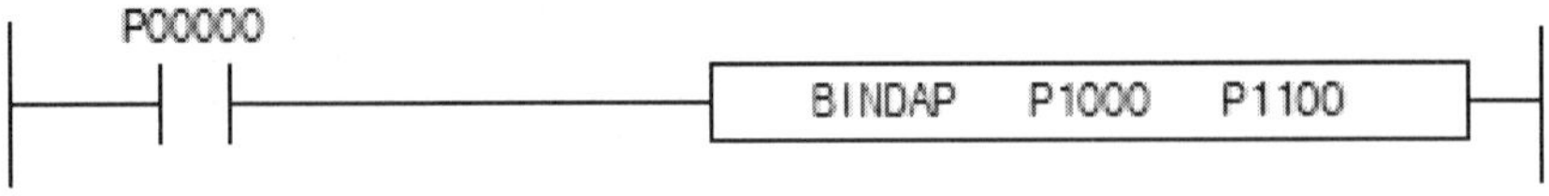

4.26.2 BINHA, BINHAP, DBINHA, DBINHAP

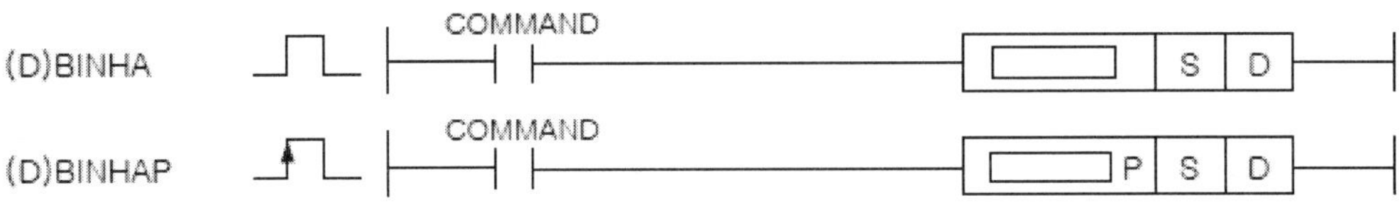

오퍼랜드	설 명	데이터 타입
S	ASCII 변환을 실시할 데이터 또는 주소	WORD/DWORD
D	연산 결과를 저장하게 되는 주소	BIN32

(1) BINHA(Binary to Hex ASCII)

① Bin 입력값 16비트를 16진수로 나타냈을 때의 각 자리수를 상위부터 차례로 ASCII 값으로 변환한다.

② ASCII변환된 값들을 D에서부터 한 워드당 2자리씩 차례로 저장한다.

③ BINHA에서 연산 범위는 h0000 부터 hFFFF까지이다.

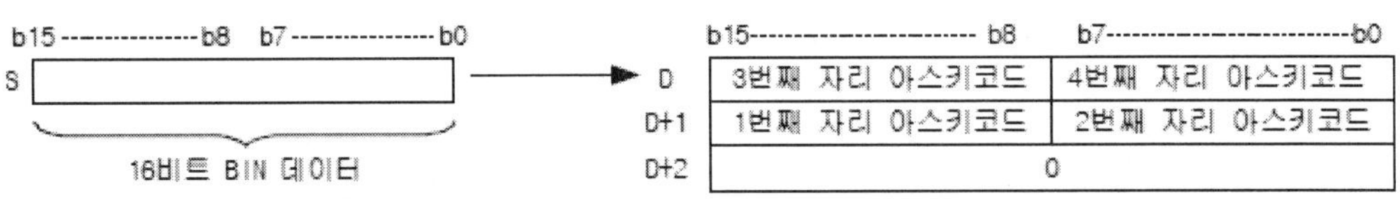

④ 예를 들면, S에 h02A6를 지정했을 경우, 이후에는 다음과 같이 저장된다.

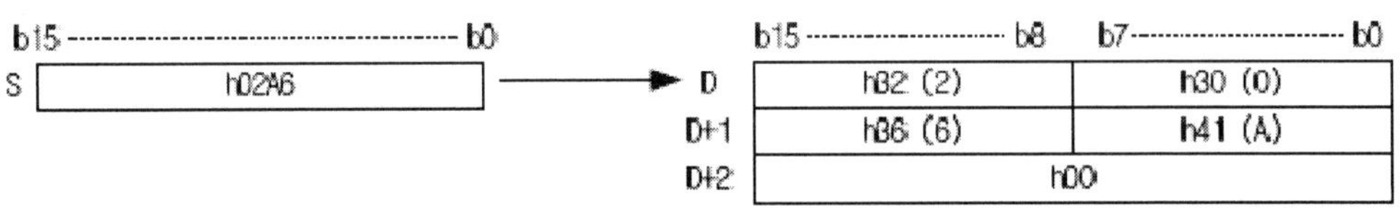

(2) DBINHA(Double Binary to Hex ASCII)

① Bin 입력값 32비트를 16진수로 나타냈을 때의 각 자리수를 상위부터 차례로 ASCII 값으로 변환한다.

② ASCII 변환된 값들을 D에서부터 한 워드당 2자리씩 차례로 저장한다.

③ DBINHA에서 연산범위는 h00000000 부터 hFFFFFFFF까지이다.

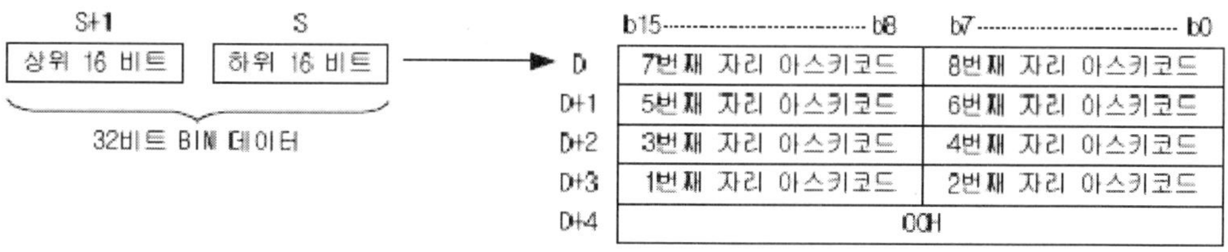

(3) 프로그램 예제

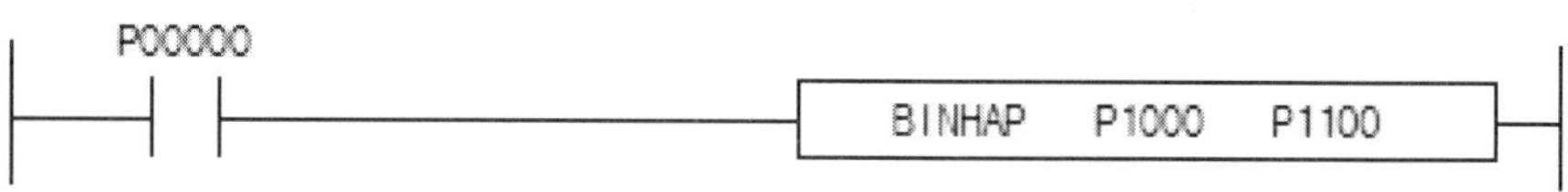

4.27 특수함수 명령

4.27.1 SIN, SINP

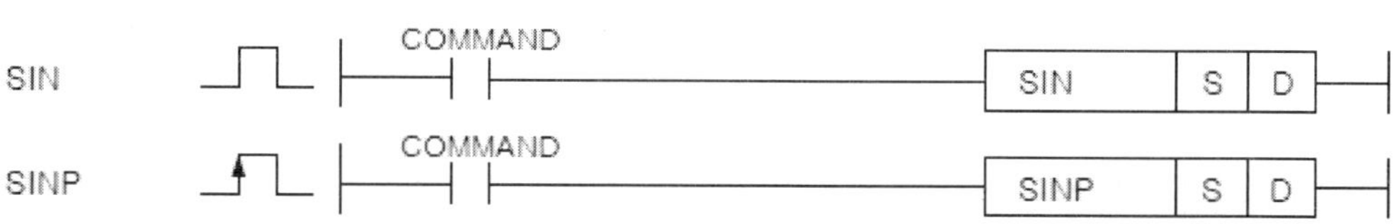

오퍼랜드	설 명	데이터 타입
S	Sine 연산의 각도 입력값(Radian)	LREAL
D	연산 결과를 저장할 디바이스 번호	LREAL

(1) SIN(Sine)

① S로 지정된 영역의 데이터 값을 SIN 연산을 해서 D에 저장한다. 이때, S와 D의 데이터 타입은 배장형 실수이고, 내부 연산은 배장형 실수로 변환해서 처

리한다.

② 입력값은 라디안값이며, 각도에서 라디안 변환은 RAD를 참고하시오.

③ S값이 1.047…(π/3 rad = 60°)일 때 연산결과는 0.8660…( )가 된다.

(2) 프로그램 예제

M0008, M0009에 입력한 각도를 라디안값으로 변환하여 M0000, M0001에 저장하고, 변환한 값에 의한 SIN 연산을 하여 M0004, M0005에 저장하는 프로그램이다.

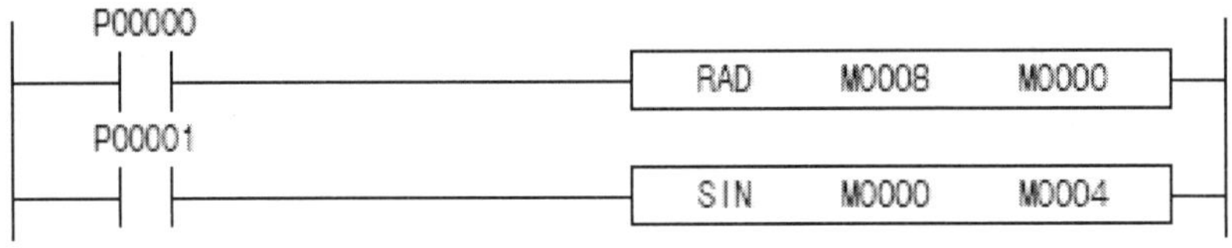

4.27.2 ASIN, ASINP

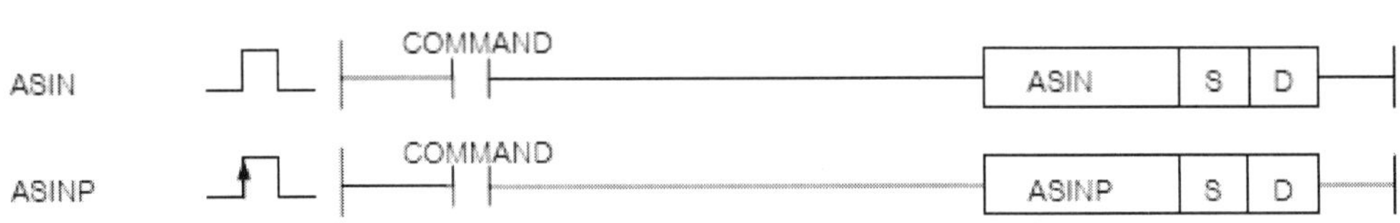

오퍼랜드	설 명	데이터 타입
S	Arc Sine 연산을 할 SIN 값이 저장된 디바이스 번호	LREAL
D	연산 결과(라디안값)를 저장할 디바이스 번호	LREAL

(1) ASIN(Arc Sine)

① S로 지정된 영역의 데이터 값을 ASIN 연산을 해서 D에 저장한다. 이때, S와 D의 데이터 타입은 배장형 실수이고, 내부 연산은 배장형 실수로 변환해서 처리한다.

② 출력값은 라디안값이며, 라디안에서 각도 변환은 DEG를 참고하시오.

③ S값이 0.8660...(32)일 때 연산결과는 1.0471...(π/3 rad = 60°)이다.

(2) 프로그램 예제

M0008, M0009에 입력한 SIN값을 ASIN 연산을 하여 연산결과(라디안값)을 M0000, M0001에 저장하고, M0000, M0001에 저장된 라디안값을 각도값으로 변환하여 M0004, M0005에 저장하는 프로그램이다.

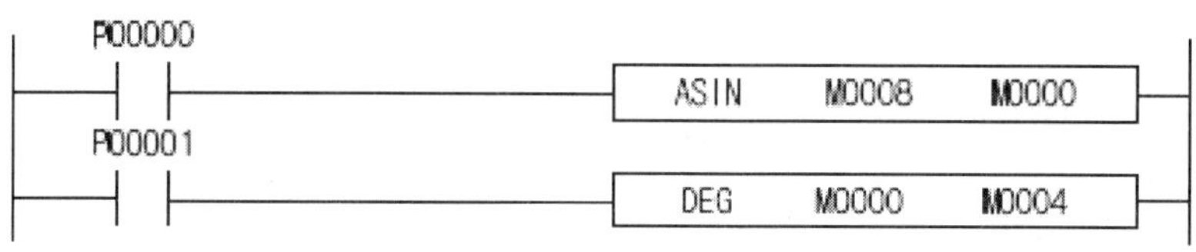

4.27.3 SQRT, SQRTP

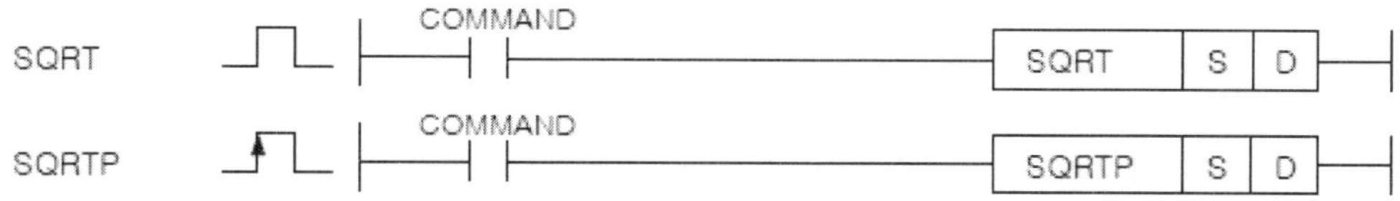

오퍼랜드	설 명	데이터 타입
S	SQRT 연산을 할 입력값	LREAL
D	연산 결과를 저장할 디바이스 번호	LREAL

(1) SQRT(Square Root)

① S으로 지정된 영역의 데이터를 제곱근 연산을 해서 D에 저장한다. 이때, S와 D의 데이터 타입은 배장형 실수이다.

② S가 음수인 경우 연산에러가 발생한다.

(2) 프로그램 예제

SQRT M0000 M0004 P00001 M0000, M0001에 입력값을 제곱근 연산하여 M0004, M0005에 저장하는 프로그램이다.

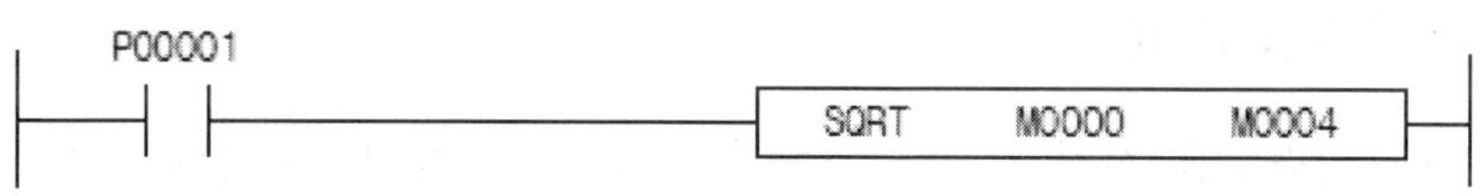

4.28 데이터 제어 명령

4.28.1 LIMIT, LIMITP, DLIMIT, DLIMITP

오퍼랜드	설 명	데이터 타입
S1	제어하고자 하는 입력값이 있는 디바이스 번호	INT/DINT
S2	출력값의 상한값	INT/DINT
S3	출력값의 하한값	INT/DINT
D	출력값을 저장할 디바이스 번호	INT/DINT

(1) LIMIT

① S1으로 지정된 입력값이 상하한으로 지정한 범위의 값 여부에 따라 제어된 출력값이 D로 저장된다.

② 출력조건

S1 < S3	이면,	D = S3
S3 < S1 < S2	이면,	D = S1
S2 < S1	이면,	D = S2

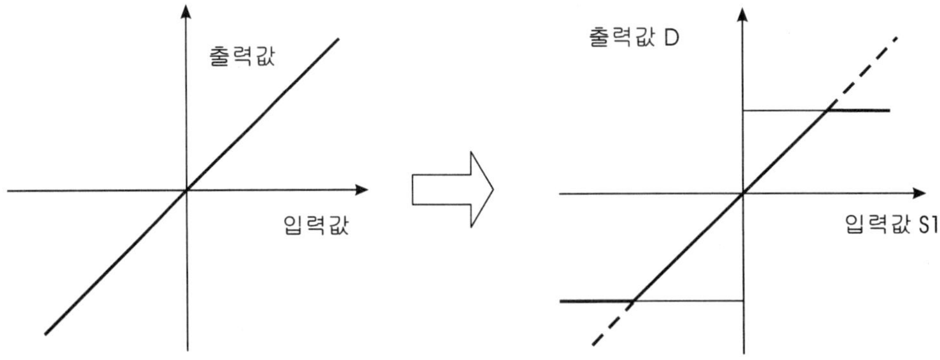

(2) 프로그램 예제

D00010에 입력값을 상한값 300, 하한값 −400으로 제한하여 D00040에 출력하는 프로그램이다.

D00010이 -500일 때, D00040=−400 (하한값 제한)

D00010이 -400일 때, D00040=−400

D00010이 -300일 때, D00040=−300

D00010이 -200일 때, D00040=−200

D00010이 0일 때, D00040=0

D00010이 200일 때, D00040=200

D00010이 300일 때, D00040=300

D00010이 400일 때, D00040=300 (상한값 제한)

D00010이 500일 때, D00040=300 (상한값 제한)

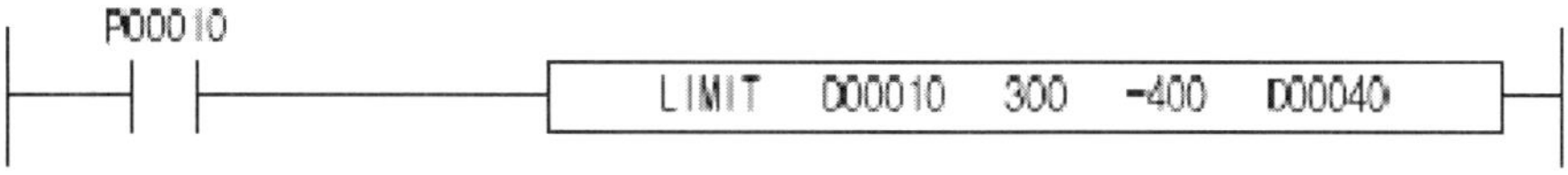

4.28.2 DZONE, DZONEP, DDZONE, DDZONEP

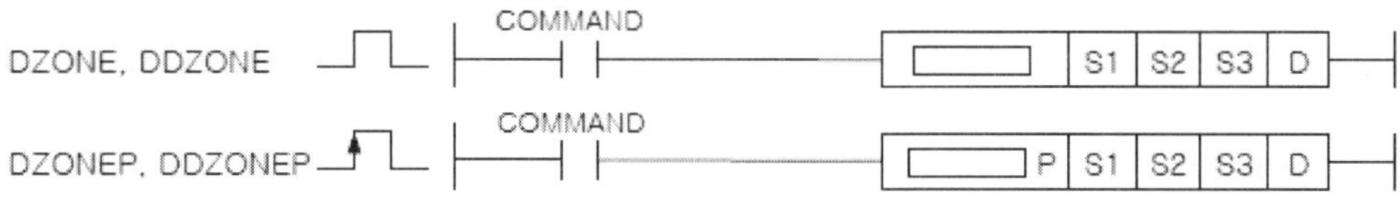

오퍼랜드	설 명	데이터 타입
S1	제어하고자 하는 입력값이 있는 디바이스 번호	INT/DINT
S2	Dead Zone의 가로 반경	INT
S3	Dead Zone내의 기울기[%], (0%=0, 100%=1)	INT
D	출력값을 저장할 디바이스 번호	INT/DINT

(1) DZONE

① S1으로 지정된 입력값이 Dead Zone의 가로 반경과 기울기에 따라 변환된 출력값이 D로 저장된다.

② 출력조건

$S1 < -S2$ 이면, $D = S1 - \frac{S3}{100}$ ′ $S2 + S2$

$-S2 < S1 < S2$ 이면, $D = \frac{S3}{100}$ ′$S1$

$S2 < S1$ 이면, $D = S1 + \frac{S3}{100}$ ′$S2 - S2$

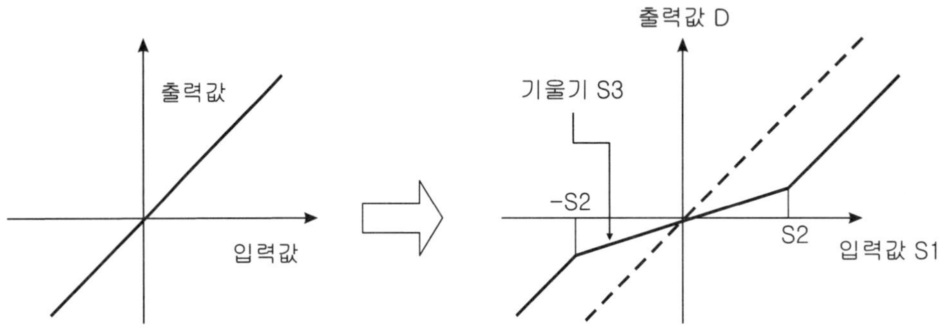

(2) 프로그램 예제

D00011에 입력값을 가로 반경 −300~300과 기울기 50으로 변환하여 D00021에 출력하는 프로그램이다.

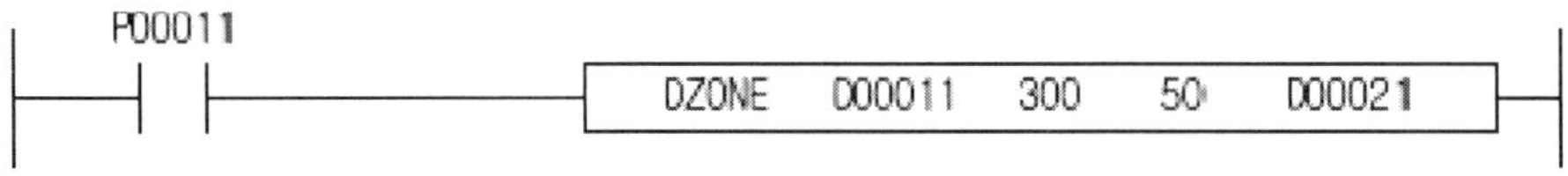

D00010이 −500일 때, D00040=−350 D00010이 −400일 때, D00040=−250

D00010이 −300일 때, D00040=−150 D00010이 −200일 때, D00040=−100

D00010이 0일 때, D00040=0 D00010이 200일 때, D00040=100

D00010이 300일 때, D00040=150 D00010이 400일 때, D00040=250

D00010이 500일 때, D00040=350

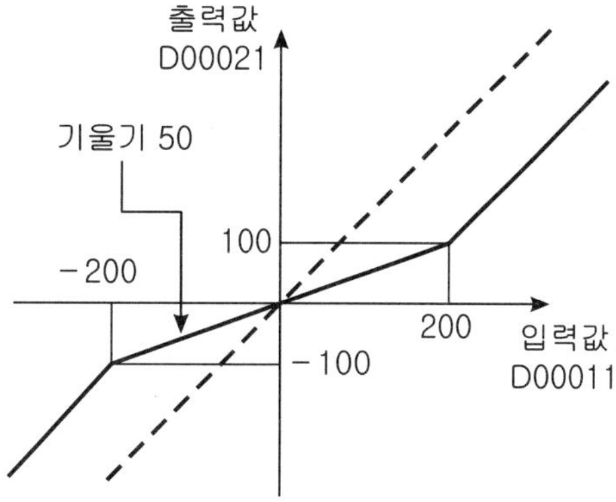

4.29 시간관련 명령

4.29.1 DATERD, DATERDP

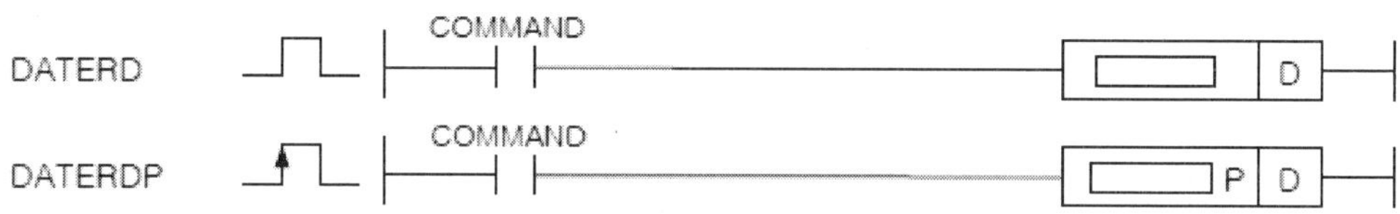

오퍼랜드	설 명	데이터 타입
D	전송된 데이터를 저장할 디바이스 번호	WORD

(1) DATERD(Date Read)

① PLC의 날짜와 시간 데이터를 읽어 와서 D에 저장한다.

시간 데이터 ⇨

b15 ··· b8	b7 ··· b0	
월	년	D
시	일	D+1
초	분	D+2
백년	요일	D+3

② 모든 시간 데이터 값은 BCD형태로 제공된다.

③ 위 그림에서 '백년'은 년도에서 천단위와 백단위를 나타낸다.

예를 들어, 현재 PLC 시계가 2004년 10월 15일 14시 59분 40초 금요일이라면,

다음과 같은 결과가 저장된다.

b15-----b8	b7-----b0	
H10	H04	D
H14	H15	D+1
H40	H59	D+2
H20	H04	D+3

④ 요일 설명 : 0-일, 1-월, 2-화, 3-수, 4-목, 5-금, 6-토

(2) 프로그램 예제

PLC의 날짜와 시간데이터를 읽어 와서 P1000~P1003에 저장하는 프로그램이다.

년 ---- P10000~P10007
월 ---- P10008~P1000F
일 ---- P10010~P10017
시 ---- P10018~P1001F
분 ---- P10020~P10027
초 ---- P10028~P1002F
요일 --- P10030~P10037
백년 --- P10038~P1003F

4.29.2 DATEWR, DATEWRP

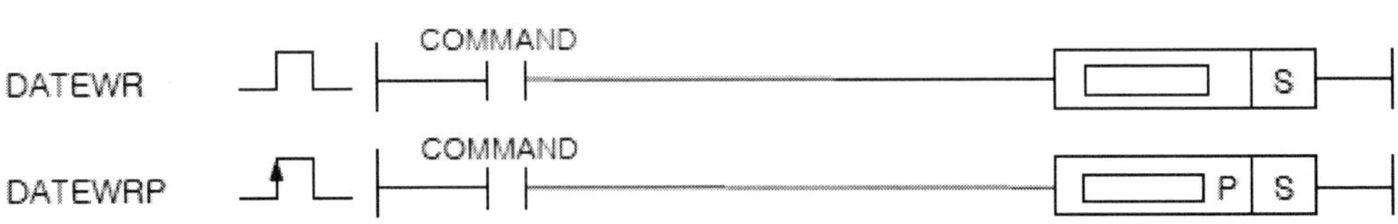

오퍼랜드	설 명	데이터 타입
S	시간 데이터가 들어있는 디바이스 번호	WORD*4

(1) DATEWR(Date Write)

① S, S+1, S+2, S+3으로 지정된 영역의 시간 데이터 값으로 PLC의 시계를 설정한다.

② 모든 시간 데이터 값은 BCD 형태로 제공된다.

③ 요일 설명 : 0-일요일, 1-월요일, 2-화요일, 3-수요일, 4-목요일, 5-금요일, 6-토요일

b15 ---- b8	b7 ---- b0	
월	년	S
시	일	S+1
초	분	S+2
백년	요일	S+3

⇨ 시간 데이터

(2) 프로그램 예제

명령어가 실행되면 P1000~P1003의 시계 데이터를 PLC에 입력하는 프로그램이다.

년 ---- P10000~P10007

월 ---- P10008~P1000F

일 ---- P10010~P10017

시 ---- P10018~P1001F

분 ---- P10020~P10027

초 ---- P10028~P1002F

요일 -- P10030~P10037

백년 -- P10038~P1003F

4.30 분기 명령

4.30.1 JMP, LABEL

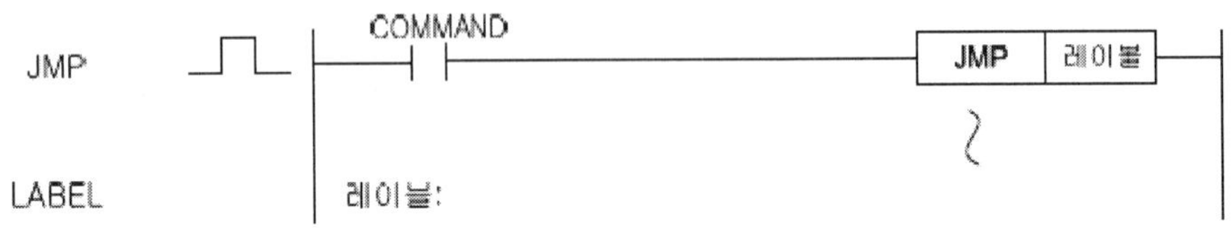

오퍼랜드	설 명	데이터 타입
레이블	점프할 위치의 레이블(영문 : 16자, 한글 : 8자 사용가능)	STRING

(1) JMP

① JMP(레이블) 명령의 입력접점이 On 되면 지정 레이블(LABEL) 이후로 Jump 하며 JMP와 레이블 사이의 모든 명령은 처리되지 않는다.

② 레이블은 중복되게 사용할 수 없다. JMP는 중복사용 가능하다.

③ 비상사태 발생시 처리해서는 안되는 프로그램을 JMP와 레이블 사이에 넣으면 좋다.

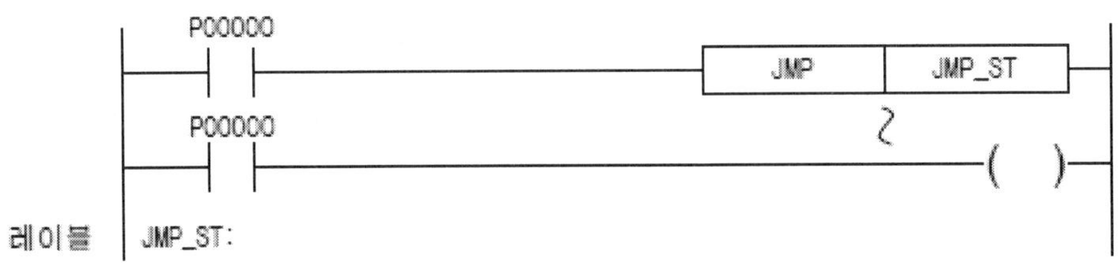

(2) 프로그램 예제

① 입력신호 P00001을 On하였을 때 JMP SKIP과 레이블 SKIP 사이의 프로그램을 실행하지 않는 프로그램이다.

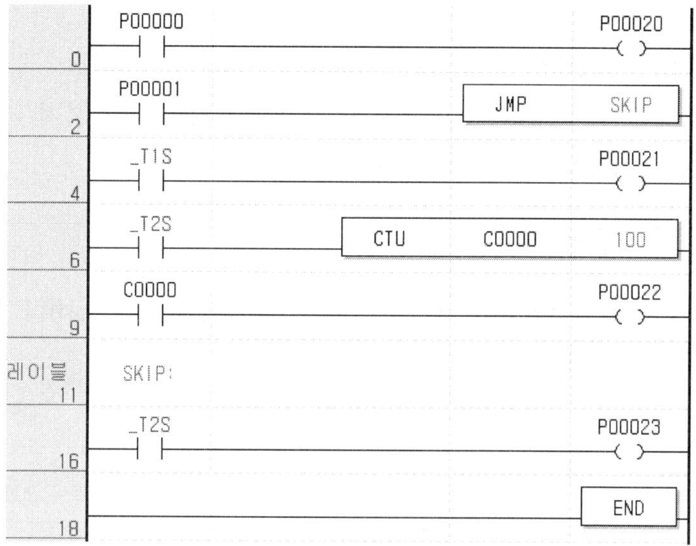

4.30.2 CALL, CALLP, SBRT, RET

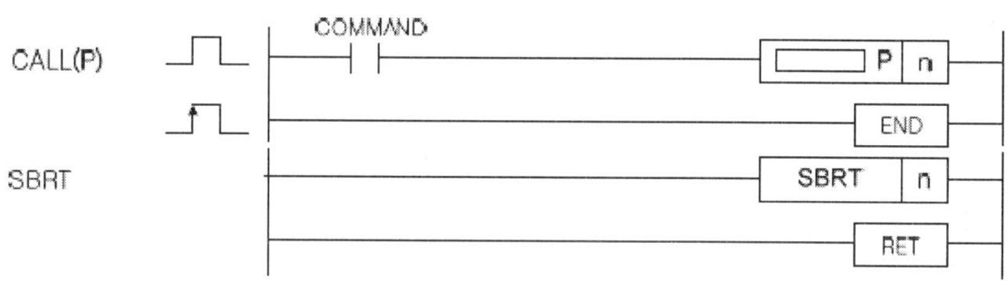

오퍼랜드	설 명	데이터 타입
n	호출할 함수의 문자열(영문 : 16자, 한글 : 8자 사용가능)	STRING

(1) CALL

① 프로그램 수행중 입력 조건이 성립하면 CALL n 명령에 따라 SBRT n~RET 명령 사이의 프로그램을 수행한다.

② CALL No.는 중첩되어 사용 가능하며 반드시 SBRT n~RET 명령 사이의 프로그램은 END 명령 뒤에 있어야 한다.

③ 에러 처리가 되는 조건

· 전체 SBRT의 개수가 XGK는 512개, XGB는 128개를 넘을 경우 : 프로그램 다

운로드가 안된다.

· CALL n이 있고 SBRT n이 없는 경우

④ SBRT내에서 다른 SBRT를 Call하는 것이 가능하며, 16회까지 가능하다.

⑤ SBRT내에서 CALL문은 END 다음에 위치할 수 있다.

(2) 프로그램 예제

입력 신호 P0002를 On하였을 때 CALL INC_0가 수행되어, SBRT INC_0~RET 명령 사이의 프로그램을 수행하는 프로그램이다.

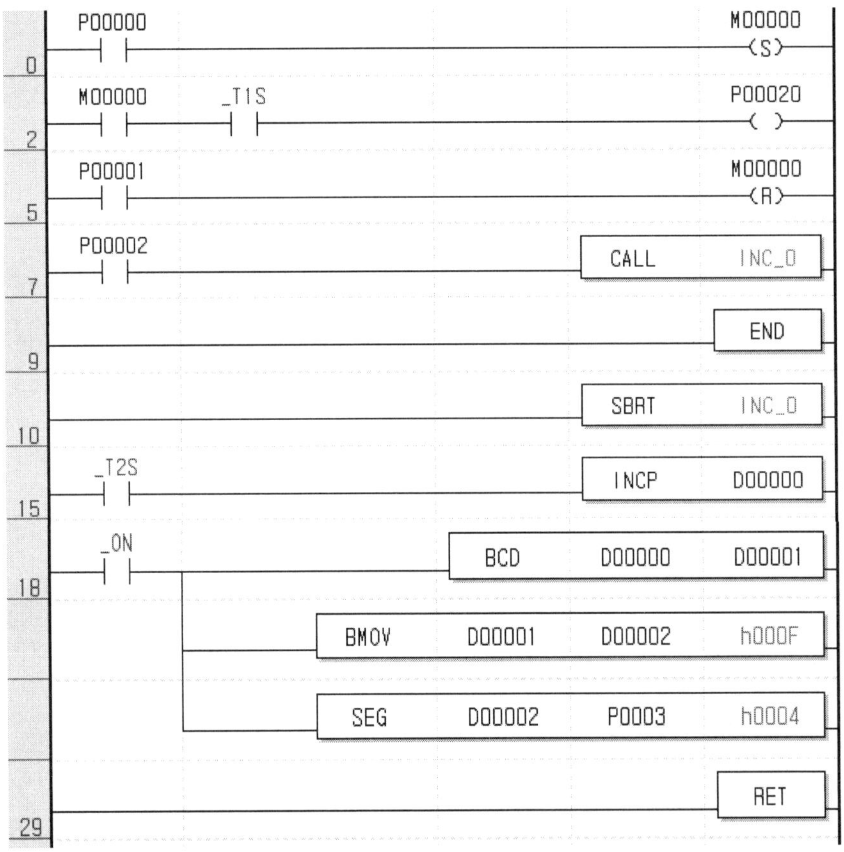

4.31 루프 명령

4.31.1 FOR, NEXT

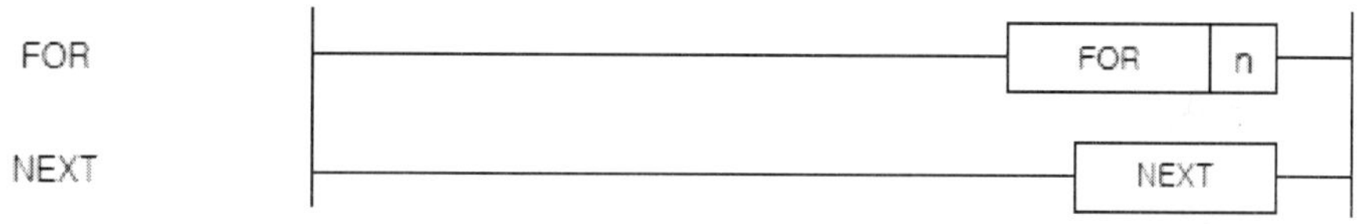

오퍼랜드	설 명	데이터 타입
n	FOR~NEXT를 수행할 횟수	WORD

(1) FOR~NEXT

① PLC가 RUN 모드에서 FOR를 만나면 FOR~NEXT 명령간의 처리를 n회 실행한 후 NEXT 명령의 다음 스텝을 실행한다.

② n은 0~65535까지 지정 가능하다.

③ FOR~NEXT의 가능한 NESTING 개수는 16개까지 이다. 이를 초과시에는 프로그램 다운로드가 되지 않는다.

④ FOR~NEXT 루프를 빠져 나오는 다른 방법은 BREAK 명령을 사용한다.

⑤ 스캔 시간이 길어질 수 있으므로, WDT(Watch Dog Timer)명령을 사용하여 WDT 설정치를 넘지 않도록 주의한다.

(2) 프로그램 예제

PLC가 RUN 모드에서 FOR~NEXT 사이를 2회 수행하는 프로그램이다.

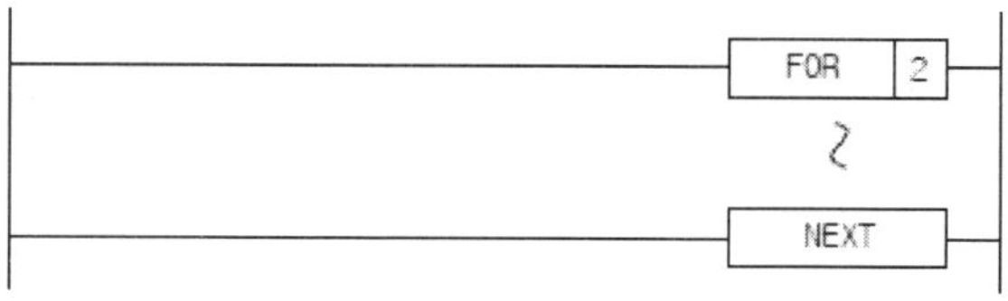

4.31.2 BREAK

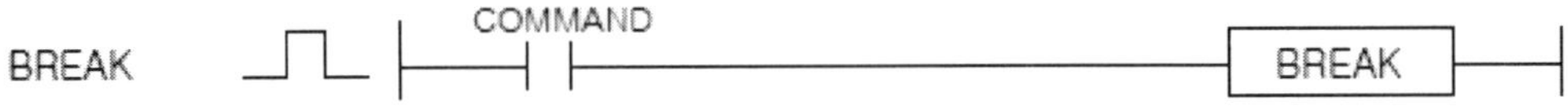

(1) BREAK

① FOR~NEXT 구문내에서 빠져 나오는 기능을 한다.

② BREAK 명령은 단독으로 사용될 수 없다. 반드시 FOR~NEXT 사이에서만 사용 가능하다. FOR~NEXT 사이에 사용되지 않았을 경우, 프로그램 오류로 프로그램 다운로드가 되지 않는다.

(2) 프로그램 예제

① P00002가 On 되면 내부의 10회 FOR~NEXT 루프를 무시하고 '루프종료' 위치로 빠져나와 연산을 계속 실행한다.

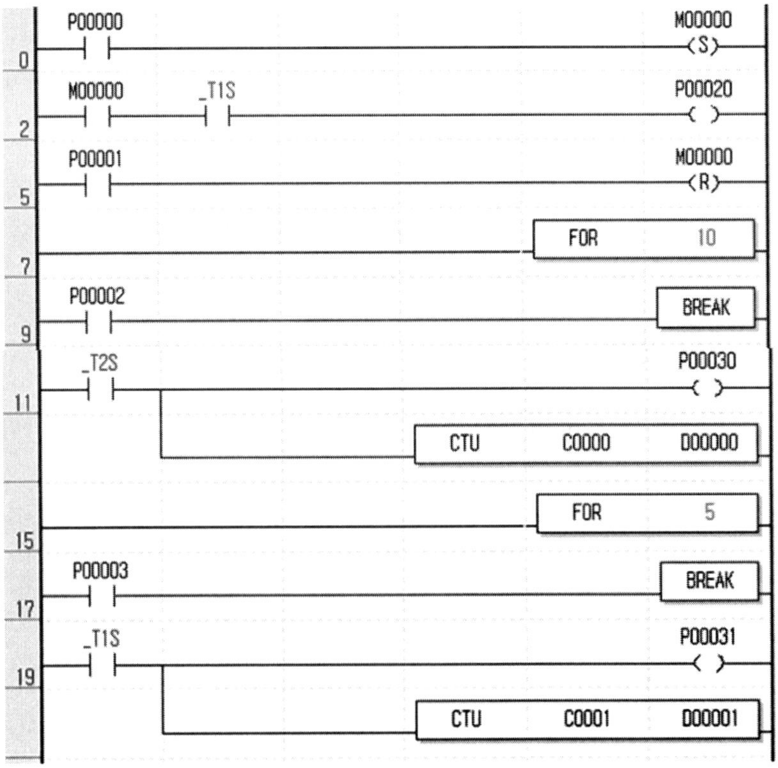

4.32 캐리 플래그 관련 명령

4.32.1 STC, CLC

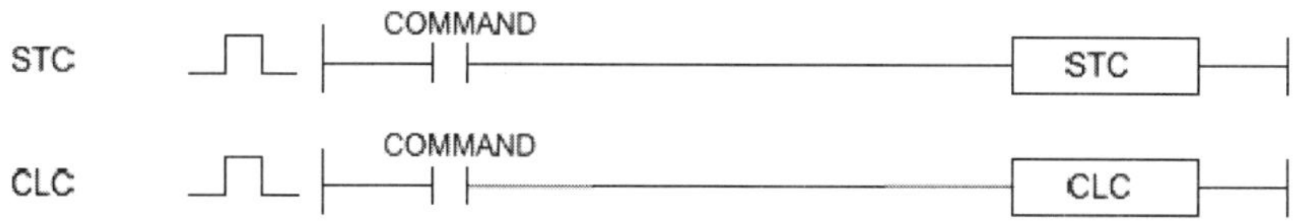

플래그	내 용	디바이스 번호
캐리	STC일 때는 실행조건이 On이면 셋(Set) CLC일 때는 실행조건이 On이면 리셋(Reset) STC나 CLC 실행조건이 Off이면 변화없음	F112

(1) STC(셋(Set) Carry Flag)

입력조건이 On하면 캐리 플래그(F112)를 셋(On)시킨다.

(2) CLC(Clear Carry Flag)

입력조건이 On하면 캐리 플래그(F112)를 클리어(Off)시킨다.

(3) 프로그램 예제

입력 M00000을 On하면 캐리 플래그(F112)를 셋(On)하는 프로그램

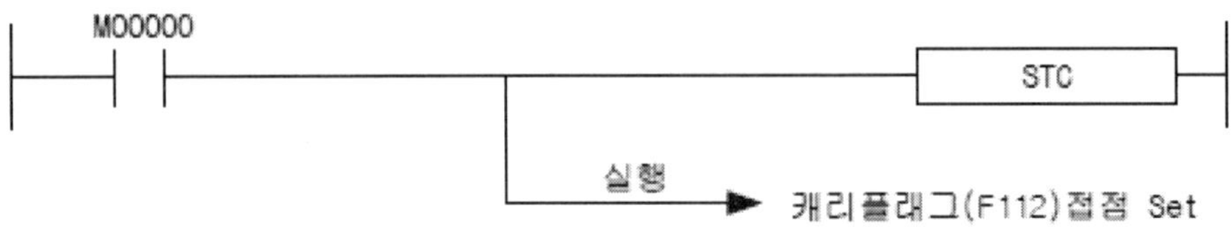

입력 M00001을 On하면 캐리 플래그(F112)가 셋(Set)된 것을 클리어하는 프로그램

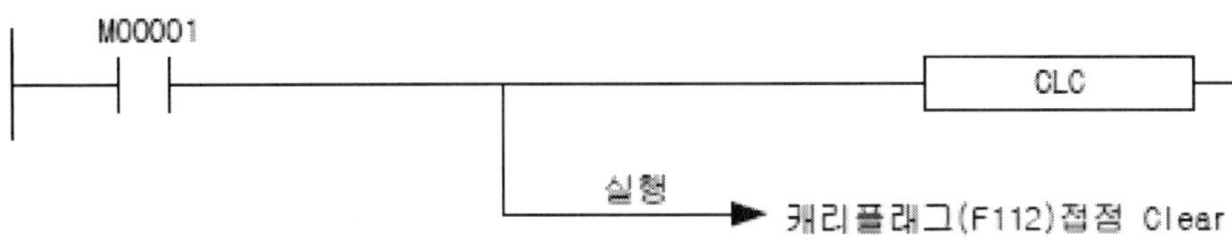

4.32.2 CLE

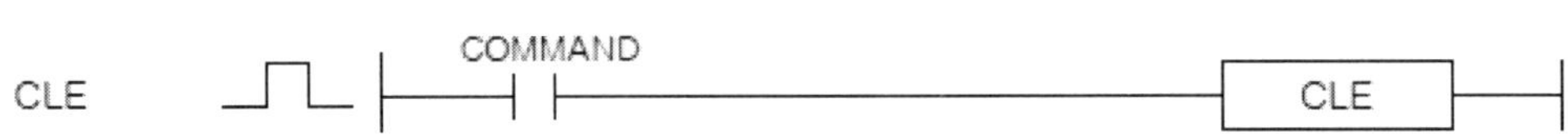

(1) CLE(Clear Latch Error Flag)

입력조건이 On 하면 에러 래치 플래그(F115)를 리셋(Reset)(Off)시킨다.

(2) 프로그램 예제

① 입력조건 M0001이 On되면 에러 래치 플래그인 F115를 클리어한다.

4.33 시스템 명령

4.33.1 FALS

오퍼랜드	설 명	데이터 타입
N	F영역(F0014)에 저장될 번호	WORD

(1) FALS

① N을 F영역의 지정된 주소에 저장한다.

② N은 h0000~hFFFF까지 지정이 가능하며 해제되기 전까지는 최초에 발생한 N이 저장된다.

③ FALS의 해제는 FALS 0000으로 실행한다.

(2) 프로그램 예제

입력 신호 P00000을 On하였을 때 D01000에 저장된 데이터를 F0014에 저장하는 프로그램이다.

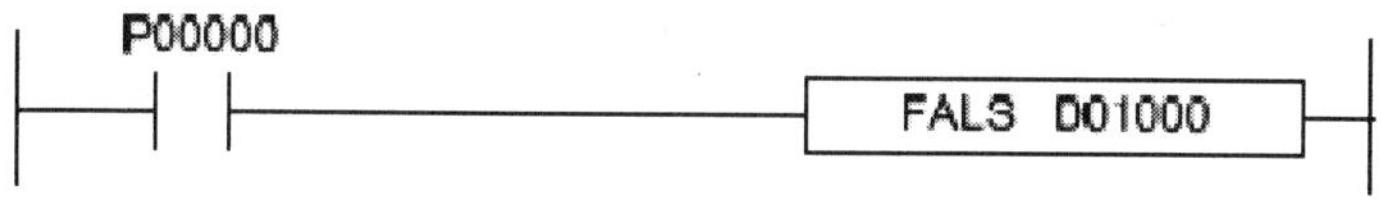

4.33.2 DUTY

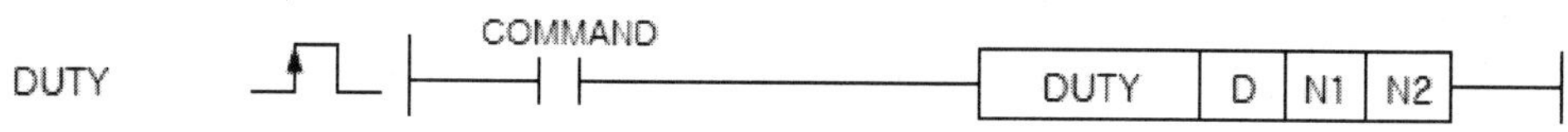

오퍼랜드	설 명	데이터 타입
D	F100~F107	BIT
N1	On 될 스캔 수	WORD
N2	Off 될 스캔 수	WORD

(1) DUTY

① D로 지정된 User용 타이밍 펄스 F영역(F100~F107)을 N1 스캔동안 On, N2 스캔 동안 Off 하는 펄스를 발생시킨다.
② 초기 입력 조건이 Off 된 때는 타이밍 펄스(F100~F107)는 Off 되어 있다.
③ N1=0이면 타이밍 펄스는 항상 off이다.
④ N1>0, N2=0이면 타이밍 펄스는 항상 On이다.
⑤ 입력 조건이 On 되어 DUTY 명령어가 동작해서 타이밍 펄스가 발생하기 시작하면, DUTY의 입력조건이 Off 되어도 타이밍 펄스는 계속해서 발생한다.

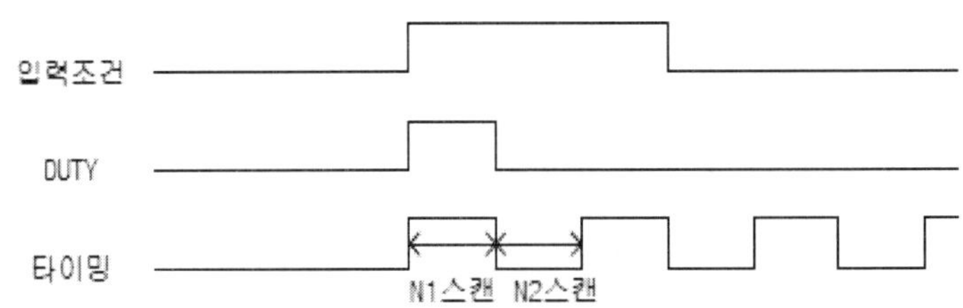

(2) 프로그램 예제

입력 신호 P00000을 On 하였을 때 F00100가 3스캔동안 On, 1스캔동안 Off하는 타이밍 펄스를 발생시키는 프로그램이다.

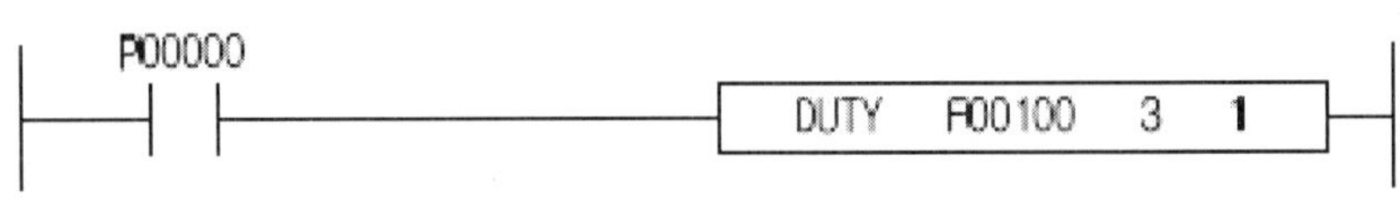

※ 알기
런 중 수정을 통해 특정 타이밍 펄스에 해당하는 DUTY 명령을 제거해도 타이밍 펄스는 계속해서 동작한다.

4.33.3 TFLK

오퍼랜드	설 명	데이터 타입
D1	설정시간으로 On/Off 시킬 비트 번호	BIT
S1	D1으로 설정될 비트를 On 시킬 시간	WORD
S2	D1으로 설정될 비트를 Off 시킬 시간	WORD
D2	(D2+0) : 수행중인 현재시간 (D2+1) : 사용할 시간 단위 설정 (0~1ms, 1~10ms, 2~100ms, 3~1s) (D2+2)~(D2+3) : 시스템 영역(word*2)	WORD

(1) TFLK

① 입력 접점이 On 되었을 때, D1으로 지정된 비트를 S1 시간동안 On시켰다가 S2 시간동안 Off시키는 명령어이다.

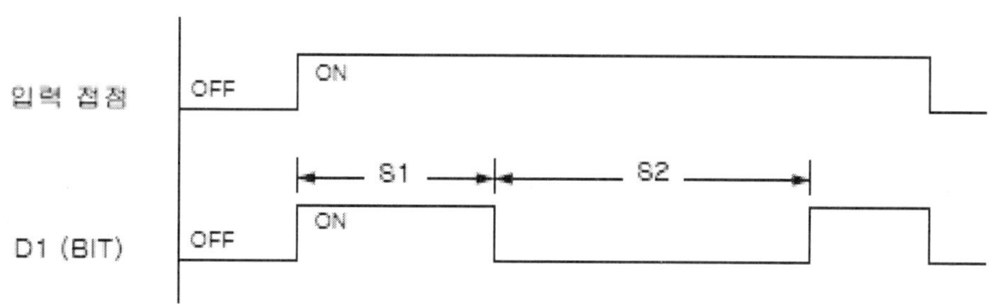

② 접점이 Off 되면 D2로 지정된 수행중인 현재시간은 초기화되고, D1으로 설정한 비트값도 Off된다. 다시 접점을 On 시키면 처음부터 다시 명령어를 수행한다.

③ D2+1 영역에 사용할 시간단위를 설정한다.
0.1ms, 1.10ms, 2.100ms, 3.1s, 4 이상일 경우 에러 없고, 모두 1s로 설정된다.

④ 이 명령어 수행을 위해서 2워드의 시스템 영역이 필요하다. 이를 위해 D2+2, D2+3워드 영역을 명령어 내부에서 사용한다. 따라서 D2 설정시에는 각 디바이스의 범위를 고려해서 설정해야 한다.

(2) 프로그램 예제

① 입력조건 P00000이 On 되면 P070000 비트를 P1000 시간동안 On, P1100 시간동안 Off 시키는 프로그램

② P1200에는 수행중인 현재시간이 저장되고, P1201에는 수행할 시간단위를 설정한다.

③ P1202, P1203은 명령어 내부에서 사용한다.

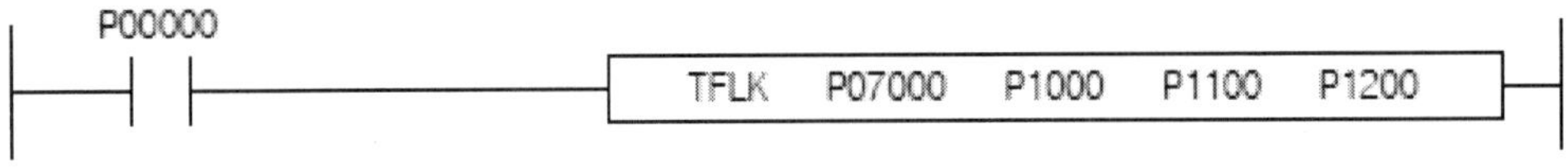

④ 입력조건 P00000이 On 되면 P00040 비트를 1s동안 On, 2s동안 Off시키는 프로그램이다.

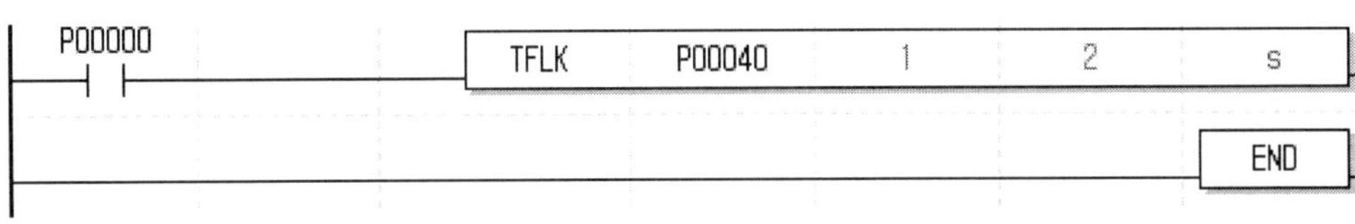

> ※ 주의
>
> TFLK 명령은 접점이 On 되지 않아도 내부적으로 처리되는 부분이 있으므로, 간접지정(#)이나 인덱스([Z]) 사용시 주의한다.
>
> 예를들어, TFLK 명령의 오퍼랜드 중 하나에 M100[Z10]을 사용하고 Z10의 값이 M 영역의 범위를 벗어날 수 있는 1947을 초과한 값이면 접점이 On 되지 않았어도 에러가 발생하게 된다.

4.33.4 OUTOFF

OUTOFF

(1) OUTOFF

① 입력 조건이 성립하면 전출력을 Off 시키고, 내부 연산은 계속되며 F 영역중 F113(전출력 Off) 플래그를 셋(Set)시킨다.

② 입력조건이 해제되면 정상출력한다.

(2) 프로그램 예제

① 입력조건 P00000이 On 되면 출력 전체를 Off시키고, 전출력 Off 플래그(F113)을 On 시킨다.

② 입력조건 P00000이 Off 되면 정상 출력한다.

4.33.5 ESTOP

ESTOP 

(1) ESTOP(Emergency Stop)

① ESTOP 명령어가 수행되면 곧바로 PLC의 운전을 정지시킨다.

② 비상시 사용될 수 있는 명령어이다.

(2) 프로그램 예제

입력조건 P00000이 On 되면 ESTOP 명령어 수행되는 곧바로 시스템의 운전을 정지한다.

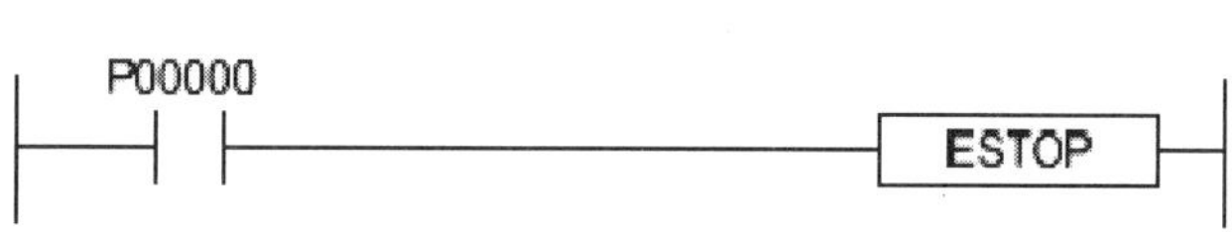

4.33.6 INIT_DONE

(1) INIT_DONE(Initial Task Done)

① 초기화 태스크를 종료시키는 명령어이다.

② 초기화 태스크 프로그램 작성시에는 반드시 이 명령어를 사용해서 초기화 태스크 프로그램을 종료시켜야 한다. 그렇지 않을 경우, 초기화 태스크 프로그램을 종료할 수 없게 되고 스캔 프로그램으로 진입할 수 없다.

(2) 프로그램 예제

① P00000 접점이 On 되면 초기화 태스크가 종료되는 프로그램이다.

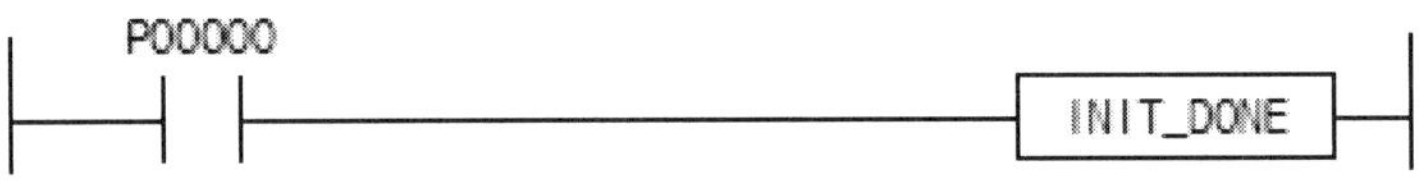

4.34 인터럽트 관련 명령

4.34.1 EI, DI

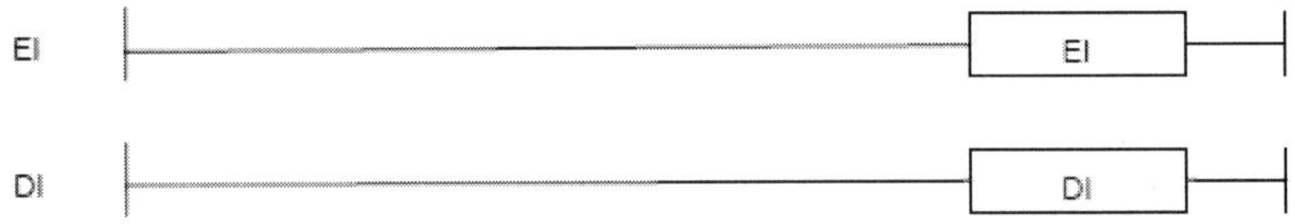

(1) EI

작성된 모든 태스크 프로그램이 실행된다.

(2) DI

작성된 모든 태스크 프로그램이 실행되지 않는다.

(3) 프로그램 예제

프로젝트내에 있는 모든 정주기 및 내부접점 태스크 프로그램을 실행시키는 프로그램이다.

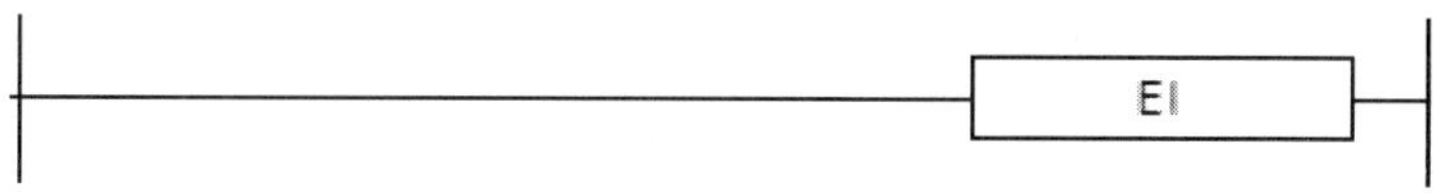

4.34.2 EIN, DIN

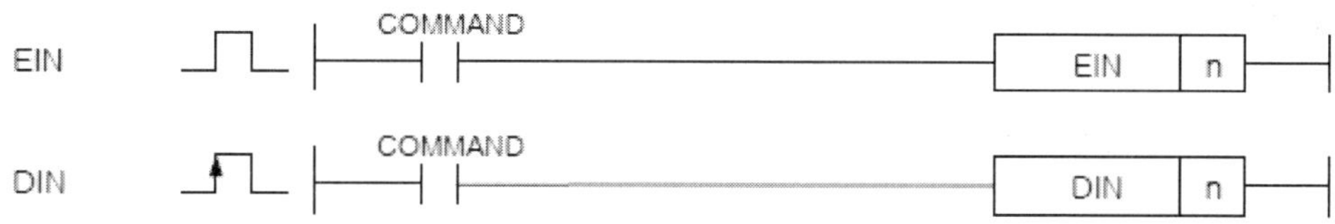

(1) EIN

① n으로 지정된 태스크 프로그램을 실행시킨다.

(2) DIN

① n으로 지정된 태스크 프로그램을 중지시킨다.

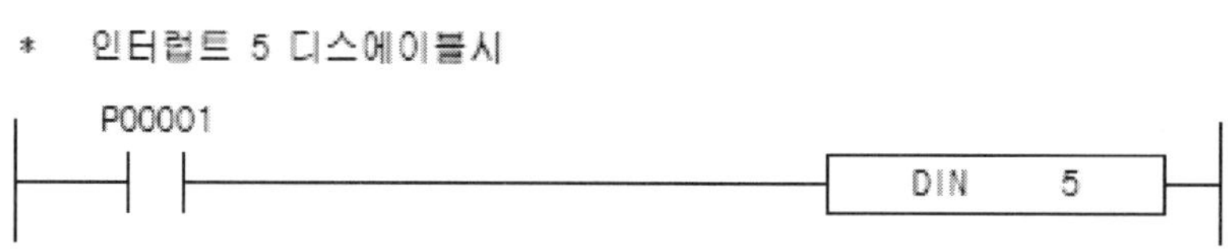

※ 알기

태스크 번호는 다음과 같다.

태스크	XGK	XGB
정주기 태스크	0~31	0~7
외부접점 태스크	32~63 (XGK 시리즈에서는 설정 불가)	8~15
내부접점 태스크	64~95	16~23

4.35 부호 반전 명령

4.35.1 NEG, NEGP, DNEG, DNEGP

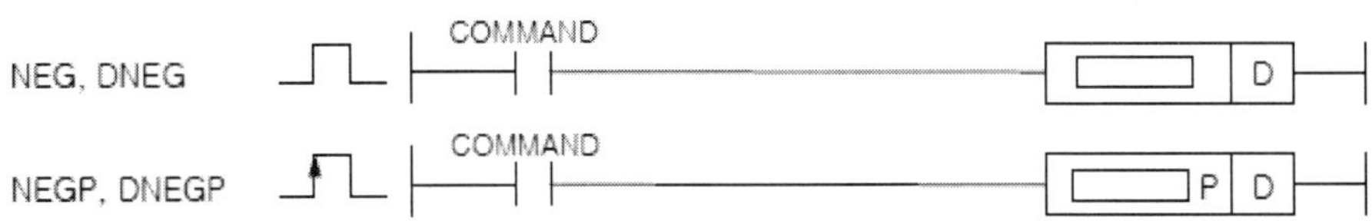

오퍼랜드	설 명	데이터 타입
D	부호변환을 하고자하는 영역	WORD/DWORD

(1) NEG(Word Negative)

① D로 지정된 영역의 내용을 부호 변환하여 D영역에 저장한다.

② 모니터링 보기 옵션을 Sign으로 볼 때 모니터링 가능하며, 음수로 변환된 값은 Sign 연산에서만 유용한다.

구 분	실 행 전	실 행 후
영 역	D0010	D0010
데이터	-30 (hFFE2)	30 (h001E)

(2) DNEG(Double Word Negative)

① D, D+1로 지정된 영역의 내용을 부호 변환하여 D, D+1영역에 저장한다.

② 모니터링 보기 옵션을 Sign으로 볼 때 모니터링 가능하며, 음수로 변환된 값은 Sign 연산에서만 유용한다.

구 분	실 행 전	실 행 후
영 역	D0010, D0011	D0010, D0011
데이터	-30 (hFFFFFFE2)	30 (h0000001E)

(3) 프로그램 예제

① D0020값을 음수로 변환하여 Sign연산하는 프로그램이다.

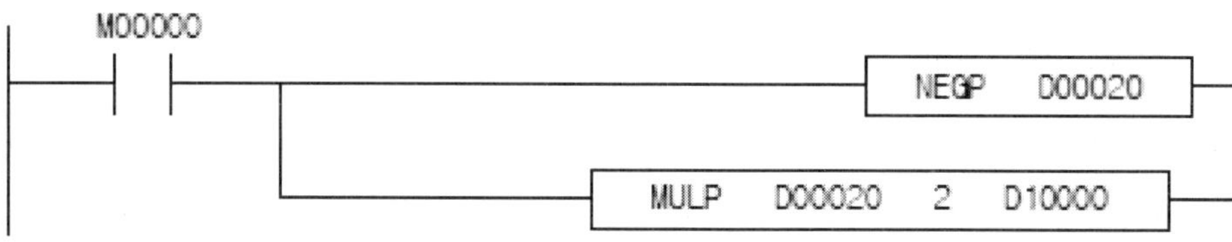

4.35.2 RNEG, RNEGP, LNEG, LNEGP

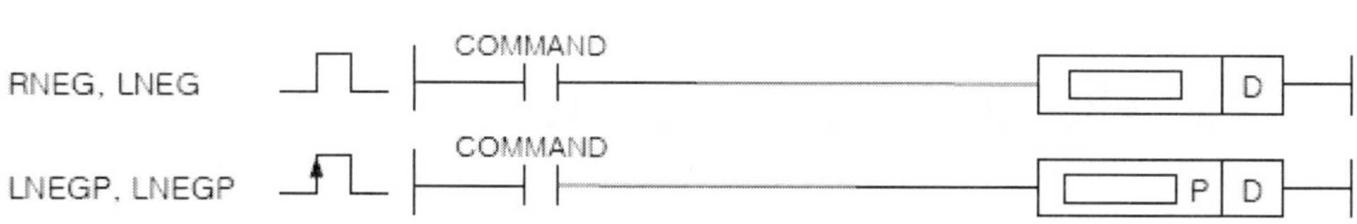

오퍼랜드	설 명	데이터 타입
D	부호변환을 하고자하는 영역	REAL/LREAL

(1) RNEG(Real Negative)

① D로 지정된 영역의 내용을 부호 변환하여 D 영역에 저장한다.

② RNEG는 단장형 실수의 부호반전에 사용된다.

실행 전	실행 후
-3.383240094	3. 383240094

(2) LNEG(Long real Negative)

① D로 지정된 영역의 내용을 부호 변환하여 D 영역에 저장한다.

② LNEG 는 배장형 실수의 부호반전에 사용된다.

실행 전	실행 후
-3.3832400941234567	3. 3832400941234567

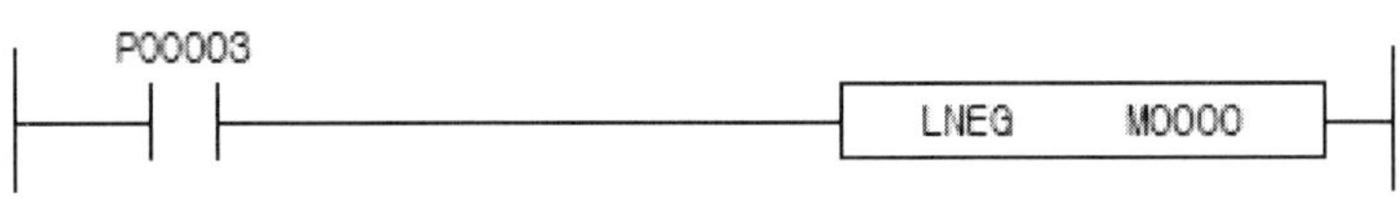

(3) 프로그램 예제

RNEG P1000 P00000 입력조건 P00000이 On 되면 P1000, P1001에 입력한 실수를 부호 반전하여 P1000, P1001에 저장하는 프로그램이다.

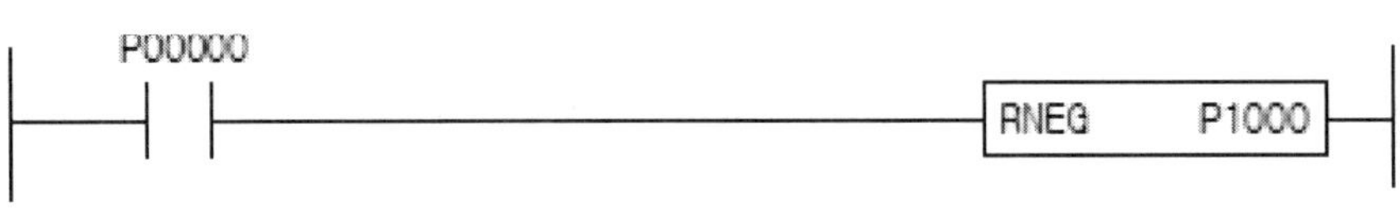

4.35.3 ABS, ABSP, DABS, DABSP

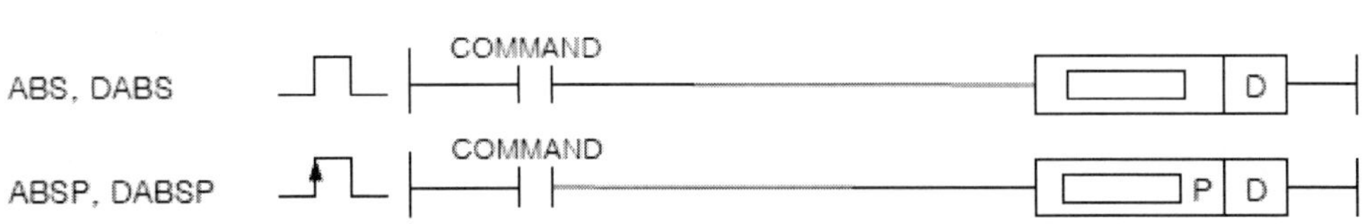

오퍼랜드	설 명	데이터 타입
D	절대값 변환을 하고자하는 영역	WORD/DWORD

(1) ABS(Absolute Value)

① D로 지정된 영역의 값을 절대값 변환을 취해 다시 D 영역에 저장한다.

구 분	실행 전	실행 후
영 역	D0010	D0010
데이터	-00030(hFFE2)	00030(h001E)

(2) DABS(Double Absolute Value)

① D, D+1로 지정된 영역의 값을 절대값 변환을 취해 D, D+1영역에 저장한다.

(3) 프로그램 예제

입력조건 P00000이 On 되면 P1000값을 절대값 변환하여 다시 P1000 영역에 저장하는 프로그램이다.

4.36 파일 관련 명령어

4.36.1 RSET, RSETP

(1) RSET(R_No. set)

① 설정된 블록 번호를 S로 지정된 블록 번호로 전환한다. 현재 설정된 블록번호는 F158을 읽어보면 알 수 있다.
② STOP상태에서 RUN으로 전환할 경우, 블록 번호는 0으로 초기화 된다.
③ S값이 최대 블록번호를 넘어갈 경우 에러 플래그(F110)를 셋(Set)한다.

(2) 프로그램 예제

입력조건 P00000이 On 되면 설정된 블록 번호를 P1000에 설정된 블록 번호로 전환하는 프로그램이다.

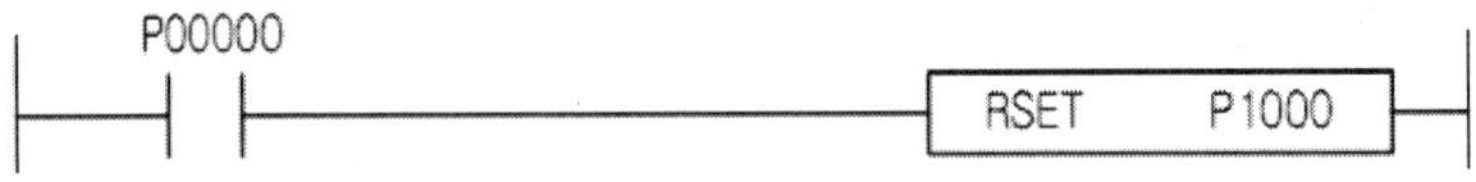

※ 알기
전환 가능한 블록 번호는 다음과 같다.
XGK-CPUH/XGK-CPUA : 0~1
XGK-CPUS/XGK-CPUE : 0
따라서 XGK-CPUS의 경우, RSET 명령어는 사용하지 않아도 된다.

4.37 F영역 제어 명령

4.37.1 FSET

(1) FSET

① 이 명령은 특수 릴레이 영역인 F영역 중 F10240~F2047F 사이의 비트를 셋(Set)하는 명령이다.
② 이 명령으로 제어 가능한 F영역은 다음과 같다.

(2) 접점 용도

① F10240(XGB는 지원안함) : 시계 정보 데이터 영역인 F1034~F1037에 각 영역에 맞는 시계 데이터를 옮긴 후 F10240 비트를 FSET 명령을 이용해 On시키면 F1034~F1037 영역의 시계 데이터가 PLC의 RTC 값으로 반영된다. 이때, 셋(Set)되었던 F10240 비트는 RTC에 데이터가 반영된 이후 자동리셋 된다.
② F10241(XGB : F2001) : _SCAN_MAX, _SCAN_MIN, _SCAN_CUR 값을 초기화시킨다.
③ F10242(XGB : F2002) : 이 비트가 셋(Set)되면 F1026 영역에 있는 값이 0이 아닐 경우, 중고장 에러가 발생한다. 중고장 에러가 발생하면 PLC 운전상태는 에러상태가 된다.
④ F10243(XGB : F2003) : F10242 비트와 마찬가지로 이 비트가 셋(Set)되면 F1027 영역에 있는 값이 0이 아닐 경우, 경고장 경고가 발생한다. 경고장 경고

가 발생하면, CPU 모듈의 P.S. LED와 CHK LED가 On 된다. 이 경고를 해제할려면 F1027 영역에 0을 쓰고 다시 F10242 비트를 셋(Set)시키면 해제된다. F10242, F10243에 대한 자세한 설명은 CPU 설명서의 6.7장을 참조한다.

(3) 프로그램 예제

① 외부기기와 연결된 P00000 접점이 On 되었을 때, F1027(_ANC_WAR)에 100을 쓰고 경고장 플래그를 셋(Set)하는 프로그램이다.

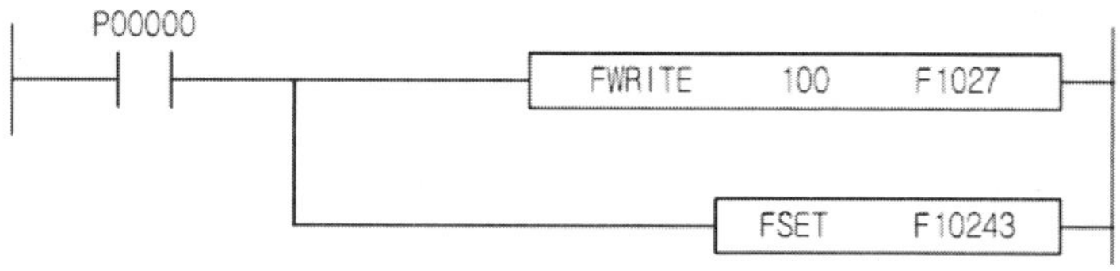

4.38 워드 영역의 비트 제어 명령

4.38.1 LOADB, LOADBN

(1) LOADB

① 이 명령은 워드 데이터(S)의 n번째 비트를 현재의 연산결과로 가져온다.

② n값의 하위 4비트만을 취해서 비트 위치를 결정한다. 따라서 n값이 워드크기를 벗어날 경우 에러가 발생하지 않는다.

(2) LOADBN

① 이 명령은 워드 데이터(S)의 n번째 비트를 반전해서 현재의 연산결과로 가져온다.

② n값의 하위 4비트만을 취해서 비트 위치를 결정한다. 따라서 n값이 워드크기를 벗어날 경우 에러가 발생하지 않는다.

(3) 프로그램 예제

D00001의 4번째 비트가 1이 되면 P0001D가 On 되는 프로그램이다.

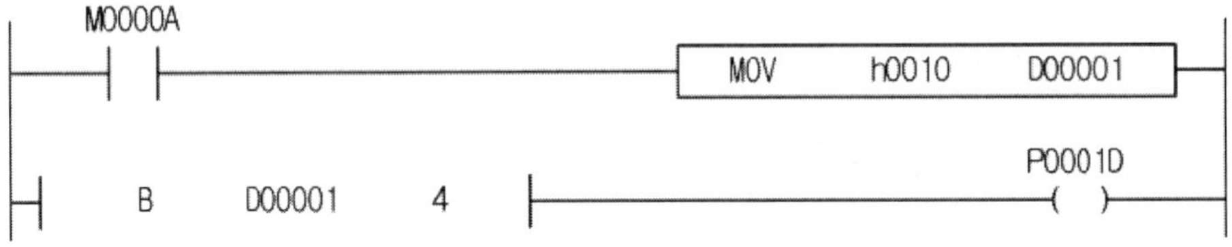

D00001의 5비트가 0이 되면 P0001E가 On 되는 프로그램이다.

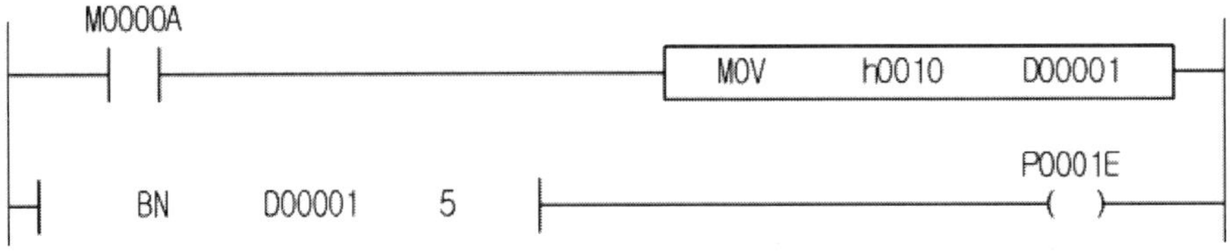

4.39 특수 모듈 관련 명령

4.39.1 GET, GETP

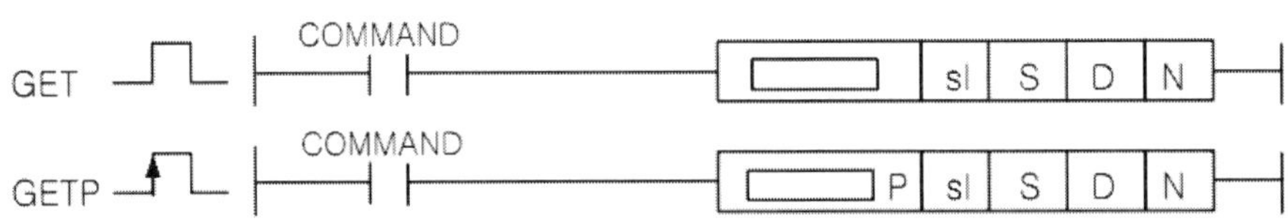

오퍼랜드	설 명	데이터 타입
s1	특수 모듈이 장착된 슬롯번호(16진수로 설정)	WORD
S	특수 모듈의 내부 메모리의 시작 번지	WORD
D	읽을 데이터를 저장할 CPU내의 디바이스의 시작 번호	WORD
N	읽을 데이터의 개수	WORD

(1) GET

① 이 명령은 메모리를 갖는 특수 모듈의 데이터를 Read하고자 하는 경우 사용되는 명령어이다.

② sl(특수 모듈의 슬롯번호)로 지정된 특수 모듈의 메모리(S로 지정 : 어드레스)

로부터 N워드 데이터를 D로 지정된 내부 디바이스 영역으로 저장한다.

③ sl(특수 모듈의 슬롯번호)로 지정된 위치에 특수모듈이 없거나, GET 명령을 정상적으로 수행하지 못했을 경우 PUT/GET 에러 플래그인 XGK는 F0015~F0022(WORD), XGB는 F0015(WORD)의 해당 위치 비트가 셋(Set)된다.

④ sl(특수 모듈의 슬롯번호)의 설정방식은 16진수 2자리로 설정하고 아래의 프로그램과 같이 h10인 경우 첫번째 숫자 '1'은 베이스의 번호, 두번째 '0'는 슬롯번호를 의미한다.

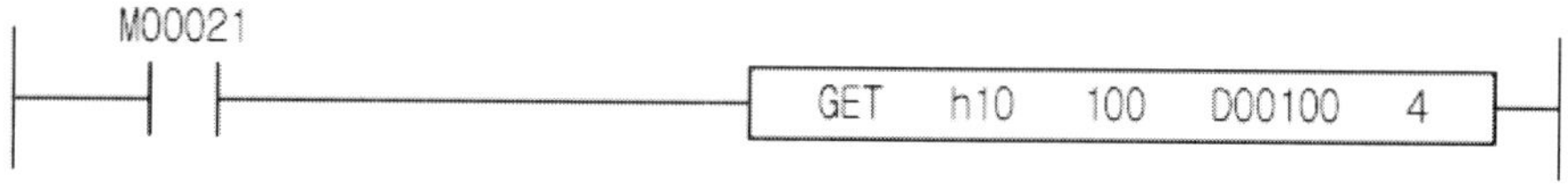

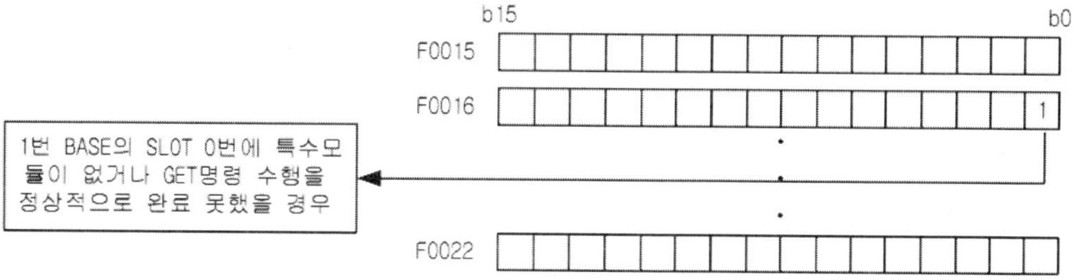

(2) 프로그램 예제

① 입력신호인 P00001이 On 되면 0번 베이스 3번 슬롯에 장착된 특수모듈의 고정영역 0번지부터 4워드의 데이터를 D00010부터 D00013에 저장한다.

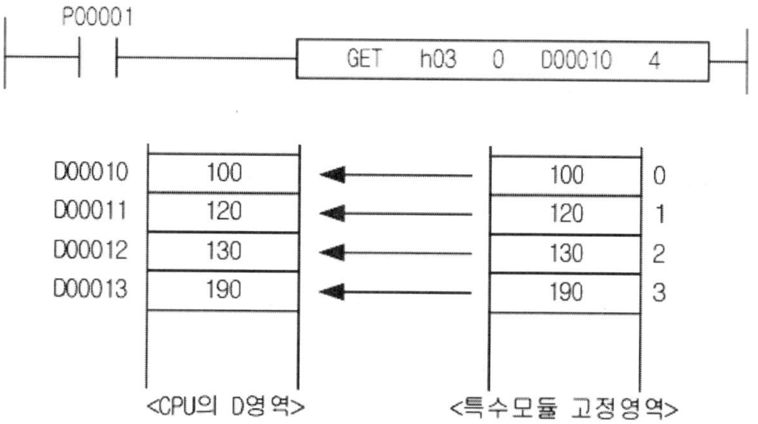

4.40 통신모듈 관련 명령

4.40.1 P2PSN

오퍼랜드	설 명	데이터 타입
N1	P2P 번호(1~8)	WORD
N2	블록 번호(0~63)	WORD
N3	국번(0~63)	WORD

(1) P2PSN

① P2PSN명령어를 이용하여 런 중 P2P서비스 상대의 국번을 변경할 수 있다.

② N1번 P2P의 N2번 블록 리모트 국번을 N3으로 변경한다.

③ 해당 통신 모듈 : FDEnet, Cnet

(2) 에 러

① N1(1~8), N2(0~63), N3(0~63)의 값이 해당범위를 벗어날 경우, 에러 플래그 (F110)를 셋(Set)한다.

(3) 프로그램 예제

입력조건 P00000이 On 되면 P1000으로 지정한 P2P 번호 중에서 P1100으로 지정한 블록 리모트 국번을 P1200으로 지정한 국번으로 변경하는 프로그램 D00001의 5비트가 0이 되면 P0001E가 On되는 프로그램이다.

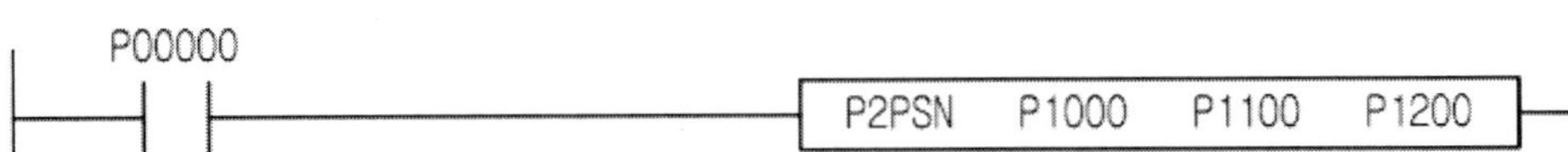

4.41 위치 제어 명령(APM)

4.41.1 ORG

오퍼랜드	설 명	데이터 타입
s1	위치결정 모듈이 장착되어 있는 베이스 및 슬롯번호	WORD
ax	지령을 내릴 축	WORD

(1) 기 능

① 이 명령은 위치결정 모듈에 원점복귀 지령을 내리는 명령이다.

② sl(위치결정 모듈의 슬롯번호)로 지정된 위치결정 모듈의 ax로 지정된 축에 원점복귀 지령을 내린다.

(2) 에 러

① ax로 지정하는 지령축에 XGK는 2, XGB는 1을 초과하는 값이 입력되면 에러 플래그(F110)를 셋(Set)한다.

(3) 프로그램 예제

① 입력신호 M00000이 On 되었을 때 슬롯번호 1번에 장착된 위치결정 모듈의 X축에 원점복귀 지령을 내리게 하는 프로그램이다.

② 입력신호 M00000이 On 되었을 때 슬롯번호 3번에 장착된 위치결정 모듈의 D00010에 지정된 축에 원점복귀 지령을 내리게 하는 프로그램이다.

4.42 위치 제어 명령(XPM)

4.42.1 XORG

오퍼랜드	설 명	데이터 타입
s1	위치결정 모듈이 장착되어 있는 베이스 및 슬롯번호	WORD
ax	지령을 내릴 축	WORD

(1) 기 능

① 이 명령은 위치결정 모듈에 원점복귀 지령을 내리는 명령이다.

② sl(위치결정 모듈의 슬롯번호)로 지정된 위치결정 모듈의 ax로 지정된 축에 원점복귀 지령을 내린다.

(2) 에 러

① XPM의 경우 ax로 지정하는 지령축에 0이나 5 이상의 값이 입력되면 에러(F110)를 SET한다.

② XGF-PN8A의 경우 ax로 지정하는 지령축에 0이나 9 이상의 값이 입력되면 에러(F110)를 SET한다.

(3) 프로그램 예제

① 입력신호 M00000이 On되었을 때 슬롯번호 1번에 장착된 위치결정 모듈의 1축에 원점복귀 지령을 내리게 하는 프로그램이다.

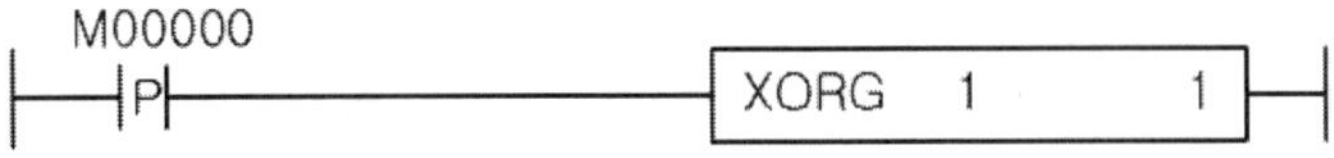

② 입력신호 M00000이 On되었을 때 슬롯번호 3번에 장착된 위치결정 모듈의 D00010에 지정된 축에 원점복귀 지령을 내리게 하는 프로그램이다.

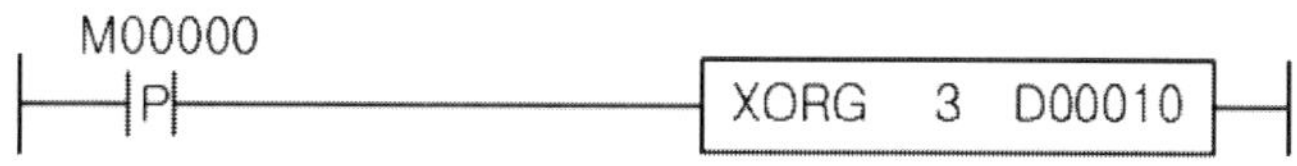

4.43 모션제어 명령

4.43.1 GETM, GETMP

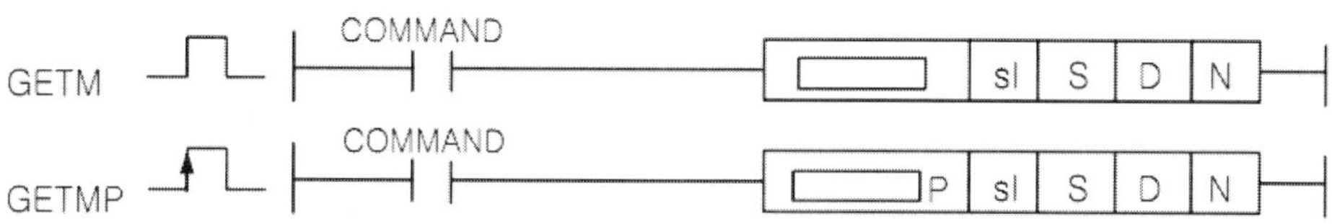

오퍼랜드	설 명	데이터 타입
s1	모션 모듈이 장착된 슬롯번호	WORD
S	모션 모듈의 고정영역 선두 어드레스	WORD
D	CPU내의 Device 이름 및 번호	DWORD
N	읽을 데이터의 개수	WORD

(1) 기 능

① 이 명령은 모션 모듈의 데이터를 Read하는 경우 사용되는 명령어이다.

② sl(특수 모듈의 슬롯번호)로 지정된 모션 모듈의 메모리(S로 지정 : 어드레스)로부터 N개 만큼의 Double Word 데이터를 D로 지정된 CPU영역으로 Read한다.

(2) 에 러

① S로 지정한 어드레스부터 N개까지의 영역이 해당 블록을 넘어갈 경우 에러가 발생한다. 이 에러는 현재 XG5000에서 입력할 수 없도록 차단되어 있다.

② 지정한 슬롯에 모션 모듈이 없거나, 장착된 모듈에 S로 지정한 어드레스가 없을 경우 에러(F110)를 셋(Set)한다. 이는 특수 모듈의 특성에 따라 고정영역 주소가 다를 수 있기 때문이다.

(3) 프로그램 예제

① 0번 베이스 3번 슬롯에 장착된 모션모듈의 고정영역 0번지부터 3번지까지의 4워드의 데이터를 D0010부터 D00013영역에 Read하여 저장하는 프로그램이다.

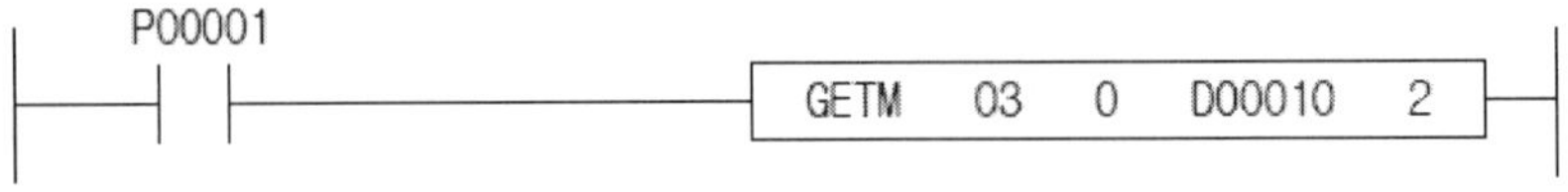

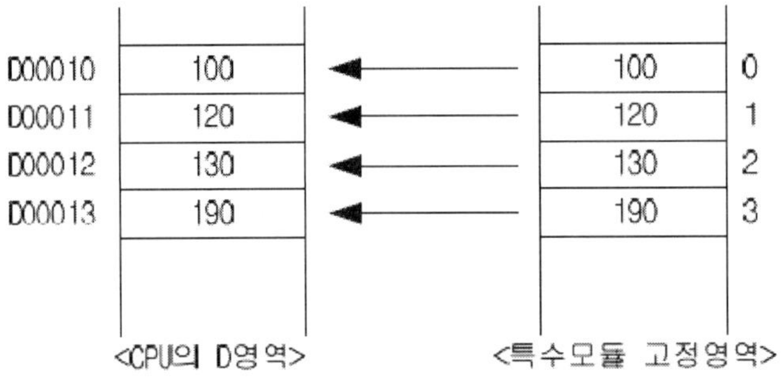

부 1 록
수의 체계와 데이터의 구조

(1) 수와 데이터의 표현

PLC의 CPU는 모든 정보를 On과 Off, 또는 "1"과 "0"의 상태로 기억하고 처리한다. 따라서 수치 연산도 1과 0으로 처리된 수치, 즉 2진수(Binary number …. BIN)로 처리한다. 한편, 일상생활에서는 10진수가 알기 쉽고 가장 널리 사용되고 있다. 그래서 PLC에 수치를 쓰거나 읽을 경우, 10진수에서 16진수로, 16진수에서 10진수로 변환이 필요하다. 여기에서는 10진수와 2진수, 16진수, 2진화 10진수(BCD)의 표현과 상호관계에 대해 설명한다.

(가) 10진수(Decimal)

10진수란 "0~9의 종류의 기호를 사용하여 순서와 크기(량)를 표현하는 수"를 말한다. 그리고 0, 1, 2, 3, 4,…, 9 다음에 "10"으로 자리올림하고 계속 진행된다. 예를 들면, 10진수 153을 행과 "행의 가중치"란 측면에서 보면 아래와 같다.

$$
\begin{aligned}
135 &= 100+50+3 \\
&= 1*100+5*10+3*1 \\
&= \underline{1}*\underline{10}^2+\underline{5}*\underline{10}^1+\underline{3}*\underline{10}^0
\end{aligned}
$$

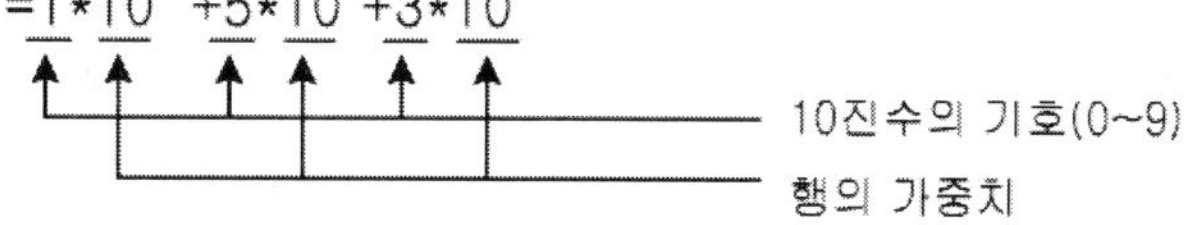

(나) 2진수(Binary ‥.. Bin)

2 진수	10 진수
0	0
1	1
10	2
11	3
100	4
101	5
110	6
111	7
1000	8
……	……

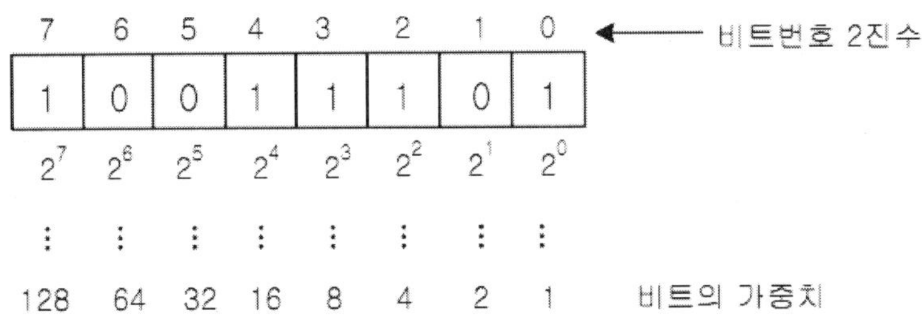

2진수란 “0과 1의 두 종류 기호를 사용하여 순서와 크기를 나타내는 수”를 말한다. 그래서 0, 1 다음에 “10”으로 자리올림을 하고, 계속 진행된다. 즉, 0, 1의 한 자리 수를 비트라고 한다.

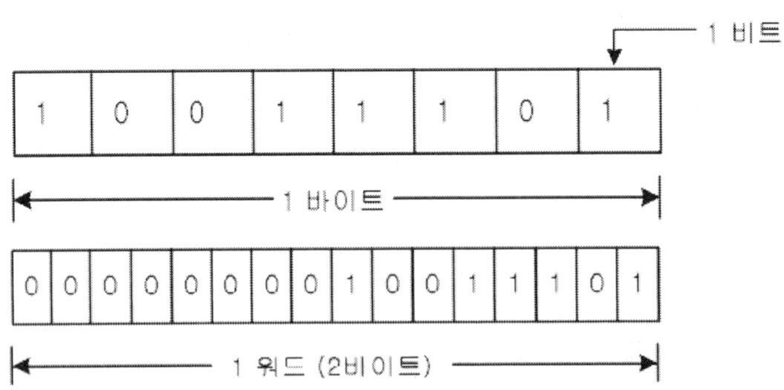

(다) 16진수(Hexadecimal .... HEX)

16진수도 10진수, 2진수와 동일하게 생각하여 “0~9, A~F의 종류의 기호를 사용하여 순서와 크기를 나타내는 수”를 말한다. 그리고 0, 1, 2, ...D, E, F 다음에 “10”으로 자리올림을 하고 계속 진행된다.

10 진수	16 진수	2 진수
0	0	0
1	1	1
2	2	10
3	3	11
4	4	100
5	5	101
6	6	110
7	7	111
8	8	1000
9	9	1001
10	A	1010
11	B	1011
12	C	1100
13	D	1101
14	E	1110
15	F	1111
16	10	10000
17	11	10001
18	12	10010
⋮	⋮	⋮

1 9 1 0 1 = 4 A 9 D = 0100 1010 1001 1101

3 2 1 0	← 행번호
4 A 9 D	← 16 진수

= (4) × 163 + (A) × 162 + (9) × 161 + (D) × 160

= 4 × 4096 + 10 × 2568 + 9 × 16 + 13 × 1

= 19101

(라) 2진화 10진수(Binary Coded Decimal .... BCD)

2진화 10진수는 "10진수의 각행의 숫자를 2진수로 나타낸 수"를 말한다. 예를 들면, 10진수의 157는 다음과 같이 나타낼 수 있으며, 따라서, 2진화 10진수는 10진수의 0~9999(4행의 최대치)를 16비트로 나타낸다. 각 비트의 가중치는 다음과 같다.

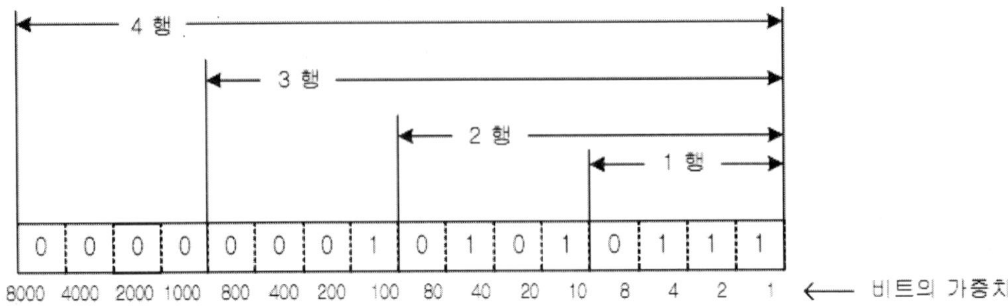

<수치 체계도>

2 진화 10 진수 (Binary coded Decimal) BCD	2 진수 (Binary) BIN	10 진수 (Decimal)	16 진수 (Hexadecimal) H
00000000 00000000	00000000 00000000	0	0000
00000000 00000001	00000000 00000001	1	0001
00000000 00000010	00000000 00000010	2	0002
00000000 00000011	00000000 00000011	3	0003
00000000 00000100	00000000 00000100	4	0004
00000000 00000101	00000000 00000101	5	0005
00000000 00000100	00000000 00000100	6	0006
00000000 00000111	00000000 00000111	7	0007
00000000 00001000	00000000 00001000	8	0008
00000000 00001001	00000000 00001001	9	0009
00000000 00010000	00000000 00001010	10	000A
00000000 00010001	00000000 00001011	11	000B
00000000 00010010	00000000 00001100	12	000C
00000000 00010011	00000000 00001101	13	000D
00000000 00010100	00000000 00001110	14	000E
00000000 00010101	00000000 00001111	15	000F
00000000 00000110	00000000 00010000	16	0010
00000000 00000111	00000000 00010001	17	0011
00000000 00001000	00000000 00010010	18	0012
00000000 00001001	00000000 00010011	19	0013
00000000 00100000	00000000 00010100	20	0014
00000000 00100001	00000000 00010101	21	0015
00000000 00100010	00000000 00010110	22	0016
00000000 00100011	00000000 00010111	23	0017
00000001 00000000	00000000 01100100	100	0064
00000001 00100111	00000000 01111111	127	007F
00000010 01010101	00000000 11111111	255	00FF
00010000 00000000	00000000 11100000	1000	03E8
00100000 01000111	00000000 11111111	2047	07FF
01000000 10010101	00000000 11111111	4095	0FFF
10011001 10011001	00000111 00001111	9999	270F
	00100111 00010000	10000	2710
	01111111 11111111	32767	7FFF

부2록

종 합 예 제

1. 종합예제 1

(1) EOCR 작동 후 동작사항

① 플리커 설정시간은 2sec로 한다.

② 램프 YL은 3회, 부저 BZ는 5회 간격으로 반복 동작한다.
이때 YL이 동작 중일 때 BZ는 동작하지 않고, 또한 BZ가 동작 중일 때에도 YL은 동작하지 않아야 한다.

③ 회로의 타이머 설정시간은 5sec로 한다.

(2) 시퀀스도

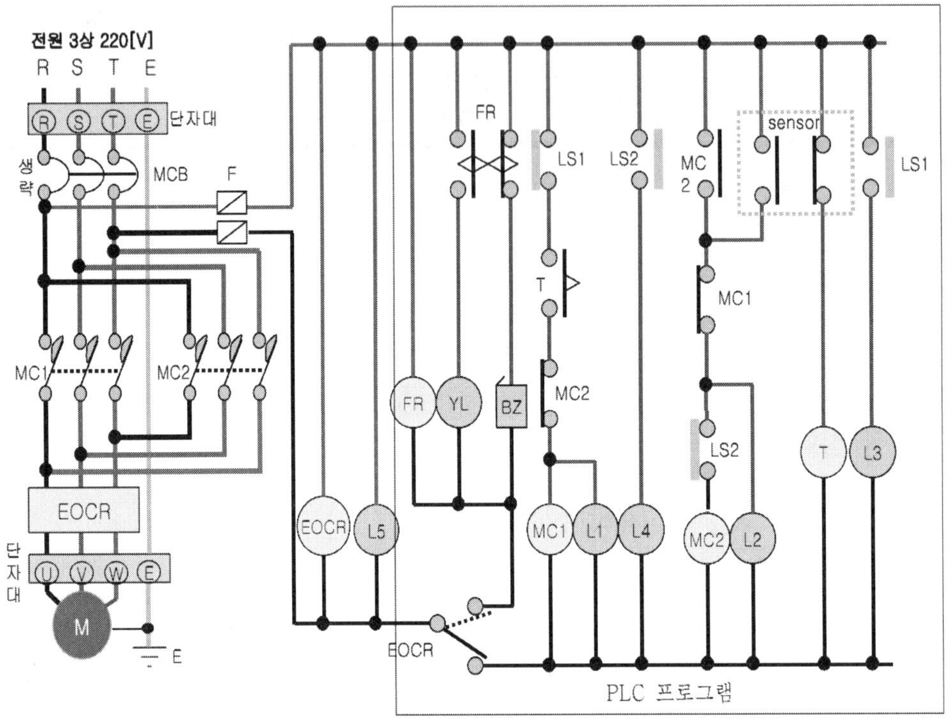
전원 3상 220[V]
R S T E
단자대
생략
MCB
F
MC1
MC2
EOCR
단자대
M
E
FR
LS1
LS2
MC 2
sensor
LS1
T
MC1
MC2
LS2
FR
YL
BZ
T
L3
EOCR
L5
MC1
L1
L4
MC2
L2
EOCR
PLC 프로그램

(3) 주소할당

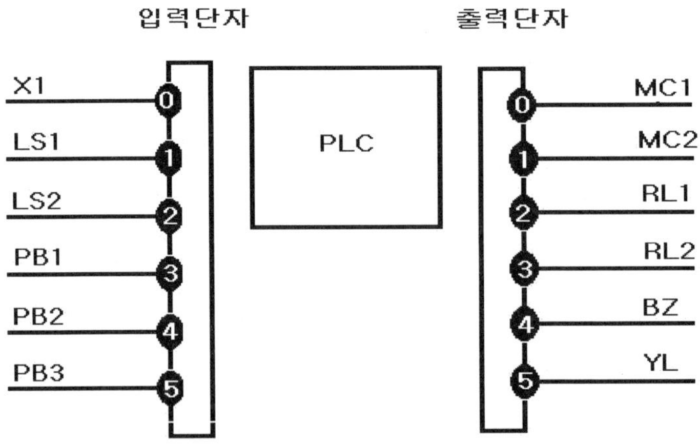
입력단자
출력단자
X1
LS1
LS2
PB1
PB2
PB3
PLC
MC1
MC2
RL1
RL2
BZ
YL
0
1
2
3
4
5

(4) 기구배치도

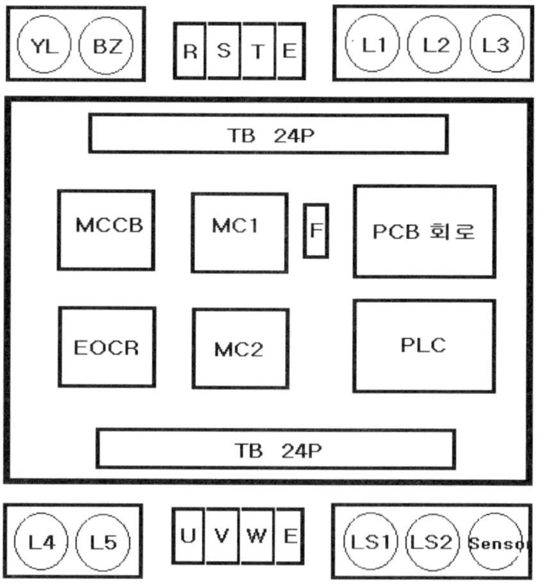

(5) 프로그램

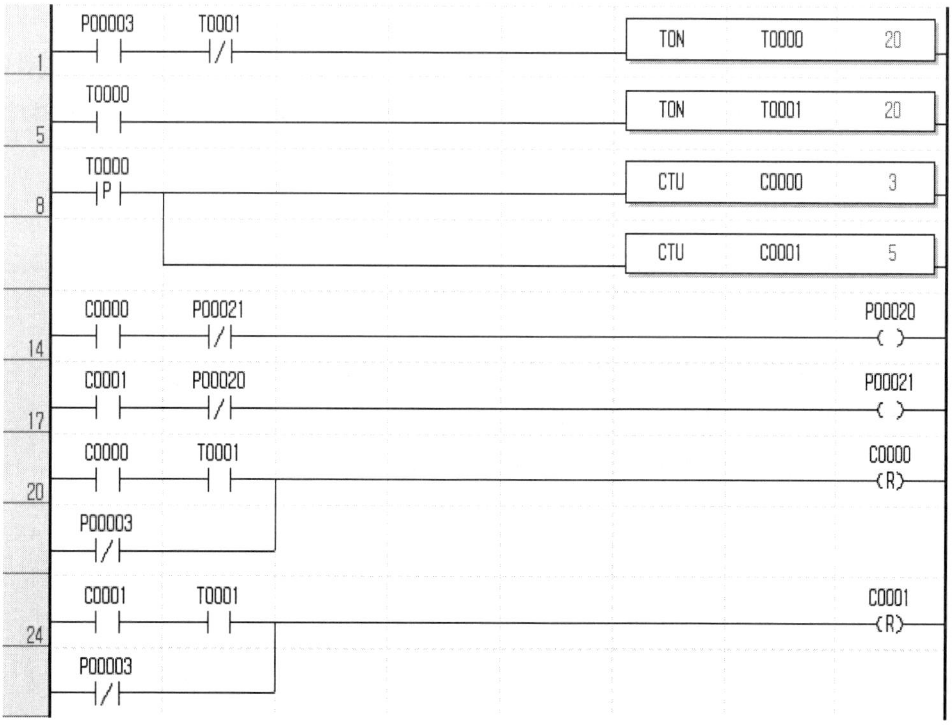

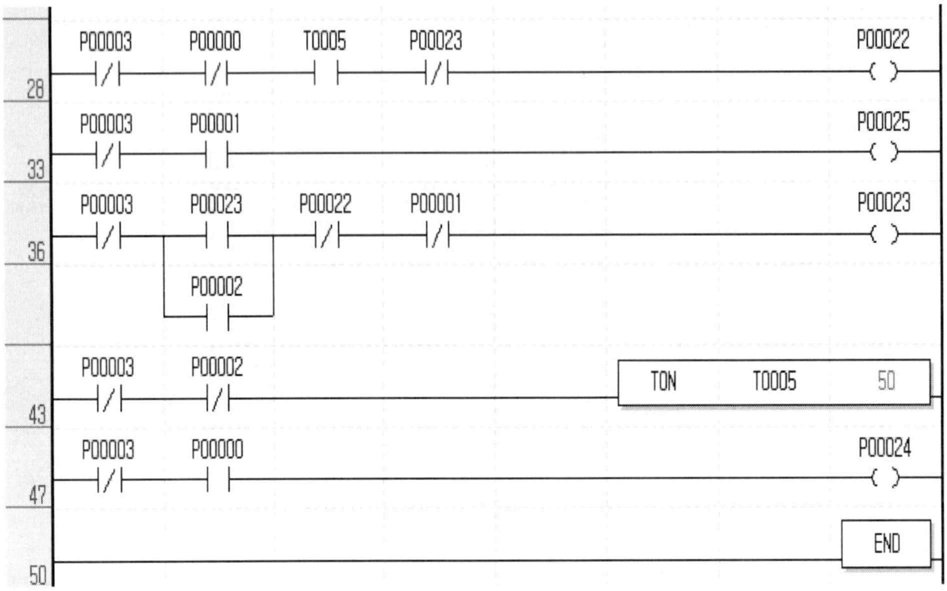

2. 종합예제 2

(1) 동작사항

① 수동동작일 때

- PB1과 PB2에 의해 MC1과 MC2는 10sec만 동작하게 회로를 수정 완성한다.
- 수동상태에서 MC1 또는 MC2가 동작할 때 램프 RL1이 1.5sec간격으로 ON/OFF 반복점등 되도록 한다.

② 자동동작일 때

- LS1과 LS2에 의해 MC1과 MC2는 5sec 동작 5sec 정지동작이 반복하도록 한다.
- 자동 상태에서 MC1 또는 MC2가 동작할 때 램프 RL2가 1초간격으로 ON/OFF 반복점등 되도록 한다.

③ PB3과 PB4는 PCB회로에서 자동/수동절환 스위치이다.

(2) 기구배치도

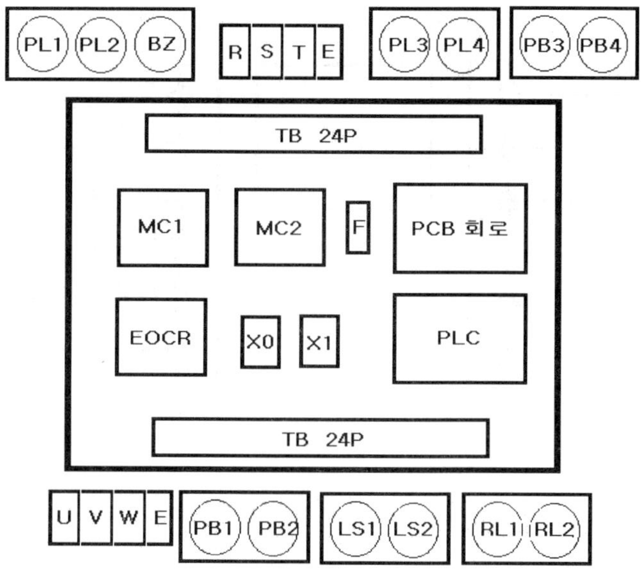

(3) 시퀀스도

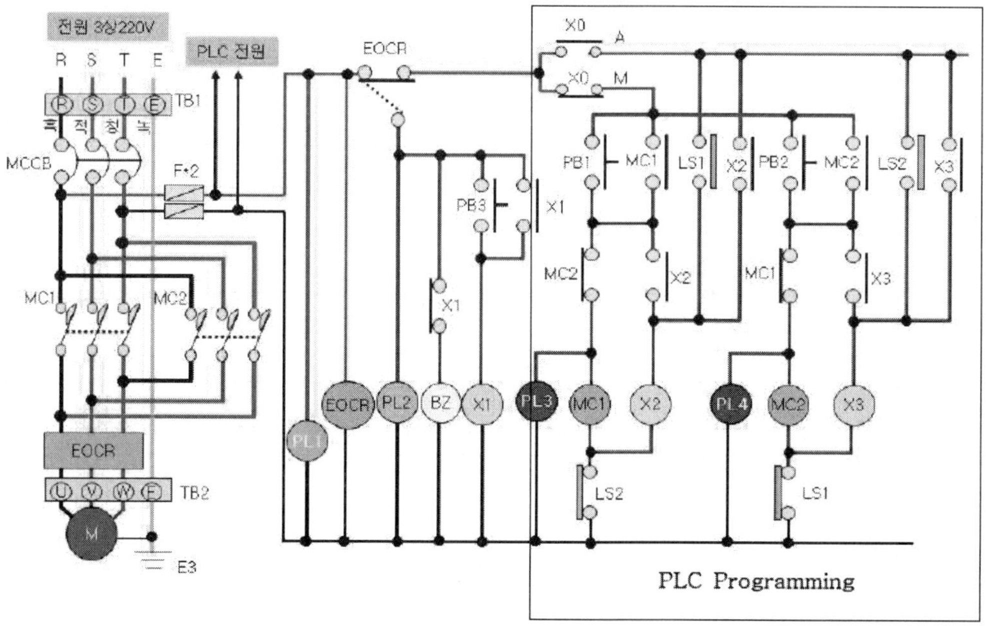

(4) 주소할당

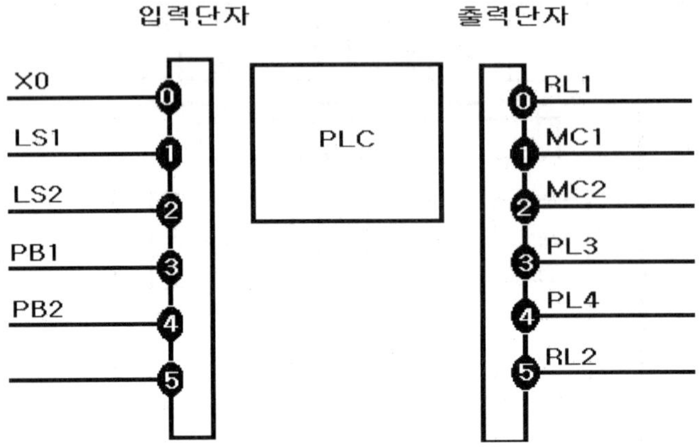
입력단자
출력단자
X0
LS1
LS2
PB1
PB2
PLC
RL1
MC1
MC2
PL3
PL4
RL2

(5) 프로그램

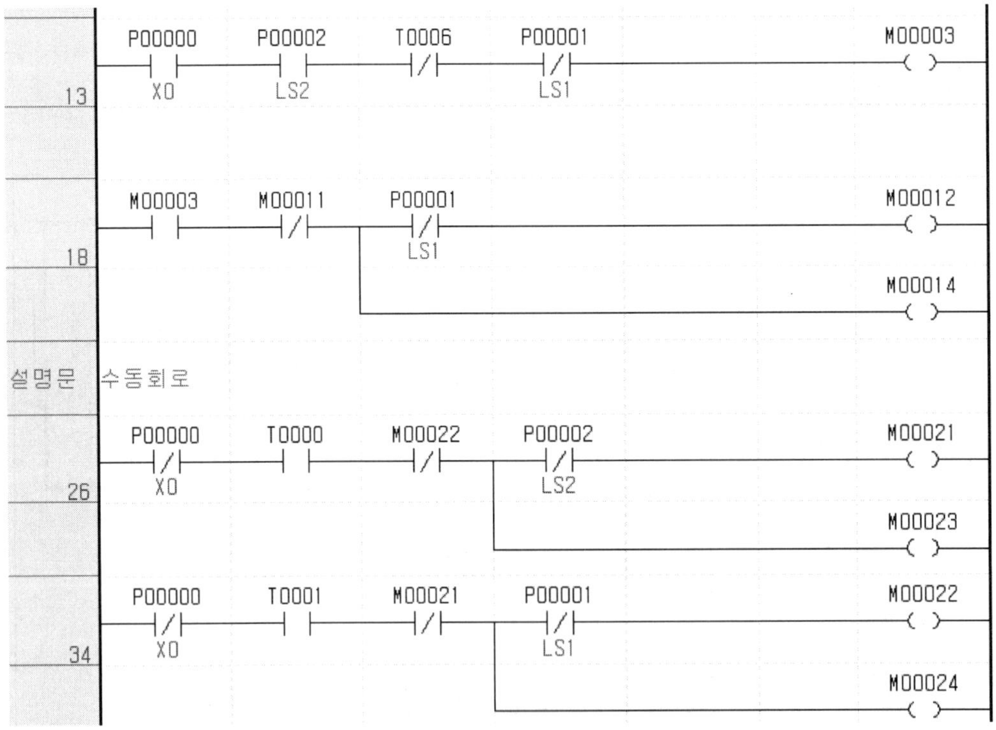
13
P00000 X0
P00002 LS2
T0006
P00001 LS1
M00003
18
M00003
M00011
P00001 LS1
M00012
M00014
설명문 수동회로
26
P00000 X0
T0000
M00022
P00002 LS2
M00021
M00023
34
P00000 X0
T0001
M00021
P00001 LS1
M00022
M00024

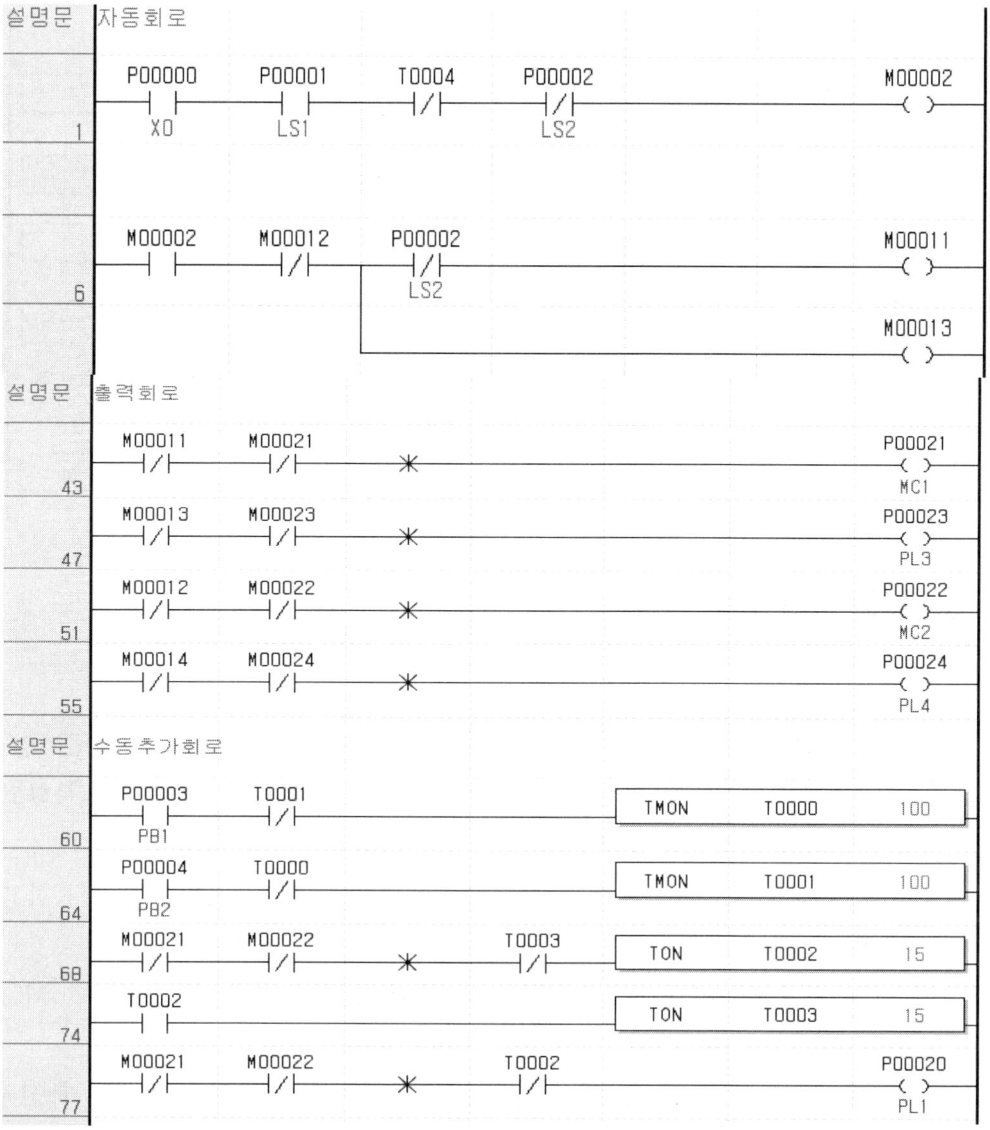
설명문 자동회로
P00000 P00001 T0004 P00002 M00002
X0 LS1 LS2
1
M00002 M00012 P00002 M00011
LS2
6
M00013
설명문 출력회로
M00011 M00021 P00021
MC1
43
M00013 M00023 P00023
PL3
47
M00012 M00022 P00022
MC2
51
M00014 M00024 P00024
PL4
55
설명문 수동추가회로
P00003 T0001 TMON T0000 100
PB1
60
P00004 T0000 TMON T0001 100
PB2
64
M00021 M00022 T0003 TON T0002 15
68
T0002 TON T0003 15
74
M00021 M00022 T0002 P00020
PL1
77

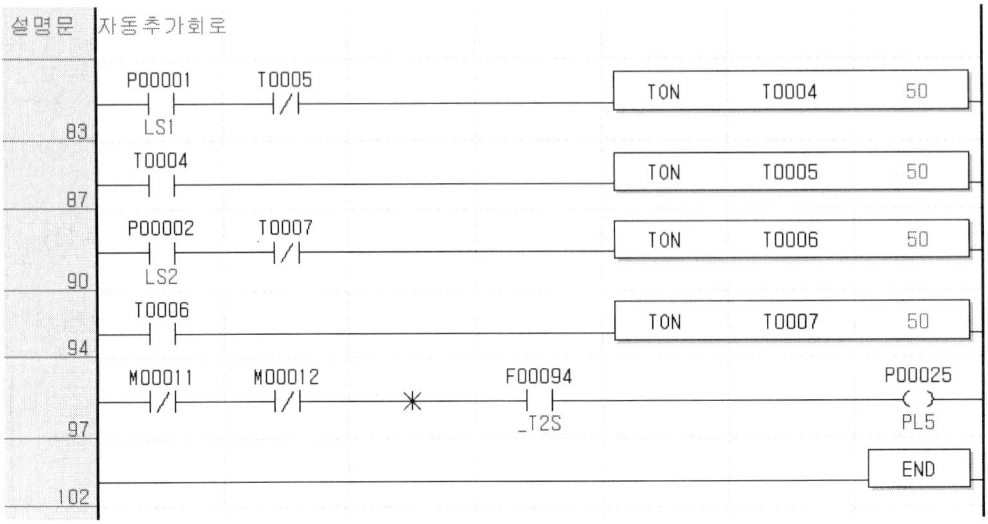

3. 종합예제 3

(1) 동작사항

① 동작설명(●는 동작(점등), ○는 정지(소등)이며, 원호안의 숫자는 시간(초)임

㉠ LS1에 의한 X2동작 중 일 때 YL은 점등과 소등(❷-①-❶-①)을 반복하고, BZ는 YL점등 1초 후 동작과 정지(①-❶-①-❷)를 반복한다.

㉡ LS2에 의한 X3동작 중 일 때 BZ은 점등과 소등(❷-①-❶-①)을 반복하고, YL은 BZ 동작 1초 후 동작과 정지(①-❶-①-❷)를 반복한다.

㉢ MC1 동작 중 일 때 RL1은 점등과 소등(❺-①-❶-①)을 하고, RL2는 MC2가 동작 중 일 때 점등과 소등(❸-①-❶-①)을 한다.

㉣ 시퀀스회로 내의 GL 램프 동작은 PLC 프로그램하지 않고 유접점 배선처리한다.

㉤ PB4와 PB5는 PCB회로에서 자동/수동절환 스위치이다.

(2) 시퀀스도

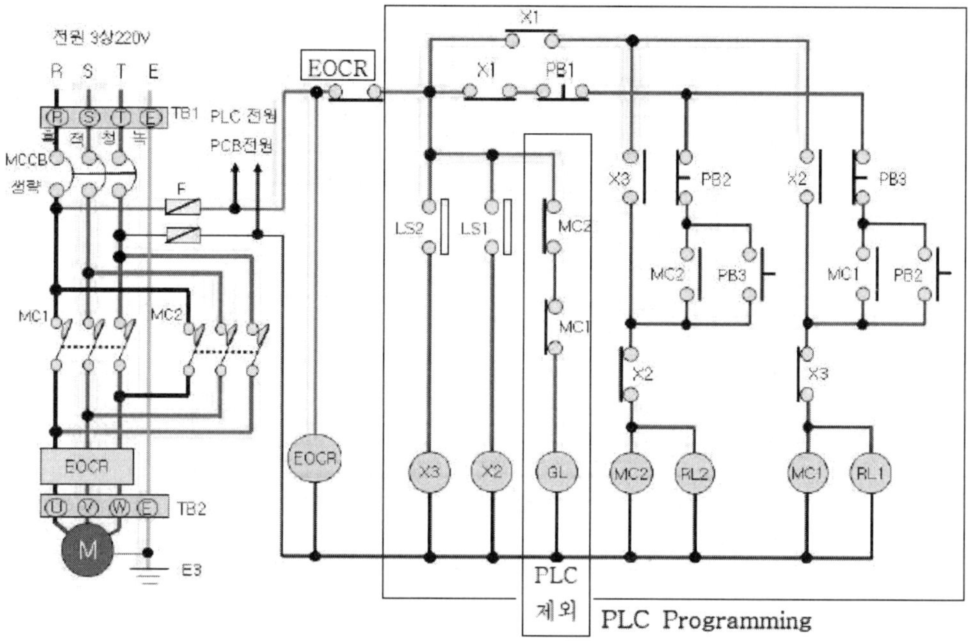
전원 3상220V
R S T E
TB1
PLC 전원
PCB전원
MCCB
생략
F
MC1
MC2
EOCR
TB2
M
E3
EOCR
X1
X1
PB1
X3
PB2
X2
PB3
LS2
LS1
MC2
MC1
MC2
PB3
MC1
PB2
X2
X3
EOCR
X3
X2
GL
MC2
RL2
MC1
RL1
PLC
제외
PLC Programming

(3) 주소할당

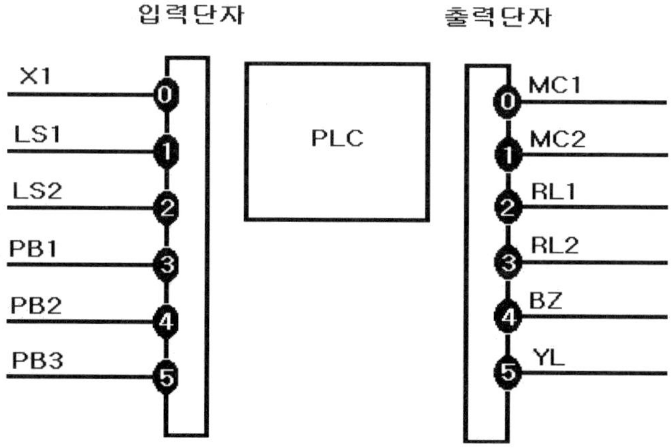
입력단자
출력단자
X1
LS1
LS2
PB1
PB2
PB3
PLC
MC1
MC2
RL1
RL2
BZ
YL

(4) 기구배치도

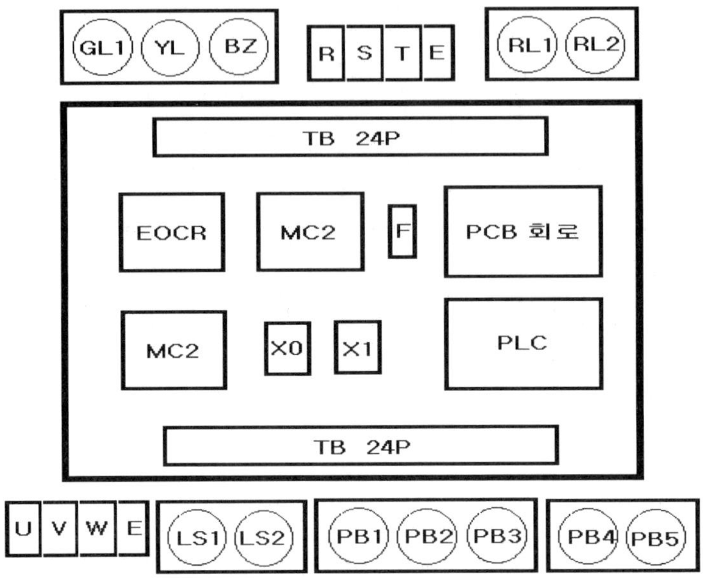

(5) 프로그램

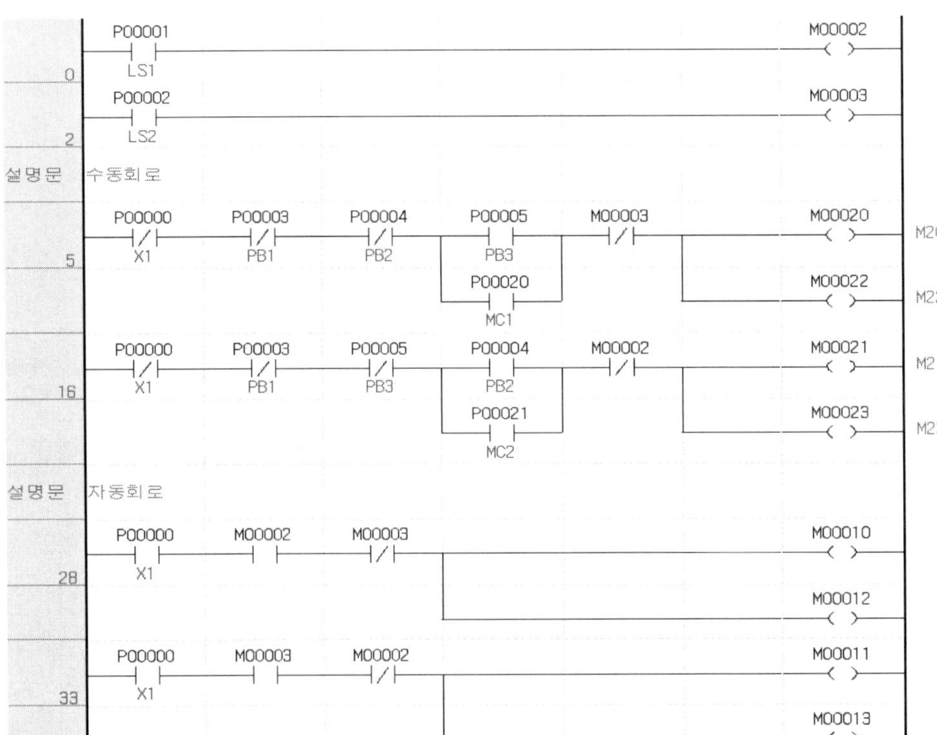

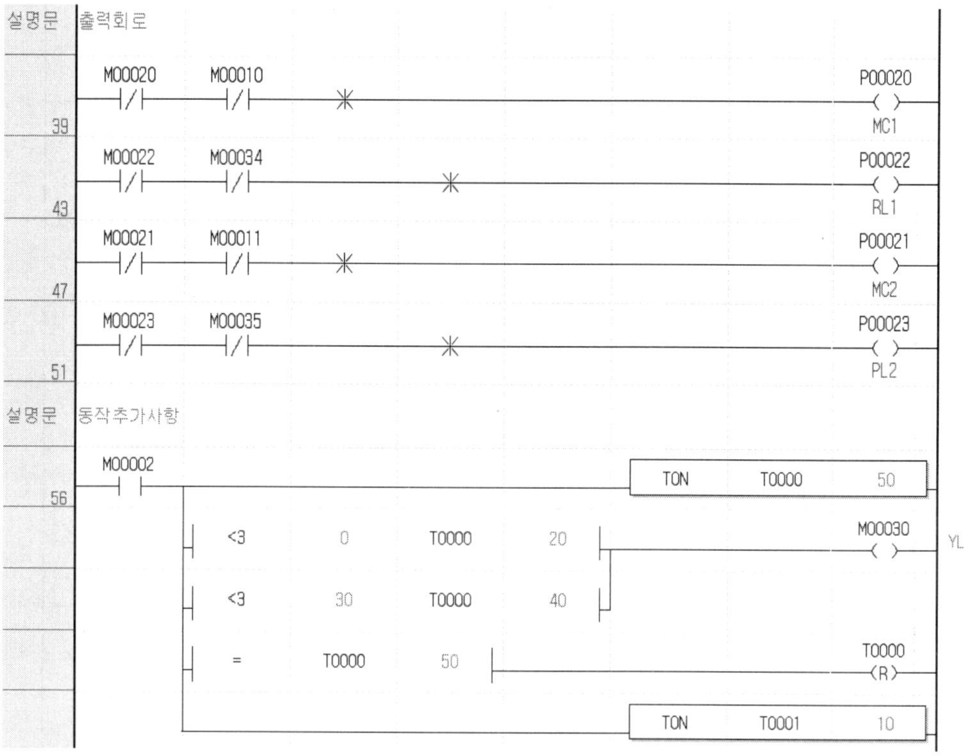
설명문 출력회로
M00020 M00010 P00020 MC1
39
M00022 M00034 P00022 RL1
43
M00021 M00011 P00021 MC2
47
M00023 M00035 P00023 PL2
51
설명문 동작추가사항
M00002
56
TON T0000 50
<3 0 T0000 20
M00030 YL
<3 30 T0000 40
= T0000 50
T0000 (R)
TON T0001 10

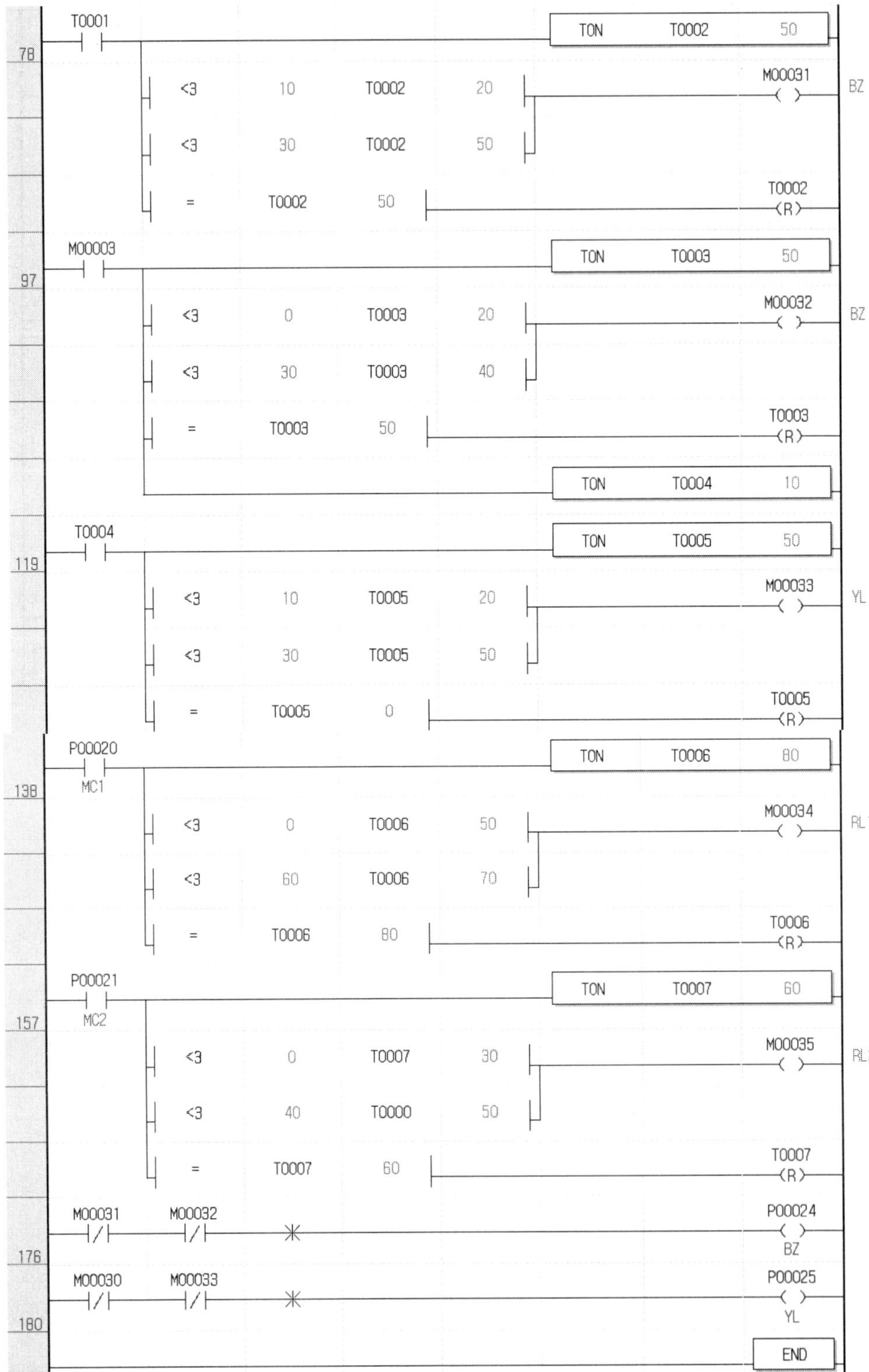
78
T0001
TON T0002 50
<3 10 T0002 20
M00031 BZ
<3 30 T0002 50
= T0002 50
T0002 (R)
97
M00003
TON T0003 50
<3 0 T0003 20
M00032 BZ
<3 30 T0003 40
= T0003 50
T0003 (R)
TON T0004 10
119
T0004
TON T0005 50
<3 10 T0005 20
M00033 YL
<3 30 T0005 50
= T0005 0
T0005 (R)
138
P00020
MC1
TON T0006 80
<3 0 T0006 50
M00034 RL1
<3 60 T0006 70
= T0006 80
T0006 (R)
157
P00021
MC2
TON T0007 60
<3 0 T0007 30
M00035 RL2
<3 40 T0000 50
= T0007 60
T0007 (R)
176
M00031 M00032
P00024
BZ
180
M00030 M00033
P00025
YL
184
END

4. 종합예제 4

(1) 동작사항

① EOCR 작동 후 램프 YL은 1sec 간격으로 3회 ON/OFF 동작하고, 이 후 EOCR 복귀 때까지 점등상태를 유지한다.

② LS1 작동 표시등 GL1은 LS1의 입력신호가 주어질 때, 처음 2회는 2sec간격으로 ON/OFF 동작하고, 이 후 3회는 1sec간격으로 ON/OFF 동작한다. LS1의 신호가 중단될 때까지 반복한다.

③ LS2 작동 표시등 GL2은 LS2의 입력신호가 주어질 때, 처음 3회는 1sec간격으로 ON/OFF 동작하고, 이 후 3회는 2sec간격으로 ON/OFF 동작한다. LS1의 신호가 중단될 때까지 반복한다.

④ 부저 BZ는 MC1 동작시 1초 간격으로, MC2 동작시 2초 간격으로 ON/OFF 반복동작.

⑤ 시퀀스회로도의 Timer설정값은 5초, PB4와 PB5는 PCB에서 자/수동절환스위치.

(2) 시퀀스도

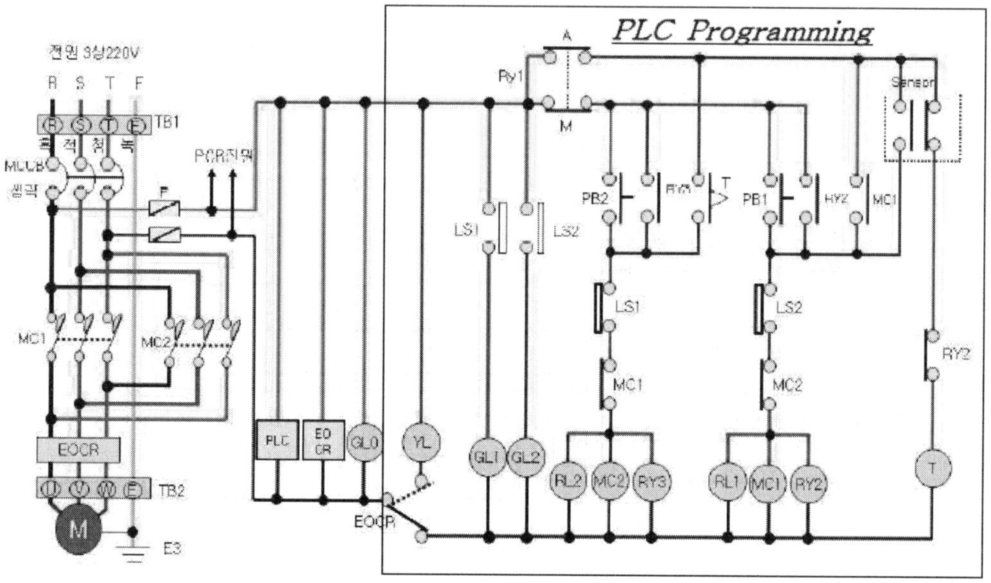

(3) 주소할당

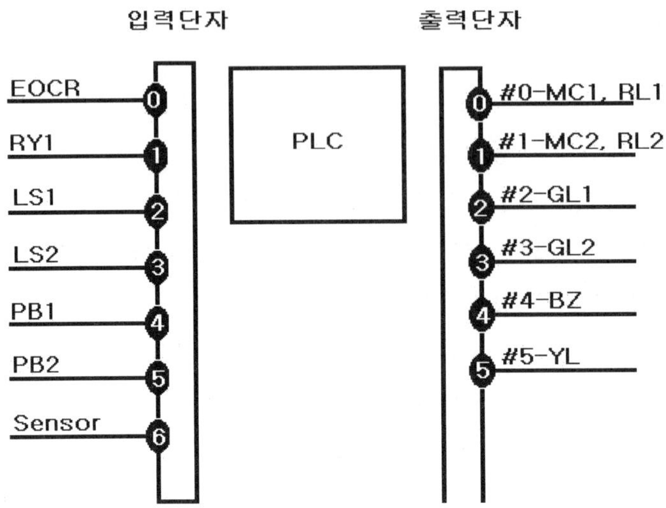

(4) 기구배치도

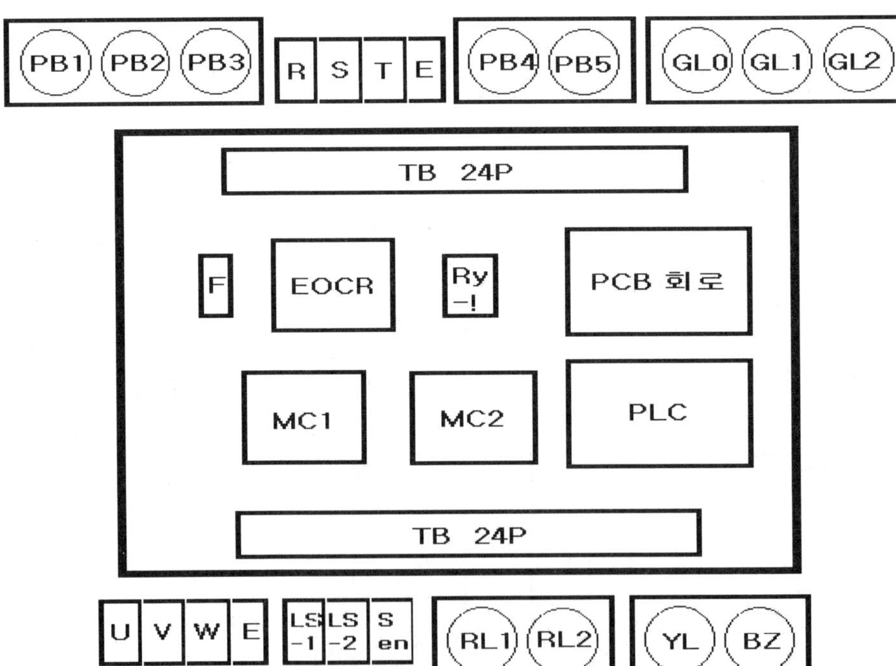

(5) 프로그램

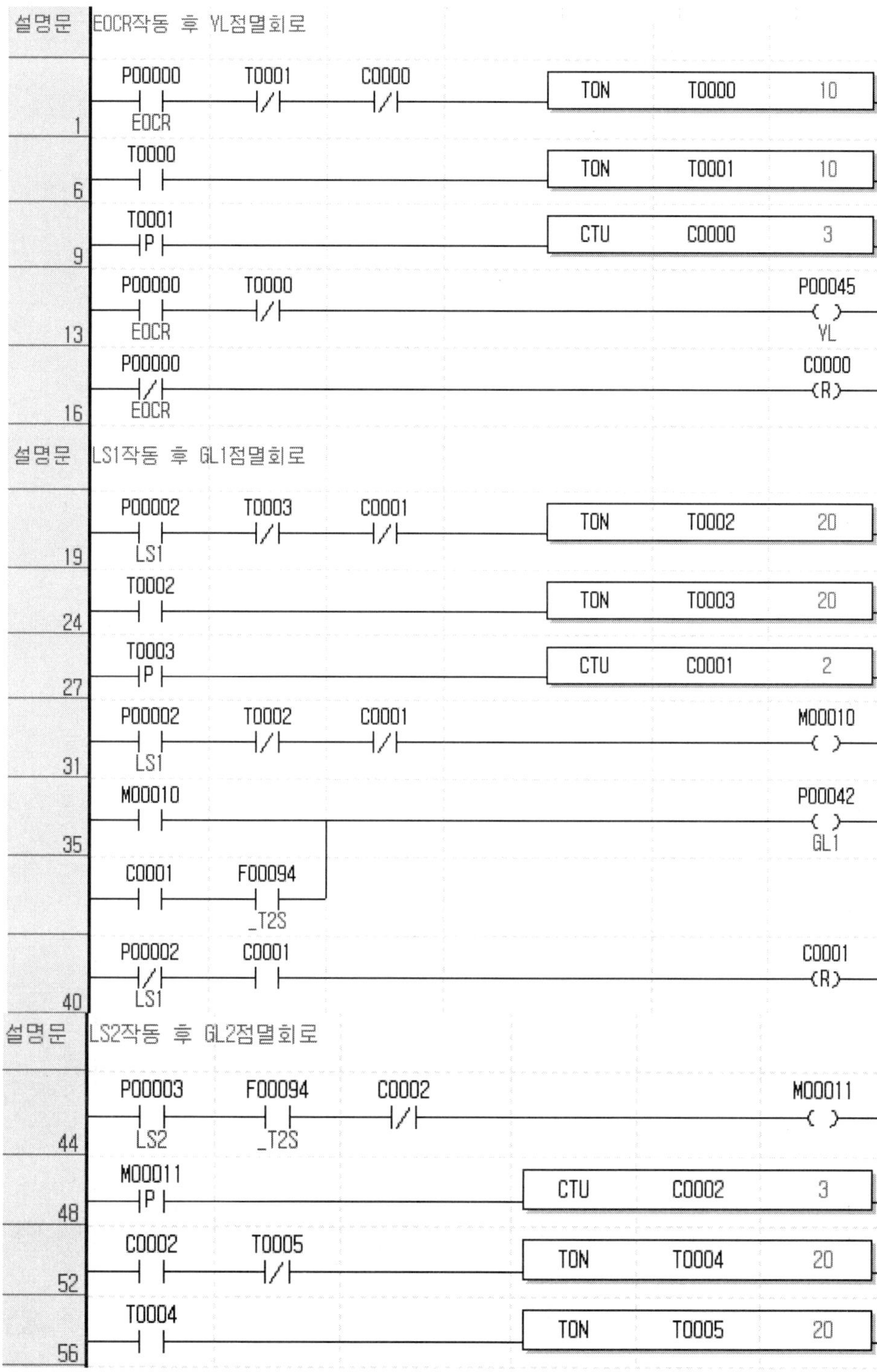
설명문 EOCR작동 후 YL점멸회로
1 P00000 EOCR T0001 C0000 TON T0000 10
6 T0000 TON T0001 10
9 T0001 P CTU C0000 3
13 P00000 EOCR T0000 P00045 YL
16 P00000 EOCR C0000 R
설명문 LS1작동 후 GL1점멸회로
19 P00002 LS1 T0003 C0001 TON T0002 20
24 T0002 TON T0003 20
27 T0003 P CTU C0001 2
31 P00002 LS1 T0002 C0001 M00010
35 M00010 P00042 GL1
C0001 F00094 _T2S
40 P00002 LS1 C0001 C0001 R
설명문 LS2작동 후 GL2점멸회로
44 P00003 LS2 F00094 _T2S C0002 M00011
48 M00011 P CTU C0002 3
52 C0002 T0005 TON T0004 20
56 T0004 TON T0005 20

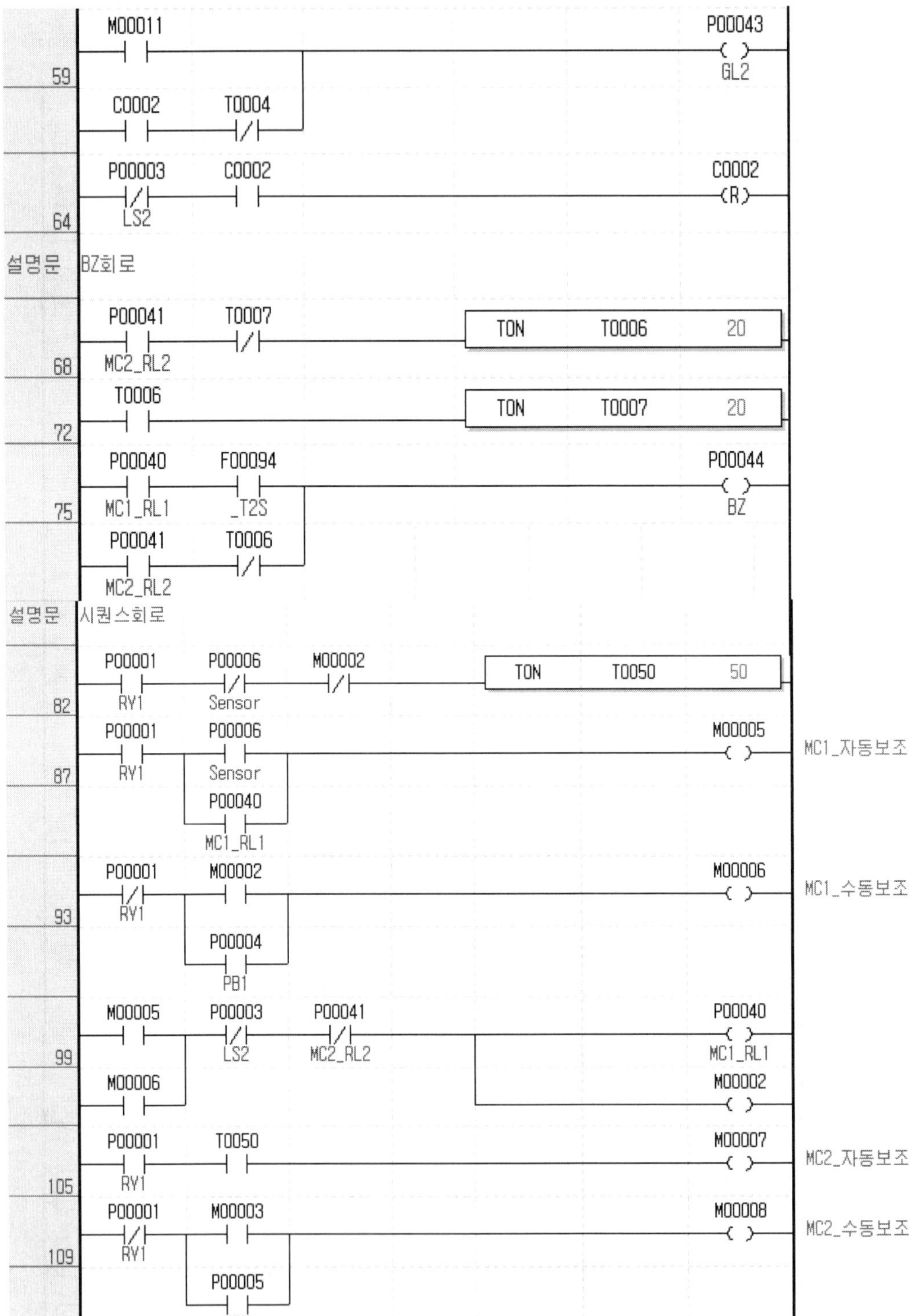

59
M00011
P00043
GL2
C0002
T0004
64
P00003
LS2
C0002
C0002
(R)
설명문 BZ회로
68
P00041
MC2_RL2
T0007
TON T0006 20
72
T0006
TON T0007 20
75
P00040
MC1_RL1
F00094
_T2S
P00044
BZ
P00041
MC2_RL2
T0006
설명문 시퀀스회로
82
P00001
RY1
P00006
Sensor
M00002
TON T0050 50
87
P00001
RY1
P00006
Sensor
P00040
MC1_RL1
M00005
MC1_자동보조
93
P00001
RY1
M00002
P00004
PB1
M00006
MC1_수동보조
99
M00005
P00003
LS2
P00041
MC2_RL2
P00040
MC1_RL1
M00006
M00002
105
P00001
RY1
T0050
M00007
MC2_자동보조
109
P00001
RY1
M00003
P00005
PB2
M00008
MC2_수동보조

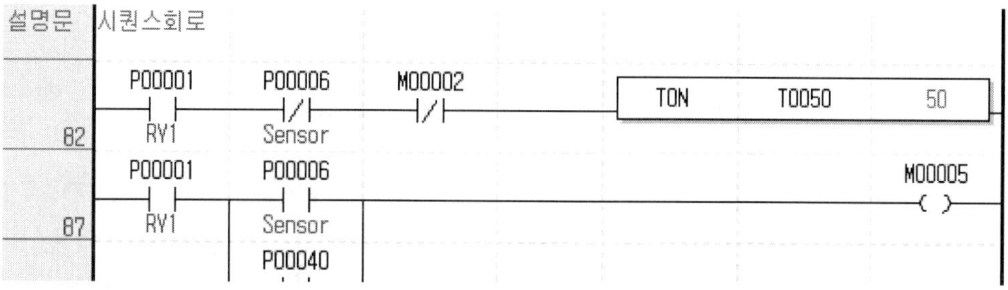

5. 종합예제 5

(1) 동작사항

① 수동상태(Ry1-b접점)일 때

- PB3 ON : MC1(Moter)→PL1→TC를 작동시켜 계전기 및 램프, 모터 등의 이상 유무를 점검한다.
- PB4 ON : MC2(Heater)→PL2 작동시켜 계전기 및 램프, 히터 등의 이상 유무를 점검한다.
- 이 때 PB3과 PB4를 동시에 ON하면 계전기 및 램프, 모터, 히터 등의 이상 유무를 점검할 수 없다.

② 자동상태(Ry1-a접점)일 때

- PB2를 눌렀다가 놓으면 MC1(Moter), PL1이 동작하고, 온도계전기 TC가 여자된다.
- 온도계전기 TC의 설정온도가 되었을 때 3sec 후 MC2(Heater), PL2가 동작한다.

③ EOCR 동작일 때

- EOCR1 또는 EOCR2가 작동하면, 모든 회로의 동작이 정지되고 초기화 된다.
- Moter의 이상으로 EOCR1이 작동하면 PL1은 1sec ON – 1sec OFF, BZ는 1sec OFF – 1sec ON 동작을 EOCR1 복귀할 때까지 반복한다.
- Heater의 이상으로 EOCR2이 작동하면 PL2은 1sec OFF – 1sec ON, BZ는 1sec ON – 1sec OFF 동작을 EOCR2 복귀할 때까지 반복한다.
- EOCR1과 EOCR2가 동시에 ON하면 BZ는 3회는 1sec 간격으로 ON/OFF하고, 2회는 2sec 간격으로 ON/OFF 동작을 EOCR1 또는 EOCR2가 복귀하기 전까지 반복한다.

(2) 주소할당

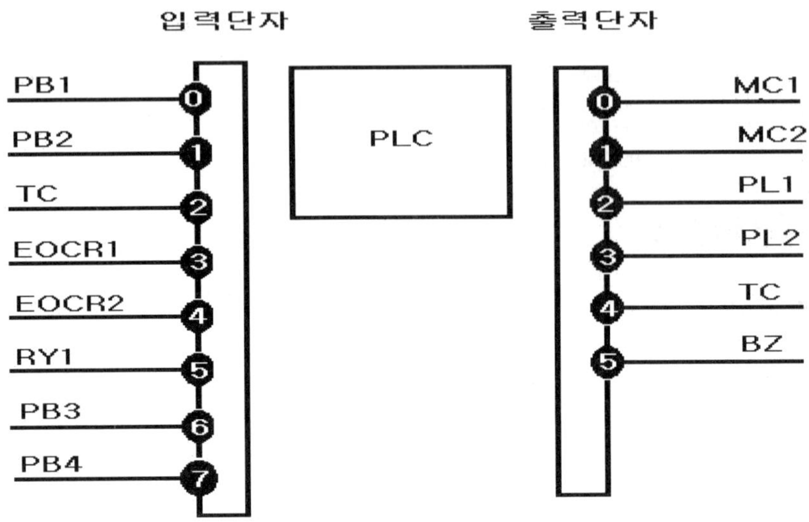
입력단자
출력단자
PB1
PB2
TC
EOCR1
EOCR2
RY1
PB3
PB4
PLC
MC1
MC2
PL1
PL2
TC
BZ

(3) 시퀀스도

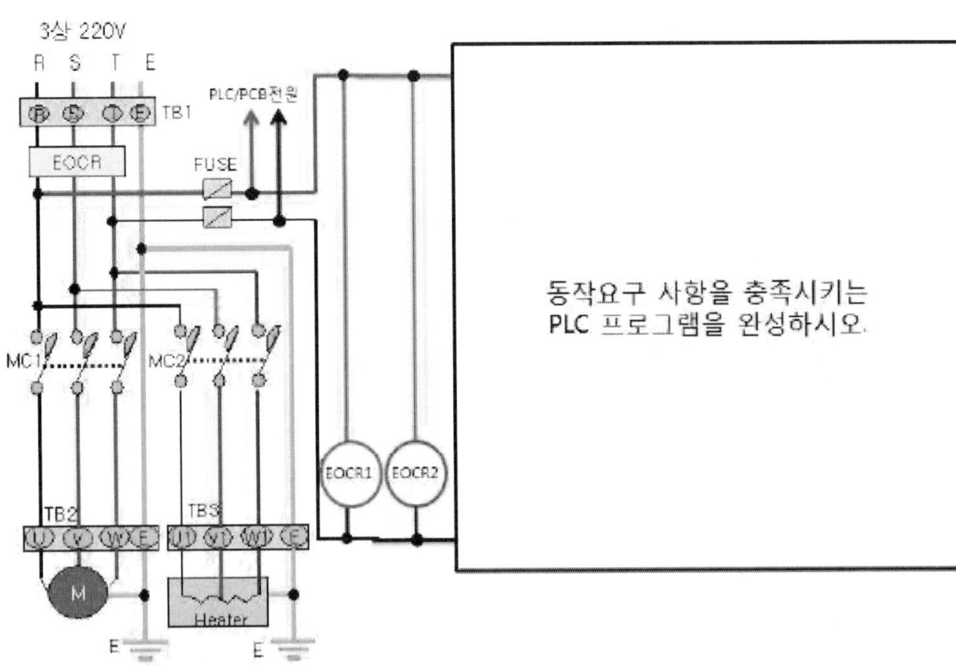
3상 220V
R S T E
TB1
PLC/PCB전원
EOCR
FUSE
MC1
MC2
EOCR1
EOCR2
TB2
TB3
M
Heater
E
E
동작요구 사항을 충족시키는
PLC 프로그램을 완성하시오.

(4) 기구배치도

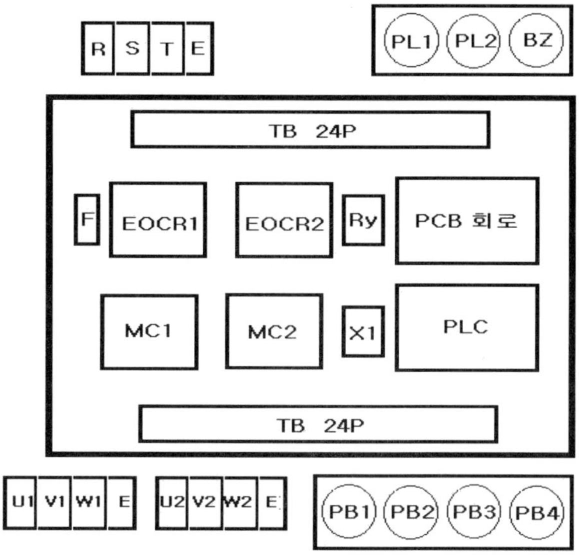

(5) 프로그램

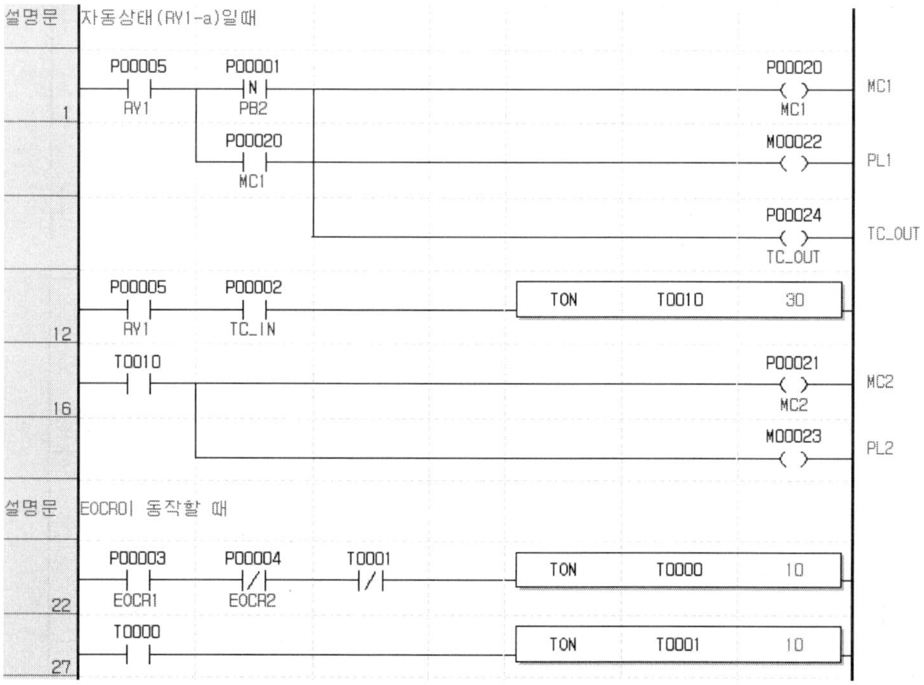

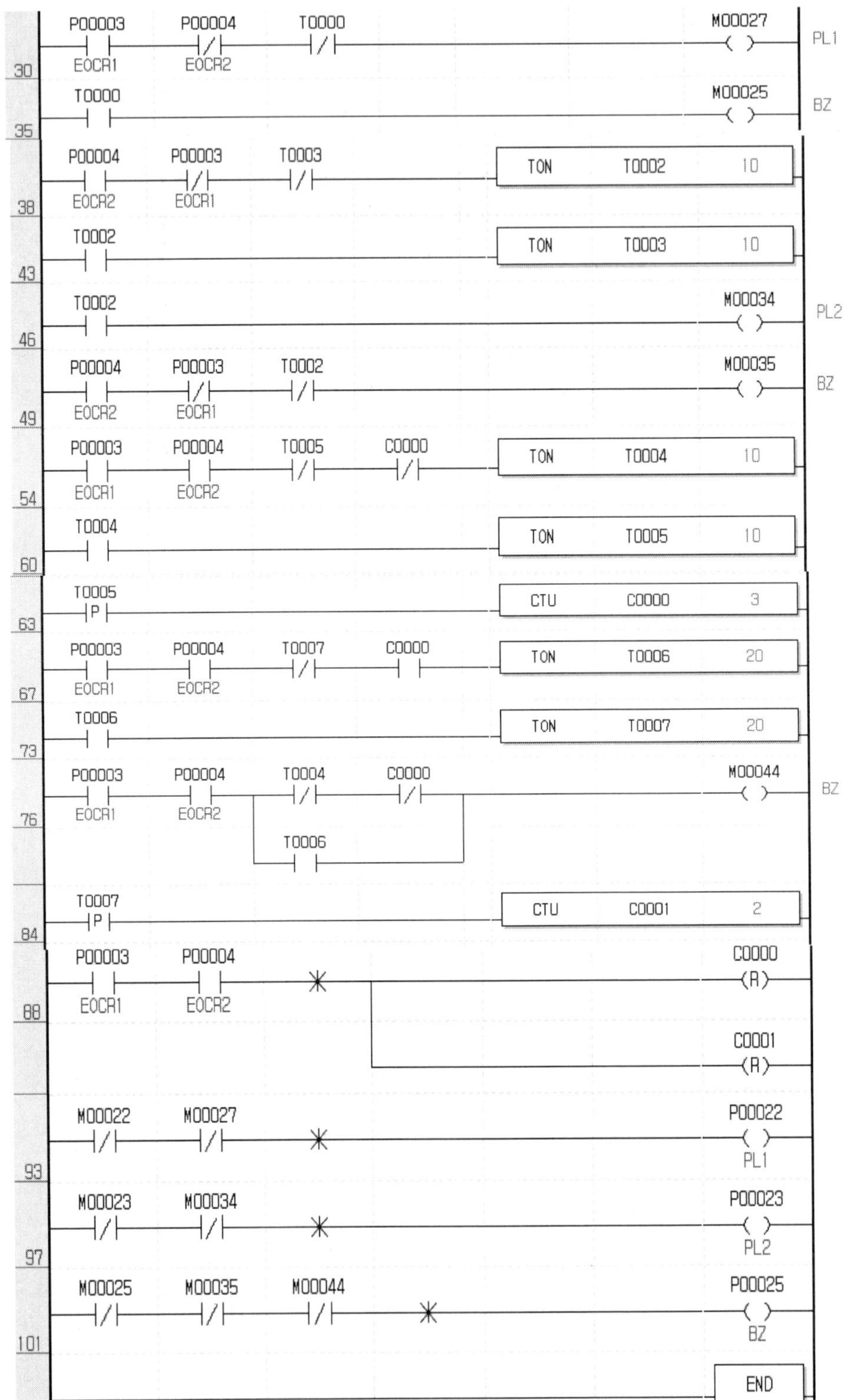
30 P00003 EOCR1 P00004 EOCR2 T0000 M00027 PL1
35 T0000 M00025 BZ
38 P00004 EOCR2 P00003 EOCR1 T0003 TON T0002 10
43 T0002 TON T0003 10
46 T0002 M00034 PL2
49 P00004 EOCR2 P00003 EOCR1 T0002 M00035 BZ
54 P00003 EOCR1 P00004 EOCR2 T0005 C0000 TON T0004 10
60 T0004 TON T0005 10
63 T0005 P CTU C0000 3
67 P00003 EOCR1 P00004 EOCR2 T0007 C0000 TON T0006 20
73 T0006 TON T0007 20
76 P00003 EOCR1 P00004 EOCR2 T0004 C0000 T0006 M00044 BZ
84 T0007 P CTU C0001 2
88 P00003 EOCR1 P00004 EOCR2 C0000 R C0001 R
93 M00022 M00027 P00022 PL1
97 M00023 M00034 P00023 PL2
101 M00025 M00035 M00044 P00025 BZ
106 END

6. 종합예제 6

(1) 동작사항

① EOCR 동작일 때

- EOCR1과 EOCR2 중 하나가 작동되면 YL1과 YL2는 1초 간격으로 ON/OFF 반복 교차 동작한다. 이 때 YL1이 YL2보다 먼저 점등되고 다른 동작은 정지한다.

② 자동으로 MC1 또는 MC2가 동작할 때

- RL1 : 1초 간격으로 ON/OFF 3회 동작하고, 다시 2초 간격으로 ON/OFF 2회 동작한다. MC1이 자동으로 동작 중일 때 3회-2회 반복된다. FLS1에 의해 정지된다.
- RL2 : 2초 간격으로 ON/OFF 3회 동작하고, 다시 1초 간격으로 ON/OFF 4회 동작한다. PB5와 PB6은 PCB회로에서 자동/수동절환스위치이다.

③ 수동일 때 MC1과 RL1이, MC2와 RL2가 동시 동작한다.

(2) 시퀀스도

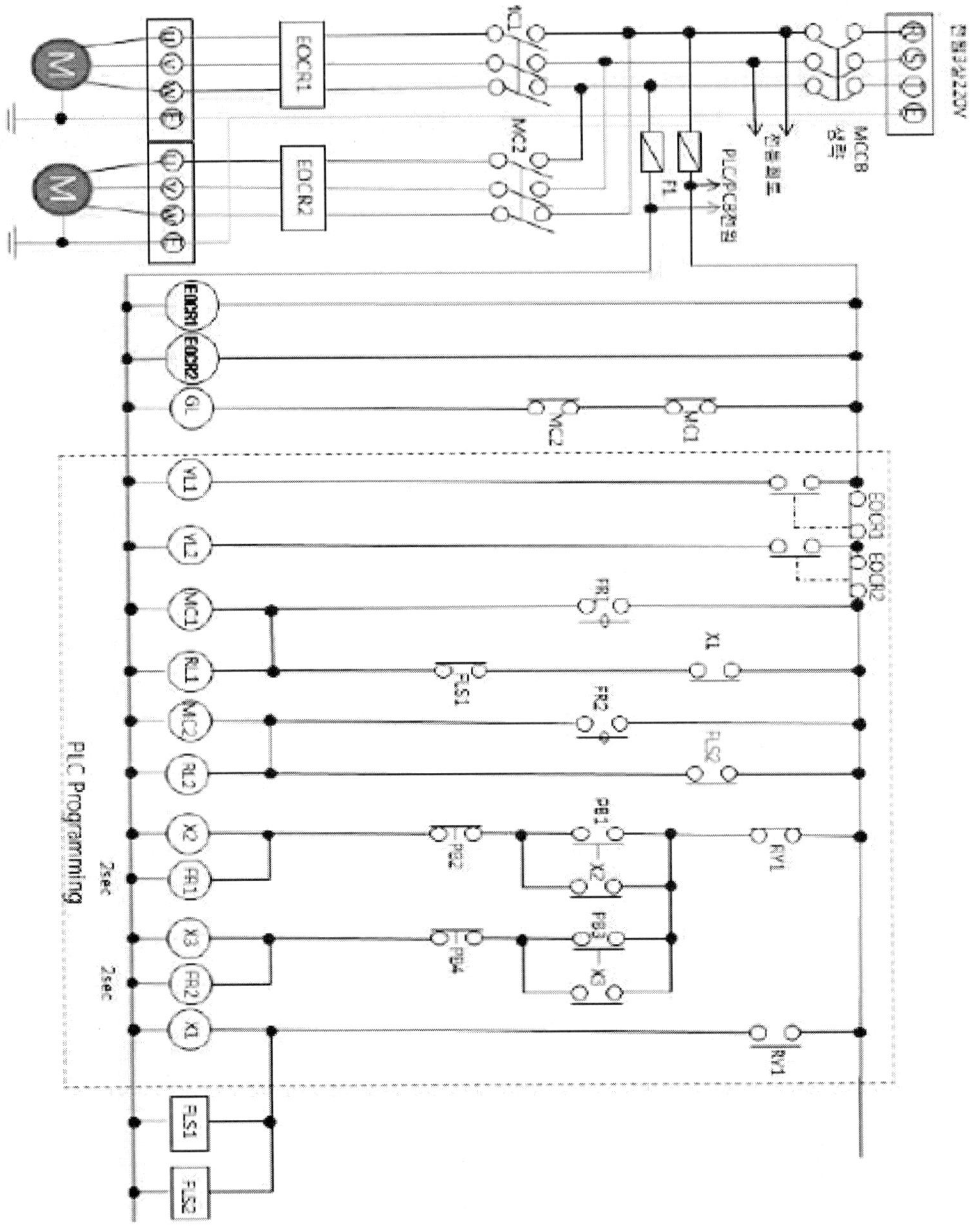

(3) 주소할당

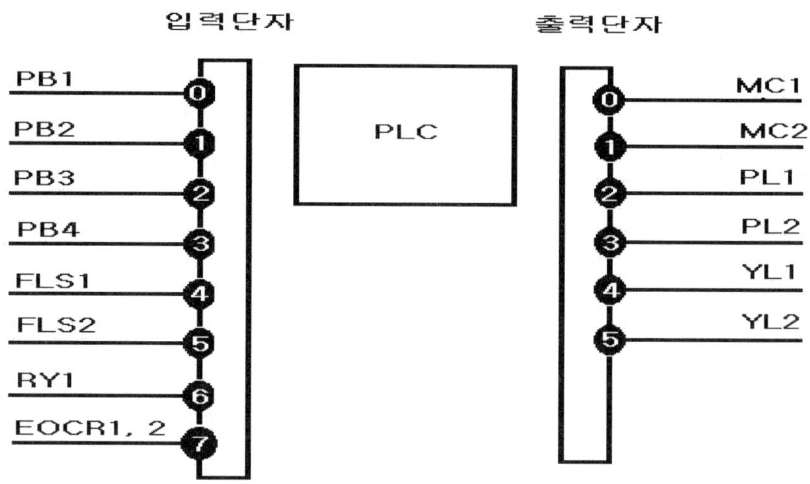

(4) 기구배치도

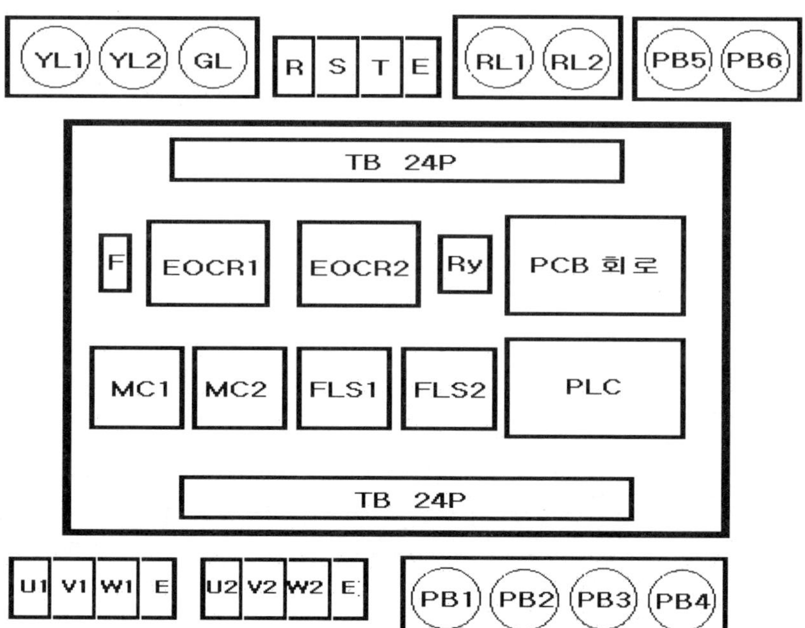

(5) 프로그램

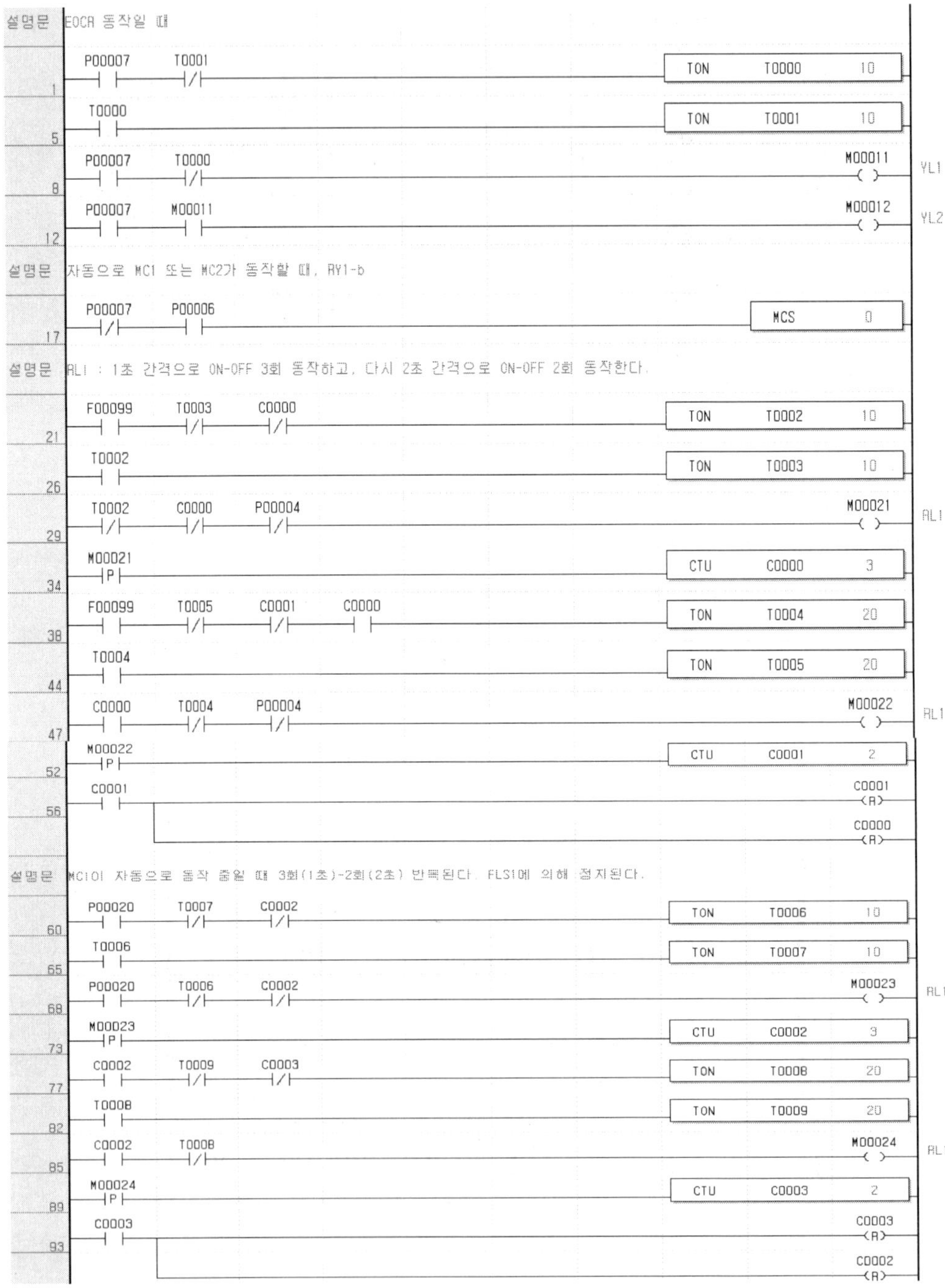
설명문 EOCR 동작일 때
1 P00007 T0001 TON T0000 10
5 T0000 TON T0001 10
8 P00007 T0000 M00011 YL1
12 P00007 M00011 M00012 YL2
설명문 자동으로 MC1 또는 MC2가 동작할 때, RY1-b
17 P00007 P00006 MCS 0
설명문 RL1 : 1초 간격으로 ON-OFF 3회 동작하고, 다시 2초 간격으로 ON-OFF 2회 동작한다.
21 F00099 T0003 C0000 TON T0002 10
26 T0002 TON T0003 10
29 T0002 C0000 P00004 M00021 RL1
34 M00021 P CTU C0000 3
38 F00099 T0005 C0001 C0000 TON T0004 20
44 T0004 TON T0005 20
47 C0000 T0004 P00004 M00022 RL1
52 M00022 P CTU C0001 2
56 C0001 C0001 R C0000 R
설명문 MC1이 자동으로 동작 중일 때 3회(1초)-2회(2초) 반복된다. FLS1에 의해 정지된다.
60 P00020 T0007 C0002 TON T0006 10
65 T0006 TON T0007 10
68 P00020 T0006 C0002 M00023 RL1
73 M00023 P CTU C0002 3
77 C0002 T0009 C0003 TON T0008 20
82 T0008 TON T0009 20
85 C0002 T0008 M00024 RL1
89 M00024 P CTU C0003 2
93 C0003 C0003 R C0002 R

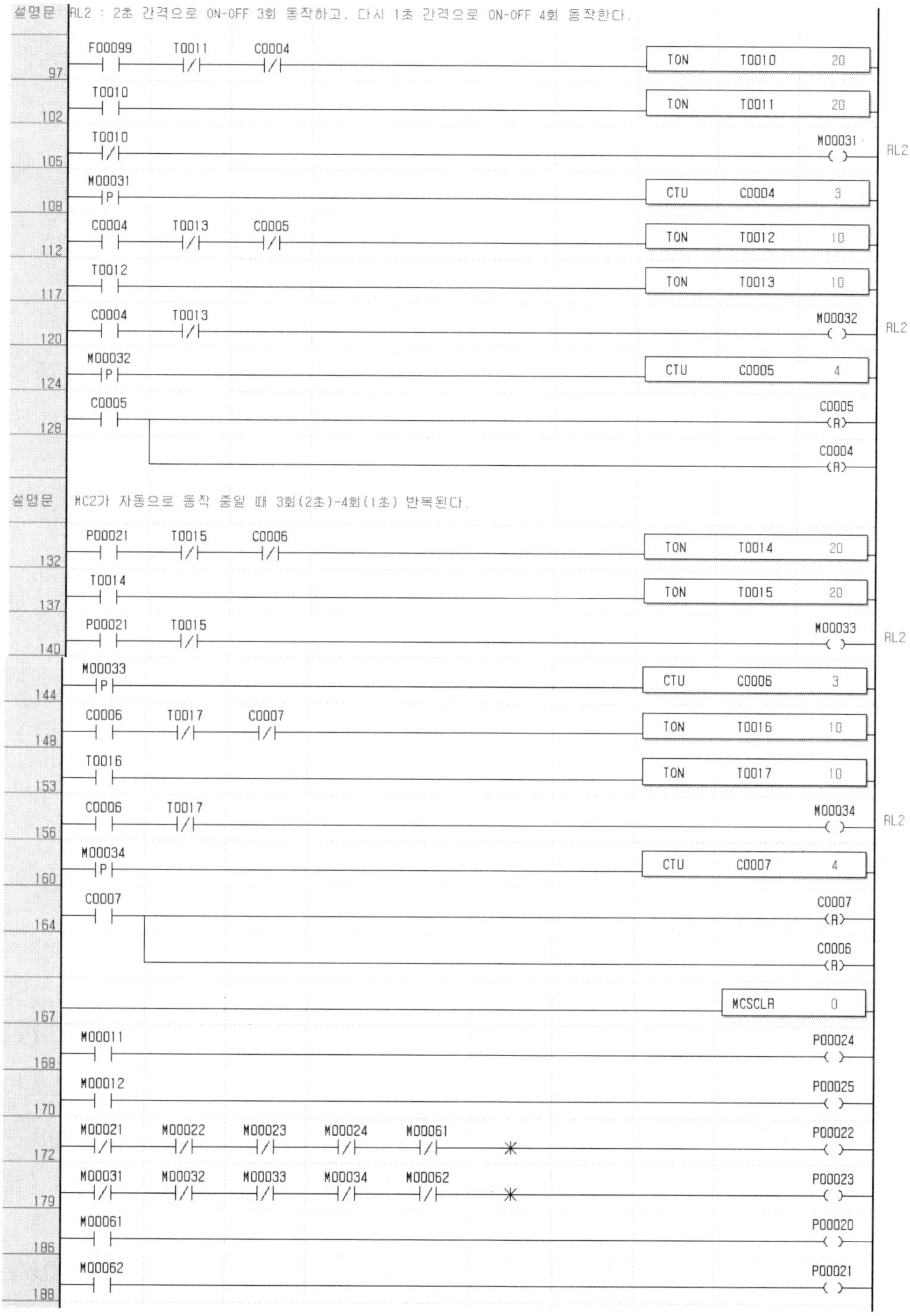
설명문 RL2 : 2초 간격으로 ON-OFF 3회 동작하고, 다시 1초 간격으로 ON-OFF 4회 동작한다.
97 F00099 T0011 C0004 TON T0010 20
102 T0010 TON T0011 20
105 T0010 M00031 RL2
108 M00031 P CTU C0004 3
112 C0004 T0013 C0005 TON T0012 10
117 T0012 TON T0013 10
120 C0004 T0013 M00032 RL2
124 M00032 P CTU C0005 4
128 C0005 C0005 R C0004 R
설명문 MC2가 자동으로 동작 중일 때 3회(2초)-4회(1초) 반복된다.
132 P00021 T0015 C0006 TON T0014 20
137 T0014 TON T0015 20
140 P00021 T0015 M00033 RL2
144 M00033 P CTU C0006 3
148 C0006 T0017 C0007 TON T0016 10
153 T0016 TON T0017 10
156 C0006 T0017 M00034 RL2
160 M00034 P CTU C0007 4
164 C0007 C0007 R C0006 R
167 MCSCLR 0
168 M00011 P00024
170 M00012 P00025
172 M00021 M00022 M00023 M00024 M00061 P00022
179 M00031 M00032 M00033 M00034 M00062 P00023
186 M00061 P00020
188 M00062 P00021

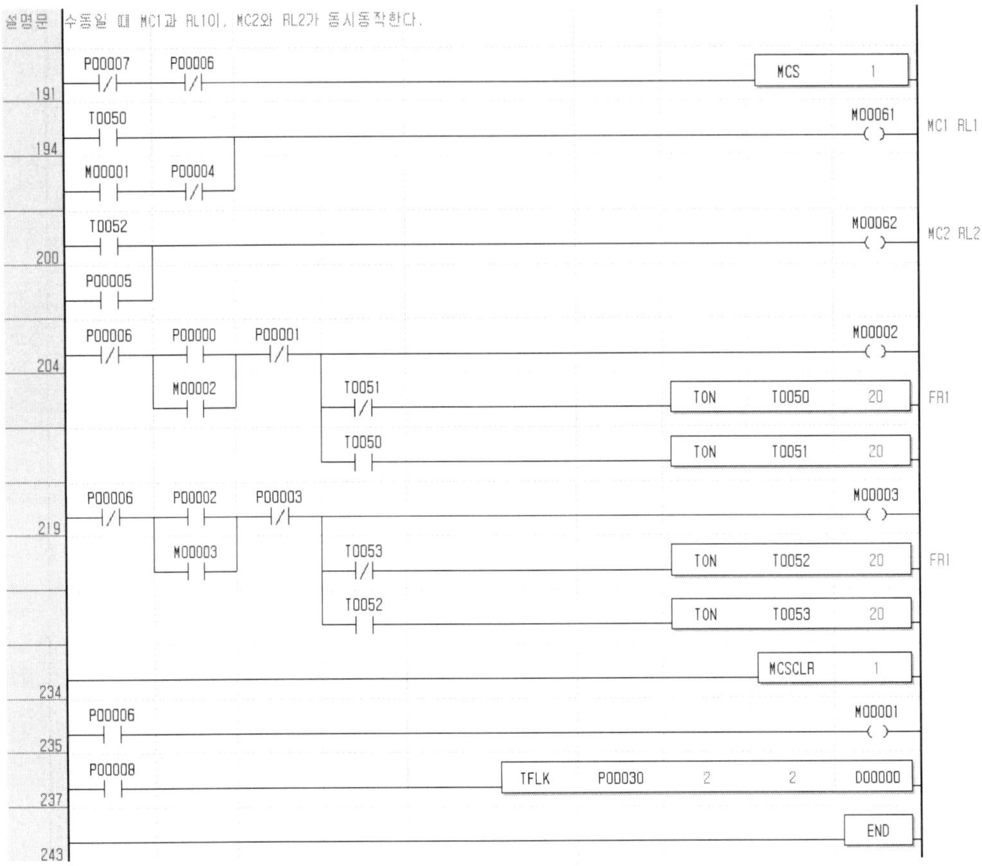

7. 종합예제 7

(1) 동작사항

① 수동 동작일 때

- MC1 및 MC2가 수동으로 작동할 때 RL1과 RL2는 1sec 간격으로 ON/OFF 동작을 10초간 동작한다.

② 자동 동작할 때

- MC1이 자동으로 작동할 때 RL1은 0.5sec 간격으로 ON→OFF 3회, 1sec 간격으로 ON→OFF 2회 동작을 반복한다.
- MC2가 자동으로 작동할 때 RL2는 1sec 간격으로 ON→OFF 2회, 0.5sec 간격으로 ON→OFF 3회 동작을 반복한다.

③ EOCR2가 동작할 때

- 모든 동작이 초기화되고, RL1과 RL2가 1sec 간격으로 ON/OFF 반복 동작

한다. 이 때 RL1먼저 점등되어 RL2와 교차 동작된다.

④ EOCR1 동작할 때 모든 출력은 정지된다. PB5와 PB6은 PCB회로에서 자동/수동절환 스위치이다.

(2) 시퀀스도

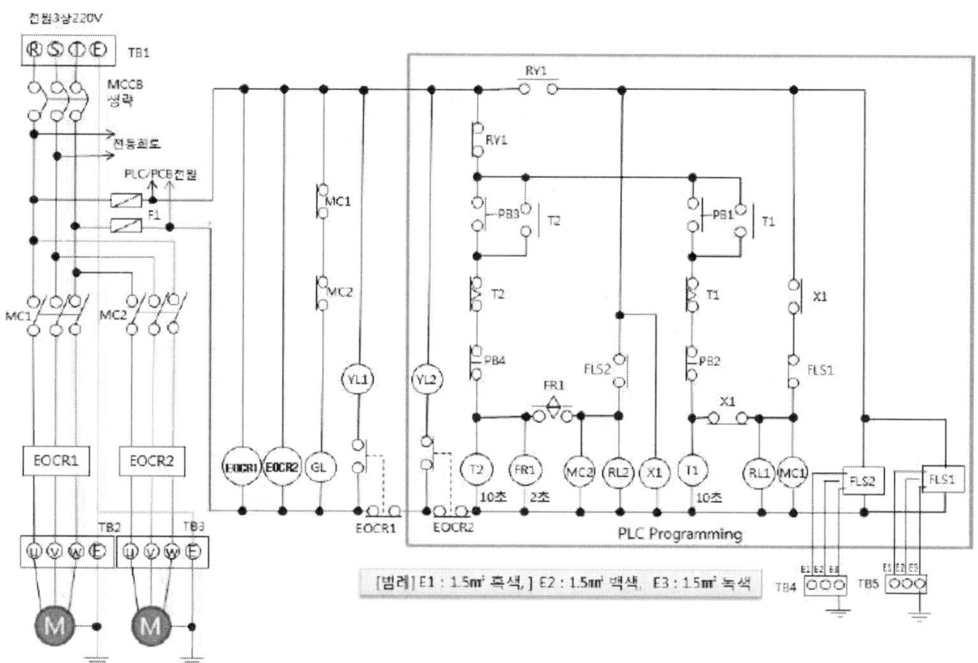

(3) 주소할당

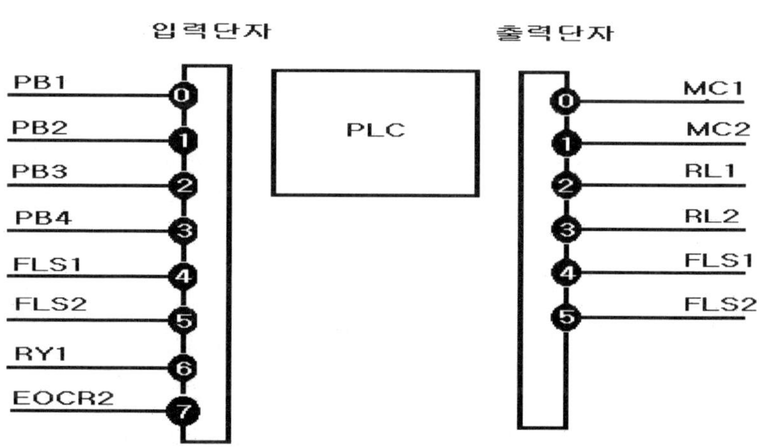

(4) 기구배치도

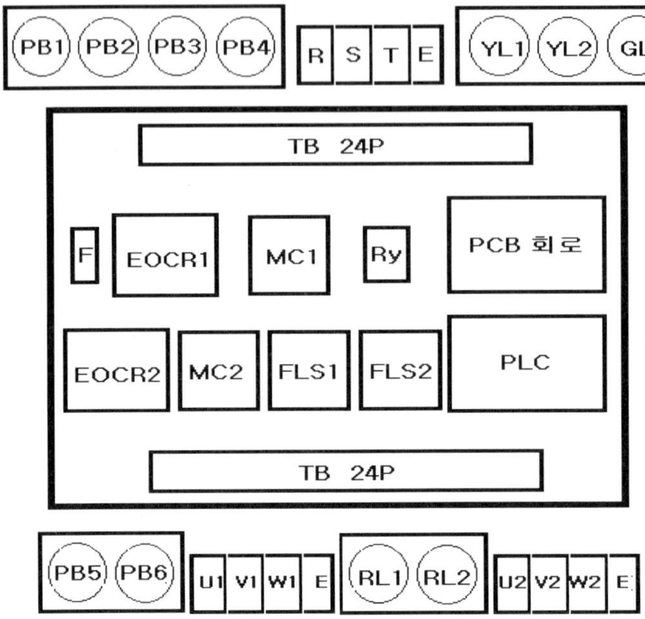

(5) 프로그램

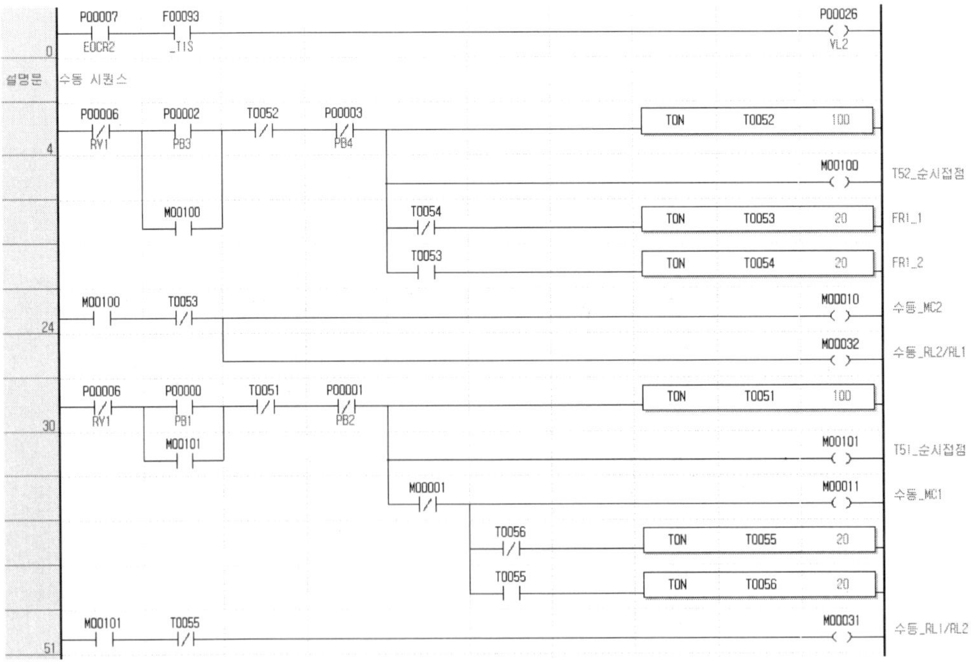

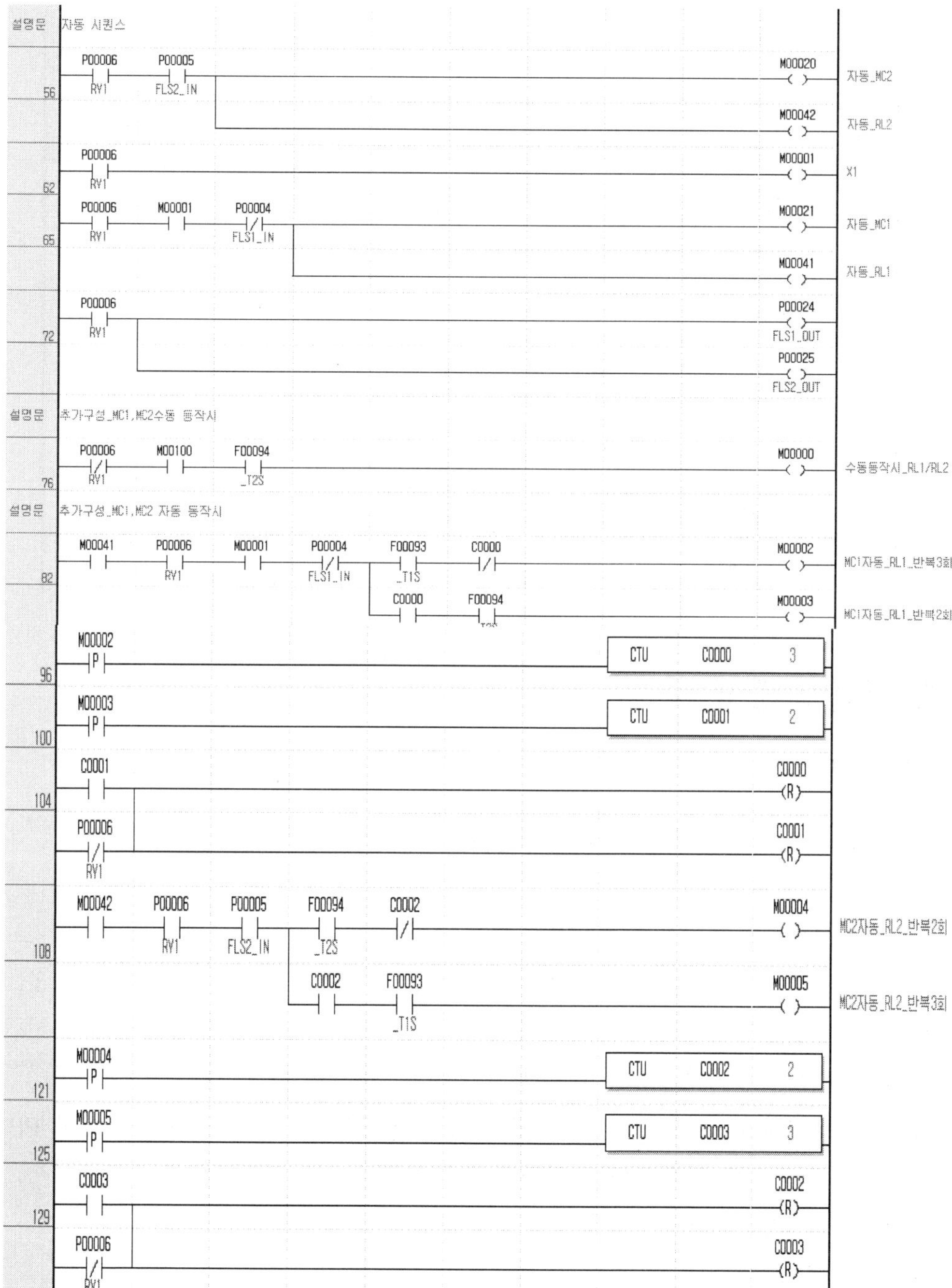
설명문 자동 시퀀스
56
P00006 RY1
P00005 FLS2_IN
M00020 자동_MC2
M00042 자동_RL2
62
P00006 RY1
M00001 X1
65
P00006 RY1
M00001
P00004 FLS1_IN
M00021 자동_MC1
M00041 자동_RL1
72
P00006 RY1
P00024 FLS1_OUT
P00025 FLS2_OUT
설명문 추가구성_MC1,MC2수동 동작시
76
P00006 RY1
M00100
F00094 _T2S
M00000 수동동작시_RL1/RL2
설명문 추가구성_MC1,MC2 자동 동작시
82
M00041
P00006 RY1
M00001
P00004 FLS1_IN
F00093 _T1S
C0000
M00002 MC1자동_RL1_반복3회
C0000
F00094
M00003 MC1자동_RL1_반복2회
96
M00002
CTU C0000 3
100
M00003
CTU C0001 2
104
C0001
C0000
P00006 RY1
C0001
108
M00042
P00006 RY1
P00005 FLS2_IN
F00094 _T2S
C0002
M00004 MC2자동_RL2_반복2회
C0002
F00093 _T1S
M00005 MC2자동_RL2_반복3회
121
M00004
CTU C0002 2
125
M00005
CTU C0003 3
129
C0003
C0002
P00006 RY1
C0003

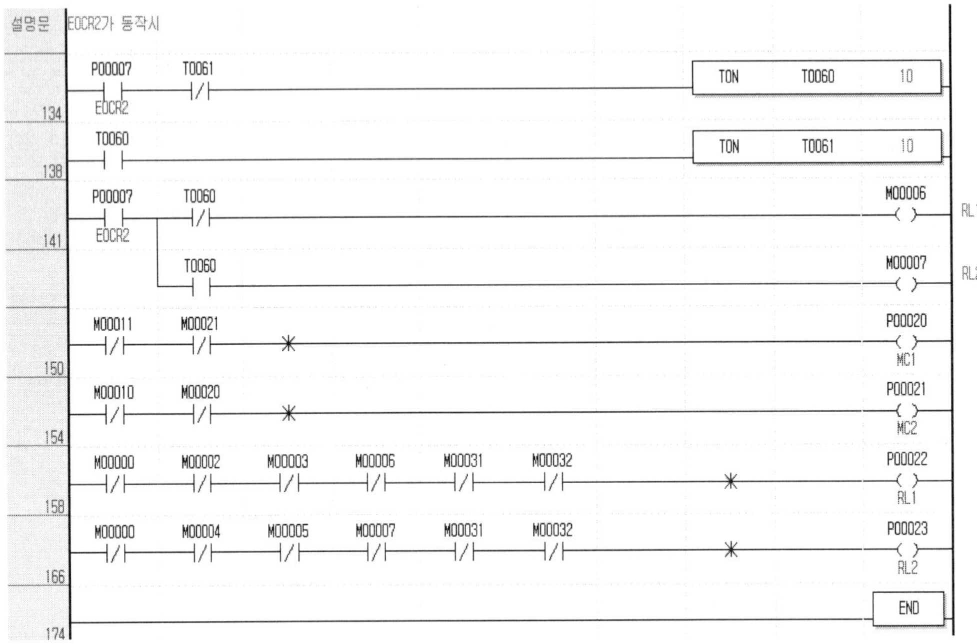

8. 종합예제 8

(1) 동작사항

① PB3 스위치를 2번째 누르면 PL1~PL4는 다음과 같이 반복 동작한다.

㉠ PL1 : ON(11초)-OFF(1초)

㉡ PL2 : OFF(1초)-ON(1초)-OFF(1초)-ON(5초)-OFF(1초)-ON(1초)-OFF(2초)

㉢ PL3 : OFF(1초)-ON(1초)-OFF(2초)-ON(3초)-OFF(1초)-ON(1초)-OFF(3초)

㉣ PL4 : PL2와 PL3가 동시에 점등될 때에만 동작한다.

※ ㉠~㉣의 동작이 1주기 동작임

② PB3 스위치를 6번째 눌렀다 떼면 동작 중인 PL1~PL4는 즉시 소등되며 PB3 스위치의 카운터 값은 복귀(RESET)된다.

③ PB4 스위치를 누르면 ②항 동작과 같다.

④ YL 동작조건

EOCR에 의해서 RY3가 여자되면 YL은 ON(2초)-OFF(1초)-ON(1초)-OFF(2초)를 반복 동작하고, RY3가 소자되면 YL은 동작을 멈춘다.

(2) 타임차트

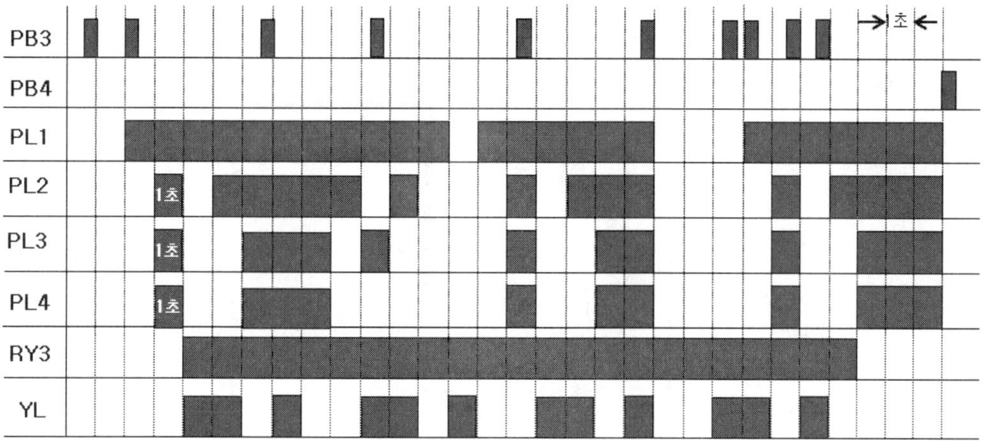
PB3
PB4
PL1
PL2
PL3
PL4
RY3
YL
1초
1초
1초
초

(3) 주소할당

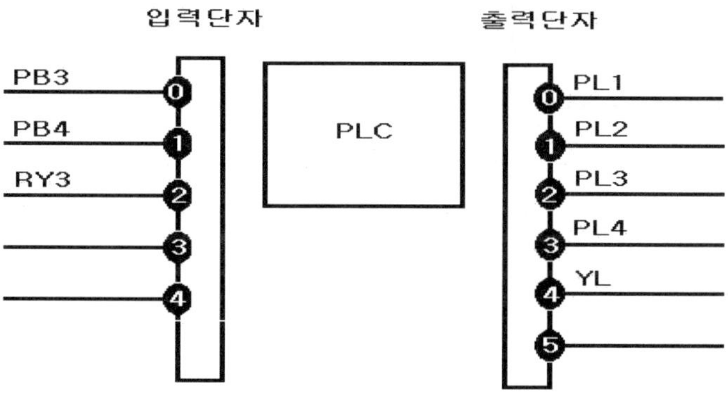
입력단자
출력단자
PB3
PB4
RY3
PLC
PL1
PL2
PL3
PL4
YL
0
1
2
3
4
5

(4) 기구배치도

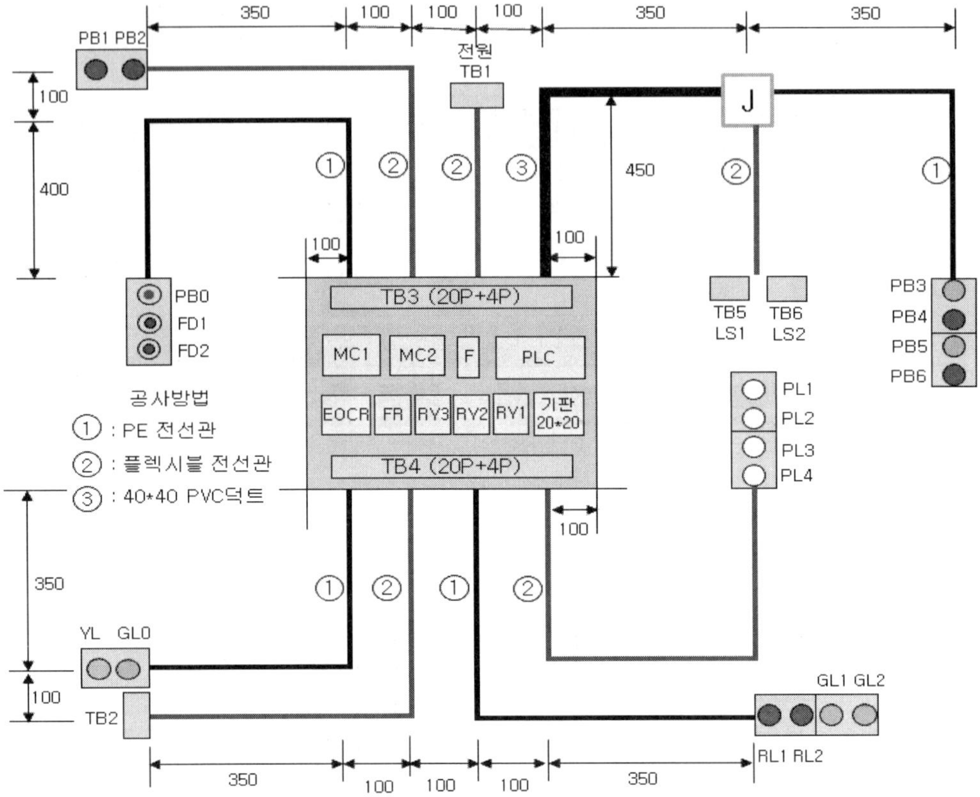

350
100
100
100
350
350
PB1 PB2
전원
TB1
J
100
400
450
100
100
TB3 (20P+4P)
PB0
FD1
FD2
TB5
LS1
TB6
LS2
PB3
PB4
PB5
PB6
MC1
MC2
F
PLC
EOCR
FR
RY3
RY2
RY1
기판 20*20
TB4 (20P+4P)
PL1
PL2
PL3
PL4
공사방법
① : PE 전선관
② : 플렉시블 전선관
③ : 40*40 PVC덕트
YL GL0
TB2
GL1 GL2
RL1 RL2

(5) 시퀀스도

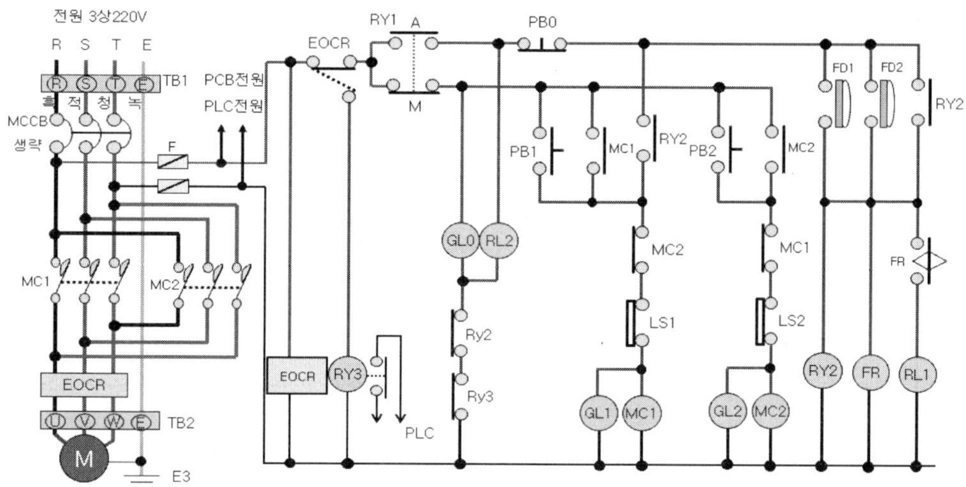
전원 3상220V
R S T E
TB1
흑 적 청 녹
MCCB
생략
PCB전원
PLC전원
F
MC1
MC2
EOCR
TB2
M
E3
EOCR
RY1
A
M
PB0
RY3
PLC
GL0
RL2
Ry2
Ry3
PB1
MC1
RY2
PB2
MC2
LS1
LS2
GL1
GL2
FD1
FD2
FR
RL1

(6) 프로그램

P00000
PB3
CTU C0000 2
CTU C0001 6
C0001
C0000
(R)
P00001
PB4
C0001
(R)
0
6

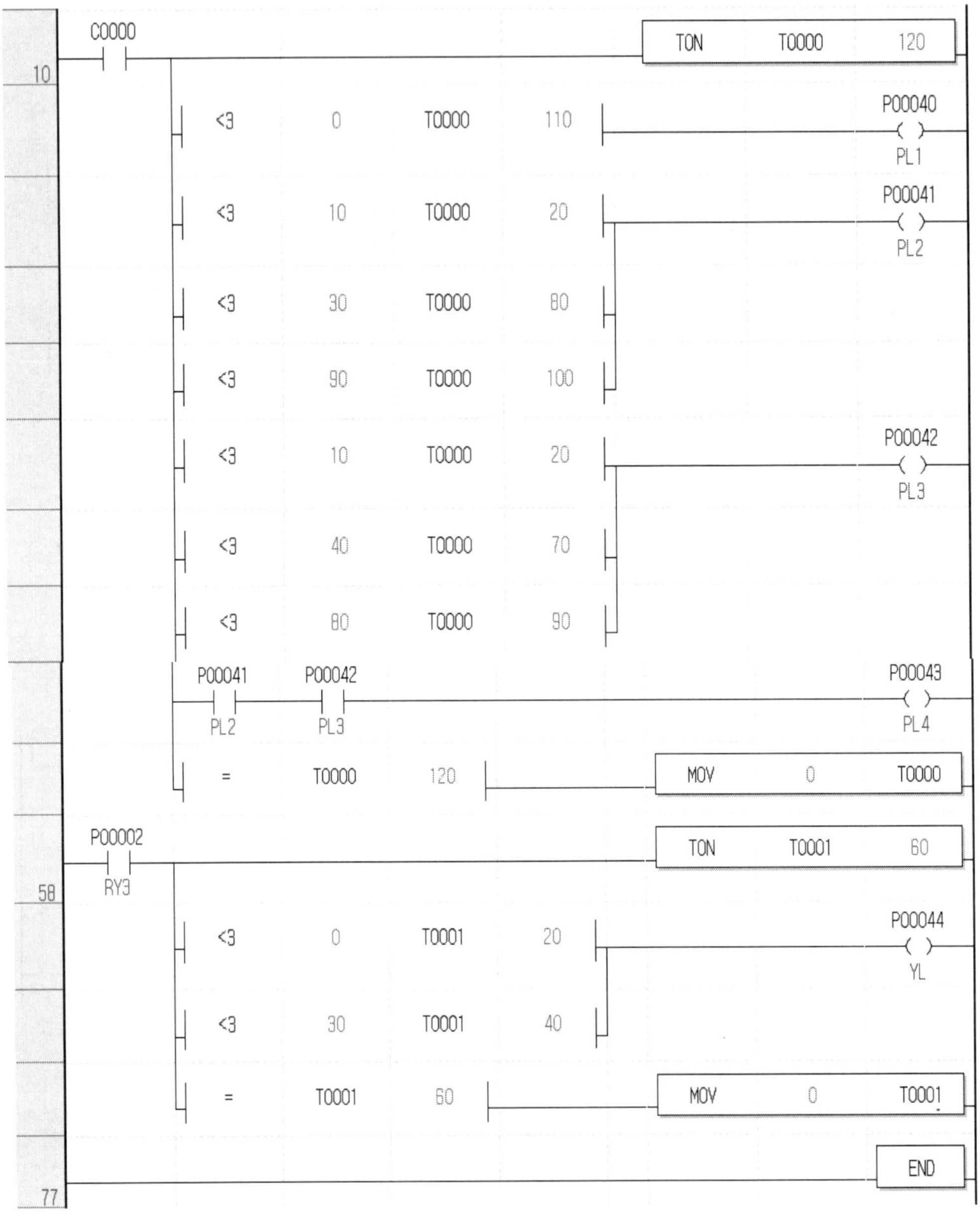

9. 종합예제 9

(1) 동작사항

① PLC 프로그램은 제한시간 내에 주어진 요구사항 및 동작사항에 적합하도록 프로그램을 작성 하시오.

② PLC는 입출력이 14점 이상인 소형 일체형으로 수험자가 지참한 PLC에 맞는 프로그램을 선택하여 프로그램을 작성하며, 입력전원은 노이즈 대책을 세워 배선하시오.

③ PLC는 제어판 내의 단자대에 단독 접지하고, RUN모드 상태로 부착하시오. (다만, 접지를 필요로 하지 않는 경우에는 과제수행 전 시험위원에게 이를 확인 받아야 함)

④ 입력신호 확인작성된 프로그램을 PLC에 다운로드한 후 입력접점에 대한 신호를 넣어 이를 확인할 수 있으나, 과제완료(제2과제가 시작된 시점)이후에는 프로그램을 재 작업할 수 없습니다.

(가) PLC프로그램 동작사항

① PB4를 눌렀다 놓으면 PL4가 점등되고, 2초 후 PL4가 소등되고 PL5가 점등되며, 2초 후 PL5가 소등되고 PL6이 점등된다.

② PB5를 누를 때까지 위 사항을 계속 반복 동작하여 PB5를 누르면 동작 중이던 PL4, PL5, PL6이 소등된다.

(2) 타임차트

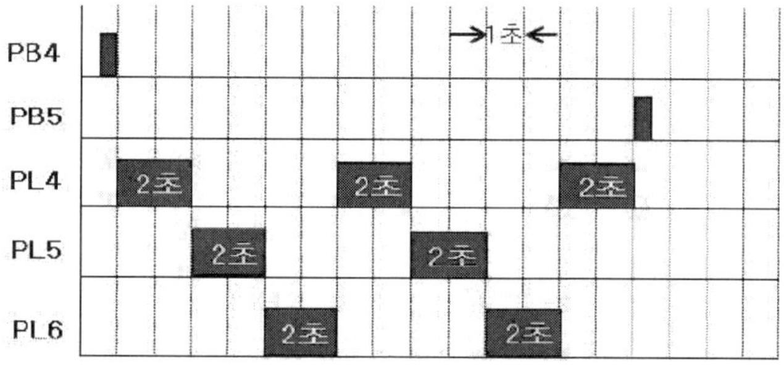

(3) 주소할당

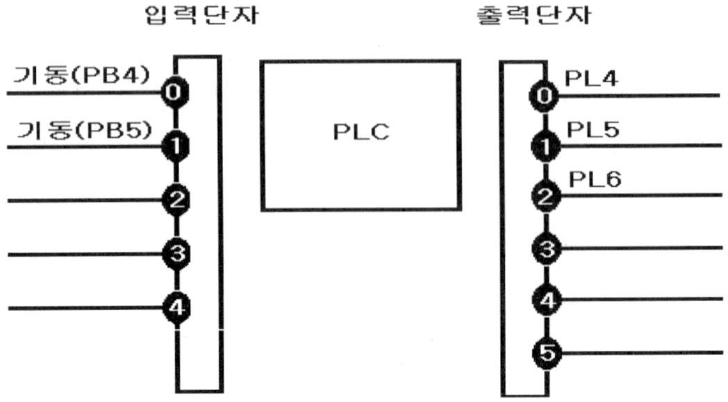
입력단자
출력단자
기동(PB4)
기동(PB5)
PLC
PL4
PL5
PL6
0
1
2
3
4
5

(4) 시퀀스도

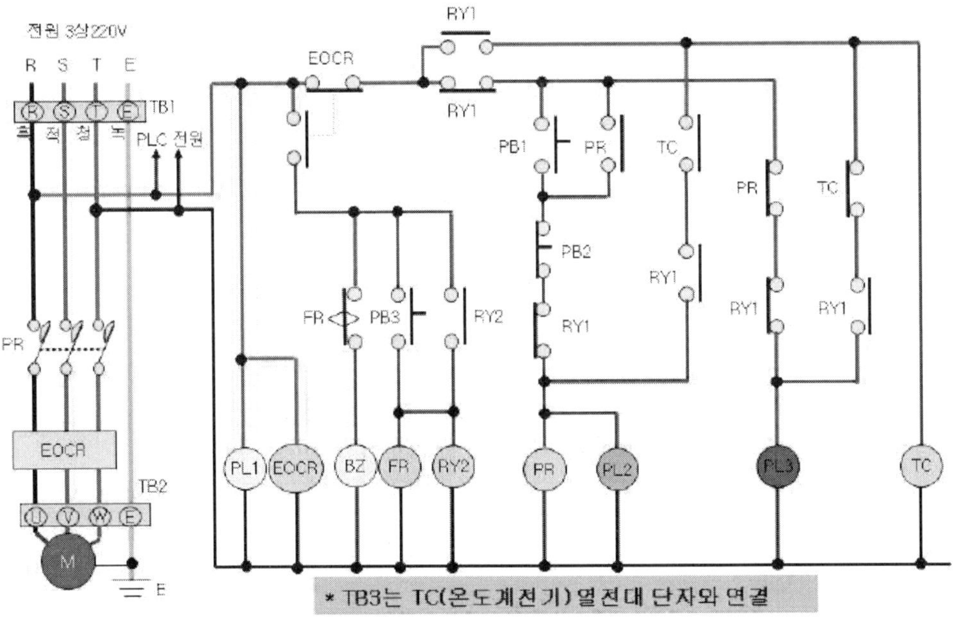
전원 3상220V
R S T E
TB1
흑 적 청 녹
PLC 전원
PR
EOCR
TB2
M
E
EOCR
RY1
RY1
PB1
PR
TC
PR
TC
PB2
RY1
FR
PB3
RY2
RY1
RY1
RY1
PL1
EOCR
BZ
FR
RY2
PR
PL2
PL3
TC
* TB3는 TC(온도계전기) 열전대 단자와 연결

(5) 기구배치도

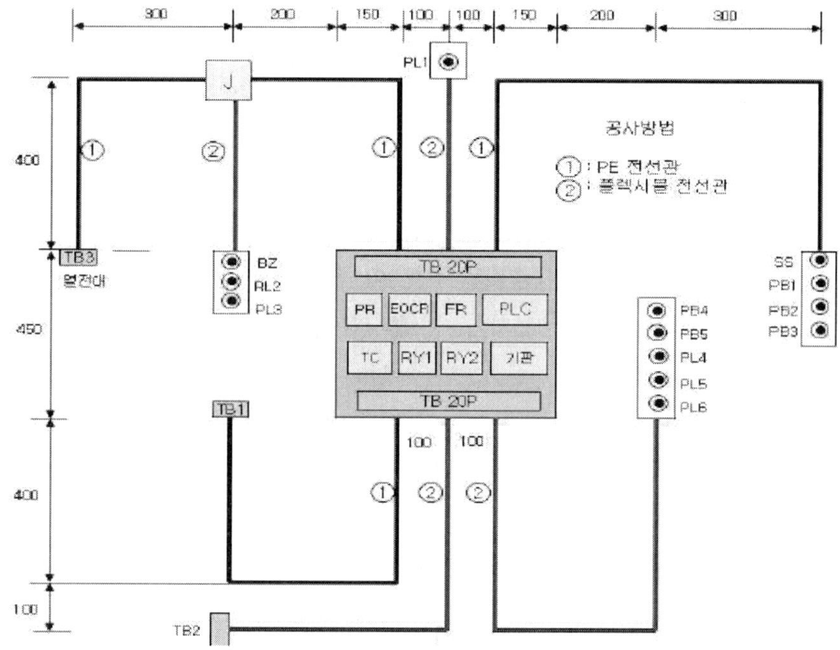

(6) 프로그램

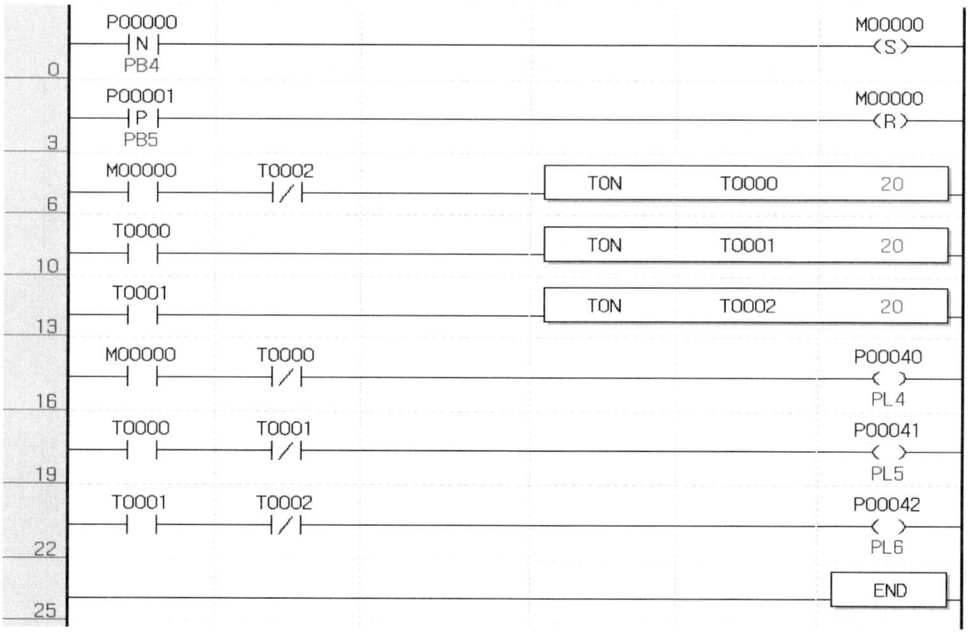

10. 종합예제 10

(1) 동작사항

(가) PLC프로그램

동작설명(●는 동작(점등), ○는 정지(소등)이며 원호안의 숫자는 시간(초)임)

① PB6을 누른 후 놓으면, PL1은 주어진 시간동안 점등과 소등(❺-①-❸-①-❺-①)을 하고, PL2는 PL1이 점등된 1초 후 점등과 소등(❺-①-❺)을 하며, PL3은 PL2가 점등된 1초 후 점등과 소등(❸-①-❷-①-❺-②-❶)을 한다.

② PB7의 입력이 들어오기 전까지 위 사항을 계속 반복 동작하게 되며, PB7을 누르면 동작 중이던 PL1, PL2, PL3은 모두 소등된다.

③ 제어회로의 EOCR이 동작하면 X4가 여자되고, YL은 점등과 소등(❷-①-❸-①)을 반복하고, BZ는 YL점등 1초후 동작과 정지(①-❸-①-❷)를 반복한다. EOCR이 복귀되면 YL과 BZ는 동작을 멈춘다.

(2) 타임차트

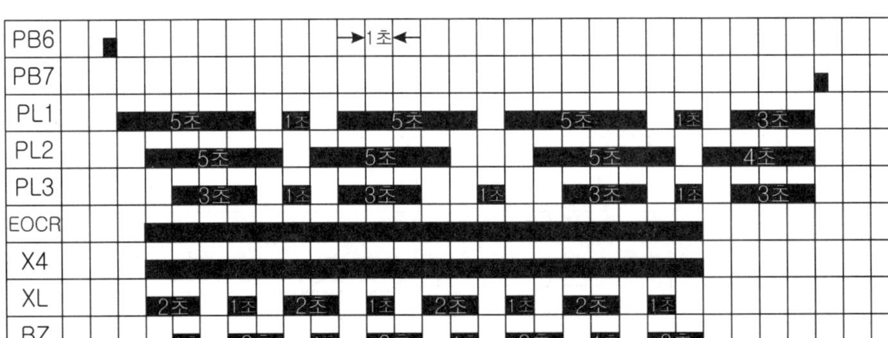

(3) 주소할당

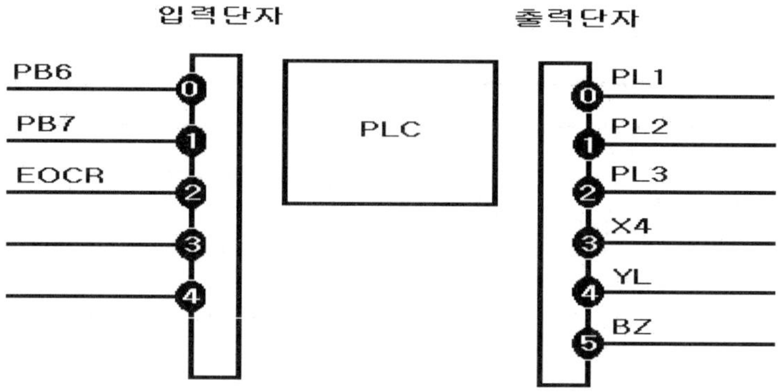
입력단자
출력단자
PB6
PB7
EOCR
0
1
2
3
4
PLC
PL1
PL2
PL3
X4
YL
BZ
0
1
2
3
4
5

(4) 시퀀스도

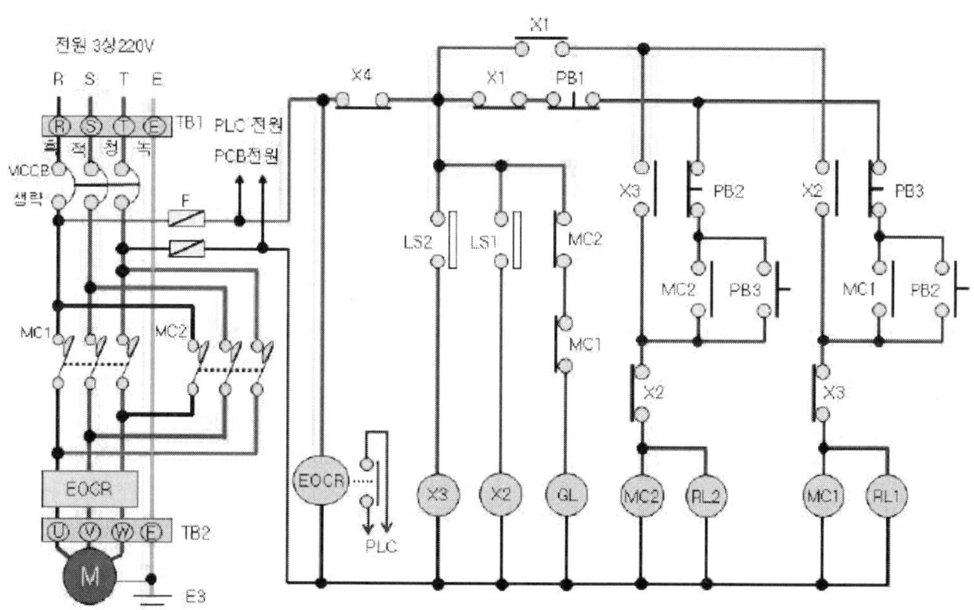
전원 3상220V
R S T E
TB1
PLC 전원
PCB전원
흑 적 청 녹
MCCB
생략
F
MC1
MC2
EOCR
TB2
M
E3
X1
X4
X1
PB1
LS2
LS1
MC2
MC1
X3
PB2
MC2
PB3
X2
PB3
MC1
PB2
X2
X3
EOCR
PLC
X3
X2
GL
MC2
RL2
MC1
RL1

(5) 기구배치도

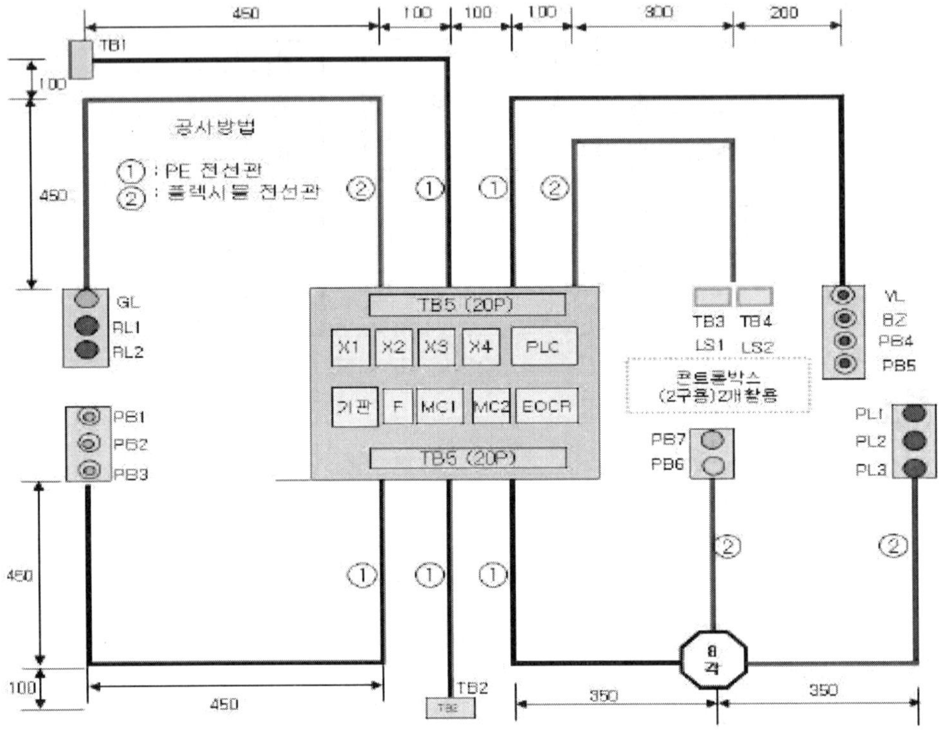

(6) 프로그램

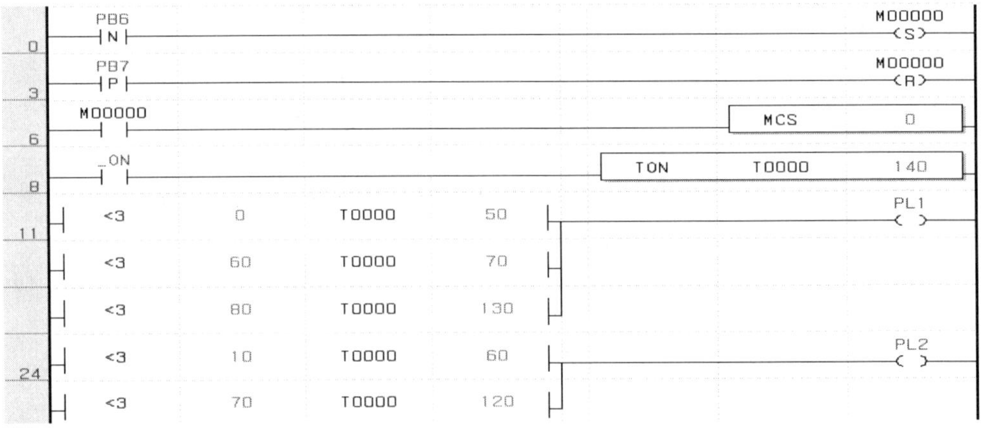

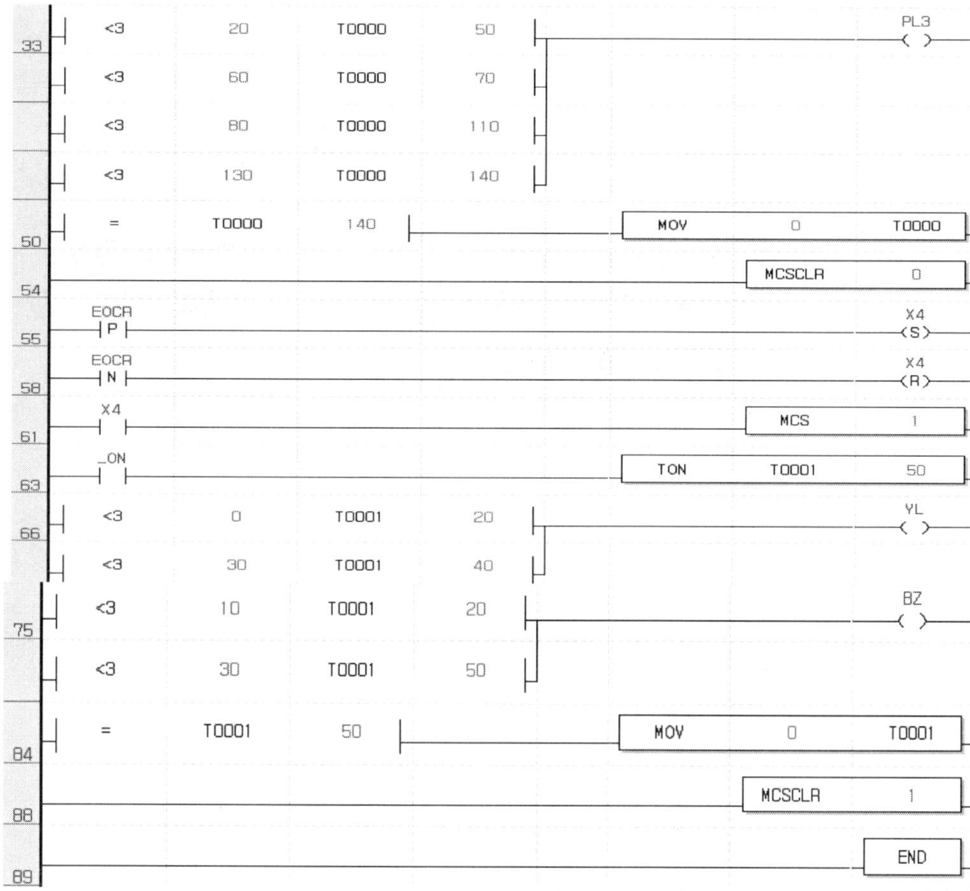

11. 종합예제 11

(1) 동작사항(타임차트 확인)

① PB3 스위치

PB3를 2번 누르면 PL1~PL4는 타임차트와 같이 동작한다.

② PB4 스위치

PL1~PL4가 동작중일 때, PB4를 2번 눌렀다 떼면 타임차트와 같이 정지한다.

(본인이 지참한 PLC기종에 알맞게 입출력회로를 결선)

(2) 타임차트

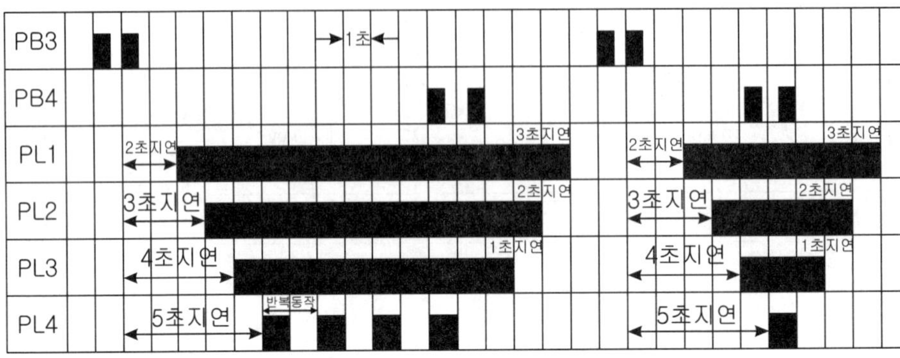
PB3
PB4
PL1
PL2
PL3
PL4
1초
2초지연
3초지연
2초지연
3초지연
3초지연
2초지연
4초지연
1초지연
5초지연
반복동작
2초지연
3초지연
3초지연
2초지연
4초지연
1초지연
5초지연

(3) 주소할당

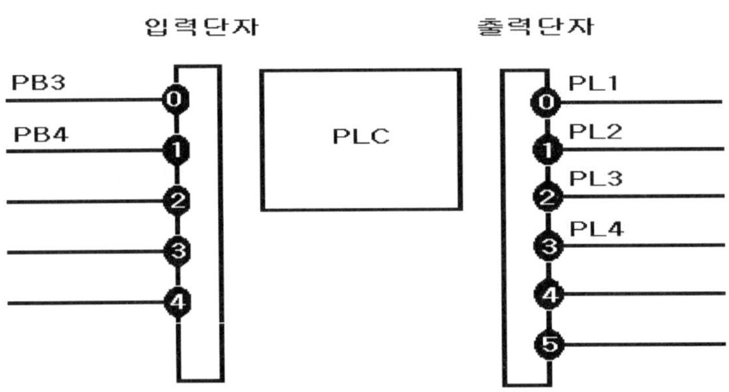
입력단자
출력단자
PB3
PB4
PLC
PL1
PL2
PL3
PL4
0
1
2
3
4
0
1
2
3
4
5

(4) 시퀀스도

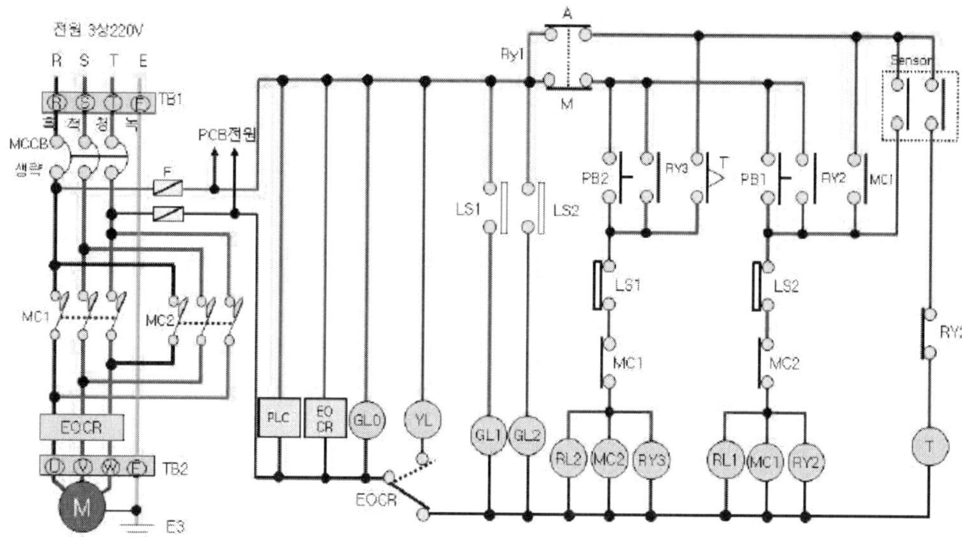

(5) 기구배치도

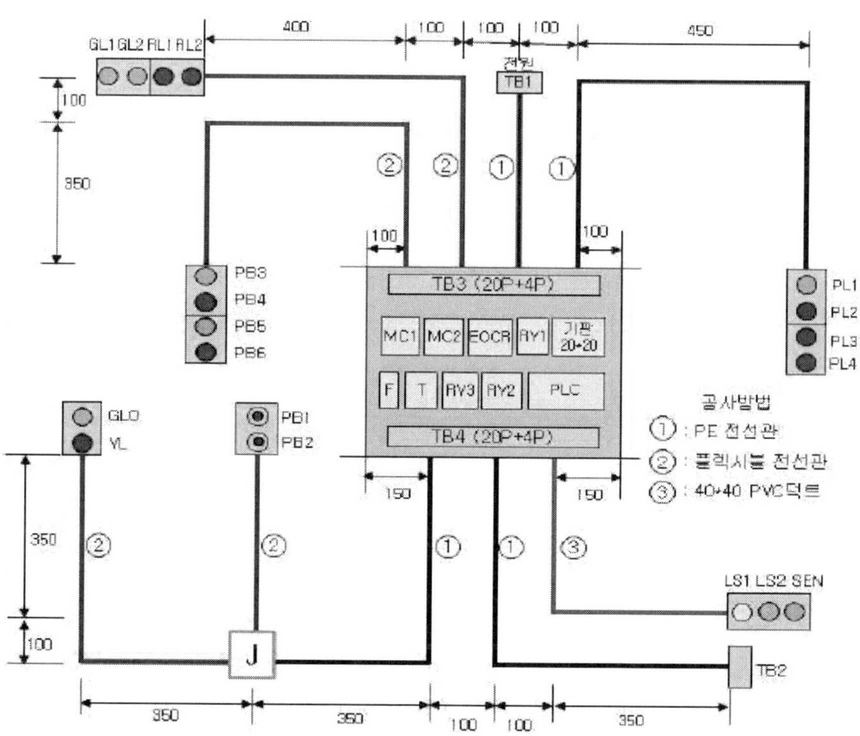

(6) 프로그램

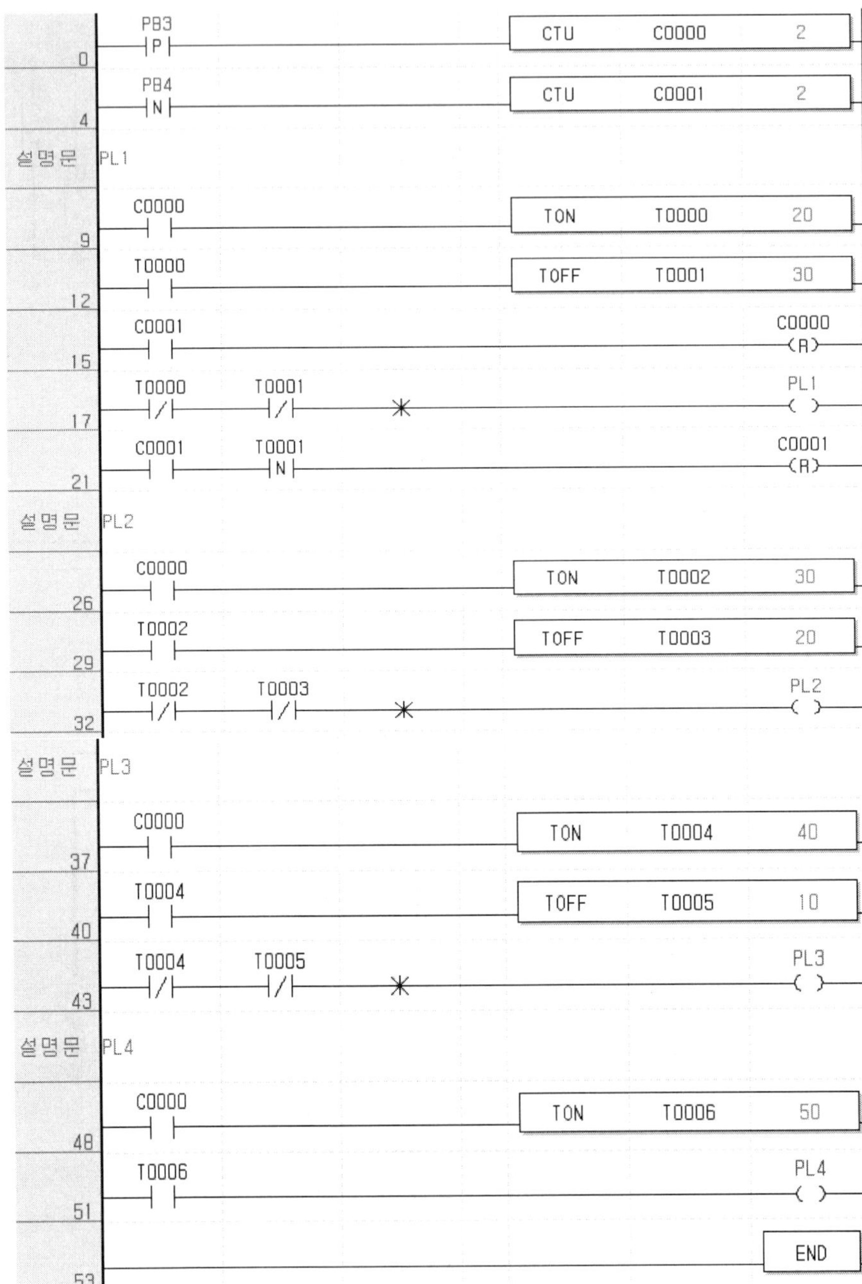
0 PB3 P CTU C0000 2
4 PB4 N CTU C0001 2
설명문 PL1
9 C0000 TON T0000 20
12 T0000 TOFF T0001 30
15 C0001 C0000 R
17 T0000 T0001 PL1
21 C0001 T0001 N C0001 R
설명문 PL2
26 C0000 TON T0002 30
29 T0002 TOFF T0003 20
32 T0002 T0003 PL2
설명문 PL3
37 C0000 TON T0004 40
40 T0004 TOFF T0005 10
43 T0004 T0005 PL3
설명문 PL4
48 C0000 TON T0006 50
51 T0006 PL4
53 END

12. 종합예제 12

(1) 상시동작

① 전원을 투입하면 PLC와 EOCR1, EOCR2에 전원이 공급된다. 급수모터나 배수모터가 정지시 GL등이 전등된다. 급수모터나 배수모터가 가동시 GL 등이 소등된다.

② PB5를 누르면 RY1이 여자되어 자동모드가 되고, 이 상태에서 PB6을 누르면 RY1이 소자되어 수동모드가 된다.

(2) 수동동작(RY1-b 수동접점에 있을 때)

① PB1을 누르면 타이머 설정시간(10초) 동안만 MC1(급수), RL1이 점등된다. PB2를 누르면 MC1이 소자(급수정지), RL1이 소등된다.

② PB3을 누르면 타이머 설정시간(10초) 동안만 MC2(배수), RL2이 점등된다. PB4를 누르면 MC2이 소자(배수정지), RL2이 소등된다.

③ 전동기를 운전중 EOCR1이 작동되면 YL1이 점등, EOCR2이 작동되면 YL2이 점등되며, 전동기 및 위의 모든 동작이 정지된다.

(3) 자동동작(RY1-a 자동접점에 있을 때)

① 급수시작으로 MC1여자(급수시작), RL1이 점등된다.

② 급수탱크에 급수가 완료되어 플로트리스 스위치(FLS1)의 센서가 작동되면 MC1소자(급수정지), RL1이 소등된다.

③ 배수탱크에 물이 차서 배수용 플로트리스 스위치(FLS2)의 센서가 작동되면 MC2소자(배수시작), RL2이 점등된다.

④ 배수가 완료되면 MC2소자(배수정지), RL2가 소등된다.

⑤ 전동기 운전 중 EOCR1이 작동되면 YL1점등, EOCR2가 작동되면 YL2가 점등되며 전동기 및 위의 모든 동작이 정지한다.

⑥ 전등회로는 진리표와 같이 동작되도록 3로 스위치로 결선한다.

(4) 주소할당

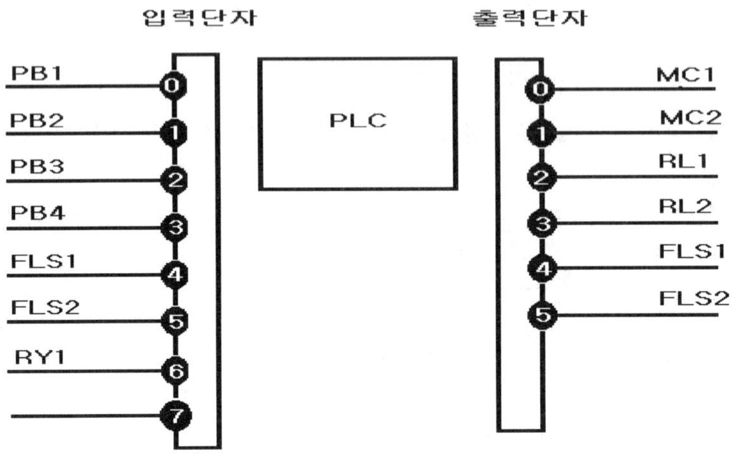
입력단자
출력단자
PB1
PB2
PB3
PB4
FLS1
FLS2
RY1
PLC
MC1
MC2
RL1
RL2
FLS1
FLS2

(5) 시퀀스도

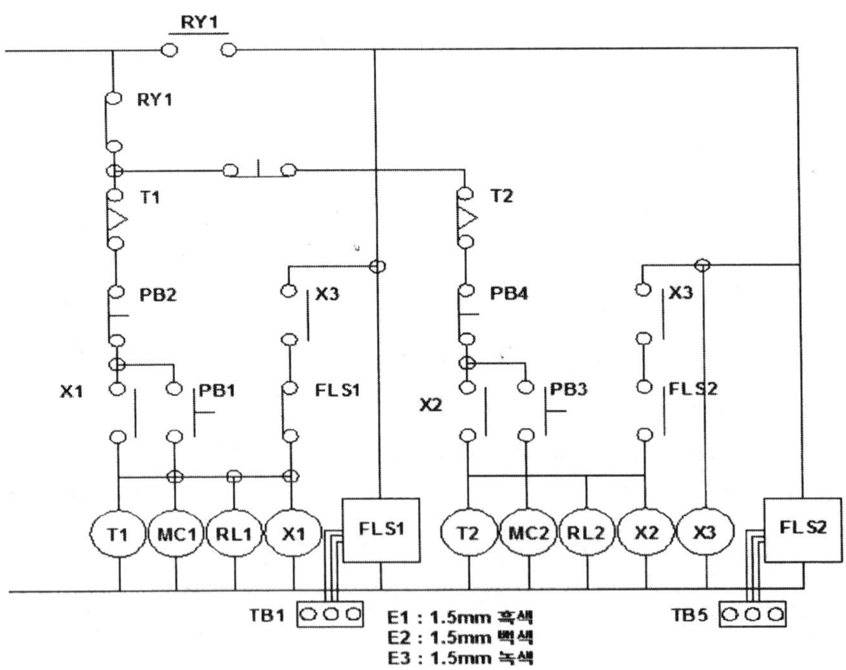
RY1
RY1
T1
T2
PB2
X3
PB4
X3
X1
PB1
FLS1
X2
PB3
FLS2
T1
MC1
RL1
X1
FLS1
T2
MC2
RL2
X2
X3
FLS2
TB1
TB5
E1 : 1.5mm 흑색
E2 : 1.5mm 백색
E3 : 1.5mm 녹색

(6) 프로그램

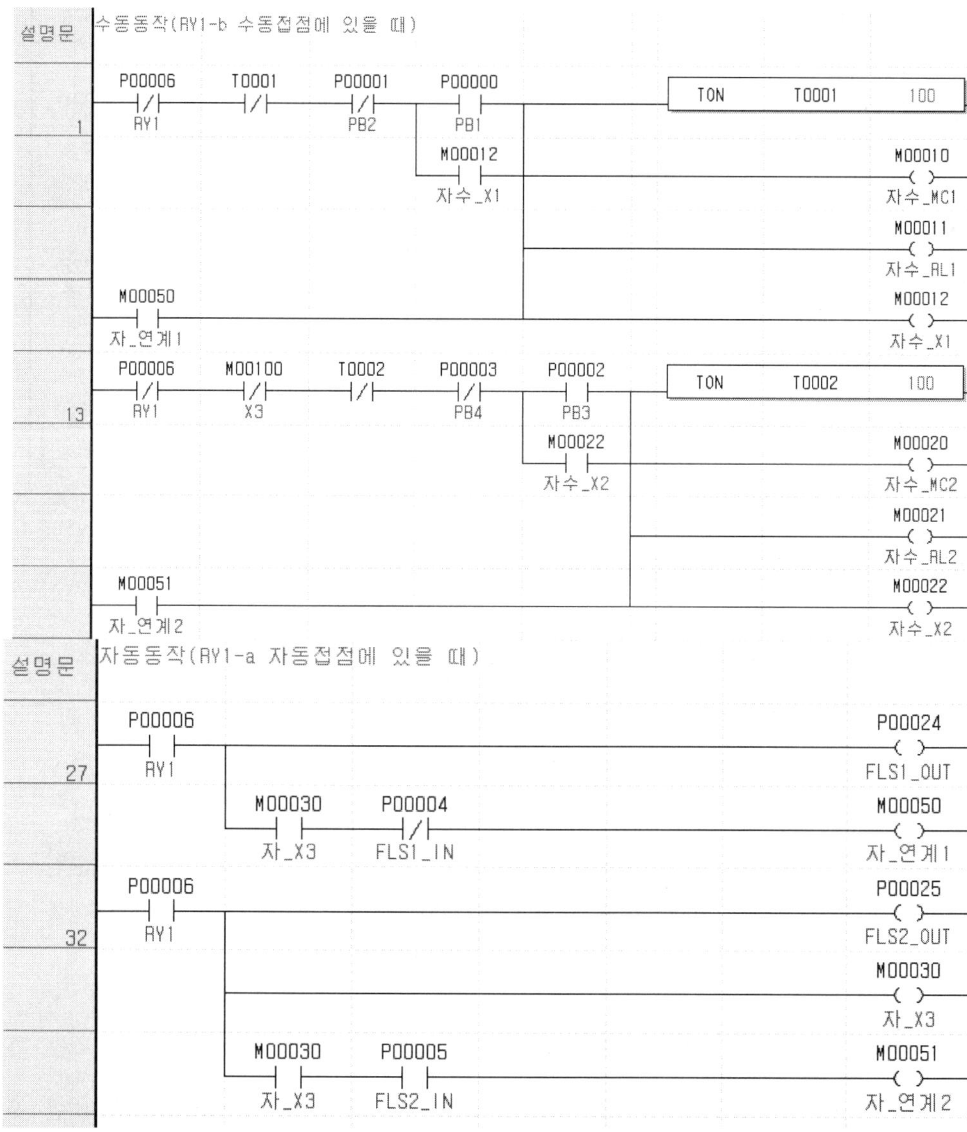
설명문
수동동작(RY1-b 수동접점에 있을 때)
P00006
T0001
P00001
P00000
TON T0001 100
1
RY1
PB2
PB1
M00012
M00010
자수_X1
자수_MC1
M00011
자수_RL1
M00050
M00012
자_연계1
자수_X1
P00006
M00100
T0002
P00003
P00002
TON T0002 100
13
RY1
X3
PB4
PB3
M00022
M00020
자수_X2
자수_MC2
M00021
자수_RL2
M00051
M00022
자_연계2
자수_X2
설명문
자동동작(RY1-a 자동접점에 있을 때)
P00006
P00024
27
RY1
FLS1_OUT
M00030
P00004
M00050
자_X3
FLS1_IN
자_연계1
P00006
P00025
32
RY1
FLS2_OUT
M00030
자_X3
M00030
P00005
M00051
자_X3
FLS2_IN
자_연계2

13. 종합예제 13

(1) LS1과 LS2에 의한 동작사항

① LS1을 첫 번째 눌렀다 떼면 X1이 여자된다.

② LS1을 두 번째 눌렀다 떼면 X1이 소자되며, LS1을 떼면 X2가 여자된다.

③ LS1을 세 번째 눌렀다 떼면 X2가 소자되며, LS1을 떼면 X1가 여자된다.

④ 즉, LS1을 누르는 순간 현재 여자되어 있는 릴레이는 소자되고, 떼는 순간 소자되어 있는 릴레이가 여자되는 동작을 교대로 반복한다. 아무 때나 LS2를 누르는 순간 어떤 릴레이든 소자되어 초기화 된다.

(2) PB7과 PB8의 동작(흑색원:점등시간, 백색원:소등시간)

① PB7을 한 번 눌렀다 놓으면 PL1이 점등과 소등을 ❶-①-❷-②-❸-③한 후 계속 점등된다.

② PL1이 점등된 2초 후부터 PL2가 7초간 점등되며 이 후 3초 후부터 점등과 소등을 ❷-①-❷-②한 후 계속하여 점등된다.

③ PB7을 두 번째 누르는 순간 PL1과 PL2는 정지되며, PL3는 점등과 소등을 ❷-①-❶-②-❸-②한 후 계속하여 점등된다.

④ PL3가 점등된 3초 후부터 PL2가 점등과 소등을 ❶-①-❷-②를 계속하여 반

복 동작한다.

⑤ 언제라도 PB8을 두 번 누르는 순간 모든 동작은 정지하고 초기화 된다.

(3) 타임차트

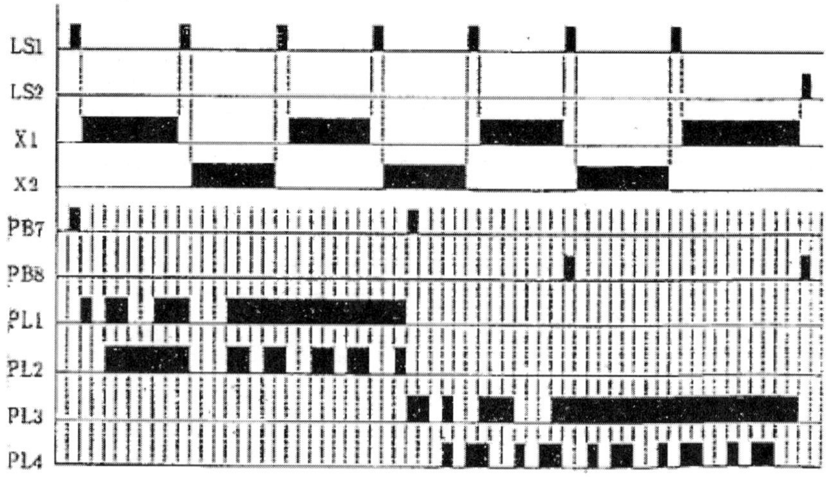

(4) 주소할당

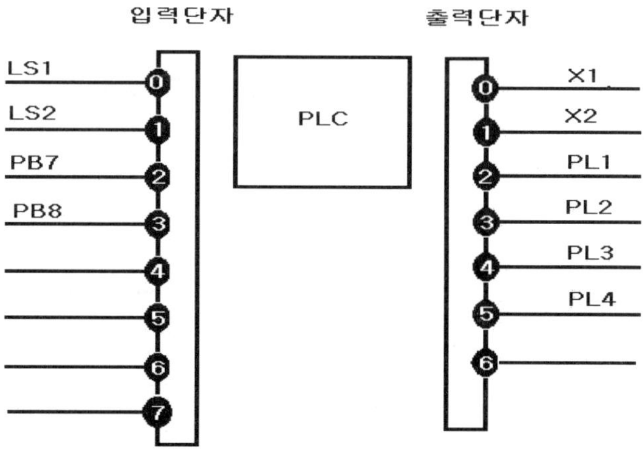

(5) 프로그램 1

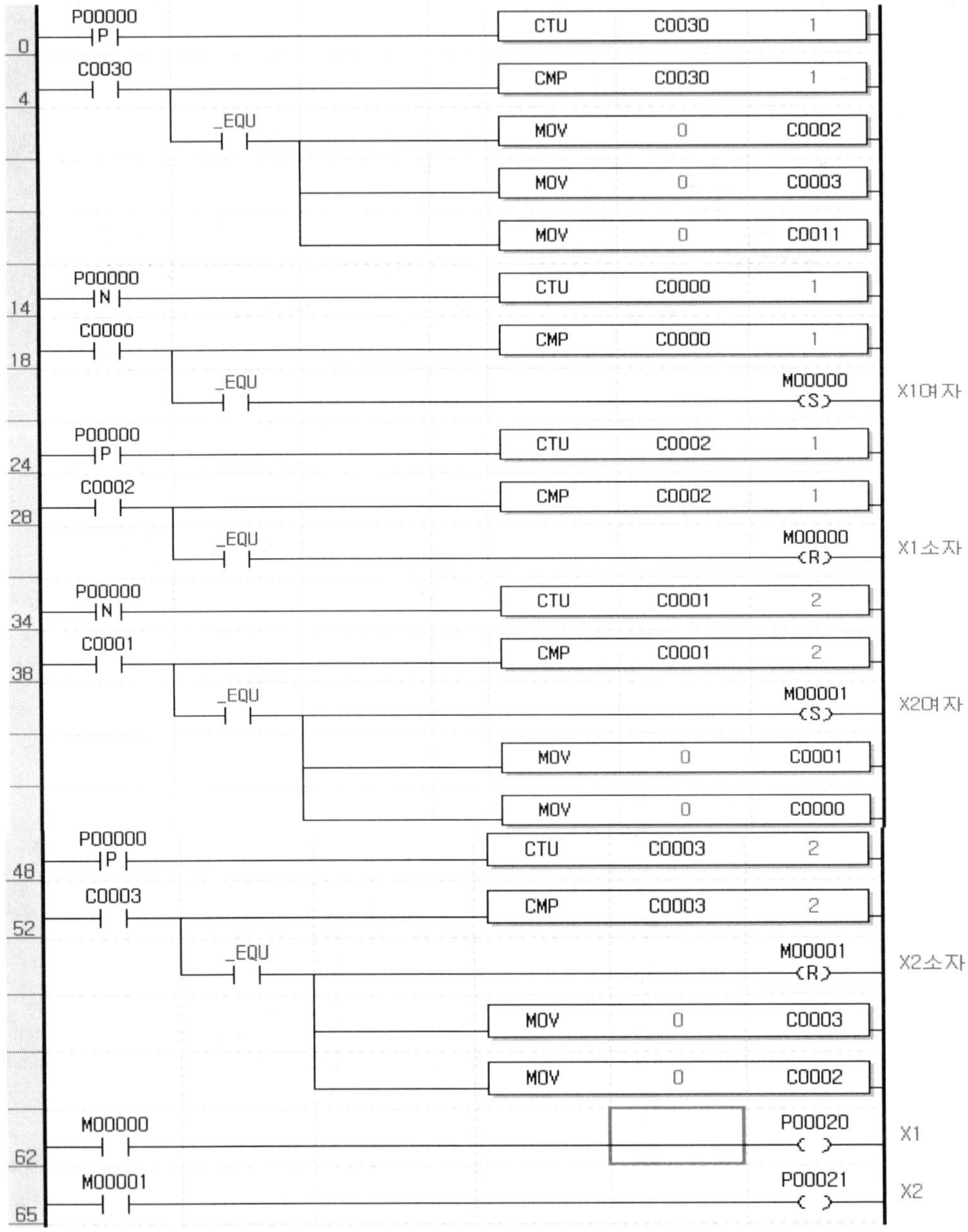
P00000
CTU C0030 1
C0030
CMP C0030 1
_EQU
MOV 0 C0002
MOV 0 C0003
MOV 0 C0011
P00000
CTU C0000 1
C0000
CMP C0000 1
_EQU
M00000
X1여자
P00000
CTU C0002 1
C0002
CMP C0002 1
_EQU
M00000
X1소자
P00000
CTU C0001 2
C0001
CMP C0001 2
_EQU
M00001
X2여자
MOV 0 C0001
MOV 0 C0000
P00000
CTU C0003 2
C0003
CMP C0003 2
_EQU
M00001
X2소자
MOV 0 C0003
MOV 0 C0002
M00000
P00020
X1
M00001
P00021
X2

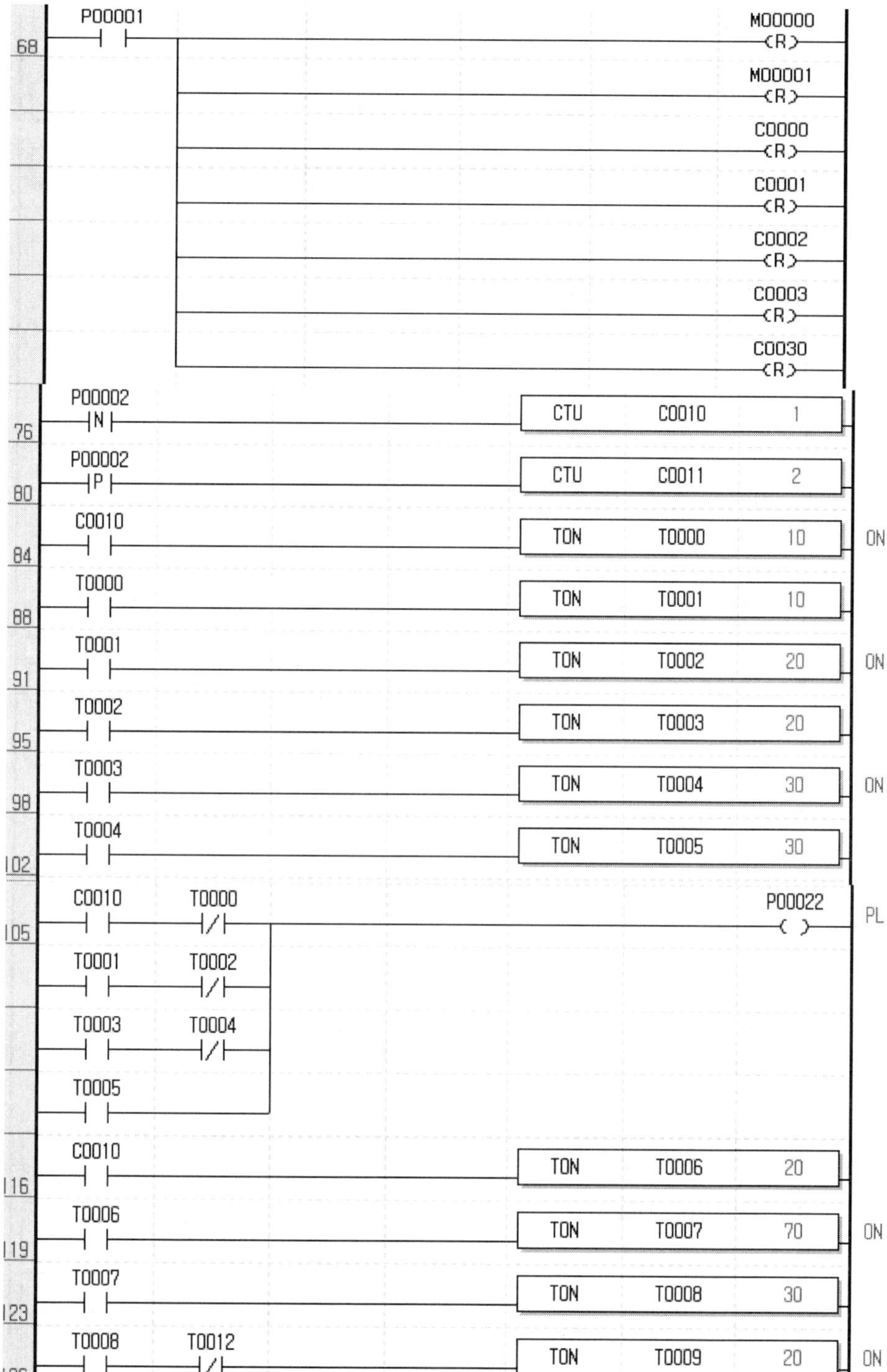
68
P00001
M00000
(R)
M00001
(R)
C0000
(R)
C0001
(R)
C0002
(R)
C0003
(R)
C0030
(R)
76
P00002
N
CTU C0010 1
80
P00002
P
CTU C0011 2
84
C0010
TON T0000 10
ON
88
T0000
TON T0001 10
91
T0001
TON T0002 20
ON
95
T0002
TON T0003 20
98
T0003
TON T0004 30
ON
102
T0004
TON T0005 30
105
C0010
T0000
P00022
PL1
T0001
T0002
T0003
T0004
T0005
116
C0010
TON T0006 20
119
T0006
TON T0007 70
ON
123
T0007
TON T0008 30
126
T0008
T0012
TON T0009 20
ON

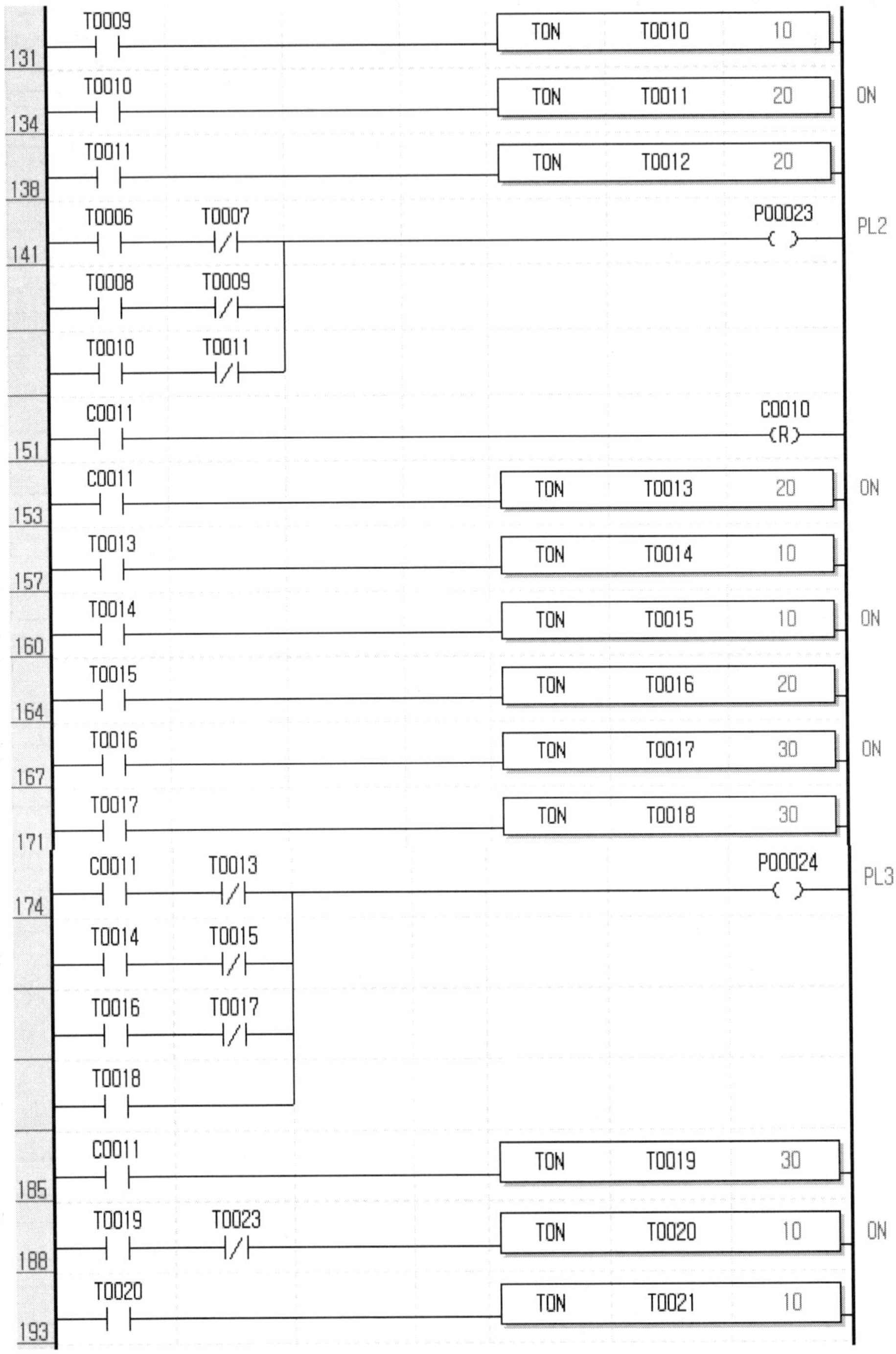
131
T0009
TON T0010 10
134
T0010
TON T0011 20
ON
138
T0011
TON T0012 20
141
T0006
T0007
P00023
PL2
T0008
T0009
T0010
T0011
151
C0011
C0010
(R)
153
C0011
TON T0013 20
ON
157
T0013
TON T0014 10
160
T0014
TON T0015 10
ON
164
T0015
TON T0016 20
167
T0016
TON T0017 30
ON
171
T0017
TON T0018 30
174
C0011
T0013
P00024
PL3
T0014
T0015
T0016
T0017
T0018
185
C0011
TON T0019 30
188
T0019
T0023
TON T0020 10
ON
193
T0020
TON T0021 10

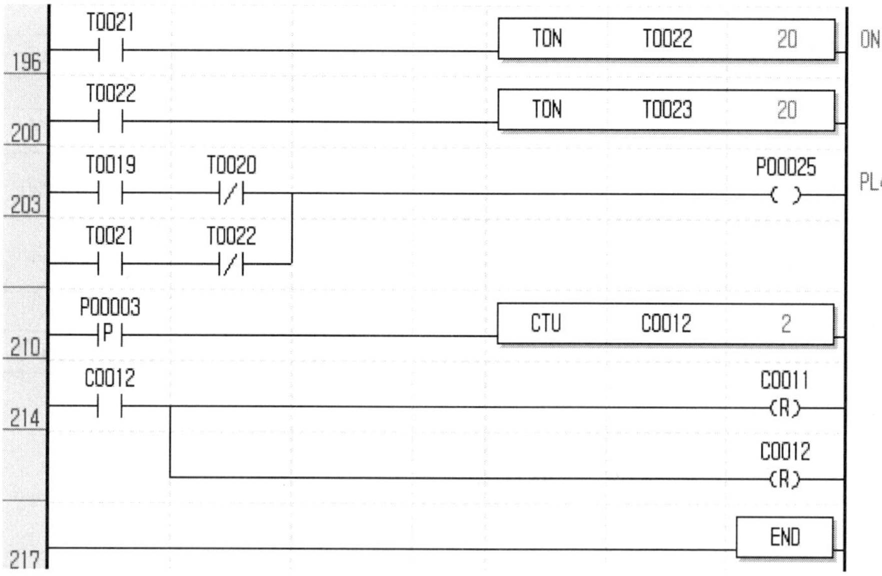

(6) 프로그램 2

(가) LS1과 LS2에 의한 동작사항만

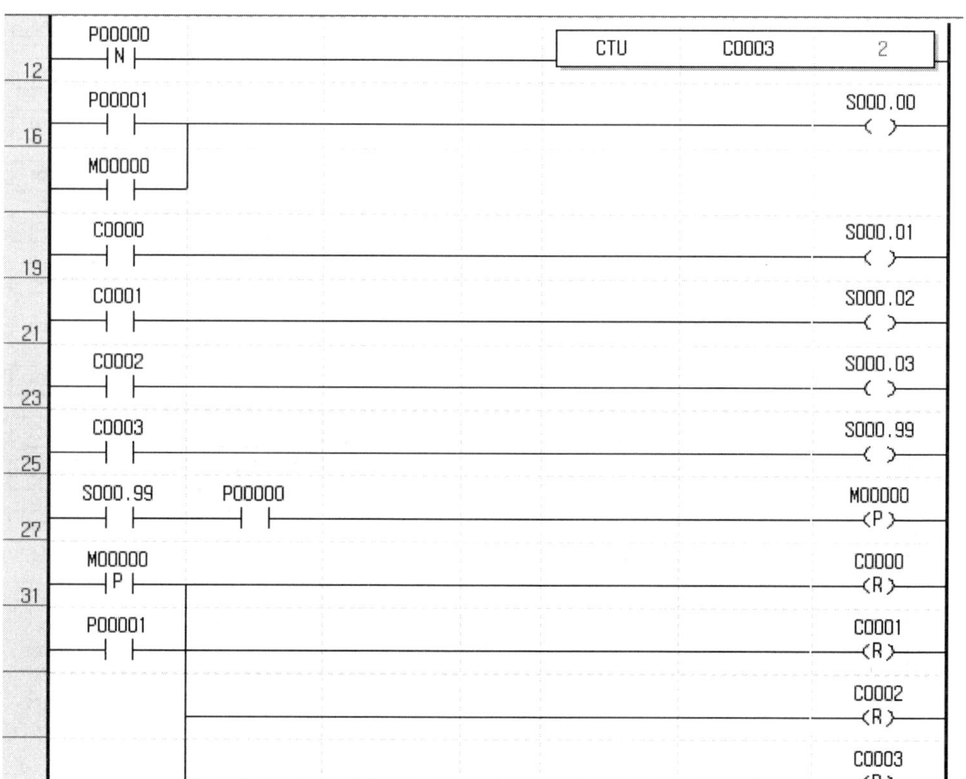

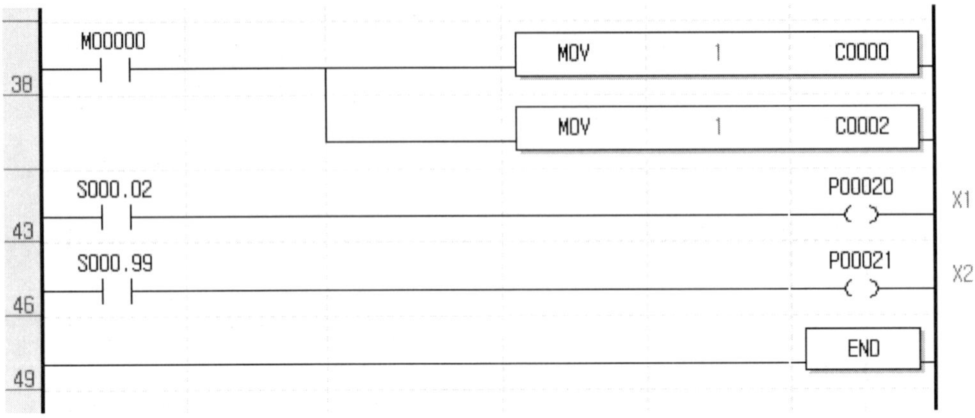

(나) LS1과 LS2에 의한 토글회로와 순차순환점멸회로

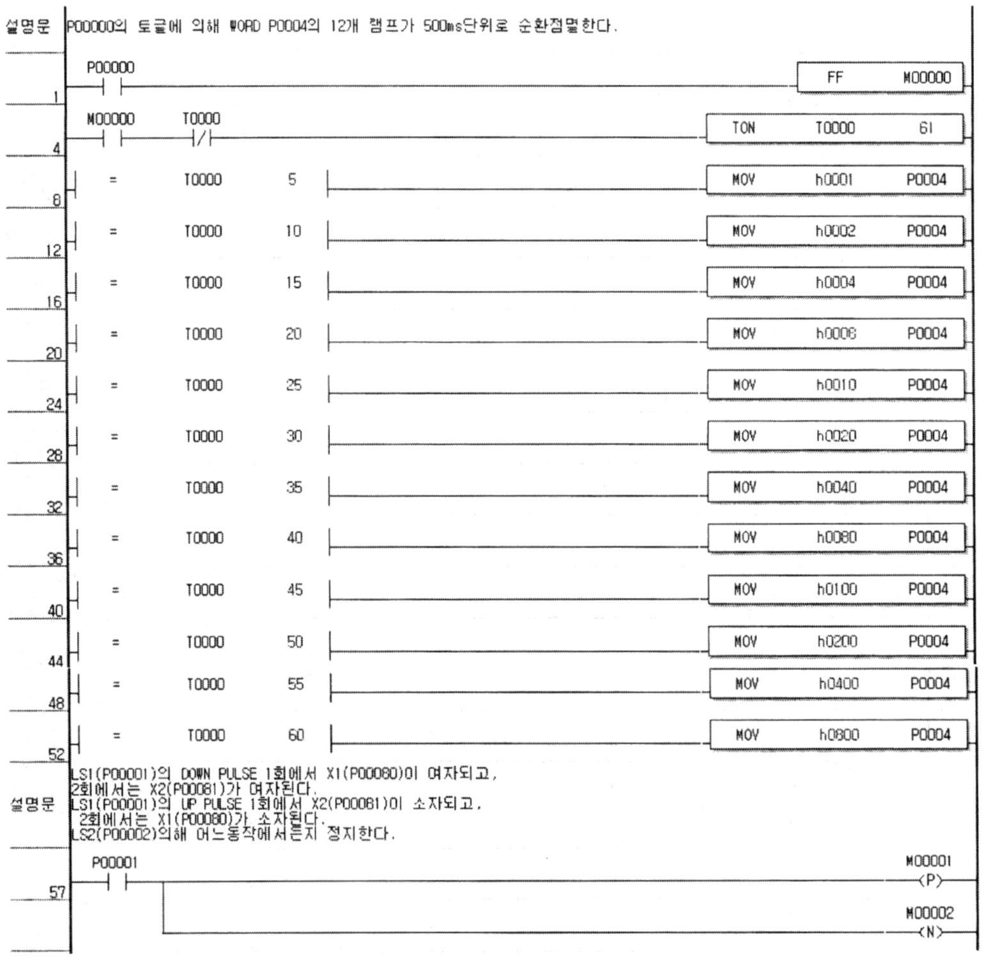

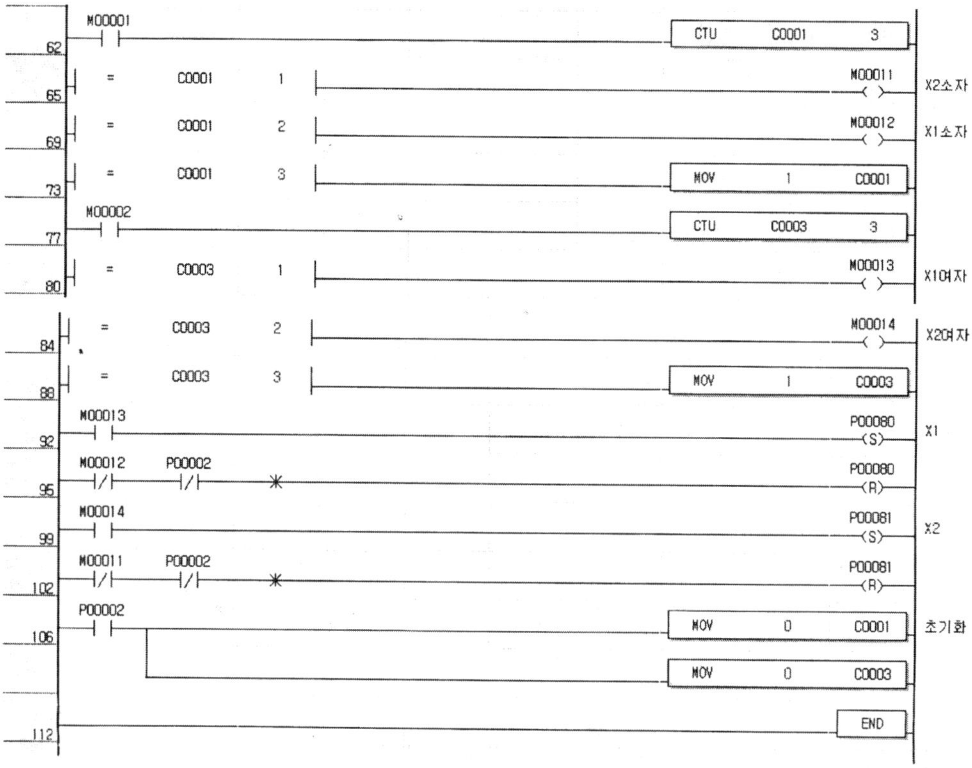

14. 종합예제 14(사거리 신호등(4분_240초 주기))

직•좌회전 동시신호체계

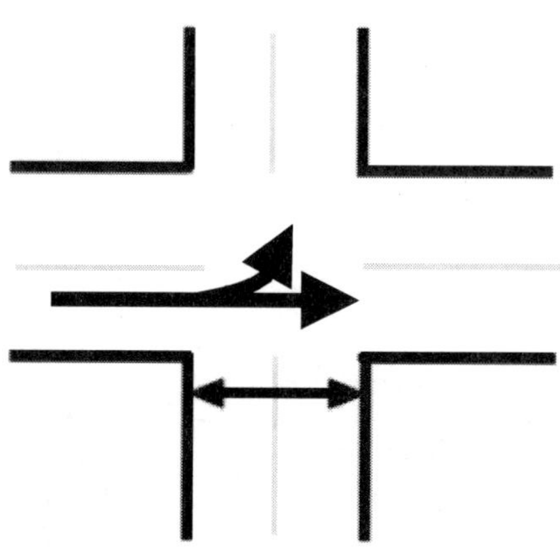

(1) A방향(00~60 SEC : 첫 번째 1분)

(가) 차량신호

	신호등	시간(단위100 ms)	어드레스_보조	출력접점
	전_황색	0~50	M0	P60
	직진_녹색	50~500	M1	P61
	좌회전_녹색	50~500	M1	P62
	후_황색	500~550	M2	P60
	적색	550~2400	M3	P63

(나) 보행자

	신호등	시간(단위100 ms)	어드레스	출력접점
	선_적색	0~100	M10	P64
	녹색	100~500	M11	P65
	카운트	100~500	M11	Word P02
	후_적색	500~2400	M12	P64

(2) B방향(60~120 SEC : 두 번째 1분)

(가) 차량신호

	신호등	시간(단위100 ms)	어드레스	출력접점
	전_황색	600~650	M100	P66
	직진_녹색	650~1100	M101	P67
	좌회전_녹색	650~1100	M101	P68
	후_황색	1100~1150	M102	P66
	적색	1150~2400 0~600	M103	P69

(나) 보행자

	신호등	시간(단위100 ms)	어드레스	출력접점
	선_적색	600~700	M110	P6A
	녹색	700~1100	M111	P6B
	카운트	700~1100	M111	Word P03
	후_적색	1100~2400 0~600	M112	P6A

(3) C방향(60~120 SEC : 세 번째 1분)

(가) 차량신호

	신호등	시간(단위100 ms)	어드레스	출력접점
	전_황색	1200~1250	M200	P70
	직진_녹색	1250~1700	M201	P71
	좌회전_녹색	1250~1700	M201	P72
	후_황색	1700~1750	M202	P70
	적색	1750~2400 0~1200	M203	P73

(나) 보행자

	신호등	시간(단위100 ms)	어드레스	출력접점
	선_적색	1200~1300	M210	P74
	녹색	1300~1700	M211	P75
	카운트	1300~1700	M211	Word P04
	후_적색	1700~2400 0~1200	M212	P74

(4) D방향(60~120 SEC : 네 번째 1분)

(가) 차량신호

	신호등	시간(단위100 ms)	어드레스	출력접점
	전_황색	1800~1850	M300	P76
	직진_녹색	1850~2300	M301	P77
	좌회전_녹색	1850~2300	M301	P78
	후_황색	2300~2350	M302	P76
	적색	2350~2400 0~1800	M303	P79

(나) 보행자

	신호등	시간(단위100 ms)	어드레스	출력접점
	선_적색	1800~1900	M310	P7A
	녹색	1900~2300	M311	P7B
	카운트	1900~2300	M311	Word P05
	후_적색	2300~2400 0~1800	M312	P7A

프로그램

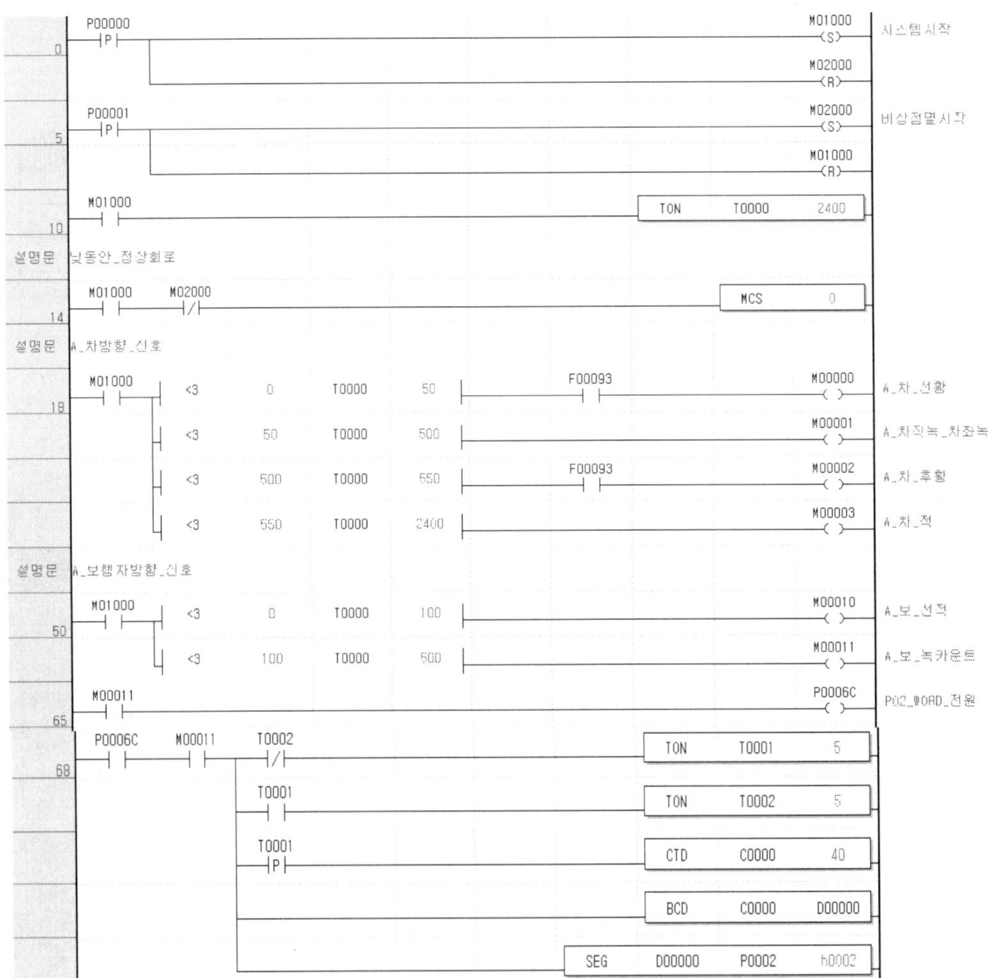

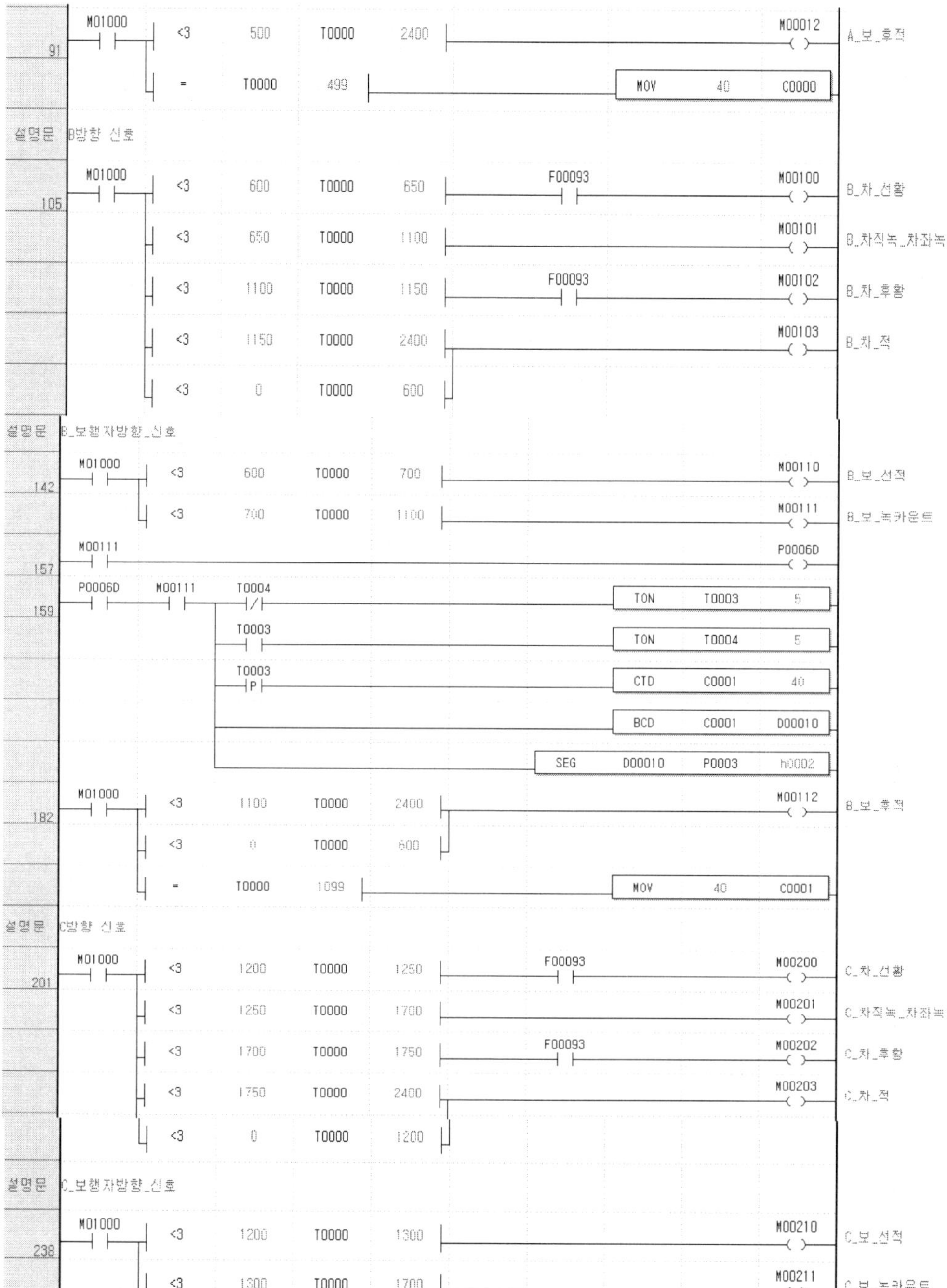
91 M01000 <3 500 T0000 2400 M00012 A_보_후적
= T0000 499 MOV 40 C0000
설명문 B방향 신호
105 M01000 <3 600 T0000 650 F00093 M00100 B_차_선황
<3 650 T0000 1100 M00101 B_차직녹_차좌녹
<3 1100 T0000 1150 F00093 M00102 B_차_후황
<3 1150 T0000 2400 M00103 B_차_적
<3 0 T0000 600
설명문 B_보행자방향_신호
142 M01000 <3 600 T0000 700 M00110 B_보_선적
<3 700 T0000 1100 M00111 B_보_녹카운트
157 M00111 P0006D
159 P0006D M00111 T0004 TON T0003 5
T0003 TON T0004 5
T0003 P CTD C0001 40
BCD C0001 D00010
SEG D00010 P0003 h0002
182 M01000 <3 1100 T0000 2400 M00112 B_보_후적
<3 0 T0000 600
= T0000 1099 MOV 40 C0001
설명문 C방향 신호
201 M01000 <3 1200 T0000 1250 F00093 M00200 C_차_선황
<3 1250 T0000 1700 M00201 C_차직녹_차좌녹
<3 1700 T0000 1750 F00093 M00202 C_차_후황
<3 1750 T0000 2400 M00203 C_차_적
<3 0 T0000 1200
설명문 C_보행자방향_신호
238 M01000 <3 1200 T0000 1300 M00210 C_보_선적
<3 1300 T0000 1700 M00211 C_보_녹카운트

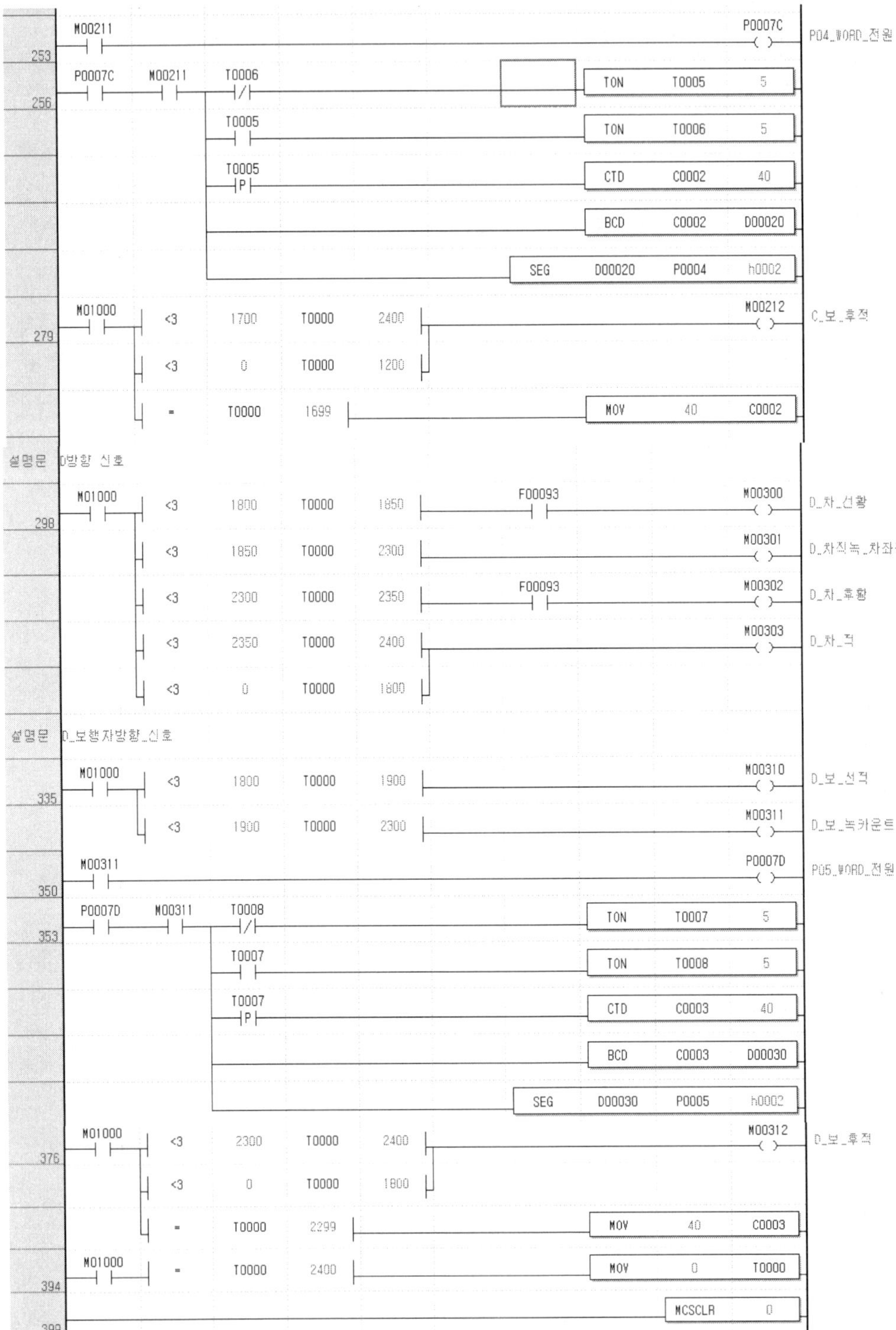
253
M00211
P0007C
256
P0007C
M00211
T0006
TON T0005 5
T0005
TON T0006 5
T0005
CTD C0002 40
BCD C0002 D00020
SEG D00020 P0004 h0002
279
M01000
<3 1700 T0000 2400
M00212
<3 0 T0000 1200
= T0000 1699
MOV 40 C0002
298
M01000
<3 1800 T0000 1850
F00093
M00300
<3 1850 T0000 2300
M00301
<3 2300 T0000 2350
F00093
M00302
<3 2350 T0000 2400
M00303
<3 0 T0000 1800
335
M01000
<3 1800 T0000 1900
M00310
<3 1900 T0000 2300
M00311
350
M00311
P0007D
353
P0007D
M00311
T0008
TON T0007 5
T0007
TON T0008 5
T0007
CTD C0003 40
BCD C0003 D00030
SEG D00030 P0005 h0002
376
M01000
<3 2300 T0000 2400
M00312
<3 0 T0000 1800
= T0000 2299
MOV 40 C0003
394
M01000
= T0000 2400
MOV 0 T0000
399
MCSCLR 0

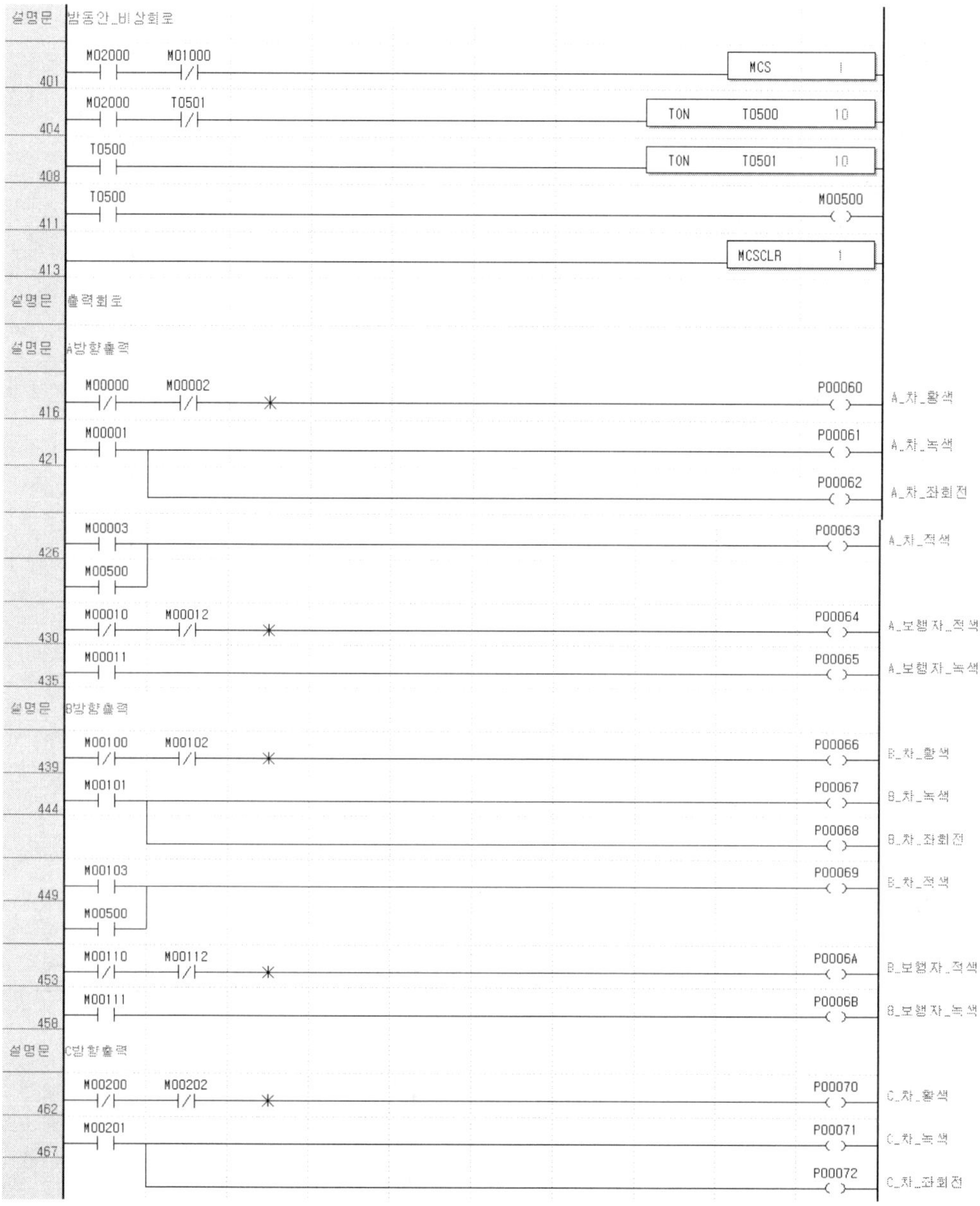
설명문 발동안_비상회로
401 M02000 M01000 MCS 1
404 M02000 T0501 TON T0500 10
408 T0500 TON T0501 10
411 T0500 M00500
413 MCSCLR 1
설명문 출력회로
설명문 A방향출력
416 M00000 M00002 P00060 A_차_황색
421 M00001 P00061 A_차_녹색
P00062 A_차_좌회전
426 M00003 P00063 A_차_적색
M00500
430 M00010 M00012 P00064 A_보행자_적색
435 M00011 P00065 A_보행자_녹색
설명문 B방향출력
439 M00100 M00102 P00066 B_차_황색
444 M00101 P00067 B_차_녹색
P00068 B_차_좌회전
449 M00103 P00069 B_차_적색
M00500
453 M00110 M00112 P0006A B_보행자_적색
458 M00111 P0006B B_보행자_녹색
설명문 C방향출력
462 M00200 M00202 P00070 C_차_황색
467 M00201 P00071 C_차_녹색
P00072 C_차_좌회전

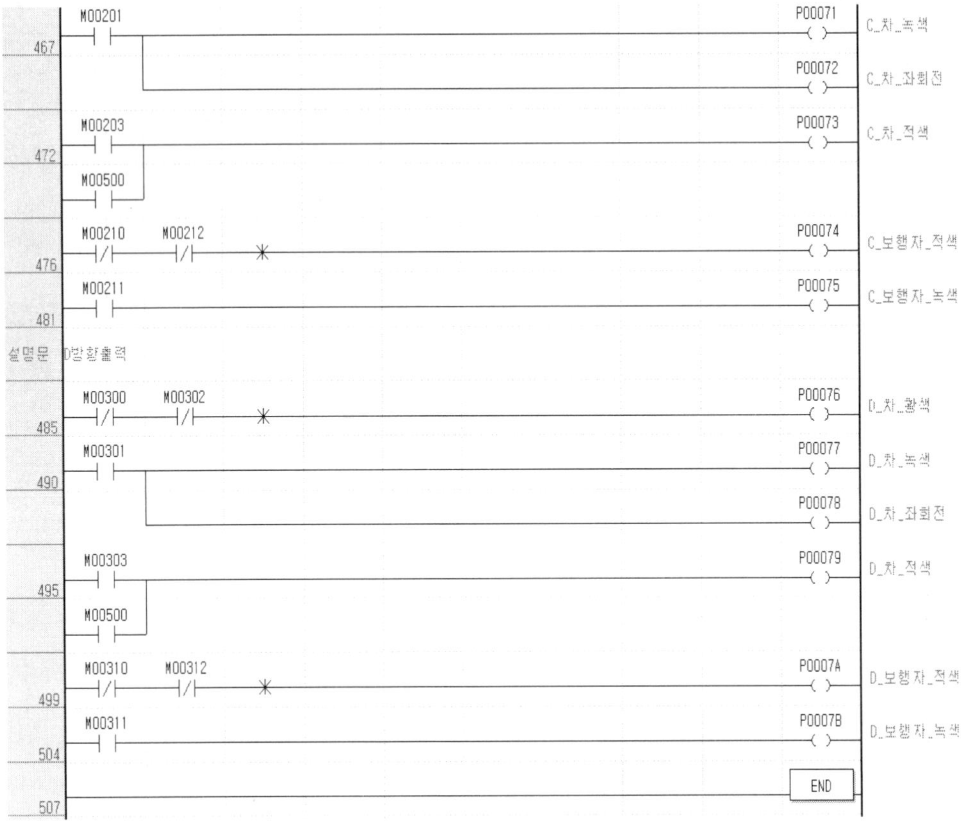

15. 종합예제 15

(1) 아래 PLC 입력부와 출력부를 참조하여 프로그램을 작성하시오.

입력부		출력부	
변수	디바이스	변수	디바이스
SEN1	P00000	RY2	P00040
SEN2	P00001	PL1	P00041
PS1	P00002	PL2	P00042
PS2	P00003	PL3	P00043
RY1	P00004	PL5	P00044
RY2	P00005	PL6	P00045
RY3	P00006	PL7	P00046
RY0	P00007	PL8	P00047

(2) 시퀀스회로

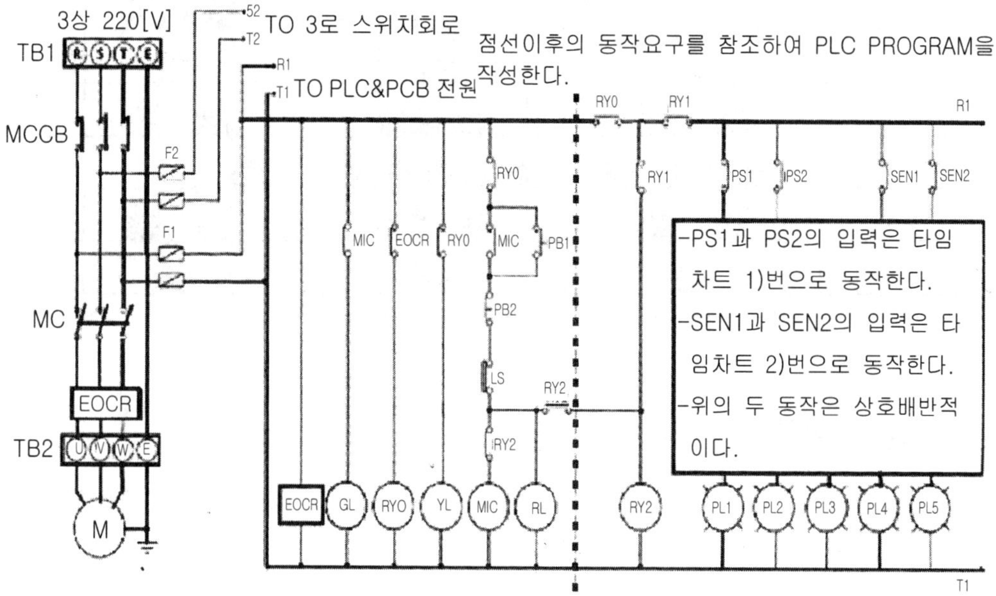

(3) 입력 PS1 & PS2의 타임차트

① PS1을 2번 ON 한 후 OFF하면 1초 후 ①과 같이 동작하고 소등한다.

② PS1을 4번 ON 한 후 OFF하면 1초 후 ②와 같이 동작하고 소등한다.

③ PS1을 6번 ON 한 후 OFF하면 2번 ON한 후 OFF한 동작으로 돌아가 반복한다.

④ RY2의 ON과 동시에 PL1~PL5가 0.5초 간격으로 순차점멸 순환한다.

⑤ PL1~PL5는 PS2를 3초 이상 ON 후 OFF하거나 10초 이상 ON하면 소등 및 초기화한다.(PS1 & PS2에 의한 동작 중일 때, SEN1 & SEN2 동작은 차단된다. 1칸은 1초.)

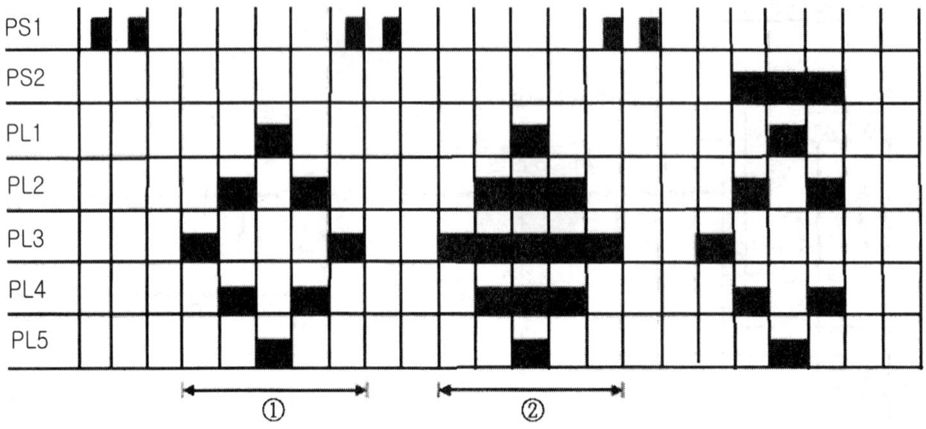

(4) 상세 동작

① 입력간의 시차가 5초 이내면 유효하고 5초를 넘으면 산술연산을 종료하고 다음과 같이 동작한다.

연산결과	램프상태
0 or 음수	PL1~PL5 소등
1~9	PL1 5초 차 점멸
10~19	PL2 5초 차 점멸
20~29	PL3 5초 차 점멸
30~39	PL4 5초 차 점멸
40~49	PL5 5초 차 점멸
50 이상	PL1~PL5 점등

② 제산의 결과 소수점은 버리고, B=0일 때는 연산을 중지하고 모든 램프는 소등된다.

③ 사칙연산 실행 중, 3로 SW의 ON/OFF에 따라 RY3/RY4가 바뀌면 산술연산을 중지하고, 신규입력결과로 연산한다.

④ PL1~PL5 점멸 중, PS2를 ON하면 모든 램프는 소등되고, 전 디바이스의 값을 초기화한다.

(5) 논리 흐름도

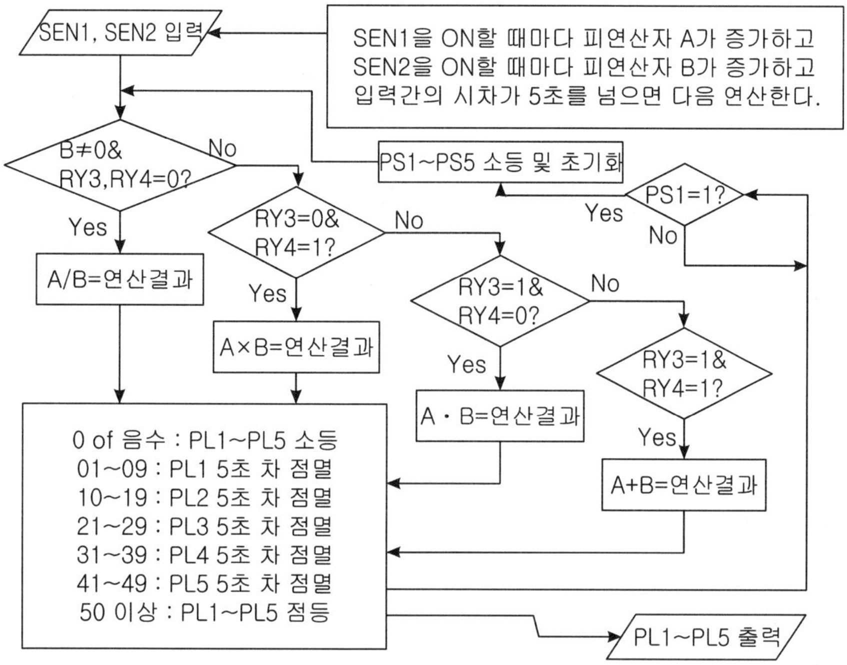
SEN1, SEN2 입력
SEN1을 ON할 때마다 피연산자 A가 증가하고
SEN2을 ON할 때마다 피연산자 B가 증가하고
입력간의 시차가 5초를 넘으면 다음 연산한다.
B≠0&
RY3,RY4=0?
No
Yes
PS1~PS5 소등 및 초기화
PS1=1?
Yes
No
RY3=0&
RY4=1?
No
A/B=연산결과
Yes
RY3=1&
RY4=0?
No
A×B=연산결과
Yes
RY3=1&
RY4=1?
A・B=연산결과
Yes
0 of 음수 : PL1~PL5 소등
01~09 : PL1 5초 차 점멸
10~19 : PL2 5초 차 점멸
21~29 : PL3 5초 차 점멸
31~39 : PL4 5초 차 점멸
41~49 : PL5 5초 차 점멸
50 이상 : PL1~PL5 점등
A+B=연산결과
PL1~PL5 출력

(6) PLC 프로그램

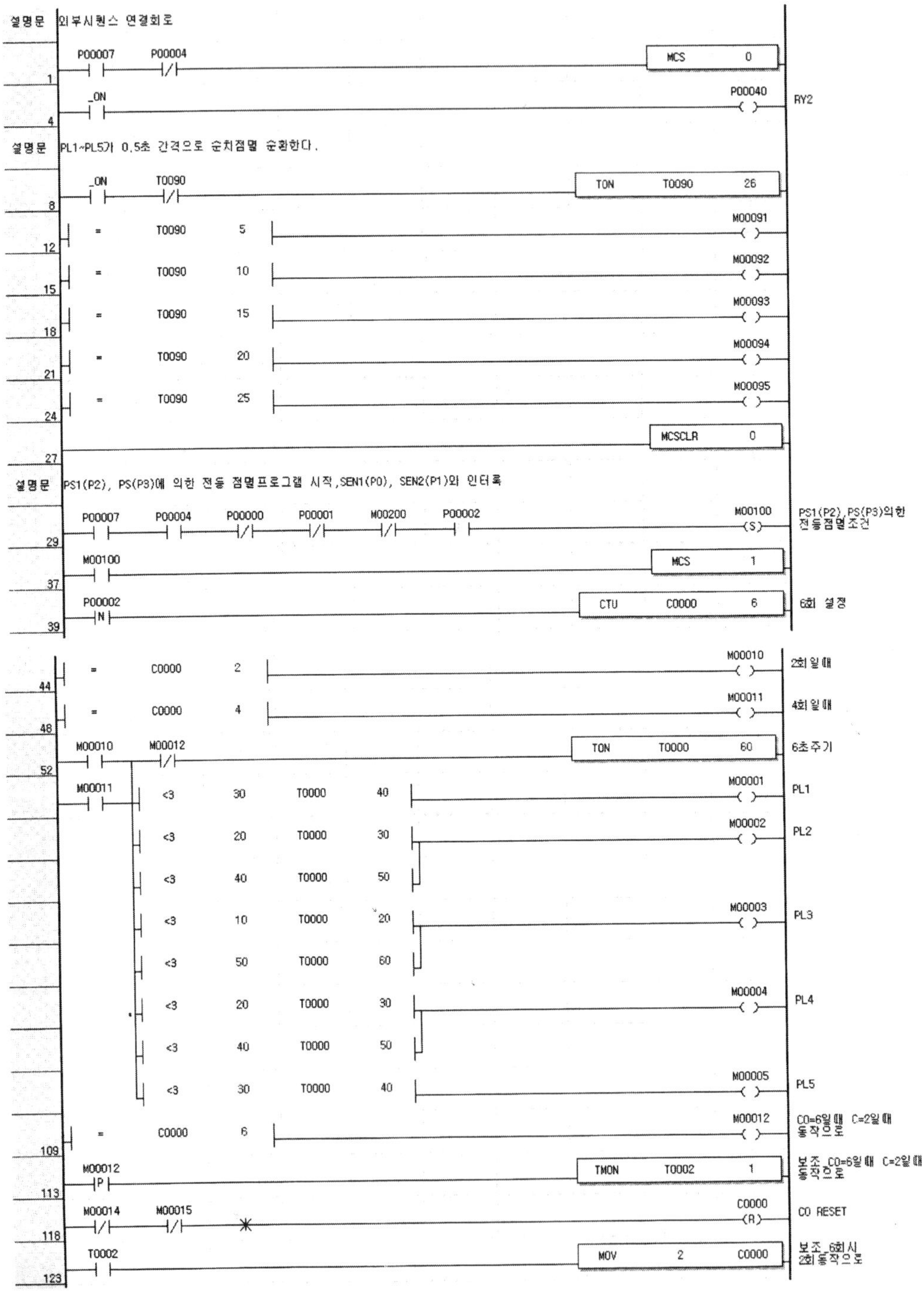
설명문 외부시퀀스 연결회로
1 P00007 P00004 MCS 0
4 _ON P00040 RY2
설명문 PL1~PL5가 0.5초 간격으로 순차점멸 순환한다.
8 _ON T0090 TON T0090 26
12 = T0090 5 M00091
15 = T0090 10 M00092
18 = T0090 15 M00093
21 = T0090 20 M00094
24 = T0090 25 M00095
27 MCSCLR 0
설명문 PS1(P2), PS(P3)에 의한 전등 점멸프로그램 시작,SEN1(P0), SEN2(P1)와 인터록
29 P00007 P00004 P00000 P00001 M00200 P00002 M00100 (S) PS1(P2),PS(P3)의한 전등점멸조건
37 M00100 MCS 1
39 P00002 N CTU C0000 6 6회 설정
44 = C0000 2 M00010 2회일때
48 = C0000 4 M00011 4회일때
52 M00010 M00012 TON T0000 60 6초주기
M00011
<3 30 T0000 40 M00001 PL1
<3 20 T0000 30 M00002 PL2
<3 40 T0000 50
<3 10 T0000 20 M00003 PL3
<3 50 T0000 60
<3 20 T0000 30 M00004 PL4
<3 40 T0000 50
<3 30 T0000 40 M00005 PL5
109 = C0000 6 M00012 C0=6일때 C=2일때 동작으로
113 M00012 P TMON T0002 1 보조 C0=6일때 C=2일때 동작으로
118 M00014 M00015 C0000 (R) C0 RESET
123 T0002 MOV 2 C0000 보조 6회시 2회동작으로

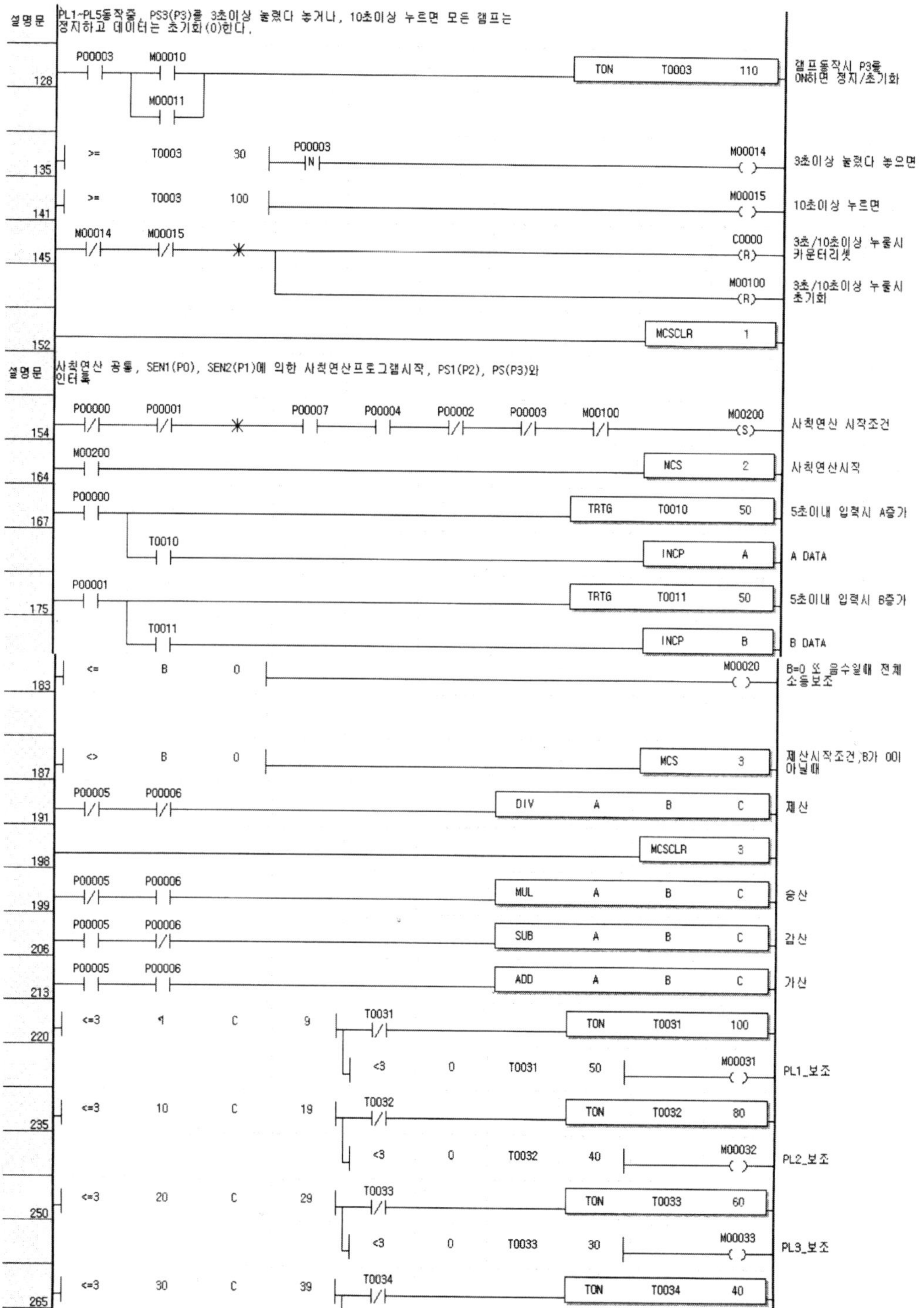
설명문
PL1~PL5동작중, PS3(P3)를 3초이상 눌렀다 놓거나, 10초이상 누르면 모든 램프는 정지하고 데이터는 초기화(0)한다.
128
P00003
M00010
M00011
TON T0003 110
램프동작시 P3를 ON하면 정지/초기화
135
>= T0003 30
P00003
N
M00014
3초이상 눌렀다 놓으면
141
>= T0003 100
M00015
10초이상 누르면
145
M00014
M00015
C0000
R
3초/10초이상 누를시 카운터리셋
M00100
R
3초/10초이상 누를시 초기화
152
MCSCLR 1
설명문
사칙연산 공통, SEN1(P0), SEN2(P1)에 의한 사칙연산프로그램시작, PS1(P2), PS(P3)와 인터록
154
P00000
P00001
P00007
P00004
P00002
P00003
M00100
M00200
S
사칙연산 시작조건
164
M00200
MCS 2
사칙연산시작
167
P00000
TRTG T0010 50
5초이내 입력시 A증가
T0010
INCP A
A DATA
175
P00001
TRTG T0011 50
5초이내 입력시 B증가
T0011
INCP B
B DATA
183
<= B 0
M00020
B=0 또 음수일때 전체 소등보조
187
<> B 0
MCS 3
제산시작조건,B가 0이 아닐때
191
P00005
P00006
DIV A B C
제산
198
MCSCLR 3
199
P00005
P00006
MUL A B C
승산
206
P00005
P00006
SUB A B C
감산
213
P00005
P00006
ADD A B C
가산
220
<=3 1 C 9
T0031
TON T0031 100
<3 0 T0031 50
M00031
PL1_보조
235
<=3 10 C 19
T0032
TON T0032 80
<3 0 T0032 40
M00032
PL2_보조
250
<=3 20 C 29
T0033
TON T0033 60
<3 0 T0033 30
M00033
PL3_보조
265
<=3 30 C 39
T0034
TON T0034 40

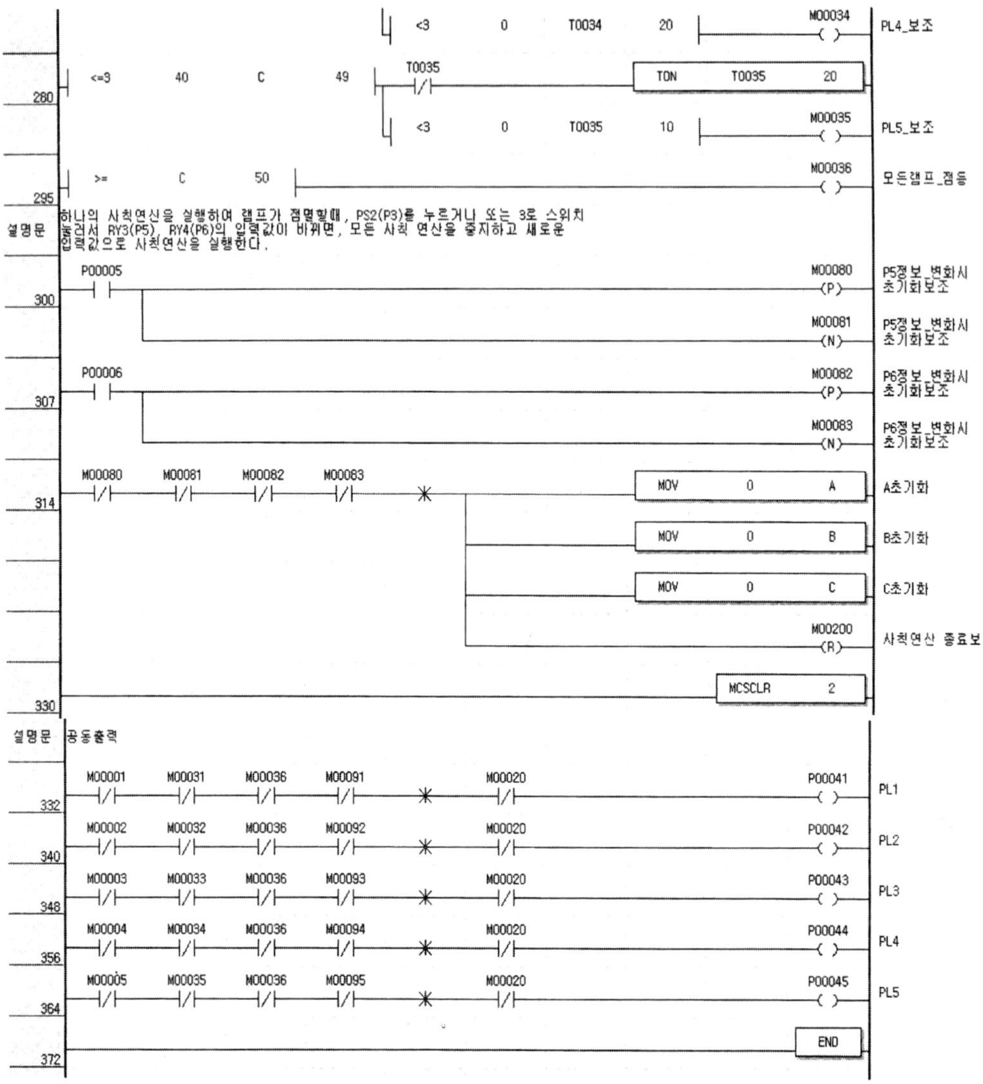

<3 0 T0034 20
M00034
PL4_보조
280
<=3 40 C 49
T0035
TON T0035 20
<3 0 T0035 10
M00035
PL5_보조
295
>= C 50
M00036
모든램프_점등
설명문
하나의 사칙연산을 실행하여 램프가 점멸할때, PS2(P3)를 누르거나 또는 3로 스위치
눌러서 RY3(P5), RY4(P6)의 입력값이 바뀌면, 모든 사칙 연산을 중지하고 새로운
입력값으로 사칙연산을 실행한다.
300
P00005
M00080
P5정보_변화시 초기화보조
M00081
P5정보_변화시 초기화보조
307
P00006
M00082
P6정보_변화시 초기화보조
M00083
P6정보_변화시 초기화보조
314
M00080 M00081 M00082 M00083
MOV 0 A
A초기화
MOV 0 B
B초기화
MOV 0 C
C초기화
M00200
사칙연산 종료보조
330
MCSCLR 2
설명문
공동출력
332
M00001 M00031 M00036 M00091 M00020 P00041
PL1
340
M00002 M00032 M00036 M00092 M00020 P00042
PL2
348
M00003 M00033 M00036 M00093 M00020 P00043
PL3
356
M00004 M00034 M00036 M00094 M00020 P00044
PL4
364
M00005 M00035 M00036 M00095 M00020 P00045
PL5
372
END

부**3**록

3로 스위치 결선 규칙

1. 램프 1개만 점등되는 경우

① 램프가 1개만 1회 점등되는 경우

3로 스위치		점등 상태	
S1	S2	L1	L2
0	0	0	0
0	1	1	0
1	0	0	0
1	1	0	0
		1 : ON	0 : OFF

3로 스위치		점등 상태	
S1	S2	L1	L2
0	0	0	0
0	1	1	0
1	0	0	0
1	1	0	0
		1 : ON	0 : OFF

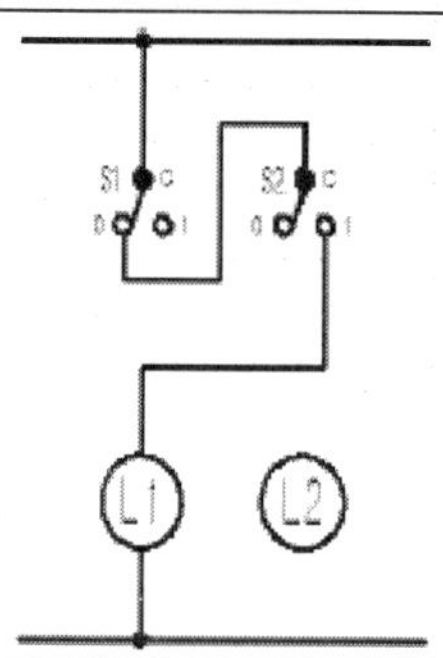

⇒ 진리표의 두 스위치 조건을 만족하도록 직렬 접속하여 L1 을 점등한다.

② 램프가 1개만 2회 점등되는 경우 – 스위치 하나만으로 점등

3로 스위치		점등 상태	
S1	S2	L1	L2
0	0	0	0
0	1	1	0
1	0	0	0
1	1	1	0
		1 : ON	0 : OFF

3로 스위치		점등 상태	
S1	S2	L1	L2
0	0	0	0
0	1	1	0
1	0	0	0
1	1	1	0
		1 : ON	0 : OFF

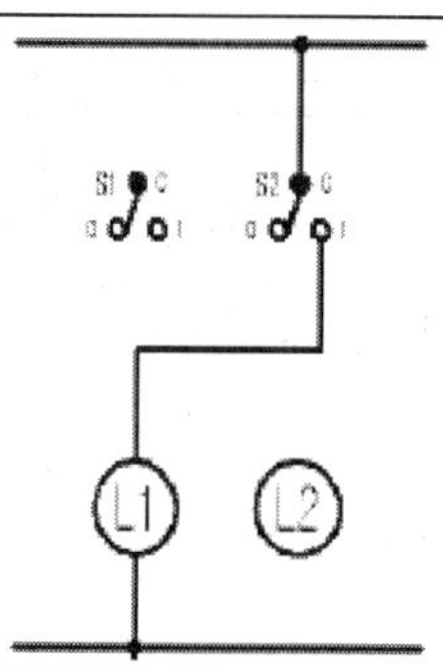

⇒ L1 이 점등되는 상황에서 S2 의 상태가 불변이므로 S2 로 L1 을 점등한다.

③ 램프가 1개만 2회 점등되는 경우 – L1 램프 2개소 점멸 회로임.

3로 스위치		전등 상태	
S1	S2	L1	L2
0	0	0	0
0	1	1	0
1	0	1	0
1	1	0	0

1 : ON
0 : OFF

3로 스위치		전등 상태	
S1	S2	L1	L2
0	0	0	0
0	1	1	0
1	0	1	0
1	1	0	0

1 : ON
0 : OFF

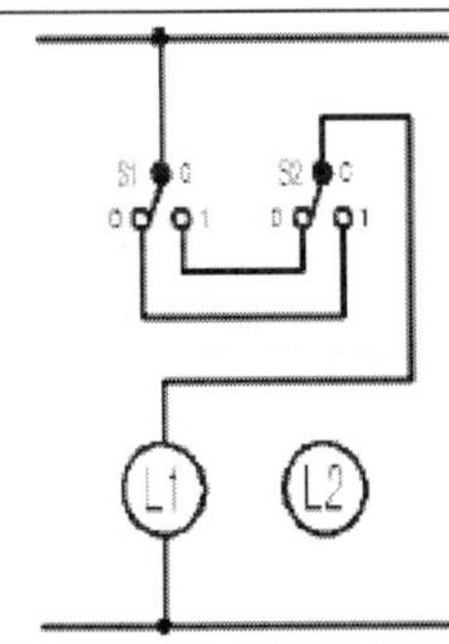

⇒ 진리표 조건을 만족하도록 각 스위치의 "0", "1" 단자를 접속하여 결선.

④ 램프가 1개만 2회 점등되는 경우 – L1 램프 2개소 점멸 회로임.

3로 스위치		전등 상태	
S1	S2	L1	L2
0	0	1	0
0	1	0	0
1	0	0	0
1	1	1	0

1 : ON
0 : OFF

3로 스위치		전등 상태	
S1	S2	L1	L2
0	0	1	0
0	1	0	0
1	0	0	0
1	1	1	0

1 : ON
0 : OFF

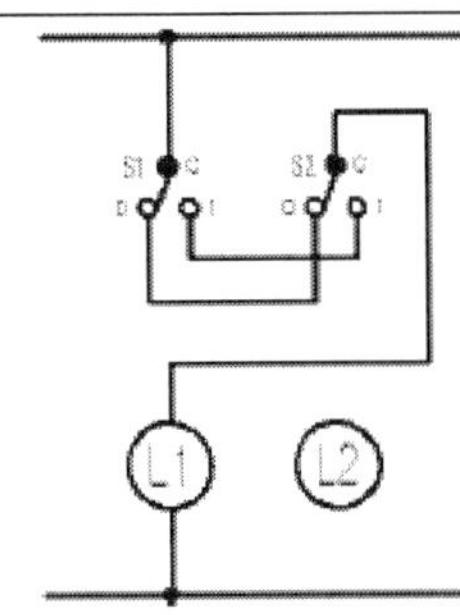

⇒ 진리표 조건을 만족하도록 각 스위치의 "0", "1" 단자를 접속하여 결선.

⑤ 램프가 1개만 3회 점등되는 경우 – (방법 1)

3로 스위치		전등 상태	
S1	S2	L1	L2
0	0	1	0
0	1	0	0
1	0	1	0
1	1	1	0

1 : ON
0 : OFF

3로 스위치		전등 상태	
S1	S2	L1	L2
0	0	1	0
0	1	0	0
1	0	1	0
1	1	1	0

1 : ON
0 : OFF

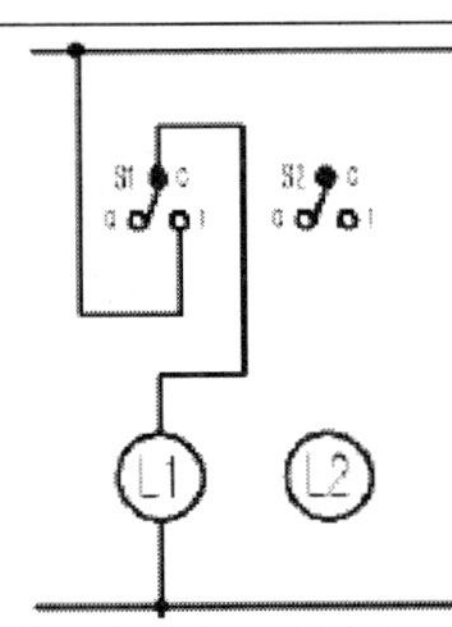

⇒ L1 이 두 번 점등되는 조건으로 먼저 결선한다.

⇓

3로 스위치		점등 상태	
S1	S2	L1	L2
0	0	1	0
0	1	0	0
1	0	1	0
1	1	1	0
1 : ON		0 : OFF	

3로 스위치		점등 상태	
S1	S2	L1	L2
0	0	1	0
0	1	0	0
1	0	1	0
1	1	1	0
1 : ON		0 : OFF	

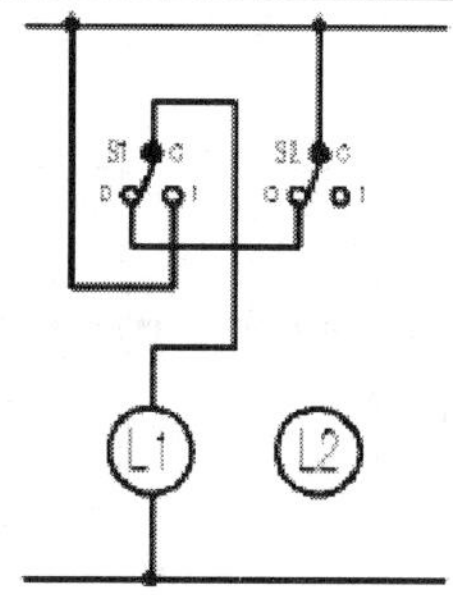

⇒ L1 이 나머지 한 번 점등되는 조건을 위 결선에 병렬 접속.

⑥ 램프가 1개만 3회 점등되는 경우 - (방법 2)

3로 스위치		점등 상태	
S1	S2	L1	L2
0	0	1	0
0	1	0	0
1	0	1	0
1	1	1	0
1 : ON		0 : OFF	

3로 스위치		점등 상태	
S1	S2	L1	L2
0	0	1	0
0	1	0	0
1	0	1	0
1	1	1	0
1 : ON		0 : OFF	

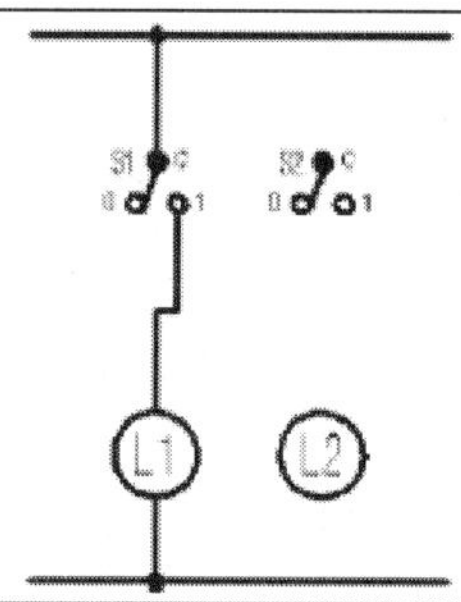

⇒ S1 상태로 점등되는 조건을 먼저 결선한다.

⇓

3로 스위치		점등 상태	
S1	S2	L1	L2
0	0	1	0
0	1	0	0
1	0	1	0
1	1	1	0
1 : ON		0 : OFF	

3로 스위치		점등 상태	
S1	S2	L1	L2
0	0	1	0
0	1	0	0
1	0	1	0
1	1	1	0
1 : ON		0 : OFF	

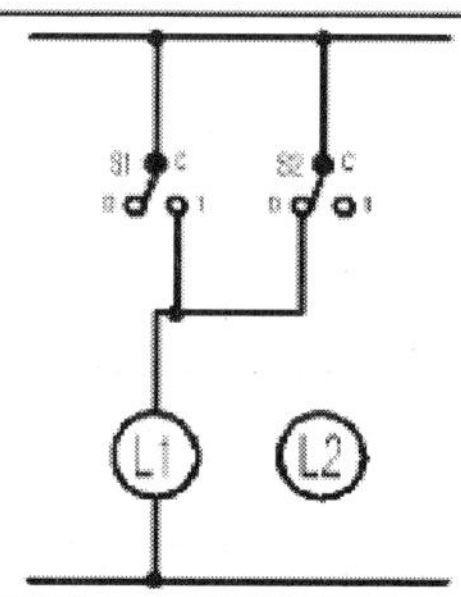

⇒ S2 상태로 점등되는 조건을 결선하여 위 결선에 병렬 접속.

⑦ 램프가 1개만 3회 점등되는 경우 - (추가 예)

3로 스위치		점등 상태	
S1	S2	L1	L2
0	0	1	0
0	1	1	0
1	0	1	0
1	1	0	0

1 : ON
0 : OFF

3로 스위치		점등 상태	
S1	S2	L1	L2
0	0	1	0
0	1	1	0
1	0	1	0
1	1	0	0

1 : ON
0 : OFF

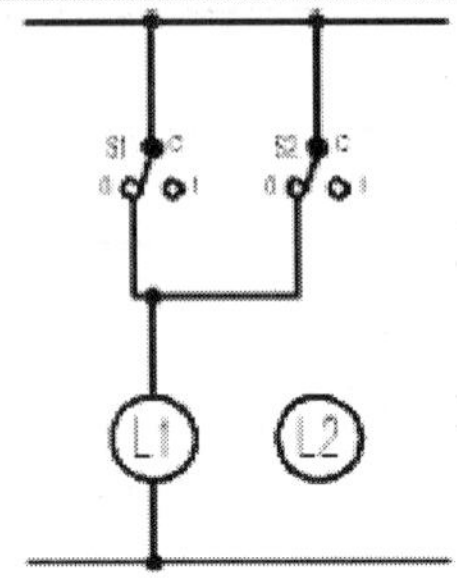

2. 램프 2개가 각 각 1회씩 점등되는 경우

① 램프가 점등된 두 줄을 동시에 비교하여 결선한다.

3로 스위치		점등 상태	
S1	S2	L1	L2
0	0	1	0
0	1	0	0
1	0	0	1
1	1	0	0

1 : ON
0 : OFF

3로 스위치		점등 상태	
S1	S2	L1	L2
0	0	1	0
0	1	0	0
1	0	0	1
1	1	0	0

1 : ON
0 : OFF

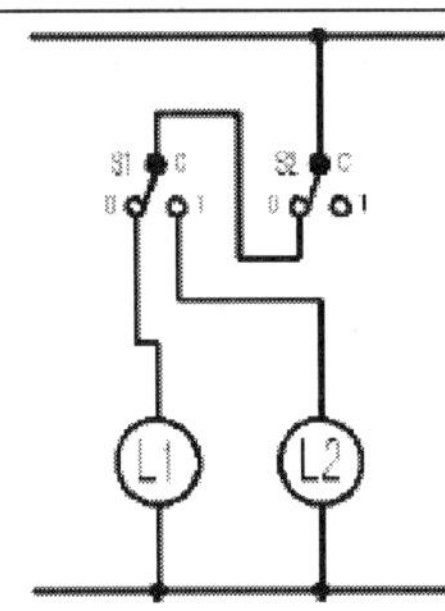

⇒ S2 가 "0" 인 상태에서 S1 에 따라서 L1 과 L2 의 점등이 달라진다.

② 다음 두 형태의 진리표는 두 스위치의 C 단자를 연결하고 결선한다.

3로 스위치		점등 상태	
S1	S2	L1	L2
0	0	1	0
0	1	0	0
1	0	0	0
1	1	0	1

1 : ON
0 : OFF

3로 스위치		점등 상태	
S1	S2	L1	L2
0	0	1	0
0	1	0	0
1	0	0	0
1	1	0	1

1 : ON
0 : OFF

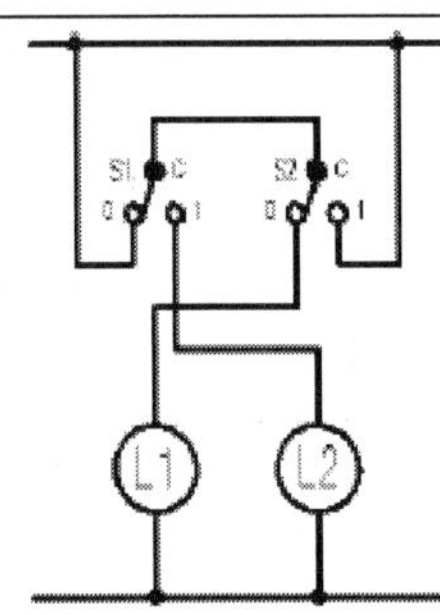

⇒ L1 이 S1 에서 전원을 받으면 L2 는 S2 에서 전원을 받도록 결선한다.

3로 스위치		전등 상태	
S1	S2	L1	L2
0	0	0	0
0	1	1	0
1	0	0	1
1	1	0	0
		1 : ON 0 : OFF	

3로 스위치		전등 상태	
S1	S2	L1	L2
0	0	0	0
0	1	1	0
1	0	0	1
1	1	0	0
		1 : ON 0 : OFF	

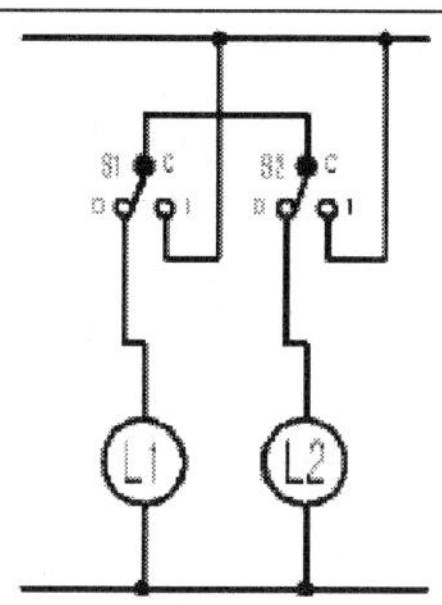

⇒ L1 이 S2 에서 전원을 받으면 L2 는 S1 에서 전원을 받도록 결선한다.

3. 한 램프는 2회 점등, 다른 램프는 1회 점등되는 경우

① 2회 점등된 램프를 먼저 결선하고 1회 점등된 램프를 나중에 결선한다.

3로 스위치		전등 상태	
S1	S2	L1	L2
0	0	1	0
0	1	0	0
1	0	1	1
1	1	0	0
		1 : ON 0 : OFF	

3로 스위치		전등 상태	
S1	S2	L1	L2
0	0	1	0
0	1	0	0
1	0	1	1
1	1	0	0
		1 : ON 0 : OFF	

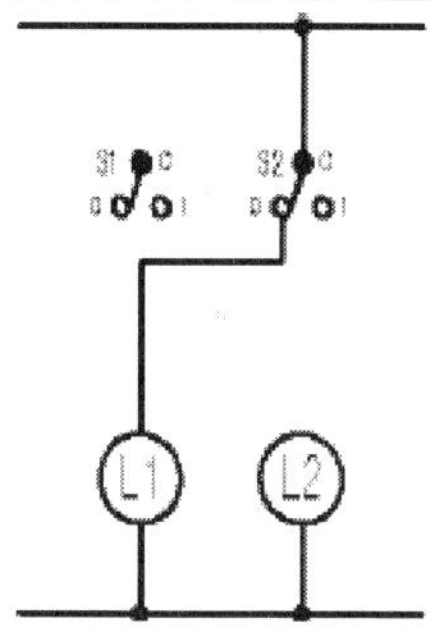

⇒ L1 이 점등되는 상황에서 S2 의 상태가 불변이므로 S2 로 L1 을 점등한다.

⇓

3로 스위치		전등 상태	
S1	S2	L1	L2
0	0	1	0
0	1	0	0
1	0	1	1
1	1	0	0
		1 : ON 0 : OFF	

3로 스위치		전등 상태	
S1	S2	L1	L2
0	0	1	0
0	1	0	0
1	0	1	1
1	1	0	0
		1 : ON 0 : OFF	

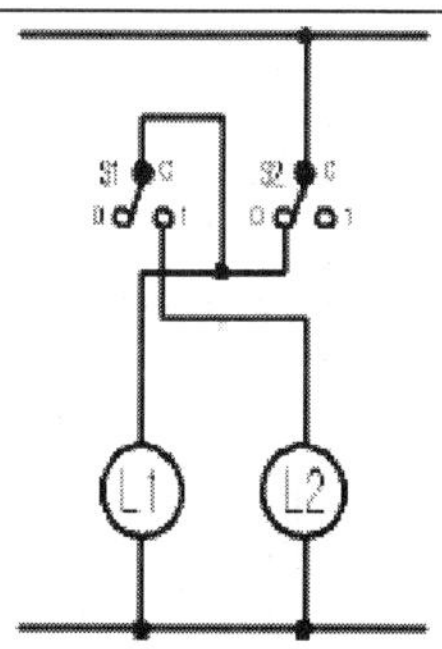

⇒ 진리표의 두 스위치 조건을 만족하도록 직렬 접속하여 L2 를 점등한다.

② 다음과 같은 형태의 진리표는 결선을 할 수 없다.

3로 스위치		점등 상태	
S1	S2	L1	L2
0	0	1	0
0	1	0	0
1	0	0	1
1	1	1	0

1 : ON
0 : OFF

3로 스위치		점등 상태	
S1	S2	L1	L2
0	0	0	0
0	1	1	0
1	0	1	0
1	1	0	1

1 : ON
0 : OFF

3로 스위치		점등 상태	
S1	S2	L1	L2
0	0	1	1
0	1	0	0
1	0	0	0
1	1	1	0

1 : ON
0 : OFF

4. 한 램프는 2회 점등, 다른 램프는 2회 점등되는 경우

① 간단한 결선 예 - 1

3로 스위치		점등 상태	
S1	S2	L1	L2
0	0	1	1
0	1	0	1
1	0	1	0
1	1	0	0

1 : ON
0 : OFF

3로 스위치		점등 상태	
S1	S2	L1	L2
0	0	1	1
0	1	0	1
1	0	1	0
1	1	0	0

1 : ON
0 : OFF

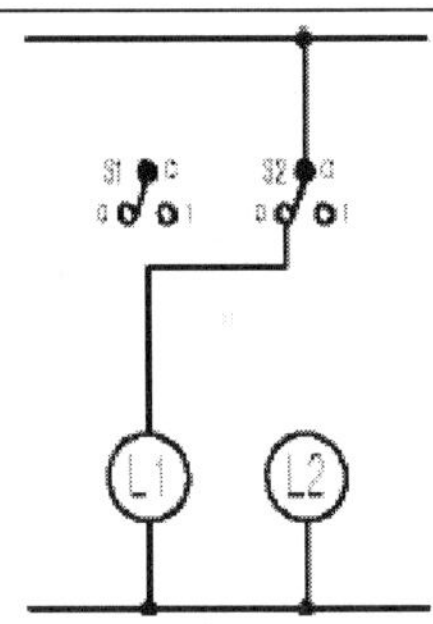

⇒ L1 이 점등되는 상황에서 S2 의 상태가 불변이므로 S2 로 L1 을 점등한다.

⇓

3로 스위치		점등 상태	
S1	S2	L1	L2
0	0	1	1
0	1	0	1
1	0	1	0
1	1	0	0

1 : ON
0 : OFF

3로 스위치		점등 상태	
S1	S2	L1	L2
0	0	1	1
0	1	0	1
1	0	1	0
1	1	0	0

1 : ON
0 : OFF

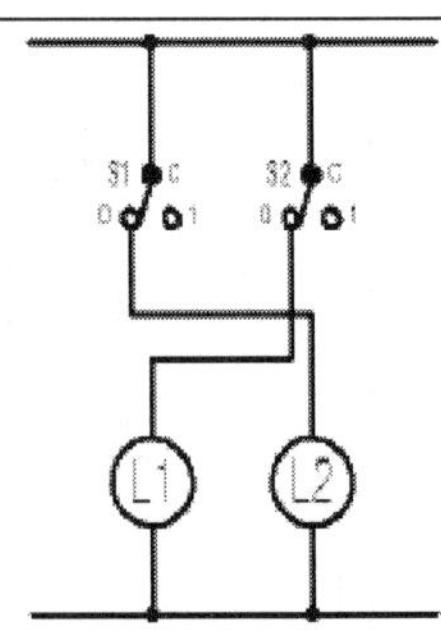

⇒ 진리표의 두 스위치 조건을 만족하도록 직렬 접속하여 L2 를 점등한다.

② 간단한 결선 예 - 2

3로 스위치		전등 상태	
S1	S2	L1	L2
0	0	1	0
0	1	0	1
1	0	1	0
1	1	0	1

1 : ON
0 : OFF

3로 스위치		전등 상태	
S1	S2	L1	L2
0	0	1	0
0	1	0	1
1	0	1	0
1	1	0	1

1 : ON
0 : OFF

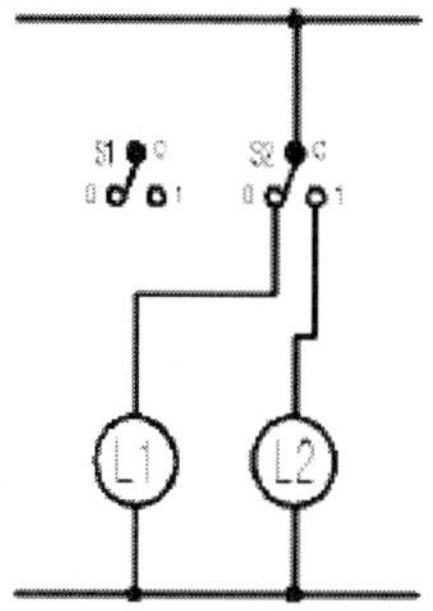

③ 주의할 결선의 예 - 1

3로 스위치		전등 상태	
S1	S2	L1	L2
0	0	1	1
0	1	0	1
1	0	0	0
1	1	1	0

1 : ON
0 : OFF

3로 스위치		전등 상태	
S1	S2	L1	L2
0	0	1	1
0	1	0	1
1	0	0	0
1	1	1	0

1 : ON
0 : OFF

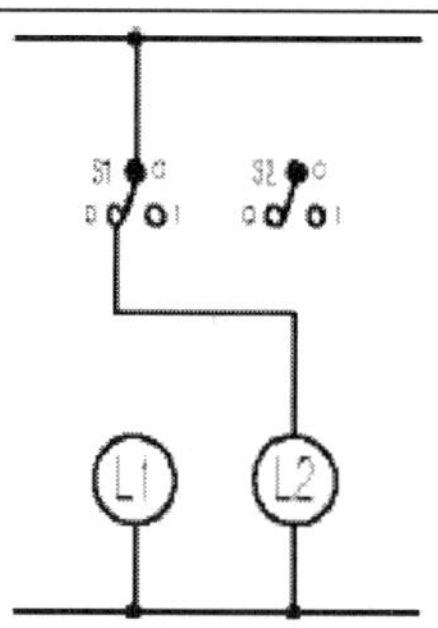

⇒ 하나의 스위치에 의해서 점등될 수 있는 L2 부터 결선한다.

⇓

3로 스위치		전등 상태	
S1	S2	L1	L2
0	0	1	1
0	1	0	1
1	0	0	0
1	1	1	0

1 : ON
0 : OFF

3로 스위치		전등 상태	
S1	S2	L1	L2
0	0	1	1
0	1	0	1
1	0	0	0
1	1	1	0

1 : ON
0 : OFF

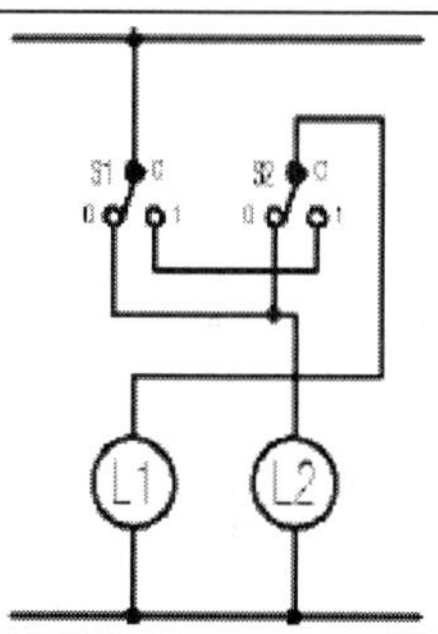

⇒ 진리표 조건을 만족하도록 각 스위치의 “0” , “1” 단자를 접속하여 L1 점등.

④ 주의할 결선의 예 - 2

3로 스위치		점등 상태	
S1	S2	L1	L2
0	0	0	1
0	1	1	0
1	0	1	1
1	1	0	0
		1 : ON 0 : OFF	

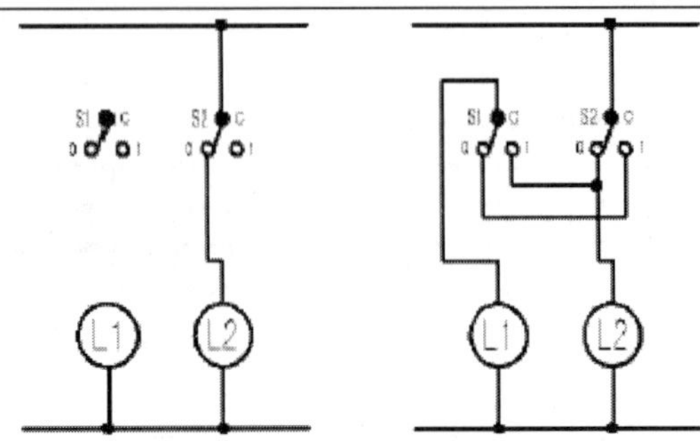

⇒ 하나의 스위치에 의해서 점등될 수 있는 L2 부터 결선한다.

⇒ 진리표 조건을 만족하도록 각 스위치의 "0", "1" 단자를 접속하여 L1 점등.

5. 한 램프는 3회 점등, 다른 램프는 1회 점등되는 경우

① 패턴 - 1 (한번 점등되는 램프가 세 번 점등되는 램프와 중복되지 않는 경우)

3로 스위치		점등 상태	
S1	S2	L1	L2
0	0	1	0
0	1	1	0
1	0	1	0
1	1	0	1
		1 : ON 0 : OFF	

3로 스위치		점등 상태	
S1	S2	L1	L2
0	0	1	0
0	1	1	0
1	0	1	0
1	1	0	1
		1 : ON 0 : OFF	

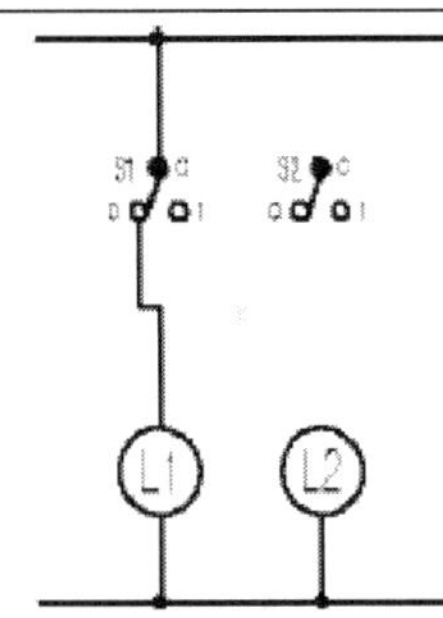

⇒ L1 이 두 번 점등되는 조건을 골라 먼저 결선한다.

⇓

3로 스위치		점등 상태	
S1	S2	L1	L2
0	0	1	0
0	1	1	0
1	0	1	0
1	1	0	1
		1 : ON 0 : OFF	

3로 스위치		점등 상태	
S1	S2	L1	L2
0	0	1	0
0	1	1	0
1	0	1	0
1	1	0	1
		1 : ON 0 : OFF	

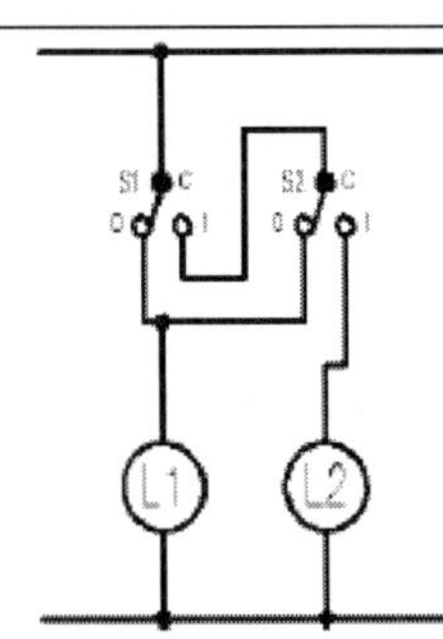

⇒ S1 이 "1" 의 상태에서 S2 의 상태에 따라 L1 또는 L2 가 점등된다.

② 패턴 - 1 의 추가 예

3로 스위치		전등 상태	
S1	S2	L1	L2
0	0	0	1
0	1	1	0
1	0	0	1
1	1	0	1

1 : ON

0 : OFF

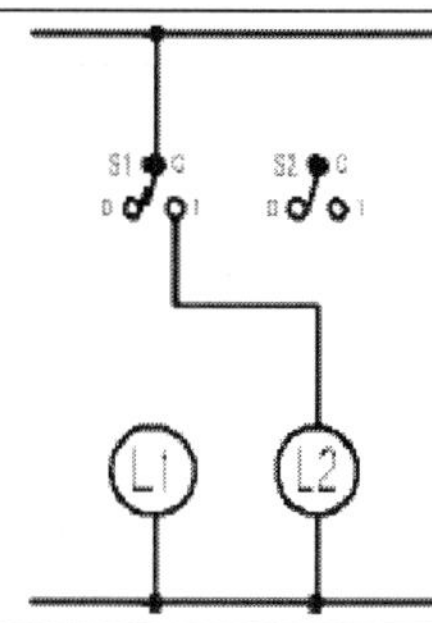

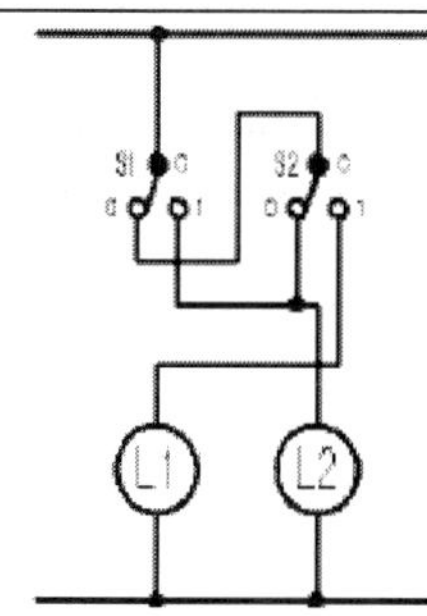

③ 패턴 - 2 (한번 점등되는 램프가 세 번 점등되는 램프와 중복되는 경우)

3로 스위치		전등 상태	
S1	S2	L1	L2
0	0	1	0
0	1	1	1
1	0	1	0
1	1	0	0

1 : ON

0 : OFF

⇒

3로 스위치		전등 상태	
S1	S2	L1	L2
0	0	1	0
0	1	1	1
1	0	1	0
1	1	0	0

1 : ON

0 : OFF

⇒ 한 번 점등된 램프의 스위치 상태를 보고 세 번 점등되는 램프의 결선을 결정.

⇓

3로 스위치		전등 상태	
S1	S2	L1	L2
0	0	1	0
0	1	1	1
1	0	1	0
1	1	0	0

1 : ON

0 : OFF

⇒

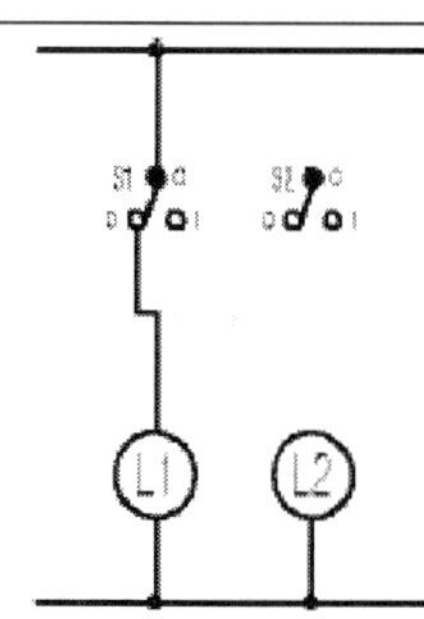

⇒ S1 이 "0" 또는 S2 가 "1" 을 만족하는 조건으로 L1 을 우선 결선.

⇓

3로 스위치		점등 상태	
S1	S2	L1	L2
0	0	1	0
0	1	1	1
1	0	1	0
1	1	0	0

1 : ON
0 : OFF

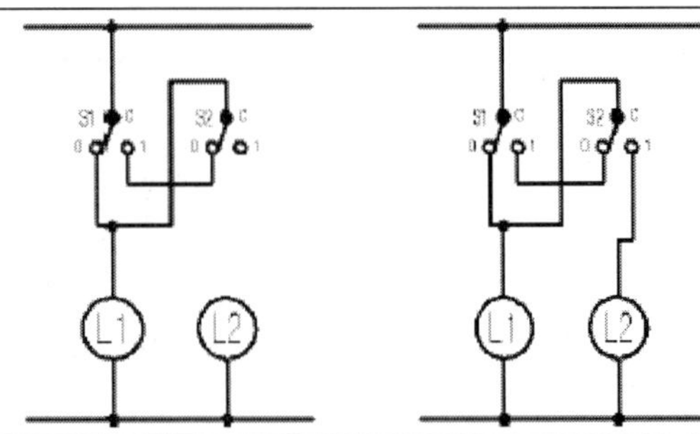

⇒ S1 의 "1" 단자와 S2 의 "0" 단자를 아래 쪽에서 결선하여 L1 병렬 점등 후
⇒ 남아 있는 S2 의 "1" 단자로 L2 점등.

④ 패턴 – 2 의 별해

3로 스위치		점등 상태	
S1	S2	L1	L2
0	0	1	0
0	1	1	1
1	0	1	0
1	1	0	0

1 : ON
0 : OFF

3로 스위치		점등 상태	
S1	S2	L1	L2
0	0	1	0
0	1	1	1
1	0	1	0
1	1	0	0

1 : ON
0 : OFF

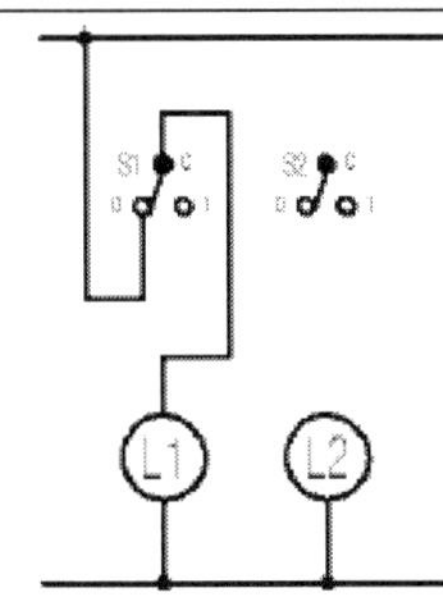

⇒ L1 이 세 번 점등되는 상태를 "0" 또는 "1"에서 전원을 받아 "C" 단자를 병렬 접속하여 점등한다.

⇓

3로 스위치		점등 상태	
S1	S2	L1	L2
0	0	1	0
0	1	1	1
1	0	1	0
1	1	0	0

1 : ON
0 : OFF

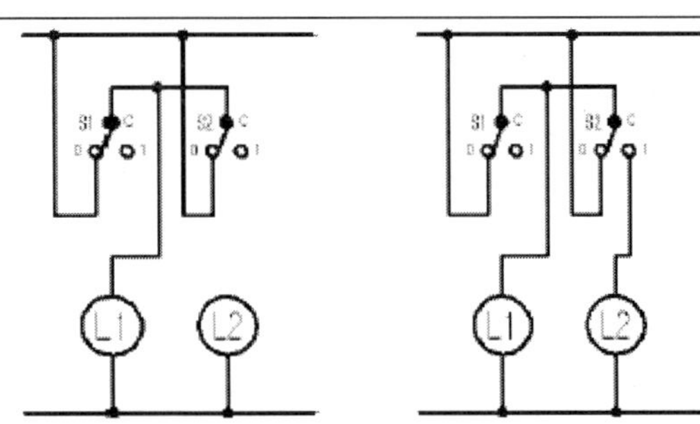

⇒ 남아 있는 S2 의 "1" 단자로 L2 점등.

⑤ 결선이 불가능한 경우

3로 스위치		점등 상태	
S1	S2	L1	L2
0	0	1	1
0	1	1	0
1	0	1	0
1	1	0	0
		1 : ON 0 : OFF	

3로 스위치		점등 상태	
S1	S2	L1	L2
0	0	1	1
0	1	1	0
1	0	1	0
1	1	0	0
		1 : ON 0 : OFF	

3로 스위치		점등 상태	
S1	S2	L1	L2
0	0	1	1
0	1	1	0
1	0	1	0
1	1	0	0
		1 : ON 0 : OFF	

⇒ 한 번 점등된 램프의 스위치 상태와 동일한 상태로 세 번 점등되는 램프의 두 스위치의 상태가 결정되는 경우 결선이 불가능 하다.

6. 한 램프는 3회 점등, 다른 램프는 2회 점등되는 경우

① 패턴 - 1 (두 번 점등되는 램프가 스위치 하나로 결선이 가능한 경우)

3로 스위치		점등 상태	
S1	S2	L1	L2
0	0	1	1
0	1	1	0
1	0	1	1
1	1	0	0
		1 : ON 0 : OFF	

3로 스위치		점등 상태	
S1	S2	L1	L2
0	0	1	1
0	1	1	0
1	0	1	1
1	1	0	0
		1 : ON 0 : OFF	

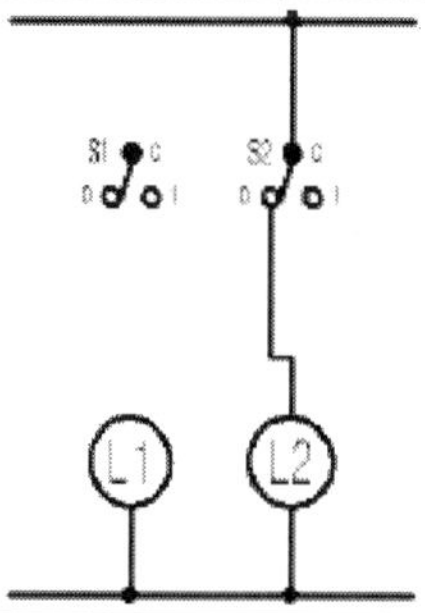

⇒ 두 번 점등되는 L2 먼저 결선한다. → S2 "C" 단자가 전원에 접속됨.

⇓

3로 스위치		점등 상태	
S1	S2	L1	L2
0	0	1	1
0	1	1	0
1	0	1	1
1	1	0	0
		1 : ON 0 : OFF	

3로 스위치		점등 상태	
S1	S2	L1	L2
0	0	1	1
0	1	1	0
1	0	1	1
1	1	0	0
		1 : ON 0 : OFF	

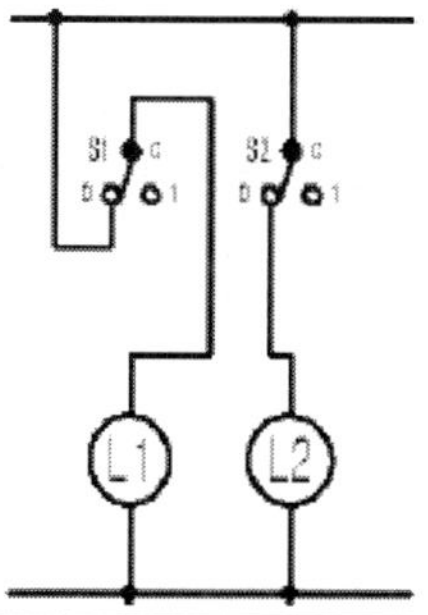

⇒ L2 를 점등시킨 스위치와 다른 스위치인 S1 에 의해서 L1 이 점등될 수 있도록 두 줄을 선택하여 결선한다. → S1 "0" 단자가 전원에 접속됨.

⇓

3로 스위치		전등 상태	
S1	S2	L1	L2
0	0	1	1
0	1	1	0
1	0	1	1
1	1	0	0
1 : ON 0 : OFF			

3로 스위치		전등 상태	
S1	S2	L1	L2
0	0	1	1
0	1	1	0
1	0	1	1
1	1	0	0
1 : ON 0 : OFF			

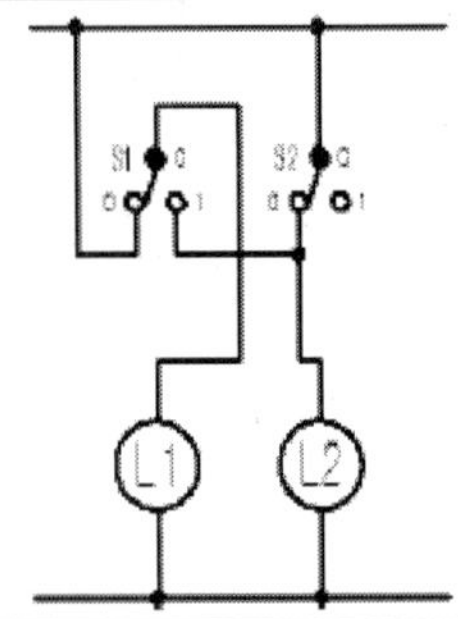

⇒ 하나 남은 L1 의 점등 조건은 진리표 조건을 만족 하도록 각 스위치의 "0", "1" 단자를 접속하여 결선한다.

② 패턴 – 2 (두 번 점등되는 램프가 스위치 하나로 결선이 불가능한 경우)

3로 스위치		전등 상태	
S1	S2	L1	L2
0	0	1	0
0	1	1	1
1	0	1	1
1	1	0	0
1 : ON 0 : OFF			

3로 스위치		전등 상태	
S1	S2	L1	L2
0	0	1	0
0	1	1	1
1	0	1	1
1	1	0	0
1 : ON 0 : OFF			

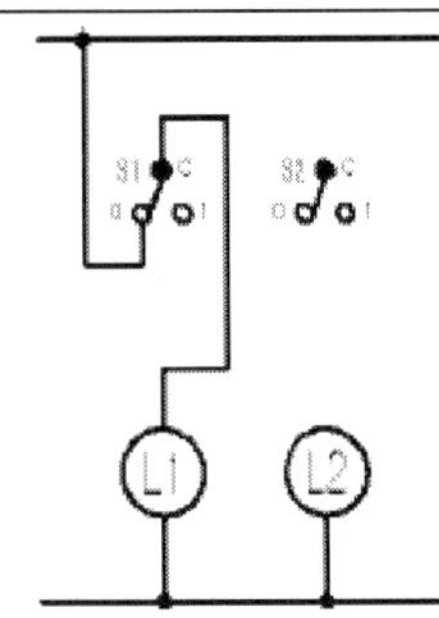

⇒ 세 번 점등되는 램프를 우선 결선한다.
⇒ "C" 단자를 병렬로 접속하여 결선한 앞의 패턴 참고

⇓

3로 스위치		전등 상태	
S1	S2	L1	L2
0	0	1	0
0	1	1	1
1	0	1	1
1	1	0	0
1 : ON 0 : OFF			

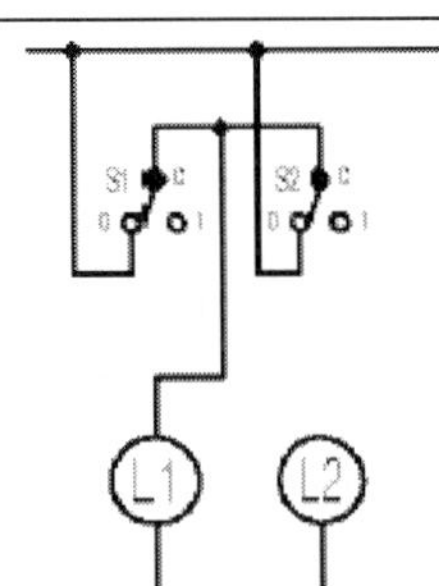

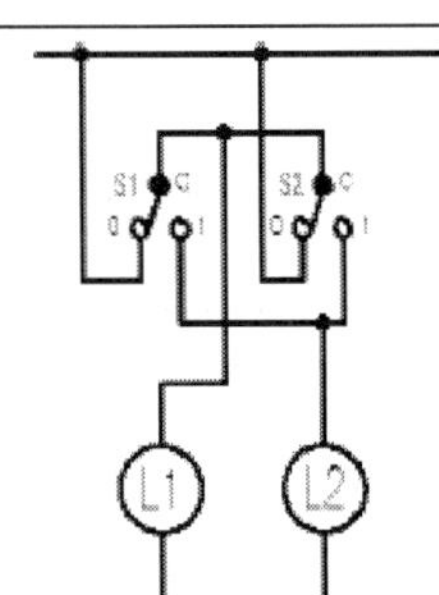

⇒ 두 스위치의 남은 "1" 과 "1" 단자를 접속하여 L2 를 점등한다.

③ 결선이 불가능한 경우

3로 스위치		점등 상태	
S1	S2	L1	L2
0	0	1	1
0	1	1	0
1	0	1	0
1	1	0	1
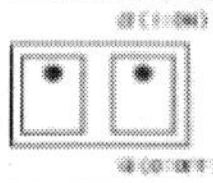		1 : ON 0 : OFF	

3로 스위치		점등 상태	
S1	S2	L1	L2
0	0	1	0
0	1	1	1
1	0	0	1
1	1	1	0
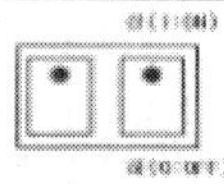		1 : ON 0 : OFF	

3로 스위치		점등 상태	
S1	S2	L1	L2
0	0	1	0
0	1	0	1
1	0	1	1
1	1	1	0
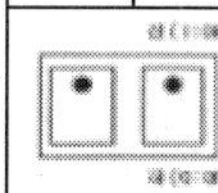		1 : ON 0 : OFF	

⇒ 두 램프의 점등상태가 모두 뭉쳐 있거나, 모두 벌어진 경우에는 결선 가능.

⇒ 한 램프의 점등상태는 모두 뭉치고, 다른 램프의 점등상태는 벌어진 경우 결선 불가능 (단, 두 번 점등되는 램프가 스위치 하나에 의해서 가능한 경우 제외)

7. 한 램프는 3회 점등, 다른 램프는 3회 점등되는 경우

⇒ 두 램프의 점등상태가 모두 뭉쳐 있거나, 모두 벌어진 경우에는 결선 가능.

⇒ 한 램프의 점등상태는 모두 뭉치고, 다른 램프의 점등상태는 벌어진 경우 결선 불가능 (단, 두 램프가 동일하게 점등되는 경우는 제외)

① 가능한 결선의 예

3로 스위치		점등 상태	
S1	S2	L1	L2
0	0	1	0
0	1	1	1
1	0	1	1
1	1	0	1

1 : ON
0 : OFF

3로 스위치		점등 상태	
S1	S2	L1	L2
0	0	1	0
0	1	1	1
1	0	1	1
1	1	0	1

1 : ON
0 : OFF

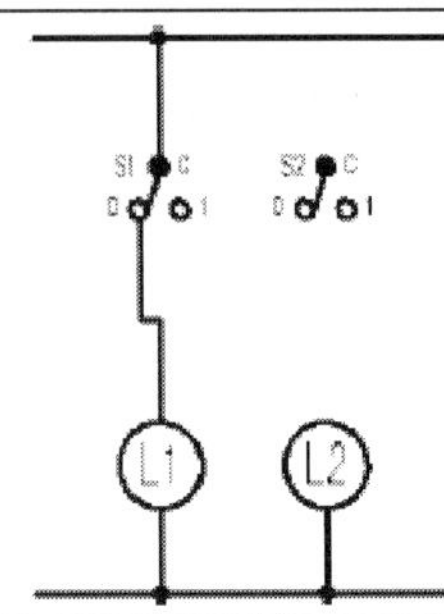

⇒ S1 상태로 L1이 점등되는 조건을 먼저 결선한다.

⇓

3로 스위치		점등 상태	
S1	S2	L1	L2
0	0	1	0
0	1	1	1
1	0	1	1
1	1	0	1

1 : ON
0 : OFF

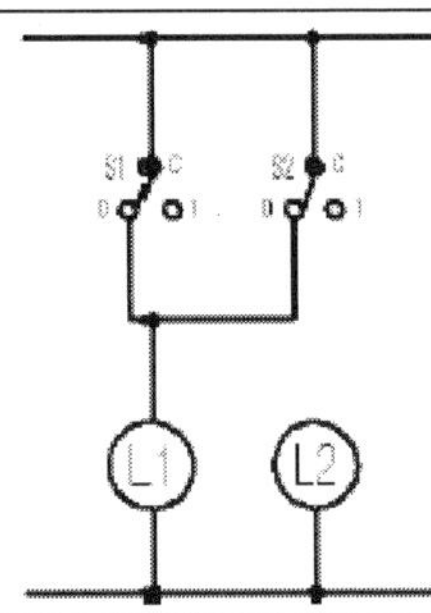

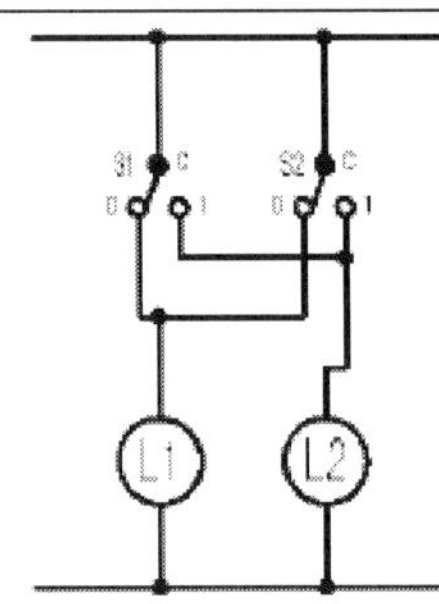

⇒ S2 상태로 L1 이 점등되는 조건을 위 결선에 병렬 접속.

⇒ L2 도 L1 과 동일한 방법으로 결선.

② 불가능한 결선의 예

3로 스위치		점등 상태	
S1	S2	L1	L2
0	0	1	1
0	1	1	0
1	0	1	1
1	1	0	1

1 : ON
0 : OFF

3로 스위치		점등 상태	
S1	S2	L1	L2
0	0	1	1
0	1	1	1
1	0	0	1
1	1	1	0

1 : ON
0 : OFF

3로 스위치		점등 상태	
S1	S2	L1	L2
0	0	1	0
0	1	0	1
1	0	1	1
1	1	1	1

1 : ON
0 : OFF

부록 4 3로 스위치 결선법의 예

3로 스위치		전등 상태	
S1	S2	L1	L2
0	0	0	0
0	1	0	0
1	0	1	1
1	1	1	1

1 : ON
0 : OFF

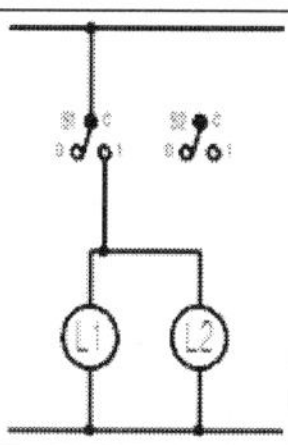

3로 스위치		전등 상태	
S1	S2	L1	L2
0	0	1	1
0	1	1	0
1	0	1	0
1	1	0	0

1 : ON
0 : OFF

결선 불가

3로 스위치		전등 상태	
S1	S2	L1	L2
0	0	1	0
0	1	1	1
1	0	1	0
1	1	0	0

1 : ON
0 : OFF

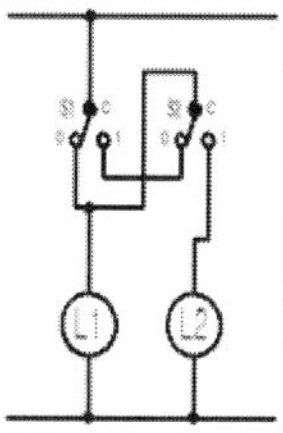

3로 스위치		전등 상태	
S1	S2	L1	L2
0	0	1	0
0	1	1	0
1	0	1	1
1	1	0	0

1 : ON
0 : OFF

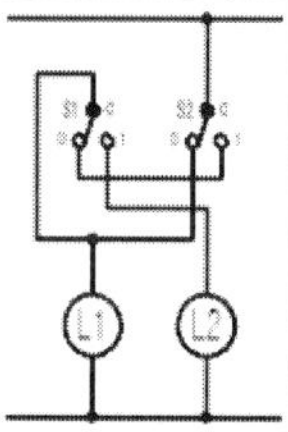

3로 스위치		전등 상태	
S1	S2	L1	L2
0	0	1	0
0	1	1	0
1	0	1	0
1	1	0	1

1 : ON
0 : OFF

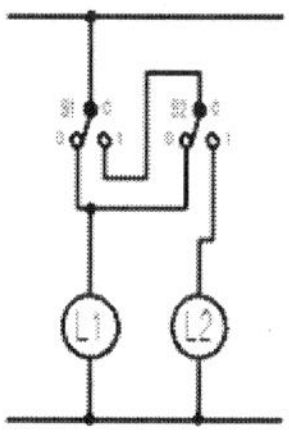

3로 스위치		전등 상태	
S1	S2	L1	L2
0	0	1	1
0	1	1	0
1	0	0	0
1	1	1	0

1 : ON
0 : OFF

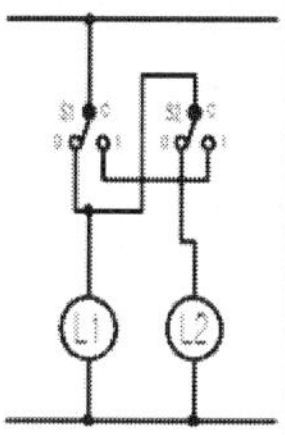

3로 스위치		전등 상태	
S1	S2	L1	L2
0	0	1	0
0	1	1	1
1	0	0	0
1	1	1	0

1 : ON
0 : OFF

결선 불가

3로 스위치		전등 상태	
S1	S2	L1	L2
0	0	1	0
0	1	1	0
1	0	0	1
1	1	1	0

1 : ON
0 : OFF

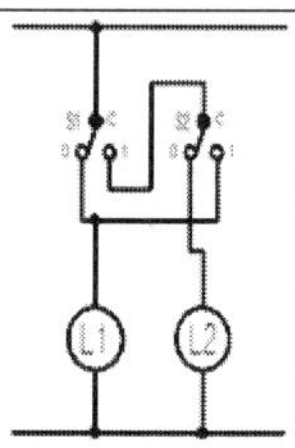

3로 스위치		전등 상태	
S1	S2	L1	L2
0	0	1	0
0	1	1	0
1	0	0	0
1	1	1	1

1 : ON
0 : OFF

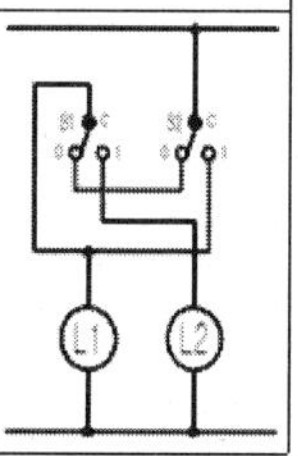

3로 스위치		전등 상태	
S1	S2	L1	L2
0	0	1	1
0	1	0	0
1	0	1	0
1	1	1	0

1 : ON
0 : OFF

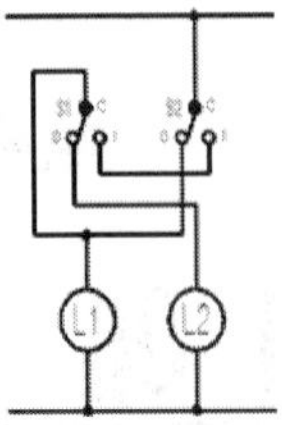

3로 스위치		전등 상태	
S1	S2	L1	L2
0	0	1	0
0	1	0	1
1	0	1	0
1	1	1	0

1 : ON
0 : OFF

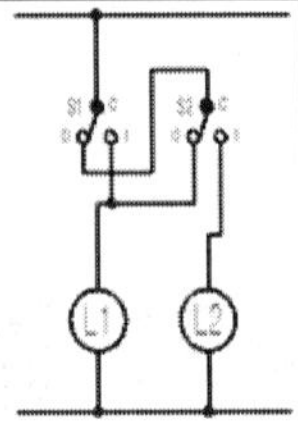

3로 스위치		전등 상태	
S1	S2	L1	L2
0	0	1	0
0	1	0	0
1	0	1	1
1	1	1	0

1 : ON
0 : OFF

결선 불가

3로 스위치		전등 상태	
S1	S2	L1	L2
0	0	1	0
0	1	0	0
1	0	1	0
1	1	1	1

1 : ON
0 : OFF

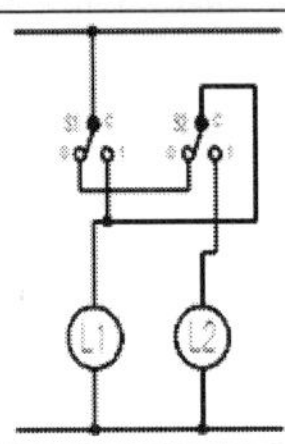

3로 스위치		전등 상태	
S1	S2	L1	L2
0	0	0	1
0	1	1	0
1	0	1	0
1	1	1	0

1 : ON
0 : OFF

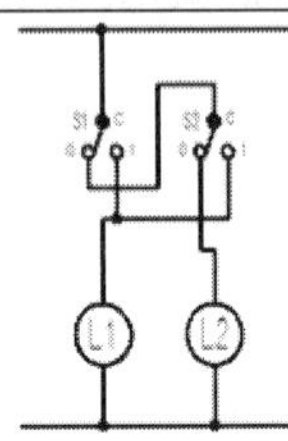

3로 스위치		전등 상태	
S1	S2	L1	L2
0	0	0	0
0	1	1	1
1	0	1	0
1	1	1	0

1 : ON
0 : OFF

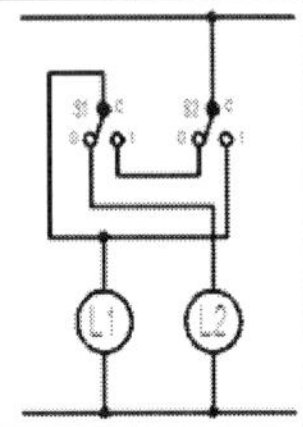

3로 스위치		전등 상태	
S1	S2	L1	L2
0	0	0	0
0	1	1	0
1	0	1	1
1	1	1	0

1 : ON
0 : OFF

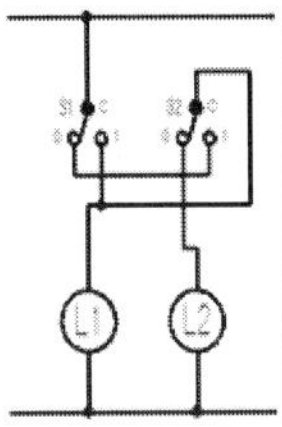

3로 스위치		전등 상태	
S1	S2	L1	L2
0	0	0	0
0	1	1	0
1	0	1	0
1	1	1	1

1 : ON
0 : OFF

결선 불가

3로 스위치		전등 상태	
S1	S2	L1	L2
0	0	1	1
0	1	1	1
1	0	1	0
1	1	0	0

1 : ON
0 : OFF

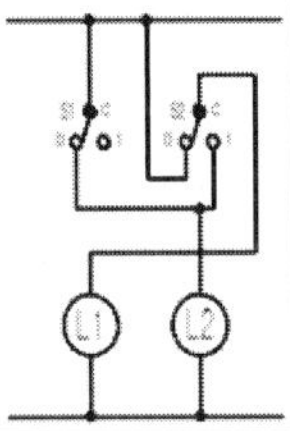

3로 스위치		전등 상태	
S1	S2	L1	L2
0	0	1	1
0	1	1	0
1	0	1	1
1	1	0	0

1 : ON
0 : OFF

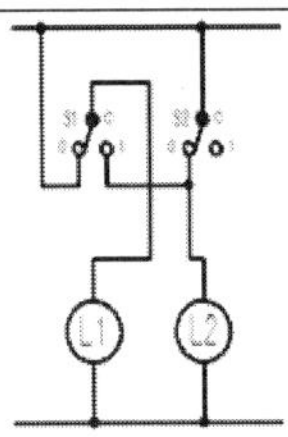

3로 스위치		전등 상태	
S1	S2	L1	L2
0	0	1	1
0	1	1	0
1	0	1	0
1	1	0	1

1 : ON
0 : OFF

결선 불가

3로 스위치		전등 상태	
S1	S2	L1	L2
0	0	1	0
0	1	1	1
1	0	1	1
1	1	0	0

1 : ON
0 : OFF

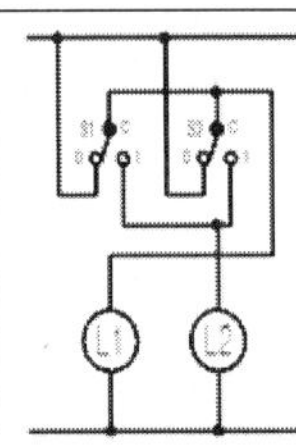

3로 스위치		전등 상태	
S1	S2	L1	L2
0	0	1	0
0	1	1	1
1	0	1	0
1	1	0	1

1 : ON
0 : OFF

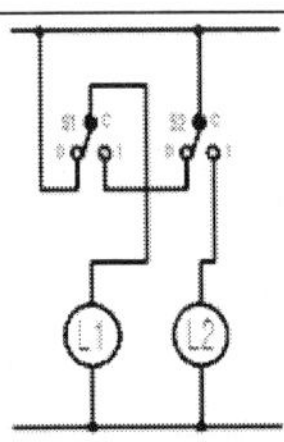

3로 스위치		전등 상태	
S1	S2	L1	L2
0	0	1	0
0	1	1	0
1	0	1	1
1	1	0	1

1 : ON
0 : OFF

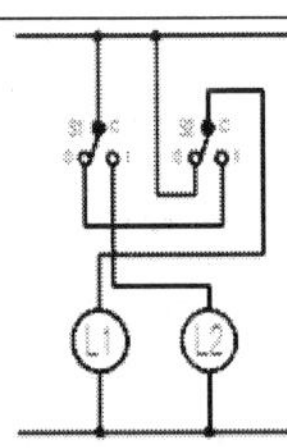

3로 스위치		전등 상태	
S1	S2	L1	L2
0	0	1	1
0	1	1	1
1	0	0	0
1	1	1	0

1 : ON
0 : OFF

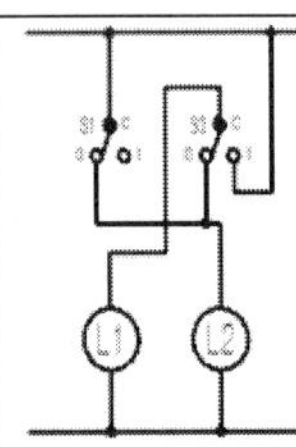

3로 스위치		전등 상태	
S1	S2	L1	L2
0	0	1	1
0	1	1	0
1	0	0	1
1	1	1	0

1 : ON
0 : OFF

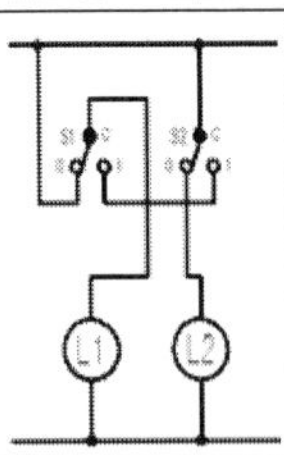

3로 스위치		전등 상태	
S1	S2	L1	L2
0	0	1	1
0	1	1	0
1	0	0	0
1	1	1	1

1 : ON
0 : OFF

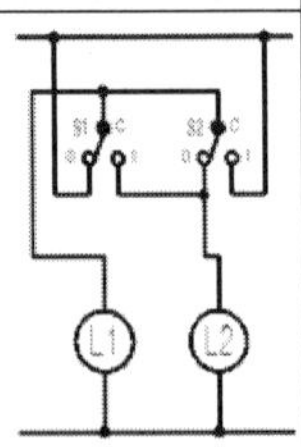

3로 스위치		전등 상태	
S1	S2	L1	L2
0	0	1	0
0	1	1	1
1	0	0	1
1	1	1	0

1 : ON
0 : OFF

결선 불가

3로 스위치		전등 상태	
S1	S2	L1	L2
0	0	1	0
0	1	1	1
1	0	0	0
1	1	1	1

1 : ON 0 : OFF

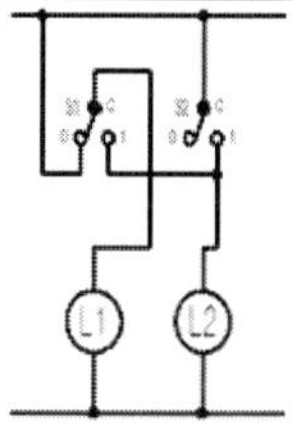

3로 스위치		전등 상태	
S1	S2	L1	L2
0	0	1	0
0	1	1	0
1	0	0	1
1	1	1	1

1 : ON 0 : OFF

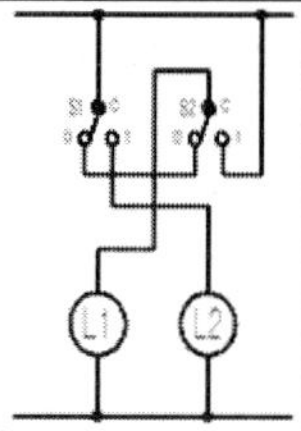

3로 스위치		전등 상태	
S1	S2	L1	L2
0	0	1	1
0	1	0	1
1	0	1	0
1	1	1	0

1 : ON 0 : OFF

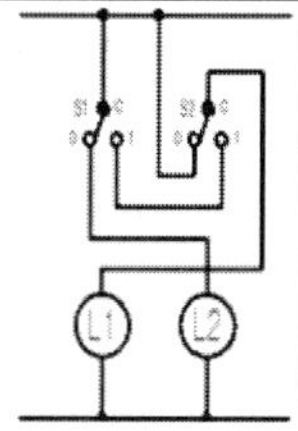

3로 스위치		전등 상태	
S1	S2	L1	L2
0	0	1	1
0	1	0	0
1	0	1	1
1	1	1	0

1 : ON 0 : OFF

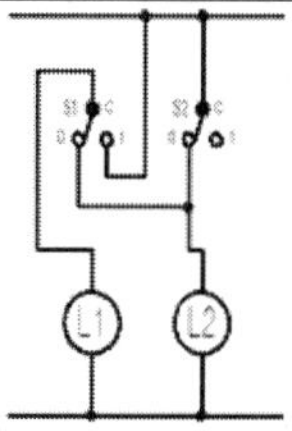

3로 스위치		전등 상태	
S1	S2	L1	L2
0	0	1	1
0	1	0	0
1	0	1	0
1	1	1	1

1 : ON 0 : OFF

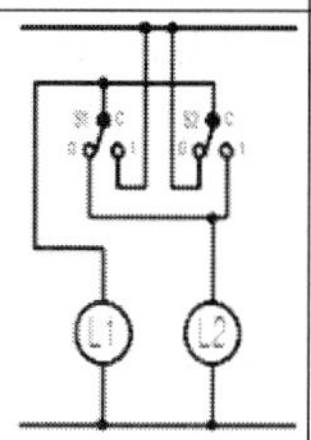

3로 스위치		전등 상태	
S1	S2	L1	L2
0	0	1	0
0	1	0	1
1	0	1	1
1	1	1	0

1 : ON 0 : OFF

결선 불가

3로 스위치		전등 상태	
S1	S2	L1	L2
0	0	1	0
0	1	0	1
1	0	1	0
1	1	1	1

1 : ON 0 : OFF

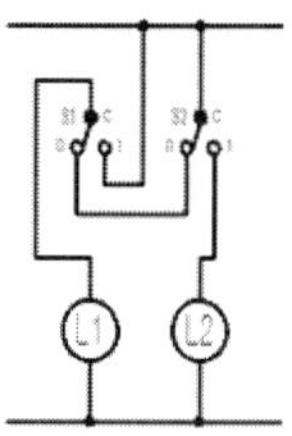

3로 스위치		전등 상태	
S1	S2	L1	L2
0	0	1	0
0	1	0	0
1	0	1	1
1	1	1	1

1 : ON 0 : OFF

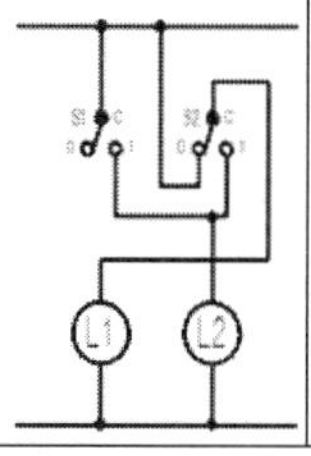

3로 스위치		전등 상태	
S1	S2	L1	L2
0	0	0	1
0	1	1	1
1	0	1	0
1	1	1	0

1 : ON 0 : OFF

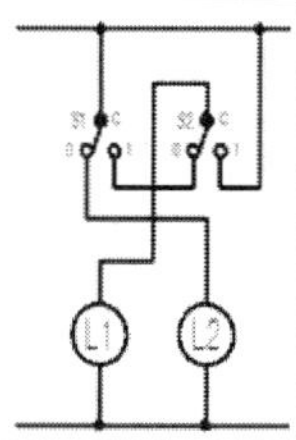

3로 스위치		전등 상태	
S1	S2	L1	L2
0	0	0	1
0	1	1	0
1	0	1	1
1	1	1	0

1 : ON 0 : OFF

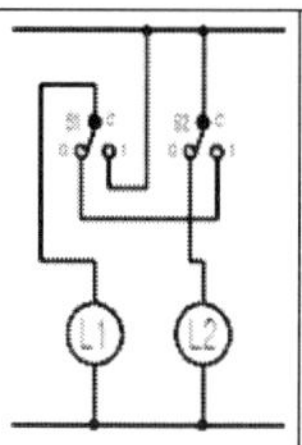

3로 스위치		전등 상태	
S1	S2	L1	L2
0	0	0	1
0	1	1	0
1	0	1	0
1	1	1	1

1 : ON 0 : OFF

결선 불가

3로 스위치		전등 상태	
S1	S2	L1	L2
0	0	0	0
0	1	1	1
1	0	1	1
1	1	1	0

1 : ON 0 : OFF

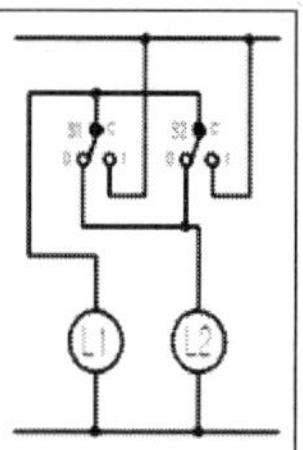

3로 스위치		전등 상태	
S1	S2	L1	L2
0	0	0	0
0	1	1	1
1	0	1	0
1	1	1	1

1 : ON 0 : OFF

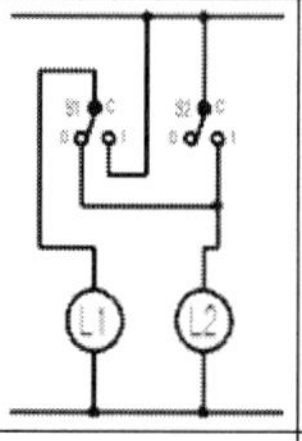

3로 스위치		전등 상태	
S1	S2	L1	L2
0	0	0	0
0	1	1	0
1	0	1	1
1	1	1	1

1 : ON 0 : OFF

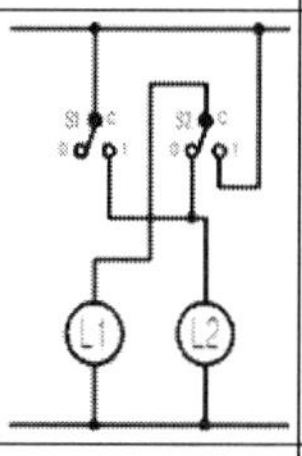

3로 스위치		전등 상태	
S1	S2	L1	L2
0	0	1	1
0	1	1	1
1	0	1	1
1	1	0	0

1 : ON 0 : OFF

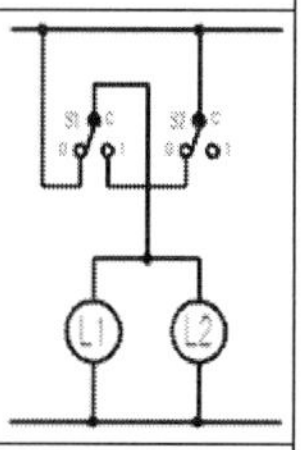

3로 스위치		전등 상태	
S1	S2	L1	L2
0	0	1	1
0	1	1	1
1	0	1	0
1	1	0	1

1 : ON 0 : OFF

결선 불가

3로 스위치		전등 상태	
S1	S2	L1	L2
0	0	1	1
0	1	1	0
1	0	1	1
1	1	0	1

1 : ON 0 : OFF

결선 불가

3로 스위치		전등 상태	
S1	S2	L1	L2
0	0	1	0
0	1	1	1
1	0	1	1
1	1	0	1

1 : ON 0 : OFF

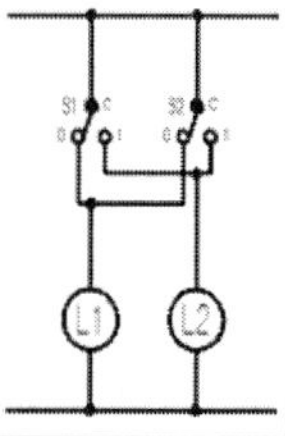

3로 스위치		전등 상태	
S1	S2	L1	L2
0	0	1	1
0	1	1	1
1	0	0	1
1	1	1	0

1 : ON
0 : OFF

결선 불가

3로 스위치		전등 상태	
S1	S2	L1	L2
0	0	1	1
0	1	1	1
1	0	0	0
1	1	1	1

1 : ON
0 : OFF

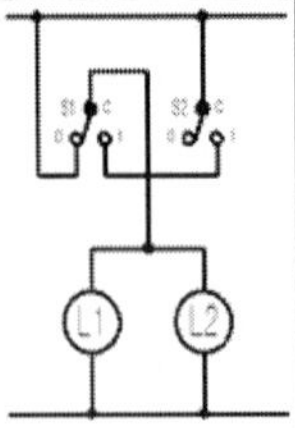

3로 스위치		전등 상태	
S1	S2	L1	L2
0	0	1	1
0	1	1	0
1	0	0	1
1	1	1	1

1 : ON
0 : OFF

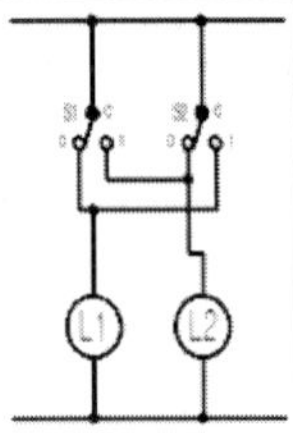

3로 스위치		전등 상태	
S1	S2	L1	L2
0	0	1	0
0	1	1	1
1	0	0	1
1	1	1	1

1 : ON
0 : OFF

결선 불가

3로 스위치		전등 상태	
S1	S2	L1	L2
0	0	1	1
0	1	0	1
1	0	1	1
1	1	1	0

1 : ON
0 : OFF

결선 불가

3로 스위치		전등 상태	
S1	S2	L1	L2
0	0	1	1
0	1	0	1
1	0	1	0
1	1	1	1

1 : ON
0 : OFF

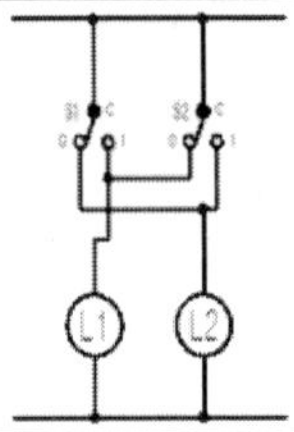

3로 스위치		전등 상태	
S1	S2	L1	L2
0	0	1	1
0	1	0	0
1	0	1	1
1	1	1	1

1 : ON
0 : OFF

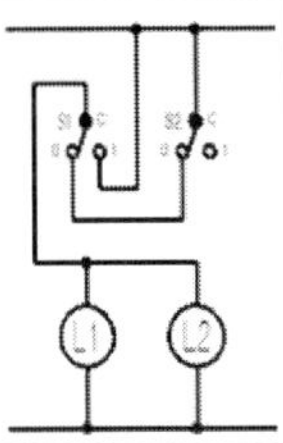

3로 스위치		전등 상태	
S1	S2	L1	L2
0	0	1	0
0	1	0	1
1	0	1	1
1	1	1	1

1 : ON
0 : OFF

결선 불가

3로 스위치		전등 상태	
S1	S2	L1	L2
0	0	0	1
0	1	1	1
1	0	1	1
1	1	1	0

1 : ON
0 : OFF

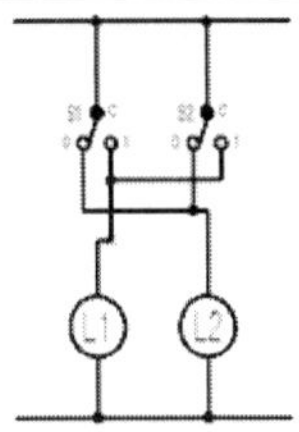

3로 스위치		전등 상태	
S1	S2	L1	L2
0	0	0	1
0	1	1	1
1	0	1	0
1	1	1	1

1 : ON
0 : OFF

결선 불가

3로 스위치		전등 상태	
S1	S2	L1	L2
0	0	0	1
0	1	1	0
1	0	1	1
1	1	1	1

1 : ON
0 : OFF

결선 불가

3로 스위치		전등 상태	
S1	S2	L1	L2
0	0	0	0
0	1	1	1
1	0	1	1
1	1	1	1

1 : ON
0 : OFF

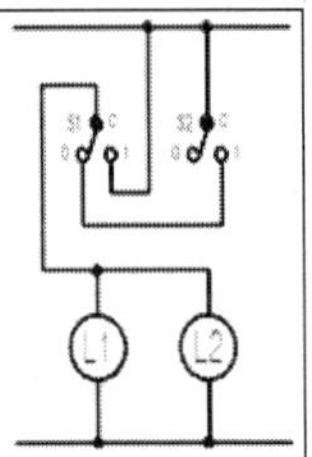

3로 스위치		전등 상태	
S1	S2	L1	L2
0	0	1	0
0	1	0	0
1	0	0	0
1	1	0	0

1 : ON
0 : OFF

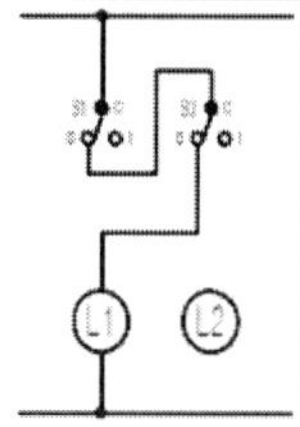

3로 스위치		전등 상태	
S1	S2	L1	L2
0	0	0	0
0	1	1	0
1	0	0	0
1	1	0	0

1 : ON
0 : OFF

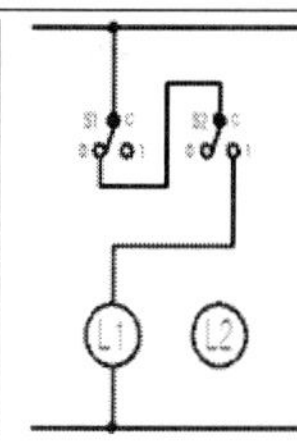

3로 스위치		전등 상태	
S1	S2	L1	L2
0	0	0	0
0	1	0	0
1	0	1	0
1	1	0	0

1 : ON
0 : OFF

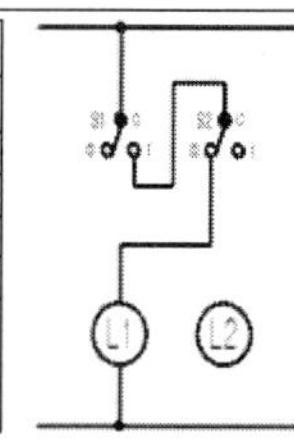

3로 스위치		전등 상태	
S1	S2	L1	L2
0	0	0	0
0	1	0	0
1	0	0	0
1	1	1	0

1 : ON
0 : OFF

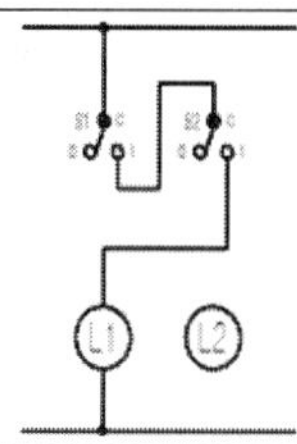

3로 스위치		전등 상태	
S1	S2	L1	L2
0	0	1	0
0	1	1	0
1	0	0	0
1	1	0	0

1 : ON
0 : OFF

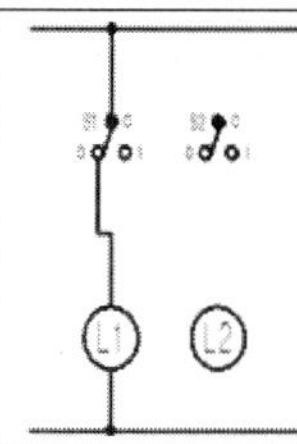

3로 스위치		전등 상태	
S1	S2	L1	L2
0	0	1	0
0	1	0	0
1	0	1	0
1	1	0	0

1 : ON
0 : OFF

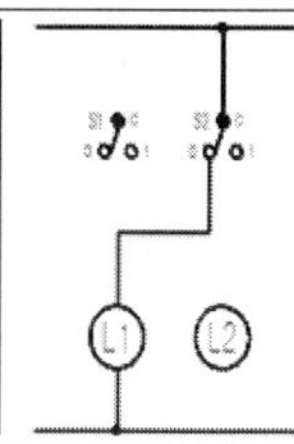

3로 스위치		전등 상태	
S1	S2	L1	L2
0	0	1	0
0	1	0	0
1	0	0	0
1	1	1	0

1 : ON
0 : OFF

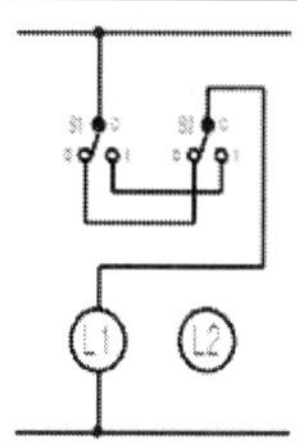

3로 스위치		전등 상태	
S1	S2	L1	L2
0	0	0	0
0	1	1	0
1	0	1	0
1	1	0	0

1 : ON
0 : OFF

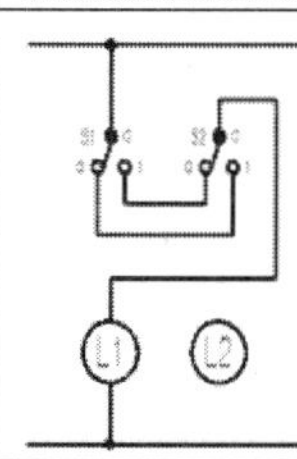

3로 스위치		전등 상태	
S1	S2	L1	L2
0	0	0	0
0	1	1	0
1	0	0	0
1	1	1	0

1 : ON
0 : OFF

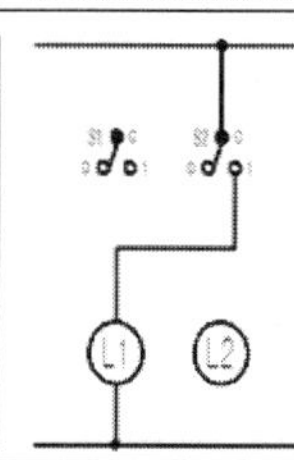

3로 스위치		전등 상태	
S1	S2	L1	L2
0	0	0	0
0	1	0	0
1	0	1	0
1	1	1	0

1 : ON
0 : OFF

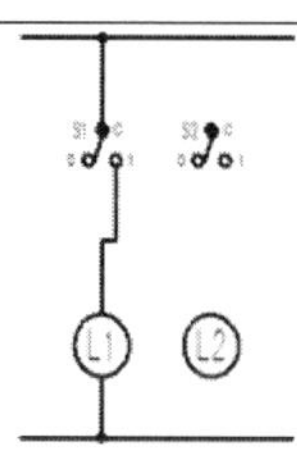

3로 스위치		전등 상태	
S1	S2	L1	L2
0	0	1	0
0	1	1	0
1	0	1	0
1	1	0	0

1 : ON
0 : OFF

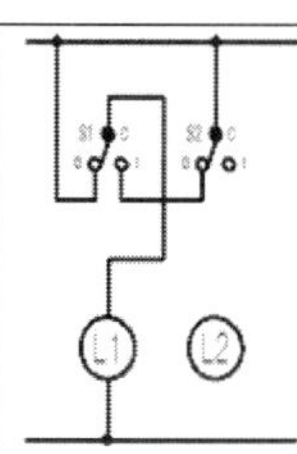

3로 스위치		전등 상태	
S1	S2	L1	L2
0	0	1	0
0	1	1	0
1	0	0	0
1	1	1	0

1 : ON
0 : OFF

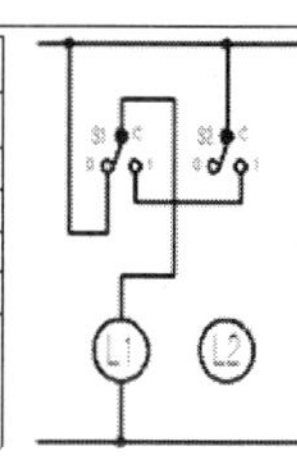

3로 스위치		전등 상태	
S1	S2	L1	L2
0	0	1	0
0	1	0	0
1	0	1	0
1	1	1	0

1 : ON
0 : OFF

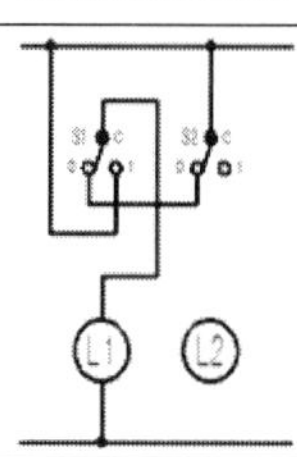

3로 스위치		전등 상태	
S1	S2	L1	L2
0	0	0	0
0	1	1	0
1	0	1	0
1	1	1	0

1 : ON
0 : OFF

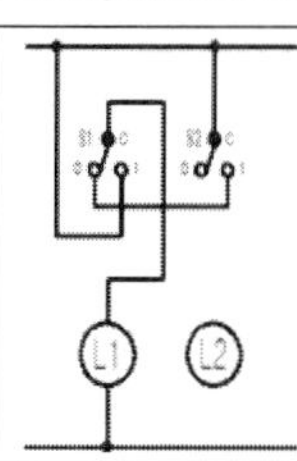

3로 스위치		전등 상태	
S1	S2	L1	L2
0	0	1	0
0	1	1	0
1	0	1	0
1	1	1	0

1 : ON
0 : OFF

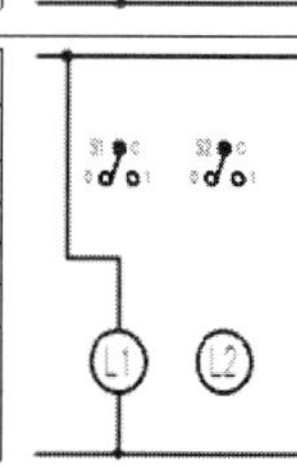

3로 스위치		전등 상태	
S1	S2	L1	L2
0	0	1	1
0	1	0	0
1	0	0	0
1	1	0	0

1 : ON
0 : OFF

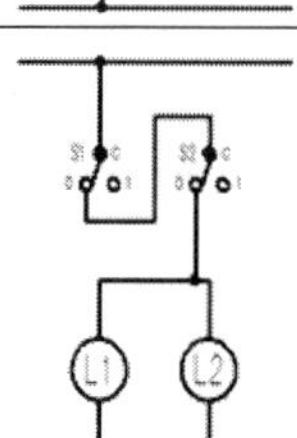

3로 스위치		전등 상태	
S1	S2	L1	L2
0	0	1	0
0	1	0	1
1	0	0	0
1	1	0	0

1 : ON
0 : OFF

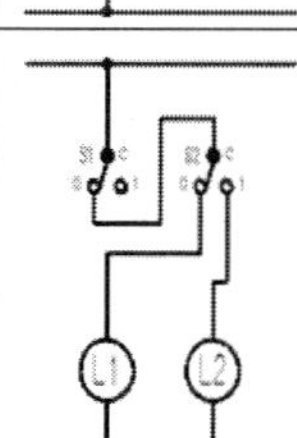

3로 스위치		전등 상태	
S1	S2	L1	L2
0	0	1	0
0	1	0	0
1	0	0	1
1	1	0	0

1 : ON
0 : OFF

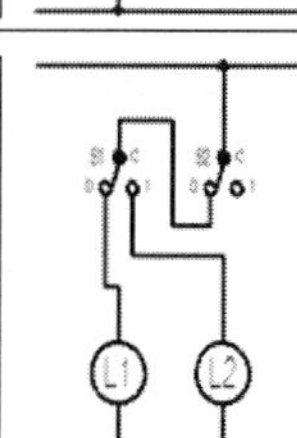

3로 스위치		전등 상태	
S1	S2	L1	L2
0	0	1	0
0	1	0	0
1	0	0	0
1	1	0	1

1 : ON
0 : OFF

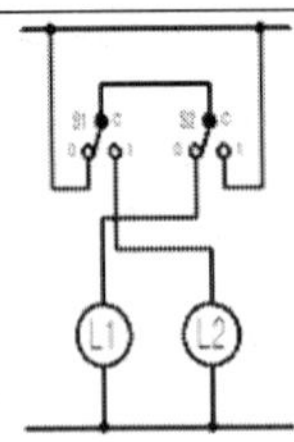

3로 스위치		전등 상태	
S1	S2	L1	L2
0	0	0	1
0	1	1	0
1	0	0	0
1	1	0	0

1 : ON
0 : OFF

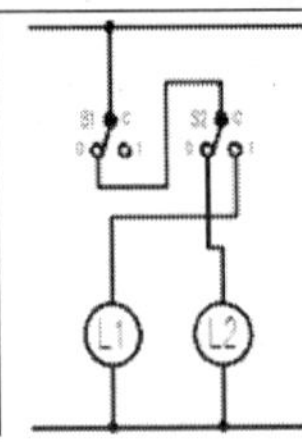

3로 스위치		전등 상태	
S1	S2	L1	L2
0	0	0	0
0	1	1	1
1	0	0	0
1	1	0	0

1 : ON
0 : OFF

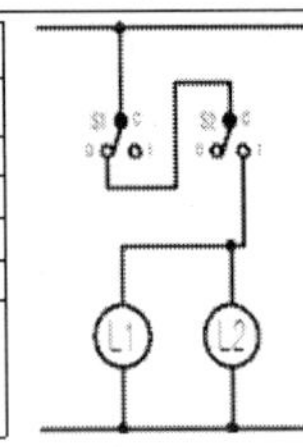

3로 스위치		전등 상태	
S1	S2	L1	L2
0	0	0	0
0	1	1	0
1	0	0	1
1	1	0	0

1 : ON
0 : OFF

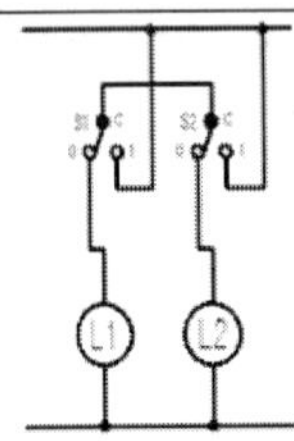

3로 스위치		전등 상태	
S1	S2	L1	L2
0	0	0	0
0	1	1	0
1	0	0	0
1	1	0	1

1 : ON
0 : OFF

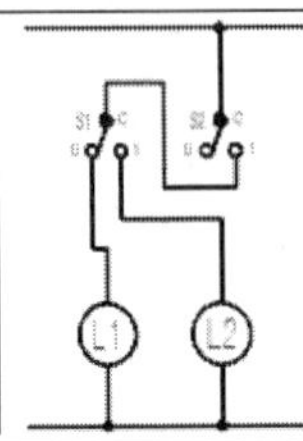

3로 스위치		전등 상태	
S1	S2	L1	L2
0	0	0	1
0	1	0	0
1	0	1	0
1	1	0	0

1 : ON
0 : OFF

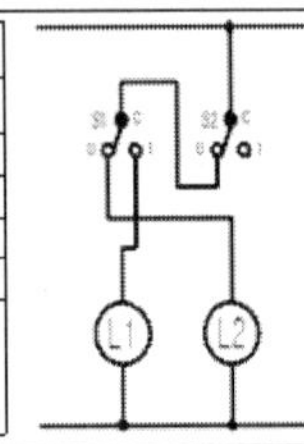

3로 스위치		전등 상태	
S1	S2	L1	L2
0	0	0	0
0	1	0	1
1	0	1	0
1	1	0	0

1 : ON
0 : OFF

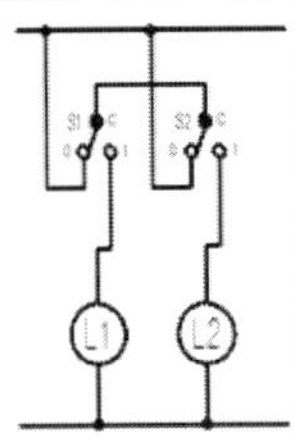

3로 스위치		전등 상태	
S1	S2	L1	L2
0	0	0	0
0	1	0	0
1	0	1	1
1	1	0	0

1 : ON
0 : OFF

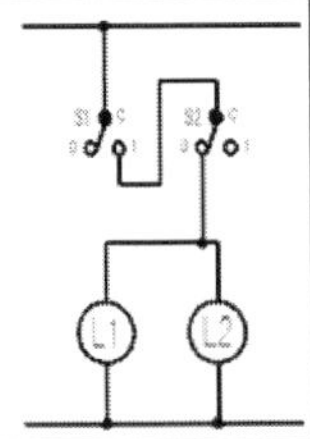

3로 스위치		전등 상태	
S1	S2	L1	L2
0	0	0	0
0	1	0	0
1	0	1	0
1	1	0	1

1 : ON
0 : OFF

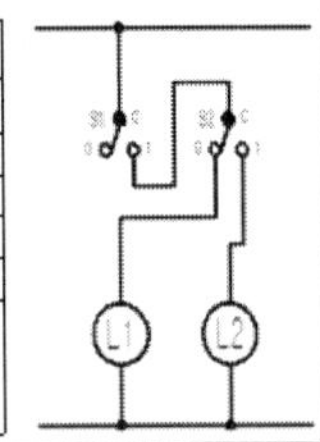

3로 스위치		전등 상태	
S1	S2	L1	L2
0	0	0	1
0	1	0	0
1	0	0	0
1	1	1	0

1 : ON
0 : OFF

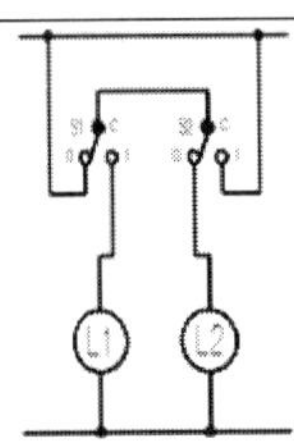

3로 스위치		전등 상태	
S1	S2	L1	L2
0	0	0	0
0	1	0	1
1	0	0	0
1	1	1	0

1 : ON
0 : OFF

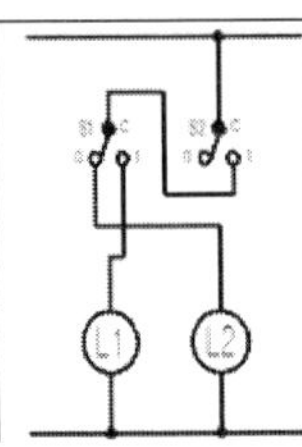

3로 스위치		전등 상태	
S1	S2	L1	L2
0	0	0	0
0	1	0	0
1	0	0	1
1	1	1	0

1 : ON
0 : OFF

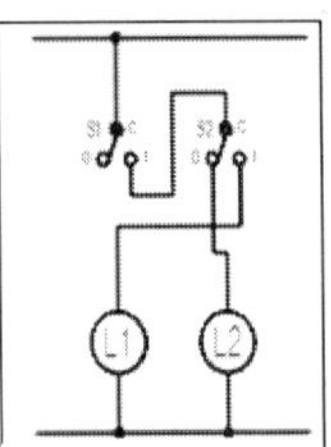

3로 스위치		전등 상태	
S1	S2	L1	L2
0	0	0	0
0	1	0	0
1	0	0	0
1	1	1	1

1 : ON
0 : OFF

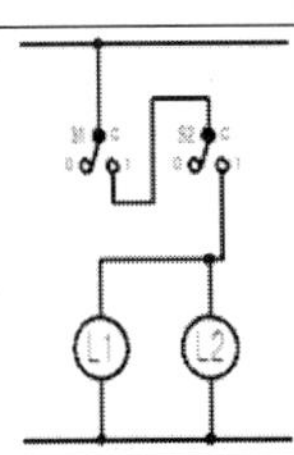

3로 스위치		전등 상태	
S1	S2	L1	L2
0	0	1	1
0	1	1	0
1	0	0	0
1	1	0	0

1 : ON
0 : OFF

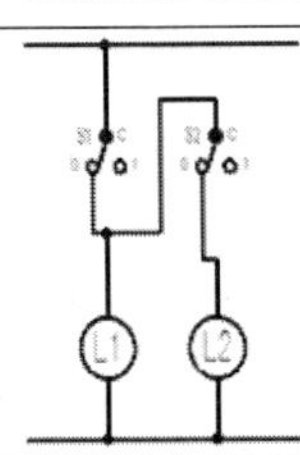

3로 스위치		전등 상태	
S1	S2	L1	L2
0	0	1	0
0	1	1	1
1	0	0	0
1	1	0	0

1 : ON
0 : OFF

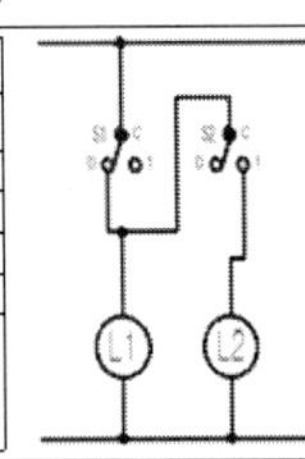

3로 스위치		전등 상태	
S1	S2	L1	L2
0	0	1	0
0	1	1	0
1	0	0	1
1	1	0	0

1 : ON
0 : OFF

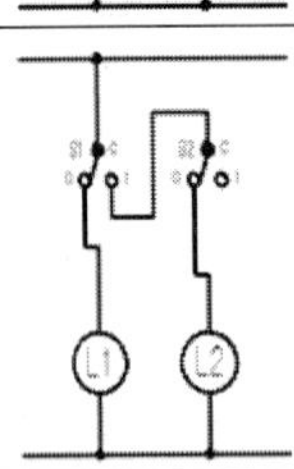

3로 스위치		전등 상태	
S1	S2	L1	L2
0	0	1	0
0	1	1	0
1	0	0	0
1	1	0	1

1 : ON
0 : OFF

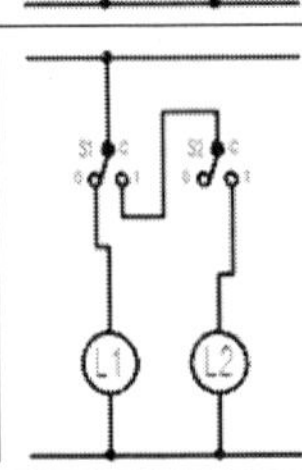

3로 스위치		전등 상태	
S1	S2	L1	L2
0	0	1	1
0	1	0	0
1	0	1	0
1	1	0	0

1 : ON
0 : OFF

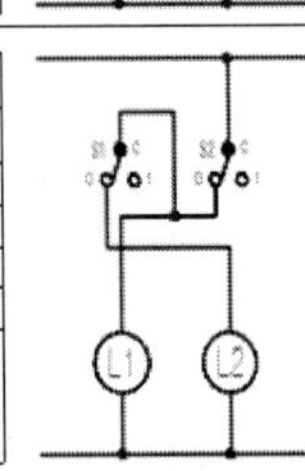

3로 스위치		전등 상태	
S1	S2	L1	L2
0	0	1	0
0	1	0	1
1	0	1	0
1	1	0	0

1 : ON
0 : OFF

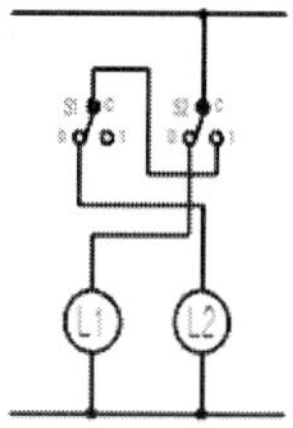

3로 스위치		전등 상태	
S1	S2	L1	L2
0	0	1	0
0	1	0	0
1	0	1	1
1	1	0	0

1 : ON
0 : OFF

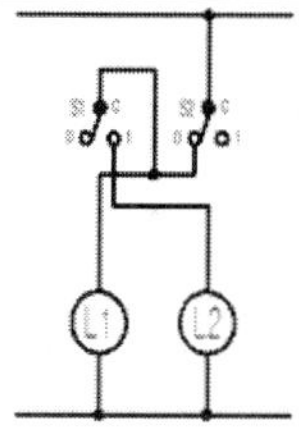

3로 스위치		전등 상태	
S1	S2	L1	L2
0	0	1	0
0	1	0	0
1	0	1	0
1	1	0	1

1 : ON
0 : OFF

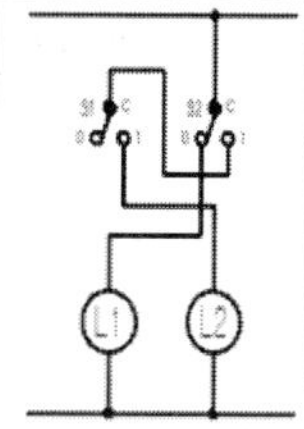

3로 스위치		전등 상태	
S1	S2	L1	L2
0	0	1	1
0	1	0	0
1	0	0	0
1	1	1	0

1 : ON
0 : OFF

결선 불가

3로 스위치		전등 상태	
S1	S2	L1	L2
0	0	1	0
0	1	0	1
1	0	0	0
1	1	1	0

1 : ON
0 : OFF

결선 불가

3로 스위치		전등 상태	
S1	S2	L1	L2
0	0	1	0
0	1	0	0
1	0	0	1
1	1	1	0

1 : ON
0 : OFF

결선 불가

3로 스위치		전등 상태	
S1	S2	L1	L2
0	0	1	0
0	1	0	0
1	0	0	0
1	1	1	1

1 : ON
0 : OFF

결선 불가

3로 스위치		전등 상태	
S1	S2	L1	L2
0	0	0	1
0	1	1	0
1	0	1	0
1	1	0	0

1 : ON
0 : OFF

결선 불가

3로 스위치		전등 상태	
S1	S2	L1	L2
0	0	0	0
0	1	1	1
1	0	1	0
1	1	0	0

1 : ON
0 : OFF

결선 불가

3로 스위치		전등 상태	
S1	S2	L1	L2
0	0	0	0
0	1	1	0
1	0	1	1
1	1	0	0

1 : ON
0 : OFF

결선 불가

3로 스위치		전등 상태	
S1	S2	L1	L2
0	0	0	0
0	1	1	0
1	0	1	0
1	1	0	1

1 : ON
0 : OFF

결선 불가

3로 스위치		전등 상태	
S1	S2	L1	L2
0	0	0	1
0	1	1	0
1	0	0	0
1	1	1	0

1 : ON
0 : OFF

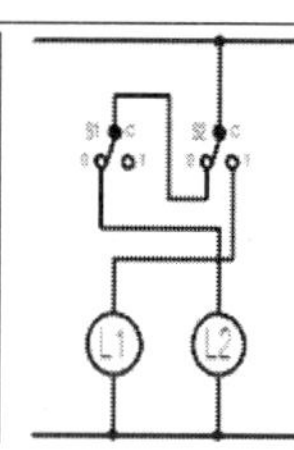

3로 스위치		전등 상태	
S1	S2	L1	L2
0	0	0	0
0	1	1	1
1	0	0	0
1	1	1	0

1 : ON
0 : OFF

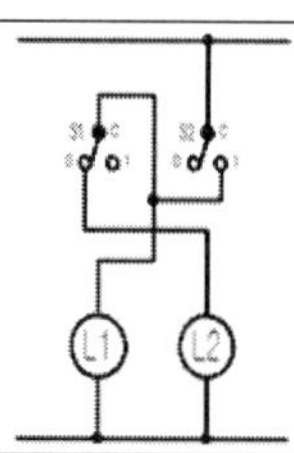

3로 스위치		전등 상태	
S1	S2	L1	L2
0	0	0	0
0	1	1	0
1	0	0	1
1	1	1	0

1 : ON
0 : OFF

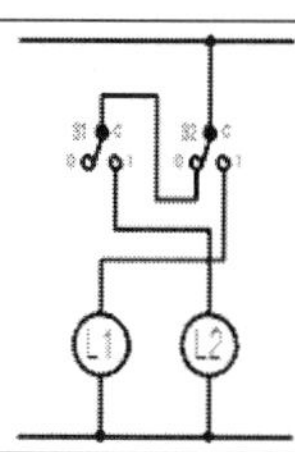

3로 스위치		전등 상태	
S1	S2	L1	L2
0	0	0	0
0	1	1	0
1	0	0	0
1	1	1	1

1 : ON
0 : OFF

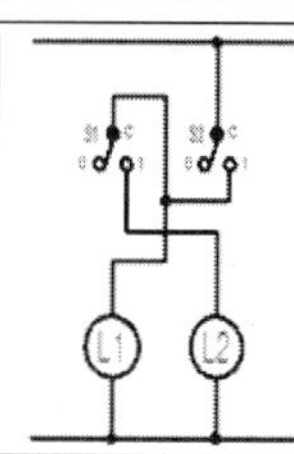

3로 스위치		전등 상태	
S1	S2	L1	L2
0	0	0	1
0	1	0	0
1	0	1	0
1	1	1	0

1 : ON
0 : OFF

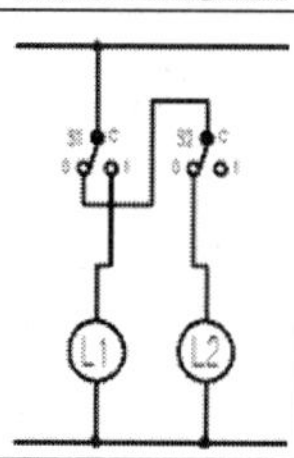

3로 스위치		전등 상태	
S1	S2	L1	L2
0	0	0	0
0	1	0	1
1	0	1	0
1	1	1	0

1 : ON
0 : OFF

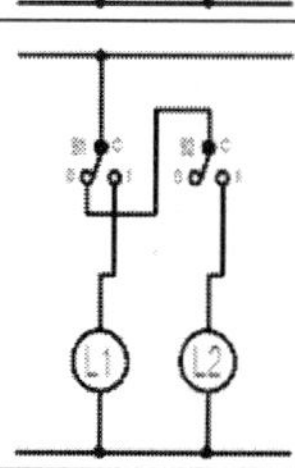

3로 스위치		전등 상태	
S1	S2	L1	L2
0	0	0	0
0	1	0	0
1	0	1	1
1	1	1	0

1 : ON
0 : OFF

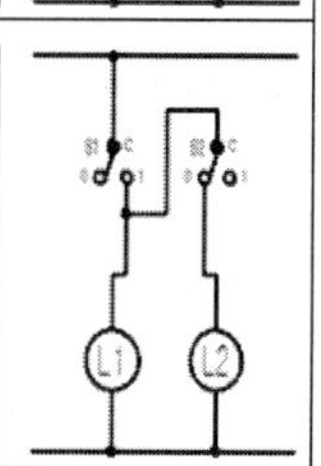

3로 스위치		전등 상태	
S1	S2	L1	L2
0	0	0	0
0	1	0	0
1	0	1	0
1	1	1	1

1 : ON 0 : OFF

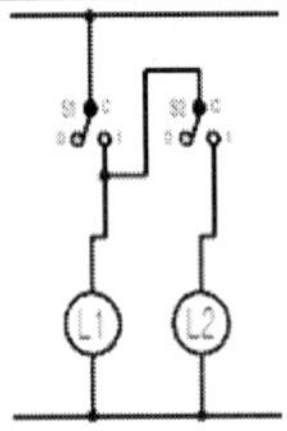

3로 스위치		전등 상태	
S1	S2	L1	L2
0	0	1	1
0	1	1	1
1	0	0	0
1	1	0	0

1 : ON 0 : OFF

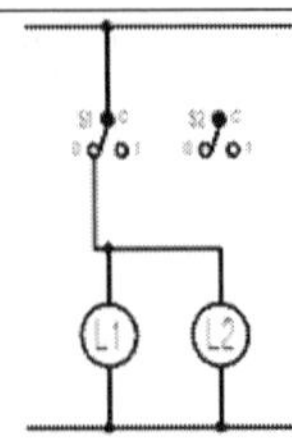

3로 스위치		전등 상태	
S1	S2	L1	L2
0	0	1	1
0	1	1	0
1	0	0	1
1	1	0	0

1 : ON 0 : OFF

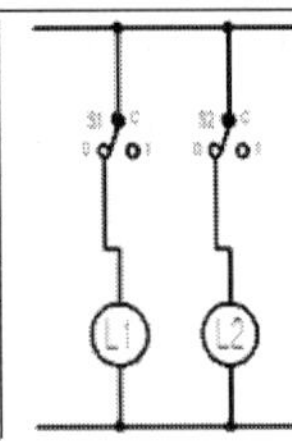

3로 스위치		전등 상태	
S1	S2	L1	L2
0	0	1	1
0	1	1	0
1	0	0	0
1	1	0	1

1 : ON 0 : OFF

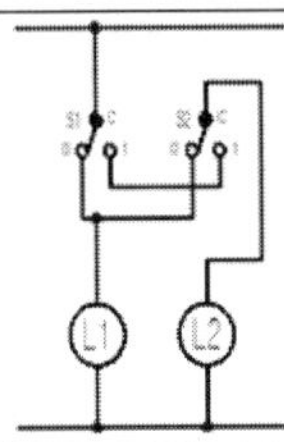

3로 스위치		전등 상태	
S1	S2	L1	L2
0	0	1	0
0	1	1	1
1	0	0	1
1	1	0	0

1 : ON 0 : OFF

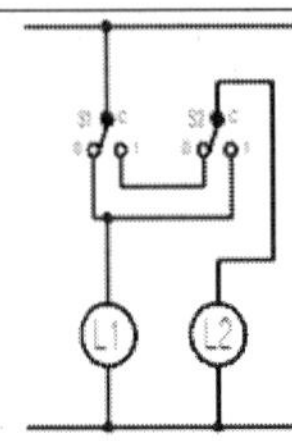

3로 스위치		전등 상태	
S1	S2	L1	L2
0	0	1	0
0	1	1	1
1	0	0	0
1	1	0	1

1 : ON 0 : OFF

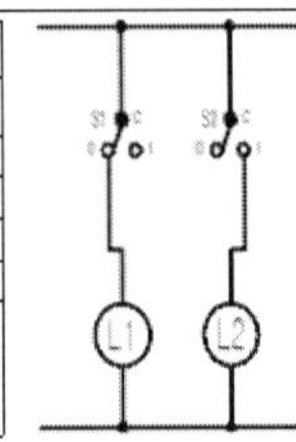

3로 스위치		전등 상태	
S1	S2	L1	L2
0	0	1	0
0	1	1	0
1	0	0	1
1	1	0	1

1 : ON 0 : OFF

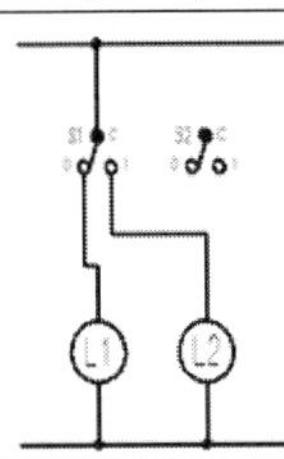

3로 스위치		전등 상태	
S1	S2	L1	L2
0	0	1	1
0	1	0	1
1	0	1	0
1	1	0	0

1 : ON 0 : OFF

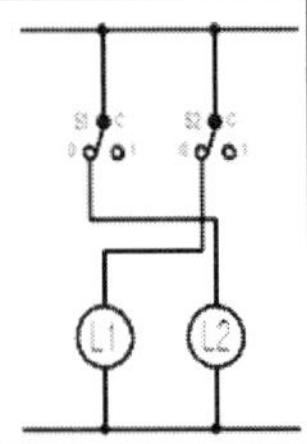

3로 스위치		전등 상태	
S1	S2	L1	L2
0	0	1	1
0	1	0	0
1	0	1	1
1	1	0	0

1 : ON 0 : OFF

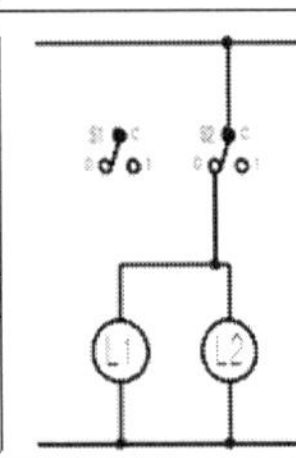

3로 스위치		전등 상태	
S1	S2	L1	L2
0	0	1	1
0	1	0	0
1	0	1	0
1	1	0	1

1 : ON 0 : OFF

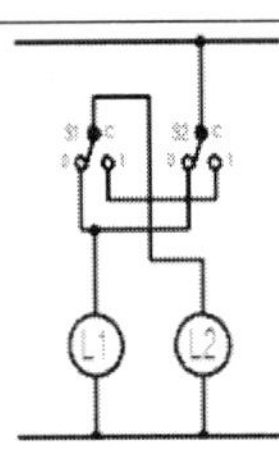

3로 스위치		전등 상태	
S1	S2	L1	L2
0	0	1	0
0	1	0	1
1	0	1	1
1	1	0	0

1 : ON 0 : OFF

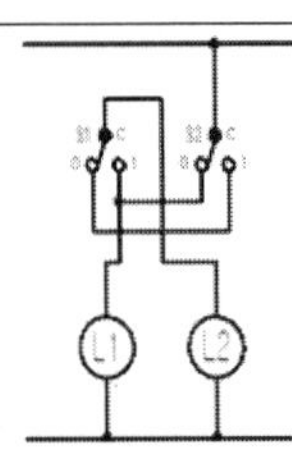

3로 스위치		전등 상태	
S1	S2	L1	L2
0	0	1	0
0	1	0	1
1	0	1	0
1	1	0	1

1 : ON 0 : OFF

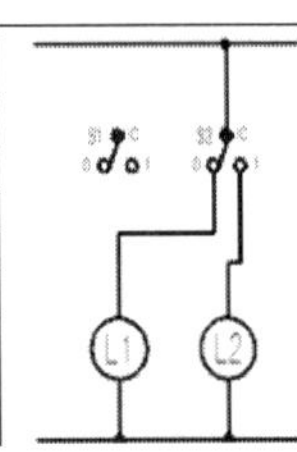

3로 스위치		전등 상태	
S1	S2	L1	L2
0	0	1	0
0	1	0	0
1	0	1	1
1	1	0	1

1 : ON 0 : OFF

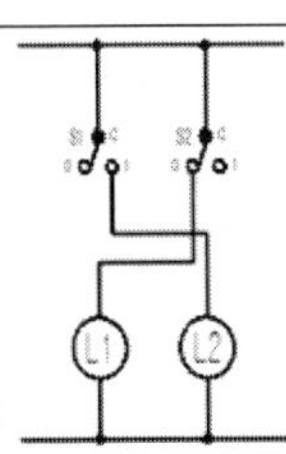

3로 스위치		전등 상태	
S1	S2	L1	L2
0	0	1	1
0	1	0	1
1	0	0	0
1	1	1	0

1 : ON 0 : OFF

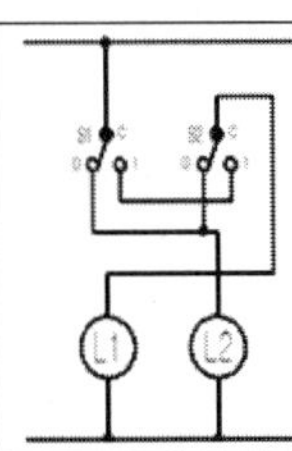

3로 스위치		전등 상태	
S1	S2	L1	L2
0	0	1	1
0	1	0	0
1	0	0	1
1	1	1	0

1 : ON 0 : OFF

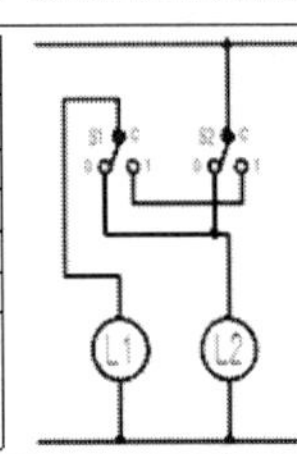

3로 스위치		전등 상태	
S1	S2	L1	L2
0	0	1	1
0	1	0	0
1	0	0	0
1	1	1	1

1 : ON 0 : OFF

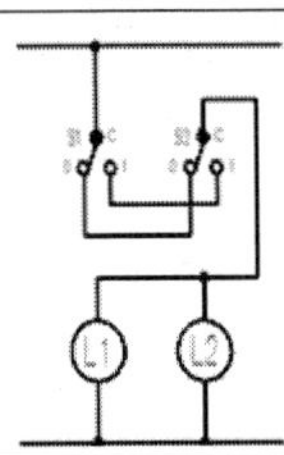

3로 스위치		전등 상태	
S1	S2	L1	L2
0	0	1	0
0	1	0	1
1	0	0	1
1	1	1	0

1 : ON 0 : OFF

결선불가

3로 스위치		전등 상태	
S1	S2	L1	L2
0	0	1	0
0	1	0	1
1	0	0	0
1	1	1	1

1 : ON 0 : OFF

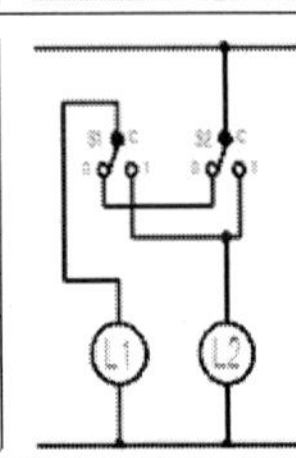

3로 스위치		전등 상태	
S1	S2	L1	L2
0	0	1	0
0	1	0	0
1	0	0	1
1	1	1	1

1 : ON
0 : OFF

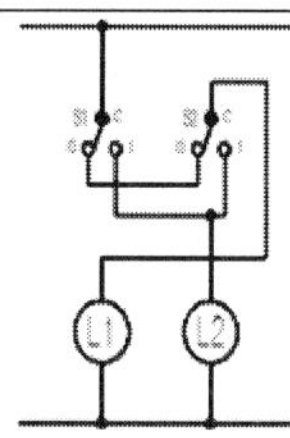

3로 스위치		전등 상태	
S1	S2	L1	L2
0	0	0	1
0	1	1	1
1	0	1	0
1	1	0	0

1 : ON
0 : OFF

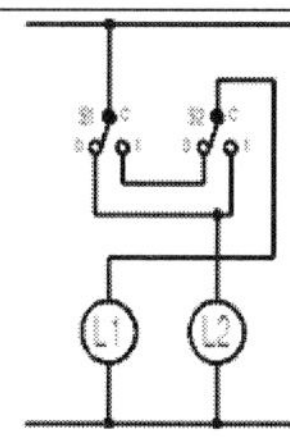

3로 스위치		전등 상태	
S1	S2	L1	L2
0	0	0	1
0	1	1	0
1	0	1	1
1	1	0	0

1 : ON
0 : OFF

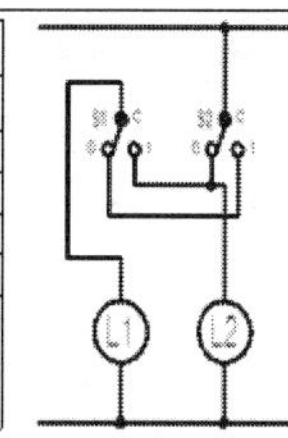

3로 스위치		전등 상태	
S1	S2	L1	L2
0	0	0	1
0	1	1	0
1	0	1	0
1	1	0	1

1 : ON
0 : OFF

결선 불가

3로 스위치		전등 상태	
S1	S2	L1	L2
0	0	0	0
0	1	1	1
1	0	1	1
1	1	0	0

1 : ON
0 : OFF

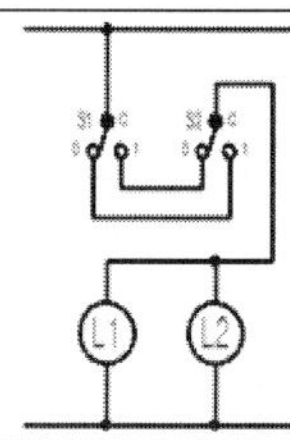

3로 스위치		전등 상태	
S1	S2	L1	L2
0	0	0	0
0	1	1	1
1	0	1	0
1	1	0	1

1 : ON
0 : OFF

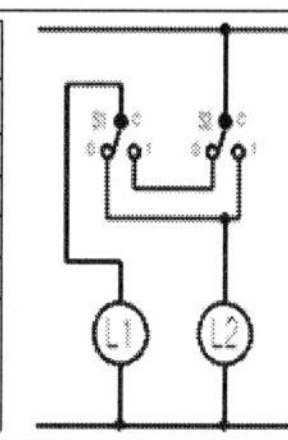

3로 스위치		전등 상태	
S1	S2	L1	L2
0	0	0	0
0	1	1	0
1	0	1	1
1	1	0	1

1 : ON
0 : OFF

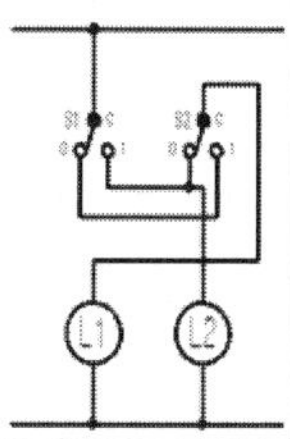

3로 스위치		전등 상태	
S1	S2	L1	L2
0	0	0	1
0	1	1	1
1	0	0	0
1	1	1	0

1 : ON
0 : OFF

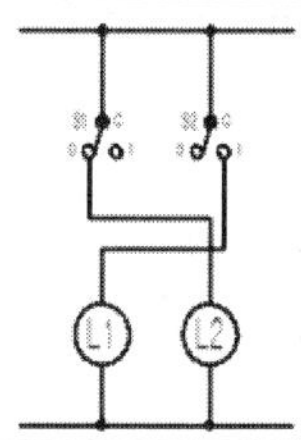

3로 스위치		전등 상태	
S1	S2	L1	L2
0	0	0	1
0	1	1	0
1	0	0	1
1	1	1	0

1 : ON
0 : OFF

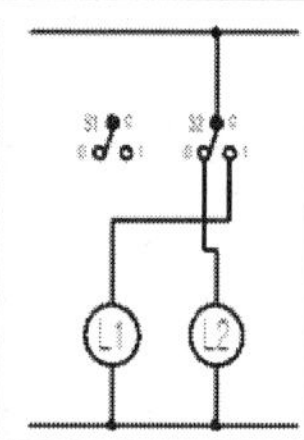

3로 스위치		전등 상태	
S1	S2	L1	L2
0	0	0	1
0	1	1	0
1	0	0	0
1	1	1	1

1 : ON
0 : OFF

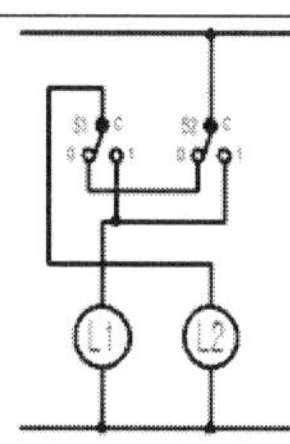

3로 스위치		전등 상태	
S1	S2	L1	L2
0	0	0	0
0	1	1	1
1	0	0	1
1	1	1	0

1 : ON
0 : OFF

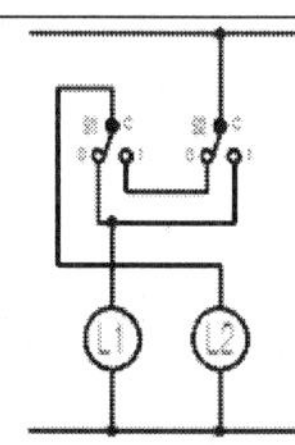

3로 스위치		전등 상태	
S1	S2	L1	L2
0	0	0	0
0	1	1	1
1	0	0	0
1	1	1	1

1 : ON
0 : OFF

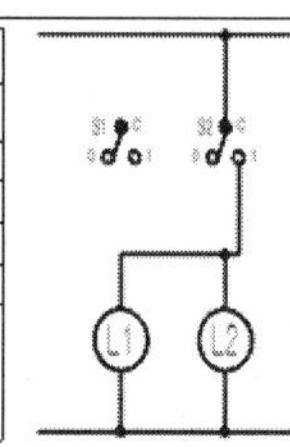

3로 스위치		전등 상태	
S1	S2	L1	L2
0	0	0	0
0	1	1	0
1	0	0	1
1	1	1	1

1 : ON
0 : OFF

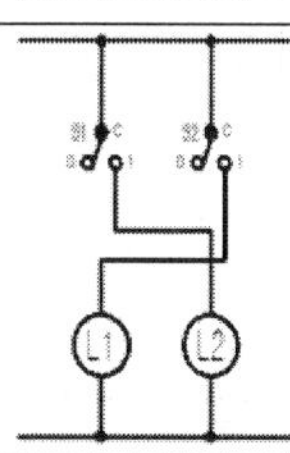

3로 스위치		전등 상태	
S1	S2	L1	L2
0	0	0	1
0	1	0	1
1	0	1	0
1	1	1	0

1 : ON
0 : OFF

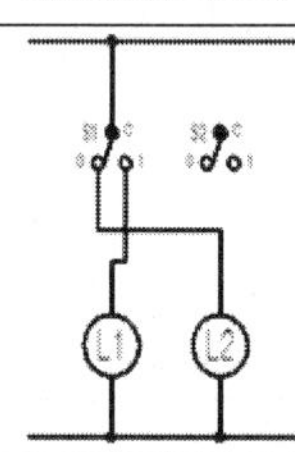

3로 스위치		전등 상태	
S1	S2	L1	L2
0	0	0	1
0	1	0	0
1	0	1	1
1	1	1	0

1 : ON
0 : OFF

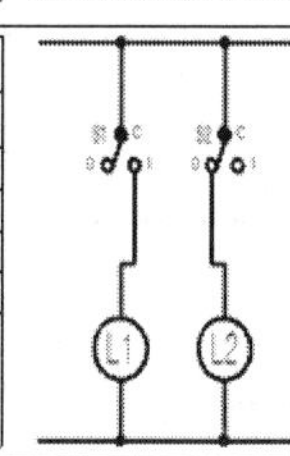

3로 스위치		전등 상태	
S1	S2	L1	L2
0	0	0	1
0	1	0	0
1	0	1	0
1	1	1	1

1 : ON
0 : OFF

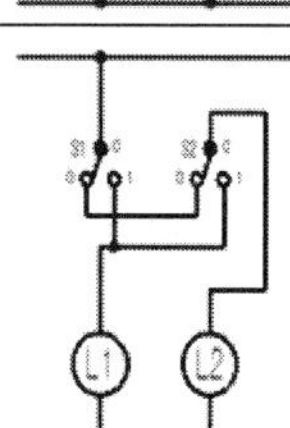

3로 스위치		전등 상태	
S1	S2	L1	L2
0	0	0	0
0	1	0	1
1	0	1	1
1	1	1	0

1 : ON
0 : OFF

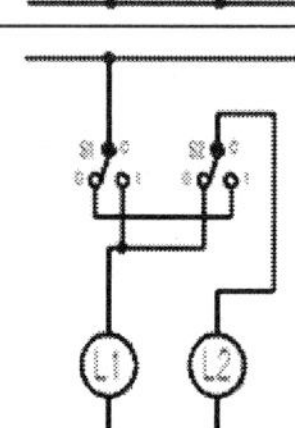

3로 스위치		전등 상태	
S1	S2	L1	L2
0	0	0	0
0	1	0	1
1	0	1	0
1	1	1	1

1 : ON
0 : OFF

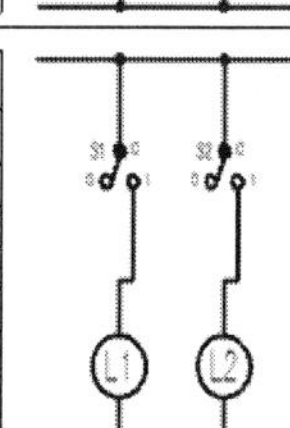

3로 스위치		전등 상태	
S1	S2	L1	L2
0	0	0	0
0	1	0	0
1	0	1	1
1	1	1	1

상(1:ON) 하(0:OFF) 1 : ON 0 : OFF

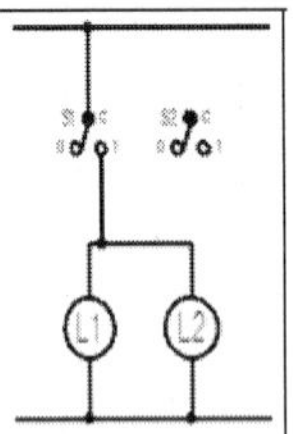

3로 스위치		전등 상태	
S1	S2	L1	L2
0	0	1	0
0	1	0	0
1	0	0	0
1	1	0	0

상(1:ON) 하(0:OFF) 1 : ON 0 : OFF

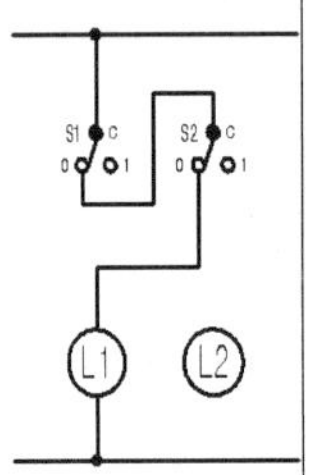

3로 스위치		전등 상태	
S1	S2	L1	L2
0	0	0	0
0	1	1	0
1	0	0	0
1	1	0	0

상(1:ON) 하(0:OFF) 1 : ON 0 : OFF

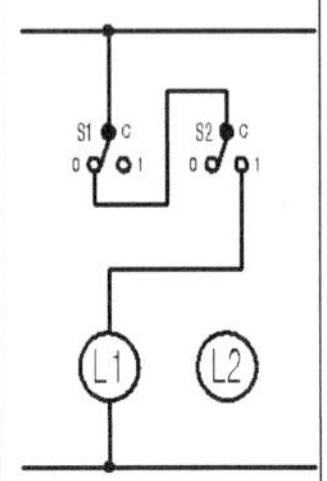

3로 스위치		전등 상태	
S1	S2	L1	L2
0	0	0	0
0	1	0	0
1	0	1	0
1	1	0	0

상(1:ON) 하(0:OFF) 1 : ON 0 : OFF

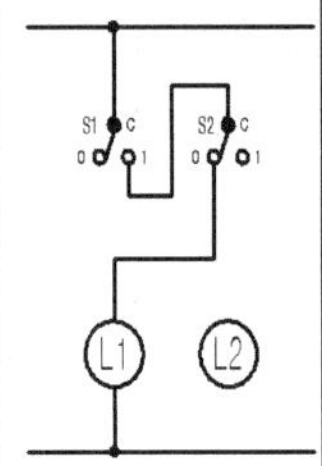

3로 스위치		전등 상태	
S1	S2	L1	L2
0	0	0	0
0	1	0	0
1	0	0	0
1	1	1	0

상(1:ON) 하(0:OFF) 1 : ON 0 : OFF

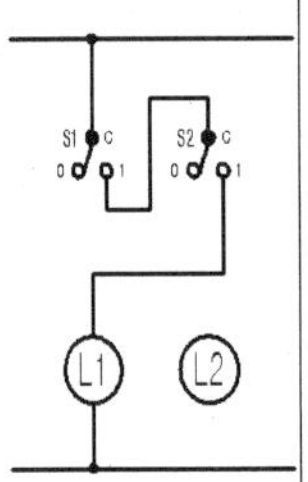

3로 스위치		전등 상태	
S1	S2	L1	L2
0	0	1	0
0	1	1	0
1	0	0	0
1	1	0	0

상(1:ON) 하(0:OFF) 1 : ON 0 : OFF

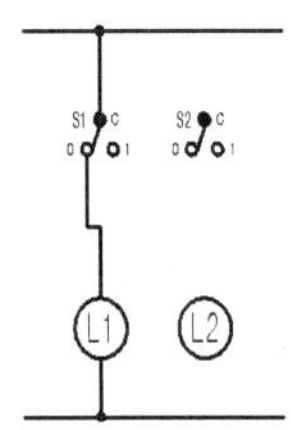

3로 스위치		전등 상태	
S1	S2	L1	L2
0	0	1	0
0	1	0	0
1	0	1	0
1	1	0	0

상(1:ON) 하(0:OFF) 1 : ON 0 : OFF

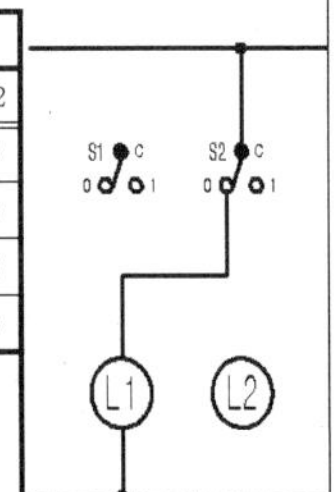

3로 스위치		전등 상태	
S1	S2	L1	L2
0	0	1	0
0	1	0	0
1	0	0	0
1	1	1	0

상(1:ON) 하(0:OFF) 1 : ON 0 : OFF

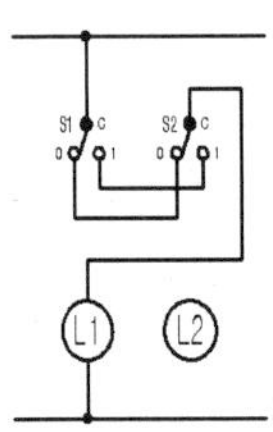

3로 스위치		전등 상태	
S1	S2	L1	L2
0	0	0	0
0	1	1	0
1	0	1	0
1	1	0	0

상(1:ON) 하(0:OFF) 1 : ON 0 : OFF

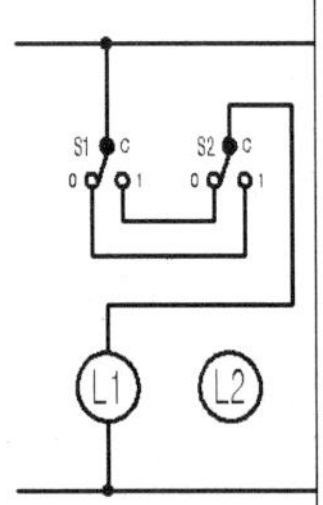

3로 스위치		전등 상태	
S1	S2	L1	L2
0	0	0	0
0	1	1	0
1	0	0	0
1	1	1	0

상(1:ON) 하(0:OFF) 1 : ON 0 : OFF

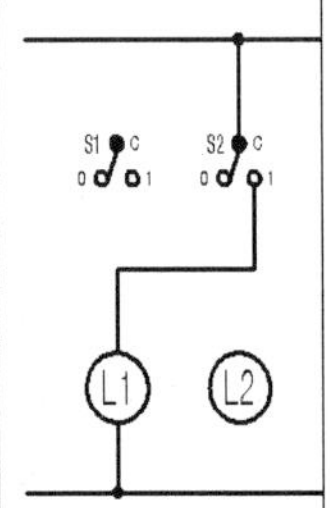

3로 스위치		전등 상태	
S1	S2	L1	L2
0	0	0	0
0	1	0	0
1	0	1	0
1	1	1	0

상(1:ON) 하(0:OFF) 1 : ON 0 : OFF

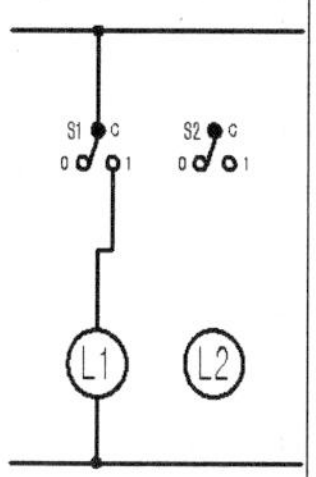

3로 스위치		전등 상태	
S1	S2	L1	L2
0	0	1	0
0	1	1	0
1	0	1	0
1	1	0	0

상(1:ON) 하(0:OFF) 1 : ON 0 : OFF

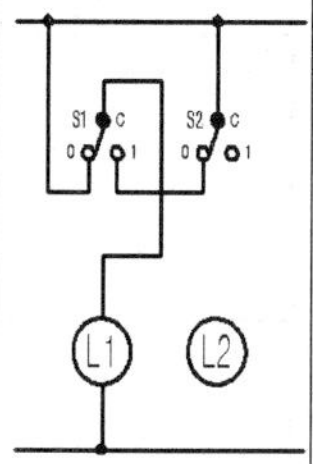

3로 스위치		전등 상태	
S1	S2	L1	L2
0	0	1	0
0	1	1	0
1	0	0	0
1	1	1	0

상(1:ON) 하(0:OFF) 1 : ON 0 : OFF

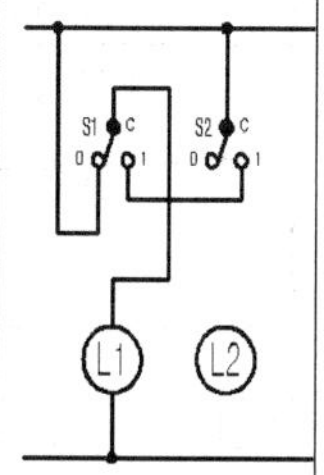

3로 스위치		전등 상태	
S1	S2	L1	L2
0	0	1	0
0	1	0	0
1	0	1	0
1	1	1	0

상(1:ON) 하(0:OFF) 1 : ON 0 : OFF

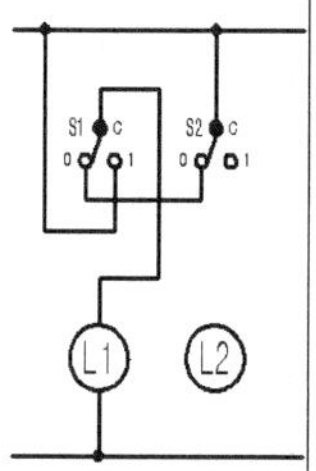

3로 스위치		전등 상태	
S1	S2	L1	L2
0	0	0	0
0	1	1	0
1	0	1	0
1	1	1	0

상(1:ON) 하(0:OFF) 1 : ON 0 : OFF

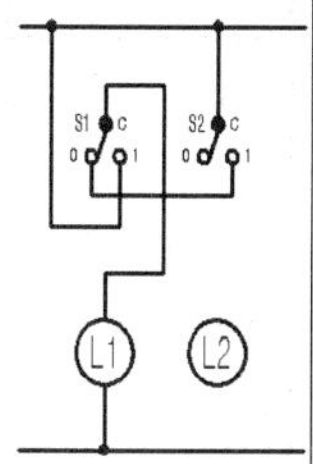

3로 스위치		전등 상태	
S1	S2	L1	L2
0	0	1	0
0	1	1	0
1	0	1	0
1	1	1	0

상(1:ON) 하(0:OFF) 1 : ON 0 : OFF

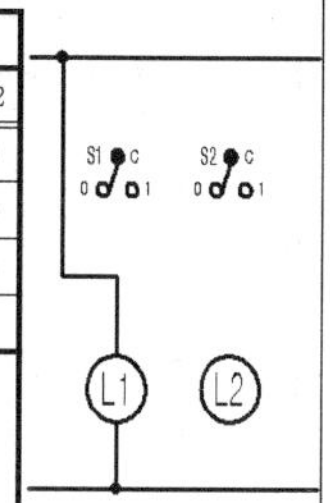

3로 스위치		전등 상태	
S1	S2	L1	L2
0	0	1	1
0	1	0	0
1	0	0	0
1	1	0	0

상(1:ON) 하(0:OFF) 1 : ON 0 : OFF

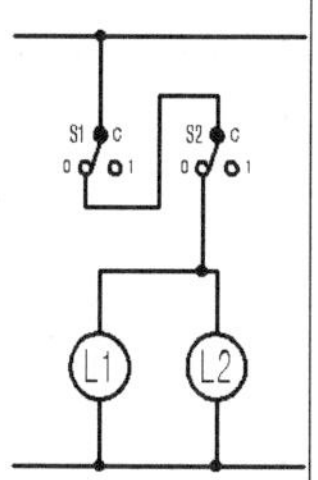

3로 스위치		전등 상태	
S1	S2	L1	L2
0	0	1	0
0	1	0	1
1	0	0	0
1	1	0	0

상(1:ON) 하(0:OFF) 1 : ON 0 : OFF

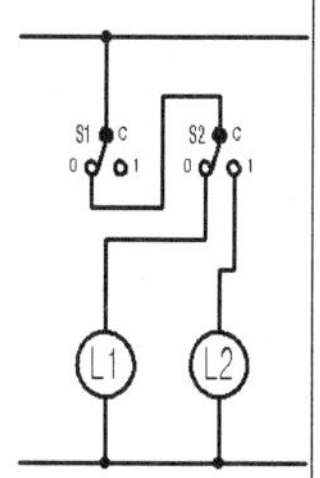

3로 스위치		전등 상태	
S1	S2	L1	L2
0	0	1	0
0	1	0	0
1	0	0	1
1	1	0	0

상(1:ON) 하(0:OFF) 1 : ON 0 : OFF

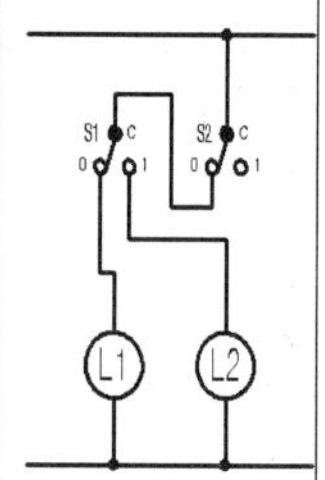

3로 스위치		전등 상태	
S1	S2	L1	L2
0	0	1	0
0	1	0	0
1	0	0	0
1	1	0	1

상(1:ON) 1 : ON 0 : OFF 하(0:OFF)

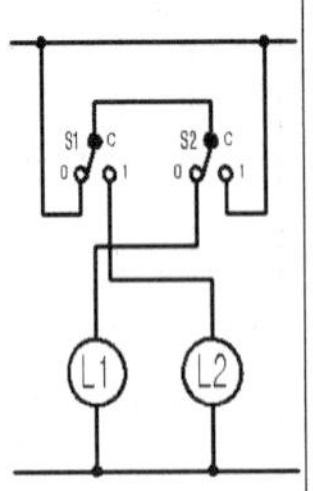

3로 스위치		전등 상태	
S1	S2	L1	L2
0	0	0	1
0	1	1	0
1	0	0	0
1	1	0	0

상(1:ON) 1 : ON 0 : OFF 하(0:OFF)

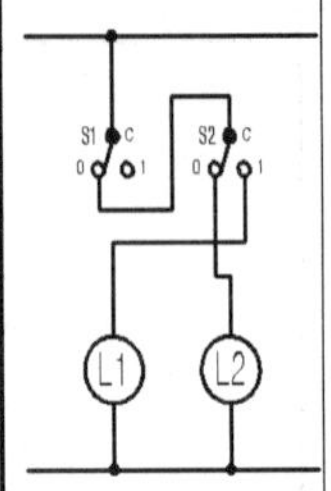

3로 스위치		전등 상태	
S1	S2	L1	L2
0	0	0	0
0	1	1	1
1	0	0	0
1	1	0	0

상(1:ON) 1 : ON 0 : OFF 하(0:OFF)

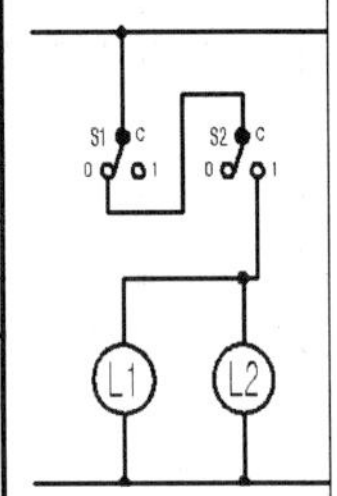

3로 스위치		전등 상태	
S1	S2	L1	L2
0	0	0	0
0	1	1	0
1	0	0	1
1	1	0	0

상(1:ON) 1 : ON 0 : OFF 하(0:OFF)

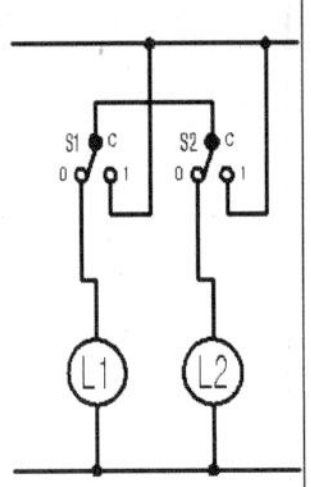

3로 스위치		전등 상태	
S1	S2	L1	L2
0	0	0	0
0	1	1	0
1	0	0	0
1	1	0	1

상(1:ON) 1 : ON 0 : OFF 하(0:OFF)

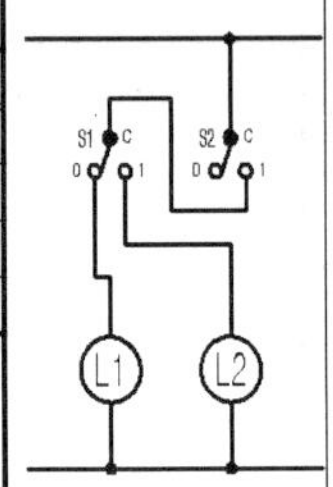

3로 스위치		전등 상태	
S1	S2	L1	L2
0	0	0	1
0	1	0	0
1	0	1	0
1	1	0	0

상(1:ON) 1 : ON 0 : OFF 하(0:OFF)

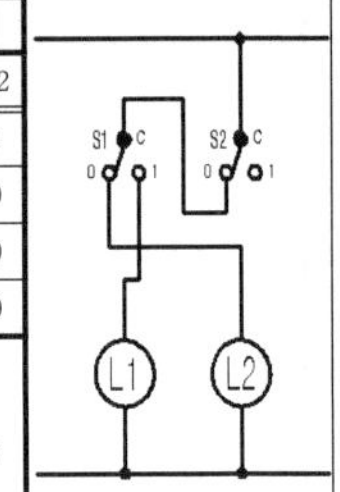

3로 스위치		전등 상태	
S1	S2	L1	L2
0	0	0	0
0	1	0	1
1	0	1	0
1	1	0	0

상(1:ON) 1 : ON 0 : OFF 하(0:OFF)

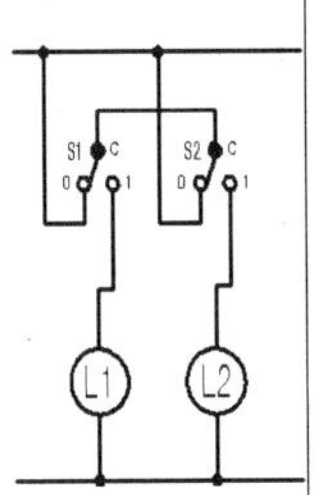

3로 스위치		전등 상태	
S1	S2	L1	L2
0	0	0	0
0	1	0	0
1	0	1	1
1	1	0	0

상(1:ON) 1 : ON 0 : OFF 하(0:OFF)

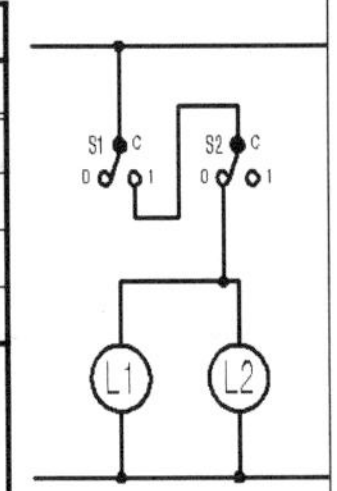

3로 스위치		전등 상태	
S1	S2	L1	L2
0	0	0	0
0	1	0	0
1	0	1	0
1	1	0	1

상(1:ON) 1 : ON 0 : OFF 하(0:OFF)

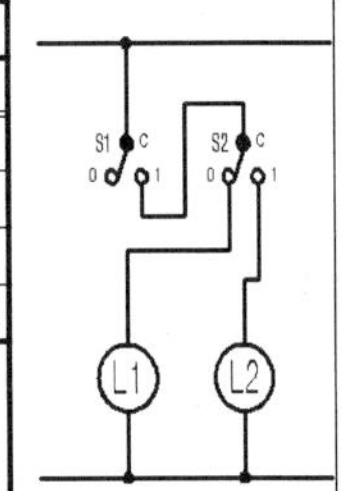

3로 스위치		전등 상태	
S1	S2	L1	L2
0	0	0	1
0	1	0	0
1	0	0	0
1	1	1	0

상(1:ON) 하(0:OFF) 1 : ON 0 : OFF

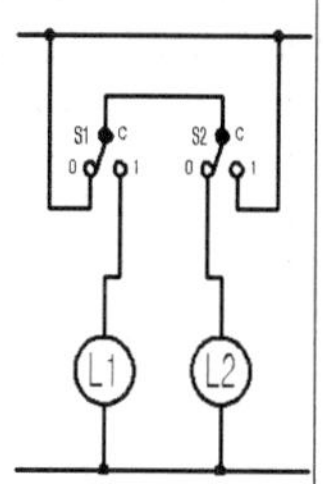

3로 스위치		전등 상태	
S1	S2	L1	L2
0	0	0	0
0	1	0	1
1	0	0	0
1	1	1	0

상(1:ON) 하(0:OFF) 1 : ON 0 : OFF

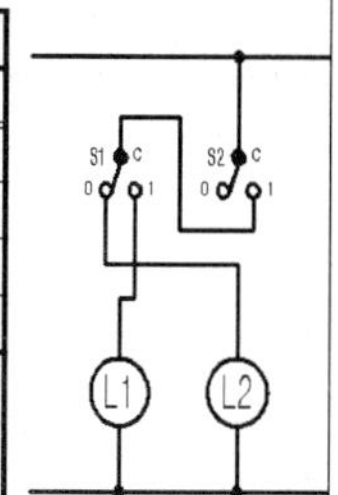

3로 스위치		전등 상태	
S1	S2	L1	L2
0	0	0	0
0	1	0	0
1	0	0	1
1	1	1	0

상(1:ON) 하(0:OFF) 1 : ON 0 : OFF

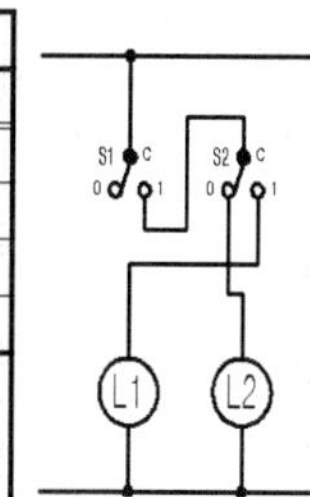

3로 스위치		전등 상태	
S1	S2	L1	L2
0	0	0	0
0	1	0	0
1	0	0	0
1	1	1	1

상(1:ON) 하(0:OFF) 1 : ON 0 : OFF

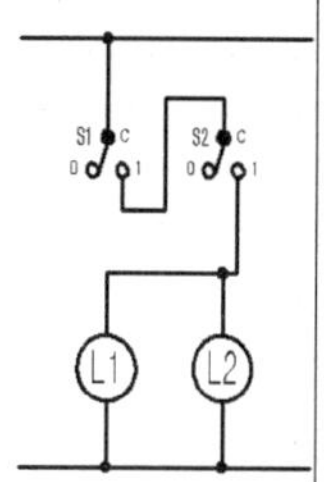

3로 스위치		전등 상태	
S1	S2	L1	L2
0	0	1	1
0	1	1	0
1	0	0	0
1	1	0	1

상(1:ON) 하(0:OFF) 1 : ON 0 : OFF

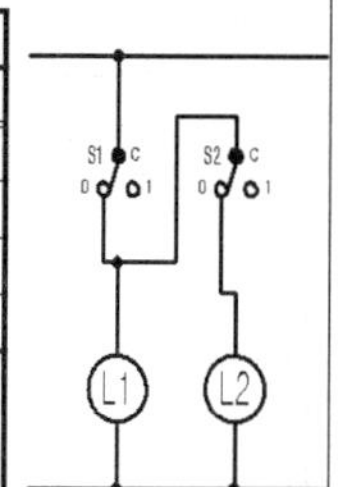

3로 스위치		전등 상태	
S1	S2	L1	L2
0	0	1	1
0	1	1	0
1	0	0	0
1	1	0	0

상(1:ON) 하(0:OFF) 1 : ON 0 : OFF

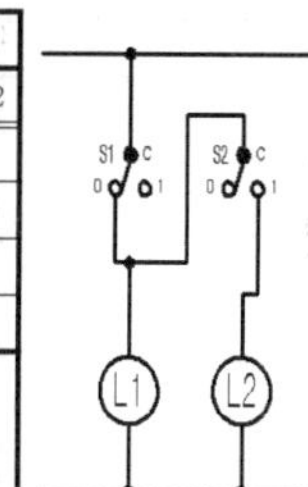

3로 스위치		전등 상태	
S1	S2	L1	L2
0	0	1	0
0	1	1	0
1	0	0	1
1	1	0	0

상(1:ON) 하(0:OFF) 1 : ON 0 : OFF

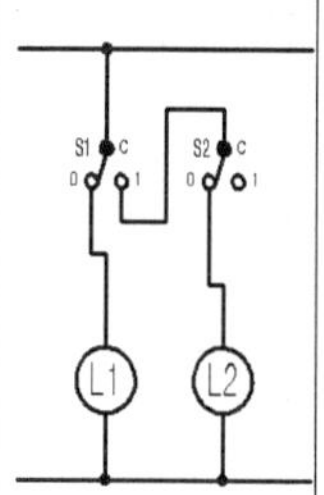

3로 스위치		전등 상태	
S1	S2	L1	L2
0	0	1	0
0	1	1	0
1	0	0	0
1	1	0	1

상(1:ON) 하(0:OFF) 1 : ON 0 : OFF

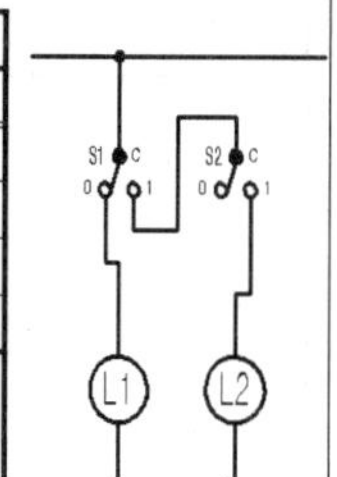

3로 스위치		전등 상태	
S1	S2	L1	L2
0	0	1	1
0	1	0	0
1	0	1	0
1	1	0	0

상(1:ON) 하(0:OFF) 1 : ON 0 : OFF

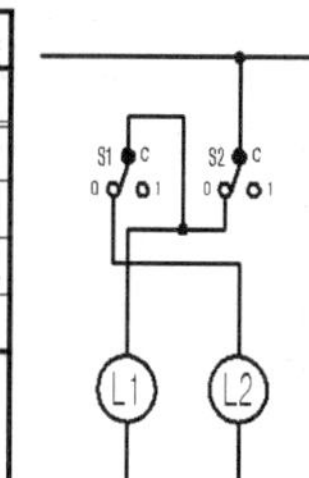

3로 스위치		전등 상태	
S1	S2	L1	L2
0	0	1	0
0	1	0	1
1	0	1	0
1	1	0	0

상(1:ON) 하(0:OFF)
1 : ON
0 : OFF

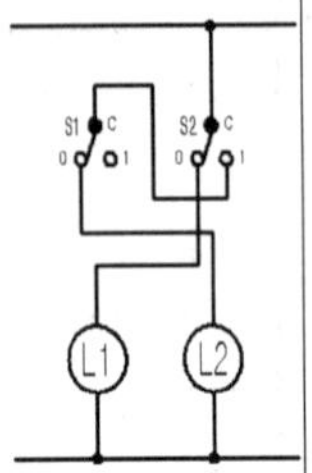

3로 스위치		전등 상태	
S1	S2	L1	L2
0	0	1	0
0	1	0	0
1	0	1	1
1	1	0	0

상(1:ON) 하(0:OFF)
1 : ON
0 : OFF

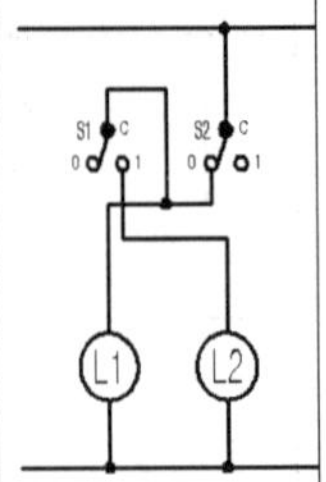

3로 스위치		전등 상태	
S1	S2	L1	L2
0	0	1	0
0	1	0	0
1	0	1	0
1	1	0	1

상(1:ON) 하(0:OFF)
1 : ON
0 : OFF

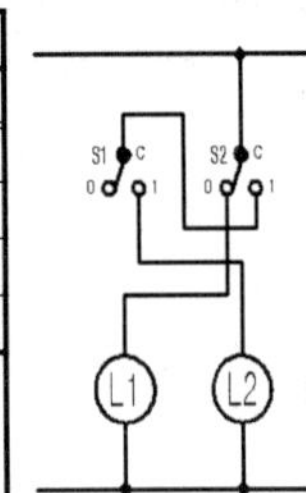

3로 스위치		전등 상태	
S1	S2	L1	L2
0	0	1	1
0	1	0	0
1	0	0	0
1	1	1	0

상(1:ON) 하(0:OFF)
1 : ON
0 : OFF

결선불가

3로 스위치		전등 상태	
S1	S2	L1	L2
0	0	1	1
0	1	0	0
1	0	0	0
1	1	1	0

상(1:ON) 하(0:OFF)
1 : ON
0 : OFF

결선불가

3로 스위치		전등 상태	
S1	S2	L1	L2
0	0	1	0
0	1	0	0
1	0	0	1
1	1	1	0

상(1:ON) 하(0:OFF)
1 : ON
0 : OFF

결선불가

3로 스위치		전등 상태	
S1	S2	L1	L2
0	0	1	0
0	1	0	0
1	0	0	0
1	1	1	1

상(1:ON) 하(0:OFF)
1 : ON
0 : OFF

결선불가

3로 스위치		전등 상태	
S1	S2	L1	L2
0	0	0	1
0	1	1	0
1	0	1	0
1	1	0	0

상(1:ON) 하(0:OFF)
1 : ON
0 : OFF

결선불가

3로 스위치		전등 상태	
S1	S2	L1	L2
0	0	0	0
0	1	1	1
1	0	1	0
1	1	0	0

상(1:ON) 하(0:OFF)
1 : ON
0 : OFF

결선불가

3로 스위치		전등 상태	
S1	S2	L1	L2
0	0	0	0
0	1	1	0
1	0	1	1
1	1	0	0

상(1:ON) 하(0:OFF) 1 : ON 0 : OFF

결선 불가

3로 스위치		전등 상태	
S1	S2	L1	L2
0	0	0	0
0	1	1	0
1	0	1	0
1	1	0	1

상(1:ON) 하(0:OFF) 1 : ON 0 : OFF

결선 불가

3로 스위치		전등 상태	
S1	S2	L1	L2
0	0	1	0
0	1	0	0
1	0	1	0
1	1	0	1

상(1:ON) 하(0:OFF) 1 : ON 0 : OFF

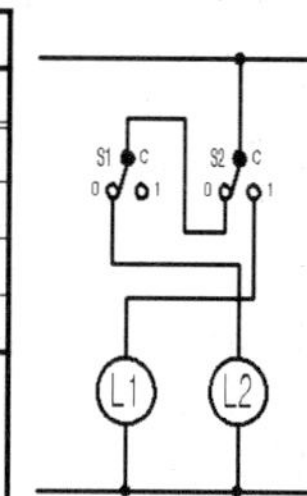

3로 스위치		전등 상태	
S1	S2	L1	L2
0	0	0	0
0	1	1	1
1	0	0	0
1	1	1	0

상(1:ON) 하(0:OFF) 1 : ON 0 : OFF

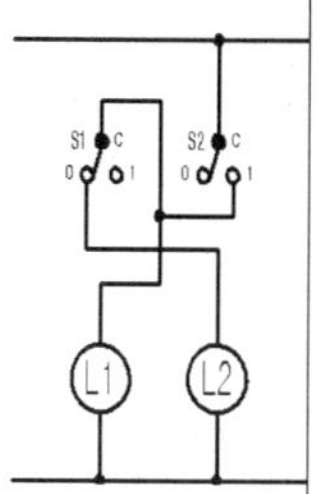

3로 스위치		전등 상태	
S1	S2	L1	L2
0	0	0	0
0	1	1	0
1	0	0	1
1	1	1	0

상(1:ON) 하(0:OFF) 1 : ON 0 : OFF

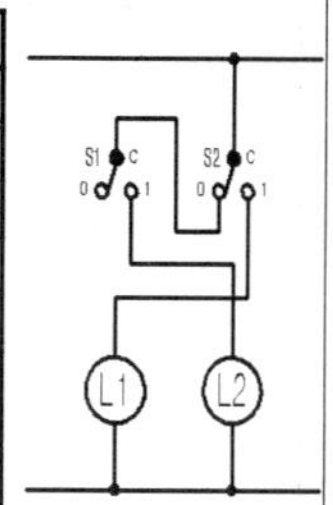

3로 스위치		전등 상태	
S1	S2	L1	L2
0	0	1	0
0	1	0	0
1	0	0	1
1	1	1	0

상(1:ON) 하(0:OFF) 1 : ON 0 : OFF

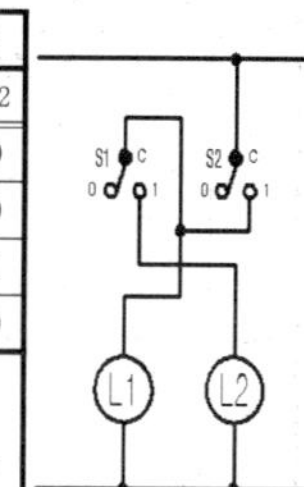

3로 스위치		전등 상태	
S1	S2	L1	L2
0	0	0	1
0	1	0	0
1	0	1	0
1	1	1	0

상(1:ON) 하(0:OFF) 1 : ON 0 : OFF

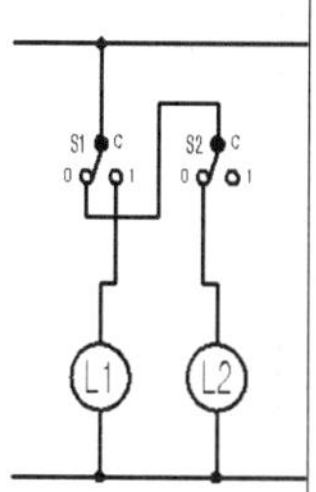

3로 스위치		전등 상태	
S1	S2	L1	L2
0	0	0	0
0	1	0	1
1	0	1	0
1	1	1	0

상(1:ON) 하(0:OFF) 1 : ON 0 : OFF

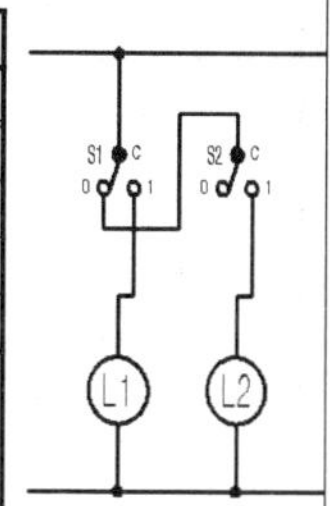

3로 스위치		전등 상태	
S1	S2	L1	L2
0	0	0	0
0	1	1	1
1	0	1	0
1	1	0	0

상(1:ON) 하(0:OFF) 1 : ON 0 : OFF

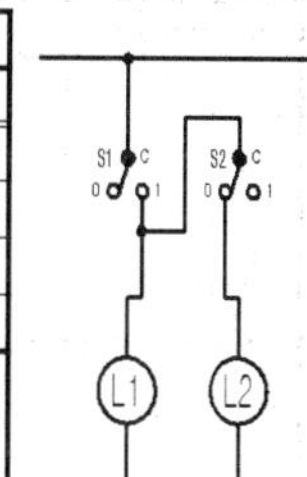

3로 스위치		전등 상태	
S1	S2	L1	L2
0	0	0	0
0	1	0	0
1	0	1	0
1	1	1	1

상(1:ON) 하(0:OFF)
1 : ON
0 : OFF

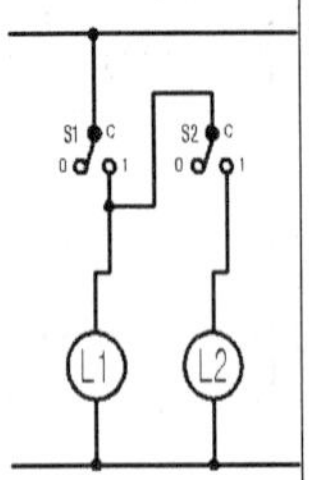

3로 스위치		전등 상태	
S1	S2	L1	L2
0	0	1	1
0	1	1	1
1	0	0	0
1	1	0	0

상(1:ON) 하(0:OFF)
1 : ON
0 : OFF

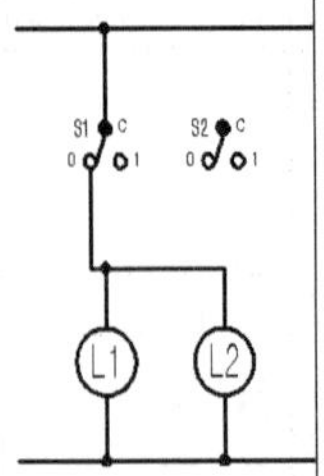

3로 스위치		전등 상태	
S1	S2	L1	L2
0	0	1	1
0	1	1	0
1	0	0	1
1	1	0	0

상(1:ON) 하(0:OFF)
1 : ON
0 : OFF

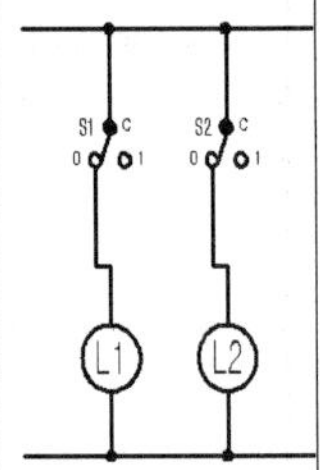

3로 스위치		전등 상태	
S1	S2	L1	L2
0	0	1	1
0	1	1	0
1	0	0	0
1	1	0	1

상(1:ON) 하(0:OFF)
1 : ON
0 : OFF

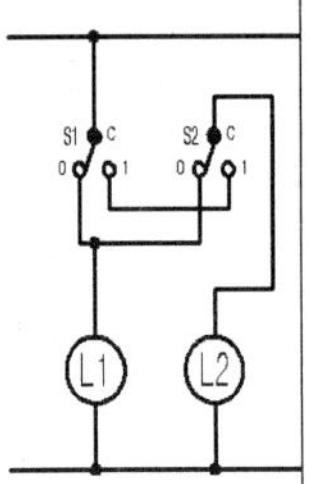

3로 스위치		전등 상태	
S1	S2	L1	L2
0	0	1	0
0	1	1	1
1	0	0	1
1	1	0	0

상(1:ON) 하(0:OFF)
1 : ON
0 : OFF

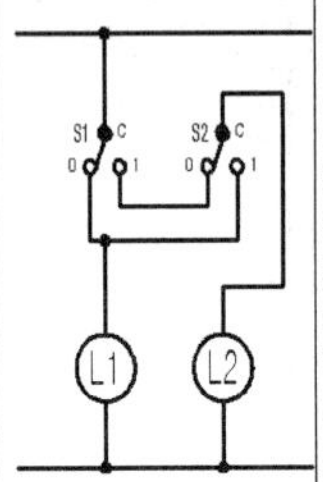

3로 스위치		전등 상태	
S1	S2	L1	L2
0	0	1	0
0	1	1	1
1	0	0	0
1	1	0	1

상(1:ON) 하(0:OFF)
1 : ON
0 : OFF

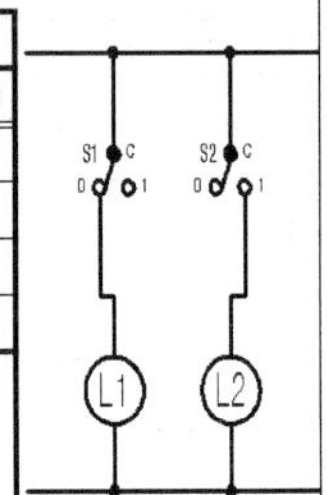

3로 스위치		전등 상태	
S1	S2	L1	L2
0	0	1	0
0	1	1	0
1	0	0	1
1	1	0	1

상(1:ON) 하(0:OFF)
1 : ON
0 : OFF

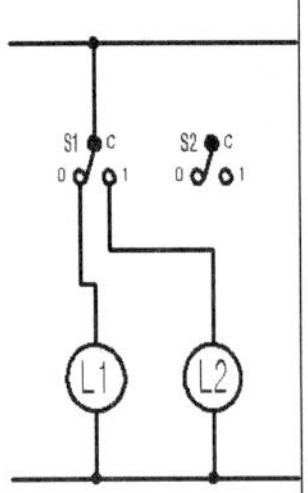

3로 스위치		전등 상태	
S1	S2	L1	L2
0	0	1	1
0	1	0	1
1	0	1	0
1	1	0	0

상(1:ON) 하(0:OFF)
1 : ON
0 : OFF

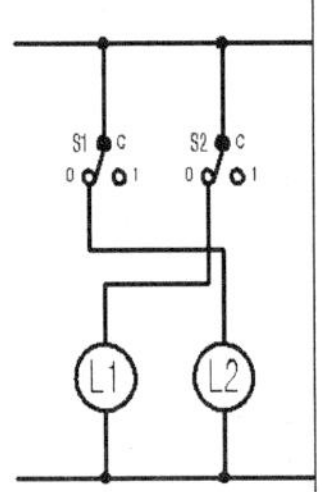

3로 스위치		전등 상태	
S1	S2	L1	L2
0	0	1	1
0	1	0	0
1	0	1	1
1	1	0	0

상(1:ON) 하(0:OFF)
1 : ON
0 : OFF

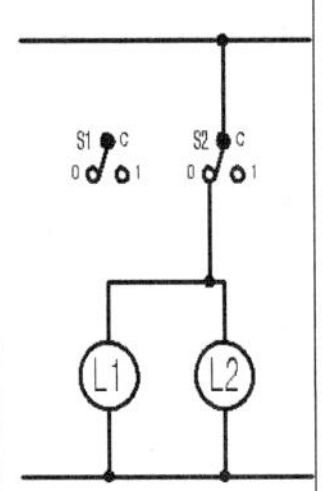

3로 스위치		전등 상태	
S1	S2	L1	L2
0	0	1	1
0	1	0	0
1	0	1	0
1	1	0	1

상(1:ON) 1 : ON 0 : OFF 하(0:OFF)

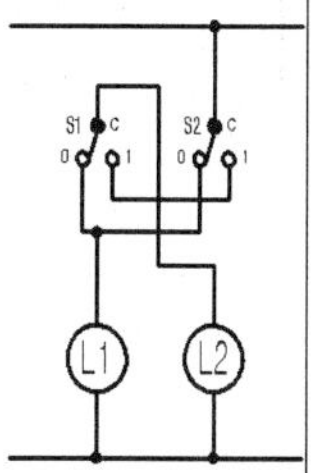

3로 스위치		전등 상태	
S1	S2	L1	L2
0	0	1	0
0	1	0	1
1	0	1	1
1	1	0	0

상(1:ON) 1 : ON 0 : OFF 하(0:OFF)

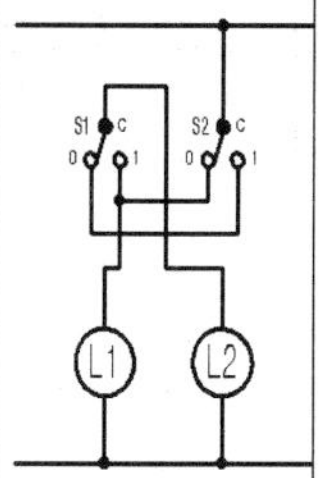

3로 스위치		전등 상태	
S1	S2	L1	L2
0	0	1	0
0	1	0	1
1	0	1	0
1	1	0	1

상(1:ON) 1 : ON 0 : OFF 하(0:OFF)

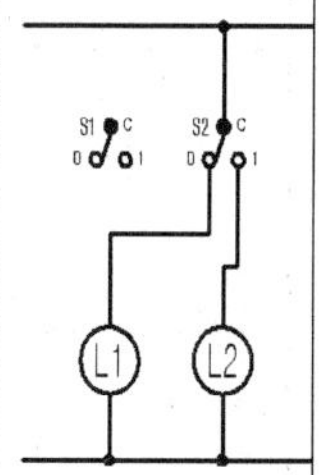

3로 스위치		전등 상태	
S1	S2	L1	L2
0	0	1	0
0	1	0	0
1	0	1	1
1	1	0	1

상(1:ON) 1 : ON 0 : OFF 하(0:OFF)

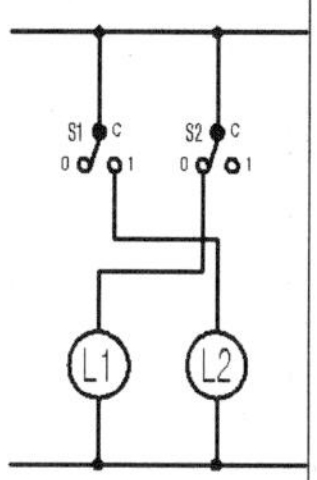

3로 스위치		전등 상태	
S1	S2	L1	L2
0	0	1	1
0	1	0	1
1	0	0	0
1	1	1	0

상(1:ON) 1 : ON 0 : OFF 하(0:OFF)

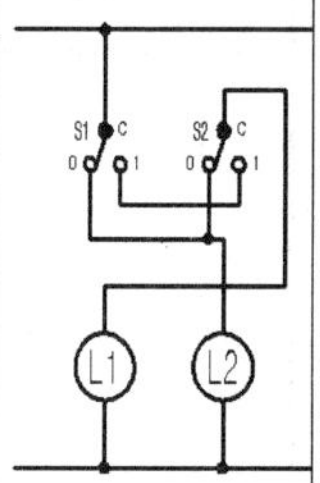

3로 스위치		전등 상태	
S1	S2	L1	L2
0	0	1	1
0	1	0	0
1	0	0	1
1	1	1	0

상(1:ON) 1 : ON 0 : OFF 하(0:OFF)

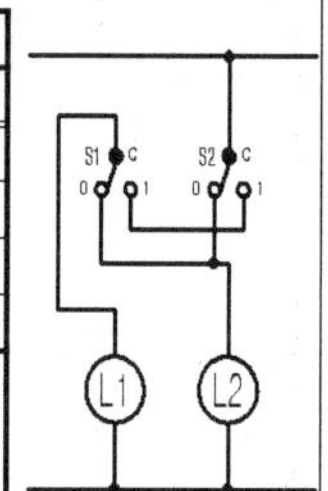

3로 스위치		전등 상태	
S1	S2	L1	L2
0	0	1	1
0	1	0	0
1	0	0	0
1	1	1	1

상(1:ON) 1 : ON 0 : OFF 하(0:OFF)

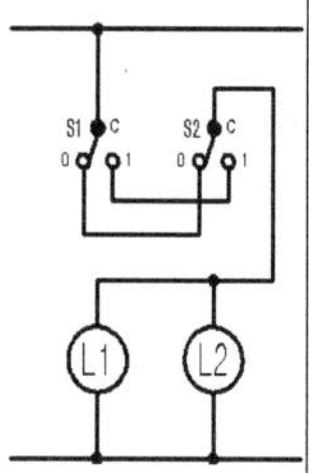

3로 스위치		전등 상태	
S1	S2	L1	L2
0	0	1	0
0	1	0	1
1	0	0	1
1	1	1	0

상(1:ON) 1 : ON 0 : OFF 하(0:OFF)

결선불가

3로 스위치		전등 상태	
S1	S2	L1	L2
0	0	1	0
0	1	0	1
1	0	0	0
1	1	1	1

상(1:ON) 1 : ON 0 : OFF 하(0:OFF)

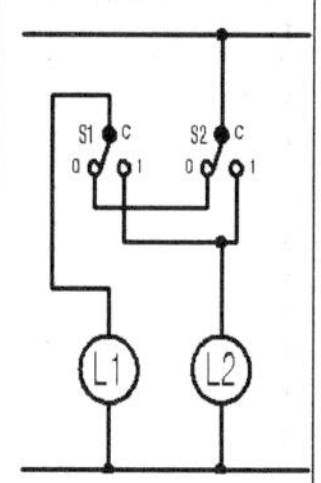

3로 스위치		전등 상태	
S1	S2	L1	L2
0	0	1	0
0	1	0	0
1	0	0	1
1	1	1	1

상(1:ON) 1 : ON 0 : OFF 하(0:OFF)

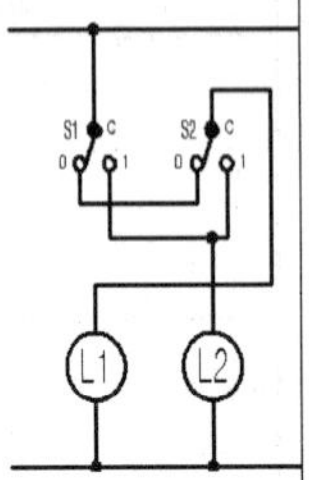

3로 스위치		전등 상태	
S1	S2	L1	L2
0	0	0	1
0	1	1	1
1	0	1	0
1	1	0	0

상(1:ON) 1 : ON 0 : OFF 하(0:OFF)

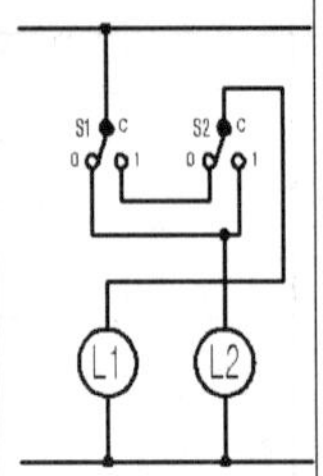

3로 스위치		전등 상태	
S1	S2	L1	L2
0	0	0	1
0	1	1	0
1	0	1	1
1	1	0	0

상(1:ON) 1 : ON 0 : OFF 하(0:OFF)

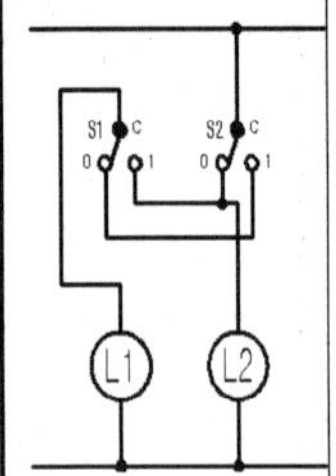

3로 스위치		전등 상태	
S1	S2	L1	L2
0	0	0	1
0	1	1	0
1	0	1	0
1	1	0	1

상(1:ON) 1 : ON 0 : OFF 하(0:OFF)

결선불가

3로 스위치		전등 상태	
S1	S2	L1	L2
0	0	0	0
0	1	1	1
1	0	1	1
1	1	0	0

상(1:ON) 1 : ON 0 : OFF 하(0:OFF)

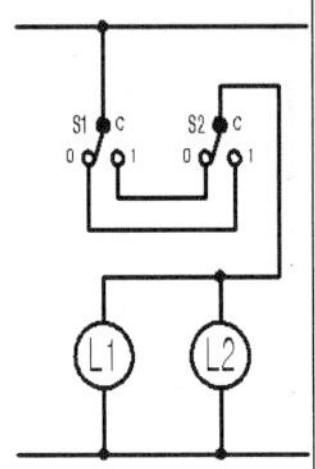

3로 스위치		전등 상태	
S1	S2	L1	L2
0	0	0	0
0	1	1	1
1	0	1	0
1	1	0	1

상(1:ON) 1 : ON 0 : OFF 하(0:OFF)

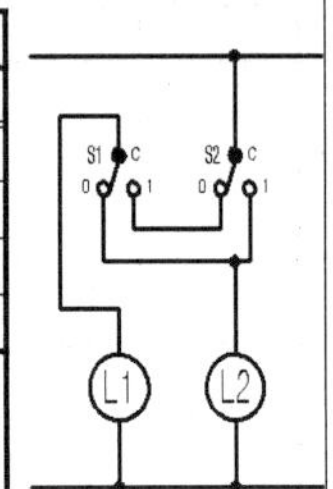

3로 스위치		전등 상태	
S1	S2	L1	L2
0	0	0	0
0	1	1	0
1	0	1	1
1	1	0	1

상(1:ON) 1 : ON 0 : OFF 하(0:OFF)

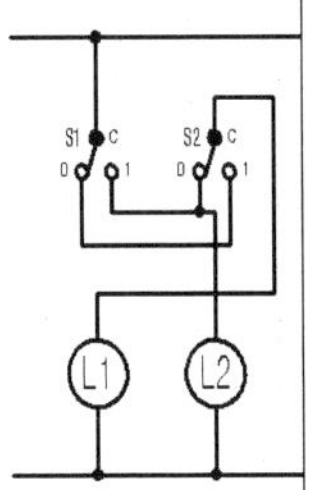

3로 스위치		전등 상태	
S1	S2	L1	L2
0	0	0	1
0	1	1	1
1	0	0	0
1	1	1	0

상(1:ON) 1 : ON 0 : OFF 하(0:OFF)

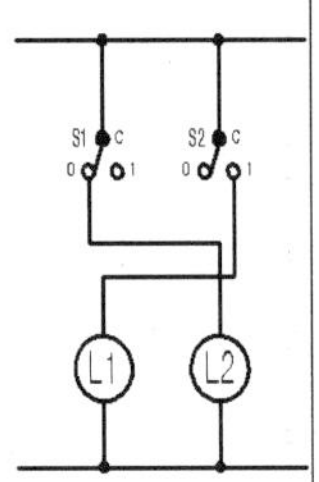

3로 스위치		전등 상태	
S1	S2	L1	L2
0	0	0	1
0	1	1	0
1	0	0	1
1	1	1	0

상(1:ON) 1 : ON 0 : OFF 하(0:OFF)

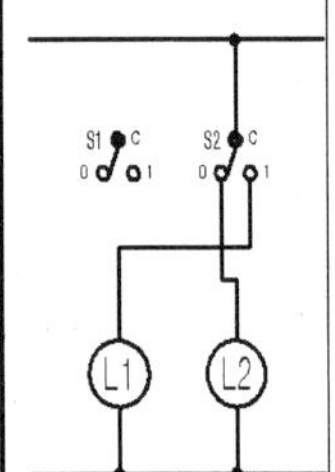

3로 스위치		전등 상태	
S1	S2	L1	L2
0	0	0	1
0	1	1	0
1	0	0	0
1	1	1	1

상(1:ON) 1 : ON 0 : OFF 하(0:OFF)

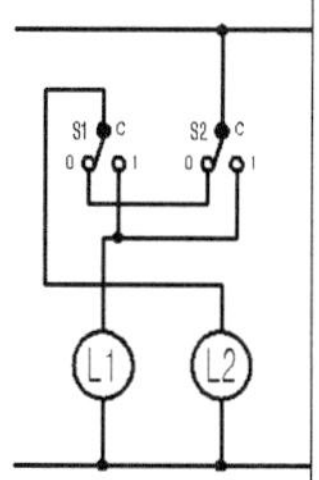

3로 스위치		전등 상태	
S1	S2	L1	L2
0	0	0	0
0	1	1	1
1	0	0	1
1	1	1	0

상(1:ON) 1 : ON 0 : OFF 하(0:OFF)

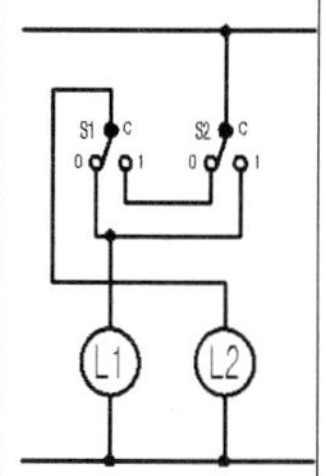

3로 스위치		전등 상태	
S1	S2	L1	L2
0	0	0	0
0	1	1	1
1	0	0	0
1	1	1	1

상(1:ON) 1 : ON 0 : OFF 하(0:OFF)

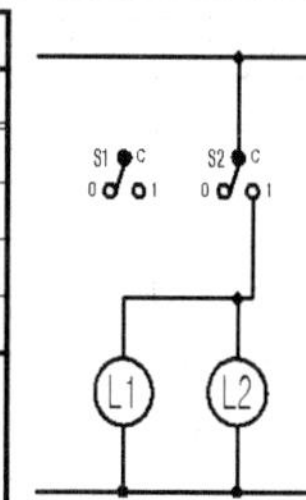

3로 스위치		전등 상태	
S1	S2	L1	L2
0	0	0	0
0	1	1	0
1	0	0	1
1	1	1	1

상(1:ON) 1 : ON 0 : OFF 하(0:OFF)

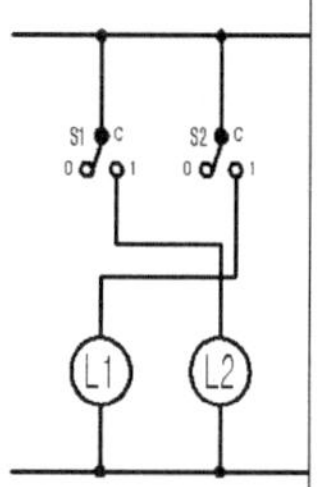

3로 스위치		전등 상태	
S1	S2	L1	L2
0	0	0	1
0	1	0	1
1	0	1	0
1	1	1	0

상(1:ON) 1 : ON 0 : OFF 하(0:OFF)

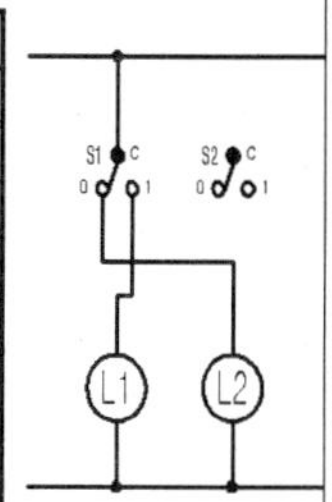

3로 스위치		전등 상태	
S1	S2	L1	L2
0	0	0	1
0	1	0	0
1	0	1	1
1	1	1	0

상(1:ON) 1 : ON 0 : OFF 하(0:OFF)

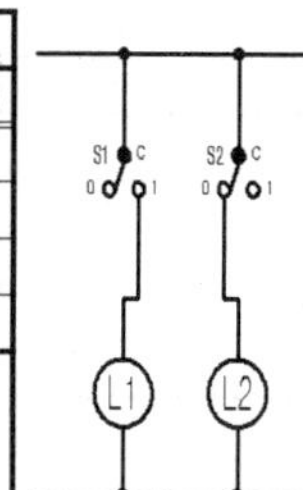

3로 스위치		전등 상태	
S1	S2	L1	L2
0	0	0	1
0	1	0	0
1	0	1	0
1	1	1	1

상(1:ON) 1 : ON 0 : OFF 하(0:OFF)

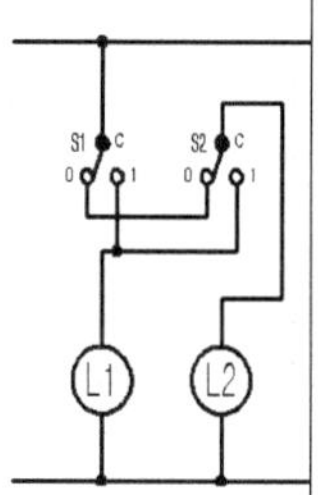

3로 스위치		전등 상태	
S1	S2	L1	L2
0	0	0	0
0	1	0	1
1	0	1	1
1	1	1	0

상(1:ON) 1 : ON 0 : OFF 하(0:OFF)

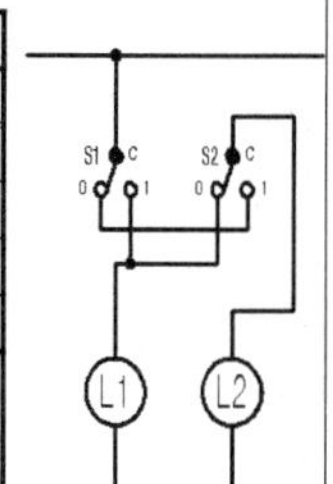

3로 스위치		전등 상태	
S1	S2	L1	L2
0	0	0	0
0	1	0	1
1	0	1	0
1	1	1	1

상(1:ON) 1 : ON 0 : OFF 하(0:OFF)

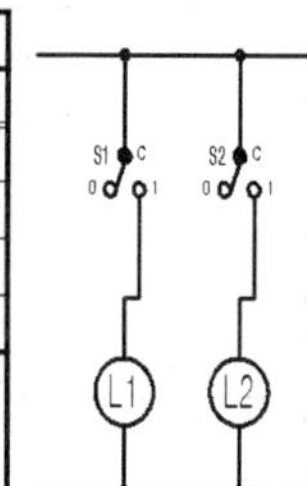

3로 스위치		전등 상태	
S1	S2	L1	L2
0	0	0	0
0	1	0	0
1	0	1	1
1	1	1	1

상(1:ON) 1 : ON 0 : OFF 하(0:OFF)

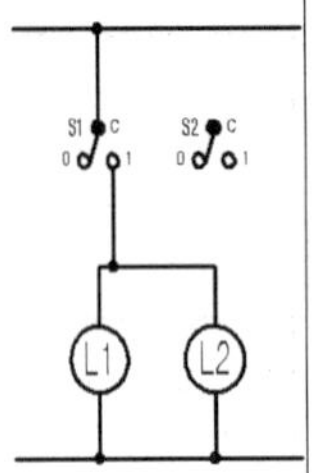

3로 스위치		전등 상태	
S1	S2	L1	L2
0	0	0	0
0	1	0	0
1	0	1	1
1	1	1	1

상(1:ON) 1 : ON 0 : OFF 하(0:OFF)

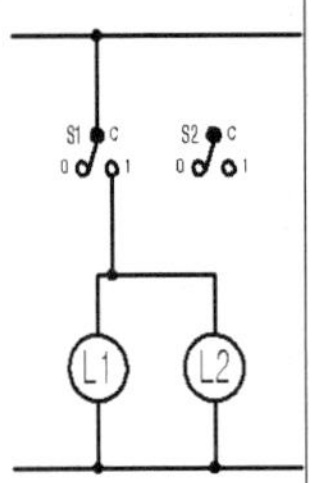

3로 스위치		전등 상태	
S1	S2	L1	L2
0	0	1	1
0	1	1	0
1	0	1	0
1	1	0	0

상(1:ON) 1 : ON 0 : OFF 하(0:OFF)

결선 불가

3로 스위치		전등 상태	
S1	S2	L1	L2
0	0	1	0
0	1	1	1
1	0	1	0
1	1	0	0

상(1:ON) 1 : ON 0 : OFF 하(0:OFF)

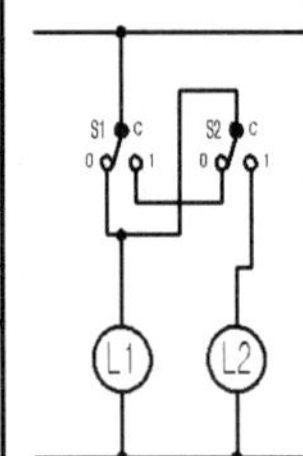

3로 스위치		전등 상태	
S1	S2	L1	L2
0	0	1	0
0	1	1	0
1	0	1	1
1	1	0	0

상(1:ON) 1 : ON 0 : OFF 하(0:OFF)

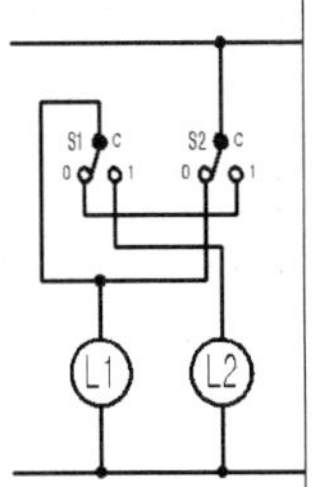

3로 스위치		전등 상태	
S1	S2	L1	L2
0	0	1	0
0	1	1	0
1	0	1	0
1	1	0	1

상(1:ON) 1 : ON 0 : OFF 하(0:OFF)

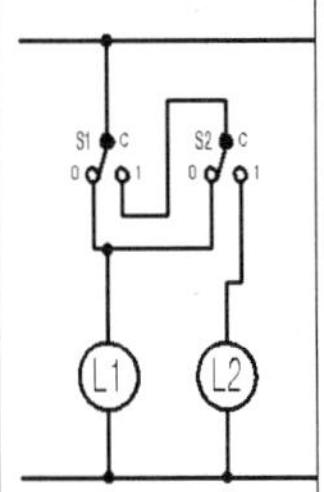

3로 스위치		전등 상태	
S1	S2	L1	L2
0	0	1	1
0	1	1	0
1	0	0	0
1	1	1	0

상(1:ON) 1 : ON 0 : OFF 하(0:OFF)

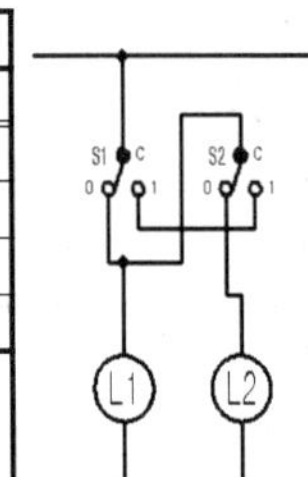

3로 스위치		전등 상태	
S1	S2	L1	L2
0	0	1	0
0	1	1	1
1	0	0	0
1	1	1	0

상(1:ON) 1 : ON 0 : OFF 하(0:OFF)

결선 불가

3로 스위치		전등 상태	
S1	S2	L1	L2
0	0	1	0
0	1	1	0
1	0	0	1
1	1	1	0

상(1:ON) 1 : ON 0 : OFF 하(0:OFF)

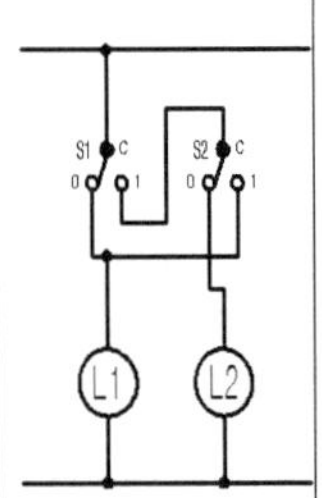

3로 스위치		전등 상태	
S1	S2	L1	L2
0	0	1	0
0	1	1	0
1	0	0	0
1	1	1	1

상(1:ON) 1 : ON 0 : OFF 하(0:OFF)

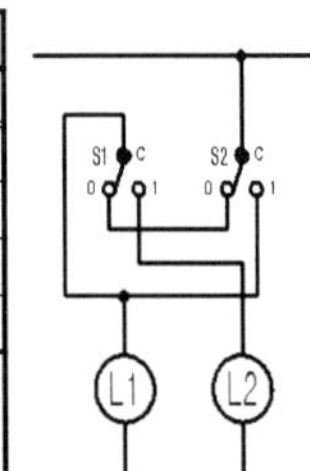

3로 스위치		전등 상태	
S1	S2	L1	L2
0	0	1	1
0	1	0	0
1	0	1	0
1	1	1	0

상(1:ON) 하(0:OFF) 1 : ON 0 : OFF

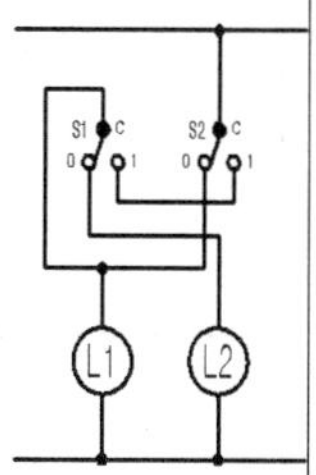

3로 스위치		전등 상태	
S1	S2	L1	L2
0	0	1	0
0	1	0	1
1	0	1	0
1	1	1	0

상(1:ON) 하(0:OFF) 1 : ON 0 : OFF

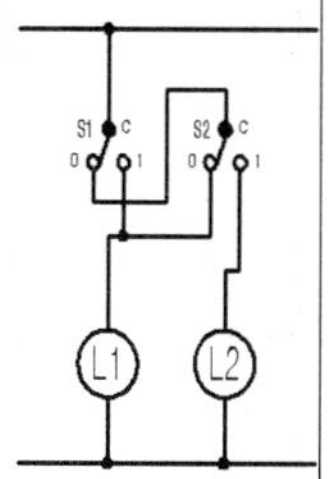

3로 스위치		전등 상태	
S1	S2	L1	L2
0	0	1	0
0	1	1	0
1	0	0	1
1	1	1	0

상(1:ON) 하(0:OFF) 1 : ON 0 : OFF

결선 불가

3로 스위치		전등 상태	
S1	S2	L1	L2
0	0	1	0
0	1	0	0
1	0	1	0
1	1	1	1

상(1:ON) 하(0:OFF) 1 : ON 0 : OFF

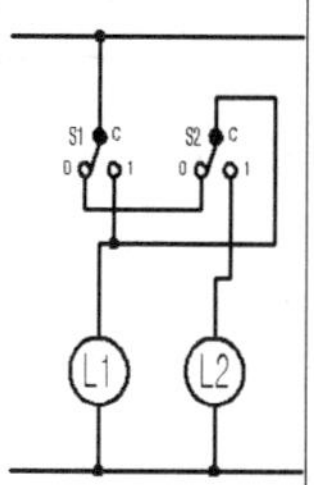

3로 스위치		전등 상태	
S1	S2	L1	L2
0	0	0	1
0	1	1	0
1	0	1	0
1	1	1	0

상(1:ON) 하(0:OFF) 1 : ON 0 : OFF

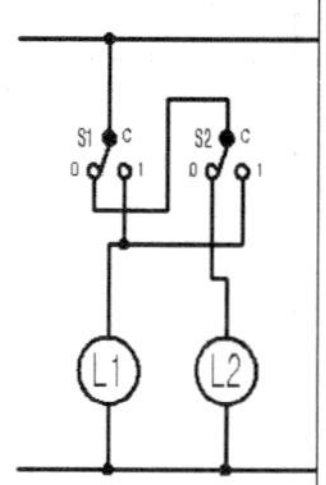

3로 스위치		전등 상태	
S1	S2	L1	L2
0	0	0	0
0	1	1	1
1	0	1	0
1	1	1	0

상(1:ON) 하(0:OFF) 1 : ON 0 : OFF

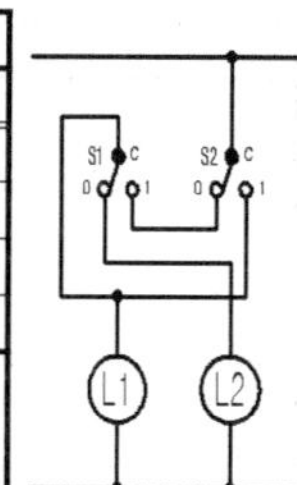

3로 스위치		전등 상태	
S1	S2	L1	L2
0	0	0	0
0	1	1	0
1	0	1	1
1	1	1	0

상(1:ON) 하(0:OFF) 1 : ON 0 : OFF

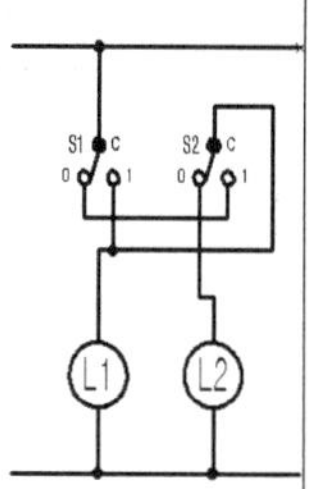

3로 스위치		전등 상태	
S1	S2	L1	L2
0	0	0	0
0	1	1	0
1	0	1	0
1	1	1	1

상(1:ON) 하(0:OFF) 1 : ON 0 : OFF

결선 불가

3로 스위치		전등 상태	
S1	S2	L1	L2
0	0	1	1
0	1	1	1
1	0	1	0
1	1	0	0

상(1:ON) 하(0:OFF) 1 : ON 0 : OFF

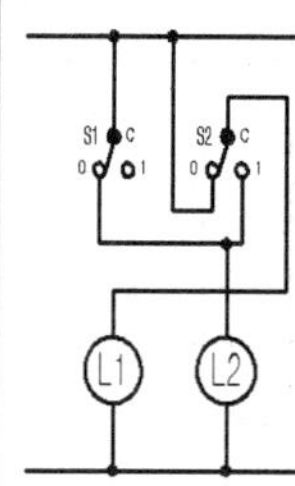

3로 스위치		전등 상태	
S1	S2	L1	L2
0	0	1	1
0	1	1	0
1	0	1	1
1	1	0	0

상(1:ON) 하(0:OFF) 1 : ON 0 : OFF

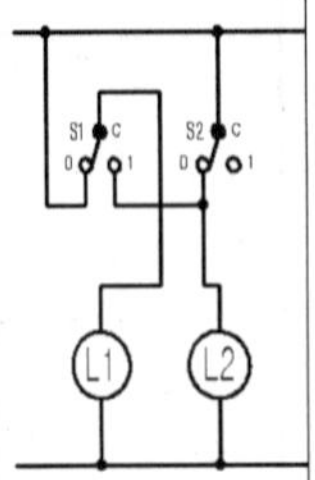

3로 스위치		전등 상태	
S1	S2	L1	L2
0	0	1	1
0	1	1	0
1	0	1	0
1	1	0	1

상(1:ON) 하(0:OFF) 1 : ON 0 : OFF

결선 불가

3로 스위치		전등 상태	
S1	S2	L1	L2
0	0	1	0
0	1	1	1
1	0	1	1
1	1	0	0

상(1:ON) 하(0:OFF) 1 : ON 0 : OFF

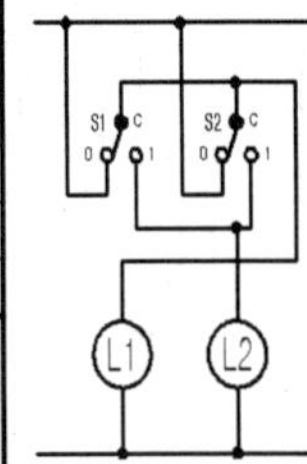

3로 스위치		전등 상태	
S1	S2	L1	L2
0	0	1	0
0	1	1	1
1	0	1	0
1	1	0	1

상(1:ON) 하(0:OFF) 1 : ON 0 : OFF

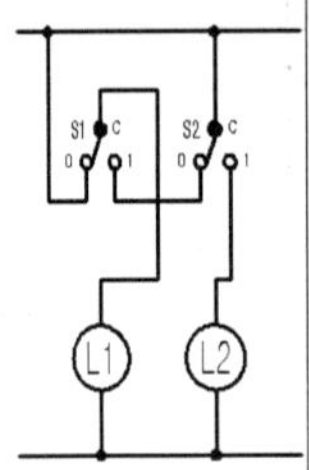

3로 스위치		전등 상태	
S1	S2	L1	L2
0	0	1	0
0	1	1	0
1	0	1	1
1	1	0	1

상(1:ON) 하(0:OFF) 1 : ON 0 : OFF

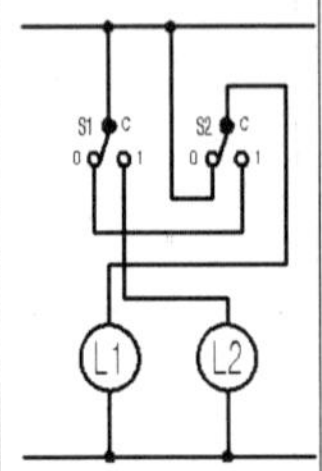

3로 스위치		전등 상태	
S1	S2	L1	L2
0	0	1	1
0	1	1	1
1	0	0	0
1	1	1	0

상(1:ON) 하(0:OFF) 1 : ON 0 : OFF

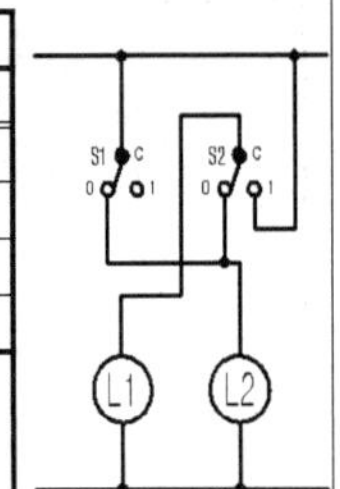

3로 스위치		전등 상태	
S1	S2	L1	L2
0	0	1	1
0	1	1	0
1	0	0	1
1	1	1	0

상(1:ON) 하(0:OFF) 1 : ON 0 : OFF

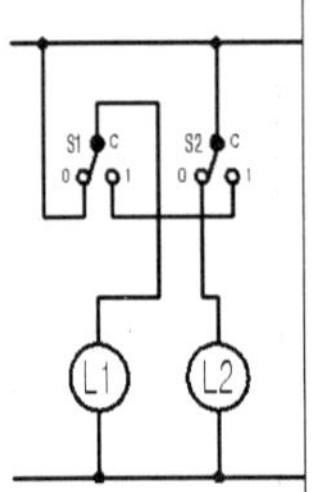

3로 스위치		전등 상태	
S1	S2	L1	L2
0	0	1	1
0	1	1	0
1	0	0	0
1	1	1	1

상(1:ON) 하(0:OFF) 1 : ON 0 : OFF

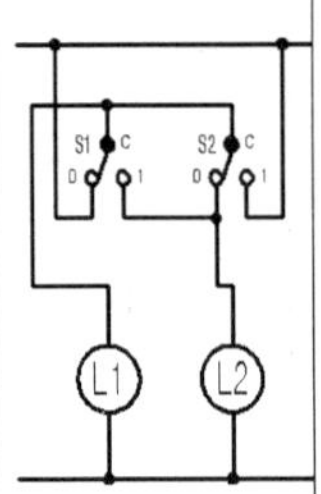

3로 스위치		전등 상태	
S1	S2	L1	L2
0	0	1	0
0	1	1	1
1	0	0	1
1	1	1	0

상(1:ON) 하(0:OFF) 1 : ON 0 : OFF

결선 불가

3로 스위치		전등 상태	
S1	S2	L1	L2
0	0	1	0
0	1	1	1
1	0	0	0
1	1	1	1

상(1:ON) 하(0:OFF) 1 : ON 0 : OFF

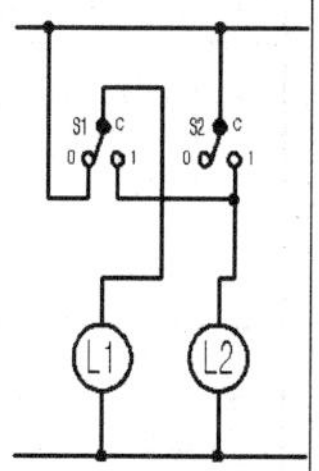

3로 스위치		전등 상태	
S1	S2	L1	L2
0	0	1	0
0	1	1	0
1	0	0	1
1	1	1	1

상(1:ON) 하(0:OFF) 1 : ON 0 : OFF

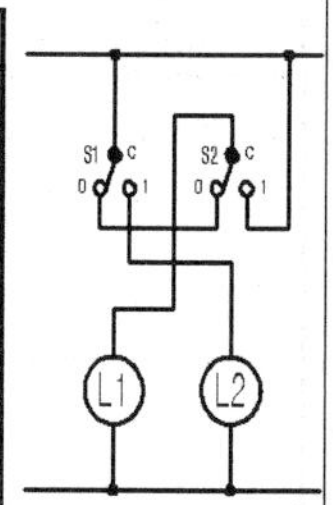

3로 스위치		전등 상태	
S1	S2	L1	L2
0	0	1	1
0	1	0	1
1	0	1	0
1	1	1	0

상(1:ON) 하(0:OFF) 1 : ON 0 : OFF

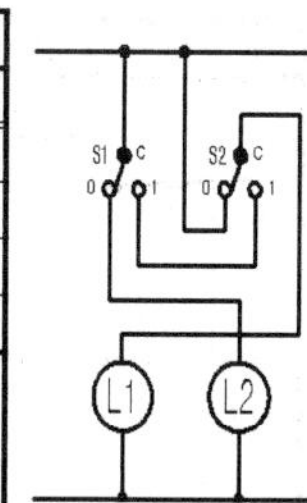

3로 스위치		전등 상태	
S1	S2	L1	L2
0	0	1	1
0	1	0	0
1	0	1	1
1	1	1	0

상(1:ON) 하(0:OFF) 1 : ON 0 : OFF

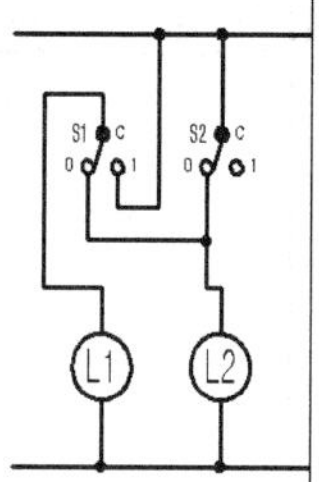

3로 스위치		전등 상태	
S1	S2	L1	L2
0	0	1	1
0	1	0	0
1	0	1	0
1	1	1	1

상(1:ON) 하(0:OFF) 1 : ON 0 : OFF

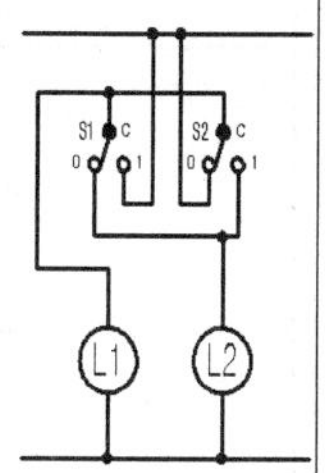

3로 스위치		전등 상태	
S1	S2	L1	L2
0	0	1	0
0	1	0	1
1	0	1	1
1	1	1	0

상(1:ON) 하(0:OFF) 1 : ON 0 : OFF

결선 불가

3로 스위치		전등 상태	
S1	S2	L1	L2
0	0	1	0
0	1	0	1
1	0	1	0
1	1	1	1

상(1:ON) 하(0:OFF) 1 : ON 0 : OFF

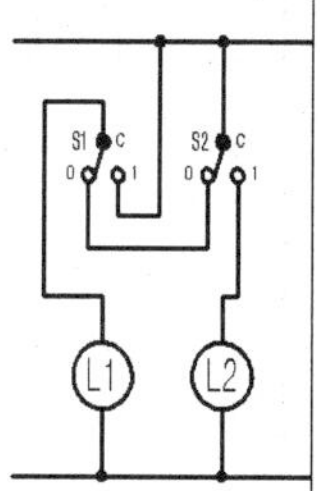

3로 스위치		전등 상태	
S1	S2	L1	L2
0	0	1	0
0	1	0	0
1	0	1	1
1	1	1	1

상(1:ON) 하(0:OFF) 1 : ON 0 : OFF

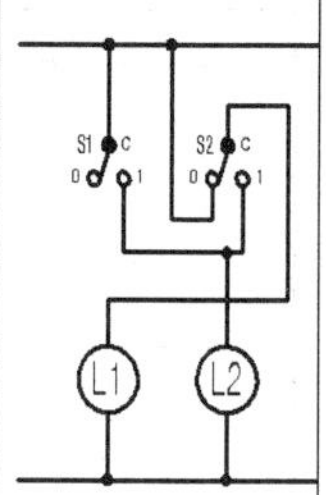

3로 스위치		전등 상태	
S1	S2	L1	L2
0	0	0	1
0	1	1	1
1	0	1	0
1	1	1	0

상(1:ON) 하(0:OFF) 1 : ON 0 : OFF

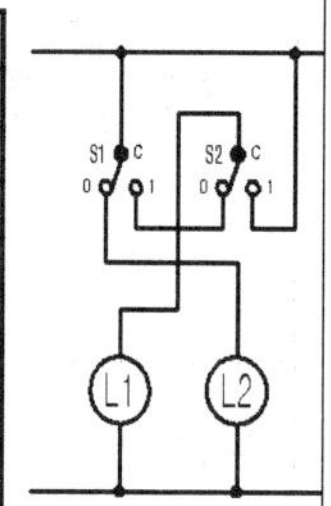

3로 스위치		전등 상태	
S1	S2	L1	L2
0	0	0	1
0	1	1	0
1	0	1	1
1	1	1	0

상(1:ON) 1 : ON 0 : OFF 하(0:OFF

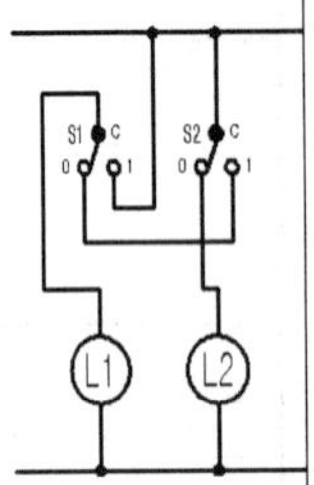

3로 스위치		전등 상태	
S1	S2	L1	L2
0	0	0	1
0	1	1	0
1	0	1	0
1	1	1	1

상(1:ON) 1 : ON 0 : OFF 하(0:OFF

결선불가

3로 스위치		전등 상태	
S1	S2	L1	L2
0	0	0	0
0	1	1	1
1	0	1	1
1	1	1	0

상(1:ON) 1 : ON 0 : OFF 하(0:OFF

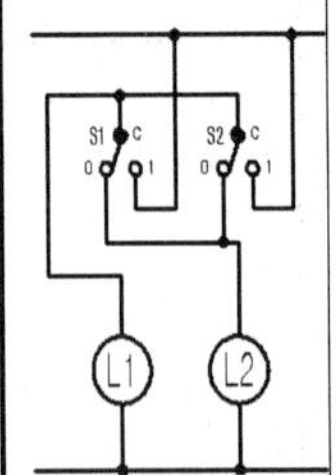

3로 스위치		전등 상태	
S1	S2	L1	L2
0	0	0	0
0	1	1	1
1	0	1	0
1	1	1	1

상(1:ON) 1 : ON 0 : OFF 하(0:OFF

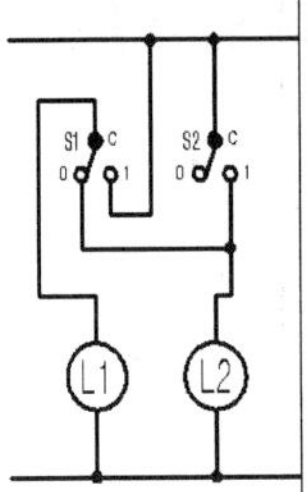

3로 스위치		전등 상태	
S1	S2	L1	L2
0	0	0	0
0	1	1	0
1	0	1	1
1	1	1	1

상(1:ON) 1 : ON 0 : OFF 하(0:OFF

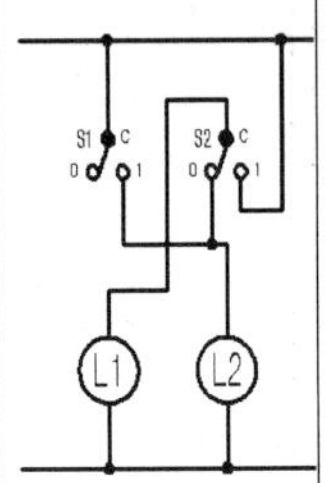

3로 스위치		전등 상태	
S1	S2	L1	L2
0	0	1	1
0	1	1	1
1	0	1	1
1	1	0	0

상(1:ON) 1 : ON 0 : OFF 하(0:OFF

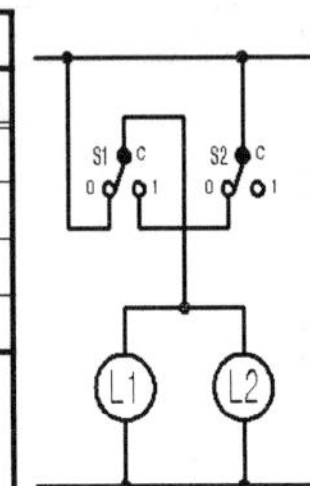

3로 스위치		전등 상태	
S1	S2	L1	L2
0	0	1	1
0	1	1	1
1	0	1	0
1	1	0	1

상(1:ON) 1 : ON 0 : OFF 하(0:OFF

결선불가

3로 스위치		전등 상태	
S1	S2	L1	L2
0	0	1	1
0	1	1	0
1	0	1	1
1	1	0	1

상(1:ON) 1 : ON 0 : OFF 하(0:OFF

결선불가

3로 스위치		전등 상태	
S1	S2	L1	L2
0	0	1	0
0	1	1	1
1	0	1	1
1	1	0	1

상(1:ON) 1 : ON 0 : OFF 하(0:OFF

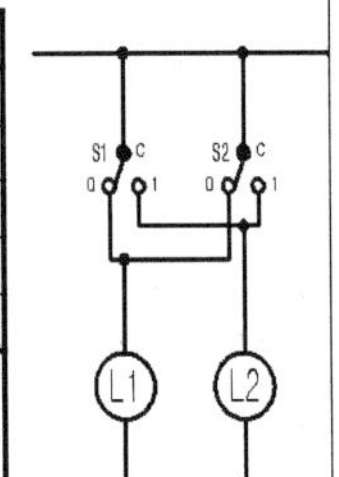

3로 스위치		전등 상태	
S1	S2	L1	L2
0	0	1	1
0	1	1	1
1	0	0	1
1	1	1	0

상(1:ON) 1 : ON
하(0:OFF) 0 : OFF

결선불가

3로 스위치		전등 상태	
S1	S2	L1	L2
0	0	1	1
0	1	1	1
1	0	0	0
1	1	1	1

상(1:ON) 1 : ON
하(0:OFF) 0 : OFF

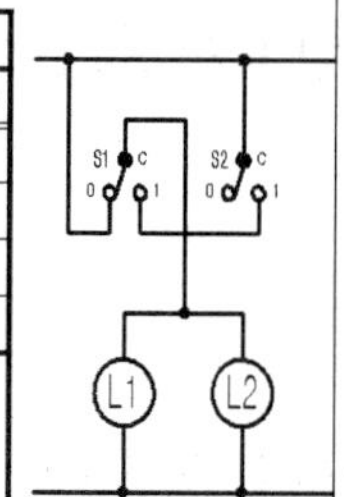

3로 스위치		전등 상태	
S1	S2	L1	L2
0	0	1	1
0	1	1	0
1	0	0	1
1	1	1	1

상(1:ON) 1 : ON
하(0:OFF) 0 : OFF

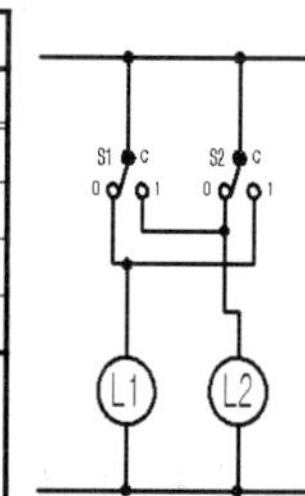

3로 스위치		전등 상태	
S1	S2	L1	L2
0	0	1	0
0	1	1	1
1	0	0	1
1	1	1	1

상(1:ON) 1 : ON
하(0:OFF) 0 : OFF

결선불가

3로 스위치		전등 상태	
S1	S2	L1	L2
0	0	1	1
0	1	0	1
1	0	1	1
1	1	1	0

상(1:ON) 1 : ON
하(0:OFF) 0 : OFF

결선불가

3로 스위치		전등 상태	
S1	S2	L1	L2
0	0	1	1
0	1	0	1
1	0	1	0
1	1	1	1

상(1:ON) 1 : ON
하(0:OFF) 0 : OFF

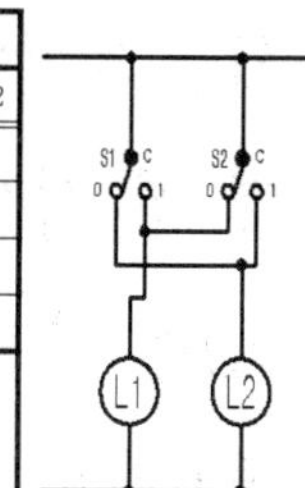

3로 스위치		전등 상태	
S1	S2	L1	L2
0	0	1	1
0	1	0	0
1	0	1	1
1	1	1	1

상(1:ON) 1 : ON
하(0:OFF) 0 : OFF

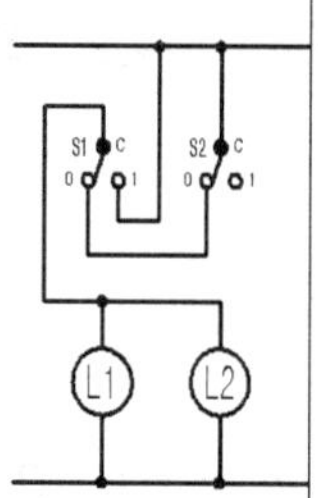

3로 스위치		전등 상태	
S1	S2	L1	L2
0	0	1	0
0	1	0	1
1	0	1	1
1	1	1	1

상(1:ON) 1 : ON
하(0:OFF) 0 : OFF

결선불가

3로 스위치		전등 상태	
S1	S2	L1	L2
0	0	0	1
0	1	1	1
1	0	1	1
1	1	1	0

상(1:ON) 1 : ON
하(0:OFF) 0 : OFF

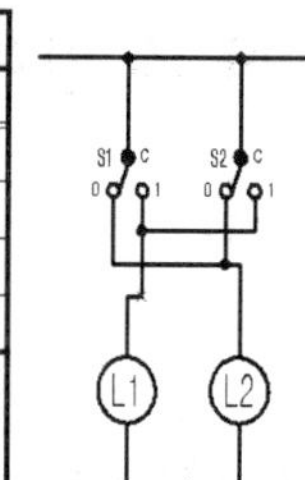

3로 스위치		전등 상태	
S1	S2	L1	L2
0	0	0	1
0	1	1	1
1	0	1	0
1	1	1	1

상(1:ON) 1 : ON
하(0:OFF) 0 : OFF

결선불가

3로 스위치		전등 상태	
S1	S2	L1	L2
0	0	0	1
0	1	1	0
1	0	1	1
1	1	1	1

상(1:ON) 1 : ON
하(0:OFF) 0 : OFF

결선불가

3로 스위치		전등 상태	
S1	S2	L1	L2
0	0	0	0
0	1	1	1
1	0	1	1
1	1	1	1

상(1:ON) 1 : ON
하(0:OFF) 0 : OFF

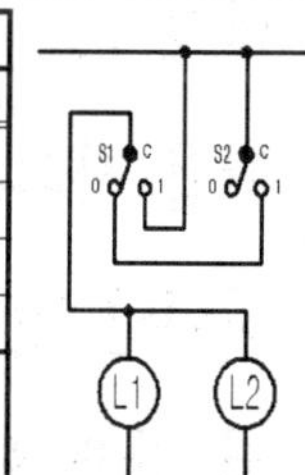

자인(自人)이 되기 위해

십이자운동(十二自運動)

① 자연인(自然人)은 성인(聖人)으로 신(神)에 가깝다. 보통사람으로서는 달성하기 어려운 수준이다. 인간답다고 할 수 없고 수천 년에 몇 명 정도 나올까 말까하는 신인(神人)인 것이다. 하지만 자인(自人)은 군자(君子:좋은 사람)수준으로 인간다운 훌륭한 사람이다. 보통사람도 노력하면 도달할 수 있는 수준이다. 인간모습으로 사람답게 살 수 있는 수준이다. 자인이 되기 위해 다음과 같은 운동을 추진한다.

② 자(自)는 타(他)와의 구분이 아니다. 자는 스스로이고 홀로이며 그대로이고 자유(自由)상태를 의미한다. 혼(魂)과 마음(心)의 중층구조처럼 자타(自他)와 내외(內外)가 하나이면서 둘이고 둘이면서 동시에 하나인 것이다. 불일불이(不一不二)와 같은 이치이다. 하나가 아니면서 둘도 아니고, 둘이 아니면서 하나도 아니다. 하나이면서 둘이고, 둘이면서 하나인 것이다. 즉, 하나가 아닐 때 둘도 아닐 수 있고, 둘이 아닐 때 하나가 아닐 수 있는 것이다. 때로는 하나가 아니어야 둘일 수 있고, 둘이 아니어야 하나일 수 있는 것이다. 사실 근원적으로 구별과 구분은 없다. 다만 인간의 인식체계에 따를 뿐이다. 모두가 때와 장소 및 상황에 따라 달라지겠지만 근원은 하나인 것이다. 사실

나누고 구분한다는 것은 인위인습(人爲人習)에 의한 것으로 잠시적인 것이다. 자인(自人)이 되기 위한 십이자운동(十二自運動)은 인간이 만물과 조화롭게 어울리면서 자유롭고 독자적인 삶을 위한 것이다.

③ 차별이 없는 평화를 위해서는 "인종을 죽이고, 민족을 죽이고, 국가를 죽이고, 종교를 죽이고, 혈연을 죽이고, 모든 경계를 죽여라." 라고 했다. 너무 과격한 표현이 아닌가 생각되지만 종국적인 해결방안인 듯하다. 어떤 연유(緣由)에서도 구분(區分)과 경계(境界)는 없어야 한다. 이는 배제를 위한 선택을 강요하고, 강요는 차별을 양산하기 때문이다. 신이 있다면 신은 공평무사하다. 신께서 누구를 선택하고 특별히 미워하거나 사랑하지 않는다. 세계평화와 태평성대는 여기에 있다. 나누고 구분하는 것은 모든 차별과 분쟁의 근원이다. 모든 생명체들은 상생(相生)→공생(共生)→화생(和生)으로 가야 한다. 이것이 십이자운동(十二自運動)의 핵심이다.

< 十二自運動 >

① 자주(自主, Independence) 스스로 주인이 되어 주인으로 살아간다.

② 자조(自助, Self-Help) 스스로를 돕고 스스로를 지원한다.

③ 자립(自立, Self-Support) 스스로 일어서서 스스로 살아간다.

④ 자존(自尊, Self-Respect) 스스로 존엄을 세우고 존엄을 지키며 산다.

⑤ 자책(自責, Self-Responsibility) 스스로 책임자가 되어 책임지고 산다.

⑥ 자결(自決, Self-Determination) 스스로 결정하고 스스로 실행한다.

⑦ 자학(自學, Self-Study) 스스로 배워서 스스로 깨우친다.

⑧ 자율(自律, Self-Regulation) 스스로 규율을 세우고 지키며 산다.

⑨ 자활(自活, Self-Living) 스스로의 에너지를 활력삼아 자발(自發)한다.

⑩ 자경(自耕, Self-Farming) 스스로 경작하여 식주의(食住衣)를 해결한다.

⑪ 자작(自作, Self-Making) 스스로 필요한 것을 만들어 사용한다.

⑫ 자족(自足, Self-Sufficiency) 현재의 스스로에 만족하며 산다.

- 참고 도서 -

1. PLC 및 전기공압 기초회로 응용기술, 1998년, 도서출판 기다리, 김태평
2. 최신자동제어, 1987년, 형설출판사, 홍순석 외 3인.
3. PLC 응용기술, 2000년, 도서출판 기다리, 김태평
4. PLC 응용제어기술, 2003년, 도서출판 기다리, 김태평
5. 대학・학기 한글역주, 2009년, 통나무, 도올 김용옥

XGK_XGB 중심 PLC 프로그래밍

2025. 8. 5 인쇄
2025. 8. 8 발행

판 권
소 유

저 자 : 김태평 · 장용해 공저
발행자 : 이진권
발행처 : 도서출판 **태영문화사**

주 소 : 서울특별시 강서구 초원로 38
전 화 : 2661-8751
F A X : 2661-8798

등 록 : 1998년 11월 12일 제 2-2682호

정가 30,000원

ISBN 978-89-6354-231-7